区域法治发展研究丛书

区域治理与法治发展

Regional Governance and Development of the Rule-of-law

公丕祥　主编

法律出版社
LAW PRESS CHINA

《区域法治发展研究丛书》
编辑委员会

区域治理与法治发展

主　　编：公丕祥

副 主 编：夏锦文　龚廷泰　李　力　蔡道通

编辑人员：方　乐　邹成勇　顾大松　马　丁　乔江玲
包振宇　於海梅　程德文　吴　欢　陈　辉
姚　远　杨　建

总　　序

当代中国正处于一个持续的深刻的转型与变革过程之中。这场社会转型与革命，给我们这个时代的社会生活的各个领域都带来了极其复杂而重大的变化。

随着从传统的高度集中的总体社会向现代的充满生机与活力的多元社会的巨大转换，当代中国也在经历一个从人治型的法律秩序向法治型的法律秩序的大转换、大转型的历史性的过程。这是又一场伟大而深刻的法律革命，是中国法制现代化的革命性过程。中共十八届三中全会做出了建设法治中国、推进国家治理体系和治理能力现代化的重大战略部署。中共十八届四中全会在中国共产党的历史上第一次专门审议通过了《中共中央关于全面推进依法治国若干重大问题的决定》，强调要坚定不移走中国特色社会主义法治道路，提出全面推进依法治国的总目标是建设中国特色社会主义法治体系、建设社会主义法治国家。这一重大战略抉择必将给当代中国社会变革、国家发展与法制现代化的进程提供强劲的动力，意义重大，影响深远。

中国是一个经济社会发展很不平衡的东方大国。推进法治中国建设的伟大进程，在我们这个幅员辽阔的国土空间范围内呈现出既内在统一又各具特色的鲜明的区域性特征，构成了变革时代的区域法治发展的具体生动的法治场景。建设法治中国的历史性任务的提出，不仅为区域法治发展研究提供了重要的理论逻辑，也为区域法治发展实践开辟了广阔的空间。

从本质意义上讲，法治中国建设昭示着国家法治发展的基本走向，意味着法律文明价值体系的巨大创新，反映了我们这个民族的从法律思想、法律制度到法律实践、法律行为的各个领域变化的多方面进程，进而确立与全球法治发展进程相协调而又充满浓郁的民族意味的制度安排、价值观念及其生活准则系统。很显然，作为法治中国进程的有机构成要素的区域法治发展，乃是法治中国建设在国家的特定区域范围内的具体实现，是从传统的总体社会向现代的多元社会转变这一特定过程中法律文明及其价值基础的历史转型在特定地域的展开过程。因此，区域法治发展与国家法治发展在基本性质、主体内容与目标任务诸方面，都是内在一致、并行不悖的，决不存在一个脱离国家法治发展的历史进程的孤立的区域法治发展。也就是说，国家法治发展与区域法治发展之间具有内在的统一性，这种统一性意味着在国家法治发展的进程中，不同区域法治的运动发展不可能是处于互不相关、绝对排斥的状态，因而必定会构成国家法治发展这个“总体”；意味着区域法治发展与国家法治发展乃是国家法治的发展与命运的共同体，国家法治发展这个“具体总体”统摄着区域法治发展这个具有丰富关系的“许多规定”，区域法治发展必须以推动国家法治发展、建设法治中国的总体战略为依据和准绳，必须以维护国家法治的统一和权威为基本前提；也意味着在不同的区域法治发展进程中确乎存在内在的统一性，存在共同的必然的区域法治发展的运动规律，这就要求我们从不同区域法治的运动发展中，努力探寻区域法治发展的共同的普遍的规律。

应当看到，在建设法治中国的时代进程中，区域法治发展亦具有鲜明的多样性的品格。从广泛的法律文化意义上讲，人类社会的法律文化是多彩多姿的。不同民族或国度的法律文化，在不同条件的作用下，总是循着特定的路径发展演化。在同一社会形态之内，不同国家的经济、文化和思想发展水平是不一样的，它们的国家型态和政治体制方面也有差异，每个国家又有其特定的历史发展、风俗习惯和民族传统特点，况且这些国家所处的地理位置、自然条件、人口状况等也不尽相同。这些复杂的因素，势必会使法律文化的运动呈现出五彩缤纷、丰富多样的历史特点。对于法治中国进程中的区域法治发展来说，它的一个鲜明特点就是具体性。建设法治中国、推进国家法治发展的进程，乃是一个由一定的国家法律制度、法律体系及其法律实践、法律行为、法律思想、法律心理所联结而成的运动之网。作为这面运动之网上的每一个区域法治的运动发展，都独具个性，并且这种个性不是仅仅具有相对意义的特殊性，而是一种不可绝对重复的个别性。尽管在区域法治的发展进程中，不同区域法治发展之间常常会有“惊人的相似之处”，但也只能是"相似"而已。正因为不同的区域法治的运动发展富有如此鲜明的个性色彩,所以当下中国的法治发展和区域法治发展进程才呈现出这般的丰富多姿。诚然,随着社会经济文化的发展,特别是法治中国建设的加快推进,区域法治发展的历史个性有可能逐渐减弱,但是中国法制现代化的进程表明,区域法治的运动发展并没有因此而变成呆板划一的堆积。伴随法治中国建设的历史进程,区域法治发展的内容与形式只会越来越绚丽多样。这是毋庸置疑的客观趋势。我们应当深入把握法治中国进程中的各种不同类型的区域法治发展的特殊逻辑,进而深刻揭示多样性的区域法治发展的特殊的本质性特点。

因此,毫无疑问,当代中国的法学研究,应当密切关注自己的时代所提出的种种问题,参与到生动的现实的法律生活之中,反映并阐释时代提出的重大法律问题,使之成为法的时代精神的体现。面对变革时代的区域法治发展这一法治中国进程中的一项重大法治议程,我们有必要从理论、历史与实际的结合上,深入研究建设法治中国对于推进区域法治发展提出的全新要求,努力探寻区域法治发展的多样性统一的运动样式,悉心把握区域法治发展的基本性质、总体目标、主体内容、动力机制与实现路径,着力探讨法治中国进程中的区域法治发展的鲜活的样本,比较考察不同区域法治发展的生动实践类型,进而概括与揭示区域法治发展的一般原理和基本规律,以期为推进中国法制现代化、建设法治中国、实现国家治理现代化奉献绵薄之力。

2014 年年初,经江苏省人民政府批准,南京师范大学法学院、东南大学法学院、苏州大学法学院、扬州大学法学院和江苏省社会科学院法学研究所共同设立了江苏高校区域法治发展协同创新中心。为了推动当代中国区域法治发展理论与实践研究的深入扎实的开展,江苏高校区域法治发展协同创新中心组织编辑《区域法治发展研究丛书》。这项学术事业,得到了全国法学界同人们的热情关心、指导和支持,得到了江苏高校协同创新计划的专项经费资助,得到了南京师范大学、东南大学、苏州大学、扬州大学、江苏省社会科学院等单位的领导和有关部门的大力支持,也得到了法律出版社领导和有关编辑的鼎力相助。在此,我们谨致以诚挚的谢忱。

公丕祥

2014 年 11 月于南京

目　　录

第二部分　区域治理与法治发展的实证路径

第三部分　区域治理与法治发展的比较研究

前　言

在全面推进法治中国建设的历史进程中，深入推动国家法治与区域法治的协调发展，着力塑造具有鲜明中国特色的法治发展总体格局，扎实推进中国法治现代化的伟大事业，已经成为一个重大的时代议程摆在我们面前。2016年4月23～24日，由江苏高校区域法治发展协同创新中心、中国法治现代化研究院、南京师范大学江苏法治发展研究院、南京师范大学法学院共同举办的"区域治理与法治发展"国际学术研讨会，在中国历史文化名城江苏南京隆重召开。来自俄罗斯、美国、德国、英国、澳大利亚、日本和中国及中国台湾地区的一百余位法学界专家学者参加这次学术研讨活动，《区域治理与法治发展》一书便是这次国际学术研讨会部分参会论文的结集。这无疑是当代中国区域法治发展理论研究过程的一件学术盛事！

从世界范围来看，不同国家的法治发展道路是各具特色、迥然有别的，并不存在一个简单划一的固定的法治模式。在主权国家的范围内，由于受到一定社会的、经济的、政治的、文化的、历史的和地理环境的诸方面条件或因素的深刻影响，不同区域的法治发展必然会表现出不同程度的差异性，这在很大程度上制约着国家法治发展的历史进程。因此，从理论与实践的结合上，深刻揭示区域法治发展的运行机理，比较研究不同国家的区域法治发展的存在样态，进而努力把握世界法治现代化进程中不同国家法治发展道路的固有逻辑，确乎具有重要的理论价值和实践意义。

在当代中国，推动区域法治发展是一项开创性的法治事业，是建设法治中国的历史进程的必然要求。全面推进依法治国，加快建设法治中国，必须高度重视区域法治发展。在不同的经济发展水平、社会结构、历史进程、文化传统和地理环境等因素的影响和作用下，当代中国不同区域间的法治发展形成了历史的差异性，这是中国这样一个东方大国的经济社会发展不平衡规律在法治领域中的集中体现。各具特色、程度不同的区域法治发展现象及其非均衡的演进轨迹，构成了中国法治现代化进程的独特表现形态。因此，在中国法治国情条件下，深入推进区域法治发展，对于坚持和拓展中国特色社会主义法治道路，有着特殊的价值意义。

“区域治理与法治发展”国际学术研讨会的召开，为推动国际学术界开展区域治理与法治发展领域的学术交流搭建了一个有益的平台，这对从中国的法治国情条件出发，借鉴汲收人类法治文明的经验与成果，开拓区域治理与法治发展问题的研究视野，深化区域法治发展的理论研究和实践教学，无疑是大有裨益的。来自海内外的专家学者围绕会议主题展开了热烈的学术交流，相互切磋，深入探讨，砥砺思想，寻求共识，共同提高，收到了明显成效。这部文集从一个侧面反映了这次国际学术研讨会的成果。

我们热忱期望在激荡风云的大变革时代，法学界和法律界的同仁们共同携起手来，为繁荣和发展当代中国的区域法治发展理论研究作出不懈的努力，以期回应大变革时代的中国法治现代化进程对法学与法律工作者的理论期待。

编　者

2016年9月

第一部分　区域治理与法治发展的理论视角

区域治理与法治发展研究的“十大获得”

——在“区域治理与法治发展”国际学术研讨会闭幕式上的学术总结

张文显*

各位与会代表,在学术研讨会上做总结,我总是很不情愿,因为这是一项难度很大的任务。当然,研讨会主办方把总结任务交给我,至少是对我的一种信任。对我来说,也是一种挑战。下面,我就参加这次研讨会的一些感受作一个体会性的发言。

时下,我们中国的媒体上,无论是官方还是民间的媒体,有一个非常流行的词,叫“获得感”。“获得感”这个词源自于习近平主席最近几年反复讲到的,“要使全体人民在共建共享发展中有更多的获得感”。我想,评价一个国家的改革、开放、发展,最重要的标准就在这里。评价一个学术会议是否成功以及成功的程度,也主要是看与会者有没有“获得感”,或者说有多大的“获得感”。我想,这次参加会议的各位专家、学者和国内外朋友还是有“获得感”的。“获得感”表现在两个方面。从程序上来讲,有近40位来自国内外的专家在大会上进行交流、互动和评议。学术交流的机会本身就是一种“获得”,而且是在这样一个重要的国际会议上进行交流,更是一个值得记忆的“获得”。最重要的,从实体上讲,我们每个人都有“获得”。我们收获了来自国内外各个方面的知识、理论和经验,收获了专家学者们的学术风采,我们每个人有启发,有提升,思想也有进一步的开阔、深化和丰富。我本人也深深地感觉

* 张文显,中国法学会副会长、学术委员会主任,国家“2011计划”司法文明协同创新中心理事长,浙江大学文科资深教授、吉林大学哲学社会科学资深教授。

到,这次会议没有白来,在自己的书房里两周、两个月,甚至一年也难以获得如此丰富的、高水平、高质量的收获。下面我就以"获得"为关键词,来概括一下这次会议的"十大获得"。过去我们讲过区域法治发展研究南京"八点共识",我们今天讲讲区域法治发展研究的"十大获得"。

第一,深化了区域法治、区域治理和区域发展的理论共识。我们过去已经有一些这方面的共识,这次会议深化和扩大了这方面的共识。这个跟我们所处的大背景有关。因为中国的最高国家权力机关全国人大,前不久刚刚通过了《中华人民共和国国民经济和社会发展第十三个五年规划(纲要)》。该纲要设立了专篇布局区域协调发展,把区域协调发展作为"十三五"期间的重大发展规划,提出了区域发展的总体规划。按照时间顺序来讲,除了以前已经有的西部开发、东北振兴、中部崛起、东部率先等一些区域总体发展战略,又进一步提出了以"一带一路"建设,京津冀协同发展、长江经济带发展为指引的新的区域发展战略。另外,最近几年,中国中央政府先后批准了五十多个区域性发展规划,批准了 4 个自由贸易区(试验区),包括上海、广东、福建、天津等。听说很多地方,包括重庆,都在争取今年进入这个行列。当区域发展成为国家战略,区域经济社会发展必然会提出与区域发展相关的制度建设,机制创新和法治建设,以及政策完备。现在,关于区域发展的政策问题、机制问题、制度问题都已经提出来了,而且上升到了党中央国务院的文件中,上升到了"十三五"规划中。但是,关于"区域法治建设"的提法还没见到,还差一步,还需要一定的法治觉醒与觉悟。在这次会议开幕式上,公丕祥教授围绕着区域法治发展、区域治理与法治发展进行了一系列的理论阐述,我认为他的主旨报告是这次会议深化和拓展理论共识的一个标本和集大成者。葛洪义教授、文正邦教授等学术名家也都在发言中进一步深化和拓展了理论共识。因为大家也都全程听了会议发言,我就不逐一去讲哪些方面达成具体共识了。

第二,延伸了区域法治发展新的重大理论共识。在区域发展进程中,在全面推进依法治国、全面建设法治中国的新的背景下,有关区域法治的理论有许多新的延伸。这个和我刚才说的区域法治本身的理论深化略有不同。我们都知道,中共十八大提出了全面依法治国"十六字方针",就是科学立法、严格执法、公正司法和全民守法。中共十八届四中全会进一步部署了全面推进依法治国,会议《决定》实际上增加了两条,一个是中国共产党作为执政党

“依法执政”，另外就是人民群众作为全面依法治国的主体的人民民主扩大，也就是“民主治国”有所扩大。也就是中国共产党依法执政，广大人民群众民主治国。当然，也是依法有序的民主治国。大家已经注意到，中共十八届五中全会通过的“十三五”规划建议有了新提法，这个新提法是对三中全会提出的“推进法治中国建设”的进一步发展。“十三五”规划纲要做了很多方面的部署，其中第十八篇是专门谈“加强社会主义民主法治建设”的，其中第七十五章还专门谈了“全面推进法治中国建设”。从“全面依法治国”到“全面推进法治中国建设”，中央提法的发展丰富了法治发展的内涵。“全面推进法治中国建设”实际上强调了依法治国、依法执政、依法行政共同推进，法治国家、法治政府、法治社会一体建设，另外加上了国家法治、地方法治、社会法治协调发展。虽然文件里面没有直接这样说，但是从习近平主席的关于四中全会决定的《说明》和后来的一系列讲话中，我们是可以合乎逻辑地推导出来要国家法治、地方法治、社会法治协调发展的。这里的“地方法治”也可以理解成一个包含地区法治、区域法治的概念，所以这里的“地方”不是行政区划的严格意义上的省、市、县，而是一个“区域”。有行政区划的区域，也有跨行政区划的区域。这是中国法治进入“新常态”所必然包含的内容。也就是说，“十三五”规划使我们进一步看到了中国法治的“新常态”。还有非常重要的内容，就是中国法治的发展被列为“十三五”规划的重要目标和重要任务。关于中国法治怎么样发展，怎么样提升质量，怎么样使中国法治更有生命力，使其在经济社会发展、国家治理、社会治理当中发挥更大的作用，“十三五”规划也提出了根本的思路。这就是“创新、协调、绿色、开放、共享”发展，这“五大发展理念”对法治发展也是完全适用的。如果说，“五大发展理念”是关乎我国发展全局的深刻变革，那么它也必将引发法治领域的时代变革。我们要拥抱这个深刻变革，要以实际的理论探索、制度设计和实践行动来推进这样一个深刻变革。在这样一个法治变革过程当中，区域法治的发展也将迎来重大变革。

第三，进一步夯实了区域法治正当性的学理基础。本次会议上，南京市社会科学院的朱未易教授讨论了区域法治何以可能和何以正当的问题，并进行了很深入的论述。特别是西南政法大学的资深法学家文正邦先生所撰写的有关区域法治建设和研究的场域问题的论文，他在精华版的会议主题发言中，对这个问题说得很清楚、透彻。我想，“区域法治”这个概念经过这次会议的研讨交流，必将在中国法学界得到更为广泛的接受，也会逐步得到官方的肯定。对此,我还是有信心的。历史将会证明,“区域法治”这一变革性的概念,对中国的区域经济社会发展、中国特色社会主义法治体系建设,都将产生深远的、积极的意义。也许现在人们还有疑问,对这个概念的科学内涵可能还有一些不清楚,但随着我们的研究和传播,“区域法治”这个概念必将名正言顺地进入党和国家的文件,进入教科书。现在写这样的论文当然没问题,但教科书是要把成熟的、公认的观点写进去。我想,将来法理学界共同努力,争取把“区域法治”概念写进法理学教材。

第四,积极探讨了区域法治、区域立法的制度建构问题。在我们已经提出“区域法治”的概念和理论,而且区域执法、区域司法已经存在并不断发展的前提下,怎么样去推进区域立法,这是个问题。刚才董保城教授在发言中提到,中国东三省的人民政府已经草拟了“东北三省政府立法协作框架协议”,这是区域立法的一个大胆探索。我想,有政府法治这方面的协作框架,也必然会发展到地方人大立法当中的协作,进而会形成区域法治协作、区域法治一体化的格局。文正邦教授还提到了区域法治入宪问题、区域立法先行先试问题,甚至还对“区域法治”这个概念如何入宪提出了具体的条文建议。这样一种在理论论证基础上的制度设计,是很有意义的。有很多事情啊,咱们不要想着不可能。在2004年“国家尊重和保障人权”入宪之前,谁能想到人权能够入宪。大家也注意到,“十三五”规划里面讲到,“人权得到切实保障”,“产权得到有效保护”。在这之前,谁能想到,人权,物权或者叫产权作为现代法律体系的两大支柱,一个进入了宪法,一个进入了党的最高文献和最高国家权力机关的决定中。所以,我觉得很多事情都是可能的。只要是发展进步的事情,在中国都有可能成为现实。我们要坚持不懈的努力。

第五,对区域治理中的政府法治问题进行了深入的讨论。这里既有理论的思考,也有实践的反思,还有经验的总结。我注意到,像东南大学的李煜兴教授、广东外语外贸大学的朱最新教授,还有浙江大学的钱弘道教授,都谈到了这样的问题,也研究了区域行政法治问题,区域政府之间的府际合作治理问题等。我觉得,无论是国家治理还是社会治理,主体都是政府。因为我们国家和社会治理的格局是党委领导、政府负责、公众参与、法治保障,所以政府是治理的主体。区域社会治理、区域公共事务的治理,包括区域的经济治理、文化治理,政府都是主体。因此,政府是不是依法治理,是不是推进治理的法治化,还是说停留在治理的行政化层面,这是对法治政府的考量,也涉及对法治中国的评价。本次与会学者介绍了这方面的很多案例,也有很多专家就区域治理当中的法治政府建设提出了指标体系和考核标准,这也是非常大的收获。

第六,在区域治理与国家治理的关系上有了新的认识。这个新的认识来自俄罗斯学者、美国学者、英国学者、澳大利亚学者,他们给我们带来了域外的经验。国家治理和社会区域治理之间有一种紧张关系,但也可能成为一种和谐关系。在中国,原本中央和地方的关系就很复杂。这里的地方主要是指省、市、县这样一种行政区划。如果说中央和区域的关系,那就更加复杂了。在这方面我国还没有明确的法律规范,所以说处理区域治理和国家治理的关系,我们还需要进行制度探索。除了我们讲的立法权、行政权问题上的中央和地方关系问题,还有司法权上的问题。还有美国西北大学的本内特教授对美国区域治理的介绍,以及一些学者在刑事司法、民事纠纷解决方面,都提供了很多的区域性治理经验,都是很值得去思考的。区域治理与国家治理的关系在中国是个老大难的问题,在全世界范围内也是个不断完善的过程。本次会议在这个方面提出了问题,也有了一些初步的看法。

第七,关注到区域治理中的法律与科技问题。譬如说,来自澳大利亚的霍博恩教授就讲到了智慧城市问题,有的学者谈到了透明中国问题,还有杨力教授讲到互联网、物联网、云计算、大数据、卫星定位等问题。这些现代信息技术的运用,肯定会使区域治理更加科学化、精准化。但另外,科技成果的运用是“双刃剑”。它会使我们的隐私权、信息安全,甚至会使我们的生存感,都受到一种挑战,进而发生信息安全危机乃至人权危机。这就成为区域治理、国家治理、政府治理面临的新问题,并成为国家尊重和保障人权的新话题。所以,怎么处理好科技手段运用于社会治理、国家治理、区域治理时所不可避免地出现的负面问题,这是一个悖论。一方面要利用科技的手段,使治理科学化、精准化;另一方面又要把它限制在信息安全、人权保障的范围之内。我觉得,在人权问题上,技术永远应当处于第二位。不能让科技主宰人类,甚至突破人权底线。

第八,从中国近代租界法制研究引申出了区域法治的历史话题。区域法治不是在当代中国刚刚出现的,而是在中国法制现代化初期就有的。甚至可以说,中国法制现代化发端于租界。王立民教授的这一观点,对我们是一个很大的深刻启发。从这样一个历史话题引出了现代话题,使我们进一步思考中国曾经有过的法治特区的历史经验，以及打造完全主权条件下的法治特区有没有可能和必要。我们都知道，中国国务院在批准前海深港现代服务业合作区的时候，明确提出要把前海建设成为中国社会主义法治示范区。中国国家主席习近平非常支持社会主义法治示范区，他在视察深圳的时候还强调，你们要充分利用好社会主义法治示范区的政策，在一些改革开放问题上实行法律上的先行先试。中国江苏省委省政府提出，要把江苏建成为中国社会主义法治的先导区，还有其他一些地方也有类似的提法。特别是中央批准的四个自贸区，全国人大和国务院明确规定暂停或者变通某些法律法规在自贸区的实施，这就赋予了自贸区某种意义上的"法治特区"地位。所以说，法治特区是一种崭新的区域法治模式。这种区域法治模式之所以率先自上海产生，和近代租界法制肯定有必然的联系，这是一种历史的启示。所以我们也期待王立民教授对这个方面有更多的研究，把历史经验转化为对当代可以有所启发和借鉴的研究成果。

第九，区域发展和治理要有全球思维，要注重国家之间区域法治、区域治理的经验互鉴。我们处在全球化的时代，中国是一个主权国家，但相对于世界来讲，也是一个区域。我们国内的任何一个区域，也都是一个全球的空间。区域内的物流，知识产权保护，环境、气候等，都具有全球性，都跨越了区域和国界而成为全球问题的一部分。我们在思考区域发展的时候，不能关起门来。习近平主席强调，不能关起门来搞发展，搞法治，要学习和借鉴国外的好经验。美国、俄罗斯、英国、澳大利亚、德国的同行带来了他们国家区域治理与法治的好经验、好理念。台湾地区学者，特别是董教授从"垃圾大战"的案例讲述了台湾地区地方治理的经验，当然其中也伴随着困惑和混乱。我们将来在区域发展过程中，有没有可能在利益问题上也出现混乱？事实上，省市之间的"高铁大战"已经出现了。本来按照正常的、科学的标准，高铁只通过某一个县是最好的，但另一个县就组织几百上千的民众去游行示威，给政府施加压力，要求改变高铁线路。这样的事情已经发生了，区域发展中的问题已经出现了。怎么去解决？我想台湾地区学者讲述案例还是有启发的。还有澳门学者赵琳琳副教授，讲述了澳门治理中中西文化的冲突与融合，这也是区域治理中的问题。像我们现在讲的区域治理一体化，分成什么发达地区，落后地区。虽然相对来讲，西部都是欠发达的，但是西部的重庆与青海能是一个发展水平吗？应该用什么标准去推进西部开发？这都是我们的研究工作面临的问题。

第十，关于法治指数的科学化。张乐宁教授提到的法治指数的方法论问题，我认为这是个大问题。我们搞法治指数，搞法治的评估，主要是去引导法治建设，引导法治的健康可持续发展，而不是去奖惩。这就是一个真正的思路问题、理念问题。那么这里面，从概念、理论到经验，从思想、制度到实践，都存在评估指数、指标体系怎样变得科学、有效的问题。但是，我们不能陷入一种理想主义，还得管用。我觉得，怎样体现出问题意识、问题导向，这也是方法论上需要面对的问题。

以上就是我从个人的会议感受，利用会议闭幕式时间做的一个小结。这个总结不说挂一漏万吧，肯定是“挂一漏十”。如果有其他专家的好的思想没有总结进来，请大家批评指正。谢谢！

认真对待区域法治发展

公丕祥*

内容摘要:在文明社会法治文明的演进过程中,由于各个国家社会生活条件的差异性,必然形成各具特色的法治发展道路。中国是一个幅员辽阔的东方大国,不同区域法治发展的多样性统一,构成了中国法治发展的运动样式。作为治国理政的区域性依法治理模式,中国区域法治发展不仅反映了法治中国建设的基本轨迹,而且构成了创新区域社会治理体系、推进国家治理现代化的有机载体。在当代中国,推动区域法治发展是一项开创性的法治事业,对于激发区域社会发展活力,探索法治发展的中国道路,有着重要的时代意义。

关键词:法治中国建设;国家法治发展;区域法治发展;区社会治理

不同民族与国家的法治发展道路是迥然有别的,并不存在一个呆板划一的固定的模式。中国的法治发展进程,受到中国社会的、经济的、政治的、文化的、历史的和地理环境的诸方面条件或因素的深刻影响,因而有其独特的历史特点。特别是在中国这样一个幅员辽阔的东方大国,东中西部各个区域之间的经济社会发展水平与状况存在明显的差异性,必然影响或制约着各个区域法治发展的进展状况与实际效果。各具特色、程度不同的区域法治发展的不平衡性,构成了当代中国法治发展进程的区域性的表现形态。这是毋庸置疑的客观的法律发展现象!充分认识这一基本的法治发展状况,无疑有助

---

* 公丕祥,法学博士,南京师范大学法学院教授,博士研究生导师,江苏高校区域法治发展协同创新中心研究员,中国法治现代化研究院研究员;本文系国家社科基金重点项目《当代中国区域法治发展的理论与实践研究》(项目号:14AFX001)的阶段性成果。

于我们深刻把握当代中国的法治国情特点，准确理解当代中国法治发展的固有逻辑，自觉认知中国法治现代化进程的内在机理，进而科学揭示法治中国建设的基本规律，为深入谋划全面推进法治中国建设的战略与策略问题提供可行且可靠的路径选择。

一、法学视野下的区域概念

“区域”，这是一个含义丰富、外延广泛的多层面的综合性概念，在不同的学科领域有着虽然相通但却差异明显的意义表达。20世纪初叶日益兴盛的区域地理学，把地球表面的区域差异作为主要研究对象，极力突出区域在地理学科中的基础性地位。作为区域地理学的先驱者之一，德国地理学家阿尔夫雷德·赫特纳认为一切时代地理学都是关于地球上各种不同空间的知识，亦即“区域描述”或者“区域学”。因而在赫特纳那里，地理学被视为关于地球表面的“区域科学”。[1] 美国地理学家理查德·哈特向在阐述赫特纳基本观点的基础上，进一步揭示地理学中“区域”概念的本质性意义，力图从地理世界的总观念中将某种地区的地理特性予以抽象化，确定地区关联性的主要类型。哈特向的区域概念，不仅考虑到地方上的相似性和差异性，而且涉及地方之间的现象相互关联性，从而“使区域概念成为一个能够应用的锋利技术工具”。[2] 显然，地理学上的区域概念，是我们认识一切区域现象的知识基础。对于法学以及其他学科研究来说，跨越学科之间的鸿沟，推动法学和其他学科与地理学之间的交融，无疑会对我们理解区域概念产生某种发现的功能。区域概念的运用，为现代地理学的研究拓展了广阔天地，也深刻影响了其他学科领域的分析框架，区域经济学、区域政治学、区域社会学、区域文化学、区域人类学、区域历史学等新的学科知识形态，蓬勃兴起，茁壮成长，从而有力推动了区域科学的形成与发展。时下广泛流行的区域经济学，在研究一定区域之内或者区域之间的经济现象时，通常是把一定的经济活动的空间区位及其成因作为这一领域研究的主轴。区域经济学注意区分经济区域与行政区域，认为一国内部的经济发展是不平衡的，工业化更多的是区域现象而

---

〔1〕 参见［德］阿尔夫雷德·赫特纳：《地理学——它的历史、性质和方法》，王兰生译，张翼翼校，商务印书馆2012年版，第159～160页。

〔2〕 参见［美］R.哈特向：《地理学性质的透视》，黎樵译，商务印书馆2012年版，第128页。

不是国家现象，强调区域属于某种经济空间的一部分，“应从某种关联性角度去理解区域，也就是因为存在某种关联性，因而把一些地区视为具有完全相同特征，进而可以把它们整合成某一空间实体，这就是区域”。[1] 区域政治学中的区域概念有着特定的指向，更多地是指以主权国家范围之内行政管辖层级为基础的特定地域单元，这亦称之为行政区域。而一定形态或结构的行政区域的确定，集中反映了国家统治者的政治意志及其取向，体现了国家治理的目标选择与现实需要。如果说区域经济学所强调的是作为基本的经济空间单位的区域概念意义，区域政治学致力于把握主权国家范围内的区域行政辖区属性，那么社会学领域的区域概念则注重揭示区域的社会内涵，尤其是着力分析区域的社会空间形态。当代区域社会学的一个重要研究方向，即在于比较考察作为区域社会空间载体的乡村与城市区域的空间变动或重构与一定的社会经济、政治与文化条件的内在关联。由此，我们愈益认识到以一定的地域条件为基础的乡村社会与城市社会的空间形式及其变迁的独特意蕴。此外，区域性或地域性是文化现象的显著特征之一。不同的地理环境条件，往往会形成各具特质的不同的区域或地域文化。所以，区域文化学关注的乃是文化的区域空间分布状态及其特征。如此等等，不一而足。可见，“区域”概念确乎是一个多面的棱镜体，映现出丰富多样的概念内涵意蕴。

从总体上看，法学视域中的“区域”概念，具有全球意义上的区域和国家层面上的区域之双重意义。在全球意义上，区域不仅意味着以地理因素为基础的空间结构，而更多的是指通过稳定的经济的或政治的协议所建立起来的、一定地域范围内甚至是跨地域的国家之间的经济的或政治的乃至军事的区域性国际组织。民族国家意义上的区域概念具有两层含义：一是指主权国家范围内的以特定行政区划为基本构成的特定地域空间，在当代中国，有省域、市域（设区的市）、县域等不同行政辖区层级；二是指主权国家范围内那些由相邻地域所组成的跨越不同行政区划的空间地域，比如，西部地区，中部地区，东部地区，长江三角洲地区，珠江三角洲地区，京津冀地区，东北地区，等等。

显然，民族国家意义的区域概念，不仅指基于特定行政辖区层级的空间

[1] 参见[法]皮埃尔·菲利普·库姆斯、蒂里·迈耶、雅克·弗兰索瓦·蒂斯：《经济地理学——区域和国家的一体化》，安虎森等译，安虎森校，中国人民大学出版社2011年版，第2页。

地域单元,而且包括跨越行政区划的空间地域单元的集合体。只有这两个层面的区域含义的有机整合,才能构成一个完整的区域概念。对于法学研究来说,这种涵盖以特定行政区划为基础的空间地域单元和跨行政区划的空间地域单元集合体的整体性的"区域"概念,为法学视野下的区域研究设置了统一的场域。"区域"概念的这两个层面的含义各有其特定的价值指向:基于特定行政区划的地域空间单元,表达了不同行政辖区层级之间的纵向空间地域结构;基于跨行政区划的地域空间单元集合体,则表征着不同行政区划之间的横向空间地域结构。这两种不同属性的地域空间单元既彼此区别,又相互联系,共同形成一个内在联结、相互作用、相互依存、不可分割的主权国家范围内的地域空间结构体系。当代中国法学研究无疑应当悉心探讨这两个层面的区域空间结构中的法治状态,并且把它作为一个整体来把握。这是区域法治发展理论研究的必由之路。

应当看到,在"区域"概念系统中,基于特定行政区划的地域空间单元具有基础性的重要地位。这种以不同层级行政区划为基础的地区单元,具有丰厚的法学意蕴,恰恰是法学意义上的"区域"概念的主体内涵或基本规定。行政区域或政区的设置,是国家治理的基础。国家统治者为了有效地实施对国家疆域的治理,都要按照一定的理念与原则,综合考量经济的、政治的、社会的、民族的、文化的、风俗的、人口的、历史的乃至地理的等诸方面因素和条件,确立一定的行政管辖层级体系,并且把整个国家疆域划分为若干个不同的行政区域或政区。因之,"行政区划是一个国家权力再分配的主要形式之一,也是一个国家统治集团及政治、经济、军事、民族、习俗等各种要素在地域空间上的客观反映"。[1] 在中国,政区体制经历了一个历史严格过程。但是,无论政区体制如何变动与繁复多样,都无法摆脱一定的地理区域因素及其空间状况的深刻影响。以特定范围的地域空间为基础的政区体制,体现着一种独特的社会关系——纵向的行政等级关系,凝结着中央与地方之间有机互动的独特的国家治理价值取向。所以,基于特定政区的地域空间单元,构成了法学视野下区域研究的基本对象。在这里,我们需要着力探讨的乃是处于特定行政区域中的法律生活样态的性质、特征和变动轨迹,深入研究影响一定行政区域法律生活的诸方面因素和条件,描述一定行政区域法律生活变动与

---

〔1〕 参见浦善新:《中国行政区划改革研究》,商务印书馆2006年版,第1页。

国家发展总体态势之间的互动画面。在当代中国社会转型发展的历史进程中,不同的行政区划或不同层级的行政区域的法治发展,往往显现出不同的法治生态状况,反映出不同的法治发展水平。这一现象在很大程度上体现了中国经济社会发展的不平衡规律。由此,我们即可发现不同的行政区划之间的法治发展状态以及同一行政区划中的不同行政层级区域中的法治空间的历史差异性。不仅如此,处于不同行政管辖层级之中的行政区域之法治发展特点及其表现形态,亦往往显示出不同的运作机理。在一个主权国家范围内,不同的行政管辖层级担负着不同的行政与社会治理职责,因而不同行政层级区域的法治发展的主体与客体、规模与空间、动态与机理等,乃是迥然相异的。省域、市域和县域的不同层级行政区域的法治状态及其空间特性、功能指向与评价尺度,既相共通,又相殊分。此外,一些行政区域还具有某种特定的经济、政治与社会功能,如经济特区、民族自治区域等。因之,研究不同行政管辖层级的行政区域法治状态、同一行政管辖层级的不同行政区域法治状态、以及赋予某些行政区域以特定功能的行政区域法治状态,构成了区域法治发展问题的研究重点所在。这充分表明,讨论"区域"概念,绝不能离开主权国家内的基于特定行政区划的地域空间单元。

当然,我们表达"区域"概念,同样不能丢却跨行政区域的特定地域空间单元。一般来说,此一层面的"区域"概念含义,大致以三种型态表现出来:(1)它是指跨行政区域的特定经济区域。比如,在当代中国,有西部经济区域、中部经济区域和东部经济区域等。西部大开发战略、中部崛起战略和东部率先发展战略,正是党和国家基于这样的地域空间单元所提出的国家区域协调发展重大战略。中共十八大以来,国家区域发展总体战略又有了新的升华。党和国家相继推出了京津冀地区协同发展战略、长江经济带发展战略,而新丝绸之路经济带和新海上丝绸之路的"一带一路"发展战略,则把国家层面的区域发展战略与全球范围的区域合作格局有机地联结在一起;(2)它也是指跨行政区域的一定社会区域,其典型形态是一定地域空间范围内的乡村社会区域和城市社会区域。乡村与城市这两大社会区域,蕴含着殊为深厚的法治意义,期待着有志的人们去努力开掘;(3)它还是指跨行政区域的一定的文化区域。文化现象的显著特征之一便是地域性或区域性。不同的地域空间状况,往往会形成各具特质的不同的地域或区域文化。一定的地域或区域文化,反映了文化的区域空间分布状态。有的学者认为,研究地域文化,实际上就是研究文化的空间分布及其特征。在中国,地域文化是指按地域划分的中国文化的若干分支。地域性是中国这个幅员辽阔的大国的特点,是中国文化丰富多样的重要表现。[1] 不同文化区域的法治状态及其差异性,显然是区域法治发展研究的重要对象。

总之,法学视野下的"区域"概念,不仅是指基于一定行政区划的空间地域,而且涉及基于跨行政区划的空间地域。[2] 舍去了其中任何一个方面,都难以构成民族国家范围内的法学意义上的"区域"概念。

二、国家法治发展与区域法治发展

一般来说,区域法治发展是与国家发展发展相对而言的。按照法制现代化理论的分析框架,国家法治发展是一个国家的法制从传统走向现代化的转型变革的过程,反映了国家现代化的运动趋向。因之,国家法治发展与国家发展或国家现代化处于同一历史进程之中,构成了国家发展或国家现代化的法律制度基础与法律价值依托。所以,我们要从国家发展或国家现代化的意义上把握国家法治发展的内在逻辑。

国家发展及其现代化以及与此相关的国家治理现代化,为国家法治发展设定了全新的制度取向与价值准则。国家法治发展是国家发展的重要内容,是在中央政府的主导下致力于建立覆盖于全国范围的法治秩序的国家法律创制与法治实施的过程,进而实现国家对总体社会的有效的法律治理,增进国家法治及其现代化的事业。因此,国家法治发展具有自身基本的规定性。第一,它属于国家发展的范畴。在现代社会,国家发展乃是一个以国家制度发展为核心的国家生活规范化、民主化、法治化的过程,在很大程度上反映了国家制度、国家行为与国家生活价值准则的深刻变革。国家法治发展构成了国家发展的不可或缺的重要组成部分,进而成为国家制度发展的基础和本质

[1] 参见袁行霈:《〈中国地域文化通览〉总绪论》,载王志民、徐振宏主编:《中国地域文化通览·山东卷》,中华书局 2013 年版,第 12 页。

[2] 参见叶必丰等:《行政协议:区域政府间合作机制研究》,法律出版社 2010 年版,第 28~29 页;张文显:《变革时代区域法治发展的基本共识》,载公丕祥主编:《法制现代化研究》(2013 年卷),法律出版社 2014 年版,第 28 页;夏锦文:《区域法治发展的基础理论研究构架》,载公丕祥主编:《法制现代化研究》(2013 年卷),法律出版社 2014 年版,第 45 页;文正邦:《法治中国视域下的区域法治研究论要》,载《东方法学》2014 年第 5 期,等等。

要求。随着国家生活的变动与发展,国家法治生活也必然发生相应的变化,并且以其能动的方式积极作用于国家发展的进程。离开了国家法治发展,国家发展就失去了主体内容,国家制度发展就无法有效地推进,国家生活的转型变革也就缺乏应有的活力与动力。第二,国家法治发展与国家有机体的建构内在相联。我们知道,国家生活是一个具有多层次结构的、通过内在矛盾的解决而发展着的,并且在自我调节的基础上来发挥功能的有机系统。国家生活的运转在客观上要求具有国家法律规则体系,以满足国家生活运行的一般需要。国家法治发展实际上就是指国家法律规则体系按照一定的方向和目标,把国家生活纳入一定的法治化的轨道和秩序之中,建立起符合现代国家发展方向的现代国家法治秩序,从而有效地维护国家有机体的存在与发展。中共十八届四中全会决定把建设中国特色社会主义法治体系、建设社会主义法治国家确定为全面推进依法治国的总目标,这对于夯实当代中国国家有机体的法律规则制度体系基础,有着重大的意义。第三,国家法治发展与国家治理现代化密切相关。人们通常把国家治理现代化看作政治现代化的基本表征。实际上,国家治理现代化乃是国家发展及其现代化的集中体现,它意味着国家制度体系和国家制度体系执行能力的现代化。[1] 在这里,作为国家制度体系之基础的国家法治发展状况,在很大程度上制约着国家治理现代化的进展和实现程度,影响着国家治理现代化进程的运动方向。因此,推进国家治理现代化,必须首先重视国家法治发展及其现代化,把国家治理体系构筑在坚实的法律制度基础之上,悉心谋划国家法治发展的战略与策略。只有这样,国家发展的进程,国家有机体的建构以及国家治理现代化的实现,才具有现实的可能性。在当代中国,国家法治发展的基本目标,就是要全面推进依法治国,加快建设法治中国。作为国家法治发展的目标指向,法治中国意味着国家建设与发展的法治化抉择,意味着法律体制、制度与机制的深刻转型,意味着法律机构与组织的历史性重构,还意味着法治理念与原则以及法律行为的价值重塑,确立起一种新的法律秩序以及法律正义标准及其运行机制,给新的国家与社会生活系统提供有效的规范、制度与价值体系的支持,因而也意味着中华法律文明价值体系的时代创新,——这无疑是 1978 年

---

〔1〕 参见习近平:《切实把思想统一到党的十八届三中全会精神上来》,载《求是》2014 年第 1 期。

以来当代中国伟大的法律革命的深化与升华。

区域法治发展是国家法治发展进程在一定区域内的具体的历史的展开。在当代中国，区域法治乃是实施依法治国基本方略、推进法治中国建设的有机组成部分，是在国家法治发展进程的基本要求的基础上，根据区域发展的法律需求，运用法治思维和法治方式推进区域社会治理现代化的法治实践活动。由此，我们可以看出，区域法治发展实际上是在遵循国家法治发展的总体方向的前提下，适应特定空间范围内的区域发展的现实需求，建构有机协调的区域法治秩序，推动区域发展的法治进程，因而是治国理政的区域性依法治理模式。[1]

因之，区域法治发展的基本特征在于：

首先，区域法治发展是国家法治发展的有机组成部分。在当代中国，国家法治发展的基本目标就是要推进法治中国建设，实现中国法治现代化。所以，从本质意义上讲，法治中国昭示着国家法治发展趋势和走向，这意味着中国法律系统及其法律价值体系的深刻转型，呈现出从法律观念、法律制度到法律实践、法律行为的各个领域变化的多方面进程，进而在全球法治发展进程中重构具有鲜明的中国风格的法律制度与准则系统。很显然，作为国家法治发展以及法治中国进程的有机构成要素的区域法治发展，乃是国家法治发展以及法治中国建设在国家的特定区域范围内的具体实现，是在从传统的总体社会向现代的多元社会转变的进程中国家法律系统转型与变革在特定区域的历史性展开，因而并不存在一个脱离国家法治发展以及法治中国建设的历史进程而孤立自在的区域法治发展。这充分表明，区域法治发展乃是当代中国国家法治发展的命运共同体，法治中国建设导引和规制着区域法治发展的运动方向，区域法治发展必须以法治中国建设的总体战略为依据和准绳，必须以维护国家法治的统一和权威为基本前提。在建设法治中国、推动国家法治发展的进程中，不同区域法治的运动发展汇聚为一股内生性的强大力量，不可遏制地推进着法治中国建设大潮汹涌澎湃、奔腾向前。

其次，区域法治发展是区域发展的推动力量。发展是当今世界的主旋律之一。在主权国家的范围内，发展问题亦已经成为社会生活领域的本质性的

---

〔1〕 参见张文显：《变革时代区域法治发展的基本共识》，载公丕祥主编：《法制现代化研究》(2013年卷)，法律出版社2014年版，第28页。

趋势。不同区域之间的发展进程呈现出独具个性的丰富多彩的运动样式，因而构成个别化的区域发展类型。也就是说，区域发展是国家发展进程在一定地域或区域中的实现状态，它在反映国家发展的前进方向和基本要求的同时，集中地表达了特定区域经济社会条件的固有属性，形成具有鲜明的区域特点的发展机理，从而展示出区域经济社会生活的成长趋向。从法权意义上讲，区域发展不可避免地凝结为一定的法权关系，提出相应的法权需求，因而构成区域发展的法权基础。换言之，区域法治发展的实践有力地推动着区域法治的发展与变革。在这一过程中，区域法治发展以其特有的方式，生成或改变着区域发展的法治生态。法律调整的基本功能表征之一就是它的指导性或引导性。社会主体遵循法律的规则之治，可以对自己的行为取向作出合理的预测。在特定的经济社会条件的作用下，区域发展的行为准则问题愈益突出地成为国家和地方政府必须高度关注的重要议题。诚如有的学者所指出的，20 世纪 80 年代以来，在全球化的背景下，对区域发展问题的关注已经从量的问题转移到了质的问题，亦即从对经济增长和对发展的约束的关注，逐渐演变为对生活质量的关注，以及对于可持续发展的关注。这一从增长到发展的转变，促使经济和社会活动者正在重构他们的生产和消费习惯，从而引起区域发展的行为准则的变化。[1] 在这一新的情况下，不仅是作为经济社会活动的规则制定者的国家，而且包括地方及区域性政府，都在试图通过法律的、经济的、行政的诸种调节手段，形成相应的社会调整机制，构造起区域发展的新的行为准则系统，引导区域发展向着更加关注生活质量、更加重视可持续发展的方向健康稳定的运行。因之，在区域发展的进程中，区域发展的行为规则就具有基础性的甚至是关键性的作用。区域法治发展的任务之一，就是要致力于建构一套有利于区域经济社会健康发展的规则体系，借以有效地调节区域社会主体的行为预期，引导区域社会主体向市场和社会提供能够增进区域社会根本福祉的产品，进而为区域发展确立可靠且可行的规则基础。

最后，区域法治发展是建构区域社会法治秩序的法治实践活动。如同整个社会有机体一样，区域社会是一个在自我调节的基础上充分发挥能动作用

〔1〕 参见[英]安迪·派克、安德烈·罗德里格斯－珀斯、约翰·托梅尼：《地方和区域发展》，王学峰等译，格致出版社、上海人民出版社 2011 年版，第 3～4 页。

的区域性的社会系统。它的存在和发展离不开一定的秩序性和组织性，在客观上要求具有相应的调整机制，以满足区域社会生活的一般需要。这种秩序性和组织性是区域社会有机体的内在属性，它不可避免地表现为一定的行为规则体系。因此，所谓区域社会秩序，乃是指区域社会主体按照一定的方向和目标，创设区域性的行为规则体系，以便把人们的行为纳入一定的轨道和秩序之中。这是区域社会存在和发展的客观要求，是区域社会摆脱单纯偶然性和任意性羁绊的基本手段。“这种规则和秩序本身，对任何取得社会固定性和不以单纯偶然性与任意性为转移的社会独立性的生产方式来说，都是一个必不可少的要素。这种规则和秩序正好是一种生产方式的社会固定的形式，因而是它相对摆脱了单纯偶然性和单纯任意性的形式。”[1]没有这种规则和秩序本身，区域社会生活就会处于混乱不安的状态之中。作为国家法治体系的有机组成部分的区域法治，力图通过体现秩序性和组织性的要求的区域社会规则体系，来安排行为、调整关系，从而确立起有利于区域社会协调平衡发展的区域社会法治秩序，使区域社会成员摆脱单纯偶然性、任意性的羁绊。在当代中国，区域法治发展就是通过调整个人与社会之间的关系，赋予区域社会主体以一定权利并承担相应的义务的方式，进而达到调整区域社会生活关系的目的，建构一个既充满活力又和谐有序的区域社会法治秩序，推动区域社会蓬勃发展、不断成长。

综上所述，在全面推进依法治国、加快建设法治中国的现时代，区域法治发展具有特殊的价值意义。实际上，在中国特色社会主义法治建设的伟大事业中，国家法治发展与区域法治发展这二者是一个内在关联、相辅相成、不可分割的法治共同体系统，反映了当代中国法治运行的基本状况。它们之间的协调发展状况，往往成为衡量当代中国法治发展水准的基本评价尺度，对于推进法治中国建设的历史进程具有重要的影响。因此，中国特色社会主义法治道路内在地蕴含着国家法治发展与区域法治发展协调推进的基本要求。中共十八届四中全会决定从建设中国特色社会主义法治体系、推进国家治理现代化的战略高度，高度重视区域法治发展与区域社会治理现代化问题，提

---

〔1〕 参见《马克思恩格斯全集》（中文第2版第46卷），人民出版社2003年版，第896~897页。

出要完善立法体制，明确地方立法权限和范围，依法赋予设区的市地方立法权；[1]完善不同层级政府特别是中央和地方政府事权法律制度，根据不同层级政府的事权和职能，合理调配执法力量；探索建立跨行政区划人民法院和人民检察院，办理跨地区案件；推进多层次多领域依法治理，深入开展多层次多形式法治创建活动，进而提高社会治理法治化水平；并且提出把法治建设成效作为衡量各级领导班子和领导干部工作实绩的重要内容，纳入政绩考核体系，等等。这必将对当代中国区域法治发展产生极大的推动作用。

三、区域法治发展的功能取向

在当代中国，推动区域法治发展是一项开创性的法治事业，是建设法治中国的历史进程的必然要求。政府主导推进、社会广泛参与的区域法治发展进程，与区域社会治理现代化的进程内在地交织在一起，并且成为创新区域社会治理体系的重要内容。在这里，我们有必要进一步揭示区域法治发展的基本功能特征。

第一，创新区域社会治理体系。就总体而言，在主权国家的范围内，治理有国家治理与区域治理之分。一般来说，国家治理是指中央政府通过法律的、行政的、经济的等诸种机制和手段，实现对国家与社会生活的有效调控活动，进而把国家与社会生活纳入一个规范化、制度化的轨道之中，创设一个安全和谐的国家与社会生活秩序。在当代中国，“国家治理体系是在党领导下管理国家的制度体系，包括经济、政治、文化、社会、生态文明和党的建设等各领域体制机制、法律法规安排，也就是一整套紧密相连、相互协调的国家制度”。[2] 如同国家治理是一个有机的系统或体系一样，区域治理乃是国家治理体系的不可或缺的组成部分，因而亦构成一个内在相联、有机整合的区域社会治理体系。无论是国家治理体系，还是区域社会治理体系，法治都是重

---

〔1〕 2015年3月15日，十二届全国人大三次会议审议通过《关于修改〈中华人民共和国立法法〉的决定》，规定“设区的市的人民代表大会及其常委会根据本市的具体情况和实际需要，在不同宪法、法律、行政法规和本省、自治区的地方性法规相抵触的前提下，可以对城乡建设与管理、环境保护、历史文化保护等方面的事项制定地方性法规”（第72条）。这就把党的十八届三中、四中全会精神用国家法律的形式确认下来，具有重大的现实意义和深远的历史意义。

〔2〕 参见习近平：《切实把思想统一到党的十八届三中全会精神上来》，载《求是》2014年第1期。

要的基础。推进国家治理体系的现代化,在很大程度上取决于法治现代化的实现程度。而中国法治现代化是在特定的时空条件下展开的,区域法治发展乃是这一进程的重要表现形式和实现途径。因此,推进中国法治现代化,进而在此基础上推进国家治理现代化,离不开区域法治的形成和发展,也离不开区域社会治理体系的创新发展。推动区域法治发展的功能性目标,旨在于通过区域法治建设的加快推进,为区域社会治理体系的建立和完善提供坚实的法治基础,从而进一步创新区域社会治理体系,使之能够有效应对转型时期区域社会治理所面临的严峻挑战,引领和推动区域社会的健康稳定发展。

第二,激发区域社会发展活力。在国家与社会现代化的进程中,如何处理好活力与秩序的关系,努力建构一个既充满生机与活力,又安定和谐有序的社会生活共同体,这是需要我们认真对待的一个重大问题。中共十八届三中全会强调:“创新社会治理,必须着眼于维护最广大人民根本利益,最大限度增加和谐因素,增强社会发展活力,提高社会治理水平。”〔1〕在这里,形成一个社会成员权利与义务相平衡的国家治理的规范制度体系,对于调动社会成员创造热情,凝聚社会共识与力量,引导社会主体有序参与,从而激发社会发展活力,有着特殊而重要的意义。〔2〕 而法律调整机制无疑也是增强社会生机与活力的基础与保障。法律调整的一个基本功能,在于通过授权性规范的制定与施行,充分调动社会主体的积极性、能动性和创造性,进而使社会活力竞相迸发。推动区域法治发展,就是要善于通过地方性法规、地方政府规章等法治机制,充分运用授权性规范以及法治激励机制,最大限度地增加社会和谐因素,最大限度地减少社会的不和谐因素,赋予社会主体创造社会财富、促进自身发展的重要权能,从而在规范与制度的框架下让一切创造财富的源泉充分涌流,推动区域经济社会的创新发展、协调发展、绿色发展、开放发展、共享发展。因之,重要的是要正确认识和处理好政府与市场、政府与社会的关系,进一步革新政府治理体制与机制,推动政府职能转变,发挥市场在资源配置中的决定性作用,确立公民和社会组织的自主与自治地位,建立与发展政府、市场和社会三者平衡协调、良性互动的规范制度体系,有效提升社会治理

〔1〕 参见《中共中央关于全面深化改革若干重大问题的决定》,人民出版社2013年版,第49页。

〔2〕 有的学者主张,在当前利益多元化、文化多样化的条件下,国家治理要统筹兼顾公共利益与个人利益,让公民和社会组织充满生机活力,使社会保持动态平衡稳定状态。参见江必新:《推进国家治理体系和治理能力现代化》,载《光明日报》2013年11月15日。

水平。在这方面,致力于创新社会治理、激发社会活力的法治发展之区域性经验,殊为弥足珍贵,需要深入总结和运用。[1]

第三,深化区域法治创建活动。建设法治中国,推进国家与区域社会治理现代化,必须高度重视区域法治创建活动。区域法治是实施依法治理基本方略、推进法治中国建设的有机组成部分,是在国家法治发展的总体方向和基本要求的基础上,根据区域经济社会发展的法治需求,运用法治思维和法治方式推进区域社会治理现代化的法治实践活动。当代中国区域法治发展的实践表明,开展区域法治创建活动,对于加强区域法治建设,推动区域法治发展,有着重要的意义。深化区域法治发展,可以把区域法治创建活动提升到一个新的层面,丰富区域法治创建载体,整合相关法治资源,围绕涉及公众切身利益,事关法治建设的实际问题,加大组织推动力度,探索建立科学的区域法治建设指标体系和区域法治创建活动考核标准,建立健全统一协调的区域法治创建工作机制,形成区域法治创建工作的有机活力,不断提高区域法治创建活动的实际效果。不仅如此,深化区域法治创建活动,亦是提升区域社会治理能力的有效途径。实现国家治理能力现代化乃是全面深化改革的总目标之一,这对提升区域社会治理能力提出了新的更高的要求。推动区域法治发展,一个重要的任务就是要有效增强国家法律制度在区域范围内的实施效果,提高法律制度的执行力,这是提升区域社会治理能力的关键所在。因此,要通过区域法治创建活动的深入开展,着力提高社会治理主体运用法治思维和法治方式推动改革、促进发展、化解矛盾、维护稳定的能力,把区域社会治理纳入规范化、制度化的轨道之中,进而切实增强制度的执行力和公信力,促进区域社会治理状况的不断改善。

第四,优化区域法治发展环境。在当代中国的深刻社会变革进程中,"促进社会公平正义,增加人民福祉"已经成为全面深化改革的出发点和落脚地,[2]这必将为法治中国建设与区域法治发展提供基本的价值准则。因之,推进区域法治发展,要把维护社会公平正义、增进人民福祉作为根本的出发

---

〔1〕 有的学者认为,加强国家治理体系现代化的战略研究,一方面要站在国家和民族根本利益的高度,进行全面性的统筹规划;另一方面还应注意总结地方治理改革创新经验,及时将优秀的地方治理创新做法上升为国家制度。这一见解是很有道理的。参见俞可平:《治理现代化应突破利益藩篱》,载《人民日报》2013年12月11日。

〔2〕 参见:《中共中央关于全面深化改革若干重大问题的决定》,人民出版社2013年版,第3页。

点和落脚点，着力优化区域法治发展环境，为区域经济社会创新发展提供坚强的法治保障。一是要在优化区域立法发展环境方面下功夫，健全完善地方立法体制机制，依法有效行使设区的市地方立法权力，深刻反映和表达区域现代化进程的法治需求，进一步加强创制性的地方立法，充分发挥地方立法在区域法治发展进程中的引领和推动作用。二是要优化区域行政法治环境方面下功夫，加快建设区域法治政府，加强区域政府规范创制工作、区域行政执法规范化建设和区域行政监督，全面提高区域依法行政水平，把区域政府治理的各项措施落到实处。三是要在优化区域司法环境方面下功夫，深入开展国家司法改革的区域试点及其经验总结工作，致力于实现有效率的司法公正，不断提高区域司法工作的社会公信力。四是在优化区域法治文化环境方面下功夫，针对区域经济社会发展的具体特点，创新区域法治教育机制，深化区域法治文化建设，着力培育全民法治信仰，努力打造区域法治文化软实力，积极营造加强区域法治建设、推动区域法治发展的良好氛围。

四、推进区域法治发展的重要意义

全面依法治国，建设法治中国，必须高度重视区域法治发展。在不同的经济发展水平、社会结构、历史进程、文化传统和地理环境等因素的影响和作用下，当代中国不同区域间的法治发展形成了历史的差异性，这是中国这样一个东方大国的经济社会发展不平衡规律在法治建设领域中的集中体现。各具特色、程度不同的区域法治发展的不平衡性，构成了当代中国法治发展进程的区域性的表现型态。因此，深入推进区域法治发展，对于全面推进依法治国、加快建设法治中国具有十分重要的意义。

第一，推进区域法治发展，是探索法治发展的中国道路的必然要求。法治发展是一个世界性的进程，尽管这个进程在不同国度的历史命运是不同的，但是作为一种法律生活成长的趋势，却是不可避免的，而且在很大程度上具有不可逆性。不过，我们应当清醒地看到，不同民族与国家的法治发展道路是迥然相异的，并不存在一个呆板划一的固定的模式。中国的法治发展进程受到中国社会的、经济的、政治的、文化的、历史的和地理的诸方面条件或因素的深刻影响，因而有其独特的历史特点。特别是在中国这样一个幅员辽阔的国度，不同地区之间的经济社会发展水平具有鲜明的不平衡的特点，从而造成各个区域法治发展状况的差异性。因此，区域之间法治发展的历史差异性,成为中国国家法治发展进程中的一个突出的客观实在,亦在很大程度上成为中国法治现代化的模式变量之一。这就需要我们悉心把握中国法治现代化进程的内在特质,探索法治发展的中国路径选择,确立推进中国法治现代化的现实基点,进而为走出一条具有中国特色的法治发展道路作出不懈的努力。

第二,推进区域法治发展,是实现当代中国区域社会治理现代化的有效途径。从总体上看,治理有全球意义上的区域治理与主权国家意义上的国家治理范围中的区域治理之分。就后者而言,作为与国家治理既密切相关又有所差别的地区性的治理体系,区域治理更具有基础性和根本性,构成了国家治理体系的有机组成部分和重要的前提性因素。中共十八大报告第一次在我们党的文献中正式提出"国家治理"的概念;〔1〕中共十八届三中全会决定则明确提出"推进国家治理体系和治理能力现代化",强调要"改进社会治理方式",坚持系统治理、依法治理、综合治理、源头治理;〔2〕中共十八届四中全会进一步提出要"推进多层次多领域依法治理","提高社会治理法治化水平"。〔3〕这就把国家治理现代化的重大议题提到了改革时代党和国家的战略议程之中。在这里,如同国家法治发展在推进国家治理现代化中所具有的重要地位一样,区域法治发展与区域社会治理现代化乃是同一个时代进程的两个不可分割的方面,二者的有机互动构成了当代中国国家治理现代化的强劲动力,也是区域经济社会发展的前进方向与基本保障。因此,持续不断地推进区域法治发展,不仅可以夯实国家治理现代化以及国家法治发展的区域性基础,而且对于引领和推动区域社会的健康发展,实现区域社会治理现代化具有至关重要的作用。

第三,推进区域法治发展,是保障国家区域发展总体战略顺利实施的内在需要。制定国家区域发展战略,实施区域发展规划与政策,进而推进区域协调发展,这是当今世界各国普遍面临的一个重大课题与艰巨任务。长期以来,中国政府基于对中国国情与区情的深刻把握,始终高度重视区域协调发

〔1〕 参见《中国共产党第十八次全国代表大会文件汇编》,人民出版社2012年版,第24页。

〔2〕 参见《中共中央关于全面深化改革若干重大问题的决定》,人民出版社2013年版,第49~50页。

〔3〕 参见《中共中央关于全面推进依法治国若干重大问题的决定》,人民出版社2014年版,第27页。

展问题,不断调整和完善国家区域发展战略与政策。改革开放以来,特别是进入20世纪90年代以来,中国政府陆续形成与实施了西部大开发战略、振兴东北老工业基地战略、中部地区崛起战略、东部地区率先发展战略等一系列重大的国家区域发展总体战略。中共十八大报告把“区域协调发展机制基本形成”作为到2020年全面建成小康社会的目标之一加以设定,强调要“继续实施区域发展总体战略,充分发挥各地区比较优势,优先推进西部大开发,全面振兴东北地区等老工业基地,大力促进中部地区崛起,积极支持东部地区率先发展”。[1] 不仅如此,中国政府还从不同地区的特点出发,围绕城市发展与城乡一体化,形成了以城市经济圈或城市群为国家区域发展战略。诸如,长江三角洲地区一体化发展战略,珠江三角洲地区一体化发展战略,京津冀协同发展战略,长江经济带发展战略,苏南现代建设示范区发展战略,等等。中共十八届五中全会通过的《中共中央关于制定国民经济和社会发展第十三个五年规划的建议》,提出“实施脱贫攻坚工程”,把“解决区域性整体贫困”确立为全面建成小康社会新的目标要求之一,尤其是把协调发展纳入五大发展理念体系之中,强调要“重点促进城乡区域协调发展”,“拓展区域发展空间”,“以区域发展总体战略为基础,以‘一带一路’建设、京津冀协同发展、长江经济带建设为引领,形成沿海沿江沿线经济带为主的纵向经济轴带”,进而“塑造要素有序自由流动、主体功能约束有效、基本公共服务均等、资源环境可承载的区域协调发展新格局”。[2] 当代中国国家区域发展战略的制定与实施,在中国大地上汇聚为一股强大的力量,深刻地改变着中国社会的面貌,而其中蕴含着的乃是制度创新的蓬勃生机与活力。[3] 在这里,尤为重要的则是法治的力量。推进国家区域发展总体战略,不仅对国家法治发展提出了相应的要求,中央政府必须从国家发展及其现代化的全局出发,制定和完善有利于国家区域发展总体战略得以实施的法律制度和政策体系;而且对区域法治发展产生了直接的效应,相关区域性的地方政府面临的一项重大任务,就是要在国家法治发展的总体方向的基础上,适应贯彻国家区域发展战略的现实需

---

〔1〕 参见《中国共产党第十八次全国代表大会文件汇编》,人民出版社2012年版,第16、21页。

〔2〕 参见《中共中央关于制定国民经济和社会发展第十三个五年规划的建议》,人民出版社2015年版,第7、8、11、19、33页。

〔3〕 参见黎雨编著:《大格局——变动中的中国区域发展战略布局》,国家行政学院出版社2013年版,第89~90页。

求,通过法治化的方式建立健全保障国家区域发展总体战略有效实施的制度、机制与政策系统,为实施国家区域发展战略营造法治环境。[1] 因之,变革时代的国家区域发展总体战略的形成与实施,对推进当代中国区域法治发展提出了历史性的重大需求。

此外,在推进法治中国建设的时代进程中,高度重视区域法治发展的理论研究,是建构法治发展的中国话语体系的题中应有之义。自19世纪后半叶以来,伴随着域外法律文化与法学话语系统在中国的广泛传播,经过一个多世纪的变迁发展,其间数度转型,中国法学的学科结构与理论系统发生了极具深刻的变化,遂而形成当代中国的法学学科体系与法治话语系统。中共十八届四中全会决定强调,要"加强法学基础理论研究,形成完善的中国特色社会主义法学理论体系、学科体系、课程体系"。[2] 面对着坚持和拓展中国特色社会主义法治道路的伟大使命,以及转型中国法治发展的时代课题,建立和发展中国风格、中国气派的法治话语体系的艰巨理论任务,已经历史性地摆在当代中国法学工作者的面前。从全球范围来看,作为一种国际性的现象,中国的和平崛起引起国际社会的广泛关注与认真对待。研究中国问题(包括法律与法治发展问题),已经和正在成为国际学术界(包括国际智库)的经久不衰的一个热门研究领域。域外的学者企望运用域外的概念分析工具来解释中国法律现象,进而构建一个具有鲜明的域外特点的关于中国法律与法治发展问题的理论模型。对于当代中国法学工作者来说,关注中国法治现象,思考中国法治问题,总结中国法治经验,进而在中国法治实践进程中,逐渐形成具有鲜明的中国印记的法治话语系统,这无疑是一个不可推卸的法学学术责任。而我们所处的伟大的变革时代以及复杂、鲜活且生动的中国法治现代化的革命性进程,亦为当代中国法学工作者担负起这样的学术责任提供了难得的重大时机契机。面对着变革时代的区域法治发展这一法治中国进程中的一项重大法治议程,我们有必要从理论、历史与现实的结合上,深入研究建设法治中国对于推进区域法治发展的全新要求,努力探寻区域法治发展的多样性统一的运动样式。在这一过程中,关于区域法治发展的概念内涵、基本

〔1〕 参见夏勇:《论西部大开发的法治保障》,载《法学研究》2001年第2期。

〔2〕 参见《中共中央关于全面推进依法治国若干重大问题的决定》,人民出版社2014年版,第32页。

性质、客观基础、总体目标、主体内容、价值依归、路径选择、动力机制、功能类型、文化机理、发展模式、评价指数和方法论等问题的深入研究，以及对于法治中国进程中的区域法治发展的典型样本分析和不同区域法治发展的实践探索的比较考察，将会逐渐形成一个全新的理论分析工具系统，借以概括与揭示区域法治发展的一般原理和基本规律，进而拓展和丰富中国特色的法学理论体系、法学学科体系和法治话语系统。

法的系统性与法治：全国层面和区域层面

[俄]沃罗宁·马克西姆·瓦列里耶维奇*

阿依科丽姆·玛簕玛科夫** 译　於海梅*** 校

内容摘要：本文主要探讨法的系统性与法治的问题。这个问题与法律体系的层级架构以及实现法律作为具有最高法律效力文件的实践密切相关。通过法律手段进行社会治理与以下几个方面相关：国家管理组织结构(国家制度形式)的复杂性；国家法律体系中法律规范的层级架构特点；法律精神与法律条文(内容与文本表达)；公法和私法领域的法治；法律的内容与价值。文章展现了决定区域和全国层面管理统一性的法律质量：在法律中反映相应的社会措施；法律的确定性；符合社会需求的法律技术；法律的系统性和权利的体系化。文中从发展的角度定义法治，称其为法动力系统的驱动器。

关键词：法的系统性；法治；法；区域治理；法规范的层级；法律的精神；法律的质量

一、法治原则的实现：问题的提出

解释法治的必要性远比描述这种机制的实施机制简单。法治问题与法的社会本质即社会关系的调节器密切相关。现代社会结构的复杂性、多层次性要求实现法治原则的系统性。

---

* 沃罗宁·马克西姆·瓦列里耶维奇，法学副博士，俄罗斯喀山联邦大学法学院国家与法的理论与历史教研室副教授。

** 阿依科丽姆·玛簕玛科夫，南京师范大学法学院2014级民商法专业硕士研究生。

*** 於海梅，南京师范大学法学院博士研究生，南京师范大学法学院科研机构兼外事秘书、助理研究员，江苏高校区域法治协同创新中心秘书，中国法治现代化研究院研究员。

人类活动的本质首先是实现个人利益,而法治原则应为实现公共利益服务。

同时必须记住,法律是经济发展的重要资源。而法律的这种潜力只有当其作用于各层次社会管理体系的情况下才能实现。这里,法的系统性具有重要意义。

法的系统性是法创设、组织法律秩序体系,并依次在生活中体现法的属性。可以把法的系统性仅仅理解为法律规范的应有联系,但是我们认为,法的系统性是在社会生活中实现法律规范的关系。国家法的系统性要求从其规范的层级关系角度去研究,这样法的要素之间的关系网络,即法的结构将显现出来。整个法律系统工作的效率取决于法结构的质量。

二、什么是"法治"?

经常我们认为法治意味着最高的法律效力,与其相关,法律是作为主管机关适用的文件。但如果我们在运行中看法律,那么显然一切要复杂得多。其复杂性在于必须从生活的不同方面遵守法治原则。我们仅来看以下几个问题。

(一)国家法律体系中规范性法律文件的层级特点。这里,需要以单个国家为例来理解法律规范的层级特点。例如,俄罗斯存在一定的规范性法律文件等级。

联邦文件:俄罗斯联邦宪法、联邦宪法性法律、联邦法律、俄罗斯联邦总统法令和命令、俄罗斯联邦政府决议和命令、部委文件。

区域文件:联邦主体宪法和宪章、联邦主体法律、主体首脑的规范性文件和主体执行权力机关的规范性文件。

市政级:地方自治机关文件。

地方的:地方的规范性法律文件。

这是由于俄罗斯联邦制的特点。

例如,《俄罗斯联邦宪法》第76条规定了全国和区域层面的法律效力:

1. 就俄罗斯联邦管辖的事项通过在俄罗斯联邦全境具有直接效力的联邦宪法性法律和联邦法律。

2. 就俄罗斯联邦和俄罗斯联邦主体共同管辖的事项颁布联邦法律以及根据其通过的俄罗斯联邦主体法律和其他规范性法律文件。

3. 联邦法律不得与联邦宪法性法律相抵触。

4. 在俄罗斯联邦管辖范围外以及俄罗斯联邦和俄罗斯联邦主体共同管辖范围外，共和国、边疆区、州、联邦直辖市、自治州和自治区自行实施包括通过法律和其他规范性法律文件在内的法律调整。

5. 俄罗斯联邦主体的法律和其他规范性法律文件不得与按照本条第1款和第2款通过的联邦法律相抵触。在联邦法律与俄罗斯联邦颁发的其他文件之间相抵触时，联邦法律有效。

6. 在联邦法律与按照本条第4款颁发的俄罗斯联邦主体的规范性法律文件相抵触时，俄罗斯联邦主体的规范性法律文件有效。

在这方面，保障法治和联邦控制程度有很大关系，而控制的机制则是宪法撤销不符合的文件。

《中华人民共和国宪法》第96条、第100条。

个别问题是国际法的问题，其效力由《俄罗斯联邦宪法》（第15条第4款）规定。这里还有一个司法实践的地位和作用问题。例如，在俄罗斯出现一些文章，他们研究将司法文件作为补充性的法律渊源的观点。

（二）法律精神与法律文本。在文本解决某种问题时我们经常可以说是接不上气。法律文本，即便其从法律技术角度看是正确构建的，从确定主体行为标准的角度看应当符合特定的社会管理水平的要求。这里重要的是要理解，法律标准（文本）应当与法的标准有关。制定法律的标准取决于社会的法的体系状况：法律思维体系、法律意识和公民法律文化、法学教育状况。

（三）公法和私法领域的法治。公法和私法不同的保障调整的机制、它们不同的任务和原则要求必须找出专门的手段保障这些法领域内的法治。

（四）法律的内容和价值方面。在很大程度上法律本身的内容决定了其实现，内容应当是社会通俗易懂的，符合社会的迫切需求。法律的价值在于平衡其调整的关系。

这些是研究法治原则应考虑的方面。

三、决定全国和区域管理统一的法律质量

1. 法律中反映相应的社会标准。

2. 法的确定性。

3. 相应的、符合社会需求的法律技术。

4. 法律的系统性、法的系统性。

我们单独关注一下法的系统性和法律的系统性。法的系统性和法律的系统性,作为法的表现形式,其法的系统性的基础是一致的。包括:

(1)系统相互作用中的社会关系;

(2)法的国家意志性、法律政策;

(3)法律原则。

相互作用中的社会关系是法的系统性的第一基础,它们为所有社会规范的运行搭建平台并决定法的国家意志性,让法的资料充满调整内容。由于社会关系相互作用使得彼此功能依赖,法便产生一体化关系。在这种相互作用的过程中产生社会生活领域要素之间最初的分化和整合关系。这对法产生直接的影响,这时它是次生秩序的社会系统。

值得注意的是,在解决原生和次生社会系统的相互关系时,重要的是要考虑法律介入之外,亦即排除法的干预,出现的经济、政治、社会和精神关系与法作用于社会关系而产生的关系之间的关联。上述问题的解决促使关于法的系统性根本基础的主要属性话题的产生,确立这些基础在系统构成的全社会过程中的地位。

在社会生活领域中发生着不同程度的社会系统一体化。这里,原生和次生社会系统共同运行。最终结果是,社会生活不同领域社会关系的相互作用在另一种次生秩序的社会关系中,相对于法而言即法律关系中,找寻着自己的表达。

国家政权的意志和法律政策的相互作用是法的系统性的基础,体现着法和国家功能的相互关系。体现国家与法的功能的国家意志反映在法律政策中,掌握社会环境的客观条件,对法律系统的内容和结构产生影响。在出现国家活动的新方向时会产生法律系统的变革,这揭示出法律系统的这些基础:相互作用的社会关系、法的国家意志性和法律政策。

国家政权的意志作为法的系统性的基础,可以把法律规范与其他社会规范结合起来、构建持久稳定的社会调整系统。

法律原则是法系统性的专门法律基础,其自身处于系统的相互作用中,是法律系统的产物,既对法的系统也对社会的整个法律体系产生影响。法律原则在系统统一中,对于法而言发挥着系统组织功能,它们是和谐秩序固有的关联系统。法律原则是微系统产物。每个单独的法律原则具有自己的结构及其功能。法律规范不同程度的整合原则(法律共有的、部门法之间的、部门法内部的等)对于法律系统的稳定意义相同,具有同样的系统构建意义。

四、区域实践是全国立法有效性的标准。要理解区域实践的作用和影响，它是完善全国立法的驱动器

五、总结

法治及其进程。法律发展的驱动器：传承、司法实践、法律科学。比较对话。

地方法治与辅助原则

[美]於兴中*

内容摘要:本文认为,法治既是抽象的概念也是具体的问题。在地方法治建设中一个重要的原则是辅助原则,即凡是最小的单位能解决的问题,较高一级的单位就不该插手。而当下级单位遇到难以解决的问题时,上一级单位就应施以援手。这一原则可以适用于政治法治、商业法治,乃至网络法治。

关键词:地方法治;辅助原则;政治法治;经济法治;网络法治;自治权

一、简介

有关法治及其相关问题的研究文献真可以称得上浩如烟海。有所谓自然法学派的法治观,实证主义的法治观,自由主义的法治观,社会法学派的法治观,现代主义的法治观,后现代主义的法治观等,不一而足,使人无所适从。从任何一种观点出发都可以说出一番自圆其说的道理来,但无论哪种说法,最终都会落脚在几个古老而常新的命题上。

法治的观念最初产生时不过是一种理想,即用预先制定好的法律规则指导并约束人的社会行为,以避免人的任意性。因为法律对每个人都一视同仁,每个人也就有义务服从法律。对统治者是如此,对一般人也是如此;任何人都不可以逾越法律而自行其道。从这种理想出发,产生了法治的若干原则,诸如法律至上原则,法律面前人人平等原则,以及无罪假定原则和罪罚相

---

* 於兴中,美国康奈尔大学法学院王氏中国法讲席教授,杭州师范大学法学院、西北政法大学兼职教授。

适应原则等。法治的理想和原则给法治的实现提供了可能性,但有了理想和原则并不意味着就能实现法治。如果没有体现法治理想和法治原则的制度和实践,很难想象这种理想和原则能够流传下来。故此,一个成熟的法治体系往往会拥有专门的立法机构,高度独立的司法机构,认真而负责的执法系统,和训练有素的法律业务从业人员。

然而,归根结底,实行不实行法治,法治意识强不强等,主要还要看法律实施的具体事例。法治存在于具体的场景、地方、问题及案件之中。从中央的角度谈法治,是抽象的法治;而从地方的角度出发,法治是具体的法治。具体的法治不是书本上的法治,而是活的法治。比较理想的是抽象法治和具体法治的有机结合。中国的法治如果能从中央到地方,从地方到地方,走出一条抽象与具体相结合的道路,很可能会形成一种中国特色。

本文认为,在地方法治的建设中,辅助原则可以扮演十分重要的角色。简言之,在一个社会中直接影响人民生活的决定,原则上应由最接近个人的小单位来做,只有在他们做得不够好时,才由大单位加以协助;辅助原则是一种“自下而上”的组织原则。地方政府承担解决地方问题的责任;只有当地方政府需要上级或中央政府支持的时候,上级政府或中央政府才能进行干预。也就是说,越是在国家结构的下层,离事实、问题越近,越具有处理的优先权,政府层级越高,越具有辅助性。

本文以辅助原则的概念入手,进而指出了它与政治法治、商业法治以及网络法治建设的各种联系及其重要性。

二、辅助原则

辅助原则的基本内涵可以概括为:(1)个人既是社会的渊源,亦是社会的目的,因而具有优先性;(2)个人只有通过各种社会关系和所在的社区才能得以发展,因而,各种社会关系和社区必须为个人的发展提供必需的条件;(3)根据同样的道理,上位社区必须为下位社区提供同样的条件;(4)各层级都应 提倡各人的责任感;(5)在各层级及各种规模的能力分配方面,辅助原则起调整的作用(Maldonado,1997:75)[1]。

---

〔1〕 Maldonado, Carlos Eduardo, *Human Rights, Solidarity and Subsidiarity: Essays toward a Social Ontology*, Washington: The Council for Research in Values and Philosophy, 1997.

以上几点可以分为消极和积极两个方面：就消极方面而言，辅助原则意味着公民个人或较小的下位组织能够胜任某事项时，社会或较大的上位组织就不应当干预，而应集中于指导、监督、敦促或约束等专属职能；就积极方面而言，当个人或较小的下位组织不能胜任某事项时，社会、国家或较大的上位组织不能无视公益受到侵害，而应当积极协助，必要的时候则可以亲力亲为，以保障社会目标之实现。[1]

近年来，辅助原则成为欧盟在处理欧盟法与成员国法之间关系的指导原则。它试图为在欧盟和成员国或其他主体之间选择最为合适的权力行使主体提供程序性的保障。1993 年生效的《马斯特里赫特条约》（以下简称《马约》）首先在欧盟法律中确定了辅助原则。1999 年生效的《阿姆斯特丹条约》又进一步加以明确化和具体化。按照《马约》，“只有在成员国采取的措施目的不能充分实现，而共同体采取措施由于范围和效果的原因，目的能更好地实现的情况下，共同体将根据辅助性原则采取措施”。

在中国的法律中，虽然没有对辅助原则的直接表述，但其基本精神已经体现于某些法律法规中。比如 2003 年颁布的《行政许可法》第 13 条和 2004 年国务院《全面推进依法行政实施纲要》中就有类似的规定。“凡是公民、法人和其他组织能够自主解决的、市场竞争机制能够调节的、行业组织或中介机构通过自律能够解决的事项，除法律另有规定的外，行政机关不要通过行政管理去解决”。[2]

三、辅助原则与政治法治

就政治制度的安排而言，辅助原则不仅仅指在中央和地方的关系上，中央应该采取放任地方的态度，尽可能少的干预地方的事务，它同时也要求地方政府采取同样的态度，尽量少干涉管辖区区内各级地方政府、公民社会乃至个人的事务。

地方政府在大的方向上应和中央政府保持一致，但在具体事务上，地方政府应该拥有广泛的自主权。这并不是政治原则的问题，而是实践的需要。自主权的概念广泛地用于哲学、政治学、生物学及法学等各领域。在这些领

〔1〕 毕洪海：《辅助性视角下的秩序观》，载《人民法院报》2007 年 8 月 9 日。参见刘莘、张迎涛：《辅助性原则与中国行政体制改革》，载《行政法学研究》2006 年第 4 期。

〔2〕 同上。

域内，自主权所指的是理性的个体在充分掌握了信息的情况下不受胁迫自主决定的能力。但同时，自主权也意味着如何界分其他个体所应承担的相应的义务。比如，对病人自主权的尊重乃是医生和其他医务工作者应尽的义务。在政治上，自主权指的是一个民族或一个地区或一个团体自己管理自己事务的状态。但是自主权并不等于独立（Independence）。独立指的是完全脱离任何背景和限制，且独立于一个凌驾性的大框架的生活，而自主权指的是在一定的框架之内自主决定的生活。

换句话说，从政治理论的角度来看，中央政府有权干预地方政府的事务，但一般不会干预；只有在地方政府不能处理或无法处理某些事务时，中央政府才有干预的可能性。就管理某一地方而言，地方政府的作用是主要的，而中央政府的角色是辅助性的。中央处理港澳问题时，提出的高度自治的原则也就等同于辅助原则。作为辅助原则理解的高度自治，虽然是一项特殊宪法原则，但却具有普遍性，可以适用于不实行一国两制的地区，包括少数民族自治区域和地方政府所辖地区。辅助原则至少在政策的制定、制度的设计以及落实方面提供指导，成为各级政府处理相互关系时的准则。

四、辅助原则与商业法治

所谓经济法治或商业法治就是法治在经济或者商业领域中的体现或运用。法治最核心的是有法、法的秩序或者法的自治等。从这个意义上来说，西方曾经出现过一个很重要的现象，就是所谓的契约精神。人和人做生意需要契约，契约可以保障人的占有、交换和运用等权利。契约精神与法治是紧密相连的。另外，所谓的经济法治实际上就指的是规则之治，规则在经济领域里面的运用。规则之治指的就是，经济是规则性的经济。规则性的经济相对于关系性的经济。关系经济中没有明确的程序，没有明确的书面规则来指导交换、买卖行为。经济的发展，一切都是根据情况，随时受到人的感情影响。

除此之外，既然要从事经济活动、商业活动，那就必须要有一个市场，而市场一定要有一个秩序。市场秩序要通过法律来调节，对于市场秩序的法律上的调节和管理，也就叫经济法治。

辅助原则不仅适用于政治法治，也适用于经济/商业法治。市场经济本身的发展所遵循的本来就是辅助原则。在市场经济主导的思维定势下，国家只扮演次要及辅助的角色，市场应按其自身的规律和需要自主发展。国家频繁的干预,反而会阻碍市场的发展。所谓“自由放任”就是让市场自己管理自己。只有当市场需要国家施以援手的时候,国家才能显示出自己的作用,才能有机会表明自身在经济发展中并不是毫无用处的。资本主义的兴起,并不是任何国家的一种有意识的安排,而是商业贸易、生产交换、分配与再分配的长期实践所带来的结果。在有些国度里,政府制订规划、颁布政策、信誓旦旦地发展经济,似乎市场是由政府建立起来的,然而这只是一种假象。很可能政府所做的只不过是允许人们参与经济活动而已。而经济的发展、市场的建设乃是经济活动带来的结果。没有政府的积极参与,市场建设说不定会更快更好。当然,这不是在否定政府在经济发展中的警察作用。

市场的参与者主要是无数作为个体的人或企业,他们才是经济发展的推动者。理解经济活动就意味着对于市场参与者的运用能力、方式和需要的理解。这种理解的切入点,得从最基本的小单位,不同的行业、不同的商业门类以及金融机构的运作开始。这便是辅助原则的具体运用。一家工厂的年产量、汽车业应如何发展、电子工业应该开发什么样的新产品,这些只有所涉及的工厂、行业才能决定,政府是无从判断的。

同理,辅助原则的原理,也可以运用于地方经济的发展层面。在地方经济的发展上,中央政府应该起什么样的作用,是积极主导还是辅助支持。中央政府的完全控制或过多干预只能窒息地方的发展。地方自主才是当地经济发展的主要途径,只有当地方的发展遇到无法克服的困难时,国家的介入才成为必要。地方财政收支以及公共产品的推出均应由地方完全自主决定。而中央则起辅助的作用。在宪政制度的安排上应该充分体现这种模式。这也就意味着,国家的发展权主要体现在地方的发展权上。与其说发展权的主体是国家,不如说发展权的主体是地方。当然,更可以说发展权的主体归根到底是最小单位——即个人的发展权。

五、辅助原则与网络法治

互联网其实起到了重新界定人生的作用。网络世界也有它的法律与秩序,或者说有它的秩序、自由与法律。网络世界的法律与秩序是不是和现实世界里的法律与秩序一样,或者说两者有什么相同和不同的地方?在网络世界里,我们的自由、权利到底受到什么样的限制,应该受到什么样的限制,实际上又受到什么样的限制,这些是网络法治必须解决的问题。

具体而言,在网络世界个人到底有多少自由,到底有多少隐私?网络既然是一个世界,在这个世界里,人们生活、交流、交换,当然需要有秩序。而这种秩序既是自然的,又是人为的。自然秩序是技术人才、科学家的事情,一般人没办法考虑。人为秩序就是法律秩序。西塞罗说得很清楚,正是为了自由,我们才需要法律。因为没有一种自由是不受法律限制的,网络监督或网络限制绝对有必要,没有限制和监督,网络秩序就无法形成。

但是问题在于,什么样的监督,监督到什么样的程度才是合适的,这就需要仔细考虑。监督是必要的,但是不能为了监督、为了稳定而大规模、大面积地牺牲个人自由。有些自由是需要限制的,比如说人可以利用工具、场合做好事儿,但人可以利用工具或场合做坏事儿。网络上面很多东西急需监管。但是监管网络的任务是非常高科技的,需要经过特别训练,知识丰富,见解高明的专家,不能随便找一个人为之。限制恰到好处,没有大面积的扼杀一般人的自由和权利,同时又维护了网络秩序,这种监督可能才是合理的监督。

在这里,地方政府所扮演的角色是举足轻重的。合理而有效的监管是地方的监管。因为地方政府或权能机构相对熟悉本地的情况,无论监管效力,还是成本都比较理想。地方监管不能奏效或有困难时,才需要高一级政府或中央采取措施。这也是辅助原则的一种体现。就实质而论,网络存在仍然是个体和小单位的存在,是否需要监管或采取行政措施,要视具体情况而定。从上而下的"一刀切"的办法简单易行,但很可能因噎废食,造成不良后果。

六、结论

以上对辅助原则及其在地方法治建设中的重要性作了简单的探讨,指出了这条原则潜在的力量,而未做详尽的论述。文章中涉及的几个大问题,诸如辅助原则与政治法治、商业法治、以及网络法治等,都有待于进一步深入研究。鉴于地方法治建设与辅助原则的关系尚未成为中国社会、政治及法律哲学关注的主要话题,本文的简单探讨仍然是有一定意义的。

发展和维护法治：贤德的领导者、适当有序的法律制度以及负责任的公民

[美]罗恩·比约克曼*

杨　建** 译

内容摘要：法治的裨益包括了阻断不当或违法的权力侵害；确保了诉讼纠纷解决的合理预期；以及保障了个体的广泛自由。这一系列裨益的实现有赖于配套、完善的法律得到普遍地服从以及公平的执行。权力的滥用是法治的天敌，政府的执法人员必须品德优良，这在最低限度上意味着官员必须诚实、睿智和谦逊。法治的运转要求法律体系必须禁止权力集中于任何政府部门之中，法治之下的个人权利保护也要求公民应当关注他们的责任而非对他们权利的外在限制。政府官员应当拒绝任何利益集团利用法律以牺牲公共利益为代价来谋取自身的利益。

关键词：法治；贤德领导；权力滥用；有序的法律体系；有责公民；利益集团

我将对“什么才是建立和运行法治所必备的要素”这一议题作出概括性的论述，我的论述将尽可能全面而略于深入论证。

我想首先澄清的是，我承认在这个议题上我带着西方的理解与偏见，这一偏见与其说是西方的，准确地说，不如说是美国式的。我进一步承认，每一个国家均有它自己的历史与文化，因此，由一个外国人来告诉它获得以及维系法治只有唯一一条正确的道路也许会是一种冒失。所以，我的目标只是贡

---

* 罗恩·比约克曼，美国法学家，南京大学法学院宪法学教授。

** 杨建，南京师范大学法学院讲师，法学博士。

献一种观点，也许尽管偏狭，但期愿能对将法治的福祉推展至更多的世界公民有所助益。

一、“法治”一词的含义是什么？

当我使用“法治”一词时，我认为它至少包括以下四个元素：

1. 存在制定完备的法律，这些法律必须是具有被遵守的可能性的，并且它们对于行为的指引是足够清晰的；[1]

2. 人们事实上被法律所引导，并且在大部分时候服从法律的引导；[2]

3. 法律对所有的高、低阶层都平等地适用，无论是官员还是平民；[3]

4. 法律是自治的，[4]（说法律是自治的意思是说）法律高于执法者并规范执法者，法律阻断任意或腐败的权力决定。

二、我们致力于建立和运行法治的原因是什么？或者换言之，我们应当期待从法治中获致怎样的福祉？

我认为法治应当至少提供三种福祉。

1. 法治保护个体与社群免于专制的政治权力[5]或者违法的私人权力的侵犯；

2. 法治应该能够为世俗纠纷的解决提供合理的预期；[6]

3. 法治应当能够为每一位个体提供一个自由的空间，在这个空间内，他们可以（自主）确定并追求他们自己所理解的美好人生。[7]

---

〔1〕 Eric J. Segall, Justice Scalia, Critical Legal Studies, and the Rule of Law, 62 Geo. Wash. L. Rev. 991, 995 (1994) (Internal footnotes, internal citations and internal quotation marks have been omitted from all referenced material).

〔2〕 Richard H. Fallon, Jr., "the Rule of Law" As A Concept in Constitutional Discourse, 97 Colum. L. Rev. 1, 8 (1997).

〔3〕 John V. Orth, The Rule of Law, 19 Green Bag 2d 175, 176–77 (2016).

〔4〕 *Id.*

〔5〕 Robin West, Re-Imagining Justicc, 14 Yale J. L. & Feminism 333, 335 (2002).

〔6〕 James A. Fellows & Michael A. Yuhas, Nonrecourse Debt and Real Estate: The Issues of Tax Basis, 26 Real Est. L. J. 270, 270–71 (1998).

〔7〕 Segall, at 996.

三、国家如何才能实现并维系法治?或者说,有哪些根本的基石必须被建立起来并得到维系以确保法治能真正落到实处并保持活力?

我认为发展和维系法治至少需要三个根本的基石。第一个是贤德的领导,第二个是适当有序的法律体系,第三个是尽责的公民。

(一)贤德的领导

当我论及贤德的领导或者其他对于法治来说至关重要的部分时,我谈论的是它们的理想类型,即我描述的是这些根本基石的完美形式,这些完美形式人类不可能实现。我之所以在理想类型的层次上而不是以任何更低的形式讨论这些基石,是因为这些基石的理想类型才是(法治实践的)目标,目标的层次越高,努力实现这一目标的行动才会越好。

我最先讨论领导人是因为他们掌握着政治权力,他们是最有能力影响变革以及确保维系法治的一群人,因此,掌握的政治权力越大对应的责任也就越大。

我们当然想要政治领导人以最充足、完美的方式拥有所有的美德。但我的报告是关于发展和维系法治所需要的最低限度的也是最本质的要素,所以我将讨论限定在法治社会的领导人应当必备的三个基本的美德上。这三个美德分别是诚实、智慧和谦逊。我在最宽泛的意义上使用这些概念,这样它们就可以涵盖尽可能多的它们的概念本身所允许涵盖的善与能力。

1. 诚实

"诚实是真实并可以被信赖的品质,是依照公正且受尊敬的行为行动的性情,这些品质和性情中最重要的是坦诚和讲真话。"[1]

当然,故意隐藏或曲解事实(deceit)、为了经济或身份的收益违法欺骗(fraud)、以不诚信或不公平的行动获得优势(cheating),以及盗窃都是典型的对诚实的违反。[2]

没有诚实就没有信任,而没有信任,法治社会所要求的人与人之间的相互依赖就无法维系。

执掌公职,身负公信力的人有违诚信的要求,就是腐败。

"腐败扭曲了市场的力量,破坏了法治,侵蚀了公共信任,并且最终威胁

[1] HONESTY, Black's Law Dictionary (10th ed. 2014).

[2] Smith v. United States, 406 F. 2d 667, 668 (D. C. Cir. 1968).

了政治稳定。”[1]

这样的道理是不证自明的，即立基于法治的运行的社会要求禁止腐败。政府会频繁因为腐败或者政权自身的易腐败性而下台。这一类政府将变得对内无法很好地协调运转，对外又显得弱智又羞耻，并且无法与其他国家很好地共存。[2]

腐败文化盛行也会摧毁政府与民众之间的关系，原本这一关系可是一个自由、健康、有活力的法治社会的核心要素。[3]

简言之，领导人如果一方面拥护法治一方面又投身贪腐，这将是显而易见的矛盾。这一类“按照我所说的去做，而不是按照我所做的去做”的领导人将不可能成功建立并维系法治。因为，“行动总是比言语更有说服力”，对于民众而言，比起按照看不到实际利益的空洞说辞去做，他们更有兴趣复制带来了实际效益的行为。贪腐的领导人以牺牲人民为代价攫取他/她们的非法所得，他们也明知这一点。他们不理解为何法治所要求的自律应当超过实际支配他们的准则。

另一方面，诚实的领导激发信任。诚实的领导成为民众们应当如何行为的榜样。领导人极好地做到诚实，民众就失去了可以行为不端的最大的借口。

亚伯拉罕·林肯是美国最受尊敬的总统之一。他的昵称仍然是“诚实的亚伯”，这可是他赢来的不赖的昵称。这里值得重述有关他诚实的两则故事。

当亚伯拉罕·林肯还是一名店员的时候，一位妇人到店买了很多零碎的商品。亚伯计算之后告诉妇人一共该付2.06¼美元，妇人付钱离开之后亚伯并不确定他算的对不对，重新计算之后才发现总额应该是2.00美元。

这么细微的差别很多人都不会在意，但是却让亚伯很难安心。尽管顾客的家离店有两到三英里远，而且夜也有些晚了，他还是关门徒步去了妇人的住所，解释清楚事情的原委，并将多收的钱退还给了妇人，这才心安地离开。

还有一次，一位妇人到店里买半磅茶叶，他称好交给顾客，这是当天的最后一笔生意。第二天早晨亚伯上班的时候突然发现在天平的边缘遗留了4盎

---

[1] Nancy Zucker Boswell, The Law Expectation, and Reality in the Marketplace: The Problems of and Responses to Corruption, 30 Law & Pol'y Int'l Bus. 139, 140 (1999).

[2] Robert E. Lutz, On Combating the Culture of Corruption, 10 Sw. J. L. & Trade Am. 263, 263 - 64 (2004).

[3] Id. at 264 - 65.

司的茶叶,这才意识到他少给了顾客茶叶。同样,我相信很多人都不会在意的,但亚伯还是立刻称好,关上店门,将少称的茶叶给顾客补上。[1]

大多数美国人都从这些故事里获得激励。它们之所以激励我们是因为它们多多少少使我们变得更好。它们让我们期待所有的领导人都能如此诚实。如果他们能做到的话,我们也可以变成更好的公民。我们不应当低估领导人对他所领导的人们以及整个政治系统的影响力。

在这个方面,我提倡极致的诚实。一个政治领导人不应当哪怕将一张政府邮票挪作私用。绝对的诚实就是这一方面的标准。不破坏公众信任是最低的要求。

2. 智慧

第二个美德是智慧。我对智慧的定义涵括了能力,即拥有从事领导工作的知识与技能。此外还包括好的判断力、洞见力、决断力与常识。它是能产生好的决定的实践智慧,这种实践智慧来自于智力、经验以及渴望做正确的事情的愿望。"实践智慧不仅是践行完善且独立的法治的核心部分,而且就是法治观本身的关键组成部分"。[2]

涵括了出色的审慎的实践智慧,能够在做决断时将普遍性的原则与经验结合在一起,这是一种可以被称为睿智的品质。不仅如此,"实践智慧要求正确的欲望,这个正确的欲望应当包括民众的共同利益;要求正确的信念与决断;要求正确的决断所依靠的正确的计算与省思"。[3]

这听上去好像是在要求一个完美的不会犯错的领导人。我知道这是不可能的,但是,一个更为明智的领导人肯定是不那么容易犯错误,并且能提供更好的管理的。

智慧就像领导(能力)一样,是可以学习和提高的。我认为智慧的提升应从欲望的矫正开始。正确的欲望激发领导人寻找(行动)对的理由,做对民众有利的决定。

因为经验构成了智慧的重要组成部分,经验又是个体性的,所以领导人应当做一个好的读者以积累尽可能多的经验。领导人应当学习历史、经济、

---

〔1〕 William J. Bennett, The Book of Virtues, Simon and Shuster, pp. 620 – 621.

〔2〕 R. George Wright, The Rule of Law: A Currently Incoherent Idea That Can Be Redeemed Through Virtue, 43 Hofstra L. Rev. 1125, 1140 (2015).

〔3〕 Id. at 1141.

道德哲学、政治科学、历史传记、组织行为学、个体效能学等。我希望我的领导能从别人的错误中吸取教训,这样他在管理我时就不会犯同样的错误,我也希望我的领导能知道何为成功,这样他就知道如何去实现成功。我认为一个不是好读者的领导不可能是一个有智慧的领导。

一个有能力、有判断力也有好的意愿的(因而可称为智慧的)领导是能够做出促进和维持法治的决定的。视领导缺乏智慧的程度不同,法治的裨益也会有不同程度的减损。

3. 谦逊

我为何将谦逊列为根本性的美德呢?我们难道不是更期待进取性的领导人,充满了声势,对自己的能力充分自信以致让我们坚信他们能够解决一切的国内问题并且保护我们免于所有国外强敌的欺凌?难道我们不是常常将谦逊与软弱联系在一起?那么,我们为何还需要一个谦逊的领导人?

答案是权力。权力的滥用是法治的天敌。领导们往往沉迷于他们的权力,随之而来的便是对那些权力的滥用。

我认为能克服权力滥用的美德便是谦逊。谦逊是对一个人的处境的准确理解,是不相信仅仅因为政治职务就使得一类人比另一类人更优秀,比另一类人享有更多的特权。公民才是最高的政治,[1]政治领导人只是公众的仆人。

一个谦逊的政治领导人仍然可以自信、勇敢、有决断,乃至在特定的情境中也可以变得具有侵略性。上述这些积极的领导特质是没有一个会因为谦逊而消失的。

“除非领导人能够将他们的意志与权力屈从于公共利益而不是他们的私欲,否则就不可能存在法治,那样充其量只是用法律来统治(rule by law),服务的只是专断的权力。”[2]

遗憾的是,现如今的政治气候充满了急于往上爬的谄媚者,他们只想说领导想听的话而不是需要知道的话。幕僚同样也必须诚实啊。

所以,如果领导人要求下属诚实的反馈,哪怕这些反馈是与领导的意愿

---

〔1〕 I agree with whoever said this first, although I don't know who that was to give credit.

〔2〕 Mortimer N. S. Sellers, Chapter 1 What Is the Rule of Law and Why Is It So Important?, 38 IUS Gentium 3, 4 (2014).

相违背的,他们要比那些不允许不同意见出现的领导人要谦逊,也少了很多傲慢。一项决定作出之后要求下属支持,这是对忠诚的要求,一项决定作出之前就要求下属支持则注定是一场灾难。

即使你会认为我接下来的建议是对一个过于复杂的问题的一个过于简单化的回应,我仍然要提出这些建议。

我建议公务人员在自己办公室的显眼位置放置一张有着三句话的布告牌,这样他们就可以在每天开始上班的时候读到这三句话。这三句话是:

1. 我是公众的仆人。

2. 我将不会辜负公众的信任。

3. 今天我将尽我所能服务好民众,他们是我的老板。

一个谦逊的领导人不会利用权力为自己、朋友或亲属牟利。一个谦逊的领导在他的位置上为着公众行使权力,促进和保障着法治。

(二)一套适当有序的法律制度

接下来我想谈论一套适当有序的法律制度的精要,它不仅具体呈现着也维系着法治。

这学期我在南京大学法学院教的其中一门课是美国宪法学。我建议学生们以权力为关键词来回答以下问题,进而实现对宪法议题的分析。这些问题包括:

哪一个实体在行使着权力?

这个实体的权力来源于何处?

权力之内的行动都是被允许的吗?

如果是这样的话,超出权力之外的行动有限制吗?

我认为这个进路是有效的。因为美国宪法就是关于限制和分配权力的。

"宪法创设了一个权力受到限制的联邦政府"。[1]

更为具体地说,考虑到联邦政府的立法分支,"国会的权威受制于在宪法中列明的政治权力","这些列举的政治权力又有着可依判决强制执行的外在限制……"[2]

联邦权力由相互限制与分化的立法、行政、司法分支所组成。

---

〔1〕 Gregory v. Ashcroft, 501 U. S. 452, 457, 111 S. Ct. 2395, 2399, 115 L. Ed. 2d 410 (1991).

〔2〕 United States v. Lopez, 514 U. S. 549, 566, 115 S. Ct. 1624, 1633, 131 L. Ed. 2d 626 (1995).

权力同样也在联邦与州政府之间被划分。

美国宪法对于政治科学的一个主要贡献就是划分了联邦政府权力与州政府权力……这部宪法……力图使得不同州之间的公民都能获得属于他们的个体权利。[1]

简言之,"我们最基本的宪法性教义是,个体的自由将在权力的分立以及在不同分支与层级的政府部门之间划分不同的功能而得到最佳的保护"。[2]

美国的宪法限制权力、保障权利,特别是,它阻止权力的集中并通过政府部门之间适当的分离制衡来行使权力。

因为权力的滥用是法治的天敌,而一套强大的合宪的法律制度能够限制并制约权力,我坚信一套强大的合宪的法律制度与法治是根本一致的。

"法治呼唤宪政主义,所有努力转向法治的国家与社会都需要建构一个合宪的政府,去用(宪法)理由限制权力……"[3]

那么,坚持法治的合宪政府具有哪些本质特征呢?我认为有五个。

1. 宪法必须是这个国家最高的法律

以美国宪法中的表达为例:"本法及依本法所制定之合众国法律……皆为全国之最高法律;每个州的法官都应受其约束……"[4]

我相信法律而不是官员的自由裁量应当成为社会的支配力量这一点是不证自明的,因而,这个社会就必需一个至高无上的可以用作决断下级法律的正当性的终极法律。

2. 修宪的要求必须是极其严格的

美国宪法修正案的提起程序要么是由三分之二的两院投票开启,要么是由三分之二的州议会提起。拟提议的修正案只有在四分之三的州议会通过之后方才生效。[5]

这个程序告诉我们宪法远不是一个权力圈中的少数人便可以修改的法

---

〔1〕 Bute v. People of State of Ill., 333 U. S. 640, 650 – 51, 68 S. Ct. 763, 768 – 69, 92 L. Ed. 986 (1948).

〔2〕 United States v. U. S. Dist. Court for E. Dist. of Mich., S. Div., 407 U. S. 297, 317, 92 S. Ct. 2125, 2137, 32 L. Ed. 2d 752 (1972).

〔3〕 Sellers, at 8 – 9.

〔4〕 U. S. Const. art. VI, cl. 2.

〔5〕 U. S. Const. art. V.

规或行政命令,它是至高的法,修宪会要求在一个充分的时间内广泛地参与以作细致的审查与省思。

3. 宪法必须区分、分离和限制权力,权力不可以集中于少数人

也许权力集中于政府的某一个分支或者少数人可以变得非常高效,特别是在需要迅速采用行动的情况下更是如此。但权力集中带来的对于自由和法治的危害使任何事实上的低效都是(更)合理的。

宪法保护我们免于我们自己最强烈的意图的伤害:宪法精确地在主权以及政府分支之间区分了权力,以确保我们能够抵制用集权来解决当今的危机的诱惑。[1]

4. 宪法必须保护个体权利与自由

必须存在一个受保护的可以践行根本权利的自由空间。正如我在前面提到过的,我坚信法治所带给一个社会的根本福祉之一是,法治应当能够为每一位个体提供一个自由的空间,在这个空间内,他们可以(自主)确定并追求基于他们自己的理解的美好人生。如果自决的权利丧失,公民也会失去参与法治的动力。

尽管独立宣言并不是一部具有实效的制定法,实现它宣称的对不可让渡的权利的保护却是美国宪法的宗旨。

“我们认为下述真理是不言而喻的:人人生而平等,造物主赋予他们若干不可让渡的权利,其中包括生命权、自由权和追求幸福的权利”。

这些不言而喻的真理在某种程度上被制定进了美国宪法第五和第十四修正案。

“没有人可以未经正当程序被剥夺生命、自由或财产……”[2]

“……没有任何一个州可以非经正当程序剥夺任何人的生命、自由或财产……”[3]

程序就像实体一样构成法治的组成部分。正当程序必须是法治不可分割的一个部分。对正当程序的简短定义即公平的程序。程序必须是公平的,它的本质要素体现如下。

---

[1] Printz v. United States, 521 U. S. 898, 933, 117 S. Ct. 2365, 2383, 138 L. Ed. 2d 914 (1997).

[2] U. S. Const. amend. V.

[3] U. S. Const. amend. XIV, § 1 – Due Proc.

因此,正当程序使得任何一位即将被剥夺权利的人都能知晓针对他的活动,他必须被给予一次听证的机会,在有权审理他的案子、也是公正的法庭面前为自己进行辩护,在此情境之下权利剥夺的程度也必须符合平等的要求。[1]

其他在美国宪法修正案中规定的权利包括但不限于言论自由权、宗教信仰权、基于刑事诉讼的权利等,我认为都应当是这一自由空间中的组成部分。

5. 最后,司法必须独立于任何其他的政府分支,并且拥有解释法律以及阻止政府其他分支违宪的权威[2]

国父们将保卫这一成就——维持权力分立并捍卫宪法列举的权利——寄希望于一个独立公正的司法分支。这是这部宪法最具革新也是最独特的地方。亚历山大·汉密尔顿在《联邦党人文集》中宣称法官的独立是“运行政府的现代革新中最具价值的部分之一”。……汉密尔顿也解释了,法院有义务将任何抵触宪法的法规认作无效,据此奠定了司法审查的基础。

由此可见,这些由汉密尔顿和国父们构想的司法独立,并非依据法官个人的偏好断案的什么特权,相反,它是一项神圣的职责:公正断案以避免“任意的自由裁量”,以及遵守恰当的“规则与先例”。法官的独立性立基于他们的公正无私与对法治的恪守。[3]

当然,不能指望建立一套强大合宪的法律制度是容易的。如果所有利害关系人的代表均能遵守前述拟定的程序,宪法必然是各方妥协的产物。美国宪法的缔造者们也在起草和提交批准的过程中历经艰辛。最终支持这个宪法的人们不得不这样去做,不是因为它体现了他们的观点,而是因为它是比所有现存的文本更好的选择,朝向正确方向的一步要比什么也不做要好很多。

(三)负责任的公民

法治的第三个基石是负责任的公民。我相信,不可否认的是,公民自愿守法建立在从长远来看能够从法治中获得裨益这一基础上。

美国第一任副总统也是第二任总统约翰·亚当斯这样说:

“负责任的公民的一个重要特征,是有能力对法治以及将法治落到实处

---

〔1〕 16B Am. Jur. 2d Constitutional Law § 955.

〔2〕 Marbury v. Madison, 5 U. S. 137, 2 L. Ed. 60 (1803).

〔3〕 Don Burnett, Civic Education, the Rule of Law, and the Judiciary: “A Republic ... If You Can Keep It”, 58 Advocate 26 (2015).

的制度保有尊重和信心”。[1]

“我们的宪法是为有道德的、虔诚的人民制定的。它对于任何其他类别的人民的统治来说都是不足以胜任的”。[2]

我同意亚当斯的观点,并且相信他的论述指向了法治有效运行对公民的要求。我相信他的意思是说,作为整体的公民的道德价值必须要高于法律所设定的要求。倘若个体的价值完全依赖于法律,那么必然处处需要警察的维持,这样的体制是无法维系的。

尽管权利是合宪的法治制度的一个核心部分,对公民而言,更在意他们的义务而不是权利是更有好处的。权利赋予了一个自由的空间以自己决定自己的事务,但责任则是有关缴了多少税,怎样将孩子培养成一个好的公民,以及社会如何在礼貌与善意中运转以拒绝政府在每一次遭遇与交易中介入。同样也存在与宪法性权利相对应的责任,这些构成了好的公民的核心。

聚焦于一项权利是如何被践行的会改变论证的性质。公民不再仅仅是权利的主体。他们毋宁说是有责任的权利主体。如果重要的不是某个人拥有投票权,而是他有能力去明智地运用这一权利,我们就将我们对公民身份的理解从只局限于权利扩展到了权利与义务或者权利与责任并重。一句话,我们要求的是一个综合的美德。[3]

也许,对滥用政府权力的反对,对应着对不负责任地追求个体自由的否定。

联邦宪法规定的个体自由并不是绝对的、不加限制的、可以在任何时间、任何情境下根据个体意愿任意作为的自由或特权。它往往受制于合理的限制,这些限制就包括了由法律本身所施加的制约。[4]

有一类行为可以不受制于法治,但对一个良善的社会来说却很重要。比如说,法律即使以惩罚为制裁,也无法要求勤勉、节约、勇气或服务意识,但这些品德却是一个兴盛的法治社会里的公民所应当珍惜和践行的。

---

[1] State ex rel. K. M. ,2007 UT 93, 15,173 P. 3d 1279,1282.

[2] Letter (Oct. 11,1798),reprinted in 9 Works of John Adams 229 (C. Adams ed. 1971).

[3] Suzanna Sherry,Responsible Republicanism:Educating for Citizenship,62 U. Chi. L. Rev. 131, 132 (1995).

[4] United States v. Dise,763 F. 2d 586,589 (3d Cir. 1985) (Quoting a jury instruction,which the court approved).

怎样的环境才能最好地培育有责任的公民呢？

公民责任的教育应当是强制性的。在12年级的儿童教育之后，学生们不仅应该学习他们的权利以及产生这些权利的制度，他们也应该知晓一个有责任的公民会如何做人做事。他们应该明白自由只有在负责的前提下才能盛行。

“自由意味着责任。这是为什么大多数人恐惧它的原因。鉴别我们真正委身民主的程度的标准就是我们重视教育的程度”。[1]

当亚伯拉罕·林肯这样说的时候，他明白宪政或法治的需求：

“让宪政在学校、神学院、大学被教导；让它被写入启蒙书、语词书和年历；让它被神父布道，被议会宣告，被法院执行。简言之，让它成为国家的政治宗教。”[2]

与其回答有没有一些国家和文明因为他们的人民不行而不适合推行法治，我只是认为，任何不理解法治的概念也不珍惜法治制度的群体强行推进法治不见得是一件好事。尽管如此，我仍然坚信，所有的人民都能够步入法治的轨道，他们在了解到法治的裨益之后也肯定愿意建立全面的法治。人民只是需要相应的知识以作出有意义的决定。我们可以通过教导人们有关法治的益处来促进这一进程。

四、特殊利益集团

有关发展和维系法治的根本基石我已经讲完了。我想额外特别谈谈我们必须处理的特殊利益集团问题。特殊利益集团能够为了少数人的利益影响立法进而影响到绝大多数人的福祉。

特殊利益集团往往精简、专著、又强于组织，能够比有着不同需求的大型利益集团更清晰有效地表达意图。这导致立法过程对小但更有效的特殊利益集团显著偏好。立法常常支持了少数群体的利益而违背了大多数人的

---

〔1〕 Suzanna Sherry, Responsible Republicanism: Educating for Citizenship, 62 U. Chi. L. Rev. 131 (1995).

〔2〕 Complete Works of Abraham Lincoln, ed. John G. Nicolay and John Hay, 12 vols. (New York: Francis D. Tandy Co., 1905), 1:43.

权益。[1]

尽管特殊利益集团在共和政体的政府中也许拥有着最大的影响力，任何依法治理的社会都必须警惕并反对利用法律来谋求组织和个人的私利。比如说，成功劝说国会通过仅仅有利于某个商业部门的法律，在某种意义上就是通过法律的力量从公众那里拿走了本不属于它的东西。它利用法律做了本来法律所不允许的事情。这样的掠夺形式上看是合法的，但是却违背了法律应当服务于公益，以及不应当成为私利的工具的法治原则。

因此，政府所有分支的所有官员都应当遵循行动必须为了公共利益的准则。

法治传统中的法律观因而包括了平等调整公共权力范围的要素。立法机关应当为了公众的利益立法，否则即是腐败……和对法治的破坏。执法者应当为了公众的利益而执法，否则便是专制……和违背法治。法官解释法律应当为了公众的利益，否则就是独断并违反了他们对于社会的责任。法治限制法律的守护者以确保他们服务于法律的利益，这个利益是整体人民而非某个党派或集团的私利。[2]

五、结语

总之，我希望我所理解的法治将被全世界范围之内的人们所渴望、拥抱并最终建立起来，这样我们将拥有更多更好的安全、繁荣和自由。

---

〔1〕 Herbert Hovenkamp, Legislation, Well-Being, and Public Choice, 57 U. Chi. L. Rev. 63, 86 (1990).

〔2〕 Mortimer N. S. Sellers, at 5 – 6.

法治与社区警务：一对矛盾？

［英］乔治斯·帕帕尼克拉乌*

刘　涛** 译

内容摘要：本文探讨了作为原则的法治与当代社区警务（以及其他与此相关更加关注社区需求的警务活动）之间的关系。法治，通过普遍性与可预期的规则适用，对经济、社会与政治发展的重要性毋庸置疑，而另外，现代警务的发展则更强调多中心的活动与决策机制。因此，传统的警务理论与实践和当前的新趋势之间存在冲突。本文首先分析了法治在警务活动中的意涵，这一问题毫无疑问不是当代的，而是自始与警察裁量权问题相伴随；接下来本文回顾了几种传统和晚近的有关警务活动的理论，包括笔者自己近年来发展的警务活动理论，从而试图解决法治与社区警务之间的矛盾和冲突：两者并非不可调和，而是需要通过警务组织内部调控来缓和。

关键词：法治；社区警务；冲突；回应性

引　言

本文旨在提出并试图回答与本次会议相关联的警务角色与组织问题："区域治理与法治发展。"〔1〕本文是笔者近期所做的有关警务改革研究的扩展，这项研究是笔者单独以及和其他同事共同展开的，特别是有关希腊语境

---

* 乔治斯·帕帕尼克拉乌：英国提赛德大学法律与社会科学学院犯罪学讲师。

** 刘涛，南京师范大学法学院博士生。

〔1〕 本文在2016年4月23日中国南京举办的区域治理与法治发展国际研讨会上宣读。笔者感谢江苏高校区域法治发展协同创新中心主任公丕祥教授以及南京师范大学法学院的邀请。

下的研究(Papanicolaou & Rigakos,2014)。我们认为,在西方发达资本主义社会展开的警务活动加深了社会的分化(divis 基础,支持一种 ion)并凸显了社会冲突,从而使得新自由主义理念受到威胁,并造成了现有的治理危机。如果上述结论正确,什么样的政治策略和怎样的警务改革能够结合起来并更好地服务于大多数人民的利益,从而提供一种新的警务正当性基础,支持一种新的警务专业化模式,使得我们能够更有效地面对安全问题?

这些问题与西方世界警务改革者与实践者所思考相呼应。他们体会到与现代警务发展相关联的一系列策略引起了一场有关警察制度的危机,警察组织与社区分化的加剧,以及在警务部门工作的人员在个体、职业与社会地位的恶化。一些我提到的问题,特别是社区警务是在警务部门内部提出的改革建议,为他们提供了一种共同的思考实质和有效警务改革的基础。

本文在第一部分将对法治概念进行一个简单的回顾。作为一种普遍和统一的法律执行原则,法治在历史上定义了警察的角色与策略。不过,法治与警务之间的关系在现实中显现出更为复杂的面向。第二部分我们将更为具体地考察这一关系,也就是警察裁量权与现代社区警务之间的关系。本文最后一部分将试图对法治与警务的关系站在现代警务与资本主义这样一个更高的角度做出回答。我们认为任何有关警务的策略都反映了一种对经济与社会发展采取的策略,相应地,任何特定的经济与社会发展都将生产特定的警务概念。如果这样的结论是正确的,我们将如何理解在改革的制度背景下,在为了更好地服务于特定社区需要的背景下,警务与传统法治的关系?

法治与警务

在我们进入警务与法治关系的探讨之前,我们有必要回顾一些基础性的有关法治概念的原则。一般来说,法治概念要求“法的统治,而非人的统治”,也就是说,建立一套抽象和普遍规则系统进行社会治理的必要性。这种根据规则的治理将排除统治者个性、愿望等因素。法治的理想要求“所有在一国之内的个体与权威,无论公私,都必须受到公共法律的制约,也享有法律赋予的权力”。(Bingham,2010,p. 37)当然,更为重要的是将此具有普遍意涵的概念转化为具体法治与制度秩序,并通过具体的制度运作实现。

最低限度的法治包含了法定原则(principle of legality):法律必须清楚、可知晓并且不溯及既往。在严格的意义上来说,法定原则意味着国家权力机构不能做出与法律相左的决定,并且其只能在法律允许的范围内运作。不过法治概念在普遍的意义上意味着一个具有良好秩序的社会(well-regulated society)。在这样一个社会中,法律规定的义务与权利是清晰的,也被社会成员所知晓。一方面,社会成员必须知道哪些行为构成违法;另一方面,社会成员必须清楚权利的范围。在宏观层面,法治是理性社会行动状态的法律表述。(Ritzer,2004)法律的确定性与明确性使一种理性组织和规制的社会生活成为可能,从而使社会成员的行动具有更高的可计算性、可预测性,从而也就使他们的行动更为有效。也正是基于这一原因,法治在传统意义上被理解为商业活动与经济发展的基础,不过,法治所能够带来的好处不仅仅限于经济活动,而是涵盖了所有社会生活的领域。

当我们观察法治概念时,我们能够识别四种更为具体的组成法治的因素:1. 法律面前人人平等的原则。也就是说,除非具有客观差别的正当性,法律适用不应当存在差别;2. 法律适用中裁量权的避免;3. 与上一点相关,公共人员执法中的公平合理原则;4. 以及最后一点,对法律权利的有效保护。(Bingham,2010)即使我们不去探究这些因素如何具体地实现,我们也能够发现当我们跨越普遍意义上的法治原则,从而开始观察法治的具体面向时,疑问就会出现。上述四点将会使人们对执法问题产生疑问:具体的执法者是否能够在法律规定的职责内进行执法?

法治与警务活动裁量权

现代社会以来执法,特别是刑事法律的执行,我们将警察作为法律在日常生活中的代表,特别是在公共领域的日常生活代表。刑事执法中警务活动的法治要求被理解为刑事司法系统重要组成,其是案件走向刑事法庭审查的重要环节。因此,在理论上,警察的职责在于以普遍和统一的方式执行刑事法律。这也就是所谓的"全面执行"(full enforcement)的概念。在这一概念之下,警察被要求对所有的刑事法律在所有时间内针对所有嫌疑人展开,因此,"警务人员没有权力忽视违法行为,或者仅仅是对违法人员进行警告,而不逮捕和起诉"。(Goldstein,1963,p. 140)

不过,在现有的有关警务活动的社会学研究中,裁量权成为警务活动的重要特点。从20世纪60年代早期以来,在不同的情境中展开的研究已经发现裁量权在警务活动中存在巨大的差异。在普遍的意义上说,裁量权是行动策略的体现,也就是说在有限的资源情况下,警务活动必须对不同的目标做出评估,并确定先后次序。尽管全面执法的概念排除了执法中的区分与评估,对于警察组织有限的能力而言,全面执法是不可能实现的。这些限制条件无法避免,甚至在日常最为细小的警务活动中也不能避免。例如,即使人们不再对巡逻进行任何的限制,巡逻也只能保证警察在特定的时段出现。许多有关现代警务组织发展的历史能够以试图去进行“全面执法”进行解释:例如车辆巡逻、警务电话系统、监控摄像头等。不过,即使如此,全面执法仍然是不可能的。

一个与法治施行更为有关联的问题,甚至从其核心内容:明确性与确定性中产生。这一问题与个体警务人员的裁量权有关,警务人员面对的是具体的社区环境,这要求他们对一个具体的环境的执法做出具体的判断。有关警察裁量权的社会学研究关注警务人员决定的公开性问题,这同时针对法律的执行与不执行。想一想有关交通执法中的问题。在这样一种具体环境中,法律仅仅具有“指导”意义。警察个体对情境的感受、他们对周遭环境的理解、判断力,都会影响他们的执法,从而也影响“全面执法”的实现。从更为批判性的角度去看,社会因素,特别是具体人群在社会中的地位和警察对他们惯常看法的形成也会影响警察的决定。例如在英国,少数族裔,也就是黑人受到警察盘查的概率是一般人的 7 倍,亚洲人是一般人的 2 倍。(Police Foundation,2012)这一执法上的差异是警察与少数族裔间长期形成的历史因素所造成的。在英国这被理解为一种系统性的偏见,一种“制度种族主义”(institutional racism)。相似的数据和实证研究在西方世界屡有出现。

一种从法治理念出现对警察裁量权的回应是通过制定更为严格的规则体系来控制警务活动。警察的活动被限定在制度控制与责任控制的框架下,这些制度机制包括了法律、法院以及警察内务纠察机制。一种可能的选择是增强对警察活动的法律适用。从 20 世纪 60 年代开始,一波有关规制警察活动的法律产生了,这些规定试图对警务活动的细节做出规制。例如,英国在 1984 年颁布的《警务与刑事证据法》(PACE 1984),这一法律对侦查,特别是警务搜查、逮捕、羁押等活动产生了基础性的改变。(Brown,1997; Sanders & Young,1995)改变同样来自警务机制内部管理。这些改革措施将警务活动中存在的 entire 当成是有关理性法律执行的问题,从而将重点放在法律规制上。他们试图对复杂的警务活动做出简单化的理解,因此忽视了法律仅仅是决定现实警务活动的一个要素之一。(Dixon,1997)警务研究的共识是警务人员对法律的适用于其所要达到的目的和所面对的情境条件紧密相连。(Smith & Gray,1985)对警务活动与警务规制之间复杂关系的一种流行的解释是警察职业的文化解释(也可以被称为警务亚文化,police subculture)。(Skolnick,1966; Skolnick & Fyfe,1993)警务亚文化的核心在于认识到多元化的规范系统规制了警察的活动。法律仅仅是一种外部的、形式的规范系统,而内部的、由警务实践产生的规范以及由警务活动的内部需求是更为重要的规范因素。这一理论也解释了警务裁量权的存在。易言之,更多的外部法律规制并不能缓解法治与警务活动之间的冲突。

法治与社区警务

法治与警务的关系随着现代西方社会警察制度的改革变得更为复杂,特别是有关社区警务的发展。社区警务的概念似乎将警务活动的重心"从法律制度,例如法院、诉讼、法典以及行政规章转移到去中心化的与直接民主式的警务过程上来。"(Mastrofski & Greene,1993,p. 80)这一改革的结果引起了一场试图替代专业警务模式的运动。专业警务模式与刑事法律固定的警察任务紧密相连,并与警务组织的官僚制与军事化管理具有密切关系。相反,社区警务将警务活动的重心放在改善日常生活质量上,强调与社区关系的紧密程度,从而更好地服务社区的需求。社区成为警务活动决定的重要变量。

社区警务带来了警务活动模式与组织管理模式的变更。从警务活动上来看,社区警务强调警察与社区的合作性关系,警务活动需要直接参与社区的治理,发现社区中存在的问题,从而制定相应的策略。社区警务以问题为导向(problem-oriented),也就是说从问题出发,而不是以刑事法律苍白的规定为起点。从组织的角度去看,社区警务倡导对警务活动进行大胆的组织改革,例如去中心化的地理区域划分,加强一线警务人员的权力,并加强警务活动与其他组织力量的合作。(Kappeler & Gaines,2011)

有关社区警务的文献十分丰富,并不断增加,社区警务实践也在不断加深,特别是在北美。具体的探讨超出了本文的范畴,不过总体而言,社区警务的发展产生了多种结果。首先,直接参与社区治理的困难不容小觑,甚至如何定义社区及其情境本身就是一件困难的工作;其次,警务组织自身对这样大大超出其现有制度格局的改革有强大的排斥;(Skogan & Hartnett,1997;

Skogan,2008)。从制度设计的理论层面出发,社区警务面临的巨大挑战来自于法治理念的冲突:社区警务强调人,而非法律的治理,从而试图以一套高度地方性、特别化的法律执行替代抽象的、普遍与统一的法律系统。即时人们认识到社区治理的重要性,这些以法治理念为导向提出的反对意见仍然是值得我们去思考的。

反思法治与警务的关系

不过,即时存在反对意见,社区警务所代表的对传统警务与法治观念的改革仍然不能被忽视。这些问题反映了法律与治理中的关键性难题。对于今天的我们而言,挑战在于重新回答什么是好的治理,以及重新思考法治与法律执行现实的冲突。如果我们能够识别 19 世纪以来法治概念的源头,那么我们将更为容易地识别法治理念在当时的形成不过是一种对现代性发展特定时期的法律思考,这种思考与资本主义经济发展、国家建设与社会建设紧密相关。

现代警务的发展也与上述现代化进程具有不可剥离的联系。现代警务的发展与资本主义经济结构紧紧相连,资本主义的先驱也是现代警务科学的倡导者。与将国家看成是社会纠纷中立的仲裁者观点相反,警务活动可以被理解为一种对社会秩序的塑造:早期政治经济学的先驱,例如威廉·裴迪也是现代警务科学的倡导者,或者说是通政治经济学原则去重塑社会秩序的倡导者。(Neocleous,2000)例如,帕特里克有关现代英国警务制度的论著也是 1798 年泰晤士河警察的创造者。这一警察组织的创造对于规制伦敦劳动与商业活动极为关键。

因此,法治概念即使在理论中也不能被当成一种绝对价值,特别是当抽象与普遍的法律规制受到全球化,同样也是断片化的社会经济、政治发展挑战时。今天,好的治理不能在抽象的意义上被谈论。好的治理意味着社会财富与机会在具体情境中的合理分配。这也就要求我们关注地方/区域法治,也就是地方社区的需求。警务活动因此必须进行改革。

References

Bingham,T. (2010). *The rule of law*. London:Penguin Books.

Brown,D. (1997). *PACE ten years on:a review of the research*. London:

Home Office.

Dixon, D. (1997). *Law in policing: legal regulation and police practices*. Oxford: Clarendon Press.

Goldstein, H. (1963). Police discretion: the ideal versus the real. *Public Adminstration Review*, 23(3), 140 – 148.

Kappeler, V. E., & Gaines, L. K. (2011). *Community policing: a contemporary perspective* (6th ed. ed.). Amsterdam ; Boston. Waltham, MA: Elsevier Anderson Pub.

Mastrofski, S., & Greene, J. R. (1993). Community policing and the rule of law. In D. Weisburd, C. Uchida, & L. Green (Eds.), *Police innovation and control of the police: problems of law order and community* (pp. 80 – 102). New York: Springer-Verlag.

Neocleous, M. (2000). *The fabrication of social order. A critical theory of police power*. London: Pluto Press.

Papanicolaou, G., & Rigakos, G. S. (2014). *Democratising the police in Europe with a particular emphasis on Greece*. Vienna: Transform! European Network, Nicos Poulantzas Institute and Rosa Luxemburg Foundation.

Police Foundation. (2012). Stop and search. *The Briefing*, *March*, 1 – 11.

Ritzer, G. (2004). *The McDonaldisation of society* (revised new century edition ed.). Thousand Oaks: Pine Forge.

Sanders, A., & Young, R. (1995). The "PACE regime" for suspects detained by the police. *Political Quarterly*, 66(2), 126 – 140.

Skogan, W. G. (2008). Why reforms fail. *Policing and Society*, 18(1), 23 – 34.

Skogan, W. G., & Hartnett, S. M. (1997). *Community policing, Chicago style*. New York: Oxford University Press.

Skolnick, J. H. (1966). *Justice without trial. Law enforcement in democratic society*. New York: John Wiley and Sons.

Skolnick, J. H., & Fyfe, J. J. (1993). *Above the law. Police and the excessive use of force*. New York: Free Press.

Smith, D. J., & Gray, J. (1985). *Police and people in London: the PSI report*. Aldershot: Gower.

试论区域法治建设和研究的场域

文正邦*

内容摘要:探讨区域法治研究的各种场域,有利于我们多方位、多视角地开展区域法治建设和研究。为此,首先,需要界说和认同严格意义(狭义)的区域及区域法治与扩展意义(广义)的区域及区域法治;进而,就需要区分和界定国内区域法治研究与国际区域法治研究以及涉外区域法治研究;继而,就需要区分和界定纵向区域法治研究与横向区域法治研究;同时,还需要区分和界定一下单项区域法治研究与聚合性区域法治研究;最后,我们考察区域法治研究的场域,还必须注意处理好国家法治统一与区域法治建设应体现本地区特点和实际这一重大关系。

关键词:区域法治;建设和研究;场域

区域法治是深化和落实依法治国方略以及优化世界法治秩序中的一种崭新的法治形态,通过加强区域法治建设来保障和促进区域发展和治理也是增强国家治理能力并促进其治理体系现代化的一项当然之举。在全面推进依法治国的新形势下,显然也需要把区域法治建设和研究推向一个新的局面和阶段。为此,有必要探讨一下区域法治研究的各种场域,以利于我们多方位、多视角地开展区域法治建设和研究。这对于拓宽区域法治发展的研究视野,丰富区域法治发展的研究内容,开展区域法治发展的类型比较,确定区域法治发展的路径选择以及促进区域法治现代化等无疑都是有意义的。

所谓"场域",顾名思义即特定场合下的区域状态,不同场合下的区域状

---

* 文正邦,西南政法大学教授。

态也会有所不同,从而就需要我们从不同的方位和视角来开展区域法治建设和研究,才有利于全面系统地把握区域法治建设的理论和实践现状。我们认为,区域法治建设和研究至少可以区分为以下这些场域;而为简便计,以下所称的区域法治研究的场域也就是区域法治建设的场域,因为区域法治研究的对象就是区域法治建设而且是为区域法治建设服务的。

一、首先,我们需要界说和认同严格意义(狭义)的区域及区域法治与扩展意义(广义)的区域及区域法治,才便于梳理区域法治研究的若干重要场域

因为严格意义(狭义)的区域是指跨越于民族国家或行政区划的,在经济、政治、文化、社会以及生态问题上既具共同性又固有其特点的地域统一体,如我国的西部地区或区域、中部地区或区域、东部地区或区域、东北地区或区域,以及国际范围的亚洲、欧洲、非洲、美洲等还有如东南亚、亚太(亚洲及太平洋)等这些地区或区域。但我们对区域的认识和认可还应该有其扩展意义或广义,即任何一个特定的地方或地区都可以视为是一个区域,如各个国家,我国的省、市、县以及区(民族自治区、特别行政区及市辖区),它们面广量大,遍布世界和我们全国各地,是不可忽视的区域载体,而且是基础性的区域。况且各个国家和我国的省、市、县以及区相对于它们各自下辖的行政区划而言也就成为了严格意义的区域,所以不应该把它们排除在区域认同之外,这样也是不利于开展区域法治研究的。

再说严格意义(狭义)的区域法治与扩展意义(广义)的区域法治。前者是指实行区域开发和发展的法治保障,以促进和加强区域内经济和社会发展的协调和互动,顺利地进行区域开发和发展。因此我国西部开发战略以及振兴东北地区老工业基地、促进中部地区崛起和支持东部地区经济率先转型升级等发展战略都需要实行区域法治和加强区域法治建设。同样,我们对区域法治的认识和认可还应该有其扩展意义或广义,即任何一个特定的地方或地区所实行的法治和开展的法治建设都应该认可具有区域法治和区域法治建设的价值和意义,所以我们的“依法治省”“依法治市”“依法治县”“依法治区”等这些地方法治建设都应该纳入区域法治和区域法治建设的范畴,而且是基础性的区域法治建设。因为事实上区域法治建设的很多内容都要落实到省、市、县以及区的法治工作上,都要以“依法治省”“依法治市”“依法治县”“依法治区”等为必要且重要的条件和基础;同时各省、市、县以及区各有其特点和实际情况,从而使区域法治建设的内容和形式丰富多彩。

二、进而,就需要区分和界定国内区域法治研究与国际区域法治研究以及涉外区域法治研究

(一)国内区域法治研究

国内区域法治是我们研究的重点,可分为三大类:

第一类,即上面所说的"依法治省""依法治市""依法治县""依法治区"等基础性的而且其分布面广量大的区域法治建设,其呈现密集的板块状。

第二类,关联性区域法治建设,其呈现片状或条块状。如"泛珠三角区域""长三角区域""京津冀三角区""环渤海经济区""三峡库区""北部湾经济区",还有以重庆为基地的"'四省五方'经济协作区"等的区域法治建设问题。它们是因共同的目标或利益而把相关的地方或行政区划联接了起来进行协作,所以我们可将其称作关联性区域法治建设。在我国现代化建设以及经济全球化进程中,这类关联性的区域在我们国内以及国际上都会越来越多,其法治建设问题也将显得更加重要和复杂;特别是这类区域的建设和发展往往牵涉到改革和创新,在我们全面深化改革和大众创新的新形势下,如何加强其区域法治建设的问题也将会越来越突出。而且这类区域性协作和法治建设问题其内涵和外延还可能不断更新和拓展。例如国外对大河大湖流域的开发与治理采取了许多行政管理和法律手段,如美国的密西西比河流域、科罗拉多河流域和田纳西河流域的开发治理,英国泰晤士河的污染治理,巴西亚马逊河流域的治理,欧洲多瑙河与莱茵河流域的治理,非洲尼罗河流域的治理,美加共同治理伊利湖等,都有不少值得借鉴的经验和做法。从而给我们展现了运用行政和法律手段治理关联性区域的广阔远景和丰富内容。所以现在我国提出的要建设长江经济带以及包括成渝经济区在内的一系列城市群经济圈的建设和发展问题,特别是习近平主席提出的"建设丝绸之路经济带、建设21世纪海上丝绸之路"简称"一带一路"的国家战略更是涉及国内以及国际的一系列关联性区域的建设和发展,也都存在必须用法治化的方式和手段来保障和促进。

第三类,综合性区域法治建设,或可称为大区域法治建设,其呈现大面积、大幅员状。即针对西部开发战略以及振兴东北地区老工业基地、促进中部地区崛起和支持东部地区经济率先转型升级等发展战略的区域法治建设。

它们是服务于我国落后地区开发或特定大区域发展,并以实施我国大区域开发和发展战略为背景的区域法治建设,显然这是最具有典型意义的区域法治建设。因为这类区域是因特定的地理环境等自然条件而历来就固有的,并现今在我们国家建设和发展规划中仍然需要特别关注的大区域,它们各自既具有同一区域内许多相对稳定的共性,又存在其经济、政治、文化以及社会状况的诸多固有的特点和特殊的发展要求;而且尤为重要的是,它们乃是国家建设和发展中亟待解决和跟进的薄弱环节或重要部位,其发展状况直接关系着国家建设和发展全局战略,寄寓着实现全国区域协调发展的重要历史使命。因此,这种综合性区域法治建设更值得我们重视和研究。

(二)国际区域法治研究

而就整个世界范围而言,还存在国际性的区域及区域组织,所以还需要开展国际性的区域法治建设和研究。当今世界,如何促进地理上彼此相连的国家或地区之间,通过政府间的合作和组织机制,并吸纳非政府组织参与,加强区域内经济和社会发展的协调和互动,已成为国际间区域科学研究的重要任务。例如,就现有的一些国际区域组织而言,便可以开展洲际区域(如“美洲国家组织”“欧洲联盟”“非洲统一组织”等)或亚洲际区域(如“东南亚国家联盟”等)以及跨洲际区域(如“亚太经合组织”等)范围的区域经济、区域政治、区域行政以及区域法治建设和研究。而特别是开展国际性的区域法治建设和研究,以有利于为区域内进而影响到区域间国家的友好交往与合作提供有效的法治保障,起到优化世界法治秩序,减少国际纠纷和冲突,从而也为我国现代化建设营造良好的国际环境提供有效可行的制度保证,这在当前中国和平崛起、建设和谐社会及和谐世界的新形势下无疑具有重要意义。尤其是我国所处于的亚洲、亚太、东亚及南亚地区,都是当今发展国际政治经济新秩序世界潮流中最活跃的地区,其区域组织及活动都亟待规范化、制度化、法律化,即都必须要以法治来保驾护航,因此都亟须开展其区域法治建设和研究。

(三)涉外区域法治研究

所谓涉外区域,诸如丝绸之路经济带和海上丝绸之路以及以重庆为起点的“渝新欧”国际铁路大通道等所关联的国家和地区,上海合作组织、亚太经合组织、东南亚国家联盟以及中国—东盟(东南亚国家联盟)自由贸易区等所包含的国家和地区(它们既是国际性的区域及区域组织,又因有我国参加或主持所以又是涉外区域及区域组织)。应当清醒地认识到,这些涉外区域及区域组织为其长远和安稳计,它们的经济合作和发展实际上都需要用法治化的方式和手段来保障和促进,才能顺利地进行和卓有成效,否则就会有所梗阻或产生纠纷和冲突。也正是因为如此,所以 2010 年 11 月 11 日在重庆西南政法大学成立了中国—东盟法律研究中心,以依托西南政法大学,开展对中国与东盟各国法律的系统性、基础性和前瞻性研究,为中国与东盟各国相关法律研究者提供学术交流平台,为各国政府、商业团体和其他机构提供咨询建议。其规划和逐步开展的学术课题研究就有诸如:“东盟国家矿产资源法律制度比较研究”“东盟国家仲裁法律制度比较研究”“东盟国家货币结算制度比较研究”“东盟国家金融法律制度比较研究”“东盟国家外商投资法律制度比较研究”“东盟国家刑法比较研究”“东盟国家民事诉讼制度比较研究”“东盟国家公司法比较研究”“新形势下我国西部安全法律问题研究”“CAFTA 规则缺陷与对策研究”“重庆建设国家中心城市战略研究—构建西部领事馆中心和国际组织中心”“重庆企业投资东盟市场法律风险与防范研究”“中国—东盟自由贸易区争端解决机制研究”等。同一时间,第四届“中国—东盟法律合作与发展高层论坛”也在重庆开幕,以旨在有效应对自贸区启动后出现的新情况、新问题、新挑战,为中国—东盟自由贸易区全面建成提供法律服务和智力支持,论坛主题为“走向互利共赢——中国—东盟自贸区建成后的法律合作”。可见,涉外区域法治研究也是十分必要和重要的,而且会越来越重要。

其实国际区域法治研究和涉外区域法治研究也有不同的类型。其一,从广义上看,每个国家都可以视为是一个区域,都需要开展法制建设或法治建设,而且均各有其特点和实际情况,尤其是许多发展中国家需要开发性建设和发展,更应该重视区域法治建设的经验和教训;其二,也需要开展诸多关联性区域的法治建设,如上述许多国家对大江大河流域的开发治理,还有我们的丝绸之路经济带和海上丝绸之路以及“渝新欧”国际铁路大通道需要的法治化治理方式和手段等;其三,也还需要开展若干综合性区域的法治建设,如上述的美洲国家组织、欧洲联盟、非洲统一组织、亚太经合组织、上海合作组织、东南亚国家联盟以及中国—东盟自由贸易区等区域组织与其对应区域的法治建设。

上述的三大区域法治研究之中,国内区域法治研究和涉外区域法治研究我们应予以重点关注。尤其是国内区域法治研究是我们的首选,需要付出更多的精力来取得更多更好的成果和更大的进展;而随着我国国际地位和影响力的不断提高,参与乃至主持国际事务和国际合作的需要和能力的不断增强,涉外区域法治研究也日益显示出重要性以及紧迫性。

三、继而,就需要区分和界定纵向区域法治研究与横向区域法治研究

(一)纵向区域法治研究

这里所指的纵向区域法治研究,即是指开展特定区域开发和发展中的各个层次、各个位阶的法律以及法治各重要相对领域的纵深研究。包括开展其有关的宪法、行政法、刑法以及民法等各个部门法的纵深研究;进而开展其有关公法和私法、实体法和程序法、国家法和民间法或社会法、常态法和紧急状态法、政府法制和非政府组织法制等的纵深研究;当然,更需要进行区域开发和发展法理依据的纵深研究等。

例如,首先来看,区域开发和发展中有没有宪法问题?答案当然是肯定的。为此,我们特提出郑重建议——我国宪法应该明确规定区域开发和发展的法治保障,即应在宪法"第三十条中华人民共和国的行政区域划分如下"中增加一款:"国家重视和实行区域开发和发展及其法治保障",以给区域开发和发展及其法治保障提供更加明确的宪法依据,因为我国幅员辽阔,人文和自然条件十分复杂,各地区、各区域发展极不平衡,很需要使区域开发和发展得到国家根本法的确认和法治保障,才有利于更加顺利地开展和取得实效。

而就我国现行宪法而言,也可以在其中解析出宪法依据,这正如我们在西部开发法治研究中关于"区域法治的宪政基础剖析"所阐述的——"民有、民享、民治"的人民国家体现了我国的国体;共和政体和共和精神体现了我国的政体;统一的多民族的单一制国家结构形式体现了我国国家结构形式的特点。这些都是我国实施区域开发和发展战略的重要宪政基础,显示了区域法治具有其坚实深厚的宪法依据和宪法地位。

1."民有、民享、民治"的人民国家

我国宪法规定:"中华人民共和国是工人阶级领导的、以工农联盟为基础的人民民主专政的社会主义国家。""中华人民共和国的一切权力属于人民"。这是对资产阶级进步思想家所提出的人民主权或主权在民学说的制度化发展和确认。正如李步云教授所阐述的:"民主的精髓,是'人民主权'原则。林

肯提出的‘民有、民治、民享’，是对‘人民主权’原则基本精神的一种很好的概括和表述。”我们的社会主义国家当然更应该是“民有、民治、民享”的人民国家，即全体中国人民、整个中华民族的国家；“民有、民治、民享”也应是全体中国人民、整个中华民族所拥有国家的一切权力，共治理国家的事务，共享用利益和幸福。而不能因其地域、民族的差异及经济发展程度的不同有所畸轻畸重甚至排除在外。因此我国实施区域开发和发展战略的重要意义不仅在于促进我国地区经济协调发展，加快经济结构的战略性调整，增强全国各族团结，巩固边防等，而且对于巩固以工人阶级为领导、工农联盟为基础的人民民主专政的国体，充分调动全国各族人民当家做主，参与国家政治生活和管理国家事务的积极性，从而真正实现国家长治久安、繁荣昌盛等都有着深远的意义。

2. 共和政体和共和精神

郭道晖教授在《西部大开发的宪政基础与共和精神》一文中论述道：我国的国号是“中华人民共和国”，其中“人民”二字，无论在宣传和理论研究上都十分突出，而对“共和”“共和国”则知之甚少……“共和国”一词的英文是 Republic，它来源于拉丁语 respublica，字面含义是“共同的事业”“共同的产业”……英语国家经常用以指称“共和国”的又一词是 common-wealth，其字面含义是“共同的财富”，所以共和国又可称为“共富国”……理想的共和制政权则要求建立全体国民、包括国内所有各民族共有的公天下，民主只解决国家权力或主权的归属；而共和则进一步强调对国家权力的分权制衡，对民主可能产生的“多数专制”加以制约。民主只以多数人的意志和利益为依归，以能保护多数人而不是“每个人”的人权为“正义”，仍有偏颇；共和主义强调代表和兼顾所有人的权益，要求执政者处事要具有公平、公正、中立等美德，对社会各民族、种族、阶级、阶层、各多元化的利益群体的共同利益、特殊利益和个人利益，都采取统筹兼顾政策，宽容宽厚的精神。为此，他进一步总结了：发扬和落实共和精神，对我国实施区域开发和发展战略有特别重要的意义。包括：(1)政治上要实现“各族共和”“全民共和”的理念和民族地方自治。(2)经济上要求资源共享，全民共富等。

3. 统一的多民族的单一制国家结构形式

我国实施区域开发和发展战略涉及我国绝大多数少数民族聚居区域，甚至在一定意义或很大程度上就是对我国少数民族地区的开发和发展，众所周知,我国的国家结构是采单一制的国家结构形式,而这种单一制不是一般的单一制,乃是一种特殊的单一制。其之所以特殊,固然主要是由于“一国两制”的实现存在享有高度自治权的特别行政区;但很大程度上也由于存在着地方自治与民族自治相结合的民族自治区域,从而使我国的国家结构形式呈现为统一的多民族的单一制国家结构形式,这也是我国的国家结构形式的显著特色,即考虑到照顾少数民族地区的政治因素和经济文化因素相结合,从而既能保证少数民族人民在其本行政区内政治上当家做主,又能促进少数民族地区的经济文化的发展繁荣。我国实施区域开发和发展战略的一个重要宪政基础和依据即正在于此。从而通过全国各族人民的紧密团结合作,互相支援协作,先进帮后进,后进赶先进,走向共同繁荣、共同富裕,实现中华民族的复兴和国家兴旺。

再看区域开发和发展中有没有行政法问题?答案就更加明确。因为区域开发和发展中由于人、财、物大流动,如果缺乏有效的行政法律、法规的规定和实行来规范和制约行政权力,弱化和虚置监督,就会给一些官员提供新的一轮腐败的机会,这已有许多事实足以证明。至于开展区域开发和发展中的刑法以及民法等其他各个部门法的纵深研究,其必要性和重要性就自不待说。如果再进一步,就还有必要从公法和私法、实体法和程序法、国家法和民间法或社会法、常态法和紧急状态法、政府法制和非政府组织法制等这些法治的重要相对领域的角度进行层层纵深的分析研究了。当然,这涉及的内容和问题就更加复杂和丰富多彩,但却有利于深化和拓展区域法治研究的内容和形式。

这里我们想着重谈谈关于如何探析区域开发和发展的法理依据的问题。为此,也有必要选择性地引述一下我们在西部开发法治研究中关于“区域法治的法理依据和要素分析”所阐述的——发展权、环境权和自治权都是第三代人权的重要内容,是现代宪政制度所确认的重要宪法权利,它们都既是一项国际人权,又是一项国内人权;既是集体人权,又是个人人权,是国际人权与国内人权、集体人权与个人人权的统一。因而都是区域开发和发展战略中的重要宪法权利,从而成为区域法治的重要法理依据——这些同时又是区域开发和发展的宪法依据,为节省篇幅计其具体内容省略;下面主要引述一下其中关于区域开发和发展中法律关系的各种要素以及法律行为都具有广泛性、多样性以及复杂性和特殊性的阐述——

区域开发和发展无疑是一项复杂的社会系统工程,区域法治建设和研究无疑要面对一系列复杂的法律关系及法律行为问题。事实上,区域开发和发展中法律关系的各种要素以及法律行为都具有广泛性、多样性以及复杂性和特殊性。

其一,区域开发和发展法律关系的类型无疑具有多样性、复杂性和特殊性。其中,我们还尤需注意对关系区域开发和发展战略重点及体现区域开发和发展特点的若干具体法律关系的研究和探讨。诸如有关投资、融资、基础设施建设、资源环境保护、人才培养以及有关吸引人才、留住人才并合理使用人才、深化企业改革和改制、调整产业结构、发展民营经济和小城镇建设,扩大东、中、西部及国内外经济技术和文化交流与合作方面的法律关系等。还有有关社会保障,农民减负、维权、增收,脱贫、扶贫,弱势群体权益保障,移民安置,文化遗迹保护,毒品治理,以及有关强化扫盲和基础教育,落实民族及宗教政策等方面的法律关系。以便明确区域开发和发展法治保障的重点、难点和关节点,为区域开发和发展提供切实有效的法律支持和武器。其二,区域开发和发展法律关系的主体应包括参与区域开发和发展,从而在区域开发和发展中依法享有相应权利、承担相应义务的国家机关(包括中央国家机关和各省、自治区、直辖市及香港和澳门特别行政区的国家机关以及相关的外国政府),公民、法人和其他社会组织以及华侨和外国人等。从而发挥中央和地方、政府和民众的双重积极性,集聚国内和国外的多种力量,调动一切积极因素参与区域开发和发展。其三,区域开发和发展法律关系的客体,是指区域开发和发展法律关系主体的权利、义务所指向、影响和作用的对象,即一切对区域开发和发展有效用、有价值、有意义的物质的和非物质的财富和利益。其中,还尤其应重视诸如资金、资源、环境、生态、人才、信息、政策、基础设施、经济结构、市场要素、文化遗迹等这类体现区域开发和发展特点的客体的开发和利用,并不断丰富和扩充区域开发和发展法律关系客体的内容和范围。用法律确认它们的正当性及合法性,以充分利用和发挥一切对区域开发和发展有用的各种有形的和无形的资源和条件的作用,最大限度地调动和发挥一切对区域开发和发展有价值、有意义的人、财、物的功能。其四,区域开发和发展法律关系的内容固然是指有关区域开发和发展的各种权利和义务关系,然而,由于我国区域开发和发展是由党和政府发动并带领全国人民进行的,政府行为在区域开发和发展整个过程中都始终处于主导地位,以行政权力为中心的国家权力运行必然贯穿区域开发和发展的各重要领域及环节。要确保区域开发和发展的顺利进行,一方面,至关重要的就是要努力建立和健全各级各类国家权力依法、高效、廉洁的运行机制和有效的公民权利保障体系。所以,区域开发和发展法律关系的重要内容还包括公民权利与国家权力的关系以及国家权力的配置和运行中的职权和职责的关系。只有全方位地调整好这些关系,才能确保区域开发和发展的整个过程在依法治国及依法行政的轨道上顺利推进。另一方面,区域开发和发展一定要坚持以人为本、富民为主的原则,注重利民、便民及维护和保障公民、法人、社会组织的合法权益,才能调动一切积极因素,化解各种消极因素,顺利实现区域开发和发展的各项战略目标。至于区域开发和发展中的法律行为也是复杂多样的,并也应注意其特殊性。因此,在区域开发和发展中,一方面我们应该坚持规范政府行为与规范市场行为并重的原则,并通过各种制度及体制构建和创新,强化法律的激励机制和规范功能,做到使各类社会主体的权、责、利相统一,以利于全方位地调动和发挥各类社会主体参与区域开发和发展的积极性和创造性。另一方面在摆正国家权力与公民权利关系的前提下,必须努力关注国家权力(包括中央和地方的权力以及地方权力之间)的合理配置与合法运行以及公民、法人和其他社会组织的权利优化配置与有效保障问题。另外,在区域开发和发展中为了有效地规范各种行为,调整各种社会关系,还应当注意以法律规范为中心综合运用和发挥其他社会规范尤其是道德规范的作用,处理好依法治国和以德治国的关系,从而通过自律和他律的有机结合,达到最佳的治理效果。同时,在区域开发和发展中,我们还应注意尽量通过制度化、规范化、法律化使有关开发的各种政策、规划、措施符合开发和发展地区的长远目标和效应,符合该地区各族人民的根本利益,努力避免短期行为和只顾眼前利益。不仅如此,只要我们认真思考就还可以发现,区域开发和发展中的法律责任以及法律运行的各个方面,实际上都具有其多样性、复杂性和特殊性。这就需要进一步深入研究和分析了。

(二)横向区域法治研究

这里所指的横向区域法治研究,即是指开展特定区域开发和发展的立法、执法、司法、守法乃至护法等法治各个环节和过程的全方位研究,以便于构建区域开发和发展的法治保障体系。区域法治研究的中心任务,就是要探寻如何建立和健全切合区域开发和发展特点和实际的法治保障体系,这是一项复杂的系统工程。比如我们西部开发法治研究中关于“区域开发和发展法治保障体系探究”就是在坚持规范政府行为与规范市场行为并重、制度构建和制度创新、可持续发展、针对本地特点和实际因地制宜、综合性和系统性以及以人为本富民为主原则五大基本原则的前提下要求做好以下一系列重要工作,兹概述之——

1. 建立和健全区域开发和发展法律体系

区域开发和发展法律体系从纵向上讲至少应包括基本法、综合法、专门法等几大层次,以便具有灵活多样性和更大的适应性,并使中央立法与地方立法相结合,发挥中央与地方两方面的积极性,来健全和完善区域开发和发展法律体系。

2. 加强各省、市、区之间的立法、执法和司法协调与合作

如通过常设立法协调机构,以立法协作会议或联席会议、立法信息交流等途径实现立法协调;推行行政机关间的行政合同或协定,采取磋商谈判方式,实行执法信息公开和通报制度等实现执法协调;加强司法协助,由各高级人民法院共同制定跨行政区划案件的法律选择规范,并设置“大区法院”直接受理跨行政区划的争议案件等实现司法协调。

3. 多方面地营造区域开发和发展良好的法治环境、社会环境、投资环境

如包括:

(1)健全开发机制,将政府的开发工作纳入法治轨道

如以法律规范优惠政策的制定和实施,依法设立、实施和监管开发项目,并注意加强基础设施建设的法律问题的研究和解决等。

(2)加强法律的实施及其监督,保持社会和谐稳定

坚决贯彻区域开发和发展中政府行为的依法行政,确保公正司法和优质的法律服务,坚决杜绝司法腐败和司法专横。特别要加强和健全区域开发和发展中的权力制约机制,并要进一步加强社会治安的综合治理,注意民族和宗教工作、“三农”问题以及社会保障和移民及安置等方面的政策和法律问题的有效贯彻施行和解决。

(3)健全市场经济法律机制,实现宏观调控与市场机制有机结合

包括如注意依法鼓励和保护多种所有制经济成分的发展,考虑和探索对区域开发和发展中的未利用国土资源实行特殊的物权制度,通过制度创新发挥国土资源的最大效益等。

(4)依法调整各方利益关系,形成统一领导、协同发展、团结和谐的良好

局面

区域开发和发展中涉及中央与地方、地方与地方、民族与民族、城市与农村、政府与企业、企业与企业以及公民与国家、个人与集体、各阶层、各行业、各部门等主体之间错综复杂的利益关系。显然,要处理这些关系,是离不开法律和法制的调节和调整作用和功能的。

(5)依法保护和建设生态环境,实现可持续发展

包括如坚决防止为了地方和部门利益破坏生态环境,杜绝各种形式的地方保护主义,依法建立和健全生态环境补偿机制以及自然资源有偿使用制度,并依法实行促进生态环境建设的优惠政策等。

(6)依法实施科教兴国和兴区战略,通过制度创新,培育各地方各区域自我发展的良性机制

尤其是在区域开发和发展中实行的支援和援助不能单靠“输血”机理,而一定要依法大力实施科教兴国和兴区战略,通过制度构建和制度创新形成“造血”机能,构建起地区经济和社会加速发展的良性体制和机制,增强开发和发展地区经济的活力和后劲,实现富民强区。

四、同时,还需要区分和界定一下单项区域法治研究与聚合性区域法治研究

简单说来,单项区域法治研究即分别对区域开发和发展中的各项法律制度或法治措施、实施过程或效果等进行的研究,有利于研究的专门化和深入进行;聚合性区域法治研究即对区域开发和发展中各相关的法律制度或法治措施、实施过程或效果等以及它们在各相关的国家或地区的状况进行的比较研究和整合性研究,有利于对区域法治的各种性状进行科学的梳理及其分析和归纳。这些就不必展开来赘述了。

五、最后,我们考察区域法治研究的场域,还必须注意处理好国家法治统一与区域法治建设应体现本地区特点和实际这一重大关系

我们认为,维护和保证国家法治统一,就是要维护和保证宪法以及各项国家法律法规及法治政策在本区域内严格贯彻实行,包括地方立法必须严格依据上位法,地方立法、执法、司法、守法以及护法都必须遵循国家法定的原则、程序和标准等。而这些并不否定地方法治建设和区域法治建设应具有特

殊性以及创新性。因为事实上任何一个国家或地区的法治建设、法律体系都是共性与个性、普遍性与特殊性的辩证统一,都既有统一的法治整体,又有若干具体的法治来相辅相成。正如有学者所说的:“一个良好的社会制度实际上是由许许多多细微的甚至是琐碎的‘小制度’合力构成的,仿佛滚滚长江本是由无数支江细流汇聚而成。离开了具体的法治,那种宏大而高扬的法治只不过是引起空气振动的口号而已。”地方法治建设和区域法治建设正是使依法治国方略得以深化和落实,并丰富其内容和形式以使其多姿多彩的必要和重要之举。

因此,处理好国家法治统一与区域法治建设应体现本地区特点和实际的关系,就应该在维护国家法治统一、尊严、权威的前提下,既充分依靠和利用当前国家全面推进依法治国的巨大成就和丰富资源,又脚踏实地地立足于本地的特点和实际因地制宜地搞好区域法治建设,并努力探索,积极地进行制度构建和制度创新,从而切实地深化依法治国方略,使全面推进依法治国的战略部署落地生根。这样就可以为坚持走中国特色社会主义法治道路,贯彻中国特色社会主义法治理论,建设中国特色社会主义法治体系作出特殊的贡献。

地方法治实践的动力机制及其反思

付子堂　张善根*

内容摘要：当前，学界对地方法治实践的动力机制研究，形成了两种理论取向：一是国家"试错"策略理论。其以中央为视角探讨地方法治的兴起及建构逻辑，地方"试错"是国家法治推进与实现的基本策略；二是地方竞争理论。其以地方为视角探讨地方法治的兴起及建构逻辑，地方之间的竞争是地方法治发展的动力源泉。实际上，国家策略理论与地方竞争理论之间并不存在内在冲突，而是一个问题的两个方面，都深深嵌在中央与地方的关系结构之中。本质而言，国家策略导致地方竞争，地方竞争型塑国家策略，地方法治的逻辑就是国家策略下的地方竞争。然而，反思地方法治实践的动力机制原理，需要引起关注和重视的是，国家策略下的地方竞争，可能将导致地方法治演变为地方应对中央的权宜之计，使得地方法治建设的形式化和表面化，地方法治建设被悬置，而难以落地生根。未来地方法治发展，国家或许依然会采取试错策略，但地方法治应有法治思维，依法试错。同时，应引导地方法治竞争从应对中央转向回归社会，以社会为皈依，作为地方法治建设的动力基础和建构逻辑。

关键词：地方法治；国家策略；试错机制；地方竞争；社会需求

改革开放以来，我国的法治建设与发展一直以国家为中心，秉持国家整

---

* 付子堂，西南政法大学校长、教授，重庆市地方立法研究协同创新中心主任；张善根，西南政法大学行政法学院副教授，重庆市地方立法研究协同创新中心研究员。本文系国家社科基金重大项目《全面推进依法治国与全面深化改革关系研究》（项目编号：14ZDC003）、中国法学会重点委托课题《全面推进依法治国背景下的地方法治建设问题研究》［项目编号：CLS（2015）ZDWT10］部分研究成果。

体主义的法治理论。在这一理论话语下,法治的建构在国家范围内具有很强的普适性,法治推进是一个自上而下的社会化过程,地方仅仅是国家的执行机构,而不应对中央的决策讨价还价,国家法治建设必须严格落实和执行。然而,国家整体主义法治观在处理地方法与中央法的关系上存在明显不适当的思路。[1] 其既无法回答,在法治发展实践中,各个地方呈现出不一样的法治状况和结果,差异性和不平衡性现象比较明显的事实,[2] 也无法真实呈现国家在法治建构与推进中的基本路径。实际上,在法治中国不断深化和推进过程中,一直伴随并逐渐兴起地方法治现象,学界同仁对地方法治的研究和探讨也越来越多。然而,在以国家整体主义法治理论为基调的法治建设中,地方法治话语一直被边缘化。导致直到当前,无论是地方法治实践还是理论研究,还处于起步阶段,许多问题,尤其是基础性理论问题仍需深入探讨。对于地方法治实践逻辑和形成地方法治现象的内在动因,主要有两种理论取向:一是国家"试错"策略理论。其以中央为视角探讨地方法治的兴起及建构逻辑,地方"试错"是国家法治推进与实现的基本策略;二是地方竞争理论。其以地方为视角探讨地方法治的兴起及建构逻辑,地方之间的竞争是地方法治发展的动力源泉。本文将重点研究国家试错理论和地方竞争理论下地方法治实践的逻辑和动力机制,及其在地方法治建设中的功能和作用。尤其是以十八届三中全会中有关深化中央与地方关系改革,十八届四中全会有关优化央地关系,引领并逐步推进央地关系法治化的顶层决策为契机。反思国家试错理论和地方竞争理论在当前可能存在的不足,并以此为基础,提出如何驱动和保障地方法治建设的基本路径。

一、国家试错策略理论

1. 作为国家策略的试错

所谓国家试错策略就是指国家在经济社会发展战略上,采取先试点探索,后逐步跟进,逐渐向全国推广的策略。试错可以针对国家主权范围内的一切事项,可以在某一区域范围内进行。试错是人类社会生存与发展的一项

---

〔1〕 黄文艺:《认真对待地方法治》,载葛洪义主编:《地方法制评论》(2014 年第 1 卷),法律出版社 2014 年版,第 10 页。

〔2〕 朱景文主编:《中国法律发展报告——数据库和指标体系》,中国人民大学出版社 2007 年版,第 58 页。

基本经验,但作为我国的国家发展战略,还是改革开放以来的事情。早在20世纪50年代,陈云就提出"摸着石头过河"理论,[1]改革开放伊始,陈云在中央工作会议上提出:"我们要改革,但是步子要稳……随时总结经验,也就是要'摸着石头过河'……"[2]而邓小平把"摸着石头过河"发展到极致,提出改革就是"要坚决地试,大胆地闯""杀出一条血路来。"[3]试错逐渐成为我国改革开放的主基调,无论是在经济、政治还是社会领域,无不体现这一的思路。党的十八届三中全会《中共中央关于全面深化改革若干重大问题的决定》,在讲到我国改革开放的成功实践为全面深化改革提供了重要经验时依旧强调,必须"加强顶层设计和摸着石头过河相结合。整体推进和重点突破相促进"。习近平总书记在政治局第二次集体学习时也指出:"摸着石头过河,是富有中国特色、符合中国国情的改革方法。摸着石头过河就是摸规律,从实践中获得真知。摸着石头过河和加强顶层设计是辩证统一的。推进局部的阶段性改革开放要在加强顶层设计的前提下进行,加强顶层设计要在推进局部的阶段性改革开放的基础上来谋划。"实际上,至当前及以后的很长一段时间,国家试错策略依然是我国全面深化改革的基本路径。

与所有改革一样,我国法治建设与发展也秉持着国家试错策略。这一策略在邓小平的思想体系中也有直接的表达。1978年12月,邓小平在《解放思想,实事求是,团结一致向前看》中指出:"现在立法的工作量很大,人力很不够,因此,法律条文开始可以粗一点,逐步完善。有的法规地方可以先试搞,然后经过总结提高,制定全国通行的法律。修改补充法律,成熟一条就修改补充一条,不要等待'成套设备'。总之,有比没有好,快搞比慢搞好。"[4]这是"摸着石头过河"在法制建设中的具体体现。一方面,国家法制建设,能在国家范围内弄的,先粗后细,边立边改,不宜等。另一方面,无法在全国范围内弄的,先地方试点,成熟后向全国推广。也就是说,无论是从国家层面,还是地方层面,先行先试都是国家试错的基本策略。

---

[1] 1951年7月,在《做好工商联工作》报告中指出:"办法也应该稳妥,这叫摸着石头过河。搞急了是要出毛病的。毛毛草草而发生错误和稳稳当当而慢一点相比较,我们宁可采取后者。尤其是处理全国经济问题,更须注意这点。"参见《陈云文选》(第2卷),人民出版社1995年版,第152页。

[2] 陈云:《经济形势与经验教训》,载《陈云文选》(第3卷),人民出版社1995年版,第279页。

[3] 《邓小平文选》(第3卷),人民出版社1994年版。

[4] 《邓小平文选》(第2卷),人民出版社1994年版,第147页。

伴随着改革开放在沿海城市的展开，法律制度在这些地方不断突破，不断地先行先试，不断地改进制度建设，然后，在国家层面逐渐完备和推广，直至形成中国特色社会主义法治体系和模式。在此过程中，国家也在不断调整地方立法权限和范围，以适应地方先行先试和经济社会发展之需。早在1979年《中华人民共和国地方各级人民代表大会和地方各级人民政府组织法》就已确定省级人大及其常委会“在和国家宪法、法律、政策、法令、政令不抵触的前提下，可以制定和颁布地方法规”。1982年增加了省、自治区人民政府所在地的市和经国务院批准的较大的市的人民代表大会常务委员会提请审议法规草案的拟定权。1986年修改地方组织法，确立了省、自治区人民政府所在地的市和经国务院批准的较大的市的人民代表大会及其常务委员会可以制定地方法规。随后，有立法权的地方及其立法范围不断扩展。直至2015年《中华人民共和国立法法》的修改，确立了所有设区市及部分未设区市的立法权。自此，全国具有立法权的地方，从原来的49个，增加至288个。与此相应的是，国家进一步进行简政放权，以增强地方活力。可以预见的是，未来的地方法治会更加多样而兴盛。

2. 地方法治的动力基础是国家试错

试错策略作为我国的改革和法治发展基本经验，也是解释甚至解答地方法治为何会兴起及其如何建构的逻辑起点。从国内对地方法治的研究状况看，大体可以归纳为中央与地方、法律制定与法律实施、领导与合作及其普遍与特殊四个理论维度。[1] 尽管以上理论维度不一，但每一个维度都内含了如何处理中央与地方的关系这一命题。其中，如果以中央为理论起点，那么研究的重心就是国家为何重视和推进地方法治；如果以地方为理论起点，那么研究的重心必然就是地方为何愿意推进地方法治。而中央与地方关系，决定了地方法治的制度内容及实践模式。

国家为何要推进地方法治，其根本目标在于建构和实现法治中国，而方式则采取试错策略。一方面，地方是法治国家的承载体，没有地方法治就没有国家法治。从我国地方法治建设的基本路径来看，无论是早期各个地方推进“依法治省”“依法治市”“依法治县”，还是当前推进的“法治某省”“法治某市”“法治某县”，都是在国家的驱动力下，按照国家战略层层向地方逐步推

---

〔1〕 李旭东：《地方法制研究的理论框架》，载《学术研究》2011年第4期。

进，直至社会最基层。另一方面，国家在建构和推进法治过程中，采取先行先试和选择性试验的方式，为国家整体的法治建设探索道路和提供示范性样本。因此，对于地方来说，与国家法治推进的路径具有高度的一致性，那就是采取试错的机制。试错不仅是地方法治建设的基本方式，也是我国法治建设乃至国家建设的重要“试验田”。[1]

在社会学中，试错被视为一种变通理论。变通是一种自下而上的制度创新过程，其在未获得上级正式允许，或未经改变制度的情况下，地方自行改变原制度的某些部分，从而推行一套被改变的制度安排。这些制度安排可以通过实际绩效获得合法性，最后从准制度变成正式制度。[2] 本质而言，试错是国家推进法治中国建设的一个基本思路和策略。即国家在建构社会主义法治过程中，基于中国社会的特殊国情，难以在全国范围内全面展开和实现，于是通过先行先试的方式，通过某个领域或某个区域进行试点，不断积累法治发展经验以建构国家法治。试错机制有两种基本类型：一个是由国家选择性试点，其侧重于国家有目标性的先行先试；另一个是地方的自发型实验，国家不予定性，等经验成熟再由国家确定。无论国家采取哪种试错机制，其目标都非常明显，那就是探索法治中国的可行性方案。

地方法治的试错既然成为国家法治建设的基本策略，那么，就意味着国家对地方法治发展既能做到放，也能做到收。至于如何放、如何收，都应归结于国家采取何种策略。这使得如何对地方法治试点进行部署和顶层设计就变得非常重要。从国家策略的角度，其基本思路较为明显，通俗而言就是不能把所有的鸡蛋放在同一个篮子里，以防止全部被摔坏的风险。不管国家推行某一特定领域或事权的实验，还是某个地方的实验，都在于降低全国性、全方位推进法治的风险。有学者把这一机制比拟为“分散烧锅炉”原理，中央对地方的治理就类似于烧一个大锅炉，既要把水烧开，又防止爆炸的危机。因此，中央的策略就是不直接烧大锅炉，而是分散成很多的小锅炉，然后选拔和监督地方官进行烧锅炉。[3] 也就是说，中央需要做的可能就是如何让地方把锅炉烧好。烧好了就让各个地方去学习，或者向全国各地推广。烧不好或烧

---

〔1〕 周尚君：《国家建设视角下的地方法治试验》，载《法商研究》2013 年第 1 期。

〔2〕 刘玉照、田青：《新制度是如何落实的——作为制度变迁新机制的“通变”》，载《社会学研究》2009 年第 4 期。

〔3〕 曹正汉：《中国上下分治的治理体制及其稳定机制》，载《社会学研究》2011 年第 1 期。

坏了，损失也不是很大。不仅如此，中央把权力下放地方，还可以提高地方的治理效力。[1]

从国家策略看地方法治，实质上就是站在中央的高度来规划和控制地方法治的推进和发展，其理论优势非常明显，地方法治本身就是国家法治的战略选择。因此，所谓地方法治会割裂法治国家的建设，导致法治中国的“碎片化”的观点是难以立足的。法治中国对地方法治进行规范和引导，地方法治为法治中国进行试点和探索。[2] 这是既能控制地方法治又能不断推进法治中国进程的重要机制。其可能存在的风险就是通过非法治的方式推进地方法治建设。即国家在地方法治试错决策过程及其地方在自我探索法治过程中，良性违法的思维一直支配着各个层面的法治改革，从而使得地方法治的试错陷入以法治反对法治的困境。所幸的是，当前国家已经对这一现状所引发的问题有所重视，并开始转向依法推进的模式。

二、地方竞争理论

1. 地方法治竞争现象

与国家试错策略理论相对，地方法治研究逐渐兴起了地方竞争理论。所谓地方竞争现象，简言之，就是指各个地方开展法治发展竞赛，争相推进法治工作和进程的现象，地方法治现象的形成是地方搞法治竞争的结果。从地方法治理论的发展进程看，地方法治研究起源于先行先试，起先没有对地方法治竞争现象给予多少关注。而地方法治理论的新发展则把注意力转向了地方竞争，其中，地方法治竞争现象是其最主要的观测点，而其背后的动力基础则是地方竞争理论的立足点。

无论是国家试错策略理论还是地方竞争理论，都是以地方法治现象为起点，都要描述并强调地方法治从“依法治××”到“法治××”这一阶段性发展过程。而地方法治竞争理论，其重点强调的是地方竞争这一现象。确实这是一个需要引起学界重视的现象。自1997年9月中共十五大把“依法治国，是党领导人民治理国家的基本方略”正式写入党中央文件，1999年通过《宪法》

---

〔1〕 周雪光：《权威体制与有效治理：当代中国国家治理的制度逻辑》，载《开放时代》2011年第10期。

〔2〕 韩业斌：《法治中国与地方法治互动的路径选择》，载《法学》2015年第5期。

修正案确定了“中华人民共和国实行依法治国，建设社会主义法治国家”这一治国方略。在此期间及其之后的很长一段时间，各个省市、区县、乡镇等国家机构都竞相提出“依法治省”“依法治市”“依法治县/区”“依法治乡/镇”，一时间，“依法治××”成为时髦话语，也形成了很强话语权，不仅基层单位都要有这一提法，包括“依法治村”“依法治校”“依法治厂”等，甚至与法律无关的事情，也要挂上依法，否则似乎就有不依法之嫌。

如果说在地方法治现象的前期，各个地方竞相对“依法治××”的提出，是基于国家层面有确定的提法，甚至有宪法的确认，而后才逐渐兴起并形成各个地方竞相提出“依法治××”现象。而在当前，各个地方竞相提出的“法治××”，则似乎更具有地方自主性。事实上，从国家层面首提“法治中国”，是习近平在2013年年初的政法工作会议上。同年11月，“法治中国”在党的十八届三中全会通过的《中共中央关于全面深化改革若干重大问题的决定》进行了进一步的确认和阐释。然而，在2013年之前，就有16个省市陆续提出“法治××”，并制定了相应的实施方案(具体提出时间见表1)。

表1　2013年之前各地方省市提出“法治某省/市”的时间

提出时间	2004年	2005年	2006年	2008年	2009年	2010年	2011年	2012年
提出省市自治区	江苏 四川	宁夏	浙江 云南 海南	广东	湖北	山西	吉林 湖南 安徽	天津 西藏 陕西 内蒙古

这些省域行政管辖范围内，各市、区、县及下辖的各党政机关，也在竞相提出并推进“法治某市”“法治某区”“法治某县”。这种以地方首提的表述，并逐渐形成的地方法治现象，几乎成为地方法治理论，尤其是地方竞争理论的最佳诠释。

然而，需要注意的是，尽管在2013年和2014年依然陆续有重庆、山东、河南、广西、江西、福建等省市在酝酿并谋划“法治某省”战略。但当2014年，十八届四中全会通过《中共中央关于全面推进依法治国若干重大问题的决定》，很多省市及其下辖区域又开始逐渐转向了“依法治某省/市”了。

2. 法治竞争的动力本质是晋升竞争

如何观测和解释地方法治竞争现象及其动力原理，是地方竞争理论的核心问题意识。从其观察点而言，地方竞争理论以地方为逻辑起点，观察和研究地方法治建设的路径与问题。对地方法治建设的动力机制研究，则预设了地方政府是一个具有自主能力的行为主体，其如何建构地方法治，是地方政府理性选择的结果。而地方政府的不同理性选择，也将带来不一样的法治实践结果。在地方法治研究的初期，有学者提出了法治先行化理论，认为经济先行地区更愿意法治化，也更具有法治的社会基础。[1] 但这一理论很难解释地方法治建设在当前逐渐兴起中部现象、西部现象等内陆化取向，更无法解释地方为什么愿意通过制定地方性法规、政府规章、规范性文件甚至法治发展规划等法治试验方式来进行自我束缚、"自我革命"式的改革。[2] 而地方法治竞争动力学理论则认为可以对此提出新的解释。

地方法治竞争学理论认为，地方政府和政府中的"代理人"为人们提供优质的"非市场提供的产品与服务"和"政府供给产品与服务"，可以吸引特色资源，推动地方发展，发挥竞争动力学优势。在激烈的地方竞争面前，各地不得不尽全力吸引国内外优势资源与其他地方相抗衡。而当前，地方已从基础设施、政策优惠等技术竞争走向法治创新的制度竞争阶段。[3] 也就是说，地方法治的竞争动力学理论不仅预设了地方政府作为法治的主导者和推动力，还预设了法治的优势会转化为地方发展和治理的优势。因此，地方法治迎合了地方之需，而不是简单的国家向地方推进的过程。并且，地方法治的发展不是有了经济基础就会先行法治，而是通过法治促进经济社会的发展。

从地方发展的过程来看，地方政府的区域竞争推动了中国经济的迅速增长。[4] 然而，为何地方政府会竞争式地发展地方经济，为何又逐渐出现地方法治发展的竞争？除了国家赋予地方的职责和义务之外，还应包含着更为基础和潜在的原动力。组织行为理论认为，任何组织或群体，包括政府，如果没

---

〔1〕 参见孙笑侠：《局部法治的地域资源——转型期"先行法治化"现象解读》，载《法学》2009年第12期；孙笑侠、钟瑞庆：《"先发"地区的先行法治化——以浙江省法治发展实践为例》，载《学习与探索》2010年第1期，等等。

〔2〕 周尚君：《地方法治试验的动力机制与制度前景》，载《中国法学》2014年第2期。

〔3〕 周尚君：《地方法治试验的动力机制与制度前景》，载《中国法学》2014年第2期。

〔4〕 孙秀林、周飞舟：《土地财政与分税制：一个实证解释》，载《中国社会科学》2013年第4期。

有足够的激励机制或惩罚机制，那么，即便是对其有利的行为，也不一定会去做。[1] 也就是说，无论地方政府发展经济也好，推进法治也好，其中必然包含了某种激励机制或惩罚机制。这些激励机制和惩罚机制既建构了中央与地方的关系模式，也确立了中央对地方的控制模式。

在我国，基于中国独特的政治社会环境，逐渐形成了“上下分治的治理体制”。中央政府主要执掌治官权，即选拔、监督和奖惩官员的权力；至于实际管治各地区民众的权力（简称“治民权”），则交给地方官执掌，只要地方官不违背中央政府所定大政方针，均可以因地制宜地行使其治民权，灵活地处置所管辖地区的民众事务。[2] “治民权”从中央与地方的关系视角，也可以称为行政发包与行政包干，其确立了中央与地方，及地方政府上下级之间的“发包”关系。而中央对地方的治官权，则主要是通过治民权的考核加以实现的。然而，不同时期，由于中央工作的重心不同，其考核的指标系统将会出现差异。而每当形成不同的考核要求，将会引发地方一轮又一轮的指标竞争，从而内生出一种“锦标赛”的独特现象。[3] 同样，同一行政级别的地方官员，无论是省、市、县，还是乡镇，也处于政治晋升博弈，或者说是政治晋升锦标赛之中。[4] 也就是说，中央对地方的考核是地方竞争的原动力，即从为增长而竞争，转型为“为和谐而竞争”。[5] 无论是经济发展为导向的硬考核，还是以法治发展的软考核，都是地方竞争的驱动力和原动力。

也有学者对地方法治竞争动力理论提出质疑，认为在当代中国至少在省一级层面，晋升锦标赛并不构成对于地方政府竞争的主要激励。不仅在经济方面如此，在法治方面更是如此，法治建设不仅不会以地方法治竞争的形式表现出来，还会减弱地方竞争。[6] 这主要是因为，地方经济发展的绩效同本

---

〔1〕 周黎安：《行政发包制度》，载《社会》2014 年第 6 期。

〔2〕 曹正汉：《中国上下分治的治理体制及其稳定机制》，载《社会学研究》2011 年第 1 期。

〔3〕 周飞舟：《锦标赛体制》，载《社会学研究》2009 年第 3 期。

〔4〕 周黎安：《晋升博弈中政府官员的激励与合作》，载《经济研究》2004 年第 6 期。

〔5〕 陈钊、徐彤：《走向“为和谐而竞争”：晋升锦标赛下的中央和地方治理模式变迁》，载《世界经济》2011 年第 9 期。

〔6〕 李晟：《“地方法治竞争”的可能性——关于晋升锦标赛理论的经验反思与法理学分析》，载《中外法学》2014 年第 5 期。

地官员获得晋升的概率之间并不存在具有统计意义的正相关性。[1] 确实,基层政府官员晋升往往是前台与台后多重原因作用的结果。派系关系、政治背景、社会网络等后台因素,往往能左右基层干部的晋升。[2] 而且,即便是存在竞争体制,但高度的集权控制既会导致竞赛的产生,又必然性地导致竞赛的失败。[3] 尤其是,在形式理性化的法理型统治的背景下,会越来越弱化地方竞争的晋升锦标赛。而依靠更为技术化和程序化的标准来选拔晋升官员,也会使地方官员在晋升方面对中央的依赖有所减弱。[4]

地方法治竞争是地方法治建设的动力源泉,其不仅能促进地方法治建设,也能保证地方法治与国家法治的一致性。对地方法治竞争动力理论的质疑者尽管认为发展绩效与晋升之间没有必然的联系,但其并不否认竞争的存在。确实,如果单以发展绩效来理解地方竞争理论,确实无法回答复杂的组织动机。实际上,地方竞争不仅包括诸如经济、社会发展等硬指标,也包括了文化、环境、法治等软指标,甚至还包括对中央的忠诚度等因素。因此,法理型统治、法治化建构本身是否会降低、弱化地方竞争的晋升锦标赛,则是存疑的。尤其是,"法治建设不仅不会以地方法治竞争的形式表现出来,还会减弱地方竞争"的观点是有问题的。事实上,当前地方法治竞争并不弱于其他领域的竞争。地方法治建设过程中,从建设规划与纲要,建设内容及其考核评估机制,都在相互模仿,竞相推进。其中,科层体制中的晋升机制是通过中央对地方的各种考核以对地方治民权的控制,从而实现对地方控制的一种方式,而地方法治的竞争仅仅是地方竞争的一种方式。

三、地方法治的难题

1. 地方法治理论的不自足

国家试错策略理论与地方竞争理论作为地方法治的基础理论,重点讨论

---

〔1〕 李晟:《"地方法治竞争"的可能性——关于晋升锦标赛理论的经验反思与法理学分析》,载《中外法学》2014 年第 5 期。

〔2〕 陈潭、刘兴云:《锦标赛体制、晋升博弈与地方剧场政治》,载《公共管理学报》2011 年第 2 期。

〔3〕 周飞舟:《锦标赛体制》,载《社会学研究》2009 年第 3 期。

〔4〕 李晟:《"地方法治竞争"的可能性——关于晋升锦标赛理论的经验反思与法理学分析》,载《中外法学》2014 年第 5 期。

地方法治的基本路径、动力基础和合法性原理。其虽然在理论原点和基本逻辑有很大的差异,但两者本质上并非彼此冲突,相反,两者具有很强的互补性,是一个问题的两个方面。而且,我国的地方法治,可以说,是在国家法治整体主义之内讨论地方自主性的空间和范围,其本质上并不反对国家整体主义,而是通过地方法治来完善国家法治整体主义。因此,地方法治是在国家整体主义理论的裹挟下成长,难以成熟。

国家策略理论强调国家视角,主要强调三个层面:其一,发展地方法治的动力在于国家,而不是地方。地方的定位是法治国家的承载体,法治必须通过各个地方的法治化而实现。因此,国家必须驱动地方法治的发展。其二,地方法治是国家试错的重要方面,也是建构国家法治的重要路径。国家通过推进地方法治的试错,一方面提高治理效率,建立、维护统治稳定与权威;另一方面,分散国家法治建构过程中的风险,降低法治实践成本。其三,国家试错策略,不管是通过中央决策性的选择试验,还是中央承认地方自主性的实验,在某种程度上,都是中央对地方的自主性和利益的认可。试错策略也在某种程度上分享了国家的权力,或者说,让地方的自主性或利益的回归。但对国家法治的整体实现而言,无疑是有益的。也就是说,尽管国家策略理论强调国家视角,但最后的落脚点则是,地方的主体性。相反,地方竞争理论虽然以强调地方的主体性地位为切入口,但最终的落脚地则回归了国家策略。地方法治竞争的动力,来自于科层体制中晋升竞争,是否在地方推进法治及如何推进法治,主要取决于国家推进法治的力量强弱及其在晋升考核中的权重。因此,当前我国地方法治的竞争本质上是中央法治战略的一种倒逼机制,其在推动地方法治的同时,引导地方法治与国家法治的一致。

无论是国家试错策略理论,还是地方竞争理论,其理论优势是非常明显的,在国家整体主义思维下,都能看到地方的主体性和央地之间的互动性。但也存在一个共同的短板,就是地方法治理论在国家法治整体主义理论包围下生长起来的,其中充满了国家法治整体主义的痕迹。尽管地方法治理论在试图挣脱国家法治整体主义的桎梏,但却必须在国家法治整体主义中寻求自身的合法性。地方法治理论的两难,将自身陷入边缘弱势,理论的不自足,是我国的地方法治理论一直难以成熟的原因所在。

2. 地方法治的“地方性”缺场

在地方法治的建设中,无论是从照国家试错策略还是从地方竞争的角度观察,尽管地方主体性和央地之间的互动性已经显现,但当地方法治理论把视野聚焦于地方时,地方法治理论的两难和不自足,导致了地方法治实践中“地方性”的缺场。形成这一现象最为核心的问题就是地方法治的建设路径与国家法治同构,无法有效回应法律与社会的张力。[1]

所谓地方法治的建设路径与国家法治同构,就是指各个地方在推进和建设法治过程中,采取与国家一致的组织模式、建设内容和评估方式,使地方法治与国家法治保持高度的一致。中央有关法治建设的文件,地方层层下发。不仅如此,地方还按照中央相关精神,以党政为基本组织架构,颁布各种推进法治发展的决议、纲要或规划,这些决议、纲要或规划基本是国家决议、纲要或规划的复制版和地方版;地方立法机关按照上位法建立与国家法保持高度一致的地方立法;在地方法治考核与评估方面也表现出与中央的高度一致性。从某种意义上来说,各个地方在法治建设中的竞争,本质是与中央保持一致性的竞争,而非法治本身的竞争。但这种一致性又主要表现在地方对中央的姿态上和各种文件或制度文本中。有学者把这样一种状态称为制度落实的“形式绩效”阶段。[2] 其目标在于取得形式合法性,即获得上层或中央的认可,如此才能以更高的权威姿态以推进和落实相关制度。

也就是说,在强国家弱地方的国家结构中,不管国家策略理论还是地方竞争理论,其最强有力的动力机制都在于中央,地方自主性和央地关系互动性的显现都在于地方如何应对中央,如何与中央保持一致。但是,这种可能仅是形式意义上的一致性,其本质与国家法治建设的目标和思路是不相符合的,难以起到法治社会化的功能。一方面,地方法治的建设路径与国家法治同构,导致地方法治建设的复制现象,这一点从地方立法就能很明显地看出。尽管当前地方立法非常兴盛,立法动机较强,但地方立法抄袭、重复国家立法的现象较为突出。在地方立法的应用中,不管用、不实用的立法问题较为明显,僵尸立法和僵尸条款现象也很突出。另一方面,地方法治的建设路径与国家法治同构,导致国家法治建构过程中断裂现象。地方法治建设的动力机制在于“上迎”中央,而非“下接地方”。其中,“下接地方”中的“地方”不是指

---

〔1〕 付子堂、张善根:《地方法治建设及其评估机制探析》,载《中国社会科学》2014 年第 11 期。

〔2〕 刘玉照、田青:《新制度是如何落实的——作为制度变迁新机制的“通变”》,载《社会学研究》2009 年第 4 期。

地方政府机构,而是指“地方”的基层社会自身。各个地方的政府并没有切实地为地方法治服务,法治的社会化在地方法治建设过程中被阻断,使得国家难以真正探索出符合中国社会需求的法治。

3. 地方法治的偏好问题

在地方法治建设过程中,需要注意的另一个现象是,地方在法治建设中在应对中央并与中央保持高度一致的同时,各个地方法治实践与运行过程则显得形态各异。这是各个地方法治建设的偏好结果,选择性推进地方法治,成为地方法治实践乃至地方治理的常态。

地方法治的偏好问题是一个非常值得研究的问题。地方法治建设的最大偏好就是应对与迎合中央。但是在应对与迎合中央的过程中,并非完全保持一致,而是有策略性的选择。策略性的选择点就是在形式上与中央保持一致,但在实际运作中,却形成了上有政策,下有对策的现象。也就是说,在地方法治建设中,在一致性的文本下面,呈现出对自己有利的就推进、坚决执行,对自己不利的就消极抵制的现象和问题。这在涉及地方利益和部门利益的时候更是如此。这种选择性的地方法治实践,其结果往往只能看到法治之“形”,而未能见其“神”。甚至有些地方以国家的名义、法治的名义,变相攫取地方利益与部门利益,使得社会对法治和国家权威产生质疑。也就是说,在某些方面地方与中央保持一致,但在某些方面也存在冲突。地方作为一个利益主体,其通过利益的选择机制,从选择性学习、到选择性阐释再到选择性执行,以实现自身利益最大化。最后导致中央政策是好的,到了下面就逐渐走样,甚至得出“中央是好的,地方是坏的”的结论。

国家试错与地方竞争是地方法治及其地方治理的两个方面,地方法治在推进过程采取合作又不合作的方式与中央互动,彰显了在集权治理模式下中央与地方之间微妙关系。中央与地方关系的法治化程度不足,只能依赖中央的治理智慧。而地方的生存智慧则在某种程度上体现了国家体制层面的短板。在某种意义上,地方法治的竞争是地方规避政治风险的策略,也是科层晋升竞争的结果。在当前的政治结构体制下,地方可能更愿意以迎合中央的方式,获取地方政治合法性和行为合法性。同时,这种方式也可以使地方官员在科层体制中获得晋升的机会。中央与地方的互动模式和地方之间的竞争在某种意义上确实可以实现国家的战略,也客观上推进了地方法治的进展。然而,当前的中央与地方互动结构是,中央必须依托地方,自上而下实现国家整体的法治化。地方作为承上启下的组织结构,被定位为国家法治的中转或落实机构。但地方在执行过程中却没有满足法治化的功能,而陷入科层体制晋升竞争的泥淖之中,从而导致地方法治的推进并非围绕着社会福祉,而是地方科层体制自身的利益。这也使得地方发展与建设始终存在地方保护主义、重复建设等诸多的问题。[1] 地方立法的重复建设问题,地方保护主义问题并不亚于其他领域。如果这些问题没有处理好,将成为地方法治的短板,始终制约地方法治的进程。

四、回归社会的地方法治理论

综上所述,地方法治对法治中国的意义和价值已经取得了共识,[2] 但就如何应对地方法治建设过程中存在的各种问题,如何为地方法治建设提供理论支撑,学术界依然还在探索之中。既有的国家试错策略理论和地方竞争动力理论,尽管在某种程度上有很大的解释力,也能为推进地方法治提供理论支撑,但由于地方在与地方的互动过程中,采取政治避险与晋升竞争为地方法治建设的驱动力,使法治发展在转介地方过程中,出现选择性实施现象,并导致法治化进程的结构化断层。从而使得中央转介地方的法治推进依然无法落地,更无法生根。因此,解决地方法治的根本问题就是要克服竞争动力的偏差问题,避免地方选择性应对中央,进行地方法治建设。这就需要地方法治建设应回归社会,以社会为法治建设的目标和皈依。

具体而言,包括以下几个方面:

第一,地方法治建设的常态化。从国家层面而言,中央依然会以地方试错的方式推进法治中国的进程,但地方法治建设无疑需要从试错性探索逐渐转化为常态化建设。法治的试错建设,不仅有“违法”之嫌,更容易引发地方的“不正当竞争”。而常态化的地方法治建设,则要求坚持法治思维,依法变法。[3] 这也是阻断地方“不正当竞争”,引导地方法治建设回归社会的重要

---

〔1〕 周黎安:《晋升博弈中政府官员的激励与合作》,载《经济研究》2004 年第 6 期。

〔2〕 张文显:《变革时代区域法治发展的基本共识》,载公丕祥主编:《法制现代化研究》(2013 年卷),法律出版社 2014 年版。

〔3〕 姜伟、付子堂、周尚君:《全面深化改革与全面推进依法治国关系论纲》,载《中国法学》2014 年第 6 期。

方式。十八届三中全会提出改革需要于法有据,四中全会提出坚持立法先行,发挥立法的引领和推动作用。改革如此,法治的改革与推进更应如此。常态化的地方法治建设本质就是依法推进地方法治建设,其既包括中央的依法授权,中央与地方的制度衔接,也包括地方自身推进过程中的合法性和制度化。

第二,中央与地方关系的法治化。当前地方法治建设的动力机制来自于中央,也可以说是地方应对中央的一种策略。但也正是地方的策略性行为,导致国家法治在向地方逐步推进过程中的出现断裂和被悬置,无法落实于社会。地方的策略性行为是中央与地方关系的表征,表达了中央与地方关系的不稳定性。或许对中央而言,不确定性的关系可以给中央对地方更多的主动权和控制力,但也将造成地方的投机性行为,从而在实质上会降低中央的权威与控制力。因此,推动地方法治建设回归社会,需要重视和加快中央与地方关系法治化。法治化的中央与地方关系,将形成稳定和常态化的中央与地方关系,中央法治化路径将可以通过法治化道路去建构、推进和实施,地方的职责将围绕着法律职责而形成。

第三,地方法治建设内容应以社会为本。当前,法治对现代国家与社会的意义已经提升到了最高程度。法治已被视为实现国家治理体系和治理能力现代化的必然要求,事关我们党执政兴国,事关人民幸福安康,事关党和国家长治久安。然而,我国地方法治建设的内容体现出明显的形式法治的特征,各种法治建设纲要、法治发展规划及评估考核机制漂浮于社会之上,而难以通过法治建设切实回应现实社会中所遇到的难题。尽管各个地方遇到的社会问题各不相同,但基层社会中的民生问题、社会治理难题及经济社会发展问题等已经成为地方及至国家的发展"瓶颈"。而地方法治建设的内容却没有对此进行实质回应。

第四,引导地方法治建设动力机制的社会化。当前地方法治建设的核心问题就是动力机制的逆转,这与国家推进法治的预设思路有很大的差异。国家是以地方为媒介,通过地方法治建设,推进法治中国建设。但因动力机制的逆转,使得地方法治建设并没有围绕着法治建设本身而展开,因为地方法治建设的动力机制来自于中央,而不是社会自身。地方法治建设回归社会就特别需要引导地方法治动力机制的社会化。即地方法治建设的动力不再是应对中央的权宜之计,而是建立在社会需求导向上。这是地方法治的立足点,也是地方法治的生命力。为此,地方法治建设应建立以社会为皈依的评价机制,而不是以上级对下级的考核为基础。这就需要发展和推进第三方评估机制,通过民意测量与社会评估机制来衡量地方法治发展绩效。

三大战争与中国近代区域法制变迁

王立民*

内容摘要：中国近代区域法制主要是租界和租借地区域法制。这种法制的变迁与鸦片、甲午、太平洋三大战争有关。它们是中国近代区域法制产生、大变化、终结的节点，从中可以发现其变迁的轨迹。这三大战争和中国近代区域法制变迁的背后是国力的博弈。中国的国家主权是这种变迁的决定性因素。与这种法制变迁相关，还有法制统一性、中国近代区域法制两面性等一些问题值得关注。中国现在不可避免地存在区域法制，但与中国近代的区域法制有天壤之别。然而，作为一种历史经验，中国近代的区域法制至今仍有总结甚至借鉴的价值。

关键词：鸦片战争；甲午战争；太平洋战争；中国近代；区域法制

鸦片战争、甲午战争和太平洋战争三大战争与中国近代区域法制的变迁有关，是这一法制产生、变化和终结的重要节点。中国近代的区域法制主要是租界、租借地的区域法制。本文以其为例，展开论述。目前，对于这三大战争与中国近代区域法制变迁的研究很不充分，鲜有成果面世。本文以此为主题，做些初步的探索，来发现这三大战争与中国近代区域法制变迁相关的一些问题，为中国今天的区域法制建设提供有益的启示。

---

* 王立民，法学硕士和史学博士，华东政法大学教授、博士生导师。

此文系作者主持的国家社会科学基金重大项目“法律文明史”（项目编号：11&ZD081）第11子课题“近代中国法”及2012年司法部立项课题“中国法制史学的演进与思考”（课题编号：12SFB5008）的前期成果之一。

一、三大战争与中国近代区域法制变迁的关联

三大战争与中国近代区域法制变迁的关联显示为：鸦片战争以后，中国近代区域法制产生了；甲午战争以后，中国近代区域法制大变化了；太平洋战争以后，中国近代区域法制走向终结了。

1. 鸦片战争以后中国近代区域法制产生了

1840年鸦片战争爆发，以中国失败告终。以后，中国大地上便产生了区域法制，即租界区域法制。首先出现的是上海的英租界区域法制（1845年）。以后，还出现了另外11个租界区域法制。它们分别是：上海的美租界区域法制（1848年）和法租界区域法制（1849年）；天津的英租界区域法制（1860年）、美租界区域法制（1860年）和法租界区域法制（1860年）；广州的英租界区域法制（1861年）和法租界区域法制（1861年）；汉口的英租界区域法制（1861年）；九江的英租界区域法制（1861年）；镇江的英租界区域法制（1861年）；厦门的英租界区域法制（1878年）。如果按租界国别来归类租界区域法制，其基本情况如下。[1]

租界国别	数目（个）	区域法制出现的城市与时间
英国租界（英租界）	7	上海（1845年）　天津（1860年）　汉口（1861年） 九江（1861年）　镇江（1861年）　广州（1861年） 厦门（1878年）
美国租界（美租界）	2	上海（1848年）　天津（1860年）
法国租界（法租界）	3	上海（1849年）　天津（1860年） 广州（1861年）

从中可以发现，鸦片战争以后，中国出现的租界区域法制共计12个，涉及3个租界国、7个中国城市。其中英租界的区域法制数量最多，有7个城市，占了总数的58.3%。上海租界的区域法制产生最早，上海英租界区域法制的出现时间要早于其他城市的区域法制10年以上；上海和汉口两个城市中的区域

[1] 参见上海市政协文史资料委员会等：《列强在中国的租界》，中国文史出版社1992年版，第590页。

法制数量最多,都有3个。这里还需提及的是,1863年上海的英、美两个租界合并,成立了上海英美租界,1899年上海英美租界又改名为上海公共租界。[1] 从此,上海就长期存有上海公共租界和法租界两个区域法制。中国的这种区域法制的状况一直延续到甲午战争以前。

2. 甲午战争以后中国近代区域法制大变化了

1894年甲午战争爆发,也以中国失败告终。接着,中国近代区域法制发生了大变化。这种变化主要表现在以下三个方面。首先,原有租界区域法制的地域扩大了很多。甲午战争以后,原有租界区域法制的地域随着租界地域的扩大,也扩大了。而且,扩大的地域还比较大。上海公共租界区域法制的地域扩大了2万余亩,上海法租界区域法制的地域扩大了1万余亩,都创下了上海租界区域法制地域扩大的纪录。[2] 天津英、法租界区域法制的地域也扩大了很多。天津英租界区域法制的地域在1897年至1902年的5年多中,3次得到加大,共增加的面积为5689亩,以致其总面积达到6149亩。天津法租界也不示弱,先后拓展了2000余亩,导致其总面积也达到了2860亩。[3] 汉口英租界同样不甘落后,也加入了扩大区域法制地域的行列,1898年净增面积达337亩,致使这一区域法制的地域总面积达到795余亩。[4] 在这些新扩大的地域内,也都实施原租界的区域法制,租界区域法制的地域也因此而扩大了。

其次,新的租界区域法制出现了。甲午战争以后,出现了新的租界区域法制。它们都随着新租界的出现而出现。其中,天津(1895年)、汉口(1895年)新建有德租界区域法制;汉口(1896年)新建了法租界区域法制;杭州(1896年)、苏州(1897年)、汉口(1898年)、沙市(1898年)、天津(1898年)、重庆(1901年)都新建了日租界区域法制;汉口(1896年)、天津(1900年)新建了俄租界区域法制;天津(1902年)新建了意大利租界区域法制;天津(1903年)新建了奥地利租界区域法制;天津(1902年)新建了比利时租界区域法制;鼓浪屿(1902年)新建了公共租界区域法制。如果依照租界国别来归类,新增

---

〔1〕 参见史梅定主编:《上海租界志》,上海社会科学院出版社2001年版,第96页。

〔2〕 参见费成康:《中国租界史》,上海社会科学院出版社1991年版,第271页。

〔3〕 参见罗澍伟主编:《天津通志·附志·租界》,天津社会科学院出版社1996年版,第39~45页。

〔4〕 参见袁继成主编:《汉口租界志》,武汉出版社2003年版,第32页。

的租界区域法制的基本情况如下。[1]

租界国别	数目(个)	区域法制出现的城市与时间
法国租界(法租界)	1	汉口(1896年)
日租界(日本租界)	6	杭州(1896年) 苏州(1897年) 汉口(1898年) 沙市(1898年) 天津(1898年) 重庆(1901年)
德国租界(德租界)	2	天津(1895年) 汉口(1895年)
俄国租界(俄租界)	2	汉口(1896年) 天津(1900年)
意大利租界(意租界)	1	天津(1902年)
奥地利租界(奥租界)	1	天津(1903年)
比利时租界(比租界)	1	天津(1902年)
公共租界	1	鼓浪屿(1902年)

从中可见,新增租界区域法制的数量很多,达15个,新增率为125%;新增租界国的数量也很多,有6个,新增率达200%;日租界区域法制从无到有,一下子达到6个,占新增租界区域法制总数的40%。日本是甲午战争以后新增租界区域法制的最大得益者。

最后,租借地区域法制出现了。甲午战争以前,中国没有租借地区域法制,其是在甲午战争后实现了零的突破,从无到有。当然,这一区域法制也是随着租借地的产生而出现。甲午战争以后,中国的胶州湾、威海卫、旅大、广州湾和九龙新界成了租借地,分别由德国、英国、俄国、法国租借。以后,日本又取代德国、俄国,成了新的租借国,控制了胶州湾和旅大租借地,其法制也日本化了。另外,由于九龙新界被英国租借以后,实施香港的法制,故不在本

[1] 参见上海市政协文史资料委员会等:《列强在中国的租界》,中国文史出版社1992年版,第590页。

文的探索范围之内。中国租借地区域法制的基本情况如下。[1]

租借地国别	租借地区域法制地域	租借起始时间
德国 日本	胶州湾	德国(1898 年) 日本(1914 年)
英国	威海卫	1898 年
俄国 日本	旅大 (旅顺和大连)	俄国(1898 年) 日本(日俄战争期间)
法国	广州湾	1899 年

从中可知,租借地区域法制的总数仅为 4 个,比租界区域法制数量少很多;租借地区域法制的地域全在沿海军事要地,适合建立军港;日本又是租借地区域法制的最大受益者,最终拥有了 2 个,占了租借地区域法制总数的 50%。

3. 太平洋战争以后中国近代区域法制终结了

1941 年太平洋战争爆发,英美与日本公开宣战,中国也加入了反法西斯联盟阵营。随着世界反法西斯战争的胜利和中国抗日战争的结束,中国近代大地上剩余的租界、租借地区域法制全都走到了尽头,中国近代法制史上的区域法制因此而全部终结。1945 年终结的租界、租借地区域法制情况如下。[2]

租界、租借地国别	数量(个)	租界、租借地区域法制地域
英国租界 (英租界)	2	天津、广州
法国租界 (法租界)	4	上海、天津、广州、汉口
日本租界 (日租界)	5	杭州、苏州、汉口、沙市、天津
意大利租界 (意租界)	1	天津

〔1〕 参见程维荣:《旅大租借地史》,上海社会科学院出版社 2012 年版,第 9 页。

〔2〕 参见上海市政协文史资料委员会等:《列强在中国的租界》,中国文史出版社 1992 年版,第 590 ~ 591 页。

续表

租界、租借地国别	数量(个)	租界、租借地区域法制地域
公共租界	2	上海、鼓浪屿
日本租借地(日租借地)	1	旅大(旅顺、大连)
法国租借地(法租借地)	1	广州湾

从中可见,在1945年终结的租界、租借地区域法制数量上少于此前产生、出现过的租界、租借地区域法制的数量,这是因为这些区域法制在1945年以前由于各种原因已提前结束;日本是在1945年终结区域法制最多的国家,占总数的31.3%;终结的租界、租借地区域法制数量最多的城市是天津,占总数的25%。自1945年以后,中国近代没有再出现过这种区域法制。

综上所述可知,中国近代区域法制的变迁与三大战争关系密切,其所显示的路数十分清晰。即这三大战争直接导致了中国近代区域法制的产生、大变化与终结。可以说,这也是三大战争与中国近代区域法制变迁的基本轨迹。

二、三大战争与中国近代区域法制变迁背后的国力博弈

三大战争与中国近代区域法制变迁的背后存在中外国力的博弈。这种博弈通过战争得到了反映并推动了中国近代区域法制变迁的走向。把中外国力博弈与这种变迁联系起来以后,可以发现以下结果。

1. 中弱外强:中国近代区域法制从无到有

这里的中弱外强是指中国国力的衰弱和英国等西方列强国力的增强。中国国力的衰弱和英国国力的强大导致了中国在鸦片战争中的失败。鸦片战争以后,中国近代区域法制随之产生,即从无到有了。其后,其他一些西方列强也仿照英国,以武力相威胁,在中国获得租界,建立了租界区域法制,也实现了从无到有。

中国自明朝始,一方面专制统治不断加强,另一方面走向闭关锁国。这导致国家更为腐败、闭塞、贫弱,国力开始衰弱,大不如以往。到了清朝,这种颓势有增无减。乾隆时,军费浩繁,挥霍无度,朝廷已渐感支绌。嘉庆、道光两朝,叛乱叠起,河决频多,国库空虚,不得不额外征收,以致农民更加贫苦。

乾隆至道光朝时,人均耕地从5.6亩减少至不足2亩,再加上官吏搜刮、连年饥馑,农民不得不流离失所。[1] 故有学者认为:“18世纪后期至19世纪前期,中国内部秩序已不易维持。即令无外来的冲击,清的治权已不易保,对于虎视眈眈的西方列强,又焉能抵御?”[2]此话有道理。鸦片战争前的英国经过1640年的革命,逐渐进入了近代社会。这为英国建立世界工商业霸权与殖民帝国打下了基础。百年以后,英国发生了工业革命,还成为大机器工业的发源地。英国的国力由此大增。在19世纪30~40年代,英国的主要工业部门率先于世界其他国家全都采用机器生产,尤其在纺织业中,已取得主导地位。社会生产力迅速提高。18世纪初时,英国棉花输入每年不到100万磅,1789年已增至3200多万磅;生铁产量1740年时才17,000多吨,1796年猛增至125,000吨以上。[3] 鸦片战争前,英国已成为世界上最强大的国家。紧随英国,法国等欧洲国家和美国也都效仿英国,先后进入近代社会,进行工业革命,纷纷加入强国行列。国力渐衰的中国在这些国力强大的西方列强面前,不堪一击。鸦片战争以后,又有法、美等西方列强同样用武力相威胁,也强行在中国建立租界区域法制,数量共达12个。中国近代大地上的区域法制从无到有。这种区域法制在鸦片战争后产生,共存续了百年时间。

2. 中更弱外更强:中国近代区域法制大变化

这里的中更弱外更强是指中国的国力比以往更弱,日本和西方列的强国力比以往更强。到甲午战争前,中国又经历过第二次鸦片战争等战争,每次都以中国失败告终,不断赔款,国力变得越来越弱。每次赔款数量都很大,仅第二次鸦片战争后就赔款许多,这在不平等条约中都有规定。第二次鸦片战争后的中英《天津条约》[4]规定,中国向英国赔偿400万两;中法《天津条约》和《合约章程补遗》[5]规定,中国向法国赔偿200万两。以后,中英《北京条约》[6]又把赔款从中英《天津条约》中所规定的400万两增加到800万两,另

---

[1] 参见郭廷以:《中国近代史纲》,上海人民出版社2009年版,第8页。
[2] 郭廷以:《中国近代史纲》,上海人民出版社2009年版,第9页。
[3] 参见周一良、吴于廑主编:《世界通史》(近代部分上册),人民出版社1972年版,第119页。
[4] 王铁崖:《中外旧约章汇编》(第1册),三联书店1957年版,第96~103页。
[5] 王铁崖:《中外旧约章汇编》(第1册),三联书店1957年版,第104~114页。
[6] 王铁崖:《中外旧约章汇编》(第1册),三联书店1957年版,第144~146页。

加50万两恤金;中法《北京条约》[1]也把赔款以中法《天津条约》中所规定的200万两增加至800万两,另加20万两恤金。面临巨额赔偿,中国的国力雪上加霜。再加上西方列强经济、文化等的入侵,中国的国力比以往更弱。西方列强的国力更强。其中,日本在1868年开始了明治维新以后,积极推行改革,采取了一系列措施。其中包括:禁止各藩设立关卡;取消商人专利的同业公司;允许人们自由选择职业和土地的自由买卖;建筑铁路;统一并保护全国汇兑业务;统一币制等。[2] 明治维新使日本的国力渐强,军国主义也开始抬头,扩张、侵略随之而来。1894年中日甲午战争正是在这种中更弱外更强的背景下爆发。这一战争还是以中国失败告终,所签订的中日《马关条约》[3]使中国社会更加半殖民化。它不仅规定,中国要赔款2万万两,割地辽东湾、台湾及澎湖列岛等地方,还允许日本在中国投资设厂,进行资本输出,加大掠夺力度。日本的领头作用引发了狼群效应,其他西方列强纷纷扑食剩余肥肉,甚至在一次伦敦会议上还绘制了一张瓜分中国的地图。此地图显示了日本、俄罗斯、德国、法国、英国、美国、奥匈帝国、荷兰、西班牙、葡萄牙、瑞典、挪威、丹麦等国在中国的势力范围。[4] 在这一中更弱外更强的大背景下,中国近代区域法制有了大变化,不仅原有租界区域法制地域扩大,还增加了新的租界区域法制和租借地区域法制,使中国的区域法制数量一下子猛增19个。这在中国近代法制史上前所未有。

3. 中强外弱:中国近代区域法制从有到无

这里的中强外弱是指中国抗日力量的壮大和日本侵华力量的衰弱直至投降。太平洋战争爆发以后,英美与日本公开宣战。西方国家进一步分化和重组,形成了两大阵营,即反法西斯的联盟阵营和法西斯轴心国阵营。中国加入了反法西斯联盟阵营。世界反法西斯联盟阵营的力量日益强大。随着第二次世界大战的深入发展,中国的抗日力量也渐渐壮大。中国的抗日战争经过艰难的相持阶段以后,进入了反攻阶段,抗日力量大增,仅中国共产党领

---

〔1〕 王铁崖:《中外旧约章汇编》(第1册),三联书店1957年版,第146~148页。

〔2〕 参见周一良、吴于廑主编:《世界通史》(近代部分上册),人民出版社1972年版,第425~426页。

〔3〕 王铁崖:《中外旧约章汇编》(第1册),三联书店1957年版,第614~617页。

〔4〕 参见上海档案馆:《辛亥革命与上海——上海公共租界工部局档案选译》,中西书局2011年版,第242页。

导的抗日军队、解放区与人口都大大超过了抗日战争的初期的情况。到抗日战争结束时,中国共产党领导的军队从抗日战争开始时的4万余人发展到120万人,还有民兵二百多万;建立解放区19个,人口从原先的一百五十多万人发展到超过12,000万人。[1] 与此同时,太平洋战争以后,日本则由强变弱,特别是在与美、苏和亚洲各国反法西斯力量的战斗中,逐渐消耗军力,不断败退。在中国日伪军伤亡惨重,仅1944年就达35万人。在太平洋战场上,日本的损失更惨重,仅1945年8月初,经英美联合舰队的打击,日军损失飞机1591架,舰艇168艘,商船1500余条。[2] 1945年8月中旬世界法西斯轴心国阵营彻底崩溃,日本宣布投降,中国的抗日战争也取得了最后胜利。中国重新走向独立、主权完整的道路。中强外弱导致了中国近代区域法制随着租界与租借地的终结,也完全退出了历史舞台。中国近代区域法制实现了从有到无。从此以后,在中国的近代法制史上,再也没有出现过此类区域法制。

从上所述可见,中国近代区域法制的变迁与三大战争的背后还有一种国力博弈关系。中国的国力由强变弱,区域法制呈现从无到有、大变化的状态;西方列强的国力由强变弱,区域法制出现从有到无的状况。当然,这里指的国力是包括经济、政治、军事等综合国力。国力的强和弱也是相对而言。这种博弈关系亦可反映,中国近代区域法制变迁背后的推手和发展方向。

三、三大战争与中国近代区域法制变迁的相关问题

在三大战争与中国近代区域法制变迁中,还有一些值得引起关注的问题。这些问题与这种变迁也关系密切。

1. 关于中国国家主权受损的问题

中国的国家主权处在三大战争与中国近代区域法制变迁的中间位置,也是引起这一变迁的决定性因素。三大战争中的前两大战争直接损害了中国的国家主权,于是中国大地上出现了以往所没有的半殖民性质的租界和殖民性质的租借地,随后又产生了租界和租借地区域法制。如果没有中国国家主权的被损,不会出现租界和租借地,也就没有了租界与租借地区域法制。中

〔1〕 参见白寿彝总主编:《中国通史》(第12卷),上海人民出版社2004年版,第276页。

〔2〕 参见《世界现代史》编写组:《世界现代史》(上册),山东人民出版社1983年版,第478~480页。

国国家主权的损害成为了产生中国近代租界和租借地区域法制的决定性因素。如果发生侵略中国的战争，而中国又没有在战争中失败，国家主权也没有因此而受到损害，中国近代的区域法制还是不会产生。这就显现了这样四步曲：发生侵略中国的战争；中国在战争中失败，签订不平等条约，国家主权受到损害；出现了租界和租借地；然后才产生租界和租借地的区域法制。它们又构成了中国近代区域法制。如图所示：

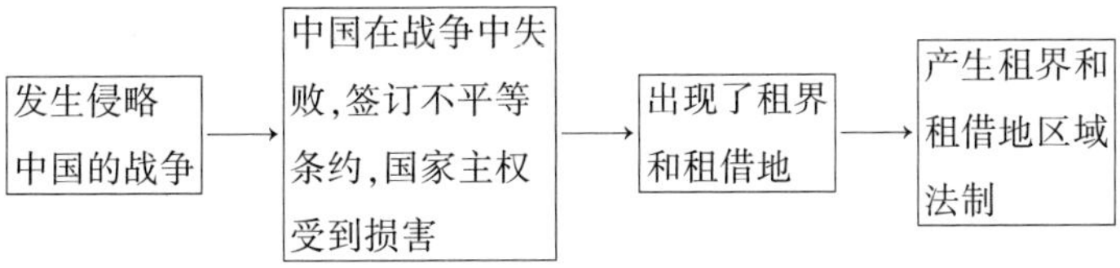

在这四步曲中，中国的国家主权是决定性因素，起了决定性作用。从这种意义上来讲，中国国家主权遭损是中国近代区域法制产生的必要前提。鸦片战争以后，中国租界区域法制的产生就是如此。另外，产生了中国近代区域法制以后，再发生侵略中国的战争，导致中国国家主权进一步被损，中国近代的区域法制还会发生大变化。甲午战争以后，中国租界和租借地区域法制的大变化就是如此。在这种大变化中，中国国家主权进一步遭损也是一种决定性因素。没有这种进一步遭损，中国近代区域法制不会引起如此大的变化。

中国国家主权被损的直接反映是战争后签订的不平等条约。在这种条约中所规定的割地、赔款等，都是对中国国家主权的损害。鸦片战争以后，签订的一些中英不平等条约中，都有损害中国国家主权的内容。1842 年签订的中英《南京条约》[1]所规定的割让香港，赔款总数 2100 万两，强迫开放 5 个通商口岸都是如此。1843 年中英《五口通商附粘善后条款》[2]和《五口通商章程：海关税则》[3]所规定的设立租界、实行领事裁判权也是如此。以后，其他列强与中国签订的不平等条约，包括甲午战争后签订的不平等条约，都如出一辙，都有损害中国国家主权的内容。这一主权被损以后，中国出现了租界和租借地，随后租界和租借地区域法制也产生了。

中国的租界与租借地都相对独立，设有自己的立法、行政执法、司法、法

〔1〕 王铁崖：《中外旧约章汇编》（第 1 册），三联书店 1957 年版，第 30～33 页。

〔2〕 王铁崖：《中外旧约章汇编》（第 1 册），三联书店 1957 年版，第 34～39 页。

〔3〕 王铁崖：《中外旧约章汇编》（第 1 册），三联书店 1957 年版，第 40～51 页。

律监督等机构,可以在区域内运作自己的法制,不受中国法制的控制,而且它们的法制还与中国自己的法制不同。[1] 中国租界和租借地不同程度地摆脱了中国国家主权的掌控。于是,中国的租界被称为是"国中之国",[2] 而租借地则是有过之而无不及。中国近代的区域法制不可避免地产生、大变化了。

太平洋战争爆发以后,随着反法西斯联盟阵营力量的不断强大和中国抗日战争的胜利,日本投降,中国的国家主权得以恢复,租界和租借地及其区域法制全部终结,中国近代区域法制不复存在。从中亦可使人们知晓,国家主权是何等的重要。

2. 关于中国近代法制统一性遭到破坏的问题

中国近代区域法制的出现破坏了中国的法制统一性。法制统一性十分重要。它是主权国家法制的一个基本属性,也是实现公平正义的基本条件之一。法制统一性遭到破坏,法制出现参差,法律实施的标准不一,公平正义便没有保障。当国家的主权被损,出现区域法制时,法制统一性就难免要遭到破坏。中国在近代以前,清朝的法制统一性没有遭到破坏。那时全国都实施国家统一的法制,国家的法制覆盖整个中国大地,其中的《大清律例》是当时的主要法典。它是一部刑法典,也是一部传统法典,在清朝主权的控制范围都施行这一法典。中国进入近代以后,区域法制产生,中国的法制统一性遭到破坏,而这一切都与战争有关。鸦片战争以后,中国出现了租界区域法制,中国的法制统一性开始遭到破坏;甲午战争以后,中国近代区域法制大变化,中国的法制统一性进一步遭到破坏;到了太平洋战争以后,随着抗日战争的胜利,区域法制才退出历史舞台,中国的法制统一性才得到恢复。

中国近代出现区域法制,法制统一性遭到破坏以后,华人是首当其冲的受害者。那时,在中国的有约国人享有领事裁判权,对租界和租借地区域法制的依赖性较小;无约国人数量不多,租界和租借地区域法制对他们的影响不大;华人则是租界和租借地中的主要人群,数量占了绝大多数。[3] 那时,华界的法制与租界和租借地区域法制的规定不一致。华人长期生活在华界,熟

---

〔1〕 参见王立民:《中国的租界与法制现代化》,载《中国法学》2008年第3期。王一强:《英租威海卫法律制度研究札记》,载《环球法律评论》2004年春季号。

〔2〕 费成康:《中国租界史》,上海社会科学院出版社1991年版,第203页。

〔3〕 参见王立民:《浅论中国租界法制的传播与普及》,载《政治与法律》2013年第4期。

悉华界的规定,不熟悉租界和租借地区域法制的内容,再加上当时的法制宣传不够充分,难免会在不意之中触犯其规定而受到处罚。上海租界就发生过这样的案例。据《老上海三十年见闻录》记载:“有北人初到上海,不谙租界章程,在马路上大便,被巡捕捉去。”这位来自北方的华人因不知上海租界区域法制中有禁止随地大便的规定,在租界的马路上,随地大便,构成违法,还被执法人员巡捕抓去。“捕房令罚洋释出,其人不服,吵闹不休。解赴公堂,官判加罚数元,以为吵闹者戒。”[1]这位华人因此而成了上海租界区域法制的受罚者,也是中国法制统一性遭到破坏后的受害人。

3. 关于中国近代区域法制两面性的问题

中国在鸦片、甲午两大战争后,冒出了租界和租借地区域法制,这种法制具有明显的两面性。一方面,它们是近代法制。这是中国大地上出现最早的近代法制,都早于20世纪初清末法制改革后诞生的近代法制。其中,上海租界区域法制要比清末法制改革后产生的近代法制早了半个世纪。它们在法律体系、结构、语言、审判制度、律师制度和监狱制度等方面,都率先于中国华界实现了近代化。[2] 实际上,这种近代法制成了中国法制近代化中的实验品,代表了中国近代法制发展的方向,给中国法制近代化提供了一个示范,具有一定的积极意义。事实也证明,这一区域法制中的有些规定被华界所关注,甚至借鉴,成为自己法制中的一个组成部分。而且,这种情况在20世纪以前的上海华界就已发生。1898年上海华界南市马路工程善后局颁行的《沪南新筑马路善后章程》中有关车辆捐照、行车点灯、禁止驰骤、定时倾倒垃圾、不许随路大小便、不准堆物碍路等规定,“均系仿照租界章程”,同年颁布的《简明罚款章程》中的有些规定也是如此。[3] 上海华界的这些规定也早于中国其他城市华界而诞生。

另一方面,它们是瑕疵十分明显的法制。中国近代区域法制还存在许多瑕疵,歧视华人、怂恿丑恶现象等都是如此,其消极性同样存在。关于歧视华人。上海租界内的公园在1928年前都规定不准华人入内,歧视华人。自1853年上海小刀会起义以后,上海租界就变为华洋杂居,而且其中的华人越

---

〔1〕 陈无我:《老上海三十年见闻录》,上海书店出版社1997年版,第244页。

〔2〕 参见王立民:《上海租界与上海法制现代化》,载《法学》2006年第4期。

〔3〕 参见练育强:《城市·规划·法制》,法律出版社2011年版,第227页。

来越多,成为租界内的主要群体。可是,他们不能进入租界里的公园。1885年上海公共租界公布的公园规划中就规定:“除西人佣仆外,华人不准入内。”不准入内的还有脚踏车、犬等。1868 年公家花园(外滩公园)开放时也规定,禁止中国人入内游览。上海法租界也有类似规定。1909 年开放的顾家宅公园规定,中国人严禁入内;1917 年德国花园开放时也规定,华人不准入内。华人受到极大的歧视。经过长期的努力和斗争,上海租界才不得不于 1928 年改变了这一规定。[1] 这一歧视华人的规定在上海租界适用了数十年。关于怂恿丑恶现象。甲午战争以前,中国租界的区域法制中就有允许卖淫的规定。[2] 甲午战争以后,在日租界区域法制中变本加厉。杭州的日租界就是如此。日本人依法在杭州兴办“六馆”,其中的“妓馆尤其兴盛”。除有不计其数的暗娼外,还有大量公开登记的合法妓馆和妓女。仅 1929 年就有妓馆 233 家,妓女 434 人。[3] 这些都是中国近代区域法制中的瑕疵,起的是负面作用。中国近代区域法制就是一种积极与消极并存的法制,其两面性非常突出。

结语:中国近代区域法制主要包括了租界与租借地区域法制。他们的变迁与鸦片、甲午和太平洋三大战争关联。这三大战争正好是这一区域法制变迁的三大节点。鸦片战争以后,中国近代区域法制产生了;甲午战争以后,中国近代区域法制大变化了;太平洋战争以后,中国近代区域法制终结了。三大战争背后的国力博弈起了十分重要的作用,推动了三大战争与中国近代区域法制变迁。中国近代区域法制的产生、变化、终结还与中国的国家主权直接关联,是其决定性因素。中国的国家主权不损,不会出现近代这种区域法制。今天,中国已是一个主权完整、法制统一,富强文明的社会主义现代国家,然而区域法制在现阶段还不可缺少。中国地广人多,情况复杂,有些区域需要先行先试,总结经验,然后再进行复制,在全国推广。中国特区和上海自贸区建设都是如此。这样,区域法制的存在也就不可避免了。中国近代区域法制已是历史,其存在的条件和基础也不复存在。可是,作为一种历史经验,还可值得总结和借鉴,特别是其中的国家主权不能被损、法制的统一性不可

---

〔1〕 参见史梅定主编:《上海租界志》,上海社会科学院出版社 2001 年版,第 524 ~ 526 页。

〔2〕 参见王立民:《上海租界的现代法制与现代社会》,载《华东师范大学学报》(哲学社会科学版)2009 年第 5 期。

〔3〕 参见费成康:《中国租界史》,上海社会科学院出版社 1991 年版,第 257 ~ 258 页。

破坏、丑恶现象需要依法打击等,都要坚守,不可忽视。如今,中国的区域法制建设还有一段不短的路要走,中国的区域法制研究方兴未艾,值得继续推进。

法治中国：主体性与对话普遍主义

——评《谁之全球化？何种法哲学？》

夏纪森*

内容摘要：世界结构中的中国法律哲学的实质在于主体性，在于形成一种世界结构下的中国观，并以这种中国观主动参与世界结构的重构。这意味着中国法治在坚持主体性的同时，要积极参与世界对话，防止陷入两种极端倾向的悲剧。

关键词：普遍主义；特殊主义；世界结构；全球化；理想图景；特定时空

引论

十八届四中全会提出了"法治国家"的理念，从立场上看应该是很明确的，即我们是一个"主体性的中国"。这个立场有两个指向：第一，在与世界其他国家的关系上，我们国家作为一个文明大国要向世界发言，积极参与到世界结构的重塑中去；第二，在内部层面上，中国学术必须有自己的理论创新，而不能简单地复制西方的概念、范畴、体系。这也意味着我们应该有中国自己的法律哲学。

《中国法学向何处去——建构"中国法律理想图景"时代的论纲》与《谁之全球化？何种法哲学？——开放性全球化观与中国法律哲学建构论纲》是邓正来先生为构筑中国法律哲学而写成的两本重要的著作，其中后者是由以"开放性全球化观"为主题在《河北法学》连续发表的6篇论文和发表在《法学研究》上的"中国沃律哲学当下基本使命的前提性分析——作为历史性条件

* 夏纪森，上海师范大学法政学院副教授，法学博士，历史学博士后，剑桥大学法学院访问学者。

的‘世界结构’”合集而成。在研究的逻辑关系上,邓正来指出,这三项研究应该反过来阅读,即首先阅读“开放性全球化观”的系列论文,而后阅读“中国法律哲学当下基本使命的前提性分析”一文,最后阅读《中国法学向何处去》。这三项研究对应着三个逻辑上紧密相关的问题:第一,作为观察者同时又是参与者的中国社会科学或中国法学论者应当如何认识和面对中国置身于其间的“全球化”?第二,为什么说建构当下中国法学或中国社会科学的历史性条件是我们对中国现实以及中国置身于其间的世界结构的“问题化”理论处理?第三,中国法学乃至中国社会科学为什么在近三十年的发展中始终缺失对中国的实质性关注以及对中国“理想图景”的根本关注?〔1〕

这三个问题乃是紧紧围绕“中国人究竟应当生活在何种性质的社会秩序或世界秩序之中”这个重大问题而展开。对这三个问题的论证,形成了邓正来的核心论辩:在全球化时代,主张“主体性中国”和“中国(法律)理想图景”。〔2〕

本文试图在深入阅读这两本重要著作的基础上与邓正来先生进行对话,以澄清或开放出进一步思考的问题。本文章分为三部分:第一部分,厘清邓正来的论证思路与理论主旨。第二部分,展开具体的评论。第三部分,开放出进一步思考的问题。

一、对论著的逻辑重构

(一)“全球化”:“话语斗争”或“话语构建”

邓正来以各种法学教科书所主张的“四步骤套路”〔3〕为参照性背景,对中国法学界给出的“全球化论辩”进行了分析和反思,他将全球化问题做“问题化”处理,指出当下的全球化并不是一种整全且同质化的进程,而是一种矛盾且多元的进程;并不是一种客观且必然的历史进程,而是一种主观且可变的进程。在这种意义上,“‘全球化问题’并不只是一个事实问题,而更是一个

〔1〕 参见邓正来:《中国法学向何处去——建构“中国法律理想图景”时代的论纲》(第2版),商务印书馆2011年版,第4页。

〔2〕 参见邓正来:《中国法学向何处去——建构“中国法律理想图景”时代的论纲》(第2版),商务印书馆2011年版,第4页。

〔3〕 参见邓正来:《谁之全球化?何种法哲学?——开放性全球化观与中国法律哲学建构论纲》,商务印书馆2009年版,第27~28页。

话语问题,亦即我们将根据何种视角去审查我们的生活方式和生活意义或者我们将根据何种视角去参与影响全球性的问题”。[1] 从全球层面而言,这是一场全球化性质的“话语斗争”;从中国自身而言,这是一个“话语构建”的问题。它意味着中国不能不加反思和批判就不知不觉地接受西方既有的各种“全球化”话语的支配,而应以中国作为我们的思想根据来认识和参与建构中国已然置身于其间的这个全球化过程。[2]

(二)“全球化”时代的“世界结构”:“世界结构”的双重性

从历史的视角看,邓正来认为,“全球化”时代的建构是与冷战时代的结束紧密相联,在很大程度上,是西方现代性的一种逻辑展开。但“全球化”时代的真正意义在于,在对既有的国家制度或边界形成冲击的同时,还使“世界结构”发生了根本的变化。参照安东尼·吉登斯和乌尔里希·贝克的理论,邓正来指出,“全球化”时代的“世界结构”不只是对此前西方现代性的简单延续或展开,而是建构出两个不尽相同的世界:第一现代世界与第二现代世界。这就是“世界结构”的双重性。[3]

第一现代世界,主要是指资本主义工业—民主社会在“全球化”时代的扩展过程,主要表现为经济、规则制度和文化方面以跨越国家边界的方式在“全球”的展开。第二现代世界,是乌尔里希·贝克等论者所说的“风险社会”或“生态社会”。在第一现代世界(工业社会)中,财富生产的“逻辑”统治着风险生产的“逻辑”;而在第二现代世界(风险社会)中,这种关系被颠倒了过来:风险生产和分配的逻辑取代了财富生产和积累的逻辑,而成为社会分层和政治分化的标志。正如贝克指出,那些不明的和无法预料的后果成了历史和社会的主宰力量。[4] 贝克以日常语言对这两个世界进行描述:“阶级社会的驱动力可以概括为这样一句话:我饿!另外,风险社会的驱动力可以表达为:我

---

〔1〕 参见邓正来:《谁之全球化?何种法哲学?——开放性全球化观与中国法律哲学建构论纲》,商务印书馆2009年版,第13页。

〔2〕 参见邓正来:《谁之全球化?何种法哲学?——开放性全球化观与中国法律哲学建构论纲》,商务印书馆2009年版,第13~14页。

〔3〕 参见邓正来:《谁之全球化?何种法哲学?——开放性全球化观与中国法律哲学建构论纲》,商务印书馆2009年版,第233~234页。

〔4〕 参见邓正来:《谁之全球化?何种法哲学?——开放性全球化观与中国法律哲学建构论纲》,商务印书馆2009年版,第239页。

害怕!"〔1〕

(三)"世界结构"下的中国:双重强制

伴随着全球化时代的到来,伴随着中国对世界的开放,尤其是在中国经由加入 WTO 等国际组织而进入世界体系以后,中国已经不再是一个地理意义上的孤立的中国,而是一个世界结构中的中国。"世界结构"中所建构的两个世界(第一现代世界与第二现代世界)对西方社会而言是经由自然时间的展开,既由第一现代世界向第二现代世界的必然发展,显然,这是一个历时性问题。但是,对中国而言,却是一个共时性问题,这与"世界结构"对中国发展构成的"双重强制"紧密相关。

第一重强制是一种制度和理念层面的强制。我们处于发展中国家,一方面,西方社会经由经验制度及其地方性知识层面的全球性示范对中国形成了强制,因为它在中国的自然时间向度上强设了一个"现实的未来"(第一现代世界)。第二重强制是一种经由话语建构而形成的强制。"世界结构"经由建构"风险社会"或"生态社会"而对中国形成了强制,它在中国的自然时间向度上强设了一个"虚拟的未来"或"假想的不确定性风险"(第二现代世界)。在当下的中国,"发展中世界"、第一现代世界与第二现代世界已然聚合成了一个世界。这三个"世界"合成的问题就是"共时性问题"。由此,中国法律哲学不再只能从发展的视角,也不再只能从第一现代世界或第二现代世界的视角来看待或审视中国的问题,而不得不从一种"共时性的视角"来看待或审视中国的问题。〔2〕

由此,"世界结构"被认为是使中国问题发生变化乃至中国人甚或中国法律哲学认识问题的方式发生变化的历史性条件。

(四)"主体性中国"与中国(法律)理想图景

中国进入世界结构的根本意义在于,中国在承诺遵守世界结构规则的同时,也获得了对这种世界结构的正当性或那些所谓的普遍性价值进行发言的资格,亦即哈贝马斯意义上的"对话者"或罗尔斯意义上的"虚拟对话者"——"正派的人民"。更为重要的是,中国对遵守世界结构规则所做的承诺本身,

---

〔1〕[德]乌尔里希·贝克:《风险社会》,何博闻译,译林出版社 2004 年版,第 57 页。

〔2〕参见邓正来:《谁之全球化? 何种法哲学?——开放性全球化观与中国法律哲学建构论纲》,商务印书馆 2009 年版,第 242~243 页。

已经隐含了中国亦由此获得了参与修改或参与制定世界结构规则的资格。[1]

但这是怎样的一种"世界结构"？邓正来认为，第一，中国参与其间的虽说是一种所谓"平等"的主权国家之间的世界结构，但这种结构却是以一种强制性的不平等支配关系为支撑的。这意味着在当下世界结构的支配关系中，仅依凭传统国际法上的"主权平等原则"并不能够救济中国在其间所处的不平等的被支配地位。第二，罗尔斯所谓的"虚拟对话的普遍主义"，实质上意味着当下世界结构的规则是由自由主义社会或西方社会制定的，中国不能就这些规则的修改或重新制定的问题进行发言而只能遵守；哈贝马斯"商谈理论"所主张的平等主义的"对话的普遍主义"，在一般意义上意味着，在当下的世界结构中，中国不仅应当享有平等的地位，而且也应当享有修改或重新制定规则的权利。但问题是要真正享有这种实质性的权利而不停留在形式上，在根本上取决于中国是否具有中国自己的理想图景。[2]

然而，邓正来通过对中国法学的考察写出《中国法学向何处去》一书，文本的一个基本判断是1978年至2004年的中国法学未能为评价、批判和指引中国法制发展提供作为理论判准和方向的"中国法律图景"。《中国法学向何出去》一书的目的就是要探讨"中国法学为什么会缺失中国自己的理想图景"，并对中国法学这一时代进行"总体性"的反思和批判。具体地讲，文本采用经过界定的"范式"分析概念对中国法学中四种不同甚或存有冲突的理论模式即"权利本位论""法条主义""本土资源论"和"法律文化论"进行了深入探究，得出结论：中国法学之所以无力引领中国法制发展，实是因为它们都受一种"现代化范式"的支配，而这种范式不仅间接地为中国法制发展提供了一幅"西方法律理想图景"，而且还使中国法学论者意识不到他们所提供的不是中国自己的"法律理想图景"。同时，这种占支配地位的"现代化范式"因无力解释和解决因自身的作用而产生的各种问题，最终导致了作者所谓的"范式"危机。[3] 由此，开放出中国人究竟应当生活在何种性质的社会秩序之中这个

---

〔1〕 参见：《中国法学的批判与建构》，载邓正来：《中国法学向何处去——建构"中国法律理想图景"时代的论纲》（第2版）附录，商务印书馆2011年版，第301页。

〔2〕 参见：《中国法学的批判与建构》，载邓正来：《中国法学向何处去——建构"中国法律理想图景"时代的论纲》（第2版）附录，商务印书馆2011年版，第305页。

〔3〕 具体论述参见拙文：《说不尽的现代性——评〈中国法学向何处去〉》，载《河北法学》2006年第12期。

重大问题。

因而,在当下的世界结构中,中国不仅必须是一个"主权的中国",而且还必须是一个"主体性的中国"! 这是中国当下思想全新的使命也是最为重要的使命之一。立基于此,邓正来认为,在全球化时代的"世界结构"中,中国法律哲学的基本使命是经由"关系性视角"[1]和"共时性视角"的建构去重新定义中国,同时经由"重叠性思维方式"而建构起"主体性的中国",并根据中国自己的法律理想图景引领中国法律/法制的建设或指导中国主动参与"世界结构"重构进程。[2]

二、具体的评论:普遍主义(universalism)与特殊主义(particularism)

《谁之全球化? 何种法哲学? ——开放性全球化观与中国法律哲学建构论纲》(以下简称《谁之全球化? 何种法哲学?》)这本重要的著作从其论证的方式看,作者主要是从"知识—法学"的路径对1978年至2004年的中国法学进行了分析与批判,从而发出建构"主体性中国"与中国法律理想图景的宣言。

就论题而言,这显然是两个具有时代纲领性的题目,自然需要极大的驾驭能力。文本透射出极大的阅读量与广博的知识面以及深厚的分析、反思与批判的能力。就《谁之全球化? 何种法哲学?》文本来看,邓正来对全球化的性质与作为中国法律哲学建构之历史性条件的"世界结构"问题进行了分析。其中最为突出的是作者对"世界结构"的双重性与"世界结构"对中国的双重强制的分析。将"世界结构"的概念引入对中国法学的分析让我们看到了中国法学在新时代所面对的复杂性,以及建构理想图景的迫切性。就《中国法学向何处去》文本来看,文本最精彩的分析在于对库恩提出的"范式"概念的创新性应用,以及在此基础上提出的"现代化范式"与中国法学四种理论模式的勾连。邓正来在厘清苏力、梁治平、张文显所界定的"范式"具有的意义与限度的基础上,界定"范式"为不同的理论模式或彼此冲突的理论模式所共同信奉的且未经质疑的一整套或某种规范性信念。从这样一个角度来界定"范

---

〔1〕 参见邓正来:《谁之全球化? 何种法哲学? ——开放性全球化观与中国法律哲学建构论纲》,商务印书馆2009年版,第226~227页。

〔2〕 参见邓正来:《谁之全球化? 何种法哲学? ——开放性全球化观与中国法律哲学建构论纲》,商务印书馆2009年版,第251页。

式”并将之用于对中国法学的“总体性”的反思与批判。至于将“现代化范式”与中国法学四种理论模式的勾连更是显示出作者深厚的功力。作者通过条分缕析式的梳理、概括,穿过文本的背后,揭示了四种理论模式所共同信奉的规范性信念。[1]

(一)何种普遍主义?

在邓正来分析、批判的背后实际上是法治的普遍主义与特殊主义之间的争论。[2] 普遍主义有种种类型,[3] 从邓文所论述的西方法律图景来看,显然是在讨论以某一概念或观念的可接受性的普遍性问题。这种意义上的普遍主义,至少有两种:一是“价值普遍主义”,即指某个价值普遍适用于任何地方。例如余英时就认为在西方是“公平”的概念,在中国则是“仁”的概念,两者都具有普遍性;二是“文化普遍主义”,即指某个价值体系普遍适用于任何地方。构成一种文化的不仅是各种价值,而且是这些价值的一种特定排序方式,以及用来约束这些价值和相关规范之实现的规则体系。例如,主张法治的普遍有效和主张礼治的普遍有效都是文化普遍主义,他们虽然在对个人的地位与人际关系的性质上有不同理解,但在把一个民族的价值体系加于其他民族之上这一点上是相同的。[4] 在价值普遍主义当中,至少有“对话普遍主义”与“独白普遍主义”之分。“对话普遍主义”是把交往权利看作先于任何其他权利的普遍权利的普遍主义,即任何权利只有以某种方式经过诠释后,才能说有效与否;而这只能在某个特定共同体中,只有通过其成员的交往,才能确定对涉及这些成员的某种权利的某个特定诠释是否有效。“独白普遍主义”则认为某人或某民族是可以单方面或独白地决定什么东西具有普遍有效的。

就邓文中所涉及的四种不同甚或存有冲突的理论模式即“权利本位论”“法条主义”“本土资源论”和“法律文化论”以及哈贝马斯,罗尔斯的理论,我们可以进行上述界定进行归类。

---

〔1〕 具体论述参见拙文:《说不尽的现代性——评〈中国法学向何处去〉》,载《河北法学》2006年第12期。

〔2〕 邓正来提及了普遍性与特殊性的辩证问题,但没有展开论述。参见邓正来:《谁之全球化?何种法哲学?——开放性全球化观与中国法律哲学建构论纲》,商务印书馆2009年版,第282页。

〔3〕 参见童世骏:《普遍主义种种》,载《华东师范大学学报》(哲学社会科学版)2008年第6期。

〔4〕 参见童世骏:《普遍主义种种》,载《华东师范大学学报》(哲学社会科学版)2008年第6期。

第一,邓正来认为这四种不同甚或存有冲突的理论模式即“权利本位论”“法条主义”“本土资源论”和“法律文化论”,由于受到“现代化范式”的支配,这种范式间接地为中国法制发展提供了一幅“西方法律理想图景”。西方现代化理论以两项假设为基本支撑,假设一是当下世界所有国家都可以根据西方现代化所取得的成就被界分为“传统社会”和“现代社会”,即“传统—现代”两分观。假设二是人类历史沿着单一的预设轨线从较低级向较高级发展,即从“传统社会”向“现代社会”必然进化。[1] 中国论者对西方法律发展道路的选择“不是来自中国本土之经验的认识和思考,也不是来自对中国本土法律制度和法律思想之于中国人生活的价值意义的‘同情理解’,而是源出于对中国本土之传统法制的否定,以及对西方实现现代法治国的道路所具有的普遍有效性的认定”。[2] 无疑,邓正来所批判的这些中国论者的思想属于“文化普遍主义”,即认定西方的法制发展道路的普遍有效。当然,这些论者可以对其进行争辩,这方面的论述很多,至少我认为苏力并不主张“文化普遍主义”。[3]

第二,美国布什政府推行的“全球主义”和“单边主义”的新保守主义外交政策,属于“独白的普遍主义”。

第三,罗尔斯主张的是“虚拟的对话普遍主义”,它介于“对话普遍主义”与“独白普遍主义”之间。[4]

第四,哈贝马斯主张的是“对话普遍主义”,即他要求对我们自己的视角进行一番去中心化,或根据与我们享有同样平等地位和权利的其他人们的意义视角,来对我们自己的立场加以相对化。[5] 哈贝马斯对美国的外交政策与罗尔斯进行了批评。

---

〔1〕 参见邓正来:《中国法学向何处去——建构“中国法律理想图景”时代的论纲》(第2版),商务印书馆2011年版,第106页。

〔2〕 邓正来:《中国法学向何处去——建构“中国法律理想图景”时代的论纲》(第2版),商务印书馆2011年版,第117~118页。

〔3〕 具体论述参见拙文:《说不尽的现代性——评〈中国法学向何处去〉》,载《河北法学》2006年第12期。

〔4〕 具体参见童世骏:《国际政治中的三种普遍主义》,载《华东师范大学学报》(哲学社会科学版)2003年第35卷,第6期。

〔5〕 Jürgen Habermas:“Was bedeutet der Denkmalsturz?”, Frankfurter Allgemeinen Zeitung vom 17. April 2003. 转引自童世骏:《普遍主义种种》,载《华东师范大学学报》(哲学社会科学版)2008年第6期。

综合以上所述,美国布什政府新保守主义外交政策,罗尔斯,哈贝马斯都属于“价值普遍主义”,而邓正来所批判的四种理论模式则属于“文化普遍主义”。对邓正来而言,他反对“文化普遍主义”,而所赞同的是“价值普遍主义”中的“对话普遍主义”。

(二)何种“特殊主义”?

从特殊主义的思想脉络来看,20 世纪初,曼海姆的知识社会学试图用特定的社会条件,尤其是用社会意识形态,来解释知识产生的历史过程。他认为,任何知识都是被社会条件决定了的“存在联结知识”。吉尔兹则指出了这样的一个悖论:在特殊社会条件下产生的知识社会学,为什么具有解释其他知识的普适性?“曼海姆悖论”指向一个可能的解决方案:知识内容的正确性与产生知识的社会的、历史的和文化的条件无关。但问题是,为了解释知识内容的正确性,人们又要诉诸传统的和现代认识论的内在标准,这又引起了新的争论。特殊主义乘势而起,它的逻辑是,既然西方文化是特殊的,那么,它所产生的知识和价值也是特殊的,其他文化是如此。因此,任何知识或价值都没有普适性,而只适用于某一社会、群体或地区。[1]

邓正来一方面批判“现代化范式”对中国法学的支配,另一方面着重强调“特定时空”。在他看来,无论是西方法制发展道路还是中国法制建设都有其特定时空。“现代制度(尤其是法律制度)产生于西方社会 11 至 13 世纪的经济、政治和文化条件之中”。[2] 在《中国法学向何处去》一书中,他指出:“任何人都无法从西方现代国家的历史上找到任何与当下发展中国家中的实际情况基本相似的情况,所谓‘现代’与‘传统’的共时性便是西方现代国家在其历史上所不曾有(也不可能有)的基本情形之一。”[3] 在书中还提到中国在当下所处于其间的世界结构、贫富差距结构和城乡二元结构的复杂影响;而在《谁之全球化?何种法哲学?》更是针对“世界结构”进行了详细的论证。

邓正来主张“特殊主义”吗?答案是否定的。无疑,邓正来强调了当下中

---

〔1〕 参见赵敦华:《为普遍主义辩护——兼评中国文化特殊主义思潮》,载《学术月刊》2007 年 5 月,第 39 卷 5 月号。

〔2〕 邓正来:《中国法学向何处去——建构“中国法律理想图景”时代的论纲》(第 2 版),商务印书馆 2011 年版,第 110 页。

〔3〕 邓正来:《中国法学向何处去——建构“中国法律理想图景”时代的论纲》(第 2 版),商务印书馆 2011 年版,第 110 页。

国所处特定时空的重要性,但他并没有得出结论知识由社会条件决定或者得出西方知识或价值没有普适性而只适用于西方社会,他所辩争的是“中国论者视那些理想图景或原则为当然的原则,不需要思考,不需要批判,更不需要追究它们当中所隐含的各种现代性问题”。[1] 邓正来指出,他所认为的中国法律理想图景,第一,它是中国论者根据其对中国现实情势所做的“问题化”理论处理而建构起来的一种特定时空的有关中国法制/法治发展的“中国自然法”,因此它是被建构起来的,而不是被发现的,更不是对现实本身的描述;第二,它是一种阶段性的“中国法律理想图景”,而这意味着它会因特定阶段的变化而变化;第三,它实际上是对人之基本价值的普世性所做的一种“弱势”的承认,而这意味着人之基本价值的普世性必须受到特定时空之序列的限定。它不仅是对各种中国问题观的回应,更是由此出发的对某种特定的中国社会秩序或法律秩序的某种批判或建构。[2]

在《谁之全球化?何种法哲学?》一书中,邓正来大量引用了社群主义者查尔斯·泰勒有关“承认的政治”理论中的“差异政治”理念,[3]强调了全球化的异质性。但是他同样强调了罗兰·罗伯森提出的“特殊主义的普遍化”与“普遍主义的特殊化”二者彼此渗透的全球化过程。这二者的要旨在于“全球化是高度‘多元主义的’,它表现为相当大的多样性,在其中,各文明、大陆、区域、社会和其他方面对全球——人类状况的种种定义大量出现,以及在没有直接联系全球情景的情况下形成的各种认同。但是,充分发展的多元主义,将不得不以实现文化多样性的这种价值观和全球的普遍化为轴心,不论这种多样性观念自身对世界体系和该体系中各单元是否带来好处;而且,多元主义还包含着某种共同全球文化的种种要素,通过这些要素,各种实体的多元性之间能够进行最低限度的沟通”。[4] 二者是否矛盾?

---

〔1〕 邓正来:《中国法学向何处去——建构“中国法律理想图景”时代的论纲》(第2版)附录,商务印书馆2011年版,第117页。

〔2〕 邓正来:《中国法学向何处去——建构“中国法律理想图景”时代的论纲》(第2版),商务印书馆2011年版,第16页脚注。

〔3〕 参见邓正来:《谁之全球化?何种法哲学?——开放性全球化观与中国法律哲学建构论纲》,商务印书馆2009年版,第132~135页。

〔4〕 [美]罗兰·罗伯森:《全球化——社会理论和全球文化》,梁光严译,上海人民出版社2000年版,第144页。转引自邓正来:《谁之全球化?何种法哲学?——开放性全球化观与中国法律哲学建构论纲》,商务印书馆2009年版,第136页。

在貌似特殊主义的西方"认同政治"或"承认政治",很多情况是普遍主义的"解放政治"在特定历史时期的一个变种。查尔斯·泰勒虽然批判了自由主义的普遍主义,但他求助于各种形式的普遍主义。米歇尔·瓦尔泽曾区分了两种普遍主义:[1]一是"覆盖律的普遍主义";二是"反复性的普遍主义",认为后者内在地包含了对多样性和特殊主义的承认,就像有些价值如独立、内在方向、个人主义、自决、自治、自由、自主等普遍价值内在地包含着特殊主义意蕴一样。

因此,二者并不矛盾。在这种意义上,我们可以说邓正来并不主张"特殊主义",而依然是"价值普遍主义"。如果非要说是"特殊主义",那也是"普遍主义"变种了的"特殊主义"。

(三)超越两种俄狄浦斯式的悲剧

在中国法学的研究中存在两种俄狄浦斯式的悲剧,值得我们警惕和超越。

1. 盲目拥抱西方的悲剧

邓正来在《中国法学向何处去》一书中实际上指出了这样一种悲剧,如果受"现代化范式"支配的"西方法律理想图景"理所当然地或不加反思地成为"中国法律理想图景",就意味着西方的过去和现在成了中国的未来。这"从根本上抽离了西方法制发展道路本身所具有的繁复性乃至更为关键的特定时空性"。[2]

毫无疑问"特定时空",在邓正来看来极其重要,他极富洞见地指出了非西方社会从西方国家移植民主制度的前提性问题,即非西方国家在移植西方民主制度的时候必须关注支撑这一制度的很可能未形诸文字的相应传统和信念。我们在建构这种新的民主制度的时候,就必须对大多数作为这些制度之基础的未形诸文字的传统和信念给出详尽的解释,因为在成功的民主制度中,正是这些传统和信念曾在相当长的时期内制约了人们对多数权力的滥用。一如杜维明指出,"正因为我们该扬弃的没有扬弃,该弘扬的没有弘扬,健康的儒家传统没有传承下来;而对自己传统的全盘否定,也决定了从西方

---

[1] Michael Walzerz 在题为"Nation and Universe"的讲演(The Tanner Lectures on Human Values delivered at Brasenose College, Oxford University, May 1 and 8, 1989).

[2] 邓正来:《中国法学向何处去——建构"中国法律理想图景"时代的论纲》(第2版),商务印书馆2011年版,第117页。

所引进时态度的粗暴——并非最优秀的部分被引进了。为此,我们付出了沉重的代价——中国人对儒家文化的信念全部崩溃,儒家的核心价值在中国人心理都沉沦到下意识层面去了”。[1] 在这种意义上,割裂传统,尾随西方无异于俄狄浦斯弑父娶母的悲剧。

2. 盲目拥抱本土的悲剧

邓正来虽然针对中国法学受西方支配的情形进行了批判,强调了特定时空的重要性。值得指出的是,我们更不能没有批判精神地拥抱“本土的过去”,完全拒斥普遍性,陷入另一种俄狄浦斯式弑父(谋害普世思想)娶母(把祖先文化嫁接到现代文化上)的悲剧。

这种论调的基本观念是中国的传统是特殊的,文化是特殊的,思维方式是特殊的。因此,“中国文化”内在地区别于“西方文化”。“中国文化特殊主义持与‘西化’相对立的‘本土化’主张,强调‘回到本土’意味着回到本土的过去,只有‘本土的过去’才是中国文化的根基。‘本土根基’论者特别注重制度和教育的作用,要用中国古代的‘王政’来代替现代民主,用读经来代替现代知识教育,以维护和实现中国本土过去的知识和价值体系”。[2]

的确,就现实而论,存在不同的文化和价值体系,无法做出一般的概括。但就可能而言,意义理解的努力可以帮助我们破除不同文化和价值体系之间的壁垒,从而达到相互理解。中西思想交流史上的事实证明,不但来自西方的思想深刻改变了中国人的思想和社会面貌,中国思想也在西方产生了深刻影响。[3] 中国是西方人的镜子,西方也是中国人的镜子。当今世界,中西文化,一荣俱荣,一损俱损。

严格说来,世界上并没有赤裸裸的普世价值存在于某个地方,任何价值都须在特定的语境中加以诠释。一种价值要真正具有普遍性,必须以哈贝马斯所说的“交往”或“沟通”这两个方面的结合为基础。正是在这种意义上,强调面向世界和未来的“文化自觉”或者世界结构下的“主体性中国”才极为根

---

〔1〕 杜维明:“‘仁’的民族认同和世界意义”,http://news.china.com.cn/live/2012-12/03/content_17475756.htm。

〔2〕 参见赵敦华:《为普遍主义辩护——兼评中国文化特殊主义思潮》,载《学术月刊》2007 年 5 月,第 39 卷 5 月号。

〔3〕 利温奇:《十八世纪中国与欧洲文化的接触》,商务印书馆 1962 年版。转引自赵敦华:“为普遍主义辩护——兼评中国文化特殊主义思潮”,载《学术月刊》2007 年 5 月,第 39 卷 5 月号。

本和极其重要，因而正如邓正来所言是中国当下思想全新的使命也是最为重要的使命之一。

三、中国法律理想图景的形成

邓正来将“世界结构”的视角引入中国法学，认为世界结构中的中国的实质不在于与西方国家的不同，而在于主体性，在于形成一种世界结构下的中国观，并以这种中国观主动参与世界结构的重构。其根本的要旨在于突破主权的限度，走向世界结构层面的“主体间性”“文化间性”或“文明间性”。

到底如何定义“中国”和根据什么定义“中国”这是中国人自己的事情。对邓正来而言，当他在《中国法学向何处去》中用“当我把你从狼口里拯救出来以后，请别逼着我把你又送到虎口里去”的话语来回应期望他以更明确的方式阐明“中国法律理想图景”时显然是不够的，因为仅仅以一种批判的姿态提出问题而无法提出自己的理论建构，其批判的力度显然是不足的。在另一种意义上，他也将这个关乎中国人尊严和民族认同的问题抛给了每一个中国人。

中国法律理想图景的建构在中国已经进入“世界结构”的现实背景下，面对着“世界结构”的“双重强制”；面对着“贫富差距结构”和“城乡二元结构”在中国的双重影响；面对着“以差序格局为依归的文化传统和百年来因开放而传入的西方传统以及这些系统赖以发挥作用的结构性安排在社会行动者的行动和选择过程中所呈现出来的紧张、冲突和相容等问题”，[1]因而显得极为复杂。也正是基于此，才需要每个人积极思考，争取形成重叠性的共识。换言之，法治为一种现代秩序安排，将保障人权，公民追求自由和幸福奉为圭臬；同时，中国民族文化中的“天理、人情和国法”传统使法治必定呈现为中国自身的文化形式，而不能盲目地移植西方的话语。因而，这一方面需要借鉴现代法治的理念，在立法和司法层面更多吸纳关于人的尊严、自由、幸福和发展的考量，另一方面赋予法治以中国文化的形式，注重仁爱、诚信、温情、敬意等中国历史的俗世人情，在“现代法治”与“中国意义”的两相沟通中，增益中国法治的主体性。

---

〔1〕 邓正来：《谁之全球化？何种法哲学？——开放性全球化观与中国法律哲学建构论纲》，商务印书馆2009年版，第282页。

区域法治视角下地方法治何以可能和正当

朱未易*

内容摘要：区域法治视角下的地方法治是相对于国家法治而言的一种地方治理法治化的过程和状态，地方法治无论就其内容还是形式看，都是法治国家体系形成和完善的一种地方知识。地方法治有若干核心问题已由我国宪法和法律规定，其中最主要的是地方职权的法定、中央与地方关系的法定、地方自治的法定。法治中国的战略部署和实现路径也将对地方法治建设产生重大影响。地方治理法治化的实践和探索成为法治中国建设丰富多元的样本。我国地方法治何以可能和正当可以从地方知识的视角、宪法法律的规定、法治中国的影响、地方治理的探索等方面予以证成。

关键词：宪法法律；地方法治；地方知识；地方治理

从区域法治空间结构的特征来看，区域法治既可以是跨行政边界的地理区域治理的法治化，如长江流域治理的法治化、长三角城市群治理的法治化等；也可以是具有一定行政边界的区域治理的法治化，而行政边界区域治理的法治化则与地方法治就有了很多的重叠共识，可以说地方法治是一定条件和范围内的区域法治。关于地方法治，当前的法学理论界和法治实务部门有着各种不同的界定和论述，支持者和否定者都有自己的不同观点和分析，但笔者总觉得对地方法治的论证还不够，地方法治何以可能和正当，是否还可以从地方知识的视角、宪法法律的规定、法治中国的影响、地方治理的探索等

---

* 朱未易，南京社会科学院城市所所长、研究员、教授，南京210018。本文系作者主持的国家社科基金项目“法治中国视野下地方法治建设的理论与实践研究”（项目号：14BFX006）的阶段性成果。

方面予以证成呢。

一、地方知识的视角

国家法的形成一是源于传统,二是源于吸收,三是源于移植。这样的观点当然不错,可是我们再追问下去,传统源于何处,吸收和移植又源于何处呢！美国著名人类学家克利福德·格尔茨认为,法律其实是地方知识,它的地方性不仅在于空间、时间、阶级及其他许多方面,更在于它的腔调,即对所发生的事实赋予一种地方通俗的定性,并将之联结到当地关于“可以不可以”的通俗观念。[1] 换句话说,具有地方知识属性的法有其独特的价值判准,法具有地方本土性特征,无论在理念层面还是在制度层面,抑或是在行为层面,法的生成是一种地方知识的习得,包括了它所内涵的文化。格尔茨再次强调:“法律就是地方性知识,地方在此处不只是指空间、时间、阶级和各种问题,而且也指特色,即把对所发生的事件的本地认识与对可能发生的事件的本地想象联系在一起。这种认识与想象的复合体,以及隐含于对原则的形象化描述中的事件叙述,便是我所谓的法律认识。”[2]“任何一种企望可行的法律制度,都必须力图把具有地方性想象意义的条件的存在结构与具有地方性认识意义的因果的经验过程勾连起来,才可能显示出似乎是对同一事物所作出的深浅程度不同的描述。”[3]当印度的法律断断续续、参差不齐地传遍整个印度,然后再传到锡兰、缅甸、暹罗、高棉、苏门答腊、爪哇和巴厘岛之时,它本身也吸收了一大群多元的地方习俗、象征、信仰与制度。[4] 也就是说,法是在地方或区域不断地进行文化和制度的传播以及整合和吸纳中完善自己的体系的,地方的规则和习俗等文化和制度是法律得以完备和体系化的根基。格尔茨认为,法律的比较研究不可以将具体的差异化约为抽象的共通性;它不论最终导出的结论为何,都必须关联到差异的安排,而非差异的抹灭。紧接

[1] 参见[美]克利福德·格尔茨:《地方知识——阐释人类学论文集》,杨德睿译,商务印书馆2014年版,第250页。

[2] [美]克利福德·吉尔兹:《地方性知识》,邓正来译,载梁治平编:《法律的文化解释》,三联书店1994年版,第126页。

[3] [美]克利福德·吉尔兹:《地方性知识》,邓正来译,载梁治平编:《法律的文化解释》,三联书店1994年版,第83页。

[4] 参见[美]克利福德·格尔茨:《地方知识——阐释人类学论文集》,杨德睿译,商务印书馆2014年版,第227页。

着格尔茨又认为:"不管是在不同的传统之间还是在同一个传统内部,法律进一步特殊化的趋势似不可免。"[1]格尔茨最后总结到,法律是地方知识,而非不受地方局限的通则;还有其他法律是社会生活的建构性元素,而非其反映;或者无论如何不单只是反映;这两项论点,导致了关于比较法研究应有内容的一种相当不正统的观点——它应该是文化的翻译。[2]

格尔茨认为的"法律是地方知识"理论观点,表征法律制度的地方知识属性具有的两大功能:一是体现在它具有对地方文化的制度性表达功能,能够在法律与习惯和风俗的互动中将非体系化或局域性的文化形态和样式进行规范性制度建构;二是体现在它具有对法律制度运行的介入性影响功能,在法律制度的适用过程中会不断受到来自地方习俗或习惯的影响,甚至会影响或改变法律制度运行的过程和结果。因此有学者认为,格尔茨的地方知识不但完全有理由与所谓的普遍性知识平起平坐,而且对于人类认识的潜力而言自有其不可替代的优势。因而,地方知识的确认对于传统的一元化知识观和科学观具有潜在的解构和颠覆作用。[3]

地方知识[4]之所以重要,首先是因为任何文化制度,任何语言系统,都不能够穷尽"真理",都不能够直面上帝。只有从各个地方知识内部去学习和理解,才能找到某种文化之间的差异,找到我文化和他文化的个殊性,并在此基础上发现"重叠共识",避免把普遍性和特殊性对立起来,明了二者同时"在场"的辩证统一。[5] 实际上,地方知识是普遍性、普适性和一般性知识的知识源,相互之间有着内在而紧密的联结和互动,并非毫无关系,一种文化及其产生的制度和规则最初都是从地方"生长"出来的,文化和制度的原初形态一定是个殊化的和地域化的。如果从国家法治视野下来看待地方法治,可以说,

---

〔1〕 参见[美]克利福德·格尔茨:《地方知识——阐释人类学论文集》,杨德睿译,商务印书馆2014年版,第250页。

〔2〕 参见[美]克利福德·格尔茨:《地方知识——阐释人类学论文集》,杨德睿译,商务印书馆2014年版,第253页。

〔3〕 参见叶舒宪:《地方性知识》,载《读书》2001年第5期。

〔4〕 在同一个作者(克利福德·格尔茨或克利福德·吉尔兹)的不同译本中有"地方知识"与"地方性知识"两种译法,其实概念和语义相同,为了上下文表达的一致,本文除引用原著译文外,统一使用"地方知识"的概念。

〔5〕 参见纳日碧力戈:《格尔茨文化解释的解释(代译序)》,载[美]克利福德·格尔茨:《地方知识——阐释人类学论文集》,杨德睿译,商务印书馆2014年版,第16页。

地方法治是相对于国家法治而言的一种地方治理法治化的过程和状态,其中,地方治理的软法之治无论就其内容还是形式看,都是法治国家体系形成和完善的一种地方知识。

格尔茨"地方知识"理论之所以具有不可否定的正当性和阐释力,是因为它强调和尊重的是一种个殊的和独立的,并且充满生命力和创造力的文化和制度的原生样态,而这种文化和制度样态往往深深地根植于不同民族和不同地域人们的日常生活之中,生生不息、代代传递,揭示了普遍性知识源于地方知识的客观实在性和演变规律性。地方知识的概念强调人类社会的各种法律文化和制度都是在特定的环境中生长出来的,并受各种历史和现实条件的制约,其价值都也只是在特定的条件下才有意义和发挥作用。[1] 如果我们对不同区域或地方的文化习俗或习惯进行考察的话,会发现地方文化中的生活习俗、行为规则、交往约定等文化形态和制度观念最终会演变成为现代法治建设的建构性元素,这种影响不仅仅只是在法律制度这样一个层面上展开,这种地方知识的影响将体现在地方法治建设的理念层面、制度层面和行为层面。可以认为,地方法治背后具有着很强势的地方知识介入性,在地方法治建设的过程中,无论是行为理念、行为规则还是行为方式,都会或多或少受到来自于这个地方固有的传统制度文化的影响,而且这种影响是无法割断或隔离的,但地方知识对地方法治建设既有正面影响也有负面影响也是不言而喻的。关键在于我们首先需要了解地方知识是如何影响地方法治的,它的内在影响机理是什么,地方法治的现代发展和创新应该如何与地方知识进行良性的互动和对接,并在这种对接中汲取精华和剔除糟粕。

比如,上海海派文化背景下人们锱铢必较的精明和见识,恰恰孕育了近代社会交易的规则意识;浙江的"绍兴师爷"这一文化特色,往往催生了人们交往办事的规则意识,而且还孕育出了如"夏履程序""乡村典章"这样的村民自治程序规则,开启了乡村自治的"软法"治理的典范。正如苏力先生所言,"法制是从社会中生发出来的""一个民族的生活创造了它的法制"。[2] 我国地方法治建设中的许多机制和制度创新以及方式和方法的创新,都有着他那

---

〔1〕 参见苗连营:《作为"地方性知识"的宪政及其当下中国的历史境遇》,载《政法论坛》2012年第6期。

〔2〕 苏力:《法治及其本土资源》,中国政法大学出版社2004年版,第302、304页。

个地区积淀深厚的法治文化和制度理念的生成机理。或者说,这种具有地方特色的文化和制度形态,既是较为深厚的地方法治文化形态和制度理念的一种制度性外化,也是地方经济、社会和文化发展对地方法治建设的一种内生需求,我国东部地区的很多先行先试的法治实践样本就源于地方法治文化的历史积淀和当代发展,以上这些事例恰恰给了地方知识一个最好的佐证,这些地方法治的先行现象可以归结为地方知识使然。国家法治建设在推进过程中首先是地方法治的基础性建设,没有地方法治建设这样一个地方治理法治化的过程,国家法治是无法实现的,但是地方法治建设必定会有先有后,因此有学者指出,东部地区历史与文化传统的原因也是东部社会法治化得以先行的重要成因,长三角地区的法治走在中国最前列这个事实将来会被历史再一次证明。[1]

笔者认为,格尔茨的“地方知识”理论对我们理解地方法治的可能性和正当性会有这么三点重要的启示。一是就地方法治与国家法治而言,地方法治的文化样态、规则体系、治理行为构成了国家法治思维、制度和方式的基础,但是这并不妨碍地方法治与国家法治的统一性和一致性,地方法治与国家法治是特殊与普遍、个别与一般、差异与普适、具体与抽象、多元与统一的辩证性、关联性的互动和互恰的发展过程;二是就地方知识与地方法治而言,从地方知识的视角来看待地方法治,有助于深入研究地方法治文化的形成机理,以及地方法治的传统性、关联性、个殊性、具体性和多元性特征,也会有助于深入研究地方风俗和习惯如何影响地方的制度创新;三是就地方法治的建设与创新而言,地方法治的建设和创新过程中应该充分尊重地方知识,使得普遍主义与特殊主义的法律文化、国家中心主义与地方中心主义的法治文化都能够在辩证中互动和融合。

二、宪法法律的规定

地方法治有若干核心问题已由宪法和法律规定,其中最主要的,一是地方职权的法定,二是中央与地方关系的法定,三是地方自治的法定。应该说我国目前的宪法和法律对地方国家权力机关和行政机关的职权、地方自治以

---

〔1〕 孙笑侠:《局部法治的地域资源——转型期“先行法治化”现象解读》,载《法学》2009年第12期。

及地方与中央的关系作出了基本的规定。虽然这些宪法和法律的规定并没有对地方法治的方方面面进行系统性的规范，但我国目前宪法和法律已有的的规定无疑是对地方法治建设的一些重要问题作出了最高位阶的法律规制，这些规定是指导和规范地方法治建设和发展的有效保障。

1. 对地方各级国家权力机关的规定。我国宪法和法律对地方各级国家权力机关的各项权力给予了明确的设定，较为充分地体现了权力机关的实体权力法定和程序权力法定，这些职权主要由《宪法》《立法法》《地方组织法》《法院组织法》和《检察院组织法》等宪法和法律进行规制。一是规定地方各级国家权力机关的决定权和审查权，二是规定地方各级国家权力机关的立法权，三是规定地方各级国家权力机关的选举权或罢免权，四是规定地方各级国家权力机关的变更权、撤销权、撤换权或监督权，五是规定地方各级国家权力机关的任免权。比如《宪法》《地方组织法》《法院组织法》和《检察院组织法》等均分别规定，地方各级人民代表大会分别选举并且有权罢免本级人民政府的省长和副省长、市长和副市长、县长和副县长、区长和副区长、乡长和副乡长、镇长和副镇长。县级以上的地方各级人民代表大会选举并且有权罢免本级人民法院院长和本级人民检察院检察长。再如《宪法》和《立法法》均分别规定，县级以上的地方各级人民代表大会有权改变或者撤销本级人民代表大会常务委员会不适当的决定。县级以上的地方各级人民代表大会常务委员会监督本级人民政府、人民法院和人民检察院的工作；撤销本级人民政府的不适当的决定和命令；撤销下一级人民代表大会的不适当的决议。省、自治区、直辖市的人民代表大会有权改变或者撤销它的常务委员会制定的和批准的不适当的地方性法规；地方人民代表大会常务委员会有权撤销本级人民政府制定的不适当的规章。

2. 对地方各级国家行政机关的规定。我国宪法和法律均对地方各级行政机关的职权做出了明确规定，体现出地方行政机关的职权法定和职责法定。主要由《宪法》和《立法法》等予以规制，一是规定地方各级国家行政机关的行政立法权，二是规定地方各级国家行政机关的行政管理权，三是规定地方各级国家行政机关的行政变更权或行政撤销权，四是规定地方各级国家行政机关的行政监督权。比如《宪法》和《立法法》均分别规定，县级以上的地方各级人民政府领导所属各工作部门和下级人民政府的工作，有权改变或者撤销所属各工作部门和下级人民政府的不适当的决定。省、自治区的人民政府有权改变或者撤销下一级人民政府制定的不适当的规章。再如《立法法》多项条款均分别规定,地方政府规章可以就执行法律、行政法规、地方性法规的规定需要制定规章的事项以及属于本行政区域的具体行政管理事项等作出规定。设区的市、自治州的人民政府制定地方政府规章,限于城乡建设与管理、环境保护、历史文化保护等方面的事项。

3. 对地方经济特区的规定。地方经济特区的区域立法权得到了宪法和法律的认可。《立法法》多项条款均分别规定,经济特区所在地的市已经制定的地方性法规,涉及本条第二款规定事项范围以外的,继续有效。经济特区所在地的省、市的人民代表大会及其常务委员会根据全国人民代表大会的授权决定,制定法规,在经济特区范围内实施。经济特区法规根据授权对法律、行政法规、地方性法规作变通规定的,在本经济特区适用经济特区法规的规定。

4. 对民族自治地方的规定。我国的宪法和法律分别对民族自治地方的职权设置进行了规制,体现了给予地方自治权以充分的保障和支持。主要体现在《宪法》《立法法》《地方组织法》和《民族区域自治法》等相关宪法和法律规定之中,赋予了民主自治地方五个方面的职权。一是赋予民族自治地方的自治权,二是赋予民族自治地方的立法权,三是赋予民族自治地方的发展权,四是赋予民族自治地方的自由权,五是赋予民族自治地方的参与权。比如《宪法》《地方组织法》和《民族区域自治法》均分别规定,自治区、自治州、自治县的自治机关依照宪法、民族区域自治法和其他法律规定的权限行使自治权,民族自治地方的自治机关有管理地方财政的自治权。再如《民族区域自治法》多项条款分别规定,民族自治地方的自治机关根据本地方的情况,有权采取特殊政策和灵活措施,加速民族自治地方经济、社会和文教等建设事业的发展。又如《民族区域自治法》多项条款分别规定,民族自治地方的自治机关保障本地方内各民族都享有平等权利。在处理涉及本地方各民族的特殊问题的时候,必须与他们的代表充分协商,尊重他们的意见。

5. 对地方基层自治组织的规定。对地方基层自治组织的职权设定,从目前国家层面的宪法和法律规定看,只有对城市和农村居民和村民委员会职权设置的有关规定。主要由《宪法》《居民委员会组织法》和《村民委员会组织法》等宪法和法律进行规制,赋予了地方基层自治组织五个方面的职权。一是赋予城乡社区的自治权,二是赋予城乡社区组织的撤销权或变更权,三是赋予城乡社区的规则制定权,四是赋予城乡社区的民主管理和监督权,五是赋予城乡社区居民或村民的民主参与权。比如《宪法》《居民委员会组织法》和《村民委员会组织法》均分别规定,居民委员会和村民委员会是居民或村民自我管理、自我教育、自我服务的基层群众性自治组织。再如《村民委员会组织法》和《居民委员会组织法》均分别规定,村民会议有权撤销或者变更村民委员会不适当的决定,有权撤销或者变更村民代表会议不适当的决定。村民会议可以授权村民代表会议撤销或者变更村民委员会不适当的决定。居民会议有权撤换和补选居民委员会成员。村民会议可以制定和修改村民自治章程、村规民约。居民公约由居民会议讨论制定,由居民委员会监督执行。

三、法治中国的影响

十八届三中全会、四中全会和五中全会的决定和建议是我国一系列改革举措的纲领性文件,在未来五至十年内将对我国政治、经济、文化和社会发展的诸多方面产生重大影响,其中法治建设的战略部署和重大决策将对地方法治建设产生几个方面的深刻影响。

1. 对地方法制建设的影响。地方法制建设的发展将产生三个方面的趋势:一是地方立法的引导性趋势。地方性法规和政府规章建设的立法导向将逐步取代政策导向,政策制度的制定必须"于法有据",特别是地方政府的行政执法,都要以法律法规、规章和规范性文件为主要依据,地方性法规和规章的立法总量、频率、范围和内容都将有所增加和细化。二是地方立法的扁平化趋势。《立法法》的修订将进一步扩大授权立法的城市数量,该法第 72 条第二款规定,设区的市的人民代表大会及其常务委员会根据本市的具体情况和实际需要,在不同宪法、法律、行政法规和本省、自治区的地方性法规相抵触的前提下,可以对城乡建设与管理、环境保护、历史文化保护等方面的事项制定地方性法规。以前,在全国 284 个设区的城市中,享有地方立法权的城市只有 49 个,包括 27 个省会市、18 个经国务院批准的较大的市以及 4 个直辖市,也就是说,还将对 235 个设区的城市按照立法法规定赋予一定范围的地方立法权限。三是地方立法的不平衡趋势。授权那么多的设区城市制定地方性法规,需要对各城市立法水平和技术差异可能产生的立法风险早有预警,比如可能产生纵向的国家法与地方性法规和规章之间的不协调和不平衡,纵向的省级层面和市级层面地方性法规和规章之间的不协调和不平衡,横向的不同行政区域地方性法规和规章之间的不协调和不平衡,全国对各设区城市立法要求与自身立法技术之间的不协调和不平衡等。

2. 对地方权力运行的影响。地方治理过程中公权力的行使将会受到更为严格的程序和实体规制，对公权力行使的制约与监督的力度将不断加大，将权力关进笼子里已经从理念和口号转变为看得见的制度约束。主要体现在三个方面：一是权力设定法定，政府公共行政的权力来源、主体和设定都必须来自于法律法规的实体和程序规定，不得法外行权，比如实施公共行政的权力清单制度、中央和地方政府事权法律制度、推行政府法律顾问制度、行政执法和审批权相对集中行使制度等。二是权力运行法定，比如将要求行政程序法定，包括了行政主体、行政决策、行政执法、行政管理、行政听证、行政公开、行政监督、行政问责等程序法定，并建立健全行政裁量权基准制度等。三是权力监督法定，无论对公权力的体制内监督还是体制外监督都将依法进行，比如建立重大决策终身责任追究制度及责任倒查机制、严格执行重大执法决定法制审核制度，加强党内监督、人大监督、民主监督、行政监督、司法监督、审计监督、社会监督、舆论监督等监督制度建设。四是权力责任法定，有权力必有责任，公权力行使的风险往往在于责任承担的风险，不当行使公权力或滥用公权力将承担行政责任、民事责任，甚至是刑事责任，而且将承担终身受到追诉的风险。

3. 对地方治理体系的影响。一方面，在地方社会治理过程中，地方治理体系和治理能力现代化是国家治理体系和治理能力现代化的基础和前提，治理是一个系统工程，需要从法治、德治和政治三个层面进行综合治理。但从地方治理的现状来看，最为紧迫和关键的是推进地方治理的法治化，尤其在地方基层治理过程中，潜规则盛行、行政权力滥用、程序规则意识薄弱等现象都较为突出和普遍，今后，将会更加突出和强化国家法、地方法和区域民间自治软法规则在地方治理中的共治合力，按照各自的调整对象和范围发挥规制作用，形成按法治规则办事的生态环境，逐步取代人情办事、送礼办事、关系办事、权力办事的人治生态环境。另一方面，地方治理必须发挥公众参与的作用，公众参与地方治理也将成为新常态，协商民主、政社互动、政民互动、公众关注、征询意见、听证论证、网络议政等都将成为公众参与的重要形式和内容，公众参与社会治理的共治和自治将更加有法可依，政府、社会组织和公民的多元治理也将更为规范化和制度化。

4. 对地方司法需求的影响。在社会全方位改革与开放中，社会矛盾和纠纷也会呈现爆发式增长，据介绍，仅 2015 年 5 月一个月全国各级法院共登记立案 113.27 万件，同比增长 29%，其中，立案数量超过 8 万件的省份为江苏、浙江和山东。[1] 一是民商事案件不断增加，民事诉讼中知识产权纠纷、合同纠纷、财产纠纷也将不断增加。二是行政诉讼案件不断增加。行政诉讼案件增加的幅度更快，据不完全统计，仅 2015 年 5 月全面实施立案登记制度以来，全国法院行政案件增幅同比增长 221%。[2] 其中，重庆行政起诉登记立案 1190 件，同比增长 155%；辽宁行政起诉登记立案 1401 件，同比增长 242%；浙江行政起诉登记立案 1598 件，同比增长 296%；北京行政案件同比增加 897 件，增幅达到 268.5%。[3] 如政府在征地拆迁以及社会保障等公共事务处理中，如果不依法办事，公民告政府的行政诉讼案件还将会不断增加。三是社会矛盾和纠纷的案件不断增加，大量社会矛盾和冲突需要通过诉讼与非诉讼的解决途径。四是社会法律服务需求不断增加，公众在法律意识不断增强的同时，对法律服务质和量的需求也大幅度的增长。这几个方面的情势变化和深刻影响，将进一步倒逼地方司法体制机制的变革，催生地方司法资源的调整，推进地方司法环境的改善，激发地方司法效率的提升，促进地方司法质量的提高。

四、地方治理的探索

从 1997 年中共十五大提出依法治国，建设社会主义法治国家开始，一直到 2014 年中共十八届四中全会决定发布的 17 年间，全国各地的法治建设实践如火如荼、探索此起彼伏。根据笔者对全国地方法治建设现状的调研和了解，尝试着将全国比较具有代表性和典型性的法治实践和探索归纳为规划型、程序型、自治型、互动型和生态型五类地方法治建设创新模式，这些案例具有很强的典型性和分析价值，使之成为法治中国建设丰富多元的地方样本。

1. 规划型地方法治建设实践。规划型地方法治建设特点主要体现在各地根据中央和国务院发布的依法治国建设法治国家，依法行政建设法治政府的重大战略规划和部署，出台的具有全局性和全面性的法治建设规划性文件及

---

[1] 参见 2015 年 6 月 11 日第 1 版《江苏法制报》。

[2] 参见 2015 年 6 月 11 日第 1 版《江苏法制报》。

[3] 参见 2015 年 6 月 11 日第 1 版《人民法院报》；参见 2015 年 6 月 12 日第 1 版《人民法院报》；参见 2015 年 6 月 13 日第 1 版《人民法院报》。

其相配套的实施方案,这类规范性文件既具有地方法治建设的统领性和指导性特点,又具有贯彻和传递国家法治建设战略部署的功能,同时还具有指导和规范基层法治实践的作用。

这些带有较为鲜明地方特色的法治建设文件,较为详细地规划了未来五年,甚至更长时期本地区依法执政、科学立法、依法决策、依法行政、公正司法、权力监督、法治社会、法治队伍、法治为民的法治建设目标、方向和路径。一是出台法治地方建设的规划性文件。根据《四中全会决定》精神,全国各个省区市都发布了本地区全面依法治省、依法治区和依法治市,加快法治地方建设的规划性文件,如《中共浙江省委关于全面深化法治浙江建设的决定》《中共广东省委贯彻落实〈中共中央关于全面推进依法治国若干重大问题的决定〉的意见》《湖南省贯彻落实〈中共中央关于全面推进依法治国若干重大问题的决定〉的实施方案》《中共广西壮族自治区委员会关于贯彻落实党的十八届四中全会精神全面推进广西法治建设的意见》《中共山东省委关于贯彻落实党的十八届四中全会精神全面推进依法治省的意见》等。二是出台法治政府建设的规划性文件。从 2004 年国务院发布《全面推进依法行政实施纲要》、2008 年国务院《关于加强市县政府依法行政的决定》、2010 年《国务院关于法治政府建设的意见》、最后到 2015 年国务院出台《法治政府建设实施纲要(2015 ~ 2020 年)》,全国各地也相应制定和发布了法治政府建设的规划性文件,如《湖南省法治政府建设"十二五"规划》《陕西省加强法治政府建设规划(2016—2020 年)》《广州市法治政府建设规划(2015—2020 年)》等。

2. 程序型地方法治建设实践。程序型地方法治建设特点主要体现在各地进行法治政府建设的实践和探索,凸显了行政法治化的内在要求。在国家层面"行政程序法"迟迟未能出台这一背景下,湖南省于 2008 年率先制定出台了《湖南省行政程序规定》,成为全国第一个全面进行行政程序规制的省级地方政府规章,截至 2016 年 3 月统计,我国地方层面的省市县三级先后已经出台了 15 部地方行政程序规定,如省级的有 4 个:《湖南省行政程序规定》(2008)、《山东省行政程序规定》(2011)、《江苏省行政程序规定》(2015)、《宁夏回族自治区行政程序规定》(2015),省会城市有 3 个:《西安市行政程序规定》(2013)、《海口市行政程序规定》(2013)、《兰州市行政程序规定》(2015),地级城市有 7 个:《凉山州行政程序规定》(2009)、《汕头市行政程序规定》(2011)、《酒泉市行政程序规定(试行)》(2012)、《海北藏族自治州行政程序规定》(2012)、《邢台市行政程序规定》(2013)、《嘉峪关市行政程序规定》(2014)、《丽江市行政程序规定》(2015),县有1个:《永平县行政程序规定》(2010)。另外,还有一些省市正在进行行政程序立法的调研和征求意见,如北京、重庆等。其他省市虽然没有制定行政程序规定的政府规章,但大都对行政决策、行政执法、行政事项、行政问责等进行了单方面的程序规定,比如,《辽宁省行政执法程序规定》(2011)、《天津市行政执法监督规定》(2014)、《浙江省重大行政决策程序规定》(2015)、《上海市行政处罚听证程序规定》(2015)、《湖北省行政问责办法》(2016)等。

特别是上述15个省市县出台的行政程序规定,其主要内容大致可归纳为,对行政主体、行政决策、规范性文件制定、行政执法、特别行为、行政听证、行政公开、公众参与、行政监督、行政问责等程序进行的规制,这些行政程序的地方性立法及其实施的实践,为地方法治政府建设作出了有益探索和尝试,走出了一条行政程序立法先地方后中央的法制建设模式,一改以往从中央到地方自上而下的立法推动和实施,率先从地方省市进行立法试验,最后再制定出台国家的行政程序法,这种自下而上的立法实践模式的好处在于,经过充分的地方立法试验和探索,能够为国家层面制定"行政程序法"提供丰富的立法实践、经验和基础,这样制定出来的法律会具有更强的统一性、实施性和可操作性。

3. 自治型地方法治建设实践。自治型地方法治建设的特点主要体现在各地基层乡村、社区和社会组织法治化治理的实践和探索,体现了基层治理的"软法"规则之治。全国许多乡村在实施村民自治过程中创造了很多的经验和制度,村民自治,是我国法律确立的村级事务管理的基本形式,它的核心就是"让村民最大限度地参与村内事务管理",我国最基层的法治建设实践是乡村治理,较为有代表性和典型性的有浙江的"枫桥经验""夏履程序""乡村典章"和"八郑规程",这些基层治理法治化的试验、探索和创新,为我国基层治理提供了鲜活的样本,其个殊化和典型化特征极具分析的价值和意义。

通过对浙江省基层自治的研究发现,在这些乡村自治的过程中凸显出的是"软法"规则之治,各种乡规民约、社区公约、社会组织章程等都成为地方基层维护秩序和稳定的有效手段,这种软法规则的治理效果很好,其治埋的过程中突出体现了实体规则和程序规则的运用,这些乡规民约虽然在原则、条款以及内容上远不如法律法规那么的周延和富于逻辑,但是它的实体和程序规定却非常适用,契合了乡村治理的需要和诉求,特别是程序规则有着鲜明的地方特色,如“夏履程序”规定村民参与村内事务管理的程序和路径为:对于村内公共事务→征求村民意见建议→村两委会提出初步方案→民主听证、听取意见→党员讨论完善方案→村民代表表决确定→信息反馈、村务公开→办理村内公共事务接受村民监督。在夏履镇,村级一切事务都按照这一程序办事,从而收紧“村官”手中权力,真正还权于民,这是程序法治在浙江乡村自治中的最突出的体现。

4. 互动型地方法治建设实践。互动型地方法治建设的特点主要体现在各地基层政府与社区或社会组织等之间,以及政府与民众之间构建协商互动、共同治理的法治化实践和探索,突出体现了政府、自治组织和公众之间利益诉求的法治化解决模式。根据笔者的调研,全国比较有代表性的案例以江苏苏州的“政社互动”和广东广州的“政民互动”最为典型,可以视其为地方法治建设的另一种具有现实意义的实践样本。

江苏苏州的“政社互动”是指基层政府与基层社区和社会组织等有效衔接和良性互动的简称。即“政府及其部门”和“城乡社区组织、社会组织以及群众自治组织”这几类社会主体之间,通过契约治理方式“衔接互动”,规范行政权力、提升自治能力、激发社会活力,加快构建“党委领导、政府负责、社会协同、公众参与、法治保障”的地方治理新格局。通过基层政府与社区自治组织及其基层社会组织契约化的行政合同和行政协议方式,将双方的权利和义务、权力和责任通过平等主体间的契约固定下来,使之成为深化行政改革与发展基层群众自治、加强社会协同治理有机结合的一次重要的创新实践。该模式规定了基层政府权力与责任、社区自治组织权利与义务的“两份清单”,实现了基层政府与社区自治组织在实现“政社”互动中的权义与权责规则化。认真梳理基层政府社会管理权责,明确凡属于政府职责范围的行政任务,不得随意下达到社区自治组织,凡属于公益性、辅助性的基层事务,均通过授权、委托或外包等购买服务的方式交由社区自治组织和社会组织承担。“两份清单”,划清了政府“行政权力”和自治组织“自治权利”的责任边界,实现了地方基层治理从官本向民本的法治转型,走出了一条政社分开、契约治理的新路子,为全省或全国提供了地方基层治理法治化的创新样本。

广东广州的“政民互动”是指源于广州市同德围地区老城改造过程中创新的政府与民众协商互动的城市治理法治化新模式。在广州市同德围地区老城改造过程中,从老城改造到交通和民生工程的提出到付诸实施,均由同德围地区民选的37位草根居民组成的公众咨询委员会(简称公咨委)自始至终参与,并经当地群众充分讨论、完善并投票表决通过改造方案,这种公众与政府间的协商互动开创了“同德围模式”而受到全国关注。广州市政府将这一经验向全市推广,成立了广州市公众咨询委员会,出台了《广州市重大民生决策公众意见征询委员会制度》。而由此带来的示范效应,让广州迅速在垃圾焚烧、东濠涌整治等领域也成立了各自的公咨委,公咨委制度已经成为广州城市治理法治化的创新模式。这是一个城市居民长期维权、表达诉求,并与政府进行协商对话和利益博弈的典型案例,凸显出公众权益诉求的制度化解决路径,也表现出地方治理法治化过程中,政府与公众的民主协商与互动,这种城市治理的法治化创新探索首创了从利益诉求→民主协商→政民互动→公众参与→目标达成→制度推广这样一种地方治理的新路径。

5.生态型地方法治建设实践。生态型地方法治建设的特点主要体现在用法治思维和法治方法进行生态文明建设的实践和探索,突出地体现在运用地方性法规和政府规章以及行政执法资源和司法保障力量来促进生态环境的发展和保护。从笔者对全国的调研来看,贵州的生态环境保护和发展的法治化建设经验和路径较为典型。相比其他省份,贵州最具优势的资源是生态环境,在快速前行中贵州省用法治的力量引领生态文明建设。贵州生态法治的大胆探索和实践,为国家制定生态文明建设基本法律提供了借鉴,初步形成了有贵州特色的生态文明建设法治体系,也为我国“十三五”期间绿色发展理念的实施,提供了地方生态环境治理法治化的实践样本。

一是在生态环境的立法保护方面。2014年《贵州省生态文明建设促进条例》正式实施,成为国内首部省级生态文明建设地方性法规。作为贵州省生态文明建设的基本法,条例在诸多方面体现了开创性和地方性:确立了政府、企业、公众在生态文明建设方面的基本权利和义务;突出了加强生态建设、调整产业结构、发展循环经济的思路;强调了生态保护红线、生态补偿、环境信用、环境污染第三方治理等制度。贵州省人大常委会还确立了未来五年的立法规划56项,其中以突出生态环境保护为重点的立法项目有十多项(不含修订),如生态环保方面将制定湿地保护条例、大气污染防治条例、开展环境影响评价条例、循环经济促进条例、清洁生产促进条例、农业生态环境保护条例、再生资源回收利用管理条例、扶贫生态移民工程条例、饮用水源保护条例等。并提出了要以促进环境保护为核心，加强生态文明领域立法，着力构建具有贵州特色的生态文明建设法规体系。

二是在生态环境的行政执法方面。2014 年贵州省检察院、公安厅又联合制定出台了“生态环境保护工作衔接机制”，省公安厅还成立了生态环境安全保卫总队，以强化生态环境保护领域执法工作的协调配合，提高办案质量。贵州省全面实施了赤水河、乌江、清水江、南盘江、北盘江、红水河、都柳江、牛栏江八大流域生态环境的管理执法体制机制改革，旨在通过改革强化流域污染防治和生态建设，牢牢守住“山青、天蓝、水清、地洁”生态底线，按照“可复制”原则，通过探索和实施流域环境保护河长制、生态补偿机制、生态保护红线制度、农业农村污染整治改革、生态环境保护监管和行政执法体制改革、环境污染第三方治理制度等工作，全面启动各条流域改革，对环境污染、破坏生态“零容忍”，坚持最严格的环境执法以及持续增强环境执法合力。

三是在生态环境的司法保障方面。2007 年，贵州省就在全国率先成立贵阳市、清镇市人民法院生态环境保护人民法庭（简称生态环境保护“两庭”），统一司法管辖权，运用法律武器保护饮用水源和森林资源。后经贵州省高院依法指定授权，设立了五个生态环境司法保护板块，由贵阳市、遵义市、黔南州、黔西南州中级人民法院生态环境保护审判庭和清镇市、仁怀市、遵义县、福泉市、普安县生态环境保护“两庭”，分别对各板块内的环境民事、行政案件实行统一集中管辖，建立起市级环境司法保障体系。因“怠于处罚逾期不缴纳排污费的企业”，秦蓁所在的金沙县环保局被金沙县检察院告上了法庭，成为全国首例由检察机关提起的行政公益诉讼案。[1] 2014 年，贵州成立省高级人民法院生态环境保护审判庭、贵州省检察院生态环境保护处，在全国率先在省级层面建立了生态环境保护司法体系。

结　语

地方法治相对于国家法治而言是一种地方治理法治化的过程和状态，地方法治建设既是法治中国建设的题中应有之义，又是法治中国建设的逻辑延伸，也是法治中国建设的基础和重要组成部分。地方法治的可能性与正当性来源于两个层面的构建维度：国家法治建设的统一性要求，以及地方知识的

---

〔1〕 2015 年 6 月 5 日《人民日报》。

区域性影响。因此,法治中国的实现既需要国家层面的顶层设计,也需要地方层面在法治国家建设的统一原则和宪法法律框架下发挥能动作用和首创精神。

国家治理体系中区域法治的文化解释

江雪松*

内容摘要：区域作为大国治理的基础空间元素，既是文化积淀的主体，也是文化展现的载体。法治作为现代国家治理的基本质素，既需历时传承发展，也要空间增量拓展。区域分级治理在幅员辽阔的中国有着悠久文化传统，将其全面纳入法治轨道是建构现代国家治理体系的必然要求。区域法治呈现纵向“央地关系”和横向区域关系两个维度，竞争与合作交织，先发区域、后发区域、跨界区域等多层面的法治发展折射出国家治理的复杂性与渐进性。区域法治发展是经验性与必然性的有机统一，需要在类型分析基础上加以文化解释，增进多元与一体的协同。经由区域法治迈向法治国家、法治政府、法治社会一体建设，可以更好推进法治中国建设，实现国家治理体系和治理能力现代化。

关键词：区域法治；法治中国；文化；一体化

一、概念的理解

法治是治国理政的基本方式。法治力量提升治理质量，在中国治理体系中具体表现为思维范式的更新与治理技术的完备。法治对于一个成熟的治理体系来说是不可或缺的，犹如营养素之于有机生命体。国家治理体系和治理能力现代化离不开法治现代化。学界以往理解中国法治现代化多是从时间历程上度量，较少考虑空间变量因素。权利实质是在时间和空间中延展，

---

* 江雪松，男，南京师范大学法学院博士后，中国法治现代化研究院研究人员，香港中文大学法律学院访问学者。本文系江苏省社会科学基金项目（编号：13MLD014）、江苏省高校哲学社会科学资助项目（编号：2014JSB667）的阶段性成果。

"世界上除了运动着的物质,什么也没有,而运动着的物质只能在空间和时间中运动"。[1] 法治现代化不仅是由传统法制向现代法治的历时性发展,而且是由一个个分散而非均衡的区域治理向法治国家整体迈进、全面实现的过程。以时空为纵横坐标的法治现代化能够促进国家治理体系更趋合理。立足我国单一制国家结构条件和幅员辽阔、区域特征鲜明的国情,国家治理体系的建构与完善离不开区域的有效治理、依法治理,必须关注"国家法治统一性基础上的区域法治的多样性和国家法治整体性基础上的区域法治发展的个别性"。[2] 区域法治也因此在国家治理体系之中获得正当性认同。

本文讨论的区域法治之"区域",是指"一定行政区划中的地域空间单元和跨行政区划的地域空间单元的有机集合体"。[3] 区域法治有时也被称之为地方法治,两个概念的使用都较频,二者内涵颇有相通之处。[4] 而本文认为,二者还是有所区别的。"区域"通常置于"国家—区域"的空间结构之中理解,区域法治的相对概念可以理解为国家法治;而"地方"经常放在"中央—地方"的纵向权力层级结构之中使用,意指"中央下属的各级行政区划的统称"。[5] 那么,地方法治的相对概念是什么?"中央—地方"可否分别缀上"法治"字样进入国家治理体系的概念组合之中?我国是单一制国家,主权不可分割,不允许出现相对于中央的离心倾向。中央,"特指国家政权或政治团体的最高领导机构",[6] 掌握国家的内政、外交、国防等,代表国家行使主权。而国家是由空间、民众(族群)、文化和政府四个要素组成,当"中央—地方"这一概念组合与"国家"相遇时,应统摄于"国家"概念之下。所以,基于对区域法治与地方法治两个概念的周延性、确切性、相对性的认知比较,本文选择使用"区域

〔1〕《唯物主义和经验批判主义》,载《列宁选集》(第2卷),人民出版社2012年版,第137页。

〔2〕张文显:《变革时代区域法治发展的基本共识》,载公丕祥主编:《法制现代化研究》(2013卷),法律出版社2014年版,第28页。

〔3〕公丕祥:《还是区域法治概念好些——也与张彪博士、周叶中教授讨论》,载《南京师大学报》(社会科学版)2016年第1期。

〔4〕有学者将地方法治定义为"国家主权范围内的各个地方(包括以行政区划为特征的地方省市、区县,也包括跨越行政区域的地方联合),在法治中国的推进过程中,践行法治精神,落实法治理念,以实现国家法治为目标,基于法治型社会治理的需求,逐渐形成并日益勃兴的一种法治发展现象,是建设社会主义法治国家在地方的具体实践"。参见付子堂、张善根:《地方法治建设及其评估机制探析》,载《中国社会科学》2014年第11期。

〔5〕《现代汉语词典》(第6版),商务印书馆2014年版,第283页。

〔6〕《现代汉语词典》(第6版),商务印书馆2014年版,第1686页。

法治”概念。[1]

当然,社会科学的根本任务不应被误解为“不断地追逐新的观点和追逐新的概念构成”,“致力于认识具体历史联系的文化意义是唯一的最终目的……概念构造和概念批判也要服务于这个目的”。[2] 实践中,任何时空的国家治理也都回避不了文化的嵌套,区域的意义在于其以地域空间单元为载体担负着人类前行的文化传承。法治的实践性决定了法治是一个经验命题,经验需由文化来解释,而文化解释的意义在于“关注不同人群看待和处理诸种共同问题的态度和方式,尤其是那些隐蔽在共同表象之后的有意味的差异”。[3] 如果说法治是全人类都会面临的“共同问题”,那么,区域作为“不同人群”的存在空间,区域法治发展在治理意义上是国家法治的一种文化解释。也就是说,本文并非限定于区域法治文化的讨论,而重点在于区域法治发展是国家治理的一种有效方法的认识展开。

二、区域治理传统的历史惯性

国家,从历史与文化的视角观察,实质就是群体获得特定时空下的认同,建立起同类之间的交往与合作,个体在这个共同体中找到归属感,个人受到命令的约束、规则的庇护以及社会的认可。国家,在时间维度上是文化交融传承的共同体,在空间维度上是由不同地域联结而成的集合体。中国自古推行地域分级治理模式,地域空间乃是国家治理的基础性板块。自商鞅变法提出“五户一保,什户一甲”,此后,严格限制流民和游民等措施沿袭古代社会,致使民众的日常事务(户籍、纳税、诉讼、赈灾等)属地化,唯有行直接管辖之权的当地官府掌握最准确的本地民众信息。中央虽说无所不管,一切政令自天子出,但具体实施和监督执行,则由地方官府负全责。中央派驻地方的机构,其经费、人员、后勤也主要由地方提供。地方在向朝廷上缴相对固定的赋税之后,所余税赋全部用于地方官府的行政支出和官僚收入。自两汉至明清,大抵如此。因此,中央及逐级向下的政权组织总是希望下一级降低对上一级的财政依赖度,希望下级尽量发挥主动性,在资源和财源上自给自足。

---

〔1〕 本文论域集中于主权国家范围内的区域,至于全球治理意义上的区域,限于篇幅,存而不论。

〔2〕 [美]马克斯·韦伯:《社会科学方法论》,韩水法、莫茜译,中央编译出版社2002年版,第60页。

〔3〕 梁治平:《法律的文化解释》,北京三联书店1994年版,第37页。

只有在重大饥荒和灾害的情况下，上级政权组织才会启动相关应急机制，给予一些救济和补助。历史上，中央对地方之间的转移支付的规模一直很小，这种传统一直延续至今。[1] 由于长期缺乏中央对地方的财政平衡，使得中国区域之间因地理、人文因素源起的经济社会发展不均，日积月累形成历史惯性。

中国作为一个地域辽阔的国家，所形成的治理传统是通过区域治理而实现对国家的有效治理。一方面，中央必须以文化、军事等手段有力控制地方，确保地方不能抗衡中央或者分裂出去；另一方面，中央在经济社会方面还需向地方放权，调动地方积极性，否则信息获取和财政收支的困难，必然使得国家治理效率低下，秩序不稳。区域治理的属地性使得地方政府“舍我其谁”，不可替代，从而形成事实上的“层级发包”治理模式。[2] 除了国防、外交、货币发行之外，地方与中央所承担的事项基本相同，仅管辖空间范围不同，地方政权组织往往是中央之“微缩版”。

这一区域分级治理传统，在新民主主义革命之后也得到传承与发展。20世纪50年代，中共引进苏联高度集中的经济管理模式，很快便和中国传统的区域治理文化发生了严重冲突。1956年，毛泽东在《论十大关系》中意识到过度集中的不妥，明确要充分发挥中央和地方两个积极性。随之进行大规模治权下放，中国传统制度存量对制度移植的有力抵抗在新中国成立后第一次显现出来，后来治权收放多次反复，自生治理传统不断博弈。即使在最强调权力集中的计划经济时代，区域“层级发包”治理模式依然程度不同地存在。中央制定国家层面经济计划的步骤是通常拟定一个大体轮廓，初步确定一些控制数字，然后交给各省市编制区域规划，之后由中央汇总平衡。省级区域规划通常要主动谋求本省范围内的计划平衡。与苏联的中央计划全覆盖和高度精确管控相比，我国计划经济呈现出中央计划与地方计划相结合的特征。

---

〔1〕 当代中国的中央转移支付(除了首都地区之外)依然规模很小，现有转移支付方式主要是中央指令下区域之间的对口支援，存在着“拉郎配”导致苦乐不均和资金投向使用效率不高的弊端。

〔2〕 “层级发包”治理模式是指上一级行政组织将行政和经济管理的具体事务全部发包给下一级行政组织，发包事项委托之后，承包方自主完成任务，逐级层层发包，形成一种间接控制的分权治理模式。参见周黎安：《转型中的地方政府：官员激励与治理》，格致出版社、上海人民出版社2008年版，第59页。当然，“层级发包”会带来治理成本的上升，而这在大国治理中属于不可避免的必要付出，治理绩效之于治理成本，如同消费之于生产的关系。

改革开放之后,中共领导集体更为注重区域发展在国家治理中的先行导引作用。1979年,主政广东的习仲勋等人向邓小平汇报提出建设特区时,邓小平指示:“办一个特区……中央没钱……你们自己去搞,杀出一条血路来。”[1]深圳、珠海等经济特区充分发挥区域积极性,先行先试,取得巨大成功。中央继而总结区域发展经验,旋即开放14个沿海港口城市,此后又将长江三角洲、珠江三角洲开辟为沿海经济开放区,发挥区域在全国的示范、辐射作用,促进经济迅猛发展。随着改革开放的深入,中央政府以区域协调发展推进国家治理现代化的战略日臻成熟,在东部沿海区域率先发展之后,相继提出西部大开发、东北振兴、中部崛起,促进国家治理均衡化、体系化。中共十八大之后,中央以全球化视野提出“一带一路”(共建丝绸之路经济带和21世纪海上丝绸之路)国家治理顶层战略,国内区域分别涵盖了新疆、西藏、上海、福建、广东等18个省(直辖市)。从国家治理视角考察,“一带一路”不仅是由国家整体发包的经济互补合作,而是通过区域合作、协调发展,从根本上维护新疆、西藏的稳定发展,增加和平解决台湾问题的可行性。今天中国特色社会主义建设之成就,相当程度上建基于区域政策之科学性、及时性和传承了区域治理传统的历史惯性。

三、当代区域法治发展的多元面相

当代中国历经三十多年改革开放,所派生的最重要成果就是社会自主性的不断培育,体现在民众的权利自主性、区域的治理自主性等显著增强。国家因释放区域活力,内生推动治理体系发生结构性变化的力量。这种结构性力量在省级行政区域呈经纬交错关系,一是纵向的“央地”关系,二是横向的省域竞争与合作关系;在省级以下的分级治理中,这种双向交织依然存在,上下级治理博弈与横向同级区域竞争。随着改革的全面深化,这种双向交织将进一步有序化、法治化。中共十八大之后,“法治国家、法治政府与法治社会一体建设”(简称“三位一体”)法治战略的提出,既强调法治建设的驱动主体多元,也强调主体间的协调互动,是自上而下的国家治理与自下而上的区域自治之有机结合,是上下互动的制度回应与区域互补的平台搭建之有机结合。具体实践中,无论关系纵横都必须以体系化治理为前提,着力避免出现

[1] 丁补之、陈伊玮:《习仲勋:“杀出一条血路”》,载《南方周末》2008年12月28日。

某些非理性行为,否则会导致负面治理效应。

(一)区域法治发展的现实张力

近年来,基于区域治理实践的需求,国家治理体系中的不同区域显现出不尽相同的法权要求,由此而来的区域法治发展形态也有所不同,例如,有学者将我国现有的区域法治实践分为“程序型法治”“自治型法治”“市场型法治”。[1] 全国已有许多省、市出台推动区域法治发展的纲领性文件(诸如纲要、规划、决定、意见等)进行积极的法治探索,表现出法治自觉意识与自主性意识的强化。但是,有学者认为“区域法治”(或“地方法治”)的提法,不利于维护法治的“国家”权威性和统一性,会导致国家法治的“碎片化”,断裂国家法治精神的命脉。[2] 这种担忧不能说没有道理。首先,区域法治与国家法治可能存在一定的紧张关系。区域法治发展的不均衡对于国家法治发展会产生牵引力,这种牵引有可能是积极前行的,也有可能是迟滞拖拉甚至是离心的。其次,区域之间法治发展不平衡引发的竞争,并不总是良性竞争,可能会产生法治内耗。譬如有些省市为了招商引资而竞相出台地方法规及各种优惠政策,降低税率,提供补贴,有的甚至突破国家法律底线与其他区域互相拆台,最终损害本地利益、两败俱伤,使得投资者坐收渔翁之利。再者,有些区域满足于“口号法治”,行动上喜“维稳法治”,避“维权法治”。区域之所以得以划分,就在于区域内部的人文、经济等情况较为独特、较为具体和复杂,但如果以此为借口,什么问题都是“具体情况具体对待”,有意放大公权力,限缩私权利,不加以体系性的框架,那么法治便会失去其本身的规范意义。

但是,我们必须明白,上述张力并非因法治而起,反而是在区域法治发展过程中需要警惕、防范和加以解决的,张力之根本原因还是在于区域发展缺失均衡。区域发展的极度不平衡会破坏国家治理体系的整体性,甚至会产生割裂效应。法治作为治理的有效手段,提供系统化、机制化的治理框架,确保区域的不平衡发展而产生的交错、震荡限于法治框架之内。避免区域法治实践停留于浅尝辄止,确保国家法制在各区域的统一实施,使得法治在区域之间起到事实上黏合剂的作用。

从知识发展进路观察,某一区域长期的法律实践活动形成文化积淀,既

---

[1] 周尚君:《国家建设视角下的地方法治试验》,载《法商研究》2013年第1期。

[2] 韩大元:《简论法治中国与法治国家的关系》,载《法制与社会发展》2013年第5期。

充实区域文化的内容,又勾勒出区域法治之发展逻辑。在区域发展中承认经济发展对社会民生、权利保障、文化发展起决定性作用的同时,不能将被决定对象理解为纯粹是被经济发展所单向带动的客体,甚至视作经济发展的负担。随着知识经济的发展,知识、信息在许多时候成为比物质、资本更为重要的社会资源。文化作为社会权利,不应简单视作一种消费支出,在一定条件下可以成为一种生产性投资,构成区域法治发展的要素增量与深层机理。多元文化、开放生活使得公平正义往往是在社会主体的交往中实现,文化作为生活积淀,体现着社会民众的权利需求。将区域法治作为文化理解极具开放意义,可能摆脱资本驱动的工具性和功利性,可以经由文化解释促进法治建设一体化、国家治理结构系统化、国家治理体系与治理能力现代化。

具体回答区域法治如何化解现实张力、促进区域均衡的问题,实质是回答区域法治有效性的问题。因为区域发展不平衡的样态复杂,考察不同区域法治发展的因果性联系,尚需类型化的文化解释。

(二)区域法治发展的类型分析

"中国很大,民族很多、历史很悠久、文化很丰富、地区差异很明显,这一客观事实,决定了我国的法律必然也是多元和多样化的",[1]也决定了国家治理必须坚持法制统一与重视区域差异相结合,必须坚持顶层设计与回应基层探索相结合,必须坚持法治"三位一体"与重视区域法治多元相结合。历史唯物主义法学的基本观点是经济关系在法律发展中起到决定性(但并非唯一)作用。一般情况下,区域经济社会发展水平会对区域法治发展起到主导性影响。当然,"一地区的经济发达不能推导出该地区法治就必然发达或者应当发达",[2]但就实践观之,经济后发区域的法治发展水平很难高于经济先发区域,经济先发区域更具有法治先导的优势。因而,大略以经济发展水平为度量,进行区域法治发展类型分析,是立足实践的文化解释。

1. 先发区域的法治发展

先发区域的法治发展可以起到先导作用。我国经济先发区域在国家法制统一原则下率先推进区域法治先导是完全可行的。区域法治先导实质是

---

〔1〕 喻中:《乡土中国中的司法图景》,中国法制出版社2007年版,引言第1页。

〔2〕 倪斐:《地方先行法治化的基本路径及其法理限度》,载《法学研究》2013年第5期。

在邓小平“先富带动后富”思想[1]和改革开放“试错”逻辑在法治实践基础上的探索。以 2015 年经济总量占据全国前两位的广东、江苏两省为例,两省 GDP 折合美元分别为 1.1073 万亿美元和 1.074 万亿美元,在世界 GDP 排名已然分占 16 名、17 名,紧追韩国、墨西哥。若按照人均 GDP 过 1 万美元列入发达国家的标准衡量,中国已有江苏、广东、浙江、山东等 10 个省级行政区域达到这一标准。[2] 对于这些经济先发展起来的区域,国家层面主动要求其在现代化建设中进一步发挥引领示范作用,[3]区域政府与民众也积极寻求优势保持。“法治江苏”“法治浙江”“法治广东”等区域“先行法治化”[4]现象在实践中得到普遍关注。区域先行的一批制度在实践探索之后,被其他区域效仿推广,甚至逐渐上升至国家层面,起到了提供法治示范和积累法治实践经验的作用。如立法听证制度,最初的萌芽是始于广东省人大于 1999 年就《工程招标投标管理条例(修订草案)》的审议举行听证,在 2000 年的九届全国人大三次会议审议通过的《立法法》中得到确认,但如何听证程序如何并未明了。当年浙江省人大在修订《〈消费者权益保护法〉实施办法》过程中举行立法听证会,引起各方关注,其他区域很快便借鉴浙江的做法并不断完善。随着立法听证制度在区域实践的不断成熟,2005 年全国人大常委会首次就个人所得税起征点举行立法听证会,在国家层面进行实践示范与推广。区域法治先行对于国家法治起到很好的试验效用和先导作用。

先发区域的法治发展反映着经济发展发达层面的法律需求。在经济社会发展较快的区域,经济发展速度快意味着资源配置流转效率高,对保障交易安全的法律自然会提出更高要求,因为区域内部利益关系的产生、流变、调整较为复杂,难免牵涉更多的法权关系。该区域所呈现的政府与市场、政府与社会的关系样态与经济后发区域不会完全相同。可以设想中国(上海)自由贸易试验区列出的政府负面清单,与我国西部农业为主的区域所列政府负

---

[1] 《邓小平文选》(第 2 卷),人民出版社 1994 年版,第 152 页。

[2] 2015 年 10 省份人均 GDP 迈入“1 万美元俱乐部”,载 http://news.china.com.cn/2016-02/03/content_37723200.htm,最后访问日期:2016 年 3 月 3 日。

[3] 如国务院 2013 年颁发《苏南现代化建设示范区规划》,明确要求“为我国实现现代化积累经验和提供示范。”载 http://www.gov.cn/zwgk/2013-05/06/content_2396729.htm,最后访问日期:2016 年 2 月 1 日。

[4] 孙笑侠:《局部法治的地域资源——转型期“先行法治化”现象解读》,载《法学》2009 年第 12 期。

面清单一定不会完全相同。

先发区域的法治发展还可以发挥制度创新的功能。先发区域的法治先行先试与制度创新,可以为法治中国提供完善的样本与范例,形成有效的借鉴。先发区域富有能动性、自主性的法治建设,有利于加快推动法治中国的进程。“长三角”“珠三角”等区域的法治先行或将成为中国法治现代化的重要驱动板块。

2. 后发区域的法治发展

中国区域发展不平衡的状况由来已久,地理学上著名的“自黑龙江之瑷珲,向西南作一直线至云南之腾冲为止,分全国为东南与西北两部”[1]的“胡焕庸线”是我国区域发展差异分界线。其与400毫米等降水量线(我国的半湿润和半干旱区分界线)重合度极高,线东南区域以平原、水网、丘陵为主,以约40%的国土面积集聚了全国九成以上的人口和经济总量,线西北区域以草原、沙漠和雪域高原为主,地广人稀,受生态限制,其发展经济、集聚人口的功能较弱。这一区域差异在“胡焕庸线”于1935年提出之前,早已事实存在,至今仍然没有发生根本变化。如何把握国家治理过程中区域均衡与非均衡的辩证关系,是一个充满智慧的挑战。既要考虑各区域的自然资源禀赋、地理区位因素、历史人文、基础设施等条件,允许区域之间存在结构差异、发展差距,又要运用法治手段将区域差距纳入可控范围,并将法治先导区域的文明成果普及到更多区域共享。

不仅全国范围内存在后发区域法治发展如何促进的问题,即使在经济先发区域内部也存在区域发展不平衡问题。如江苏省的苏南、苏北差异,广东省的粤南、粤北差异等,甚至几乎每个省都会有区域发展差异问题,只不过程度不同而已。那么,如何对待后发区域的法治发展?目前普遍有效的做法是以优化法治环境来招商引资,推动区域发展。一个主权国家内部区域的经济与社会发展,如同国与国之间一样存在治理竞争,而这种竞争很大程度取决于法治环境(常称之为“软环境”“软实力”)的优劣,因而区域法治往往成为区域经济竞争的重要手段。[2] 经济活动表现为一系列投资与交易,行为人在

---

[1] 胡焕庸:《中国人口之分布》,载《地理学报》1935年第2期。

[2] 例如,美国特拉华州在公司立法上的宽松以及发达的公司审判实践,使得该州成为众多公司注册登记地,并由此推动美国各州在公司立法上的竞争与逐渐统一。李友根:《法治的创新与创新的法治》,载《江海学刊》2005年第5期。

做出投资决策时必然会考虑资本运行是否安全，签订的合同是否能够得到切实履行等问题。如果所在区域交易安全缺乏保障，签订的合同不能切实得到履行，资金不时面临或明或暗的盘剥、讹诈，甚至人身财产安全不能得到有效保障，投资者很可能会做出减少或者放弃投资、交易等市场行为。市场经济的本质是法治经济，而法治经济的核心要求在于产权保护与合同履行。如果法治无法满足这一要求，必然会降低本区域资本、劳动力等生产要素的流动，如果再有权力腐败的雪上加霜，对经济的健康发展形成巨大的破坏作用。中国的区域治理传统决定了地方政府基于财政收入（这一首要因素）考量，会通过制定一揽子地方法规、规章或政策文件营造投资洼地，吸引外来投资，促进区域跨越发展。“当今区域经济发展的竞争……说到底是法治环境的竞争。市场经济是法治经济……法治水平高，就意味着政府的服务水平高、办事效率高、诚信程度高，投资成本才会低廉，投资回报才会丰厚，区域发展才有竞争力”。[1]

后发区域的法治发展有两个方面需要注意：一是区域之间突破法治底线的恶性竞争。前文已有略述，导致过度或恶性竞争最根本的原因在于无条件吸引资本进入。有些区域无限制降低税率，甚至倒贴补助，从而导致其他区域因失去资本投资而税基缩少，税收收入减少。在实践中，为了让投资者有充分的安全感、舒适感、优越感，某些区域性主政机构除了将优惠涉及土地、税收、行政审批、行政执法、社会治安之外，还着力营造医疗保障、政治待遇乃至子女入学等方方面面的“特殊市民待遇”。为了发展延续，区域性主政机构致力于将这种种特殊待遇“法治化”，以保证投资者的后续投资以及后续投资者放心。凡此种种，实际上造成了对法治的破坏。二是“以权利换发展”导致法治的功利性。营造法治环境属于政府行为，在区域层面是典型的政府推进型法治，动力源自区域经济发展压力，而并非是区域民众基本权利保障。本质是受资本市场驱动的区域法治发展，在短期促进当地经济增长的同时也暴露出不足——在劳动者乃至民众权益保障方面的力度明显不及对企业权益的保障。后发区域的法治发展往往扭曲为“以权利换发展”。其实，民众权利的保障是法治建设的逻辑起点，民生法治的缺位是发展内涵的缺位，而区域

---

〔1〕 周强：《加强行政程序建设、转变政府职能、推动科学发展》，载《行政管理改革》2009年第1期。

性主政机构简单认为这是改革的必要成本，亦凸显了某些区域法治实践的工具性、功利性。

3. 跨界区域的法治发展

我国有相当一部分的区域分布在行政区划交界地带。以省级行政区为例，陆路交界线共 66 条，总长度 5.2 万公里，按边界两侧各 15 公里计算，总面积约 156 万多平方公里，占到我国国土面积的六分之一，涉及 849 个县级行政区。[1] 这些跨界区域因为处于行政区划的边缘地带，长期被人忽视，多数处于经济欠发达状态，中国约有一半的贫困县分布于此。原因除了往往以山脉、河流等为划界依据，因而地理位置偏僻，交通阻隔，长期封闭之外，更多的是行政管辖不及，治理留死角，相邻区域民众的社会心理因行政划界而隔膜、对抗等，导致了发展滞后。如基础设施在跨界地区往往极为落后，区域政府之间都怕是为他人作嫁衣裳。以高速公路为例，截至 2015 年，全国范围仍有近 6000 公里的断头路，“最后一公里”现象极为严重。[2] 跨界区域治理最迫切的需求是增进区域协调。中国的区域治理一贯是以行政区划为界，上下级行政组织的垂直交流比较顺畅，但行政区之间的横向交流因互不隶属而变得非常困难，除非有更高一级的行政组织强有力的协调和监督，地方保护主义以及重复建设等弊端和脱贫、环保等问题在跨界区域尤为凸显。具体的跨界区域有三种情况：一是强弱跨界，二是强强跨界，三是弱弱跨界；就区域法治发展协调度而言，是逐次降低。

强弱跨界区域是指经济发展水平差异较大的相邻区域接壤之处。相邻区域在资源禀赋、主导产业、经济发展阶段都有较大差异，互补性强，从而协调发展较为容易。以江苏为例，全省以长江划分，江南发达，江北较弱，分成苏南、苏北。经过多年的省内协调发展政策推动，近年苏南、苏北交界区域——长江沿岸，已经发展起来，与苏南的差距逐渐减小，扬州、泰州、南通等沿江北岸区域与南岸的镇江、常州发展水平几近相同，因而扬州、泰州、南通逐渐被称为苏中，以示脱离苏北。

强强跨界区域是指经济发展水平皆较高的相邻区域接壤之处。强强区

---

〔1〕 周黎安：《转型中的地方政府：官员激励与治理》，格致出版社、上海人民出版社 2008 年版，第 242 页。

〔2〕 载 http://www.gxrb.com.cn/html/2012-03/09/content_656502.htm，最后访问日期：2016 年 3 月 3 日。

域之间往往竞争大于合作,时常陷入"囚徒困境"。强强联合的愿望言易行难,协调发展顺利程度反而次之。以太湖治理为例,环太湖有苏州、无锡、常州、湖州、嘉兴5个城市,分属江苏、浙江两省,皆为经济先发区域。2007年发生了著名的"太湖蓝藻污染事件",之后治理太湖的费用每年都在数百亿元。污染治理责任是通过部省联席会议来明确部署,但如今这一制度安排形同虚设,会议已两年未开,污染协作治理问题无力解决。[1] 强强跨界区域法治发展需要拓展思路,负载创新使命,形成新的发展驱动力,在不断"试错"中减少区域之间法治内耗,成为区域协同创新的法治样板,为国家治理提供有益经验。

弱弱跨界区域是指经济发展水平皆较低的相邻区域接壤之处。因自我发展乏力,相互之间冷眼相待,相互学习借鉴的动力不强,竞争力不足,甚至缺乏区域合作的能力,法治供给难以推进发展,亟待外界"输血",是区域法治发展的弱中之弱。在我国西部地区的一些跨界区域,经济极其落后,民众的科学、文化等知识程度低,少数民族大多没有文字,信息闭塞,社会秩序维护基本依赖风俗习惯。此类型的区域法治发展应该注意各自充分挖掘本土资源,相邻之间坦诚比较,找准发展短板,劣中选优,就近互补,进行精准补位,加强传统的利用和再造,在提炼优良风俗习惯基础上着力培育公民权利意识,为经济社会发展提供文化叠加,乃至向经济先发区域进行优秀传统文化的反输出。

(三)区域法治发展的方法意义

区域在国家治理体系中既是主体也是方法。国家治理是一个多样性与统一性有机结合的过程,多样性是统一性的基础,统一性又是多样性的必然表现形式。法治中国的推进,应当建立在区域法治发展多样性的基础之上,从复杂多样的法治表象背后揭示出法治中国建设的一般性规律。"从法哲学意义上讲,区域法治发展的多样性之所以构成统一性基础,是因为一般只寓于个别之中,并且通过个别来实现"。[2]

从区域法治视角解释国家治理,并根据区域发展的自身文化机理来展开

---

〔1〕 李昌禹:《太湖治理部省联席会议已有两年未开》,载《人民日报》2015年6月3日20版。

〔2〕 公丕祥:《区域法治的概念分析——一个法哲学方法论上的初步分析》,载《南京师大学报》(社会科学版)2014年第1期。

构筑与分析。在这样的构筑与分析中，“区域法治”不只是探讨的对象，也是法治个别化在方法论意义上的体现，乃至是解决与法治建设相契合的各种问题的方法。把区域法治作为一个“概念工具”、一种研究范式和一条文化进路来运用，增进了法治建设个体与整体关系的辩证理解，增加了重新认识与法治相关切的社会生活领域的可能性。同时，又让区域法治与这些领域之间的关联性更全面、更清晰地展现出来。经由区域法治实践，既可以明晰社会结构与秩序安排，又能够理解历史逻辑与文化多元。区域之间有差异，不仅表现在地理特点、气候条件和经济水平等样貌上，还表现在文化艺术、人文资源等社会本质层面。与“淮南为橘，淮北为枳”同例，相同的法律规范在不同的区域也会有施行差异。由此，区域的文化机理包含对法治的承载，不仅体现为区域法治文化生成，还体现为区域法治认识论与方法论的建构。2015 年修正的《立法法》赋予全国所有设区的市以立法权，从而有效促进地方性知识成文化、法律化。区域立法权的扩大有助于进一步将社会机理表述为法律，“用有意识的实在法把精神关系的内在规律表现出来”，[1]有利于以区域法治的形式推进区域治理现代化。若从文化视角将法治理解为一种思维方式、一种安排秩序的意义世界，那么，区域法治便更多地呈现为一种方法，每一方文化都有在自己独特的意义世界中安排秩序的方式。

在当前法治建设的区域实践提法中也可以察觉，由“依法治国→依法治某(省、市)→法治某地(省、市)”的法治发展逻辑，或非表述形式上的简单改变，而可以细察区域法治发展资源及诉求的变化。“依法治省”可以视为对“依法治国”的简单回应和被动逻辑重复，在一定时间的区域法治实践之后提出“法治某省”，可以视为是区域法治的能动实践。中共中央在提出“推进国家治理体系和治理能力现代化”之时，协同提出“推进法治中国建设”命题，既明确了国家治理体系和治理能力现代化之路是法治之路，也顺应了“法治某地→法治中国”的逻辑延伸。依循“由上至下推进”向“上下双驱并进”的法治实践与逻辑进路之转型升级，“确保中国的法治建设在通联世界法治文明共同精髓和观照本土情境规定性的平衡轨道上持续行进”。[2]

---

〔1〕《马克思恩格斯全集》(第 1 卷)，人民出版社 1995 年版，第 347 页。

〔2〕刘红臻：《“法治中国建设理论与实践研讨会”综述》，载《法制与社会发展》2013 年第 5 期。

四、区域法治迈向一体化之法治中国

区域法治既是一个经验性实践命题，也是一个必然性理论命题。中国的法治建设之逻辑起点是权利保障，实践起点则是区域法治。马克思在《资本论》中指出："相同的经济基础——按主要条件来说相同——可以由于无数不同的经验的情况，自然条件，种族关系，各种从外部发生作用的历史影响等等，而在现象上显示出无穷无尽的变异和色彩差异，这些变异和差异只有通过对这些经验上已存在的情况进行分析才可以理解。"[1]区域法治汇聚不同的法治经验，达致法治中国的多样性统一。法治中国是法治国家（一般）的中国表达（个别），是中国实现依法治国的体系化表达，包含法治国家、法治政府和法治社会一体建设。"三位一体"展现了国家治理体系的整体性，法治国家构建国家治理的框架，法治政府是法治国家的引导性力量，法治社会是法治国家的推进性力量，法治政府与法治社会承载国家治理体系法治化的双向驱动，并在区域层面码实国家治理体系的基石。区域法治是法治中国渐进性的生动体现，也是实现法治中国的有效路径。

（一）经由区域法治夯实法治社会建设

区域可以理解为是国家治理体系的基石，这个基石的材质是公民品格。以区域为基点实现或生成现代公民自治和公民社会，走向社会自治，走向人自由全面发展，是根本性、基础性的国家治理现代化路径。从发生学意义上说，社会是国家的母体和原生体，[2]区域则是社会的原生板块，区域是社会矛盾纠纷解决的主战场，是权利公平正义的彰显地，也是理解和建设现代法治的出发点。不断增强社会自治，让公民参与区域事务，培育公民自我管理、自我组织的法治能力，是法治的根基所在。

由此可知，法治社会建设的有效路径应是透过区域法治化实现社会法治化的育化过程。法治发展的推动力主要为政权组织（执政党及其政府）、公众和法律职业阶层。其中，公众发挥基础作用，公众参与平台的多样化，是推动区域法治发展的原生动力。平台既可以是政府提供的，也可以是公众自己搭建起来的。然而，我国法治建设目前政社不均，法治社会建设必须立足区域

[1]《马克思恩格斯文集》（第7卷），人民出版社2009年版，第894页。
[2]《马克思恩格斯选集》（第4卷），人民出版社2012年版，第408～409页。

社会法治建设,社会治理创新必须加强区域法治。社会生活日趋多元化、碎片化和无中心化,在一切权威均面临质疑的情形下,区域是凝聚公平正义为最大公约数的首要空间,通过文化凝聚共识,通过区域展示法治共识。区域自生现代社会组织,有效参与社会治理,依法自治,弥合社会碎片化与重构法治秩序,自觉担当迈向和谐社会的路径保障之责。[1] 区域是法治的社会感应器,区域的文化本质决定了法律的实施程度。法治社会建设的逻辑脉络应为区域法治发展→区域社会治理法治化→法治社会建设。基石必须每一块都要夯实,这样才能建设起宏伟的法治大厦。

(二)经由区域法治落实法治政府建设

国家治理的多元性致使理论关注的焦点不再是治理对象,而是治理主体自身,尤其是政权组织。法治建设最需理顺的关系是限公权与放私权,地方政府的法治化是区域法治的抓手,也是法治政府建设的关键。地方政府处于法治建设最前沿,直接面对社会,需要高效行政,中共十八届三中全会提出"直接面向基层、量大面广、由地方管理更方便有效的经济社会事项,一律下放地方和基层管理。"地方行政事务具体而庞杂,这使得行政决策的科学化、民主化和法制化成为地方各级政府的迫切诉求。国务院《法治政府建设实施纲要(2015~2020年)》对完善地方政府决策机制提出具体要求。李克强总理在地方政府职能转变和机构改革工作中强调,进一步理顺政府与市场、政府与社会、中央与地方的关系,简政放权,中央向地方放权,地方也要向基层、向社会放权。

毋庸讳言,掌握一定政治和经济权力的既得利益团体和地方保护主义是法治发展的阻碍力量。这就促使各级政府必须切实依法行政,规范其参与市场资源配置的行为,最大限度地保护各类要素(尤其是农民、农村集体经济等)在市场资源配置领域中的权利与利益,施行"真法治"。纵观地方各级政府,很少有不强调依法行政的,但在一些地方仅仅是认真讲,并不是认真对待,满足于前述的"口号法治"。以行政听证为例,依法召开听证会但压根儿就不想听取民意,就不是真正依法行政;而在法无明文的情况下出于公心以听证会、专家论证、公众咨询和其他任何形式听取并正确地集中民意,才是真正的依法行政。执法对于某些公务人员而言,仅是一个谋生的职业,一项被

---

[1] 汪必新、王红霞:《法治社会建设论纲》,载《中国社会科学》2014年第1期。

指令的工作、是一项要考核的项目，虽然形式上都在很认真地“按章办事”——依法行政，但实质上执法主体却对法治精神表现出明显的疏离感，最终效果很尴尬，甚至出现偏差。这仅靠地方各级政府内部自我约束是不行的，依靠上级政府的纵向监督也是不够的，需要扎根文化土壤，内生法治意识，培育法治要素，增强民众参与能力，切实强化法治监督。

（三）经由区域法治充实法治国家建设

法治国家建设必须持兼容并蓄的心态，坚持从国情、区域特殊性出发，结合实际大胆吸收域外先进法律文化和国家内部各区域先发法治经验，借鉴法治先行区域带有一般意义的法律技术、法律结构，潜心提炼区域法治发展中富有特色、适宜全局的规范制度。无论是先发区域、后发区域还是跨界区域，都需要优化本土生成的法治经验，大胆尝试基层的试错方案，尊重在现实生活中发挥实效的传统性做法与惯例，注重研究法律实施机制之精华。

现在跨区域文化交流日盛，相互了解，相互促进，缺乏差异也就有可能缺失了进步。多元文化在发展中面对不同的自然和社会问题，形成了不同的生活方式，产生不同的价值取向，法治国家建设并不一定要整齐划一，也可以表现出多样性的区域形态。经由区域法治的法治国家建设和而不同、异彩纷呈，为法治中国的推进提供开放性的思路和模式，国家法治与区域法治构成国家治理体系的双螺旋梯形结构，折射出国家治理的本土自信。

国家主权范围内应该通过区域法治协调发展推进法治国家均质化，增进国家治理的法治厚度，为国家治理现代化探索提供法治“减震器”。对于我国来说，国家治理需要警惕西方法治霸权话语下的资本全球逻辑，警惕西方资本通过开拓非均衡性地方环境，将其纳入全球剩余价值生产之链，以投资与交易的形式掠夺发展中国家与地区，在全球化的浪潮中巩固以西方法律文明为主导的国际关系格局。法治中国在世界治理体系中需要重新树立与西方法律文明平等对话的文化自信。

五、余论

区域法治作为一种文化解释，是国家法治力量下沉，法治走向大众化的有益视角，但并非替代（也无法替代）其他通过具体的政治、经济、法律制度对国家治理的观察与说明，任何一种方法和研究视角都具有其自身的价值、目的和功能。必须承认，区域法治的文化解释是有限度的，不可能阐明区域法治实践的全部内容,例如某行政区划所在的城市与乡村之间生活水平、文化习俗、民众心理不同,区域法治发展同样需要认真对待这些差异。

文化解释具有重要的认识论和方法论意义,可以正视并解决国家治理体系与治理能力现代化所遇到的若干问题,区域法治的文化解释也是不可替代的。文化解释通了,制度才能可行,治理方见成效,这正是本文写作的意义所在。

区域经济与区域合作的法理学反思

钱继磊*

内容摘要:近几十年来,我国学界对区域经济和区域合作的问题进行了深入的研究和讨论,在实务界也取得了众多成就。但其中也存在诸多现实问题。针对目前既有研究现状,从法理学的维度对区域经济与区域合作论题进行宏观性地反思,并以“环渤海区”为例分析了区域经济与区域合作中存在的深层问题根源。

关键词:区域经济;区域合作;环渤海区

随着我国建立社会主义市场经济体制这一经济改革目标的确立,特别是自我国加入 WTO 以来,我国经济作为一个整体已经不可回避地融入至世界竞争市场的角逐之中。针对这一现实,有经济界学者从区域经济学角度提出了我国区域经济合作和发展的模式。如今,长江三角洲、珠江三角洲和环渤海区[1]三大城市群三足鼎立的局面得到越来越多人的认可。如何进一步发挥这种区域合作的效用日益成了理论界和实务界思考的问题。法学界有些论者亦从法学的角度就如何为这一目标提供制度性支持进行了探讨。然而,遗憾的是,既有研究文献缺乏从法理学维度通过法律所应具有的最基本、最核心的品格和灵魂对区域论题进行宏观地反思性研究。基于此,本文拟从法

---

* 钱继磊,济南大学政法学院副教授、法学博士、副院长。

〔1〕 对于“环渤海经济区”的概念及其范围存在较多争议,具体可参见赵群毅:《对“环渤海经济圈”概念的再认识》,载《北京社会科学》2006 年第 2 期;张海如编:《区域经济教程》,经济科学出版社 2002 年版,第 251 ~252 页。囿于本文主旨在于仅以环渤海区为例从法理学宏观理论的角度来反思整个区域及区域合作中值得深思的一般性问题,因此环渤海区的具体范围及概念界定不是本文要讨论的对象。

理学的维度[1]试图对区域经济与区域合作论题进行反思，揭示在区域合作中不被关注却是最为核心的问题。

一、问题的提出

近年来，我国学界对与区域经济、区域合作方面的研究十分突出，也取得了一些研究成果。而且，其中相当成果已经被普遍接受并应用到社会实践中。这一点从期刊网所能搜索到关于这方面的论文就可得到佐证。[2] 对于这些既有研究所取得的成就不可否认。但是，一种理论为人类所带来的贡献再大，它也绝不是我们时代的学术停止思想、反思的理由。就笔者的阅读范围而言，既有研究文献中相当一大部分是从经济学的价值理念来讨论关于此方面的问题的。关于这一论题的法律方面问题进行探讨的文献并不是很多。[3] 对于少数既有讨论文献而言，其中主要是讨论从法律制度角度来如何为区域经济合作提供制度保障，如何通过法律制度的设计和安排来消除区域经济合作中出现的种种现实问题。从法理学维度对这一论题展开讨论的文献更是少见。就笔者的阅读范围而言，只有"区域经济合作协议性质的法理分析"和"环渤海经济圈发展的法学思考"两篇。前者从严格意义上来讲也不是真正从法理学维度来讨论这一论题。作者主要是对"区域经济合作协议"的性质进行了分析，认为它是一种松散的行政性合作协议，而不是一般意义上的法律文件，不具有一般意义上的法律效力。后者则简单化地认为通过各行政地区间建立法律协调机制就能解决各种问题。

---

〔1〕 有论者会认为，"法理学维度"是十分模糊、充满歧义的概念，因为法理学本身就包含众多理论和价值。本文所谓的"法理学维度"是指法学区别于其他学科的最基本、最核心的价值维度，即对正义的追求。当然，对于何谓"正义"本身如"普洛透斯"（博登海默语）似的脸，是永存争议的哲学命题。囿于本文论旨，笔者此处的"正义"是区别于经济学上的"效率优先"价值观而言的，它至少具有"平等""公平"等之意。

〔2〕 以中国知网的期刊网为例，在1994～2008年4月，核心期刊论文题目中选择"区域经济"进行精确查询，共有2944篇；将"区域经济"换成"区域合作"则共查到891篇。

〔3〕 其他条件同上，仅将篇名改为"区域法"则共查到文章47篇。这又可分为两类：一类是关于其中具体法律问题的探讨，如《泛珠三角区域经济发展的法律保障》；《泛珠三角区域经济合作与法律制度安排》；《国内区域合作的法律性质与立法完善》。另一类是从法理的视角来探讨其中的问题，如《区域经济合作协议性质的法理分析》[朱颖俐：《区域经济合作协议性质的法理分析》，载《暨南学报》（哲学社会科学版）2007年第2期]和《环渤海经济圈发展的法学思考》（刘军、刘静：《环渤海经济圈发展的法学思考》，载《法制与社会》2007年第5期）。后一类文章十分少见。

总之,我国论者就法律方面对区域经济与区域合作进行的讨论主要体现了法律对经济的保障与服务功能,而不是相反。这种理论基调与相当多经济学者们对法律的看法相一致。在以追求经济利益为至上追求目标的经济学家眼里,法律的最主要的功能就是如何发挥其激励机制,即如何通过制度安排来达到资源的最优化配置、实现利润的最大化。[1] 可见,在经济学者的眼里,法律本身并没有其目标价值,而是依附于经济学价值之上的工具价值而已。经济学者这种基于理性算计之上的价值理念与目标追求是否也应该成为法学学者的价值理念与目标追求呢?

正是基于以上阐释,下面的问题值得我们反思,即,为何法学界对这一论题如此不关注呢?那些从法律方面来关注这一论题的少数论者的理论讨论是否需要我们反思呢?笔者认为,从法理学的最基本、最核心的价值理念出发,对我国当前区域经济、区域合作方面的研究现状进行分析和探究十分必要。

二、作为法律的灵魂的正义

法律制度出现于人类社会生活中已经历史久远。期间,人类一直没有停止对有关法律制度问题的思考和讨论,形成各种法学理论、各个法学派等。法学理论非常复杂,流派众多。对其本身展开讨论就是一件极不容易的事,这也大大超出了本文的论旨。尽管如此,本文认为,如德国法哲学家考夫曼所言,法学理论的历史实际上就是一部难题史,即自然法与实证论两者相互争论的历史。[2] 尽管以后又出现了诸如社会法学派、现实主义法学派、经济分析法学等种种学派,但是它们只不过是在上两个核心学派基础上派生出来的。自然法与实证法所争论的核心问题依然没有变,也是任何学派不可回避的论题。这一争论的核心问题就是休谟提出的"应当"(ought to be)与"是"

---

〔1〕 我国经济学者张维迎就是持这一观点的代表,可参见张维迎:《作为激励机制的法律》,载《信息、信任与法律》,生活·读书·新知三联书店2003年版,第63~70页。对于这种观点的批判参见黄文艺:《外部性·正当性·有效性》,载《中国书评》(第1辑),广西师范大学出版社2005年版,第40~47页。

〔2〕 关于"难题史"的讨论,可参见[德]考夫曼:《法律哲学》,刘幸义等译,法律科学出版社2004年版,第33~51页。

(is)的关系问题。[1] 从某种意义上讲,后来实证主义法学的勃兴而自然法学的相对衰落与这种观点在深层次上存在某些勾连。但是20世纪的两次世界大战给人类敲响了警钟,自那时起人们一直在反思,若没有自然法所倡导的应然层面的思考,则法律会走向何处?本文认为,至少有一点可以被人们所接受,那就是若没有作为人类追求的并作为现实法律制度的判断尺度的应然意义上目标价值的话,那么法律就完全沦落为依附于其他某种东西上的工具。这样的法律就失去了其自身应有的灵魂。[2]

接下来我们要面临的问题是,即使承认法律需要自己的灵魂,那么其灵魂是什么呢?本文认为法律的灵魂就是作为其最基本价值的正义。正义本身颇为复杂,论者众多,如在当代法哲学中,具有代表性的三个人物罗尔斯、诺齐克以及哈耶克的争议理论就相差颇大。[3] 但是,他们有一点是共同的,即正义绝对不是追求那种唯效率论。正义最基本的底线价值应该具有来自对人的普遍而平等的关怀。这实际上让我们思考什么是人类社会发展的最终目的这一命题。如果说其最终目的是使人们能过上更为良善和幸福的生活,这应该没有太大疑问。正义还要求使人们能够普遍地、平等地享有这种生活。针对当前中国现实,用较为通俗的话讲,只有人们共享改革开放以来的成果才是符合正义之内涵的。

可见,社会正义绝对不能没有基本的平等。我们所说的平等不是那种分配上的绝对平均主义,而是针对那种认为为了能够提高整体效益而天经地义地将牺牲掉一部分人的利益视为正当的论点,即将效率视为正义和正当的观

---

〔1〕 英国的大卫·休谟提出了著名的论题,即"是"(is)与"应当"(ought to be)的关系问题。他认为"是"与"应当"之间没有必然的逻辑关系,即从"应当"推不出"是"来。这种观点对后世影响很大。笔者对此没有能力也没必要对此问题展开深入讨论,只是要讨论的是对于法律而言,若没有应然层面的价值,法律将会走向何方?

〔2〕 如我国传统社会的法律道德化(或道德法律化)带来的后果是两者皆失去独立性,法律完全蜕变成了推行那一时期道德的工具。参见孙莉:《德治与法治正当性分析——兼及中国与东亚法文化传统之检省》,载《中国社会科学》2002年第6期;美国已故著名法学家伯尔曼则从宗教的神圣中去寻求现实法律日渐衰微的法律灵魂,参见[美]伯尔曼:《法律与宗教》,梁治平译,中国政法大学出版社2003年版。

〔3〕 参见[美]约翰·罗尔斯:《正义论》,何怀宏、何包钢、廖申白译,中国社会科学出版社1988年版,第一编;[美]诺齐克:《无政府、国家与乌托邦》,何怀宏等译,中国社会科学文献出版社1991年版,《诺齐克与罗尔斯之争——代译序》;[英]哈耶克:《自由秩序原理》《法律、立法与自由》(第1、2卷)。此外还可参考[英]布莱恩·巴里:《正义诸理论》,孙晓春、曹海军译,吉林人民出版社2004年版,第二编。

点。我们必须清楚的是,效率本身不是人类所追求的最终价值,有效率的生活并非就是人们享有幸福的生活。充其量,效率与正义相比是一种次级价值和工具价值。人类对效率的追求最根本的目的是使人们普遍享有更为良善和幸福的生活。

或许有论者会说,人类的目标价值追求即所谓的正义是否是客观存在且一成不变的呢?也正是这种疑问构成了几个世纪之前对古典自然法学所坚持的那种价值判断的构成的最大挑战。这种客观存在且一成不变的价值观也是本文所否认的。本文所说的人类的这种最终价值目标既非完全客观存在也非永恒不变的,而是在相对客观(得到大多数人的认可)的基础上与特定时空相联系的相对稳定。它主要是作为我们现实社会既有法律制度的判断尺度而具有意义的,甚至可以说它是对否定现实社会中那种明显的不正义现象而具有现实意义的。[1] 一个社会也正是在逐渐减少、消除这些不正义而得以进步和推进的。

三、对区域经济与区域合作理论的探究

在本文上面对社会正义进行探讨的基础上,笔者在这部分将具体考察在区域经济与区域合作研究中法学论者那种最基本的法学灵魂缺失的根源。

首先,近些年来"区域"等概念在我国兴起的历程就反映了这一点。对于"区域"一词我们并不难理解,因为人类的任何活动都离不开一定的空间。但是,这是一般意义上的"自然区域"概念。在一定的行政划分下形成的不同空间可被称为"区域"。这是在"行政区域"意义上来理解的。在我国,"区域"这一概念的兴起却不是上述意义上的。它与区域经济、区域经济一体化、区域合作等概念相联系是随着我国改革开放的不断深入和发展而出现的,即伴随我国的经济发展、经济体制转型而产生和兴起的。若从理论上讲,它与西方的区域经济学理论密切相关。区域经济学实际上是将空间秩序引入到传统的经济学理论中。因此,我们所使用的"区域"这一词汇不仅仅是一般意义上的区域。在区域经济学中,区域概念可表述为:经济活动相对独立,内部联系紧密而较为完整,具备特定功能的地域空间。作为这一概念的内涵应具有

---

〔1〕 在此本文借鉴了一种相对可变自然法价值观,国内倡导此价值观的代表论著,可参见邓正来:《中国法学向何处去》,商务印书馆2006年版,第6页注释②。

地域性、独立性和开放性等特征。[1] 当然,区域本身可能是跨国界的,也可能是在一国之内却跨其内部行政级别的。我国论者们对于区域经济、区域合作方面的讨论其实也是基于这样一种思维与现实需要进行的,尽管他们/她们可能从区域经济一体化、区域经济协调、区域经济合作以及区域合作等角度进行不同的讨论。

可见,近些年来我国关于区域问题的讨论,其基本出发点是经济、经济活动,其基本价值理念和目标是经济学的。具体言之,关于区域的讨论主要以追求更优的资源配置、更高的效率、更大的效益、更大的市场竞争力为目的的。当然,从经济学理念上讲,这种目标考虑与价值追求是没有问题的。

接下来,为了对区域经济与区域合作的价值理念有个更深、更透的认识,我们有必要进一步对区域经济的理论依据作深入地分析。

根据区域经济学的既有研究成果,我们可以知道区域经济论的产生至少主要与以下几方面理论相关:劳动生产分工理论、比较优势理论、空间产业推移理论、扩散理论、核心—边缘理论、梯度发展理论、不平衡增长理论等。[2] 对于这些理论本身进行讨论大大超出了本文的研究范围。但是这些理论却具有某些共同点:以市场经济体制为前提,以追求整体经济效益为目标,以适合于市场竞争的法律框架为保障等。一如我们所知,市场竞争的结果只能导致不同区域之间、同一区域的人与人之间的差距越来越大。我们以扩散理论为例。扩散理论是在20世纪90年代由法国经济学家佩鲁提出的“增长极核”理论之上导出的。根据区域经济研究领域的“谬尔达尔—赫希曼假说”,时常力量的正常趋势与其说是缩小区域间的差距,不如说是扩大区域差异。谬尔达尔在著名的累积循环模型中指出,在发达地区和欠发达地区间的要素流动中,不仅是劳动,而且资本也会从欠发达地区流向发达地区,因而不发达地区显示出一种下降的正反馈运动,结果各区域在经济发展过程中,穷者更

---

〔1〕 李光辉:《区域经济一体化理论的形成与发展》,载 http://www.yanbiancom.gov.cn/show.php? bg_id = dongbeiya&bid = d_shangwu03&no = 1&category = &pageno = 1。详细参见金元欢、王建宇:《区域经济学》,杭州大学出版社1997年版,第1~3页;张海如编:《区域经济教程》,经济科学出版社2002年版,第1~3页;安虎森:《区域经济学通论》,经济科学出版社2004年版,第1~8页;陈鸿宇编:《区域经济学新论》,广东经济出版社1998年版,第2~5页。

〔2〕 对这些理论的讨论可参见:陈鸿宇编:《区域经济学新论》,广东经济出版社1998年版,第65~114页;张海如编:《区域经济教程》,经济科学出版社2002年版,第68~71、137~142页。

穷,富者更富。我国大陆经济市场化进程印证了这一模型给出的基本特征,即发达区域向不发达区域要素流动构成导致缩小差异的扩散效应或涓滴效应并不明显,不发达区域向发达区域要素流动构成导致扩大差异的回流效应或极化效应却十分突出。[1]

我们再分析一下"核心—边缘"理论。这一理论是由美国 J. 弗里德曼首先提出并加以完善、发展的。弗里德曼将一定空间区域分为"核心区"和"边缘区"。他认为发展是通过一个不连续的,但又是逐步累积的创新过程实现的。发展和创新通常起源于区域内具有较高相互作用潜力的少量的"变革中心",向周边潜力较小的区域扩张,这样周边地区依附于"变革中心"而获得发展。弗里德曼认为,通过区域经济趋于一体化的进程,使得核心区与边缘区之间的矛盾统一。这样核心区自我强化导致的结果之一就是最终形成与原有高层级核心区连结的"城市群体"(或称为"城市带""大都会带")。[2] 这种"核心~边缘"理论也被社会学家如 G. 齐美尔、希尔斯等注意到。就连社会理论学家沃勒斯坦的世界体系理论中"中心区的'中心化过程'"和"在边缘区的'边缘化过程'"也与上述"核心—边缘"理论有某些实质上的勾连。只不过与弗里德曼不同的是,他们没有那么乐观,认为区域一体化就能解决其问题,而是为两极日益分化而担忧。那么,弗里德曼的区域经济一体化是否实现了呢?即使能够实现,那么是否对于处于弱势部分的地区而言能够平等地享有这种整体上的成果呢?其实,从经济学上最基本的假设就证伪这一点。经济学认为,人是理性人,为了追逐自我利益而精于算计。一个地区也是如此。这样就导致处于同一区域内因处于不同地位的不同部分之间为了其自己利益最大化而算计、竞争。由于处于优势地位的地区在竞争中能够具有主导性优势,它们获得的利益会越来越大。而处于弱势地位的地区则在竞争中越来越处于不利的地位。这使不同地区的地位在分工中被固化,弱势地位的地区始终处于低端、依附于他者、与付出相比获得不成比例的回报。在某种意义上讲,这与沃勒斯坦所提出的世界体系理论分析中的那种国际上处于不同地位的国家与国家之间的境况具有一些相似性。

---

〔1〕 孙祖培:《增长与极限:长江三角洲与珠江三角洲区域经济发展比较分析》,载《珠江论坛》2004 年第 5 期。

〔2〕 陈鸿宇编:《区域经济学新论》,广东经济出版社 1998 年版,第 36~38 页。

如果说这种被固化的依附与被依附、弱势与强势地位并非不正义的,其理由可能是:这样能产生最佳效益,有利于使我们的蛋糕做大;或者如罗尔斯所提到的那样,认为"未来各代的较大利益足以补偿现在的牺牲"。[1] 对于第一种理由实质上就是经济效益至上论的体现,本文此处不赘。对于后者理由,这涉及了"代际正义"问题。然而,这种以后代人可享有更多的利益为理由并不能就使以牺牲掉当代一部分人的利益为代价具有正当性。正是基于此,罗尔斯提到了"社会最低受惠值"与"储存原则"的关系问题。

总之,区域经济与区域合作理论本身就是在经济学基本理念下,为了追求经济价值而兴起和发展起来的。在其中,本应被关注的人类应当追求的最基本也是最终极的目标价值却被忽略了。更应值得我们关注的是,在我国法学界这一问题也没有引起足够的重视。

四、区域合作中的困境分析——以"环渤海区"为例

为了更为深入地揭示出上述的问题,在此部分本文将结合"环渤海区"的现实情况以及对它的既有研究现状展开具体分析。之所以选取"环渤海区"为例,是因为它更具有代表性。尽管对于"环渤海区"概念和范围还存在诸多争议,但是不论是学界还是实务界对北京、天津、河北这一个地区没有争议。[2] 对这一概念和范围进行讨论也不符合本文的论旨。即使上述最狭义上的环渤海所包含的区域就足以说明本文的论题。这其中既有国家首都北京,还有一般的直辖市天津,又有河北普通省份。从地理位置上看也十分特殊,具有颇不多见的地理优势,因为河北省把北京和天津完全包围起来。

在进行分析之前,笔者有必要澄清"区域经济""区域经济合作""区域经济协调"以及"区域合作"之间的关系。这一点其实在上面已经涉及,本文认为在此有重申的必要。笔者并非对这些概念"是什么"进行本质主义的界定,而是要阐述它们所共有的价值导向。这几个概念中,除了"区域合作"外,其

---

[1] [美]约翰·罗尔斯:《正义论》,何怀宏、何包钢、廖申白译,中国社会科学出版社1988年版,第287页。他对这种功利主义观的批判可参见此论著第285~294页。

[2] 我国学界有论者对此问题进行了较为全面的总结,可参见赵群毅:《对"环渤海经济圈"概念的再认识》,载《北京社会科学》2006年第2期。从实务界已达成的《"2·12"廊坊共识》《"5·21"北京建议》《"6·26"廊坊框架》、"东北暨环渤海国际合作论坛"、"环渤海区域中日韩经济合作发展论坛"等也证实了这一点。

他几个都带有"经济"一词。这可明显地看出它们所具有价值目标导向。那么"区域合作"似乎更隐蔽一些,因为这种合作除了经济之外可能还包括环境治理、法律制度、政府等其他方面。但是,通过对具有研究文献的研读,我们可发现这些更广泛的合作与纯粹经济上的合作相比似乎认识的更为深入,但实质上依然没有摆脱那种经济利益至上论的桎梏。在这些论者那里,这种整体上的经济利益的最大化就是其目的,能够达致这一点就是正当的。对于政府合作问题相对较特殊,本文拟在下面对此专门讨论。

那么我们来看看地理位置最为紧凑,互补性较强的三个行政区域是否就得到共赢了呢?从北京、天津和河北的各自特点来看,北京是我国的首都,全国的政治、文化中心,全国经济中心之一,具有得天独厚的生产要素、政策等优势,居于这一区域的核心区。天津交通便利、工业基础雄厚、科技能力强,在全国各项指标也居于前列,居于这一区域的半边缘区。河北省有辽阔土地,可以提供丰富资源和廉价劳动力,但是科技等薄弱,处于这一区域的边缘区。它们三者之间应该是最容易合作的。不过,拟应看到,要切实推动三地之间的协同发展,依然需要破解诸多难题,亦即所谓外部性成本问题。对于外部性成本问题,依靠市场竞争很难解决。这就需要政府"看得见的手"来提供公共物品。其实在这里就涉及一区域中三个行政区政府间的合作问题。然而,政府间合作是否就能解决这一问题呢?一如我们所知,三个行政区域的政府实际上就相当于三个个人,其合作的目的就是获得自己利益的最大化。合作最后的结果实际上三方进行博弈而达成的。在三个地位和力量并非平等的区域政府之间不可能达成实质意义上平等的合作协议的。可以说,政府之间开展的合作其价值导向也没有摆脱那种整体经济利益至上论的导向。而且就已达成的合作协议而言,其性质也不过是没有强制性约束力的松散的协议,并没有像一国之内的法律那样具有强制力。[1] 因之,有必要加大国家立法的力度,把跨行政区域间政府协作纳入法治化轨道。

五、结语

针对在我国被广泛讨论的区域经济与区域合作等问题,本文并不是要从

---

〔1〕 对于区域合作协议性质的分析,可参见朱颖俐:《区域经济合作协议性质的法理分析》,载《暨南学报》(哲学社会科学版)2007年第2期。

微观层面就在区域经济与区域合作中出现的具体问题提出具体对策，而是从宏观的层面对整个论题进行法理学维度的检省。这种研究同样具有理论和现实意义。之所以说具有理论意义，是因为本文给既有研究此论题的学者和实务界人士提出一种警醒：区域合作的背后那种唯经济论（经济效益至上论）并不是人类的最终价值追求目标，也未必能使人享有更为正义的生活。笔者认为，在经济至上、物质至上的今日中国，这种警醒是有必要的。之所以说具有现实意义，是因为本文的讨论是以中国目前区域经济和区域合作的研究和实践现状为出发点和讨论对象的。理论与现实之间首先要分开，要保持适当距离，其次才可以说理论要联系实际。理论联系实际的方式有两种：一种是将具体研究成果直接转化为应用性成果；另一种则是对现实社会现象进行理论分析，揭示其存在的却不被人重视的理论问题。本文则属于后者。

依法治国的微观求证与实践探索
——县域法治在地方法治体系中的价值

徐祖澜*

内容摘要:依法治国不但是宏观的顶层设计,而且要落实为具体的地方改革和创新,这必然是微观的和实践的。县域法治切实地存在于地方法治体系之中,推动地方立法的科学性与民主性,推进地方法律实施的责任性与公正性,促使法治社会建构的认同性与地方性。

关键词:县域法治;地方法治;依法治国

21 世纪的中国已经进入了一个急剧变革的时代。人类社会历史发展的经验告诉我们,凡是这样的变革时代,一定是不同观念相互竞争,思想激荡,并产生重要理论的时代。自从我国的国家治理理念经历了从“人治”到“法治”的转变,将“依法治国”确立为执政党和人民治理国家的基本方略,并将之载入宪法,到现在提出国家治理体系和治理能力的现代化,学术界就不断在思考一个问题,那就是,中国该走怎样的一种法治道路才能真正实现法治目标？党的十八届四中全会为中国的法治道路做了顶层设计,而如何贯彻中央的顶层设计则要具体到地方的改革与创新。换言之,依法治国必然要落实为地方法治,并更进一步细化为县域法治。在这一时代背景下,对于县域法治的探讨,意味着对于依法治国的研究将从宏大叙事走向微观求证,而在实践上也将从中央的顶层设计走向地方的实践探索。

---

* 徐祖澜,法学博士,扬州大学法学院副教授,中国法律文化与法治发展中心副研究员,硕士生导师。

一、依法治国路线图中的县域法治与地方法治

近年来,关于中国的法治道路问题,法学界提出了很多的概念,比如法治中国、法治国家、法治社会、区域法治、地方法治、县域法治等。这些概念表明了学者的探索精神,表达了一种求真意识,那就是,我国依法治国路线图到底该如何绘制才是既具有中国特色又符合世界潮流的?党和国家提出了要全面推进依法治国,而怎样做才是真正全面的?这里面牵涉的问题非常多,我们以往一般会从立法、行政、司法、监督和普法这五大范畴去讨论依法治国,而这主要是从国家机关的具体设置和工作角度谈"全面"这个问题。这种谈论是一种平面的和横向的思维方式。如果换一种思维方式,以立体的和纵向的角度去思考如何全面推进依法治国,那么,我们首先需要考虑的就是中央与地方的关系以及不同地方推进法治建设的具体背景,而更为细化的就是,具体到县域,该怎么来全面推进法治?换言之,"依法治国"早已在中国人的观念层面上达成了共识,现在到了不得不讨论"具体法治"的时候。依法治国路线图应该是非常具体和细化的。我们首先需要明确,县域法治和地方法治在这个路线图中处于怎样的位置。

关于地方法治与县域法治的概念问题。"地方法治"被学界提出和讨论已经有一段时间。最初有"地方法制"的提法,这一提法侧重从"地方"角度观察和研究法治问题,侧重"基层与地方国家机关政权建设的法制化问题",强调法律与制度的建立与实施本身就具有意义,是"地方法制"的着眼点,即对于地方而言,法治具有重要的价值内涵和意蕴,对地方经济社会发展具有规范和保障作用,但法律与制度的建立与实施或许是地方更为具体、直接的任务。[1] 其后,学界提出了"地方法治",黄文艺教授提出了在地方层面使用"法制"概念的不妥当,"有论者还提出用法治与法制两个概念来区分在中央与地方在法治建设中的不同角色,主张在中央层面使用法治概念,在地方层面使用法制概念。因此,地方法制主要是指地方在国家法治原则的统一指导下实施宪法法律的各种规则和制度的总和。此类观点从逻辑上说似乎很清晰地界定了中央与地方在法治建设中的不同角色,但其代价是抹杀了地方法

---

〔1〕 参见葛洪义:《地方法制的意义》,载《学习与探索》2010年第1期。

治对于国家法治建设的诸多重要功能。”为此，要“认真对待地方法治”。[1]关于“县域法治”，确实是一个新概念和新命题。2007年江苏省在“法治江苏”的框架下首倡“县域法治建设”，同年11月在江苏昆山，中国法学会主办了“县域法治化高层论坛”。2013年中国政法大学“县域法治研究中心”在山东省青州市举办了“首届全国县域法治高端论坛”，这次论坛以“县域法治”为主题，并正式提出了这一概念，参会者对这一概念进行了界定和讨论。“县域法治，是指在县（市、区）级行政区域范围内，根据本区域的实际情况，全面贯彻落实宪法和法律，坚持党的领导、人民当家做主、依法治国的有机统一，推进严格执法、公正司法、全民守法，实现经济、政治、文化等各项工作的法治化，为全面建成小康社会、发展中国特色社会主义提供有力的法治保障”。[2]这一概念是较为清晰的，但无法看出县域法治在整个国家法治路线图中的位置，因而也无法解决本文中所要探讨的县域法治与地方法治之间的关系问题。

追根溯源，任何概念的提出都有其时代背景。这对于我们深刻理解某一概念是非常有意义的。“地方法治”的提出背景，是在1997年党的第十七次全国代表大会确立“依法治国”基本方略之后，各省（自治区、直辖市）开始提出“依法治省（自治区、直辖市）”，这在当时可以视为一种达致“依法治国”的手段问题。而后来进一步提出“法治江苏”“法治浙江”“法治湖南”“法治广东”等，则可以视为一种“依法治国”的目标分解，即各省（自治区、直辖市）基于本土化而开始自下而上地探索法治发展道路，通过地方法治实验以形成区域性法治，以部分带动整体，落实“依法治国”的终极目标。这也就意味着，以省（自治区、直辖市）实现法治的时间并不一致，因而一定有“法治先导区”的部分形成，但最终是要建成整体性的法治国家。正如有学者指出的，在地方法治的内涵上，强调省（自治区、直辖市）落实依法治国方略，执行国家法律，并在法律规定的权限内创制和实施地方性法规和规章的法治建设活动和法治状态。地方法治要在坚持法治统一原则之下，正确理解“地方”界域，坚持解决地方特殊问题。同时，从立法权角度，地方法治当限于省（自治区、直辖市）一级，没有立法权的市、县，甚至立法权在省级权力机关监督之下的较大

---

〔1〕 黄文艺：《认真对待地方法治》，载《法学研究》2012年第6期。

〔2〕 李树忠：《依法治国语境下的县域法治》，载《中国政法大学学报》2013年第6期。

的市,不宜类推套用诸如“法治杭州”“法治苏州”“法治某某(区)”。[1] 这一观点对于我们理解“县域法治”是有一定启发性的。

因此,我们有“县域法治”的概念,但不宜有“法治县域”的概念。“县域法治”概念的科学性就在于,首先,县域法治必然是在地方法治的框架之下提出的,这同时也是最低限度的前提,即通过“县域法治”夯实地方法治建设的根基,从而构建法治地方,最终达法治国家;进言之,“县域法治”“地方法治”是手段,而“法治地方”“法治中国”是目的。因此,“县域法治”更多关注的是将是法的实施问题。当然,法的实施也并不是孤立的,我们要看到县域法治虽不直接关涉立法,但却与其之间有着密切关系。其次,县域法治是微观化的法治,如果说地方法治建设已然体现了“法律是一种地方性知识”[2] 这一规律的遵循,那么,县域法治则是构成这种法律地方性的最基本元素,尤其是法律的实施过程中必须要注意到这些地方性知识。最后,县域法治是具体化的法治,通过对一些具体案件和法治事件的参与和观察,生活于县域中的人们能够深刻地体会什么是公正,什么是法治,以及当下社会离法治还有多远。因此,县域法治中包含着很多的命题,以下将从县域法治与地方立法、县域法治与地方法律实施、县域法治与法治社会构建三个角度分别予以讨论。

二、县域法治推动地方立法的科学性与民主性

关于地方立法,十八届四中全会《中共中央关于全面推进依法治国若干重要问题的决定》(以下简称十八届四中全会《决定》)明确提出要“依法赋予设区的市地方立法权”,这一新动向表明了在经过了中央和地方分权之后,我国将进一步下放立法权。目前,在全国282个设区的市中,享有地方性法规制定权的有49个,包括27个省会市、18个经国务院批准的较大的市以及4个经济特区所在地的市,尚没有地方立法权的233个。已设区的市普遍希望根据本地实际制定地方性法规。2014年8月,提请十二届全国人大常委会第十次会议审议的《立法法》修正案草案,拟将地方性法规制定权扩大至全部282个设区的市。这意味着,地方城市将有更大的地方立法权。而事实上,地方

---

〔1〕 参见李燕霞:《地方法治概念辨析》,载《社会科学战线》2006年第6期。

〔2〕 [美]吉尔兹:《地方性知识:事实与法律的比较透视》,邓正来译,载梁治平编:《法律的文化解释》,三联书店1998年版,第126页。

法治建设的合法性首先是体现在是否可以根据地方特色进行立法。比如江苏省在长期的地方立法实践中总结出“不抵触、有特色、可操作”的基本经验，并将此作为地方立法必须遵循的原则。“不抵触”是遵循法定权限；“有特色”是从实际出发，体现本地区经济社会生活特点；“可操作”就是规范具体，程序明确，能实实在在解决问题。[1] 这样的立法才是“良法”，良法是善治的前提。良法性的立法必然要求搞好调查研究，从实际出发。无论是“有特色”还是“可操作”都要求地方立法做好这样的功课。从这一点看，省（自治区、直辖市）、较大的市以及设区的市，不同层次的地方立法都应该关注县域的法治实践，县域的法治实践既可以为地方立法提供素材，同时县域的法治实践是检验地方立法的一种标准，对地方立法中不符合县域实际情况的部分，可以建议上级部门进一步予以修改。当然以后或许也可以考虑，将地方立法权进一步下放到县。因为县级政权是直接面对老百姓的，更能直接感受到社会生活、经济发展的哪些具体方面需要法律规范的调整，以及哪些法律规范是不符实用的，是需要修改的。

县域法治对于地方立法的民主性也具有推动意义。有学者指出，许多地方谋求地方立法权，只是为了扩大地方政府的权力，是为了“以法治民”，而不是让地方政府的施政行为更符合当地民众的意愿。[2] 这就与“立法权下放”的初衷背道而驰，因此，要防止这一点，就要扩大立法的民众参与。伴随着公民主体意识和民主意识的觉醒，民众对于立法者所讨论的几乎所有法律草案都表现得特别关心，尤其是当前的很多立法涉及社会敏感问题，民众要求参与立法的呼声很大。而目前立法的一个缺陷就在于基层声音对立法的影响力是比较有限的。现在立法程序中的座谈会、论证会、听证会，参与者多是专家学者或是官员，基层民众很少能真正参与，而被认为可以实现民众参与的网络民意，往往也是无序的，或者说很难真正反映民意。要真正落实立法的民主化，倾听社会上不同的利益诉求，除了发挥工会等人民团体和社会组织广泛搜集民意以外，应该发挥县级人大的作用，这也应当属于县域法治的应有之义。县级人大应利用与基层民众更容易拉近距离的优势，创造与普通公

---

〔1〕 参见龚廷泰等：《法治江苏建设的理论与实践》，载《江苏法治发展报告》（2012），社会科学文献出版社2012年版，第11页。

〔2〕 参见于建嵘、蔡永飞：《呼唤县级地方立法权》，载 http://www.eeo.com.cn/eeo/jjgcb/2008/09/12/113549.shtml。

民直接对话的条件，建立载体，搭建桥梁，实现基层社会各方人员广泛并且平等地参与地方立法。通过建立网络地方立法论坛、报纸地方立法专栏、电视地方立法宣传、地方立法调查问卷等多种形式建立一种双向的反馈机制，一方面给具有地方立法权的上级立法机构提供立法动议；另一方面可以将基层民众对立法的意见和建议及时反馈给上级立法机构，以弥补立法机构与基层民众之间因信息不对称而造成的立法资源浪费。

三、县域法治推进地方法律实施的责任性与公正性

“法律的生命力在于实施，法律的权威也在于实施。”[1]这正如亚里士多德所说的：“法治应包含两重含义：已成立的法律秩序获得普遍的服从；而大家所服从的法律又应该本身是制定的良好的法律。”[2]通常我们将之解读为法的普遍性与正义性的统一，法律规范着个人和国家机关的行为，个人不从事法律所禁止的活动，而国家机关则按照法律的授权来行动，“一个法律制度的重要意义并不只局限于认可和颁布规则、原则及其他构成法律规定结构的规范……在适用、实施和执行法律规范时，实际上也是法律具体化和个殊化的过程”。[3] 而事实上，人们只有在法律的实施中才从个体意义上感受到法律的存在。从国家机关角度而言，法律的实施主要包括国家行政机关的执法和司法机关的司法。在我国社会主义法治建设中，强调前者应当依法行政，后者则应该公正司法。从司法机关依法独立公正行使审判权的角度，县域法治的关键之处在于地方司法免于行政的干预。在历史上，中国古代地方司法历来有司法行政合一的传统，加上行政权力本身的易于扩张性，近现代以来，虽然地方司法机构有了独立的系统，但行政干预司法的现象一直很严重。党的十八大提出了司法体制改革，推动省级以下地方法院、检察院人财物统一管理，以确保法院、检察院依法独立公正行使审判权、检察权，这对于司法公平公正是很有意义的。从大趋势看，县级司法实现在省级司法系统内部的统一管理，对于法律实施的公正性无疑是有益的。但如何实现这种“司法统管”怎么具体去设计，还需要智慧，需要协调很多方面，包括对现行一些法律规范

---

〔1〕 十八届四中全会《中共中央关于全面推进依法治国若干重要问题的决定》。

〔2〕 [古希腊]亚里士多德：《政治学》，吴寿彭译，商务印书馆1965年版，第199页。

〔3〕 [美]博登海默：《法理学：法律哲学与法律方法》，邓正来译，中国政法大学出版社1999年版，第237页。

的修改,这也许不是一个县域或是省级法院能够决定的,最主要将依靠顶层设计。从政府依法行政角度而言,县域法治对于地方法治建设具有基础性的作用,县级政府必须要依法行政建成法治政府,从而在真正意义上确保宪法与法律的有效实施。马怀德教授曾提出一个观点,就是县域是一个人口、社会关系较为简单的行政区划,免不了变成熟人社会。因此,在一个熟人社会中,按规则办事,还是按关系办事,能否确保法律规范的事实,是县域法治必须解决的问题。[1] 这里面其实包含了中国历史和文化的很多因素。以县域法治与法治政府之间关系为例。

自秦朝郡县制的推行,县成为我国的基层行政区域,封建历史上素有"王权止于县政"之说,县是国家意志在地方的正式代表,始终作为基本的行政单位和政治实体来执行国家的行政任务。在今天,县级政府的行政活动直接面向老百姓的,也是国家行政,甚至是国家形象的一种象征。在我国现行的体制下,法律的实施主要是依靠地方政府,而最根本的是依靠县级政府的实施,俗话说"上面千条线,下面一根针"。也有一些对基层政权不满的说法,叫作"经是好经,就是让歪嘴和尚给念歪了",说的就是国家政策和法律是好的,但下边执行的时候,走样了,歪曲了。因此,十八届四中全会《决定》中提出要"深入推进依法行政,加快建设法治政府",而从更切实的层面来讲,就是要将依法行政严格、深入地贯彻到县级和县级以下,只有在县域层层落实、层层推进,才能从下而上地建立起法治政府和责任政府。十八大明确指出,到2020年我们要基本建成法治政府。这是一个总目标。十八届四中全会则对法治政府的基本建成设定了六个标准:职能科学、权责法定、执法严明、公开公正、廉洁高效、守法诚信。这二十四个字为各级政府依法行政,建设法治政府指明了道路的方向。近年来,在国家逐步深入地推动各级地方政府依法行政的大背景下,县域内的县级地方政府和乡级政府规范管辖范围内的经济、社会、文化生活以及政府自身活动等方面不断迈出新步伐,行政管理有法可依,政府和职能部门的权责更加细化、范围更加明确。但不可忽视一些地方政府存在不作为、乱作为和执法不公、以权压法、选择性执法,一些基层行政机关人员"官本位"依然严重,法治观念淡薄的现象依然严重。因此,在新的时代背景下,权力清单制度已经被纳入政府法治建设的日程中来。

---

[1] 马怀德:《"熟人社会"考验中国县域法治建设》,载《法制日报》2007年11月13日。

权力清单的本质是对行政法律规范的细化与整合,明确行政权的范围,并真正下决心将政府权力置于阳光之下。在这一制度下,不同层级政府的事权划分将进一步制度化,对于县级政府和乡级政府而言,更多是要强化政府的执行职责。权力清单的推行,按照试错式改革的逻辑,应当从基层试点开始,行之有效,则可以全面推广。其实,我国早在2009年,在中纪委、中组部的主导之下,在江苏省的睢宁县、河北省成安县、四川省成都市武侯区三地开展了"县委权力公开透明运行"试点,公布"权力清单"。2010年,中纪委、中组部印发《关于开展县委权力公开透明运行试点工作的意见》,着力推进县级政府权力的公开透明,将之作为加强县治的重要举措,到2014年十八届三中全会《中共中央关于全面深化改革若干重大问题的决定》(以下简称十八届三中全会《决定》)中,提出推行地方各级政府及其工作部门权力清单制度,依法公开权力运行流程,完善党委、政务和各领域办事公开制度,推行决策公开、管理公开、服务公开、结果公开。这也意味着,权力清单制度作为政府法治化和责任化的一种制度建设将全面推行。这其中,包括两项清单内容。一是权力清单给政府,进一步简政放权,全面清理审批事项,促进政府职能转变。比如,浙江省嘉兴建立市县两级扁平化、一体化新型审批制度,594项实际行政审批事项中除需要保留实施的44项外,其余550项全部下放到县和区。二是负面清单给企业,根据十八届三中全会《决定》第14条:"企业投资项目,除关系国家安全和生态安全、涉及全国重大生产力布局、战略性资源开发和重大公共利益等项目外,一律由企业依法依规自主决策,政府不再审批。"这样,划清了政府与市场的边界,政府退出对市场的不必要干预。但这里我们需要注意的是,权力清单不是"一晒了之",而是应当有后续的制度跟进,这就是问责和考核。因此十八届四中全会《决定》将依法行政的部署细化到"建立重大决策终身责任追究制度及责任倒查机制","把法治建设成效作为衡量各级领导班子和领导干部工作实绩重要内容,纳入政绩考核指标体系,把能不能遵守法律、依法办事作为考察干部重要内容"。这是非常有价值的。

因此,县域法治推进地方法律实施,从界定政府的职能,调整政府与社会、政府与市场的关系入手,防止离老百姓最近而离中央最远的权力成为一种专权、特权,这样才能从最根本上实现我国国家治理体系和治理能力的现代化。

四、县域法治促使法治社会建构的认同性与地方性

全面推进依法治国是一个系统工程，“坚持法治国家、法治政府与法治社会一体建设”，[1]这是中国转型时期的一个具有重要实践价值的重大理论课题。将法治社会与法治国家、法治政府提到同样的高度，作为引领我国依法治国的纲领之一，这在新中国成立以来还是首次。从学术研究角度，“国家—社会”是一种分析框架，一种二元化的思维方式。中国的历史和现实有一个共同点，那就是“强国家、弱社会”是其主要特征。前近代只有民间社会，没有市民社会；当下，公民社会慢慢培育，但仍发育不良，对于国家也没有形成有效的制约机制。对于法治社会研究比较早的郭道辉先生，他有一个观点，法治社会是相对于法治国家而言的，只讲建设法治国家，有可能造成对国家权力神圣性的过度崇拜，走向国家至上主义，导致实质的“不法国家”、专制国家。由此，法治国家要以法治社会为基础，但同时法治社会的形成，也需要法治国家的扶持。[2] 中国是一个在传统上缺乏法治文化的社会，构建法治社会需要法学界贡献智力，更需要公民的实践。

众所周知，法治秩序的形成有自生自发秩序和建构的秩序，前者强调自下而上的路径，后者则是自上而下的路径。按照这一逻辑，在我国的背景下，法治社会的建成无疑也是需要自上而下地建构，但这样带来的问题就是，由于缺乏社会根基，民众对法治缺乏信仰，就难以将守法和通过法律来维护自己的权利内化为一种行为准则，如此形成的秩序就只是一种强加的法律秩序而不是法治秩序。这也许是建构型的法治社会必须要经过的一个历程。要想使法律秩序演进为法治秩序，这其中关键在于建立民众对法治的认同，而要达至认同，我们就必须要承认通往法治社会的道路中的地方性因素。

“正是由于一个社会中的现代法治的形成及其运作需要大量、近乎无限的知识，包括具体的、地方性的知识，因此，如果试图以个别或少数人的有限理性来规划构造这样一个法治体系，可以说是完全不可能的。”[3]一个社会中的法治体系必然依托于一种地方性的知识，因为法治并不是一套抽象的无背

---

〔1〕 十八届四中全会：《中共中央关于全面推进依法治国若干重要问题的决定》。

〔2〕 参见郭道辉：《论社会法治及其与国家法治的关系》，载中国法理学研究会2014年年会：《推进法治中国建设的理论与实践》（上），第345～354页。

〔3〕 苏力：《法治及其本土资源》，中国政法大学出版社2004年版，第20页。

景的原则和规则,而一个活生生的有效运作的法律制度需要大量的不断变化的具体的知识。从这个意义上来讲,地方法治建设对于整体性的法治社会的价值就凸显出来。重视县域法治就是要求立法者必须认真整理地方的法制资源,包括对一些民俗和习惯都应该纳入考察的范围,不一定将这些民俗和习惯上升为国家的成文法,但可以作为对比和参照,对于不违反基本法律原则的予以认可。地方社会的法治体系必然是多元的,从制度经济学角度而言,法治无非是“从总体上最大程度地减少总成本、促进交换发生和发展、促进财富配置最优化的规则和制度,其中包括正式的法律和大量的习惯惯例”。[1] 同时,司法过程中,法官根据地方习惯进行裁判的例子,在县域法治中也是层出不穷。司法,尤其是基层民事案件和轻微刑事案件的裁决,完全无视或背离当地的风俗习惯,不接地气,其司法社会效果堪忧,而长期以往也会导致民众规避法律。这样,法治的根基也就被倒塌了。

法治社会的实现除了考虑地方性以外,公民的心理基础也是重要的支柱,那就是对于对法治的认同。从这个层面来讲,法治社会的实现必然要求组成社会的人成为理性和守法的公民,恪守对法律的信仰。很难想象,一个不信仰法律的民族可以建成法治社会。不可否认,传统中国社会中的中国人对于法律是没有好感的,因为法等同于刑,仅仅是制裁的手段,相反人们对儒家的礼有着特殊的好感,凡事都要讲礼,礼既指“礼之仪”,即礼的形式与规范,又指“礼之义”,即礼的宗旨与精神。或者说传统中国社会是一个信仰“礼”,但不信仰“法”的社会。如今,我们要建设法治社会,就一定要从基层入手,从县域入手,将县域社会建成一个信仰“法”的地方,这样才会有法治社会真正作为法治中国的根基。那么,我们需要追问,怎么才能培养出公民对法律的信仰呢?从信仰的产生根据来看,以信任的产生为参照来看这个问题。信任一般会在三种情况下产生:第一,基于被信任者的特质,包括公平、正直、可靠、善意、能力、知识等;第二,基于理性的计算而产生的信任;第三,基于情感而产生的认同,以感情的深浅作为判断信任。按照这三种情况,法律的信仰首先是基于人们对于法的正当性的认识,守法所带来的利益,以及由此所产生的内心对法律和法治的认同,因而自觉地将法律作为社会行为的第一准则。因此,法治社会的确立靠的不仅仅是制度的设立,它须成为人们的生活

---

〔1〕 苏力:《法治及其本土资源》,中国政法大学出版社2004年版,第11页。

方式,成为人们经验生活的一部分。县域是培育公民信法守法意识的基本场域。

自古以来,县就是我国重要的行政建制,今天仍然作为基本的地方行政区划而存在。在宏大的依法治国顶层设计中,县域作为一种稳定的地方行政实体参与其中而形成县域法治。同时,依法治国不能仅停留于一种设计而应当转化为实践,在这一层面上,县域法治更多的是具体的和经验的。县域法治切实地处于地方法治体系之中,为地方法治发展提供立法、法律实施和法治社会建构的实证研究资料,这正是其实实在在的价值。

区域法治社会建设路向论纲

蔡宝刚*

内容摘要：从法治国家和法治政府角度看，由于我国单一制的法治背景使得区域或地方的法治建设自主空间相对较窄，从区域法治发展内在逻辑来看，其与区域法治社会建设内涵更为接近，由于我国的社会领域差异巨大，使得区域法治社会建设的自主空间相对宽广。在法治国家、法治政府和法治社会一体建设的背景下，需要加大区域法治社会建设和研究的力度，未来区域法治社会建设的总体路向是培养区域法治文化意识、发挥区域社会权力作用、健全区域社会规范体系和营造区域法治社会环境等。

关键词：法治；法治社会；区域法治社会

目前对于区域法治发展主题的研究大多基于区域法治国家或法治政府视域，而对于区域法治社会的研究相对较少，从法治国家和法治政府角度看，由于我国单一制的法治背景使得区域或地方的法治建设空间相对较窄，从区域法治发展内在逻辑来看，其与区域法治社会建设内涵更为接近，由于我国的社会领域差异巨大，使得区域法治社会建设的空间相对宽广，在法治国家、法治政府和法治社会一体建设的背景下，加大法治社会及区域法治社会建设的力度势在必行，[1]“地方法治建设应该将法治社会建设作为工作的突破口，

---

* 蔡宝刚，扬州大学法学院教授，南京师范大学中国法治现代化研究院特邀研究员。本文是江苏高校区域法治发展协同创新中心和“江苏省高校优势学科建设工程资助项目”(PAPD)的阶段成果。

[1] 建设法治中国要法治国家、法治政府、法治社会一体建设，其中最为艰难、最为基础的是法治社会建设。因为法治社会建设是法治国家和法治政府建设的基础和环境，也是法治国家和法治政府建设成效的最终评价标准。参见江必新：《当下法治社会建设中的突出矛盾及其消解》，载《法制咨询》2014 年第 Z1 期。

探索出一条既符合法治顶层设计思路，又切合地方实际、能够体现地方特色的地方法治社会建设路径”。[1]

一、厘清区域法治社会内涵

党的十八届四中全会指出要坚持法治国家、法治政府、法治社会一体建设，将法治社会建设提高到与法治国家和法治政府建设同等重要的地位，中央关于“十三五”规划的建议中指出必须坚定不移走中国特色社会主义法治道路，“加快建设法治经济和法治社会，把经济社会发展纳入法治轨道”。要进行法治社会建设首先需要厘清法治社会的内涵，否则就可能事倍功半甚至适得其反。关于法治社会内涵的解读有多种说法，其中有广义的理解，法治社会包括国家在内的整个社会的法治状态，如张文显教授在20世纪80年代末对法治社会的内涵进行了系统论述。他说：“法治社会的基本标志是：经济、政治和社会生活的基本方面均纳入到法律的轨道，接受法律的调控和治理，而法律是建筑在尊重人类的人格、尊严、自由、合理愿望、进取精神和财产权利的基础之上。”[2]有狭义的理解，郭道晖教授从与法治国家相对应的角度来认知和解释法治社会，他说：“法治社会，则是指全部社会生活的民主化法治化，包括社会基层群众性的民主自治，各社会组织、行业的自律，企业事业单位和社区的民主，社会意识、社会行为、社会习惯都渗透着民主的法治的精神，形成一种受社会强制力制约、由社会道德规范和社会共同体的组织规范所保障的法治文明。”[3]黄文艺教授认为这里所说的“社会”是与“国家”相对应相区别的概念，是指社会成员自主自治的领域，法治社会建设主要包括两方面任务：一是社会主体依法自治，这又可以分为公民个人依法自治和社会组织依法自治；二是社会关系依法治理，这体现为各种社会力量依据法律与各种社会规则调整社会关系、解决社会纠纷，实现社会体系有秩序地运行。[4]还有说文解字式的理解。江必新教授认为：“法治社会之‘法’，是回应性的国家法和与之融贯的自治规则等构成的多元规则体系；法治社会之‘治’，是社

---

[1] 李鑫、马静华：《论我国地方法治社会建设的着力点与实践路径》，载《华侨大学学报》2014年第4期。

[2] 张文显：《中国步入法治社会的必由之路》，载《中国社会科学》1989年第2期。

[3] 郭道晖：《法的时代精神》，湖南出版社1997年版，第538页。

[4] 参见黄文艺：《法治中国的内涵分析》，载《社会科学战线》2015年第1期。

会主治、公权备位的互动共治；法治社会之'社会'，是理性、自由、民主的社会；法治社会建设之'建设'，是一个由国家主导，涉及立法、司法多维度的社会法治化的过程。"[1]对于法治社会的理解在我国有一个不断深化的过程，这一过程的轨迹某种意义上是伴随着领导人讲话和中央文件出台而逐步明晰的。

四中全会依法治国的《决定》中专门对法治社会进行了表述，在建设的具体措施中主要包括发挥多个社会主体的作用，支持各类社会主体自我约束、自我管理，发挥人民团体和社会组织在法治社会建设中的积极作用；发挥多种社会规范的作用，发挥市民公约、乡规民约、行业规章、团体章程等社会规范在社会治理中的积极作用；发挥多元纠纷解决机制的作用，健全社会矛盾纠纷预防化解机制，完善调解、仲裁、行政裁决、行政复议、诉讼等有机衔接、相互协调的多元化纠纷解决机制等。因此，无论是官方的文件还是学者们的探究，法治社会的基本内涵和建设任务虽然有所差别，但基本要素还是共通和一致的，法治社会就是社会领域实现法治化治理状态，在国家与社会二分和不违背法律规定的前提下进行社会治理的自主自治，实现社会治理的主体多元、规范多元、救济多元等治理状态。因此，法治社会不能望文生义地理解为是法治统治或管制下的社会，"决不能将'法治社会'片面地解读为国家依法来管制社会。如过去有些党政官员把依法治国歪曲为依法治民，而不是依法治权治官那样"。[2] 法治社会是法治框架下的社会自主治理的社会，意味着国家权力和法律要放松对社会的管制，在法治国家、法治政府和法治社会一体建设的背景下和构架中，法治社会建设有其自身独特和独立的规范性含义和意义。因此可见，法治社会是与法治国家和法治政府相区分的概念和领域，这是分析、研究和建设法治社会的逻辑前提和基本认知。

从法治社会建设的角度来看，中华人民共和国境内是一个统一的社会，全面法治社会的建成只能是在全国范围内都满足法治社会的基本要素，"从法治社会建设的进程来看，不可能在中国这样一个有着十三亿多人口、经济社会发展不平衡的大国，全国各个区域'齐步走'一朝建成法治社会。只可能是按照区域经济社会发展的水平和文化历史的特点，通过开展区域法治创建

---

〔1〕 江必新、王红霞：《法治社会建设论纲》，载《中国社会科学》2014 年第 1 期。

〔2〕 郭道晖：《法治新思维：法治中国与法治社会》，载《社会科学战线》2014 年第 6 期。

活动,逐步的、有先有后的建成全国性法治社会”。[1] 为此,各个区域或地方可以根据自身的特点确立法治社会建设的步骤和指标,在此基础上进行区域法治社会建设,区域法治社会就是某个区域根据国家法治社会建设的总体要求,在区域法治发展的框架下结合本区域的具体情况形成的依法自主治理的社会状态。这里的“社会”是狭义的概念和领域,广义的社会包括国家、政府和社会组织、团体等各种政治、经济、文化共同体,狭义的社会则仅指相对于国家、政府的社会共同体,主要指各种非政府组织、团体、经济组织、事业单位等等,法治社会更强调公民和社会团体对法治精神的认同,对人权的保障,依照法律调节平等主体之间的关系,按照司法程序解决相互之间的纠纷等。[2] 公丕祥教授在“2015 年法治江苏建设高层论坛”讲话中指出,推进区域法治社会建设,是全面推进依法治省的重要战略支撑,有利于夯实法治江苏建设的根基,有利于更加扎实地推进区域社会治理体系和治理能力的现代化,有利于深化全民法治教育弘扬法治精神,有利于依法化解矛盾维护稳定。要进一步加强区域法治社会建设的理论研究和实践创新,特别是跟踪前沿理论研究、加强实证分析研究、注重法治决策咨询研究,积极推动区域法治社会理论研究迈上新台阶。[3] 与整个国家法治社会建设的内容一样,区域法治社会建设的重点内容大致包括区域法治意识的培养、区域社会规范的创制、区域社会权力的作用等方面,本文试就其主要建设路向方面进行论述。

二、培养区域法治文化意识

党的十八届四中全会明确提出,推进法治社会建设,必须弘扬社会主义法治精神,建设社会主义法治文化。法治文化是在社会法治化进程中形成的一种文化形态,是法治社会的重要精神支柱。区域法治文化是一定区域的人们所共同具有和信赖的法治文化形式,某个区域的风土人情、民间习俗等文化因子都是构成、影响和催生地方性法律知识的重要因素,是形成区域法治发展的文化精神底蕴,使得区域法治发展不仅成为可能而且势在必行的至为重要的因素,“因区域地理、区域文化、区域历史、区域宗教、区域民俗、区域经

---

〔1〕 张苏军:《推进法治社会建设》,载《中国司法》2015 年第 4 期。

〔2〕 张苏军:《推进法治社会建设》,载《中国司法》2015 年第 4 期。

〔3〕 吕朝阳、王志高:《推进区域法治社会建设 夯实法治江苏建设根基》,载《江苏法制报》2015 年 9 月 15 日。

济结构等的差异，加上长期以来尊崇法律文化的传统，也就形成了具有不同于其他地方的区域法治文明传统。这一区域法治文明传统融入当地经济社会发展的脉络中，就可能形成具有独特性的区域经济发展模式”。[1] 我国经过多年的历史演化逐渐形成了中原文化、关中文化、燕赵文化、齐鲁文化、湖湘文化、荆楚文化、吴越文化、巴蜀文化、岭南文化、东北文化等诸多文化圈或地域文化。这些文化圈中都有着各自信奉的传统习惯、权利义务观念、价值形态等文化基因，在这些各具特色的文化的催生影响下逐渐形成了区域特色的法治发展样式。如从某一较大区域看，“在长三角地区的市场上，商人善于‘斤斤计较’，能发家致富的都是靠‘斤斤计较’。这是权利意识的表现，既尊重自己的权利，又尊重他人的权利。平常生活中人们对‘斤斤计较’的道德评价或许是否定的，但是在市场道德和商业伦理中，却是正常的，是合乎常情的。在商业领域，反而可以说明他们很规范。很多人批评上海人精明都说他们‘斤斤计较’，但是正因为这个原因，他们的市场经济环境才是较为成熟的”。[2] 从某一较小区域看，如“徽州文化主要指以今徽州地区为核心而形成的地域性文化。由于特殊的地理单元的闭合性、丰富的物产及对外商品交换的内在需要，徽州地区发展出了具有竞争力的商品经济形态，形成了中国历史上与晋商并驾齐驱的徽商群体，创造了辉煌的徽州文化。经济基础和社会生态决定了文化模式。在徽州地区，契约意识曾经相当发达，流传到今天的商品交换类契约亦成为徽州文化曾达到的文明高度的有力证据。社会生

---

〔1〕 方益权、项一丛：《从温州模式到温州法治模式——温州模式与区域法治文明论纲》，载《探索与争鸣》2010年第12期。

〔2〕 孙笑侠：《局部法治的地域资源——转型期“先行法治化”现象解读》，载《法学》2009年第12期。该文进一步提出，“东部地区历史与文化传统的原因也是东部社会法治化得以先行的重要成因。为什么近代以来江浙一带同法律有关的事件和人物特别多，比如近代第一位法学家—沈家本，出生在浙江湖州，沈家本之前的都叫‘律学’家，而不是‘法学’家；近代第一个地方议会也是诞生在浙江省；中国近代最早的地方律师公会出现在浙江杭县，第一部地方律师法即《辩护士法案》产生于1912年的浙江省临时议会；民国时期，长三角是法科教育最发达的区域之一，也是法律家与法学家相对集中的地区，可以统计一下，有多少法律界的名士出现在江、浙、沪啊。据陈布雷回忆，民国初年，‘浙江一省公私立法政学校凡七所，辩护士之市招，多于酒家，政府无管理取缔之法令’。今天我们要尽早地发现，努力地发掘，长三角地区江、浙、沪的历史上特别是近代百年来，有许多法制近代化的努力，形成了一定的具有地域特征的法治文化传统。笔者相信，长三角地区的法治走在中国最前列这个事实将来会被历史再一次地证明”。

活中,人们表现得就不甚看重礼俗调整,而更倾向于正式的法制规范”。[1] 因此,“法治文化是凝聚和团结本国、本地区人民的一种强大的、无形的、行之有效的、具有一定政治倾向的精神力量和精神黏合剂,同时它还可以用来抵御外来政治思想、不良文化的侵蚀”。[2] 区域法治发展有着自身的文化基石或精神品性,一定的区域文化在一定程度上造就一定的区域法治社会发展特色。

区域法治社会的建设必须要依靠该区域广大公民法治文化意识的建立,没有养成一定的区域法治文化意识,法治社会是难以形成的。[3] 以往我国为了实现全民法治意识的提升,国家进行了旷日持久且规模庞大的“普法”宣传,然而,“与这个举措有关的一个曾经的错误认识是,在实现法治的社会,大多数公民都应当具有全面、正确的法律知识,都有能力成为各种立法、司法的判断者”。[4] 而这种错误出现的根本原因就是对国情和区域的情况未加识别,采取了统一的宣传政策。由于各地区的经济和法治发展水平不同,这种“一刀切”的政策反而让民众产生了惧法、厌法的情绪,对法治社会的建立起到了反作用,“法治建设如不注意内在的文化机理培育和建设,很可能会产生‘南橘北枳’现象,即以人治的眼光看待法治,以人治的思维构建法治,只有法

---

〔1〕 李秋香、李麦产:《地域文化与法治关系初探》,载《新疆警官高等专科学校学报》2008 年第 4 期。

〔2〕 汤达金等:《浙江法治文化及其建设路径》,载《浙江社会科学》2006 年第 2 期。

〔3〕 从国家层面看,“由于历史与现实的多重原因,在我国,法律缺乏必要的权威性和实效性,甚至缺乏应有的尊严。有法不依的现象普遍存在。无论是在直观上,还是在统计数据上,我国法律被遵守的情况低于世界的平均水平。不把宪法和法律当回事、不给宪法和法律留面子的实例比比皆是。巨大的反差使我们不得不把维护法律体系的尊严和权威,确保宪法法律有效实施作为当前和今后相当长时期法治中国建设的重中之重,不得不把法学研究的重心转向宪法法律的实施上,亦即转向严格执法、公正司法、自觉守法和法律实施监督的研究上。通过研究和实践,完善有法必依、执法必严、违法必究的刚性制度,形成不敢违法、不能违法、不愿违法的良好法治文化环境,提升中国宪法法律的尊严和权威。”张文显:《国家治理现代化与法治社会建设正当其时》,载《法制日报》2014 年 6 月 19 日。从区域层面看,社会科学院法学研究所于 2013 年 5 月对法治天津建设状况开展了问卷调查。调研显示,通过“一五”到“五五”,再到“六五”普法,大多数市民已经确立了宪法观念、公民意识、权利意识等现代法治基本观念。调查结果显示,你知道自己有哪些权利和义务吗?知道的占 37.5%,大体知道的占 47.1%,只知道不犯法就行占 13.1%,不知道的占 2.5%,民众依法维权意识仍有待于提升。当被调查者权益受到政府或者他人侵害时,其选择向法院提起诉讼的比例分别为 51.8% 和 52.5%,近五成的被调查者选择非诉方式维权。这在一定程度上反映了当下民众“信访不信法”的困境,许多人维护自己的合法权益宁愿采取上访、举报等维权方式而不选择诉讼,认为政府(官员)干预更直接有效。参见刘晓梅:《培养法律信仰建设法治社会》,载《中国社会科学报》2014 年 12 月 31 日。

〔4〕 龚廷泰等:《法治文化建设与区域法治——以法治江苏建设为例》,法律出版社 2011 年版,第 66 页。

治的‘形’而没有法治的‘神’”。[1] 而区域法治文化建设因地制宜消除了这种区域之间的隔阂，让民众切实了解到法治文化建设的目的是让公民更好地行使自己的法律权利，在建立了同时符合时代要求又符合区域实情的法治文化之后，各项法律政策也会更易推行，对于法治社会的建设也有深远的意义。如燃放烟花爆竹管理的情况看，各地实施的情况就大相径庭，从2016年起上海实施新的《上海市烟花爆竹安全管理条例》，当年元旦、春节期间，基本实现了外环线内“零燃放”的目标。为什么能做到？因为这部地方性法规符合大多数人的意愿，得到了人民群众的支持，也说明群众的法治意识在不断增强，但在其他很多地方实施的效果并不好。习近平总书记今年在参加黑龙江代表团审议时强调，要提高领导干部运用法治思维和法治方式开展工作、解决问题、推动发展的能力，积极培育社会主义法治文化，引导广大群众自觉守法、遇事找法、解决问题靠法，深化基层依法治理，把法治建设建立在扎实的基层基础工作之上，让依法办事蔚然成风。一些区域探索建立了科学的法治社会建设指标体系和考核标准，非常重视地方法治文化的建设，如江苏省起草的《法治江苏建设指标体系》包含7大类、29项单项考核指标和1项综合评判指标，其中综合评判指标就是人民群众对法治建设的满意度必须达到90%以上，该指标在99个计分点中权重占8%。目前江苏省已建成191个市级法治文化阵地，835个县级法治文化阵地，1.3万余个镇村级法治文化阵地。在81个县和352个乡镇建成公共法律服务中心的基础上，建成10255个村（社区）法律服务工作站，依托乡镇司法所和工、青、妇等社会组织设立2382个法律援助工作站。同时，还初步建成了拥有六千多部法治戏曲剧本、1.4万余篇法治故事、3.9万多幅法治书画摄影作品、1199部法治动漫和微电影的省级法治文化作品资源库，以及一支拥有普法讲师团成员1.4万人、普法志愿者29万人、法制副校长2.1万人、3542个法治宣传教育队伍，在全省形成了法治文化全覆盖的良好格局。[2]

三、发挥区域社会权力作用

“社会权力的存立基础或载体是法治社会”，[3] 法治社会的生存与发展

---

〔1〕 魏建国：《法治文化：特质、功能及培育机理分析》，载《社会科学战线》2012年第6期。

〔2〕 吕朝阳等：《区域法治建设之路越走越宽》，载《江苏法制报》2015年2月4日。

〔3〕 郭道晖：《社会权力与公民社会》，译林出版社2009年版，第234页。

有赖于社会权力。法治社会建设包括个体的独立自治，社会组织的自我治理，也包括国家对社会自治的促进和制度支持。在传统上我们相对重视国家法治，不注重社会法治，这种单纯以国家为中心的法治建设有很大的局限性，需要培养其内生机制来促进社会法治的发展。一定区域的社会权力主体是该区域社会发展和法治发展的推动力，由于该区域的经济社会文化基础的共通性和共同性，该区域的个人和社会组织作为该区域的社会权力主体，通过各个领域的社会交往，形成价值、文化和法律意识等方面的共识，并在此基础上形成共同需求的规范，“在当代中国，区域法治发展就是通过调整个人与社会之间的关系，赋予区域社会主体以一定权利并承担相应的义务的方式，进而达到调整区域社会生活关系的目的，建构一个既充满活力又和谐有序的区域社会法治秩序”。[1] 区域社会权力能够根据区域的特色和要求创制和适用社会规范和解决社会纠纷，进而增进该区域的法治社会建设，区域法治发展中的重要部分就是对于该区域普遍认同的风俗习惯等的运用。社会权力的主体指的是社会领域的各类主体，凡非国家或非政府的社会组织和个人（自然人、公民）都可成为社会权力主体，根据社会权力主体的内涵包容量及其作用特点，笔者将社会权力主体及其作用分类为以下几个方面。

一是区域公民的社会权力及其作用。公民从理论上是最高的社会权力主体，公民能够参与立法、监督执法、自觉守法、维护权利、主张自治、制约公权、为权利而斗争等，只有我们的公民具备了现代化的基本素质，法治的现代化才会真正意义上地实现。为此，要积极培育社会成员的公民角色与品格，使其具备在公共事务中进行民主管理、互动协商、理性参与的能力和素质，积极探索和建立形式多样的民主协商与社会治理机制，为公民参与民主决策和自治管理提供必要的平台和通道。诚如公丕祥教授所说，法制现代化归根结底是人的现代化，培养公民的法律意识和法治能力是法治社会建设的首要前提和任务。从现代治理理论的角度看，社会权力的行使是一种治理方式，每个社会权力主体都可以基于微观权力机制成为治理的角色，在法治社会中发挥一定的治理功能，这在现代社会也得到了明显的验证，如在美国公民经常成为参与治理的重要角色，从社会权力参与司法的角度看，普通民众尤其是知识专家发挥着越来越重要的裁决作用，美国的“社区司法”就是社区成员在

---

〔1〕 公丕祥：《法治中国进程中的区域法治发展》，载《法学》2015 年第 1 期。

通过协定保持与正式司法机关的联系与合作的基础上，对社区的重要事务进行裁断，社区司法包括广泛多样的计划：社区配备警察制、除草与撒种计划、街区改建计划、毒品法庭计划、社区矫正、社区法院、邻里诉讼和防卫队、预防转移计划、赔偿、社会服务、受害者服务、学校和社区组织中解决纠纷和冲突等。民众可以参与这些计划，从而用多种途径取得一个非正式且非对抗性的裁断方法，就是用以社区为基础的裁断取代法院的裁断。[1]

二是区域政党的社会权力及其作用。政党从本质意义上说也是社会权力的组成部分，但其有着与一般社会权力殊异的特质，如果成为执政党其属性等方面都会有很大的变化。中国共产党在我国是一种特殊和强势的社会权力主体，既是领导党又是执政党，其地位和作用是其他权力主体无可比拟的。其所制定的党内法规作用巨大，我们已经看到党的纪律在整个社会风气和社会秩序的转变过程中所发挥的极为重要的作用，最近的廉洁自律准则和党纪处分条例对党员提出了比法律更高的行为标准。把纪律和规矩放在法律前面，绝不意味着党员可以不守法，恰恰相反，在全面依法治国条件下，党员遵守法律就是题中之义和基本义务，无论是党章的要求还是宪法的规定都是如此。党员是有着特殊政治使命、受到严格组织约束的公民，入了党就意味着主动放弃一部分普通公民享有的权利和自由，就要在政治上讲忠诚、组织上讲服从、行动上讲纪律。党员不能把自己混同于一般群众，群众守法就行了，党员光守法不行，还得守纪。从法治的意义看，如果8700多万党员能够遵守党的纪律，那么国家法律的遵守就会容易得多，守纪对于守法意义重大，违纪不一定违法，违法了还要受到党纪的处分。更有学者认为，党的纪律是一种高级的法，是中国共产党对其党员提出的更高的要求，高级法和国家法比起来，给它的成员赋予了更少的权利和更多的义务要求。一定区域或地方的党组织对于本区域和地方的法治社会建设具有重要的指导、影响和力行作用。

三是区域社会单位的社会权力及其作用。社会中的每个具体单位是社会的基本和基层组织，其数量巨大、覆盖面广，每个单位都是一个社会权力主体，都在发挥管理和治理本单位本部门事务的作用，学校、医院、工厂、企业等

---

〔1〕 参见[美]玛丽安·康斯特布尔：《正义的沉默：现代法律的局限和可能性》，曲广娣译，北京大学出版社2011年版，第32页。

都根据自己的实际和需要，可以在不违背法律的前提下设立规章制度、实施惩戒功能和解决各种纠纷。如每所大学都有自己的大学章程，这是该所学校的根本制度，是全体师生必须遵守的规范，是在国家法律大框架下的具体运作规则。从我国法治社会建设所强调的要构建多元纠纷解决机制的角度看，社会单位权力主体和机制作用无处不在，社会单位权力应当成为社会纠纷解决的主角而不是配角，社会单位权力主体应当承担起调解人、仲裁人和监督人的社会责任。与国家权力相比，这种权力在解决单位内部的社会纠纷中具有许多天然优势，“毛细血管式权力”的触角更加细密，这种权力几乎遍布社会有机体的每个角落，不仅会对社会纠纷的发生敏感度高，而且解决问题的方式更灵活，程序启动更便捷，因而效率更高、效果更好。如果单位部门的社会权力作用能够得以很好发挥，社会单位能够规范而有序运作，法治社会建设的任务就会很好落实。

四是区域社会组织的社会权力及其作用。这里的社会组织主要是非政府组织，如人民团体、行业组织、中介组织、公益组织和志愿组织、学术与文化组织、宗教团体、非执政的政党（如我国的民主党派），社会组织是社会权力的重要载体之一，其发展与变化内含着社会权力的生成和壮大。社会权力是社会组织的内驱力，社会组织为社会权力提供外在支撑，社会组织通过参与到社会民生、社会慈善、公共服务等行政事务和社会事务之中进一步获取政治与社会资源，增强了制衡国家权力、服务社会的能力。区域内的教育类、劳动类、体育类、文化类、卫生类、中介服务类等相关社会组织，应该相互沟通和相互促进，充分发挥在该区域调节社会矛盾、和谐人际关系、维护社会公平、促进社会稳定、弘扬传播特色文化、分担地方政府职能、搭建官民联系桥梁等功能。法治社会建设首先必须改变以前那种国家权力包打天下的观念，尤其是现在中央不断强调并强力实施“简政放权”，诸多以前有国家权力掌控的审批等权力相继取消和下放，但是这些国家权力的退出需要社会权力作为承接者加以规范、引导和管理，因此社会权力所承载的使命就显得越发关键，充分培育和发展民间社会组织，使其成为国家“退场”后的社会自我规范与治理的常态机制。在政府放权已成为不可逆转趋势的情况下，社会权力承担越来越多的治理任务也是不可逆转的，由于社会权力还没有能够或无力能够及时担负起政府放权的地方或部门治理任务，因而出现了一些领域治理的“权力真空”状态，这就在客观上使得加强社会组织建设和促进社会组织成长已经刻不容缓,要充分调动和发挥每个社会组织在法治社会建设中的积极作用。

四、健全区域社会规范体系

法治社会建设视域中的法律是广义的法律,其既包括国家法律也包括其他社会规范,作为法治社会建设中法治经济建设同样要发挥各种社会规范的作用。制度经济学认为,“制度由正式规则(法律、宪法、规则)、非正式规则(习惯、道德、行为准则)及其实施效果构成”。〔1〕 正式制度,如法律、合同、产权等,它的特点是具有法律上的可执行性,由公共权威机构制定或由有关各方共同制定并具有国家强制力,是一种有形的和他律的制度。非正式制度包括信念、道德、习俗及意识形态等,它的形成是人们在长期的生产实践中所积累的精神财富的一部分,它一般对人们的行为不具有国家强制约束力,它是对正式制度的补充、拓展、修正、说明和支持,它是得到社会认可的行为规范和内心行为标准,是一种无形的和自律的制度。现代社会往往注重法律等正式制度,而常常忽视道德等非正式制度,其实这两种制度是缺一不可和相辅相成的互动关系。一个有形的制度安排如果没有相应的无形制度与之匹配就不能有效发挥作用,“尊重私人产权的道德准则若被人们广泛认同,将降低交易域法制监督和实施的成本。反过来,法制不公正将败坏人们的道德情感,从而削弱他们对不诚实行为的自制”。〔2〕 十八届四中全会依法治国的《决定》指出,国家和社会治理需要法律和道德共同发挥作用,既重视发挥法律的规范作用,又重视发挥道德的教化作用,实现法律和道德相辅相成、法治和德治相得益彰。加强社会诚信建设,健全公民和组织守法信用记录,完善守法诚信褒奖机制和违法失信行为惩戒机制,使遵法守法成为全体人民共同追求和自觉行动。现代社会,没有法律是万万不能的,但法律也不是万能的,法律是外在约束,是他律,道德是内在自觉,是自律,仅有法律的外在约束,缺失道德的内在自觉,即使是最严厉的外在约束,国家和社会也治理不好,“现代社会固然还是以国家的法治为主导,但由于社会经济、政治和科技文化日新月异的变化和社会利益和利益群体的多元化发展,国家权力和国家法治不

---

〔1〕 [美]诺思:《绪论》,载[美]德勒巴克等编:《新制度经济学前沿》,张宇燕等译,经济科学出版社2003年版,第14页。

〔2〕 [日]青木昌彦:《比较制度分析》,周黎安译,上海远东出版社2001年版,第90页。

可能涵盖社会主体极其多样性的需要，必须有社会的善良风俗习惯、社会自治的规范和社会道德、宗教以及自主解决自身问题的社会组织及其社会权力，作为国家以法治理的补充”。[1]

包括法治经济在内的法治社会建设需要实现广泛的社会自治，诸多国家法律之外的社会规范是法治社会建设的重要支柱，诚如张文显教授认为的那样，法治社会要实现广泛的社会自治，发挥各种社会组织权力的作用，“社会自治为社会主体通过自我协商、平等对话解决社会自身的问题留有广阔空间。社会自治的内容十分丰富、形式无限多样。诸如，工会、共青团、妇联、法学会等人民团体依照法律和各自章程独立自主地开展工作，各种各样的非政府组织诸如城市的居民委员会、农村的村民委员会、受国家机关委托代行某种社会公共管理职能的中介组织（如消费者协会、律师协会、会计师协会等）日益扮演着公共治理的角色，各种各样的‘民间法’‘软法’、社团规范、乡规民约、道德习俗、纪律政策等发挥着法律无法替代的作用。根据社会自治理论和社会治理创新的客观规律，凡是法律规定属于社会自治的事务、领域和地方，政府尽可能不去介入，已经介入的要尽可能及早退出来”。[2] 当今法治社会建设面临许多新问题和新挑战，如社会共同体利益取向更加多元，社会民主意识不断提升，公众参与范围更广、程度更深等。这样，在社会法治化进程中应更多强调多元主体的自我决策、自我规制及互制。硬法的制定主体较为单一，并且主要依靠国家强制力来推行，无法完全适应法治社会建设的需要，而软法在制定和实施过程中都体现了对社会多元主体的充分尊重，强调平等协商、自律互律，推动社会自我治理、自我规制，已经成为法治社会建设的主要规范，正在发挥越来越独特、越来越大的作用。[3] 依法治国的《决定》在法治社会建设中指出，要发挥市民公约、乡规民约、行业规章、团体章程等社会规范在社会治理中的积极作用，而这些社会规范几乎都是以区域或地方的形式存在的，属于基层法治社会建设的内容。如现代经济活动是极其丰富和复杂的社会现象，国家法律不可能对经济现象的各个方面进行调整，法治经济需要各行各业的社会规范予以补充，并成为法治经济的重要支柱。其中一个

---

〔1〕 郭道晖：《社会权力与公民社会》，译林出版社2009年版，第242页。

〔2〕 张文显：《全面推进法制改革，加快法治中国建设——十八届三中全会精神的法学解读》，载《法制与社会发展》2014年第1期。

〔3〕 参见罗豪才：《加强软法研究　推动法治发展》，载《人民日报》2014年6月20日。

重要方面就是行业规范的作用,行业规范就是一个行业的行业协会来制定的本行业内的行为规范和标准,用来规范和指导这个行业的行为,让行业更好地发展。行业规范是各行各业按照自身的特点和标准制定的具体的规则体系,是该行业人们必须遵守的行为准则,通过行业成员的自觉遵守及行业自律机构和商业仲裁机构的执行,可以促成相应的市场秩序的形成。区域社会规范就是根据区域的特点,在国家法律的框架范围内,区域内的社会主体制定的在本区域内实施的社会规范,如地方社会习俗、地方行业规范等,可以在法律实施、社会调整、经济运行等活动中运用和发展。

五、营造区域法治社会环境

区域法治社会建设的主要目的是营造区域法治社会环境,以提升本区域的法治竞争力,进而促进本区域的经济社会发展。法治环境是全社会主张法律主治、依法而治所形成的特定意义上的法治社会环境。法治环境的立足之地在于控权,即必须从法律和制度上对各级国家权力的实际掌握者加以有效制约与控制。法治环境的出发点与归宿点都是公民权利的维护与公民权利环境的改善。在法治的状态下,政府公权力得到规范和限制,公民权利得到有效保障,社会和市场在法治的框架内有序运行,遵守法律成为全社会的一种行为自觉,让法治精神融入政治经济社会生活的各个方面,在全社会营造出崇尚法治的浓厚氛围,使法治成为社会治理创新的重要依托、生活方式的重要内容、文化精神的重要特色,这些效应的综合叠加就会形成很具吸引力和竞争力的营商环境,大幅降低交易费用。如果相反则会影响经济发展,"法律供给不足,投资环境不佳,就会导致企业家转移他地投资。法律供给不足,人们就会转而依靠法律以外的力量的保护"。[1] 良好的法治环境既是市场竞争的软实力,更是未来发展的潜在实力,只有良好的法治环境,才能让区域竞争真正拥有源头活水,能够不断激发活力。因此,改善营商的法治化环境对于区域社会经济的发展至关重要,"正是因为通过不断加强法制建设,坚持依法行政、公正司法,依法保护民营企业和企业家合法财产不受侵犯、合法经营不受干扰,才使企业对法制发展环境整体满意率不断提高,让市场经济是法治经济深入人心,让企业专心诚信经营,让社会享受'法治红利'。拥抱经济

---

〔1〕 钱弘道:《法律的经济分析工具法学研究》,载《法学研究》2004 年第 4 期。

发展新常态,必须让法治环境成为经济竞争发展中的核心要素"。[1] 而目前一些人仍然偏好以往那种拉关系走后门的老经验和潜规则,遇事不找法不信法不遵法的大有人在。为此要掌握区域法治环境的现状和层次,需要对各个区域或地方的法治指数进行科学合理评估,"从推动区域法治创建的举措看,如何科学评价区域法治创建的效果是一个需要解决的重要问题。科学的评价体系可以有效地指导各地开展创建工作,科学评价的结果可以给投资、创业者提供重要参考,也可以为建立规范竞争标准提供依据,持续促进创建工作的开展"。[2] 其中既要对法治政府建设的水平进行评估,也要对法治社会建设的水平进行评估,还要对文本中的法治、行动中的法治和观念中的法治进行综合评估,[3] 以便找出区域法治建设的优势和短板,尤其是要抓住法治社会建设的着力点,从而营造和提升本区域的法治化环境。[4]

习近平总书记2016年两会期间在黑龙江代表团参加审议时指出:"法治是一种基本的思维方式和工作方式,法治化环境最能聚人聚财、最有利于发展,"这不仅道出法治化环境的重要意义,更用"聚人聚财"四个字刻画出法治化对社会发展的作用,成为营造创新发展型社会环境的基本遵循。从总体上看,法治进程中良好的立法、执法、司法、守法等都是法治化环境的重要方面,聚人是讲法治能够激发人的创造力和提供优质的法律服务人才,聚财是讲法治能够优化资源配置和提供良好的营商环境,从而使法治成为最有利于经济社会发展的核心竞争机制和动力源泉。"当下,地方政府之间或者区域之间的竞争已经由单纯的经济竞争,衍变为包含政治、经济、文化、环境在内的全

---

〔1〕 陈易、张祎:《法治环境是区域竞争的核心要素》,载《重庆日报》2014年12月8日。

〔2〕 张苏军:《推进法治社会建设》,载《中国司法》2015年第4期。

〔3〕 参见付子堂、张善根:《地方法治建设及其评估机制探析》,载《中国社会科学》2014年第11期。

〔4〕 根据美国非营利性机构"世界正义工程"发布的"2015年世界正义工程法治指数",中国法治指数为0.48,明显低于全球平均值,在全球102个国家中排名第71位。See the World Justice Project, WJP Rule of Law IndexTM 2015, China. http://data.worldjusticeproject.org/#groups/CHN. 法治指数的这些排名是一个国家、区域和地方法治环境的主要考量治标,"这些排名无疑会对外国公司、政府乃至普通民众如何看待中国产生潜在影响,并对其在中国进行投资和贸易、开展政府间合作乃至个人来中国旅游、学习、经商等活动产生影响。"张保生、郑飞:《世界法治指数对中国法治评估的借鉴意义》,载公丕祥主编:《变革时代的区域法治发展》,法律出版社2014年版,第7页。

面的社会治理和发展竞争,其中竞争尤为激烈的是法治建设的竞争”,[1]营造良好的法治环境是我国每个区域、地方未来的重要核心竞争力,谁抓住了全面依法治国的这个战略机遇期,谁就会在未来的开放发展和区域发展的竞争中取得优势,谁没有能够在认识和行动上跟上步伐,谁就可能在今后的竞争中甘拜下风。由于我国的法治改革在空间上和时间上的高度不平衡,使得不同层次的法治状况在不同地区呈现出交错并存的局面,经济越是发达的地区,越重视将法治优先作为社会治理的方式,法治作为社会治理方式越是得到实际使用,其本身的可操作性也越发完善,越能发挥妥善解决社会争议的功能,这样就形成一个良性循环。[2] 在我国经济发展进入新常态、市场竞争日趋激烈的形势下,区域竞争必须聚焦法治这个核心竞争力,以法治保障更好服务发展第一要务,“当下地方经济发展的竞争,说到底就是法治环境的竞争,良好的法治环境是首要的经济发展环境。唯有不断提高地方法治水平,才能赢得新一轮的地方经济竞争。所以,对于一个地方政府而言,必须切实树立一种‘抓法治就是抓经济发展’的理念”。[3] 一些地方对此在认识上和实践中已经超前一步,如在今年江苏省十二届人大四次会议上,代省长石泰峰在代表省政府做政府工作报告时,首次提出“使法治成为江苏核心竞争力的重要标志”的理念,这种区域法治化提升的不仅仅是区域的法律品质,更是越来越成为该区域整个社会的核心竞争力,这一理念正在为不同区域所接受和重视,“通过区域法治建设的提升来吸引外部资金的流入,促进地区经济发展;而法治建设战略之下的制度竞争、法治竞争也就成为地方政府竞争力提升的关键”。[4] 纵观我国的区域发展,区域法治建设的水平与其经济发展的水平基本对应,如从我国每年发布的《中国省域经济综合竞争力发展报告》蓝皮书来看,其所建立的省域经济综合竞争力指标体系包括宏观经济竞争力、产业经济竞争力、可持续发展竞争力、财政金融竞争力、知识经济竞争力、发展环境竞争力、政府作用力竞争力、发展水平竞争力和统筹协调竞争力,近年

---

〔1〕 李鑫、马静华:《论我国地方法治社会建设的着力点与实践路径》,载《华侨大学学报》2014年第4期。

〔2〕 参见芦学林:《法治:加快转变经济发展方式的重要力量》,载 http://www.china.org.cn/chinese/2012-08/16/content_26253432.htm。

〔3〕 周佑勇:《抓法治,就是抓经济发展》,载《新华日报》2015年6月26日。

〔4〕 胡业勋:《探索法治四川动力机制建设路径》,载《四川日报》2014年9月24日。

来的竞争力越来越表现为“软动力”的趋强，与法治相关的政府作用竞争力、统筹协调竞争力、发展环境竞争力等指标普遍提升较快，成为提升省域经济综合竞争力的重要动力，广东、江苏、上海、浙江等综合竞争力强的省份，在政府作用等与法治相关因素方面分值都相对很高，但总体说来，法治在省域竞争力中的显示度和重要性等还没有能够得到充分重视。为此，推进区域法治发展应成为我国区域竞争的重要使命，不断通过法治的力量规范社会活动的主体客体和内容，保障和引领经济社会的充满活力和有序运行，从而最终使得法治成为本区域经济社会发展的核心竞争力。正如习近平总书记 2006 年 5 月在关于“法治浙江”的相关论述中所强调的：“要在完善社会主义市场经济体制上走在前列，首先就要在法治建设上走在前列。”〔1〕

〔1〕 习近平：《之江新语》，浙江人民出版社 2014 年版，第 203 页。

法治中国进程中的区域法治发展简论

张　清　马臣文*

内容摘要：法治中国建设的蓝图已经绘就，全面依法治国的制度建设正在逐步完善，以何种理论模式和实践模式为支撑实现中国法治现代化，成为一个至关重要的理论问题和实践问题。"区域法治"理论为法治中国建设背景下中国法治现代化的实现提供了一个较好的理论阐释和路径选择。"区域法治"理论既符合我国各地经济社会发展相对不平衡的现实，也契合了转型社会时代特点下的法律发展渐进模式。

关键词：法治中国；区域法治；法律发展

党的十八大对全面推进依法治国作出重大部署，强调把法治作为治国理政的基本方式。十八届三中全会把完善和发展中国特色社会主义制度、推进国家治理体系和治理能力现代化作为全面深化改革的总目标，并明确提出推进法治中国建设的目标。十八届四中全会首次以全会的形式专题研究部署全面推进依法治国这一基本治国方略。十八届五中全会将习近平同志在江苏调研时提出的"四个全面"定位为实现"两个一百年"奋斗目标的战略布局，全面推进依法治国、建设社会主义法治国家的法治中国蓝图清晰浮现。可以说，法治中国建设的顶层设计已经绘就，全面依法治国的制度建设也正在逐

---

* 张清，法学博士，扬州大学法学院教授，博士研究生导师。马臣文，法学硕士，讲师，江苏省司法警官高等职业学校科研处副处长。本文系江苏省"六大人才高峰"高层次人才资助项目"区域法治发展研究——以建设江苏'法治先导区'为例"(2014 - JY - 018)、江苏省高校优势学科"文化传承与区域社会发展"建设项目(PAPD)、江苏高校区域法治发展协同创新中心、中国法治现代化研究院、扬州大学中国法律文化与法治发展研究中心、扬州大学社会治理创新研究中心研究成果。

步完善。那么在此背景下，以何种理论模式和实践模式为支撑，具体推进法治中国建设，完成中国法治现代化的历史进程就成为一个至关重要的理论问题和实践问题。如学者所言："改革中国传统的法律制度，把追求太平盛世的偏重传统静态秩序的法律制度改造成为侧重支持和支撑社会进步发展的法律制度，以期实现社会发展的目标，是中国法律现代化的一个鲜明特点。"[1]

近年来提出的"区域法治"理论为法治中国建设背景下中国法治现代化实现提供了一个较好的理论阐释和路径选择。"区域法治"理论既符合我国各地经济社会发展相对不平衡的现实，也契合了转型社会时代特点下的法律发展渐进模式。"区域法治论者主张国家法治并不具有唯一的覆盖性，也必须关注到区域法治发展的需要，应根据不同区域之间政治、经济、文化、宗教等发展的不同需要，以及该区域内共同的法律需要，发展出符合本区域情势与需要的法治秩序，从而使法治这一国家治理方略在'区域的特殊性——国家的统一性'一体化的法律秩序结构中形成了巨大的凝聚力，进而真正地实现法治。"[2]因此，笔者尝试以区域法治的相关理论为依托，从"法治中国—法治区域—法治先导区"层层递进的结构维度，为21世纪中国法治现代化的理论构思和运行模式作出探索。

一、"法治中国"概念的结构释义

1. 学界对于"法治中国"概念的结构定位

"'法治中国'是习近平同志提出的，它包含有法治建设的系统性、法治建设的权威性、法治建设的新方针等重要内容和思想，是反映新时期法治建设新要求的一个新概念。"[3]"法治中国"概念的提出，既是我国社会主义法治建设事业的重大成果，也为整合当下法治建设各个维度提供了一个可行的路径和思路。在法治国家、法治政府、法治社会三位一体基础上提出法治中国建设问题，其概念处在何种逻辑位置上，即"法治中国"概念的结构问题引起了法学界的热烈讨论。

一种观点认为，"法治中国"与"法治国家"是在同一个理论层次的概念，

---

[1] 蒋立山：《法律现代化——中国法治道路问题研究》，中国法制出版社2006年版，第17页。

[2] 姜涛：《区域法治：一个初步的理论探讨》，载公丕祥主编：《变革时代的区域法治发展》，法律出版社2014年版，第180~181页。

[3] 杨小军：《习近平法治论述关键词》，载《人民论坛》2015年第6期。

甚至有学者认为是两个内涵相同的等值概念。范进学教授即持该种观点。他认为:"'法治国家'是宪法文本确立的概念,属于宪法概念,从宪法文本解释的方法分析,'法治国家'已经包括了广义上的法治政府与法治社会,'中国'作为一个主权国家,在其宪法中确立'依法治国,建设社会主义法治国家',就是要在全社会(包括政府组织以及非政府组织和个人)树立宪法至上的法治理念,崇尚遵守宪法和法律的法治精神,人人普遍地服从宪法法律,执政党依法行政,政府依法立法、依法行政、依法司法,社会依法自主,公民依法守法,最终把我国建设成为社会主义法治国家。所以,'法治中国'与'法治国家'的内涵是一致的,目标是相同的。"〔1〕葛洪义教授虽没有明确将"法治中国"与"法治国家"等同,但从其相关论述中,似乎也可以得出"法治中国"不是"法治国家""法治政府""法治社会"等的上位概念的看法。他指出:"'法治中国'是对法治国家进一步的阐释,法治建设的逻辑起点是个体权利的保障,是要解决权利保障的实现机制问题,要实现国家治理体系和治理能力的现代化,逐步实现由传统的建立在权力基础上的管理,向以权利保障实现公平正义的治理的转变。"〔2〕

另一种观点则将"法治国家"作为上位的普遍性概念,将"法治中国"作为下位的特殊性概念。公丕祥教授即认为,"法治国家是一个普遍性的概念,表征着人类法治文明的普遍性的国家型态,反映了人类法治文明发展的一般规律;法治中国是一个特殊性的概念,体现了法治国家建设的中国道路、中国经验或中国模式"。〔3〕

不过,更多的论者认为"法治中国"是个上位概念,涵盖了法治国家、法治政府和法治社会。郭道晖教授指出:"'法治中国'是一个更广袤的概念:它涵盖法治国家、法治政府和法治社会,是一个与"法治世界"相对应、相衔接的大概念……'法治中国'不仅着眼于对内关系、更着重于在国际关系上,标示'法治中国'是'法治世界'的一员(否则就无须标出'中国'这一国际法主体)。"〔4〕谢晖教授更是明确提出:"'法治中国'的概念是对国内外法治研究自然得出的结论;是对法治政府、法治国家和法治社会关系深入思索的升华;

〔1〕 范进学:《"法治中国"析》,载《国家检察官学院学报》2014 年第 4 期。
〔2〕 葛洪义:《"法治中国"的逻辑理路》,载《法制与社会发展》2013 年第 5 期。
〔3〕 公丕祥:《法治建设先导区域的概念与功能》,载《江海学刊》2014 年第 5 期。
〔4〕 郭道晖:《全面理解"法治中国"》,载《检察日报》2013 年 12 月 4 日。

是对社会转型、社会改革与法治关系深入思考的产物。关于'法治中国'的思索,使我们找到了法治国家、法治政府和法治社会的上位概念,使各种抽象的法治概念具体化为统一的'法治中国'的表述……社会转型就是实现法治中国……法治中国包含了法治国家、法治政府和法治社会。"[1]王征国也提出:"'法的统治'或者说法治中国建设,是个全方位推进依法治国的总概念,从属概念分为建设法治国家、法治政府、法治社会。法治中国是包括以上概念的三重架构。"[2]

当然,也有一种观点认为,没有必要纠缠于概念之间的关系分析,"对于法治中国的理解,还可以和应该从另一个层面和角度,即从中共十八大报告提出的我国建设和发展'五位一体'总体布局的层面和角度予以阐释和解读。……建设法治中国,就必须全面、正确把握作为法治中国'五位一体'构成要素的法治经济、法治文化、法治社会、法治生态文明的具体标准和要求"。[3]

2. 本文观点

尽管语词的含义可以通过其功能和语境得到充分阐释和再理解,但我们认为,对于当下关乎中国法治进程的重要概念的提出,其规范性含义阐释必须得到明晰,"法治中国"概念的结构性定位必须得到关注。在尚无权威解释之时,各个学科的研究者,根据立论的不同和论证维度的不同,可以对"法治中国"与"法治国家""法治政府""法治社会"之间的关系作出各种解读。但是我们必须明确,十八大以来这些与法治有关概念和命题的提出,绝不仅仅是为了构建一个逻辑严密、内涵丰富的中国法治概念体系,更重要的是为了全面推进我国社会主义法治建设进程。因此,立足于中国法治实践的概念解释以及能够促进我国当下法治建设的理论预设,应获得更大程度的解释。

循此思路,"法治中国"应是"法治国家""法治政府"和"法治社会"的上位概念,正是在国家层面、政府层面和社会层面的法治实现构成了法治中国的全貌和基本型构。法治中国建设的横向结构正是法治国家建设、法治政府建设和法治社会建设。"法治国家是法治中国建设的长远目标,必须全面推进科学立法、严格执法、公正司法和全民守法进程。法治政府是法治中国建

---

〔1〕 谢晖:《论法治中国建设的目标与实践》,载《东方法学》2014 年第 4 期。

〔2〕 王征国:《论法治中国建设的三重架构》,载《贵州师范大学学报》(社会科学版)2015 年第 3 期。

〔3〕 姜明安:《论法治中国的全方位建设》,载《行政法学研究》2013 年第 4 期。

设的重点，核心是规范与制约政府权力，提高运用法治思维和法治方式化解社会矛盾的能力。法治社会是法治中国建设的重要组成部分，核心是弘扬社会主义价值观，形成全社会所有成员自觉信仰法律、敬畏法律、遵守法律、适用法律、维护法律的法治思维、法治意识与法治文化”。[1]

不过，本文拟提出一种法治中国建设的纵向结构，即“法治中国—法治区域—法治先导区”的概念结构。从基本内容看，该概念结构强调的是，法治中国是由法治先导区为示范和引领的诸多法治区域构成的有机整体。该结构蕴含的方法论是，法治中国建设应通过法治先导区实践探索，为不同法治区域的形成提供实践参照和理论模板，让不同的法治区域能够在国家法治框架中探索出适合地方法治的经验和模式来。从普遍性和个别性的角度来看，“法治中国”是普遍的一，是整体的存在；“法治区域”是复数的多，是个体的存在集合；“法治先导区”是个别的一，是个体的存在显示。需要说明的是，此处的“法治先导区”侧重于应然，并不一定指代实然的、已经提出的“江苏法治先导区建设”。

二、区域法治理论升华与法治中国实践逻辑

法治中国建设需要理论支撑，但其实践逻辑更应予以重视。法治中国凸显了法治建设的中国性，必然要求法治建设尊重我国社会主义初级阶段的基本国情和现实状况。“法治中国概念的提出，是中国人民自主建设法治国家的强大呼声，是中国人民主体意识独立性要求更强烈的表现……体现了中国政府要通过自身力量解决中国现实问题的方法意识。”[2]因此，法治中国的实践逻辑决定了，“在‘法治中国’的概念中，不仅是对政府权力的限制，把自由还给市场，而且还包括整个国家治理体系的完善”。[3] 在此背景下，作为中国特色社会主义法治话语体系组成部分和中国法学概念体系构成要素[4]的“区域法治发展”概念的提出，回应了法治中国建设的实践需求，指明了法治中国实践维度的现实路径。以此为契机，区域法治理论初步成型。

---

〔1〕 李林：《习近平法治观八大要义》，载《人民论坛》2014年第33期。

〔2〕 彭中礼、王亮：《法治中国：时代意义、逻辑维度与发展模式》，载《时代法学》2015年第2期。

〔3〕 谢晖：《论法治中国建设的目标与实践》，载《东方法学》2014年第4期。

〔4〕 此种表述来源于张文显教授在“变革时代的区域法治发展”学术研讨会上总结，参见公丕祥主编：《变革时代的区域法治发展》，法律出版社2014年版，第3页。

“在不同的经济发展水平、社会结构、历史进程、文化传统和地理环境条件等诸因素的影响和作用下,当代中国不同区域间的法治发展形成了历史的差异性,因而中国法治发展具有统一性与多样性相结合的内在品格。区域法治发展多样性统一的运动样式,反映了中国法制现代化进程的丰富多姿,也深刻体现了中国这样一个东方大国经济社会发展的不平衡。”〔1〕区域法治表征的是法治中国区域形态和形式样态的基本事实和基本认知,其经济基础在于我国社会主义初级阶段经济社会文化发展相对不平衡的物质现实。因此,姜涛教授指出:“就当代而言,区域法治也是一种客观存在,并处于一种持续发展状态。作为‘国家法治短缺’的刺激,并随着区域经济、区域政治等发展,也出现了对某个区域确立某种共同的法律原则的需要……而当代的区域法治大致包括5种类型:国家试点形成的区域法治;自主协定形成的区域法治;民族自治形成的区域法治;经济特区形成的区域法治;国家战略形成的区域法治;此外,国家还通过保税区、自由贸易区等形成区域法治。”〔2〕

关注区域法治背后所隐含的区域法治发展的现实问题,以此激发地方法治创新发展的契机和活力,构成了我国全面深化改革的重要动力来源。习近平同志在2006年就提出:“在国家统一的法制框架中推进地方法治建设,是建设社会主义国家的客观要求;从法律渊源看,我国宪法和立法法对中央与地方的立法权限做了明确的规定,地方性法规规章是我国社会主义法律体系的重要组成部分……一些地方在推进社会主义民主的制度化、规范化和程序化方面创造了不少好的做法和经验,我们完全有基础、有条件、由责任在法治建设方面进行积极探索,以适应我省(浙江省)经济社会发展走在前列的客观需要,并为建设社会主义法治国家作出应有的贡献。”〔3〕因为,“只有根基于地方和基层的规则制度创新实践,广泛吸取地方和基层涌现出来的行之有效的规则制度,国家立法才能具有生命力和可行性……只有认真研究地方法制建设的规律和特点,完善地方执法和地方司法的体制机制,建立民众自觉守

---

〔1〕 公丕祥:《区域法治发展与文化传统》,载夏锦文主编:《区域法治发展的文化机理》,法律出版社2015年版,第17页。

〔2〕 姜涛:《区域法治:一个初步的理论探讨》,载公丕祥主编:《变革时代的区域法治发展》,法律出版社2014年版,第171~173页。

〔3〕 习近平:《干在实处走在前列——推进浙江新发展的思考与实践》,中共中央党校出版社2006年版,第361~362页。

法的激励机制,切实解决地方有法不依、违法不究等问题,才能真正改善国家宪法法律的实施效果……只有地方行政机关公平执法,地方司法机关公正司法时,公平正义的阳光才能普照到全社会和全体民众”。〔1〕 黄文艺教授甚至断言:“只有真正重视地方法治,加快推进地方法治建设,法治国家的理想才有可能实现。”〔2〕当然,此种认知理路的核心要义在于,在国家法律框架内,各地的法律实施不可能同步,而且在国家赋予地方立法权和行政立法在现代社会不可避免的事实和法理面前,法治中国维度内的地方法治和区域法治命题本身就具有了某种理论上的正当性和实践中的可行性。因此,夏锦文教授总结出区域法治的必要性有两个逻辑层次:“第一,从法治发展的内在规律来看,渐进性是法治的本质特点,法治发展的渐进性决定了区域法治发展的必要性。第二,从中国的特殊国情与社会基础等外在条件来看,中国是一个巨型国家,必然要由区域来推进法治的发展……(而且)区域特色是区域法治的生命力。”〔3〕

当然,法治中国实践背景下区域法治理论证立的基础也具有某种文化基因。各个区域立基于传统和现实上的文化差异,进一步吁求在奉行国家统一法制原则和法治理念基础前提下的区域制度、区域法治方面的差异性和地方妥切性。区域法治文化支撑并进一步正当化了区域法治发展的现实命题。“一个区域内的公民良好的法律意识和该区域社会中发达的法律文化,是区域法治建设的思想基础与重要标志。区域法治建设的终极目标,不仅是法治社会的建立、法律信仰的树立,更为长远的是法治文化的确立与弘扬,以及随之树立的法治权威与道德范式。”〔4〕因此,区域法治命题的提出也同时聚焦出了我国法治现代化不可忽视的本土化问题和本土资源问题,甚至隐约折射出当下法治建设亟须寻求个体集合层面的地方道德支撑取向。科学立法、严格执法、公正司法,必须在全民守法法治文化的蕴育和培植方面获得现实支点,法治的现实诉求和文化认同才是我们成为法治大国的根本标志之一,“法治

〔1〕 黄文艺:《认真对待地方法治》,载《法学研究》2012 年第 6 期。

〔2〕 黄文艺:《认真对待地方法治》,载《法学研究》2012 年第 6 期。

〔3〕 夏锦文:《区域法治发展的基础理论研究构架》,载公丕祥主编:《变革时代的区域法治发展》,法律出版社 2014 年版,第 49 页。

〔4〕 夏锦文:《区域法治发展的基础理论研究构架》,载公丕祥主编:《变革时代的区域法治发展》,法律出版社 2014 年版,第 49 页。

的根基在于人民发自内心的拥护，法治的伟力在于人民真诚的信仰。只有努力把法治精神、法治观念熔铸到人们的头脑中，形成办事依法、遇事找法、解决问题用法、化解矛盾靠发的习惯，法治才能源源不断地释放出规则的正能量”。[1] 否则，自上而下的中国法治现代化道路前景恐怕仍不容我们乐观。“心理禀赋、文化基因的先天不足和当前社会无视道德、漠视道德的法治困境，注定‘法治中国’之路是一个长期的、艰苦的历程。只有植根本土，从本国的传统和现实需要出发，吸收借鉴人类法治文明的优秀成果，‘法治中国’才能吻合中国文化，成为中国现实的社会状态。”[2]

同时，必须提到的是，区域法治与20世纪90年代以来兴起的、旨在发现和挖掘区域功能空间价值的新区域主义也密切相关。新区域主义是形成于欧美的、以生产技术和组织变化为基础、以提高区域在全球经济中的竞争力为目标而形成的区域发展理论、方法和政策导向。[3] 新区域主义强调：“区域治理的目的是：在区域层面建立一种方法以提升地方政府间的合作；解决区域碎片化的政府组织结构带来的负外部性；提供一种财政和减税的办法来促进中心城市的发展，以便使其能更好地为整个区域的发展作出贡献。”[4]法治中国实践逻辑维度下的区域法治命题和区域法治发展某种程度上也构成了对于新区域主义强调区域功能整合和区域制度建设“厚度”的一种回应，也侧面印证了当下全球化发展基础上的全球法治开始出现的某种趋同现象。

---

〔1〕 陈冀平：《谈谈法治中国建设——学习习近平同志关于法治的重要论述》，载《求是》2014年第1期。

〔2〕 熊英：《法治中国的主体信仰维度》，载《学习与实践》2013年第12期。

〔3〕 参见殷为华：《新区域主义理论——中国区域规划新视角》，东南大学出版社2013年版，第1页。

〔4〕 殷为华：《新区域主义理论——中国区域规划新视角》，东南大学出版社2013年版，第57页。

第二部分　区域治理与法治发展的实证路径

合同作为区域管理的手段

[俄]巴库莉娜·莉莉娅·塔尔加托夫娜*

阿依科丽姆·玛簕玛科夫** 译　於海梅*** 校

内容摘要:文章分析区域主义的几个方面以及在一些调整合同法律关系过程中运用的可能性,指出合同法律调整的特征、主体、客体和法律手段,研究反映在中国和俄罗斯相互关系中的一些区域化问题,得出在规制公共关系时需要更广泛运用合同法律手段的结论。

关键词:区域主义;合同的法律调整;合同调整的法律手段;公共法律关系

当前,扩大合同的调整范围是法律规制的现代趋势,这不仅在国际舞台上,而且在国家政治体制框架下调整公共关系的领域。同时考虑到区域主义和联邦制论述存在的区别,应当指出,运用合同法律方法的潜在可能既在构建联邦关系体制上又在区域化过程中。

其中,分析俄罗斯的联邦和地区立法以及地方自治机关的规范性法律文件,可以得出结论,合同作为调整社会关系的方法切实运用于实践已有广泛的法律基础。公法领域(宪法、行政法、金融法等)的合同方法与调整社会关系的古典方法(单方面强制手段)相结合具有很大成效。这是由于合同可以关注伴随公法活动的多种因素,从而为调整公权力关系提供个性化的方案。

运用系统方法研究法律调整可以得出两种层次的规制:单方权力调整层

---

* 巴库莉娜·莉莉娅·塔尔加托夫娜,喀山联邦大学法学院院长,俄罗斯法学副博士,副教授。

** 阿依科丽姆·玛簕玛科夫,南京师范大学法学院2014级民商法专业硕士研究生。

*** 於海梅,南京师范大学法学院博士研究生,南京师范大学法学院科研机构兼外事秘书、助理研究员,江苏高校区域法治发展协同创新中心秘书,中国法治现代化研究院研究员。

次;合同调整层次。

和任何一种人类活动一样,合同调整有其确定的主体范围、法律作用客体、相应的合同手段、目的和效果。

合同调整作为特殊层次的法律调整活动,是通过特殊的法律手段对合作关系产生自觉有意的调整作用。该作用的社会心理(内部)方面在于,互相有利害关系的合作主体意志协商一致以形成交换双方宝贵利益的最优条件。该作用的外部(法律形式)方面在于,形式上平等的法律主体有目的性地在特殊法律文件(个性化的或格式化的合同)中设立或变更彼此的权利和义务。

然而对合同调整主体形式上平等的理解必须考虑以下因素。原则上不仅是同等法律地位和不存在形式上从属的主体,而且是合同中的每一方作出行为模式的意识和意愿具有平等的法律意义。这种要求的深层次社会前提在于,互换有价利益的主体互相制约和互相有利关系的客观性。正因为如此,合同调整主体在具体的法律调整过程中没有实际上的和法律上的可能对彼此的行为施加单方权力的影响。

合同调整活动的对象是相互合作的社会关系,包括私有(个人、私人)利益载体或公有(公共)利益载体。社会利益关系的性质决定其法律调整的特殊性——内在假设或仅允许合同调整。

法律调整作为主体意识的互相作用,间接的社会法律资源体系,旨在预防或解决社会冲突。从这个角度来看,调整社会关系是法律调整派生的中间目的。因此,合同调整活动的最终目标是合同双方作出共同的行为模式,从而确定对于他们来说更为优惠的交换互相有价利益的条件。从更广泛的社会方面来看,这种行为防止因无法满足社会关系参与这种或那种要求而出现冲突的情形。

方法在任何行为结构中都起着决定性的作用。从功能意义的角度来看,方法是把有意识的目的和现实结果结合起来的环节。

虽然“合同调整方法”与“合同的法律调整方法”的概念密切相关,但它们的内容不一致。前者强调基于法律平等主体意志一致基础上法律调整方法的特殊性。后者包括在合同法律调整过程中所有的法律现象。因此,两个方面构成了其内容的独特性:单方权力调整方法和合同调整方法。

这样可以得出结论,合同调整方法有实质上的法律现象(调整形式)和法律活动现象(实现权利和履行义务的行为),它们是合同调整活动主体为了最全面地满足双方协定的利益、预防或解决冲突而确定的优选行为模式。

确定了合同法律调整的基本方面后，我们来研究其运用在区域化进程中的可能性。虽然当前世界进程多样化（全球化、区域化、国际化及其他），而且对现有反映世界多样性语言符号的术语评价不一，但本文把区域化概念解释为权力管辖再分配、从国家层面向区域层面转移职能的实现过程，在此背景下我们来理解法律调整的区域层面；在国家和超国家层面决策过程中符合区域新作用的新制度形式的显现和发展。[1]

区域主义概念将中国作为机构的层次比民族国家要高得多。该超国家机构融合了主要的汉语区，拥有重要的语言、历史、经济和地缘政治文化特征。同时，每个区域都有自己的、不同于其他区域的，在统一的中国和世界空间下实现发展的模式。

现代世界中中国的新开放区域主义的实质在于保障国际和区域环境有利于世界的进一步和平协调发展和中国的平稳发展。新的中国区域主义模式旨在建立"中国区域秩序"，通过经济、思想、政治和文化发展战略等和平机制建立被称为区域性共同体的"Pan－Sinica"。[2]

"新区域主义"政策确定了全球化中国（"中国区域"）不断扩展的社会文化空间的无形边界；有助于区域自觉和区域认同的形成和产生，尤其是在东亚，意识到对中国区域的归属。通过政府间协议确立的区域合作，扩大着"新区域主义"的内容并决定其特征。[3]

目前，中国"新区域主义"政策的目的和手段已显著扩大，不仅包括经济的，而且包括政治的、外交的、思想的和社会文化的一整套中国区域政策机制。通过在改革开放政策框架下扩大和改善国际和区域间关系来实现中国全球战略，其手段之一是开放边境区域主义。

通过扩大和丰富边境合作形式来实现中国边境区域主义。发展边境地

〔1〕［俄］И. М. 布斯基娜：《政治区域学》，教材，莫斯科国立国际关系学院，罗斯本出版社2006年版，第39～53页。

〔2〕［俄］T. H. 库琴斯卡娅：《中国全球化战略中开放的边境区域主义：俄罗斯的教训》，载《后贝加尔国立大学学报》2011年第1期。

〔3〕详见B. A. 阿布拉莫夫：《全球化的中国：社会文化评价范畴》，莫斯科：东方书局2010年版。

区是实现“新区域主义”政策的必要条件和发展中国“内陆地区”的有效机制。[1]

许多学者认为,目前中国“新区域主义”的重要机制之一是“软实力”。这体现在,在东南亚孔子学院数量增长,为来自东南亚的学生提供良好的教学条件,简化获得中国签证的程序,提供国家奖学金。同样,为了更为稳定的战略伙伴关系,中国宣布设立规模为100亿美元的投资基金用于发展东南亚国家的基础设施。

此外,中国与东南亚国家,如老挝,积极签订双边合作和共同使用边境地区的双边协议。例如,2010年3月底,中国公布设立具有特殊法律地位的中国—老挝—泰国合作“跨国旅游区”和“边境贸易圈”。划入这些区域的有云南西南部的内部地区,以及三个老挝的省和两个泰国的省。

俄罗斯为了在俄中跨境空间中实现自己边境地区的有效发展必须考虑“中国因素”、“新区域主义”政策在特殊社会文化实践中的体现。我们认为,正是在这个领域,用合同手段调整国家之间的关系是有效的。

在公法领域可以使用划分行为和职权对象的合同;上级国家权力机关移交特定职权给下级国家权力机关的合同;议会之间、政府之间和部门之间达成合作与伙伴关系的不同种类的协议;地方自治方面的标准合同等。

区域层面上合同调整公共关系有三种作用:第一,作为法律的补充调整;第二,立法调整社会关系的基础;第三,规制社会关系的独立手段。

---

〔1〕 详见T.H.库琴斯卡娅:《作为俄罗斯和中国共同发展资源的跨境社会文化空间(后贝加尔边疆区和中国东北地区的区域实践)》,莫斯科:东方书局2012年版。

论“智慧城市”与中国法治

[澳]Max Parasol(霍博恩)*

肖 威** 译

内容摘要:虽然对于智慧城市的定义多种多样,但是本文对于智慧城市的定义主要围绕着中国对智慧城市科技发展的法律规制。中国的政府官员目前的关注点在于那些可以大幅提高效率、并且可以解决中国城市出现的问题的科技。中国近期出台的立法使中外资的科技公司对中国的法治感到不安。这些在强调“网络主权”背景下制定的新法,会不会影响地方政府引进外资科技公司以及专利和技术转让的能力?这些立法是否会减慢中国的智慧城市的建设进程?

关键词:中国;智慧城市;网络主权;法治;网络(计算机)安全

关于什么是“智慧城市”有多种定义。虽然,通常认为“智慧城市”最重要的因素是科技,但是,本文的观点是:公民的参与和投入才是一个“智慧城市”最为重要的因素。目前对中国而言,建立有效的、拥有大数据的、[1]并且辅之以正确发展策略的“智慧城市”是非常重要的。

本文主要探讨智慧城市的科技与中国的立法回应之间的关系。中国的

---

* Max Parasol,律师、莫那什大学讲师。

** 肖威,南京师范大学法学院副教授。

〔1〕 2013年5月,一些国际学者在北京召开的香山科技会议上,对什么是“大数据”的定义进行了讨论:第一,为了学术上和商业群体,将大数据定义为“复杂的、多样性的、异质化的、高度潜在价值的、在短时间内难以收集整理分析的数据的集合”。第二,为了政策制定的目的,将之定义为“数据时代的一种新类型的战略资源、引领革新的关键性因素,正在改变人们的生活和生产方式”。Report on the 462nd Session: Data Science and Big Data. Xingshan Science Conference, May 29-31, ChineseAcademy of Sciences, Beijing. Cited in *The Bridge: a global view of big data*, National Academy of Engineering, 2014 https://www.nae.edu/File.aspx? id = 128774.

官方正在努力转向科技、试图更有效率地解决中国城市发展中面临的问题，然而，中国最近的一些立法使外国的科技公司感到不安。这些在强调“网络主权”背景下制定的新法，会不会影响地方政府引进外资科技公司、专利以及重要的技术转让的能力？这些立法是否会减慢中国的智慧城市的建设进程？

中国将技术发展作为核心的发展任务。如何解决在建设智慧城市过程中出现的问题，国际技术转移和合作带来的对智慧城市的好处是明显的。这些在强调“网络主权”[1]背景下制定的新法，意味着中国必须重建国际信任可能是立法者的最重要的任务。网络主权目前在国内法中普遍给予规定，它包括了数据保护、芯片安全、银行和媒体规制。这些法律从数据加密到技术转让的限制性规定、外国媒体报告都会影响外国科技公司参与中国的经济。

智慧城市

智慧城市是一个模糊的定义，它泛指城市管理政策，例如城市的规划和城市的交通；是指运用信息科技来解决城市问题、达到城市的理智发展与可持续发展的目标。[2] 一个智慧型的城市是一个数据连接的城市。但是，城市的发展规划与科技一样重要。“在最广泛理解的意义上，智慧型城市应该是拥有一套城市所需的服务网，并且能够通过适合的、符合公共管理需求的途径提供这些服务——包括最新的技术的运用”。[3] “好的城市管理”的目标因此也是“智慧城市发展的主要目标”。[4] 虽然智慧城市的定义在不同的国家有不同的定义，但是，可持续发展却是一个不变的特性。[5] 现代科技的迅

---

[1] 简言之，中国关于“网络主权”的含义是指，由各主权国家对网络进行个别的、分国界的监管。这项词汇（网络主权）已经被众多媒体采用。但是，它在国内法上的地位还不清楚。“网络主权”，2010年在中国政府的权威出版物上首次出现：国务院新闻办公室发布了名为“中国互联网”的白皮书，该白皮书中称：在中国的国境内，互联网是中国主权的管辖范围，中国的互联网主权应该得到尊重和保护。中国公民、外国公民、法人及其他在中国境内的组织有使用网络的权利和自由；但是，同时也必须遵守中国的法律和法规、自觉遵守网络安全的规定。

[2] Townsend, A, *Smart Cities: Big Data, Civic Hackers, and the Quest for a New Utopia* (W. W. Norton & Company, New York, 2013).

[3] Kang Yanrong, Jeanette Whyte, Thomas Hart, "Comparative Study of Smart Cities in Europe and China", White Paper, EU-China Policy Dialogues Support Facility II (PDSF), March 2014, p16. 〈http://euchina-ict.eu/wp-content/uploads/2015/01/Smart_City_report_draft-White-Paper-_-March-2014.pdf〉.

[4] Ibid.

[5] 智慧城市通常是指智能的、可持续性的城市发展。

速发展加剧了智慧城市的发展。政府对智慧城市采取的策略被认为是最强有力的发展和运用新科技的催化剂,例如物联网、[1]云端计算机、大数据——在城市发展规划、建筑以及城市管理方面的运用。智慧城市运动正在全球范围内强势展开。全球性问题的解决在这样的一个更为智慧的星球上即将成为可能。智能的科技系统正在改进自然资源系统网络、供给链条以及水资源的管理;智能的保健系统可以降低治疗的成本;智能的食物供应系统正在使用雷达识别科技跟踪肉和面粉等生活必需品,从农场通过供应链再到超市的货架。但是,“分析表明,智慧城市的定义对于不同的城市而言是不同的”。[2] 每一座城市都有不同的问题需要解决。[3]

但是,事实上,“大多数的智慧城市的项目实际上是用个别的解决方法解决社区的个别问题”,远未达到利用综合性的手段彻底解决城市管理中的问题的层面。[4] 参与的公民提出问题、对问题的解决提出建议以及解决城

〔1〕 物联网(IOT)是一项新的设施,是由当前的互联网作为工具,扩大服务和应用。利用感应技术和智能机器感知和辨识物的世界,通过传感技术和网络的相互联接进行信息的收集、整理、发掘,通过这种方式达到人与物之间、物与物之间的信息的互动以及无缝对接,因而真正达到有效控制时间、精确的管理以及科学决策的目标。物联网白皮书,2011。中国电讯研究院(China Academy of Telecommunication Research of MIIT)估计,2000 年有 2 亿多物品与网络相联,这个数据在 2013 年将达到 100 亿(10 billion)。Cisco 指出,下一波互联网的大幅度发展会源于“机器—机器”“人—机器”“人—人”之间的联合,他们将之称为“一切联网”(IOE)。Joseph Bradley, Joel Barbier, Doug Handler; Cisco White Paper, “Embracing the Internet of Everything To Capture Your Share of $14.4 Trillion”, 2013.

〔2〕 实践中,从科技发展的角度,一个智慧城市由硬件和软件设施构成。硬件主要包括传感层和互联网层;软件设施主要包括平台层和应用层。这些硬件和软件可以被用来管理城市交通、稳定电力系统、协调紧急服务以及为人们提供更多的城市信息。Kang Yanrong, Jeanette Whyte, Thomas Hart, “Comparative Study of Smart Cities in Europe and China”, White Paper, EU-China Policy Dialogues Support Facility II (PDSF), March 2014, p. 11. 〈http://euchina-ict.eu/wp-content/uploads/2015/01/Smart_City_report_draft-White-Paper-_-March-2014.pdf〉.

〔3〕 一些定义侧重于科技。智慧城市的一个核心机制是自我调控、自动作出反应的体系,并且能够通过物理和虚拟传感器搜索信息。这些信息数据可以通过多个程序、系统、组织、工业或者价值链条连接,这些系统有效地将虚拟世界和真实的世界联系在一起。另外一些关于智慧城市的定义则侧重于另外一些因素,例如强调文化和知识、为公众创造、提供更为平等的参与机制与机会等。

〔4〕 Kang Yanrong, Jeanette Whyte, Thomas Hart, “Comparative Study of Smart Cities in Europe and China”, White Paper, EU-China Policy Dialogues Support Facility II (PDSF), March 2014, p. 19. 〈http://euchina-ict.eu/wp-content/uploads/2015/01/Smart_City_report_draft-White-Paper-_-March-2014.pdf〉.

市问题。[1] 使用大数据是建设智慧城市的一个关键的动力,因为运用大数据可以发现城市中早已存在但未被发现的问题。

的确,抛开公与私的分别,建设智慧城市还有一些其他的利益相关者,如教育城市的居民学会使用新的智慧城市科技。民众的参与程度是智慧城市项目是否成功的一项非常重要的衡量指标。一个成功的智慧城市必须是以民众为核心的,因为核心观点的征集需要民众的参与和投入。例如,大数据的形成都是由那些产品的潜在销售者驱动,那么这样的"消费主义"会招致城市居民的反对。中国有很多可以通过大数据解决的问题。中国必须解决环境问题、保健问题、老龄化问题,以及个人识别以及户口系统,[2] 与日俱增的交通拥堵以及食物安全的问题。中国政府也承认"智慧城市"对商业发展带来的好处。

"智慧城市"被中文定义

中国发展科技的运动非常强势,不论是在政治层面还是在民间层面。[3] 中国对智慧城市的建设,进行了大规模的、持续的部署。第十二个五年计划,统领了2015年之前的经济宏观政策,该五年计划中即确立了加强和鼓励发展"智慧城市"科技的政策。[4] 全球的政策制定者都在致力于寻找能快速使城市居民以及移民过上更好生活的途径。

中国面临大量的问题需要解决:移民、污染、安置住房的提供、交通拥堵等。但是,中国正在试图运用智慧城市科技转型成为一个现代化的服务经济体。根据中华人民共和国发展和改革委员会提供的信息,"智慧城市"战略引进现代的科学技术,例如物联网、云端科技、大数据、空间地理信息系统,运用

---

〔1〕 在芝加哥,铲雪机上的GPS传感器装有一个"实时铲雪追踪地图",任何人都可以看。在西班牙Zaragoza,拥有"市民卡"即可以在城市范围内享有免费的无线网络,使用公共自行车、在图书馆以外查询书目,也可以在家支付公交的费用。在伦敦,传感器可以告诉你什么地方可以停车,因此进行自动的重新导航。在纽约,一些城市科学家在一些当地的下水道装上传感器,当暴雨漫过该系统,或者有人向下水道倾倒废品时,即可发出警报。

〔2〕 户口是在中国大陆地区法律上要求的户籍登记记录制度。鉴于它在农村人口和城市人口的社会分层功能,通常认为户口制度代表着划分城市人和农村人的等级制度。

〔3〕 Townsend, A, *Smart Cities: Big Data, Civic Hackers, and the Quest for a New Utopia* (W. W. Norton & Company, New York, 2013).

〔4〕 自1953年开始,"五年计划"成为中国社会经济发展的重大政策。中国第十三个五年计划已被中共中央批准,并且于2016年3月公布。

于城市规划、建筑等领域。

“智慧城市”可以在信息和数据资源的帮助下，提高城市的管理以及服务工业的发展。目标是统合信息资源、提高城市管理和城市服务以及使中国经济向着更为现代的工业模式转型。“智慧城市”或者“智能城市”，在中国已经广为接受。智慧城市作为2010年的上海世界博览会的一个中心议题，吸引了广泛的关注。世界博览会的标语即是“更好的城市，更好的生活”。中国对智慧城市的建设进行了大规模、持续的部署。第十二个五年计划，统领了2015年之前的中国经济发展，确认了大力发展“智慧城市”科技的目标。接下来，中国的部委开始发起工业界联盟和项目来推进这个目标的建设。[1] 智慧城市作为中国政府的政策目标，跨国的公司包括中国的企业，都参与到建设和部署智慧城市平台的运动，目的在于，在这个平台上，完全不同的行业和系统之间实现信息的交流和共享。[2] 例如，如果一场暴雨袭击了城市，目击者与社会媒体就可以迅速地通知管理者，管理者亦能迅速地发出公告（使用社会媒体），引导、疏通公共交通，派出相关的工作人员解决问题。可以想象，如果四川地震时有了这样的系统，会是多么的便利？在这样的情况下，中国的规制环境非常的重要。

中国与其他任何国家一样，需要在公司和民众之间建立对话。民众与所有的科技相连，并且能控制他们的信息披露的数量。物联网公司需要与顾客之间建立联系。“在最为基础的层面上，更为智能的政府意味着创造真正的以民众为中心（citizen centric）的服务运作体系。”[3] 作为智慧城市的基石，智慧政府意味着不同层次的利益相关者（尤其是民众）参与决策及公共社会服务当中来。在中国，保证网络安全、消除网络弊端的责任，是一个公共的还是

---

〔1〕 2012年，住房建设和城乡发展部（Ministry of Housing and Urban-Rural Development）正式发布了“开展智慧城市试点的通知”“智慧城市建设的临时措施”，并且批准了90个智慧城市的试点项目。2013年，已有250多个城市提出建设或开始建设智慧城市，但是，不到80个城市拥有非常具体的建设计划。2013年智慧城市发展水平评估报告。中国将建设智慧城市作为一项重要的战略部署，以加快中国城市的工业化、信息、城市化进程。

〔2〕 很多城市如南京、沈阳、成都、昆山，都与世界软件巨头IBM签订了智慧城市平台合作协议。IBM被公认为是有效整合智慧城市工业和政府部门的交流中心。Zhang, Yongmin, and Zhongchao Du, “Present status and thinking of construction of smart city in China,” *China Information Times* 2 (2011), pp. 28 – 32.

〔3〕 IBMConversations for a Smarter Planet, see: www. ibm. com/smarterplanet/global/files/nz__en_nz__health__ibmlbn0041_transtasman_book. pdf.

私人的责任呢？是在物联网科技开发者身上吗？中国城市发展中心的主任李铁指出："中国建设智慧城市的一个最为重大的变化就是，要改变过去的政府驱动式的发展模式，而改为使用者导向及市场驱动模式。"[1]在很多情况下，民众必须针对他们遇到的问题想出解决问题的方案。

"互联网＋"

2015年3月5日，李克强在政府年度工作报告中介绍了"互联网＋"[2]政策，以扩大互联网驱动的经济行为，引领新的工业发展。"互联网＋"的目标是将大数据、物联网、手机网络与产品制造业统合，促进电子商务。该计划书中指出国务院"目标在于进一步深化互联网与经济和社会生各部门的统合，计划在2018年使新的工业模式成为领导力量"。[3] 2015年7月4日，国务院发布了《积极促进"互联网＋"行动计划的指导意见》。[4] "指导意见"中所用的措辞反映出一个智慧城市所需要的一切因素，包括：公共数据系统的

---

[1] Ma Chi, China and UK team up in smart city development, 25 March 2016, www.chinadaily.com.cn/china/2016－03/25/content_24091213.htm.

[2] "互联网＋"政策是为了通过因特网和工业科技的发展来促进经济的发展，"互联网＋"包含了手机网络、云端计算机、大数据和物联网等元素，将这些元素与现代的生产业相联、以促进工业和商业的发展。李克强2015年政府工作报告，新浪新闻，5 March 2015, see: http://news.sina.com.cn/c/2015－03－05/105331571230.shtml。

[3] China Headlines: China unveils "Internet Plus" action plan to fuel growth', English.news.cn, 4 July 2015〈http://news.xinhuanet.com/english/2015－07/04/c_134381818.htm〉http://english.gov.cn/policies/latest_releases/2015/07/04/content_281475140165588.htm.

[4] 2015年7月4日，中华人民共和国人大常委会发布的《积极促进互联网加行动计划的指导意见》。

该指导意见中包含了要求和目标、详细的行动计划、支持的政策、共列出了11项内容：

· 创业和创新
· 合作生产
· 现代农业
· 智能能源
· 包容性的融资体系
· 公共服务
· 高效的物流
· 电子商务
· 方便的交通
· 绿色生态
· 人工智能(机器人)

“开放”。该目标是到2025年，一个联网工作的、智能化的、民众为导向的、合作良好的“互联网+”工业生态体系将获得基础性的提高，一个新的“互联网+”的经济模式将初步形成，“互联网+”将成为经济发展与社会进步的主要驱动力。[1] 事实上，“坚持开放共享”以及“形成利益共享”是指导意见中常用的词汇。此外，指导意见中还包括了智慧城市所需的一些支持性的相关措施。改变政策的环境，包括废除一些不合理的机制和政策，降低网络上经营产品和服务的市场准入，鼓励创业和创新。也包括了政府更多的通过云端服务进行采购、创新信贷产品及服务、进行网络集资等方式支持网络商业的发展。建设智慧城市包括三项重要的政策：

1. 新一代的信息基础设施建设。加快新的软件工程的开发和革新，例如芯片和高端服务器、云计算的使用、大数据等；并且建设重要的硬件设施以及出台国家有效运转智慧城市的策略。

2. 公共资源的共享。加强公共服务，开始对公众进入政府数据平台进行试点、鼓励中小企业进入国家创新平台。再次强调，一个智慧城市能够有效地运转并减轻城市问题的关键之点是，公众能够进入大数据平台。

3. 安全规制。提高风险抵御的能力、保卫互联网和信息的安全、保护公平的竞争。而且，一个智慧城市非常重要的因素是有效的组织。信息技术对物联网以及智慧城市的其他方面特别的重要。

“指导意见”中强调，促进“互联网+”政策，促进一些能够产生新的工业模式的关键产业的发展。包括创业、创新、合作生产、现代农业、智能能源、公共服务、服务于各阶层的金融体系、快捷的物流、电子商务、方便的交通、绿色生态系统、人工智能。指导意见中特别强调了运用工业大数据、有效支持生产工业向智能化的转型、建设开放、共享、合作的智能生产工业系统的重要性。这包括了鼓励互联网企业建立公共服务平台。[2]

---

〔1〕 指导意见中指出，要达到一个快速的、高质量的经济发展和工业发展的目标，须充分利用中国的规模经济和网络平台，以促进在网络和实体经济之间更深层次、更为综合的连接。

〔2〕 Ibid.

智慧城市和法治

本文的研究目的在于,评估中国在现有的法治的不确定,[1]以及在现实的政策条件下,中国能否成功地创建智慧城市,包括公众进入公共的大数据平台。中国2016年3月公布的新五年计划,有力地促进了中国的国家改革日程。[2] 改革的能力是中国政府的一项主要优势。[3] 中国已制订相当多的政策和目标,但是仍然需要具体的措施。"互联网+"是这些政策之一。中国官员正在转向科技以提高解决城市问题的效率。

结论:未来的发展,持续乐观?

总理李克强在2016年3月的政府工作报告[4]中指出,中国正在努力革除那些不清晰的政府授权,其中,明晰政府的权力范围、简化政府的审批程序是一个主要的目标:政府决心简化行政权力,转化政府的功能,提高执政能力;出台权力清单以及地方政府的职责规定;修改行政规章,减少行政税负、削减红头文件,保障公民的机会平等以及更为广阔的创业空间;政府推出"互联网+政府服务"模式,在政府部门之间提高信息共享程度,以使公众和商业机构能够访问政府部门网站,获取需要的信息。

智慧城市的概念因不同的城市而异。中国与其他国家相比,有着不同的生态系统。中国的创新系统拥有非常多的其他国家所不具备的元素,包括:

---

〔1〕 对于法治的含义,通常有着较为激进的解释。在本论文中,对中国法治进行定义是一项重要的理论任务。在商法中,法治意味着在商业交易的确定性,在国家和公民之间以及私人之间对法律可以预见。法治在中国是一个非常复杂的词汇,是一个一直在演进着的概念。很多学者一直在研究这个课题:See for example, Peerenboom, R, China's Long March Toward Rule of Law (Cambridge University Press, Cambridge, 2002)。

See also: Gillespie, J., "Developing a theoretical framework for evaluating rule of law promotion in developing countries," in*Rule of Law Dynamics: In an Era of International and Transnational Governance*, (eds.) Zurn, M., Nollkaemper, M., and Peerenboom, R, (Cambridge University Press, New York, 2012).

〔2〕 最新的五年计划在2016年3月发布,因为中国的生产制造业的相对优势的逐渐消失、很多大学毕业生找不到工作,中国的创业型经济发展成为政治上的必需。

〔3〕 过去的一些年中,这是中国政府的主流政策。然而,很多事实证据表明,中国政府当前将创业作为一项重要的发展政策。一个关键的事实就是,"大众创业"这一词汇在中国政府的决策中频繁的出现。

〔4〕 Li Keqiang's March 2016 Government Work Report, Xinhua, 17 March 2016, 〈http://news.xinhuanet.com/english/china/2016-03/17/c_135198880.htm〉.

源源不断的资金、世界上最多的消费人口规模、政府坚定的决心以及强大的军事。

对于中国的发展方向以及中国的创新能力,大多数人是持非常乐观的态度的。很多投资者都将中国视为亚洲创新的领先者,并且是美国的有力对手。这样的判断是基于正在出现的新科技,例如物联网和智慧城市科技。

那种认为网络主权会阻碍智慧城市创新的观点是值得怀疑的。时间会证明,本文是否做出了正确预测。国内立法是中国领导人意愿的直接体现,在当下的网络驱动创新模式下,让中国领导人不去介入技术,对于中国领导人而言会是一件很难做到的事情。

中国法治政府建设指标体系的构建

钱弘道　方桂荣*

内容摘要：十八届三中全会提出了"建立科学的法治建设指标体系"的重大任务。作为法治建设指标体系的重要组成部分，法治政府建设指标体系的设计完善注定是一项重大而紧迫的研究课题。当前各地各级政府与中国政法大学法治政府研究院已经展开专门的实践探索并积累了一些有益经验，为后期深入研究奠定了基础。然而，实践中出现的两种类型的法治政府建设指标体系各有优势也各显不足，还不具备在全国普遍推广适用并取得良好评估效果的特质。在法治政府建设指标体系的进一步优化中，需深度剖析法治政府的内涵特征以廓清法治政府的争议性边界。在此基础上，借助实践经验所揭示的发展趋势来确立指标体系的优化取向，综合运用各学科知识构建起既符合设计目标又能充分反映法治政府内在要求的指标体系。

关键词：法治评估；法治政府建设；指标体系

在全力推进法治中国建设的探索之路上，"法治评估"这一现代而有效的量化制度得以发掘，并成了国家层面的一种重要治理工具。它"运用运筹学、统计学等原理，采用指标体系和运算模式，按照合理的程序和方法，以量化形式对国家治理状况做出全面的、系统的客观评估，对治理水平进行实时、动态、科学的管控、监测、诊断、反馈，以减少治理的盲目性"。[1] 指标体系是法

---

* 钱弘道，浙江大学光华法学院教授，博士生导师；方桂荣，浙江大学光华法学院博士后，浙江师范大学副教授。国家"2011计划"司法文明协同创新中心资助项目；教育部哲学社会科学研究重大课题攻关项目（13JZD011）；国家社会科学基金重点项目（13AFX012）。

〔1〕 钱弘道、王朝霞：《论中国法治评估的转型》，载《中国社会科学》2015年第5期。

治评估的核心内容。倘若没有对法治指标体系的逻辑模型做到准确和合理的论证，法治评估就很容易在操作化过程中发生变异，偏离我们预期的评估目标，甚至得出虚假乃至事与愿违的错误结论。[1] 为充分发挥法治评估这一治理工具的作用，十八届三中全会提出了“建立科学的法治建设指标体系”的重大任务。

法治政府建设是法治中国建设的重要组成部分，政府的法治指数是国家法治指数的最重要最核心的部分。[2] 作为促进法治政府建设竞争的有效动力机制，法治政府建设指标体系的科学合理性不仅直接影响着法治政府评估制度本身的功能发挥，也关乎法治中国建设的实质进程。虽然我国实践领域已经出现了林林总总的法治政府建设指标体系，但由于缺乏顶层设计导致各地做法差异悬殊，存在科学性、针对性、合法性、公开性、权威性等问题，[3] 影响了法治政府建设指标体系的功能发挥，也带来了法治评估的形式主义。[4] 在此背景下，构建一套科学系统并具有普遍适用性的法治政府建设指标体系已成当务之急。基于概念在指标设计中的基础性地位，本文首先廓清法治政府的内涵边界以克服指标设计中认识模糊与争议的问题，进而以地方政府和中国政法大学法治政府研究院的实践样本为研究对象，分析现存法治政府建设指标体系的内在特性，以揭示法治政府建设指标体系的发展趋势并树立正确的建构思路，从而有针对性地建构起科学的指标体系，为顶层设计提供参照样板。

一、法治政府的内涵特征

法治政府的内涵和外延是评估指标体系的基础，其核心是法治政府的基

[1] 张德淼、李朝：《中国法治评估指标体系的生成与演进逻辑》，载《理论与改革》2015 年第 2 期。

[2] 汪全胜：《法治指数的中国引入：问题及可能进路》，载《政治与法律》2015 年第 5 期。

[3] 杨小军、陈建科：《完善法治政府指标体系研究》，载《理论与改革》2013 年第 6 期。

[4] 有些地方法治评估形式主义严重，套用一贯以来的内部政绩考核方式，热衷于做表面文章，热衷于宣传，甚至存在数据造假现象，法治评估作为一项制度创新的效应并没有得到充分发挥。参见钱弘道、王朝霞：《论中国法治评估的转型》，载《中国社会科学》2015 年第 5 期。

本构成要素。[1] 无论是“世界正义工程”开创的法治指数,[2]我国香港创设的法治指数,[3]还是我国大陆首创的余杭法治指数,[4]都将评估对象——法治的基本内涵界定作为前提。法治政府的内涵是法治政府建设指标体系设计的逻辑起点,只有在辨析清楚法治政府基本内涵的情况下,才可能设计出科学合理的指标体系。然而,现代法治政府作为一种理论主张和政府模式,其思想源于西方的“法治”理论。对于什么是法治政府,法治政府的具体要求和标准是什么,这些问题并没有完全统一的答案。[5] 至今理论与实务界还一直保持着对法治政府内涵的高度关注与激烈探讨。在理论与实践、理想与现实的长期冲击下,法治政府完全脱离了人们原先赋予它的简单含义,即一切行为都受到法律的严格约束、规范和限制的政府,[6]有了多层面与全视角的内涵呈现,由此衍生了法治政府内涵边界模糊与争议的难题。因此,清晰把握法治政府的内涵特征,是构建法治政府建设指标体系的基础。

(一)可操作性

量化法治诞生于各国和国际社会对其法治发展水平和推进状况作以评价的现实需求背景,它既有助于评价各国的投资环境,又有助于衡量各国的

〔1〕 王敬波:《法治政府的评估主体、指标与方法》,载《改革》2014年第9期。

〔2〕 WJP把法治界定为:“一个以规则为基础、由四个普适性原则支撑的系统;这四个原则分别是:一、政府及其官员、代表负有法律责任;二、法律明确、公开而稳定,保障人身安全和财产安全在内的基本权利;三、法律制定、实施与执行的程序是可接近的,公平而高效;四、审判者、律师或代理人、司法官员提供接近正义的机会,他们人员充足,能干、独立而有德性,有着充分的资源,体现了他们所服务的共同体的构成。”参见孟涛:《法治指数的建构逻辑:世界法治指数分析及其借鉴》,载《江苏行政学院学报》2015年第1期。

〔3〕 香港法治指数中的法治包括法律的基本要求、依法的政府、不许有任意权力、法律面前人人平等、公正地施行法律、司法公义人人可及、程序公义这七个方面。戴耀廷:《香港的法治指数》,载《环球法律评论》2007年第6期。

〔4〕 余杭法治指数中的法治包含九个方面:(1)推进民主政治建设,提高党的执政能力;(2)全面推进依法行政,努力建设法治政府;(3)促进司法公正,维护司法权威;(4)拓展法律服务,维护社会公平;(5)深化全民法制教育,增强法治意识、提升法律素养;(6)依法规范市场秩序,促进经济稳定良性发展;(7)依法加强社会建设,推进全面协调发展;(8)深化平安余杭创建,维护社会和谐稳定;(9)健全监督体制,提高监督效能。参见钱弘道:《2008年余杭法治指数:数据、分析及建议》,载《中国司法》2010年第3期。

〔5〕 杨小军、宋心然、范晓东:《法治政府指标体系建设的理论思考》,载《国家行政学院学报》2014年第1期。

〔6〕 参见王成义:《深圳市建立法治政府研究》,中国法制出版社2010年版,第6页。

法治发展水平,校准法治建设的局部目标定位。[1] 量化法治在法治建设过程中将抽象的法治理想、法治原则、法治精神转化为具体的法治目标、法律制度、法治标准的考核评估方法,具体表现为法治实践中的各种量化评估体系与标准。[2] 基于这些功能优势,量化法治在世界范围内得以迅速发展。但是,将“法治”分解成能够全面反映其价值要求的指标体系与标准,仍然逃不开法治定义。“我们因无法或不愿真正从定性分析角度寻求对‘什么是法治’问题的回答而另辟蹊径,开始了立足定量分析的‘量化法治’的突围,而在法治指标设计和法治指数计算中,还是绕不过对法治在内容和形式上的原则界定。”[3] 如何认识量化法治研究中的法治定义?与传统法治研究中的法治定义有何区别?这两个问题对于认识法治政府的内涵特征是至关重要的。

量化法治通过设定一个“法治”的工作定义,避免普适主义法治观和国情主义法治观对法治定义的抽象性,提供了定量分析的可能,在更加具体、更为直接的意义上连接法治实践。[4] 法治的工作定义因为具有很强的可操作性,又被称为法治的操作定义。它将我们无法得到的社会结构、制度及有关人们行为、思想和特征的内在实施,用代表它们的外在事实代替,并通过后者研究和评价前者的操作化过程。[5] 操作层面上的法治定义具有如下特征:可分解为若干构成要素,且不同构成要素之间可替代的而非绝对固定的;由若干关键要素构成的框架结构而非完整意义上的法治样态;在不同时空情景下存在着个体差异与动态变化。[6] 量化法治中法治的操作定义性质很好地说明了本文中法治政府的定义性质,使量化层面的法治政府定义超脱于传统法治政府内涵界定的纷争,摆脱难以形成定论的定义困境,但要遵循操作定义的规则体系,通过变虚为实,变抽象为具体,把法治政府的原则要求转化为可操作

---

〔1〕 钱弘道等:《法治评估及其中国应用》,载《中国社会科学》2012 年第 4 期。

〔2〕 戢浩飞:《量化法治的困境与反思——基于法治评估体系实施状况的视角》,载《天津行政学院学报》2014 年第 4 期。

〔3〕 《“量化法治”的实践之道》,载《检察日报》2013 年 7 月 16 日。

〔4〕 张志铭、于浩:《共和国法治认识的逻辑展开》,载《法学研究》2013 年第 3 期。

〔5〕 风笑天:《社会研究方法》,中国人民大学出版社 2001 年版,第 102 页。

〔6〕 张德淼、李朝:《中国法治评估指标体系的生成与演进逻辑》,载《理论与改革》2015 年第 2 期。

的具体标准,形成推进依法行政的内在驱动力。[1] 操作层面的法治定义不可能完全等同于价值层面的法治定义,但可以通过一些努力实现最大限度地接近它,从而使人们更清晰明确地认识法治、建设法治成为可能。法治政府建设指标体系的设计正是建立在操作层面的法治定义基础之上,在实践运作中不易脱离这个前提而回到法治定义无谓纷争的原点,从而造成法治政府建设指标体系设计上的手足无措。

（二）整体性

对法治是作整体还是局部推进,学界明显倾向于前者,提出了整体法治的观点。整体法治是指要用整体的观点来看待法治,要把法的内在结构、外在联系和发展过程作为一个整体加以认识,并用以指导法治建设的全面推进与发展,使法治发展具有全面的性质。[2] "整体法治"反对"头痛医头,脚痛医脚"的片面行为与偏离整体的盲动行为,因为这一结果只能让现实法治"顾此失彼",并最终使得法治建设成为"剪不断,理还乱"的"一团乱麻"。"整体法治"要求将法治作为整体进行观察、分析,强调法治的整体行动。[3] 根据整体法治观,法治中国建设是法治的整体行动,法治政府建设是法治的分项行动,但它作为法治中国建设的有机组成部分,与法治中国建设这一整体行动的其他组成部分显然是不能割裂开来的,应与其他法治行动相协调共进;如果把法治政府建设作为法治的整体行动,其内部包含的立法、执法、司法、监督、救济等具体行动,同样应协调共融于法治政府建设中,不能只顾其中的部分行动而忽视其他行动,否则就违背了整体法治观,就会影响到法治政府建设乃至法治中国建设的进程。这种整体法治观已体现在《法治决定》之中,即"坚持依法治国、依法执政、依法行政共同推进,坚持法治国家、法治政府、法治社会一体建设,实现科学立法、严格执法、公正司法、全民守法,促进国家治理体系和治理能力现代化。"社会主义法治一体建设的实质,是统筹协调社会主义法治的各个领域、各个环节、各个层面,把社会主义法治视为一个整体,

---

[1] 汪波:《中国法治政府建设的基本逻辑跨国比较与制度设计》,北京师范大学出版社2010年版,第161页。

[2] 卓泽渊:《论法治的整体性》,载《现代法学》2003年第2期。

[3] 石文龙:《整体法治论》,载石文龙:《法律变革与"中国法"的生成:21世纪中国法治的基本走向》,中国法制出版社2013年版,第259页。

以一体建设的思维,全面推进社会主义法治。[1] 因此,法治政府建设应与法治国家、法治社会进行一体建设;法治政府建设中科学立法、严格执法、公正司法、全民守法的各个环节应作一体推进。

然而,无论是在以往的法治政府建设中,还是在以往设计的法治政府建设指标体系中,都明显忽视了法治的整体性建设。国务院2004年《全面推进依法行政实施纲要》旨在从行政部门的角度提出推进依法行政的指导思想、基本原则和主要措施,而不是为行政法治提供一个全面的、有学术意义的评价体系。一个显著的问题是,它基本不涉及人大立法和法院司法。[2] 在现存法治政府建设指标体系中,多数地方没有将“办理人大议案及代表建议率”“司法机关司法建议的采纳率”等内容作为重要指标进行考核。在法治政府建设中,行政系统的独大化,必将割断行政系统与立法和司法系统的联结性,对立法系统和司法系统的正常运行造成破坏,可能致其既小觑立法规制又低视司法监督,[3] 从而影响法治政府建设的整体效果。鉴于此,法治政府建设指标体系的设计必须遵循法治整体观,从立法、执法、司法、守法等各个环节来汲取重要指标并测评,才能全面反映法治政府的实质内涵。

(三)全面性

自古希腊思想家亚里士多德提出“良法之治”以来,人类社会经历了漫长的法治发展史,法治政府的内涵在此期间得以塑造。从这层意义上来讲,法治是诠释法治政府的基础与前提。然而,当人们试图对法治作准确界定的时候,都发现了其中的难度。布莱恩·塔玛纳哈曾说法治是一个“超级难定义的一个概念”,托马斯·卡罗瑟斯则说“关于法治的实质究竟是什么,也存在不确定性”。[4] 虽然学术界不乏学术大师勇敢地设定了自己对法治的认识,如美国富勒提出的“法律的内在道德即法治的八个准则”,罗尔斯提出的“形式正义的法治模式要求”,拉兹提出的“法治模式的合法性构成要素”,美国塔玛纳哈提出的“关于法治的三种进路理论”等。[5] 但从法治内涵来推演法治政府的内涵也只能是粗框架的、高度概括性的,对法治政府外延的划定仍然

---

[1] 喻中:《论社会主义法治一体建设》,载《北京行政学院学报》2015年第1期。

[2] 何海波:《行政法治,我们还有多远》,载《政法论坛》2013年第6期。

[3] 杨解君:《法治建设中的碎片化现象及其碎片整理》,载《江海学刊》2005年第4期。

[4] [英]汤姆·宾汉姆:《法治》,毛国权译,中国政法大学出版社2012年版,第7~8页。

[5] 汪全胜、黄兰松:《我国法治指数设立的规范化考察》,载《理论学刊》2015年第5期。

是模糊的。

所幸的是,法治发展史中出现的形式法治观与实质法治观对法治政府内涵的认识提供了一条可行路径。从形式法治观来看,法治政府就是政府的一切行为都受到法律的严格约束、规范和限制的政府。在此内涵的指导下,英国行政法学者威廉·韦德提出了法治政府的四个基本特征:政府权力需来自法律;政府需依法行权;行政争议需司法裁判;政府与公民受法律同等保护。[1] 我国学者杨延坤提出:政府由法律产生,政府由法律控制、政府依法管理,政府对法律负责。[2] 形式法治观为我们设定了良好的法律与良好法律下的政府这一观察向度。这在一定程度上指明了法治政府评估的基本内容,即法律的良好程度与适用程度。在实质法治观之下,法治的良法之治、公平正义、权利保障、权力制约等价值取向进一步发展,使法治政府内涵发生了突破性扩展。法治政府应当是有限政府、程序政府、服务政府、透明政府、诚信政府、责任政府。[3] 民主政府、有限政府、责任政府、诚信政府、廉洁政府、高效政府、服务政府等都是法治政府的基本价值取向,或者说都是法治政府的题中应有之义。[4] 由此出现了形式法治观下的狭义法治政府与实质法治观下的广义法治政府。这就为法治政府建设指标体系设计提出了采用哪一层面的法治政府内涵的问题。对此,法治政府建设指标体系研究专家杨小军提出:"法治政府,就只能是法治政府,而不是包罗万象的'变形金刚'。"[5] 基于此,他反对将服务政府、高效政府、廉洁政府、诚信政府、民主政府纳入法治政府的范畴。但这种做法很快受到了质疑,一些地方在法治指标和工作量的引导下,对评估内容会做倾向性选择,主要急于促进法治的形式建设,而忽视法治的实质和内核,对法治本身所包含的价值缺乏关注度。[6]

从学术界的呼声来看,主张运用广义法治政府的观点显已成主流。我国的法治建设要以形式法治为基础,以实质法治为导向,坚持形式法治与实质

[1] [英]威廉·韦德:《行政法》,徐炳等译,大百科全书出版社1997年版,第23页。
[2] 杨延坤:《市场经济民主政府和法治政府》,中国人事出版社1997年版,第13页。
[3] 许超:《新中国行政体制沿革》,世界知识出版社2012年版,第123~124页。
[4] 陈洪波:《法治政府建设理论与实务》,湖北人民出版社2010年版,第23页。
[5] 杨小军:《论法治政府新要求》,载《行政法学研究》2014年第1期。
[6] 付子堂、张善根:《地方法治建设及其评估机制探析》,载《中国社会科学》2014年第11期。

法治的协调和统一。[1] 当下,中国正处于全面建成小康社会、全面深化改革和全面推进依法治国的关键阶段,以法治凝聚改革共识、规范发展行为、促进矛盾化解、保障社会和谐,必然要求所追求的法治是一种实质法治。[2] 在实质法治之下,我们不仅需要一个"消极无为"的政府,使其权力恪守在法律的限定范围内,我们还需要一个积极有为的政府,在确保公共权力对公民权利的限制最小化的同时,致力于公共福利和人民利益的最大化。[3] 从法治评估实践来看,实质的法治内容应该成为法治政府评估的重要内容。世界正义工程(WJP)通过其创立的法治指数第一次系统且全面地利用各种参数指标成功地衔接了"形式法治"与"实质法治"。[4] 我国香港与大陆的余杭法治指数同样遵循了形式法治与实质法治的协调统一原则。因此,对于政府的实质法治内容应置于哪个层面来考核是指标设计的技术问题,但是否应纳入指标体系来考核则是原则问题。

(四)发展性

三十多年来,中国法治一直处于曲折缓慢地发展之中。具体到法治政府建设来看,整个过程经历了四个阶段,即依法办事、行政管理法制化、依法行政以及法治政府。[5] 从1984年彭真同志提出"依法办事"到2004年国务院提出法治政府建设目标历时20年,这20年法治政府建设并不十分顺利,在1999年11月国务院正式颁布《关于全面推进依法行政的决定》之前的15年左右的时间里,法治政府建设困难重重,发展十分缓慢。即便是1999年至2004年的5年时间里,因为法治政府的界限不清、目标不明,整个建设进程同样不是十分理想。在结合理论研究成果的基础上,2004年国务院制定下发了《全面推进依法行政实施纲要》(以下简称《纲要》),确立了"全面推进依法行政,经过十年左右坚持不懈的努力,基本实现建设法治政府的目标",提出了"合法行政、合理行政、程序正当、高效便民、诚实守信、权责统一"的基本要求,设定了"转变政府职能,深化行政管理体制改革";"建立健全科学民主决

---

[1] 袁曙宏、韩春辉:《社会转型时期的法治发展规律研究》,载《法学研究》2006年第4期。

[2] 付子堂:《实质法治:中国法治发展之进路》,载《学术交流》2015年第3期。

[3] 汪习根:《法治政府的基本法则及其中国实践》,载《理论视野》2015年第1期。

[4] 李蕾:《法治的量化分析——法治指数衡量体系全球经验与中国应用》,载《时代法学》2012年第2期。

[5] 杨小军:《论法治政府新要求》,载《行政法学研究》2014年第1期。

策机制”;“提高制度建设质量”;“理顺行政执法体制,加快行政程序建设,规范行政执法行为”;“积极探索高效、便捷和成本低廉的防范、化解社会矛盾的机制”;“完善行政监督制度和机制,强化对行政行为的监督”;“不断提高行政机关工作人员依法行政的观念和能力”;“提高认识,明确责任,切实加强对推进依法行政工作的领导”这八项具体任务,为实务部门提供了前所未有的法治政府建设的细化标准与依据,对系统建设法治政府起到了极其重要的指引作用。自此《纲要》成了实践领域界定法治政府内涵的主要依据,各地政府设定的法治政府建设任务与法治政府建设指标体系都充分证实了这一点。“就所设定的指标体系的架构而言,各地毫无例外地都按照《纲要》所规定的法治政府的7项内在标准进行展开”。[1]

随着中国社会经济文化的发展,法治政府建设也继续向前推进。特别是十八大设定了2020年基本建成法治政府的新目标以来,我国对法治政府建设又提出了更全面、更权威的一系列新要求,标志着我国法治政府建设进入了一个崭新发展时期,也意味着法治政府的内涵必定会有新的发展。十八届四中全会吸收理论研究的新成果,总结实践发展新成就,对法治政府的内涵作出了更全面更清晰地界定。《中共中央关于全面推进依法治国若干重大问题的决定》(以下简称《法治决定》)提出,各级政府必须坚持在党的领导下、在法治轨道上开展工作,加快建设职能科学、权责法定、执法严明、公开公正、廉洁高效、守法诚信的法治政府。[2]《法治决定》赋予了法治政府新内涵:强调开放式政府治理,强调价值化政府治理,强调过程化政府治理,强调给付性政府治理。[3] 2015年年底,国务院又印发了《法治政府建设实施纲要(2015~2020年)》(以下简称《实施纲要》),明确设定了“政府职能依法全面履行、依法行政制度体系完备、行政决策科学民主合法、宪法法律严格公正实施、行政权力规范透明运行、人民权益切实有效保障、依法行政能力普遍提高”七项法治政府建设的衡量标准。从法治的发展角度来看,法治政府的内涵并不是封闭的、僵化的,相反,随着法治政府建设的往前推进,需要相应的矫正与更新。由此注定《纲要》不再是法治政府内涵界定的单一性依据,《中共中央关于全

---

〔1〕 陈柳裕:《法治政府建设指标体系的“袁氏模式”:样态、异化及其反思》,载《浙江社会科学》2013年第12期。

〔2〕 黄学贤:《法治政府的内在特征及其实现》,载《江苏社会科学》2015年第1期。

〔3〕 关保英:《论法治政府的新内涵》,载《南京社会科学》2015年第1期。

面深化改革若干重大问题的决定》(以下简称《改革决定》)、《法治决定》《实施纲要》等新的纲领性文件都将成为法治政府建设指标体系设置的重要依据。

二、法治政府建设指标体系的样本分析

构建法治政府建设指标体系的实践探索在我国已经展开。此方面的实践活动主要由一些地方政府首先发起,开启了区域性实践探索。随后一些社会组织也加入其中,如中国政法大学法治政府研究院,已经开始尝试全国性实践探索。两种性质不同的主体开展的差异较大的实践探索,为我国法治政府建设指标体系构建提供了丰富而珍贵的考证资料。

(一)对地方政府的样本分析

地方政府是在法治评估实践与学术界研究成果的引领下,才渐入法治政府建设指标体系实践活动的。因为《纲要》并不是一套严格意义上的法治政府建设指标体系,它的发布并没有起到直接发动地方政府开展构建法治政府建设指标体系实践探索的作用,这是为什么在它发布4年以后才出现我国首套法治政府建设指标体系。2006年年初,在习近平当时主政的浙江做出了《中共浙江省委关于建设"法治浙江"的决定》,余杭区委区政府首先提出实施"法治余杭",并与浙江大学法学院合作,共同探索建立"法治量化考核评估体系",引起了各级领导的高度重视和社会的广泛关注。在评估体系出台并实施的基础上,余杭出炉中国内地第一个"法治指数"。[1] 与此同时,时任国家行政学院副院长的袁曙宏教授,目睹着法治政府建设中出现的形式化、口号化、实用化和利益化倾向,忧心十年左右基本实现法治政府的目标落空。出于有效推进法治政府建设的考虑,他敏锐地察觉到了将法治评估引入法治政府建设的必要性。首先,他分析了构建法治政府建设指标体系的意义所在,"构建我国法治政府的指标体系,正是全面贯彻落实《纲要》、切实推进依法行政的一项重要举措,将对法治政府建设产生全面和长期的影响"。[2] 在此基础上,他进一步论证了构建法治政府建设指标体系的可行性、基本内容以及

---

〔1〕 钱弘道:《法治评估的实验——余杭案例》,法律出版社2013年版,第47页。

〔2〕 袁曙宏:《关于构建我国法治政府指标体系的设想》,载《国家行政学院学报》2006年第4期。

基本步骤。可以说，袁曙宏教授关于构建法治政府建设指标体系的具体设想，为地方政府大胆开展法治政府建设指标体系构建的实践活动提供了全面性指南，也直接促成了2009年《国务院办公厅关于推行法治政府建设指标体系的指导意见（讨论稿）》[1]的发布。

深圳2008年首开先河发布了《深圳市法治政府建设指标体系（试行）》，随后湖北、四川、广西、广东等地方政府也纷纷出台了自己的法治政府建设指标体系，即使还未正式出台的地方政府，如山东、安徽等地，也在积极探讨并筹备出台能体现自身特色的法治政府建设指标体系，一时间呈现了全国普遍推行法治政府评估的大势所趋。[2] 本文在以现存所有地方法治政府建设指标体系作为分析对象的同时，特别选取江苏、贵州、甘肃与广东这四个相关信息公布较全面的省份作为分析样本，对体制内法治政府建设指标体系作利弊分析，以从中汲取有益经验。

1. 各地法治政府建设指标体系总体格局趋于一致。虽然《纲要》并非法治政府建设指标体系的顶层设计，但在缺乏顶层设计的现实境况下，地方政府普遍将《纲要》作为主要参考文件来设计自己的法治政府建设指标体系。这一现象通过比对《纲要》内容与各地一级指标便可一目了然，具体请参见表1。江苏、贵州、甘肃与广东都将《纲要》中的"行政决策、制度建设、规范执法、矛盾防化、行政监督与组织保障"六项重要内容设置为一级指标；虽然各地在对待《纲要》中的"政府职能"这项内容方面态度差异较大，但也只有广东较大程度上忽略了这一内容的考核；在"行政能力"这项内容上，只有江苏没有单列为一级指标，但却有将其作为二级指标列入"组织保障"一级指标中进行考核。地方政府普遍依据《纲要》来设置法治政府建设指标体系的做法，带来了

---

〔1〕 国务院2009年出台的《关于推行法治政府建设指标体系的指导意见（讨论稿）》严格依据《纲要》的八项具体任务来设置指标体系。该《指导意见》虽然没有正式施行，但对地方政府设置法治政府建设指标体系起到了重要的指导意义。

〔2〕 在法治政府建设指标体系设置的实践活动中，存在这样的现实情况，即各地对这种指标体系的称谓并不统一。有的地方将其称为"依法行政考核指标"，如广西、贵州、甘肃等地；有的地方将其称为"法治政府建设指标体系"，如深圳、广东、江苏等地；还有的地方将其称为"法治政府建设（依法行政）考核评价体系"，如浙江等地。这种称谓上的差异由历史与现实两方面原因造就，对各地指标体系设置并未有实质影响。根据法治政府建设这一共同目标，结合国务院2009年12月完成拟发而未发的《关于推行法治政府建设指标体系的指导意见（讨论稿）》，本文选用"法治政府建设指标体系"这一称谓。

各地法治政府建设指标体系总体格局上的趋同性。这一现象揭示了法治政府建设指标体系设置依据的重要性。

2. 各地法治政府建设指标体系的内在逻辑并不统一。虽然各地法治政府建设指标体系的大致格局相同,但各地在设计其指标体系时明显采用了不一致的内在逻辑。(1)从各地一级指标的位序安排来看指标设计逻辑上的不统一。没有一个地方是完全按照《纲要》内容的先后顺序来设置其一级指标的,也没有出现两个完全按照相同位序来安排其一级指标的地方,具体参见表1。以"制度建设"为例,广东将其放在第一位,江苏将其放在第二位,贵州将其置于第四位,甘肃则将其置于第八位。同样一项指标在不同地方所排位置的差异之大,明显体现了各地设置指标体系上的逻辑差异。(2)从一级指标数量与内容来看指标设计逻辑上的不统一。江苏、贵州、甘肃与广东一级指标分别设了7项、9项、10项、8项,没有一级指标总数量完全相同者。相比其他三地,江苏缺少了"行政能力"这一一级指标,广东少设了"政府职能"这一一级指标,甘肃则多设了"执法体制"这一一级指标;相比江苏,贵州、甘肃与广东三地则多设了"政务公开"或者"信息公开"这一一级指标。由此看来,指标体系设置的内在逻辑是造成各地指标体系差异性的关键影响因素,必须给予足够重视。

3. 各地法治政府建设指标赋值存在明显差异。各地法治政府建设指标设置的差异性不仅体现在指标本身,还体现在指标的赋值之上,具体请参见表1。从一级指标赋值来看,虽然各地都采用了百分制,但没有哪两个地方在赋值上是完全相同的。(1)从赋值规律来分析,各地指标赋值存有明显差异。江苏与甘肃基本采用了平均赋值的方法,江苏将除"组织保障"之外的五项一级指标平均赋值15分,甘肃将"规范执法"与"执法体制"之外的八项一级指标平均赋值10分;贵州与广东采用了区别赋值的方法,贵州按5、10、15三挡分值对一级指标进行分别赋值,广东则按10、15、20三挡分值对一级指标进行分别赋值。(2)从指标分值来分析,同一指标在不同地方的赋值也存有明显差异。"政府职能"一项,江苏给了15分,而广东则给了0分;"矛盾防化"与"行政监督"两项,江苏分别给了15分,而贵州则分别给了5分;"行政能力"与"组织保障"两项,贵州合计给了30分,而江苏则合计给了10分;"政务公开"或"信息公开"项,贵州、甘肃与广东都单独给了10分,而江苏却给了零分。指标赋值不仅体现着各指标的重要程度,也影响着法治政府建设的评估结果，其科学合理性是至关重要的。

表1　各地一级指标与《纲要》规定内容对比

《纲要》＼指标	江苏（2015）	贵州（2015）	甘肃（2015）	广东（2013）
政府职能	1. 政府职能 15% —	2. 履行职责 15% 7. 政务公开 10%	2. 政府职能 10% 7. 政务公开 10%	— 4. 信息公开 10%
行政决策	3. 行政决策 15%	3. 行政决策 10%	3. 行政决策 10%	2. 行政决策 10%
制度建设	2. 制度建设 15%	4. 制度建设 10%	8. 制度建设 10%	1. 制度建设 15%
规范执法	— 4. 规范执法 15%	— 5. 规范执法 15%	4. 执法体制 8% 5. 规范执法 12%	— 3. 规范执法 20%
矛盾防化	6. 矛盾防化 15%	8. 矛盾防化 5%	9. 矛盾防化 10%	5. 矛盾防化 10%
行政监督	5. 行政监督 15%	6. 行政监督 5%	6. 行政监督 10%	6. 行政监督 15%
行政能力	—	9. 行政能力 15%	1. 行政能力 10%	7. 行政能力 10%
组织保障	7. 组织保障 10%	1. 组织保障 15%	10. 组织保障 10%	8. 组织保障 10%

注：为使表格内容清晰易于比较，笔者对《纲要》内容与各地一级指标作了概括性表述，如需准确表述，请读者查阅原始资料；各地一级指标前数字代表它们在其整套指标体系中所处的位序；各地一级指标后数字代表它们各自被赋予的分值权重。

（二）对中国政法大学法治政府研究院的样本分析

在大量地方政府开展的法治政府建设指标体系构建实践的基础上，基于十八大提出的“建立科学的法治建设指标体系”重大任务要求，中国政法大学法治政府研究院开始着力研发一套“可以适用全国、覆盖全面、力求科学、注重操作、兼顾定性与定量评价的法治政府评估指标体系，并分步骤应用于不同层级城市的评估实践，旨在实现对全国法治政府状况的全面评价，以推动中国法治政府建设”。[1] 目前中国政法大学法治政府研究院已完成2012年

〔1〕“中国法治政府评估”课题组：《中国法治政府评估报告（2013）》，载《行政法学研究》2014年第1期。

与2013年全国范围的法治政府建设情况的评估，引起了社会各界的广泛关注，为法治政府建设指标体系的顶层设计提供了全新视角与宝贵经验。基于资料所限，本文仅对其2013年设计的法治政府建设指标体系作以分析：

1. 指标体系较小，易于操作。中国政法大学法治政府研究院设计的法治政府建设指标体系由7项一级指标、30项二级指标、60项三级指标组成，相比地方政府设计的指标体系在规模上更为精简，具体请参见表2。从社会学的角度讲，一个指标体系的指标不是越多越好，而是越少越好，越少就说明指标效用越大，就越具有可操作性。[1] 特别是针对适用于全国的指标体系，如果所容纳的指标数量过多，会因评测的工作量巨大而不易实现。

表2 各地法治政府指标体系指标数量统计(单位:项)

指标数 省市	一级 指标数	二级 指标数	三级 指标数
江苏	7	29	124
宁夏	8	32	115
广东	8	40	108
深圳	12	44	225
苏州	9	29	94
沈阳	8	42	149

2. 指标体系所涵盖法治政府建设的内容较全面。从其一级指标来看，基本上涵盖了《纲要》中的“政府职能、行政决策、制度建设、规范执法、矛盾防化、行政监督与组织保障”这七项内容，具体参见表3。不仅如此，在其指标体系中还包括了一项十分醒目的指标“公众满意度”，这一指标主要从行政执法、行政服务、公众参与、政府信息公开四个方面来测评；从其二级指标来看，指标体系中还容纳了很多地方政府指标体系所缺少的指标，如“预算、经费”“行政服务”“应急管理”等。

[1] 钱弘道：《中国法治增长点学者和官员畅谈录》，中国社会科学出版社2012年版，第5页。

表3 法治政府研究院法治政府建设一级指标及分值

一级指标	机构职能及组织领导	制度建设和行政决策	行政执法	政府信息公开	问责与监管	社会矛盾化解与行政争议解决	公众满意度调查
分值（分）	65	60	40	40	45	20	30
比重（%）	21.7	20	13.3	13.3	15	6.7	10

3. 指标体系具有突出的外部性特征。中国政法大学法治政府研究院作为第三方独立评估主体，它的测评数据不是来源于官方提供，而是主要通过网络搜索、电话核实以及评估者亲身体验等方式获取。因此，它所设计的每一项指标都以外部可观测性为前提，这大大提高了法治政府评估结果的公信力。

4. 基本采用了平均分值的方法。在前六项一级指标项下的三级指标绝大多数是平均每项5分，个别十分重要的三级指标给了10分或8分，如"是否建立了完备的规范性文件制定程序制度"与"执法流程细化及公开"是10分、"政府提供所申请信息的情况"则是8分；"公众满意度调查"由八个具体问题来反映，每个问题平均分值3.75分。平均分值方法简单易行，是法治政府建设指标体系权重设定的可取做法。

（三）两种实践体例的差异分析

以上两种实践体例的终极目标无疑都是推进法治政府建设，其设计依据都是《纲要》等法治政府建设方面的纲领性文件。但因为一种具有浓重的官方性质，而另一种则具有民间性质，决定了两者的相同点少、差异处多。相同之处反映共识，而差异之处则反映问题的实质。对两种指标体系作差异性分析，对两者在未来改进中互相取长补短格外重要。

1. 两种指标体系的性质不同。地方政府设计的指标体系的数据主要来源于政府内部，侧重于内部评估；而中国政法大学法治政府研究院设计的指标体系的数据主要来自于政府外部，侧重于外部评估。因为政府掌握着全面反映法治政府建设情况的大量数据，使内部评估必不可少，但因为政府为维护自身政绩有可能提供一些不实数据，就会使重要的内部评估影响到评估结果的准确性，伴生出公信力不足的问题。当然，外部评估也并非看上去那么完美，可能因为外部观测数据局限而不能全面反映法治政府建设的全貌。以中国政法大学法治政府研究院设计的“行政执法”这一一级指标为例，仅观测了执法主体的培训与清理情况、执法流程细化及公开情况、执法权力清单、案卷评查、违法行为投诉体验这几方面的网上信息，明显缺少了“综合行政执法的推行情况”“行政执法经费保障情况”“行政执法争议协调情况”“行政执法和刑事司法衔接情况”“执行行政裁量权基准情况”“执法违反法定程序被诉情况”“执行执法全过程记录情况”等这些更能反映执法全貌的相关信息，由此影响了它评估结果的准确性。两种指标体系的不同性质，提出了要内部评估还是外部评估的问题。显然，单纯地设定内部指标或外部指标来测评法治政府，都无法取得理想的测评结果。科学的做法是构建同时包容内外部指标的指标体系，并创设内外部数据测评的有利条件，使独立第三方评估主体将内外部评估有机结合，才能实现法治政府建设的理想评估。

2. 两种指标体系的设计功用不同。虽然地方政府与中国政法大学法治政府研究院两者在设计指标体系目标上是明确的，都是为推进法治政府建设。但其评估结果是否真正起到了这样的作用，还有待进一步考证。从理想层面而言，地方法治政府评估结果基于体制内的执行力优势可以较好实现指标体系的设计目标。但当前地方政府开展的法治政府评估成了政府内部政绩考核的工具，“部分建设举措停留于应付上级要求、显示‘政绩’上，不能有效提升行政权的规范程度”。[1] 加之评估结果往往不对外公开且主要用于政府官员奖惩与提拔之上，而不是真正用于改进法治政府建设举措之上，导致指标体系设计初衷并没有得到很好实现。反观中国政法大学法治政府研究院作为独立第三方评估主体，在评估过程中确实可以发掘法治政府建设中存在的实质性问题，但因为缺乏体制内执行力的衔接，导致其评估结果用于改进法治政府建设举措上存有先天障碍。综上看来，两种实践体例在功用设计上各有优势，但在目标实现上都明显存有不足。

3. 两种指标体系的适用范围不同。地方政府开展的指标体系设计实践具有区域性特征，而中国政法大学法治政府研究院开展的实践具有全国普遍适用特征。区域性法治政府建设指标体系无疑在本土适用性上更强，因为它的一些指标往往具有一定的地域特色，可以很好地与地方政府正在开展的法治政府建设重点工作相衔接。但它的缺陷也很明显，评估结果只能进行历时性

---

〔1〕 马怀德：《法治政府建设要警惕形式主义》，载《人民日报》2014年4月28日第5版。

比对,而无法实现不同区域间的横向比对,从而大大限制了这种指标体系的功能发挥。中国政法大学法治政府研究院运用其设计的可以适用于全国范围的指标体系,于2013年,对53个大城市进行了测评,2014年对100个大城市进行了测评,其评估结果引起了全国上下的关注,在一定程度上激发了各地政府在法治政府建设中的竞争意识。两者在适用范围上的差异,引起了折中性的思考,即全国适用但兼顾地方特色指标体系的设计。

4. 两种指标体系的覆盖度不同。在法治政府内涵呈现上,地方政府的指标体系明显要比中国政法大学法治政府研究院的覆盖度大。指标体系的覆盖度越大就能更好地展示法治政府的内在要求,相应地就能更好地测评法治政府的建设情况。中国政法大学法治政府研究院设计的指标体系覆盖度弱势主要由两方面原因造成:其一,指标总量影响了其覆盖度。虽然中国政法大学法治政府研究院设计的指标体系在主要内容上并不比地方政府少,但其指标总量仅有60个,远少于地方政府的指标总量。其二,内部指标的缺少影响了其覆盖度。由于不采用政府内部数据信息单靠外部观测,能够反映法治政府重要方面的大量指标弃之不用,只选取外部指标,必然会弱化其覆盖度,从而造成不能理想呈现法治政府建设真实状况的问题。由此说明,法治政府建设指标体系在尽量精简的基础上,还必须保证合理的覆盖度,不能单纯追求测评的低成本,否则将产生测评失准的后果。

(四)两种实践体例共存的问题

1. 指标体系的目标实现有待保障。两种实践体例对构建法治政府建设指标体系的理想目标是明确的,即推进法治政府建设。但在实践中功能优势得不到发挥或者功能缺憾存在都容易造成目标偏离。比如,地方政府具备适用法治政府评估结果以改进法治政府建设举措的执行力优势,但实践中并没有尽显这一优势;中国政法大学法治政府研究院因为不具备执行力优势,尽管其评估结果能够反映实质问题,但也无力推进法治政府建设。如何保证推进法治政府建设这一目标实现是法治政府建设指标体系设计中必须认真对待的问题。

2. 指标设计依据有待调整。基于《纲要》等法治政府建设文件的强执行力优势,两种实践体例都选择了依据它们来设计自己的指标体系,原本在缺乏法治政府建设指标体系顶层设计的情况下无可厚非,但这一做法在实践中的确产生了一些弊端,比如,因为《纲要》等纲领性文件没有充分展示法治政府的内在要求而使指标体系的功能优势不彰；因为不加修正地沿用《纲要》等纲领性文件内容做指标导致指标体系的可操作性差；因为时事变迁的背景下还固守《纲要》等前期纲领性文件忽视新近出台重大文件的适用，从而使指标体系不能反映顶层法治政府建设的新任务和新要求。基于此，法治政府建设指标体系的设计依据应作合理调整。

3. 指标体系的实效性还有待加强。根据袁曙宏教授的设想，法治政府建设指标体系和考核指标具有引导、评价、预测等功能。但是，当前无论哪种实践体例，都没能充分展现出这样的功能优势，从而使其实效性大打折扣。实践中出现的评估结果与被评估对象的法治政府建设实际水平相偏离的现象就是最直观的反映。以中国政法大学法治政府研究院的实践为例，由于信息收集渠道匮乏而采用的形式判断指标，仅根据"有无""是否""多寡""频次"等形式上的数据评价行政机关法治政府建设举措，而不触及相关制度与活动的实效，会导致一些法治政府建设存在形式主义的被评估主体也可能获得较高的评价，从而出现评估结果与法治政府建设真实水平相背离的结果。[1] 因而，使指标体系真正反映法治建设情况是指标体系设置中需要破解的难题。

4. 公众参与有待重视。根据德国评估学家施托克曼与梅耶提出的评估具有民主宣传与合法性目的，[2] 公众广泛参与评估过程具有现实必要性，可以有效提高评估结果的公信力。但是，从地方政府的指标体系来看，除少数地方如广东、宁夏等地外，基本上缺少了公众参与这一环节。即便广东和宁夏在其一级指标中内设了公众满意度这一考核标准，但因为其比重过低，还起不到公众参与的实质影响力。相对而言，中国政法大学法治政府研究院在此方面的做法更值得借鉴。在整套指标体系中专门设置公众满意度这一一级指标，并给予10%的分值权重，以保证公众在法治政府评估中的参与度与影响力。

三、法治政府指标体系的重构

法治政府内涵的特征剖析和法治政府建设指标体系的实践观察，分别为

[1] 赵鹏：《从评估数据析法治政府建设中形式主义表现及其根源》，载《中国政法大学学报》2014 年第 4 期。

[2] [德]赖因哈德·施托克曼、沃尔夫冈·梅耶：《评估学》，唐以志译，人民出版社 2012 年版，第 7～8 页。

重构整套指标体系提供了理论导向和任务定位。在此基础上,需要结合法治政府评估的实际需求来完成整套指标体系的重构任务。法治政府指标体系的重构不仅需要确立宏观目标,还需设定基本逻辑框架,并依据指标筛选和权重分配方法来进一步完成微观建设,才能系统地建构起整套指标体系。

（一）法治政府建设指标体系的重构目标

1. 全国适用。为保证法治政府评估制度的功能发挥,我国需要出台一套国家层面的法治政府建设指标体系。虽然国务院法制办 2009 年制定过一份《关于推行法治政府建设指标体系的指导意见（讨论稿）》,但到目前还未正式出台,在多年后的今天,即便要出台也需作全面性的调整与修改。虽然实践领域已经普遍出现法治政府建设指标体系的实际应用,但其功能优势并未彰显。用法治指标量化法治的意义在于:一是可以对不同社会体制和文化进行比较;二是能够为改造权力结构提供更清晰的蓝图;三是使法制建设的具体举措和绩效的评价趋于统一化。[1] 无论是在国际层面上把中国和西方国家、日本、韩国等国家进行比较,还是在国内层面上对各个省、地区做比较,法治评估都建立在可比性的基础上。[2] 当前我国地方政府设计适用的指标体系明显缺乏横向可比性。近些年开展的地方法治政府评估基本上都以内部考核为目标,虽然指标体系的总体框架相似,但内部指标却具有很大差异性,最多只能用于本地区不同时期的法治水平考察,而区域间的横向比较难以实现,更无法从整体上观测全国的法治政府建设状况。虽然不能因此完全否认地方法治政府评估实践的现实意义,但缺乏统一性与可比性的指标体系的反面是乱象百出。对于基本的法治政府的内涵,地方政府的认识就千差万别,更别说在指标体系的技术操作层面与后期复杂的评估环节了。基于在全国范围内开展法治政府评估的实际需要以及地方开展法治政府评估的顶层依据要求,构建一套具有全国普遍适用的指标体系已成为当前的迫切性任务。“没有国家层面的指导和推进,地方上无所适从,所以不少人呼吁法治政府指标体系建设从国家层面进行顶层设计。”[3] “党的十八届四中全会关于法治政府建设目标的提出,法治政府建设指标体系要全面展开,条件成熟时可以

---

〔1〕 季卫东:《秩序和混沌的临界》,法律出版社 2008 年版,第 55 页。

〔2〕 朱景文:《法治的可比性及其评估》,载《法制与社会发展》2014 年第 5 期。

〔3〕 杨小军、陈建科:《完善法治政府指标体系研究》,载《理论与改革》2013 年第 6 期。

由中央人民政府即国务院出台一个正式的《国务院办公厅关于推行法治政府建设指标体系的指导意见》也未尝不可。”[1]国家层面的法治政府建设指标体系具有统一性与权威性,可以实现全国各个地方法治政府建设情况的比较与衡量,也可以指引地方政府与社会组织在兼顾地方特色的基础上构建更具合理性的指标体系。

2. 进路合理。目前法治政府建设指标体系构建存在两种进路:一种是以理论上概括的职权法定、程序正当、公开透明、诚实守信等法治政府内涵为依据,将其转化为评价指标;另一种是以我国法治政府建设的纲领性文件为参照,将其中提出的法治政府建设任务,择其要者转化为评价指标。[2] 当前多数地方政府与社会组织采用了后一进路。采用哪种进路较为合理,是法治政府建设指标体系构建所不能回避的一个问题。学界存在很多批判体制性进路的声音,主要认为法治政府建设的纲领性文件仅仅是确立法治政府建设阶段性任务的依据,并不能全面呈现法治政府的内涵,如果在这些文件基础上设计指标体系,自然无法实现指标体系的设计目标。但是秉持价值性进路的学者忽视了这样的问题:其一,体制性进路实际上与价值性进路并不矛盾,相反是价值性进路的具体展现,因为法治政府建设的纲领性文件是在学理研究的基础上制定出来并用以指导实践;其二,法治政府建设指标体系的功能要求更适于采用体制性进路。价值性进路设置出的指标体系体现的是法治政府建设的远期目标,而体制性进路设置出的指标体系体现的是法治政府建设的近期目标,显然近期目标对政府更具现实引领意义。当然,不能因为采用体制性进路,而忽视整套指标体系全面反映法治政府内涵的这一基本要求。笔者认为在采用体制性进路的前提下,应同时重视价值性进路下法治政府建设指标体系的理论研究,以此检视两种进路下指标体系的差距。随着法治政府建设的不断向前推进,适时调整体制性进路下的指标体系使其更接近价值层面的要求。

3. 功能彰显。从宏观上来讲,法治政府的指标体系通过变虚为实、变抽象为具体,并通过宏观与微观的结合,把法治政府的原则要求转化为易于操作、易于判别的具体标准,引导各级行政机关及其工作人员朝着一个共同的方向努

---

〔1〕 汪全胜:《法治指数的中国引入:问题及可能进路》,载《政治与法律》2015年第5期。

〔2〕 王敬波:《法治政府的评估主体、指标与方法》,载《改革》2014年第9期。

力,形成推进法治政府建设的内在驱动力。[1] 这是人们对法治政府建设指标体系诸种功能的美好期待之一。但实践中,因政府内部评估的弄虚作假以及在法治政府建设上的形式主义,使评估结果与法治政府现实状况出现明显偏离,从而抑制了法治政府建设指标体系预想功能优势的发挥。建立一套理想的指标体系,在很大程度上消除政府的应付心理,促使其真正进入法治政府建设推进行动中来,已刻不容缓。否则,地方政府与社会组织关于法治政府建设指标体系的构建与应用就沦为了浪费国家资财、毫无实际价值的活动。

功能彰显的指标体系应具有现实性。理论上,法治政府是一种价值指向,是人们渴望实现的法治目标之一。如果在此基础上构建起的法治政府建设指标体系只能是理想主义。在某种程度上,由于忽略了对法治的背景因素(制约因素)和成长环境的考量,法治理想主义的指数方案所折射出来的,是一种发展中国家对法治急于求成的心理。[2] 这种理想的法治政府建设指标体系因为脱离现实,致使其推进法治政府建设的功能必然无法实现。此外,脱离现实的指标体系往往会表现出明显的形式主义,难以实现法治政府评估的目标与实际效果。依法行政考核指标体系中的许多指标只能反映县级政府是否做了某个方面的工作,而不能反映做得怎么样,或实际产生了怎样的效果。这样的考核容易助长依法行政中的形式主义,弱化考核对依法行政的实际推动作用。[3] 因此,法治指标的设置不仅要考虑具有普遍意义的法治理念,通常更强调作为法治发展基础的制度性要素,包括政治、经济、社会背景等综合性因素。[4] 法治政府建设指标体系的构建必须结合当前的实际情况,才能成为地方政府可实际追求的目标,才能发挥指标体系预想的实际功能。在使用定性评估的同时,也不能忽略定量指标的客观性价值;在强调全面评估的同时,也要根据我国当前法治政府建设规划确立重点指标;在评估地方政府法治政府建设的开展情况的同时,也需评估法治政府建设的质量和效果。只有紧密结合法治政府建设的实际情况,才能更好地发挥指标体系的理想功能。

---

〔1〕 戢浩飞:《法治政府指标体系研究》,载《行政法学研究》2012 年第 1 期。

〔2〕 蒋立山:《中国法治指数设计的理论问题》,载《法学家》2014 年第 1 期。

〔3〕 姚锐敏:《县级政府依法行政动力系统存在的主要问题及改善途径》,载《政治学研究》2014 年第 5 期。

〔4〕 钱弘道:《法治评估及其中国应用》,载《中国社会科学》2012 年第 4 期。

4. 公信力强。具有官方数据支撑的内部指标虽然可操作性很强，但会引发“自说自话”的质疑，进而会影响整套指标体系的公信力。因为在统计数据普遍缺失、或失真、或获取成本过高的现实条件下，没有什么数据源比公众自身更了解自己需要什么样的“法治政府”。[1] 对政府的法治化水平，公众特殊的身份决定了它即使不是最佳的评判者，也必定是其最终的评判者。[2] 然而，从地方法治政府建设指标体系来看，湖北、苏州等多数地方并未设置社会公众满意度这一指标，辽宁、沈阳等地则仅有“代表满意率”和“委员满意率”指标，即使做得最好的广东、宁夏等地也仅在其三级指标中设了“公众满意度”指标。地方法治评估偏离法治之处在于，将广大的公众参与法治建设的绩效评判排除在外，从而变成完全由党委和政府部门主观自主性的工作安排和目标考核，使得所谓的地方法治建设失去了根本的意义和价值。[3] 打造一套具有较强公信力的法治政府建设指标体系，需要在一级指标中设置“公众满意度”指标并配给足够分值，直接引入社会公众对法治政府的评价，以弥补内部指数的缺陷。

（二）法治政府建设指标体系的基本框架

法治政府建设指标体系并非杂乱无章的存在或呈现，而是有能够体现其内在逻辑联系的维度。观察维度不仅能够把诸多指标规整成秩序井然的体系，还可以为指标分类提供依据和标准，这决定了选择一个合理观察维度的重要性。然而，从哪个维度来具体展现法治政府的内涵，仍是一个存有争议的学术问题。付子堂主张“文本、行动与观念”三维度说，[4] 朱景文主张“体系、能力与效果”三维度说，[5] 杨小军主张“制度、行为、系统与效果”四维度说。[6] 以上三种维度各有特点与合理性，但在进一步细化指标设置时，笔者认识到以上三种维度都存在不能全面展现法治政府内在要求的局限。如果按“文本、行动与观念”维度来分类，“文本”只能容纳“行政立法”，“行动”只

---

〔1〕 郑方辉、周雨：《法治政府绩效满意度实证研究——以2012年广东省为例》，载《广东行政学院学报》2013年第6期。

〔2〕 汤梅、申来津：《法治政府测评指标设计及其操作实务》，载《湖北社会科学》2009年第4期。

〔3〕 倪斐：《地方先行法治化的基本路径及其法理限度》，载《法学研究》2013年第5期。

〔4〕 付子堂、张善根：《地方法治建设及其评估机制探析》，载《中国社会科学》2014年第11期。

〔5〕 朱景文：《法治的可比性及其评估》，载《法制与社会发展》2014年第5期。

〔6〕 杨小军、宋心然、范晓东：《法治政府指标体系建设的理论思考》，载《国家行政学院学报》2014年第1期。

能容纳诸种行政行为,“观念”只能容纳“法治意识”,明显存在无法完全概括法治政府内涵的问题;如果按“体系、能力与效果”维度来分类,关涉具体行政行为的诸多指标都难安排;如果按“制度、行为、系统与效果”维度来分类,从行政管理学的角度来审视是具有合理性的,但从设计者的具体阐释来看,行政系统乃是立法、司法、护法、守法、学法各个层面的法治环境系统,并不是行政管理学层面的行政系统,由此造成了法治行政基础的缺乏,基本的“行政职能”“组织保障”“队伍建设”三方面指标都难安排。学界对法治政府建设指标体系维度设定尚不周全,需在现有研究基础上做修正性尝试,从而确定一个更理想的基本框架。

结合行政管理学与法学相关知识,笔者创设出行政保障、行政行为与行政效果这一观察维度。行政法律法规及规章、行政组织、政府职能、行政人员法治素养都属于依法行政保障的范畴,很大程度上影响着行政行为的规范度与行政效果的好坏,由此成为法治政府评估所必须考量的重要因素;行政行为是在行政保障基础上的进一步延伸,主要由行政决策、行政执法、行政监督、政务公开、社会矛盾防范化解这五方面的具体行政行为来表现,直接决定着行政效果的好坏程度,是法治政府评估中尤为重要的考量环节;行政效果是一个反映整个行政系统的依法行政效能与公众满意度的维度,能够从效果上展现法治政府建设中行政保障的充分度与行政行为的规范度。由此形成了行政保障为行政行为提供法律规范标准以及物质与意识上的保障条件,行政行为在行政保障的约束下规范实施,并与行政保障共同衍生行政效果的逻辑联系。在“行政保障、行政行为、行政效果”维度之下,结合前文对法治政府的内涵剖析,以及指标体系构建的实践经验与教训,对法治政府做进一步解构,从而构建出以下法治政府建设指标体系的基本框架,具体请参见图1。

首先,法治政府建设离不开良好行政条件的保障。其中制度建设处于法治政府建设的最前沿,不仅是行政行为的直接依据,也是行政保障其他条件创设的根本。在此基础上,组织领导、政府职能、队伍建设分别从组织建构、职能优化、人才培育角度创设保障性条件。(1)制度建设。只有提高行政立法质量,才能夯实依法行政基础。[1] 为此我国《宪法》与《立法法》明确规定了行政立法的重要地位,《法治决定》更是明确提出“加强和改进政府立法制

〔1〕 段红柳:《构建法治政府论》,湖南人民出版社2007年版,第140页。

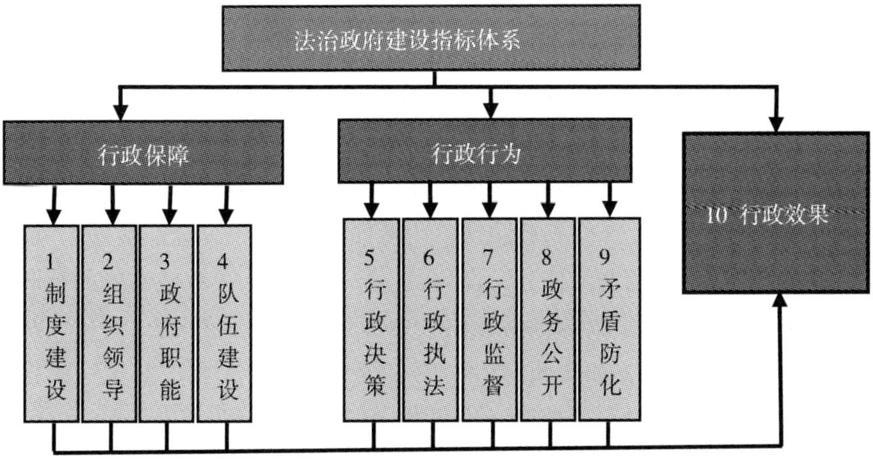

图1　法治政府建设指标体系基本框架

度建设”。目前无论地方政府还是社会组织在其法治政府建设指标体系中都无一例外地设置了“制度建设”这一一级指标。(2)组织领导。它是“行政组织建设”与“依法行政组织保障”的合成指标,共同构成了法治政府建设的行政组织保障内容。《改革决定》提出的“优化政府组织结构”的任务和《实施纲要》作出的“组织领导和落实机制”的专章规定,分别为“行政组织建设”与“依法行政组织保障”纳入法治政府建设指标体系提供了依据。多地如北京、深圳、沈阳等都将“行政组织建设”设为专门的一级指标,而“依法行政组织保障”则是各地的必备一级指标。(3)政府职能。政府职能转变是行政体制改革的核心。[1] 为此十八届三中全会提出:“加快转变政府职能”,十八届四中全会又进一步提出:“依法全面履行政府职能”。当前法治政府建设指标体系的构建实践中,除广东、吉林外都将其作为重要指标来测量法治政府建设情况。(4)队伍建设。该指标又称“依法行政能力建设”,是法治政府建设的人才保障机制。《法治决定》提出:“全面推进依法治国,必须大力提高法治工作队伍思想政治素质、业务工作能力、职业道德水准。”现存的法治政府建设指标体系中都设置了“队伍建设”这一考核内容,不仅如此,贵州、甘肃、广东等绝大多数地方将其列为一级指标。

〔1〕 许安标:《以法治推进政府职能转变》,载《中国党政干部论坛》2014年第8期。

其次,法治政府建设的核心环节是行政行为规范。行政决策、行政执法、行政监督、政务公开、社会矛盾防范化解作为政府的具体行政行为,都应被纳入法治层面来审视与考核。(5)行政决策。它既是行政管理的前提与依据,又是行政管理的核心。[1] 十八届三中全会提出“完善科学民主决策机制”,十八届四中全会更进一步提出“健全依法决策机制”,由此产生了各地均将其设为一级指标的现状。(6)行政执法。十八届三中、四中全会都确立了“深化行政执法体制改革”的法治任务,目标在于建立权责统一、权威高效的行政执法体制。实践中绝大多数地方指标体系中都包含了“行政执法”这一一级指标,不仅如此,很多地方如贵州、甘肃、广东等地还给予了相对其他一级指标更高的分值权重。(7)行政监督。不仅我国《宪法》《行政监察法》《审计法》等法律法规对方方面面的行政监督做出了明确规定,十八届四中全会也明确提出:“强化对行政权力的制约和监督。”当前法治政府建设指标体系中都包含了“行政监督”这一一级指标。(8)政务公开。十八届四中全会强调“全面推进政务公开。”当前法治政府建设指标体系中基本包含了“政务公开”这一指标,差别在于指标名称与级别不同。北京、吉林、贵州、甘肃、江苏等地将其命名为“政务公开”;而广东、深圳、沈阳、苏州等地则将其命名为“政府信息公开”。(9)社会矛盾防范化解。十八届三中全会提出了“创新有效预防和化解社会矛盾体制”的任务,十八届四中全会进一步提出了“健全社会矛盾纠纷预防化解机制”的任务。为此各地法治政府建设指标体系中都设置了“矛盾防化”这一一级指标。

最后,法治政府建设是强调实效的,行政效果指标负责从整体上反映行政保障与行政行为规范的实效性。行政效果包含行政效能与公众满意度两项指标。行政效能通过行政系统内部的统计数据来反映法治建设的实际效果;公众满意度则通过行政系统外部的公众感知来反映法治建设的实际效果。实践中,行政效能指数在各地已普遍运行,为法治政府建设的效能考察提供了参考性经验;目前公众满意度被列入法治政府建设指标体系的情况虽不普遍,但也已有实践探索可供借鉴。广东与宁夏两地在各项一级指标中内设了公众满意度指标,中国政法大学法治政府研究院更是专门单独设置了在总分值中占10%比重的公众满意度指标。

---

〔1〕 刘峰、舒绍福:《中外行政决策体制比较》,国家行政学院出版社2008年版,第3页。

(三)法治政府建设指标体系的权重分配

在法治政府建设一级指标项下,依据导向性与可操作性原则,进一步细化设置出整套指标体系。在此基础上,结合平均与区别两种赋值做法,采用德尔菲法对指标体系进行权重分配,从而形成了整套系统的法治政府建设指标体系。详见表4。

表4 法治政府建设指标体系

一级指标二级指标	一级指标二级指标
1. 制度建设(10%)	6. 行政执法(10%)
(1)立法依据、计划与制度(20%)	(25)行政执法体制(20%)
(2)立法工作程序(20%)	(26)行政执法方式(20%)
(3)立法的合法性(20%)	(27)行政执法程序(20%)
(4)规范性文件监督管理(20%)	(28)行政执法监督(20%)
(5)立法的后评估、清理(20%)	(29)行政执法保障(20%)
2. 组织领导(5%)	7. 行政监督(10%)
(6)机构设置、撤销、调整(25%)	(30)行政层级监督与专门监督(20%)
(7)机构职责确定(25%)	(31)党内监督、人大监督、民主监督(20%)
(8)机构编制核定(25%)	(32)司法监督(20%)
(9)依法行政的组织领导(25%)	(33)社会监督和舆论监督(20%)
3. 政府职能(10%)	(34)行政问责(20%)
(10)行政审批(20%)	8. 政务公开(10%)
(11)宏观调控(20%)	(35)办事公开(30%)
(12)公共服务(15%)	(36)政府信息公开(40%)
(13)市场监管(15%)	(37)政务公开信息化(30%)
(14)社会治理(15%)	9. 矛盾防化(10%)
(15)环境保护(15%)	(38)社会矛盾纠纷预防和化解机制(15%)
4. 队伍建设(5%)	(39)行政复议信访与投诉(15%)
(16)行政人员管理(20%)	(40)行政调解、行政裁决和仲裁(20%)
(17)法律知识学习(20%)	(41)人民调解(15%)
(18)法律知识考查和测试(20%)	(42)信访(20%)
(19)实践中培育法治思维(20%)	(43)行政赔偿、补偿(15%)
(20)法制宣传能力(20%)	10. 行政效果(20%)
5. 行政决策(10%)	(44)行政效能(50%)
(21)行政决策制度(25%)	(45)公众满意度(50%)
(22)行政决策程序(25%)	
(23)公众参与(25%)	
(24)行政决策责任(25%)	

以上法治政府建设指标体系具有以下特点:

1. 测评重点向行政行为适当倾斜。行政保障是行政行为规范的前提和基础,其重要性程度不言而喻。但因为往往不直接作用于行政对象之上,其非法治化现象不比行政行为产生的不利影响更明显、更突出。此外，在法治政府建设中，对行政行为加强规范见效更快。这是法治政府建设指标体系设置实践中普遍选择向行政行为适当倾斜的原因。笔者在肯定这一做法的同时作了适当修正。对行政决策、行政执法、行政监督、政务公开、矛盾防化这五项行政行为赋值总权重高达 50%，而对制度建设、组织领导、政府职能、队伍建设这四方面的行政保障赋值总权重给了 30%。但是，在行政保障中区分不同指标的重要程度而作了分别赋值，制度建设与政府职能分别赋值 10%，而组织领导与队伍建设则分别赋值 5%。这种适当向行政行为倾斜的考核标准设计，既有利于对行政行为的合法性引导，也兼顾了依法行政的重要保障条件。

2. 测评内容包容形式与效果。虽然法治政府建设不能急功近利，但也不能完全不讲究实效。为防止法治政府建设陷入形式主义的泥潭而难以取得实质性进展，在法治政府评估中既要纳入“政府做了什么”的指标，也要纳入“政府做得怎么样”的指标，进行形式与效果的全面测评。基于此，笔者设置出“行政效果”这一一级指标，并给予 20% 的分值权重，通过法治政府建设的表现形式与实际效果来综合反映法治政府建设的实际成效。

3. 测评方式兼容内外部性。鉴于实践中地方政府开展的单纯内部评估公信力不足的问题，适当引入社会公众参与法治政府评估过程是一个合理选择。笔者在设置法治政府建设指标体系时，除了设置大量的内部性指标之外，还专门设置了“公众满意度”这一指标，并给予 10% 的分值权重。这一权重设置既考虑了公众参与的重要性，也考虑了公众参与能力的局限性。随着公民法治素养与参与意识的提高，指标体系中“公众满意度”的分值权重还可作适当提高。

结语

评估机制在法治政府建设中应用效果的好坏，很大程度上取决于指标体系的优良程度，因此，应当力求法治政府建设指标体系科学合理。然而，法治政府建设指标体系的设计是一项要求很高的综合性科学事业，既需要深入的理论探讨，也需要细致的实践调研，只有将理论与实践研究有机融合起来，才可能制定出兼具理论合理性与现实可操作性的指标体系。充分正视这项工作的难度，是学界迎接其中各种挑战的必要准备，也是实现预期目标的前提条件。在此基础上，借助社会各界力量以及各门学科的知识，使法治政府建设指标体系更加完善起来。

拆迁工地上寻找法治动力*

——论转型期法治建构的主体

孙笑侠**

内容摘要：本文以近二十年来被舆论热切关注的因拆迁引发的系列现象为焦点，围绕我国法治推动力主体问题展开论述，文章认为我国法治存在三种推动力主体：即作为主导力的官方力量，作为原动力的民间力量以及作为建构力的职业力量。文章分别论述了三种推动力的主体构成以及作用和特点。

关键词：建构型法治；法治推动力；官方主导力；民间原动力；职业建构力

一、20年拆迁史和法治主体问题

1991年，为了与《城市规划法》配套，国务院制订了《城市房屋拆迁管理条例》（以下简称《拆迁管理条例》）。其立法思想是通过旧城改造房屋拆迁，改善城市居民的住房条件，当时的城市建设主体都是国有单位，政府主导整个拆迁过程，并不区分涉及公共利益和非公共利益的拆迁。

1994年我国开始第一次"房改"，当年《城市房地产管理法》出台，房地产开始市场化，也让地方政府开始借重"土地财政"。政府的非税收的收入在财政上的比重也正是基于这个原因开始大幅增长。

---

* 本课题是国家社会科学基金项目"中国法治进程的捷径及其可能性"（批准号：04BFX004）和国家211第三期建设项目"转型期法治的理论、制度和实验"的成果之一。光华法学院博士生王凌皞、杜官磊、卢群星同学参加了课题的研究，还为本文写作提供了帮助。另外，孙权、栾静、李文辉、徐岷川、张陕静、姚艺文、何谐、甘瑶等同学也参与本课题的相关调研工作，特致谢忱。

** 孙笑侠：法学博士，复旦大学法学院院长、教授，博士生导师。

2000 年 2 月,10357 名被拆迁户联名向北京市第二中级人民法院提起行政诉讼,这被称为“万人诉讼”。

2001 年 6 月修改的现行《城市房屋拆迁管理条例》(以下简称《拆迁管理条例》)公布并沿用至今,立法理念和确定的拆迁模式没有改变,仍然不分公益和商业目的的拆迁,拆迁中政府角色严重错位,这些逐渐成为拆迁矛盾的根源。

2003 年 8 月 22 日,南京邓府巷拆迁中发生被拆迁人翁彪在拆迁办公室用汽油“自焚”,并烧伤了拆迁办的其他 6 名人员,震惊全国。“南京拆迁自焚”个案成为一个社会公共话题,与其他所有的公案一样,演变成拆迁领域中的引起民众舆论的普遍关注的公案。[1] 在此之后,相似的拆迁公案一再发生。

2003 年 1 月至 7 月的建设部统计数字是全国因房屋拆迁引发三级以上事故共 5 起,造成 26 人死亡,16 人受伤。2003 年 7 月,杭州市机械工业学校退休教师刘进成发起、金奎喜律师等 116 人联名上书全国人大,要求对《拆迁管理条例》进行违宪审查。2006 年 12 月 21 日,北京市才良律师事务所党支部书记王令,以拆迁法律专业律师的名义实名给温总理写信,直言“我国现有的拆迁制度存有较多较大的缺陷,是引发拆迁矛盾的重要原因”。[2] 在这十年左右的时间里,全国各地出现了新的律师专业业务种类——“拆迁律师”,还有各地纷纷出现的“拆迁律师网”,百度网搜索“拆迁律师”,显示了 10,000,000 篇相关信息。

2007 年重庆出现了“史上最牛的钉子户”,[3] 也被当作拆迁维权最坚韧、最成功的一例。

2009 年 11 月 13 日,一位叫唐福珍的成都女企业主,为了保护自家三层

---

〔1〕 关于“公案”的论文,请见孙笑侠:《公案及其背景》,载《浙江社会科学》2010 年第 3 期。

〔2〕 原文刊载于《时代周报》2009 年 12 月,现转自 http://news. sohu. com/20091217/n269009501. shtml。

〔3〕 2004 年,重庆两家公司对该市九龙坡区鹤兴路片区进行开发,拆迁工作从当年 9 月开始,该片区 280 户均已搬迁,仅剩杨武、吴苹一户未搬迁。从 2004 年 10 月到 2007 年 2 月,该户与开发商前后进行了 30 余轮的谈判。这户两层小楼一直孤零零的伫立在工地上,引发海内外媒体和社会的广泛关注与讨论,此户也被媒体称为“史上最牛钉子户”。2007 年 3 月 30 日,重庆市九龙坡区法院发布公告,责令吴苹夫妇在 2007 年 4 月 10 日前自动搬迁,否则将依法对他们的房屋实施强制拆除。在多次协商后,吴苹夫妇与开发商达成协议,并自愿将房屋交由其拆迁。2007 年 4 月 2 日,吴苹夫妇房屋被拆除。参见 http://www. ycwb. com/news/2007 - 03/29/content_1431372. htm。

楼房、抗拒成都市金牛区城管执法局的暴力拆迁，在楼顶天台自焚。[1] 在当年4月10日进行了一次强拆受唐家抵抗之后事隔半年，金牛区城管执法局带着拆迁队浩浩荡荡，经精心准备后，拆迁队伍卷土重来，这次他们集结了更庞大的队伍，穿着迷彩服的人、消防队的战士，甚至医务人员，悉数到场。但她的自焚并没有阻止房子被拆，当天房子就变成了一片废墟。2009年11月29日晚11时许，47岁的唐福珍在医院与伤痛搏斗了16天后，因救治无效，医院宣布唐福珍死亡。

《物权法》(2007年3月公布)规定“为了公共利益的需要，依照法律规定的权限和程序可以征收集体所有的土地和单位、个人的房屋及其他不动产”，但这一“法律规定的权限和程序”并未得到即时确定。然而，2001年国务院修改颁布的《拆迁管理条例》不属于法律，是行政法规。根据《物权法》的精神本来应当废除，因此城市房屋拆迁被认为是“实际上处于无法可依的状态”。

唐福珍自焚后不久，2009年12月7日，北大法学院五名学者通过特快专递的形式向全国人大常委会递交了《关于对〈城市房屋拆迁管理条例〉进行审查的建议》，建议立法机关对《城市房屋拆迁管理条例》进行审查，撤销这一条例或由全国人大专门委员会向国务院提出书面审查意见，建议国务院对《条例》进行修改。

据中国广播网消息，同年12月7日，全国人大常委会法工委法规备案审查室官员在接受记者采访时透露，国务院正在准备修改《城市房屋拆迁管理条例》，目前已经组织了国务院法制办、住房和城乡建设部、国土资源部等相关部委局，再次进行前期的立法调研工作。

2009年12月16日上午，国务院法制办在北京金台饭店召开备受关注的《国有土地上房屋征收与拆迁补偿条例》草案(以下简称《征收与拆迁补偿条例》)专家研讨座谈会。法制办邀请了五位上书的北大的法学教授参加这次座谈会。据有关媒体记者的报道，在长达四个小时的闭门会议之后，国务院法制办副主任郜风涛向一直等候在外的媒体做了简要的会议通报，他确认在《征收与拆迁补偿条例》正式颁布实施之后，公众与学界诟病多时的《城市房屋拆迁管理条例》(以下简称《拆迁条例》)将肯定同时废除。

《拆迁管理条例》修改过程中所涉及的所谓难题，如公共利益如何界定、

[1] 记者记者徐剑桥、实习生李秀婷：《南方日报》2009年12月9日第3版。

政府在拆迁中扮演何种角色、如何区分为了公共利益的拆迁和纯商业目的拆迁、补偿标准如何确定等，其实在法律家眼里早已胸有成竹，并不是困难，而它们在政府眼里成为难题也是可以理解的，这是因为政府有工作本位、地方本位、效率本位的思想观念，所以这样的问题需要通过决策的正当程序，比如先在较大范围内举行系列听证会，为最后的决策的正当性奠定了基础。

"拆迁"引发的一系列现象，反映了许多矛盾，也可以看到拆迁制度艰难走过的每一步。当《拆迁管理条例》如我们所期待的那样出现新制度的时候，我们会说：中国法治又走出了重要的一步。我们也可以说，这正是法治的建构过程的一个典型缩影。如果一切如我们所愿，那么定会出现新的《征收与拆迁补偿条例》的实施和旧条例的废除，这将成为近年来法治发展的又一重大进步。法治就是这样一步一个脚印走过来的。

我们准备用这篇文章来热忱地迎接这部崭新的法规的诞生。

……

从"拆迁"引发的系列事件到全国上下呼吁新的"拆迁"法规的制定，房屋所有人、开发商、城管执法局、被拆迁人、企业主、律师、教授、公民、国务院、全国人大、地方政府、官员、媒体记者等，无论这些主体是或不是利害关系者，他们都卷入这个系列化的事件演化过程。本文是关于法治秩序的创造主体或法治动推动力主体问题，不准备论述除主体以外的对法治有作用力的客观环境因素，诸如经济与社会发展等因素。[1] 用韦伯的话来讲，就是"利害关系者之间的相互作用或法律专家的工作更值得关注"。[2] 关于法治的主体，一直是少数西方学者关注的问题。比如马克斯·韦伯所谓的欧洲"法律绅士"，[3]伯尔曼法治理论中的基督教徒和法律家，[4]泰格法治理论中

---

〔1〕 对中国法治化的原动力论述中，人们常常会列举经济因素，认为中国如同西方国家一样——法治成长与商业社会。参见郝铁川教授的《法治的渐进性》，载《法学研究》2003年第6期；《权利实现的差序格局》，载《中国社会科学》2002年第5期。

〔2〕 韦伯不赞同把法律的发展归结为民族精神或传统的自发产物的思想方法，他认为与其这样，不如落实在具体的人的行为之上。参见［日］大木雅夫：《比较法》，范愉译，法律出版社1999年版，第263页。

〔3〕 ［德］马克斯·韦伯：《经济与社会》（下卷），林荣远译，商务印书馆1997年版，第117～138页。

〔4〕 ［美］伯尔曼：《法律与革命——西方法律传统的形成》，贺卫方、高鸿钧等译，中国大百科全书出版社1993年版。

的商人,[1]茨威格特[2]的日本弟子大木雅夫[3]在其比较法学中特别关注法律人的作用和地位。在中国学者中很少关注法治的主体,这与法治的历史以及法治发展水平不无关系。笔者曾于2003年著文提出过法治的主体问题,谈及中国法治可能存在三类主体,即政府、民众和职业。[4] 本文不妨对法治的主体性推动力再作进一步的探讨。

无论法治是如何推进的,它都必有一个推动或建构的主体。那么谁是中国法治建构的主体呢?从逻辑和事实上来看,分别有哪些动力呢?在"拆迁管理"法治化的过程中,我们可以看到许多主体在其中扮演不同的角色,有的为之努力,有的成为阻力,也有的时而成动力时而成阻力。我们可以进一步分析其中的一个重要现象,即法治秩序的创造主体,即法治推动力问题。

本文之所以选择"拆迁"来研究法治推动力问题,主要是因为:第一,拆迁现象典型反映了我们政府、投资商、公民的利益诉求和利益关系在这个转型时期的基本特点;这"拆迁现场"就是一幅活生生的转型期中国的现实图景——经济高速发展中的社会资源分配、贫富差距、公权力潜规则、财产权保护和人权保护困境,等等。第二,拆迁事案的演变过程中把几乎所有的社会主体都囊括进来了,并且他们之间存在的利益或非利益关系的博弈。第三,拆迁现象中存在权利与权力的较量,权利与权利的冲突,反映了效率与公平、效益与法治之间的紧张关系,这一切都高度浓缩了中国法治的难题……当然本文准备撇开拆迁问题中的法律冲突或法律漏洞或权利救济等方面的民法或行政法的具体问题,把焦点锁定在参与制度演变、创造法治秩序、推进法治的主体身上,看他们是怎样产生角力和合力关系的,同时也可以看到我们中国法治在主体方面不同于外国的某些特殊性。

二、作为法治主导力的官方力量

在中国法治秩序的创造者即法治推动力主体的问题上,学者一般认为,

---

〔1〕 [美]泰格、利维:《法律与资本主义的兴起》,学林出版社1996年版。

〔2〕 茨威格特的比较法理论体系中没有关注法律家在法律样式中的影响因素。参见[德]茨威格特:《比较法导论》,潘汉典等译,法律出版社2003年版。

〔3〕 [日]大木雅夫:《比较法》,范愉译,法律出版社1999年版,第七章"法律家——法律秩序的创造者"。

〔4〕 孙笑侠、胡瓷红:《法治发展的差异与中国式的进路》,载《浙江社会科学》2003年4期。

法治的第一推动力是政府。[1] 在我国,法治自然产生的社会土壤相当匮乏,想要在短期内完全倚赖民间力量来驱动法治的愿望难以实现。中国法治传统资源的困乏决定了我们只能更多地借助于强制性制度变迁的手段进行“变法”,因此政府当仁不让地担当起了推动法治现代化的历史使命。

中央政府与地方各级政府的情况相对较为复杂。一方面,中央与地方政府从不同的层面推动法治发展;另一方面,各级政府有各自的部门本位和地方利益,因而与法律的意志和立场形成特有的紧张关系。下面仅对法治推动力从政府方面的特点进行分析。

根据国务院法制办的数据库统计,自1979年12月1日至2009年12月1日,国务院总共制定颁布了1135部行政法规、4094部部门规章,当然其中还包括不可计数的规范性文件等。[2] 这些法规和规章几乎涵盖了这30年来中国经济社会生活中的方方面面,在这个庞大国家的转型期中发挥了不可替代的作用。尽管在这其中,存在一些缺乏科学性和合理性的规范,但是我们也应当看到在法治进程不断推进的今天,中央政府也越来越深刻地认清政府工作的目标:“坚持依法行政、规范行政行为,合法行政、合理行政、程序正当、高效便民、诚实守信、权责统一”以及“实行科学民主决策”“程序依法规范、过程民主公开、结果科学公正”。[3] 各级地方政府充当了法治推动第一线的主导力量。在广泛的经济政治文化生活中,各级地方政府总是处在与公民接触与对话的第一线上,给予公民们国家这一政治概念最直观的印象。能否实现法治国家,与地方各级政府的法治程度息息相关,而在中国这样法治后发型的国家里,推动政府法治化的最主要力量正是各级政府自己。

但是值得我们注意的是,“一个国家要实行法治,总要会牺牲一些原本由国家、政府、官员所拥有的东西,或者是放弃某些希望取得并且可能取得的正当目标,诸如国家的部分权力、阶级利益、政党影响力、官员职权、工作效率,甚至经济效益”。[4] 人民的政府的政治出发点当然都是为了人民的利益,为人民服务的。就拿国务院1991年制定的《拆迁管理条例》来说,其立法目的

---

〔1〕 比如,有学者说“从现实中国国情出发,中国推进法治的最大的本土资源,就是中国的本土政治资源”。参见蒋立山:“中国法治道路初探(上)”,载《中外法学》1998年第3期。

〔2〕 国务院法制办法律法规全文检索系统:http://search.chinalaw.gov.cn/search.html。

〔3〕 温家宝:《2009年国务院政府工作报告》。

〔4〕 孙笑侠:《法的现象与观念》,山东人民出版社2001年版,第359页。

正是“通过旧城改造房屋拆迁,改善城市居民的住房条件”。可是,各级行政权力在法治的格局中,仍有可能扮演着三重角色,一是法治的主导力量,二是法治的控制对象,三是是法治的异己力量。比如在“拆迁制度”法治化过程,修改《拆迁管理条例》的“最大的阻力就来自地方政府、城市的管理者,以及一些地方官员和利益集团的结盟”,“从 20 世纪 90 年代开始城市化进程加速,需要大量的土地,旧城区的土地已经盖了房子,所以要拆迁。城市升级、经营城市都无非是土地的倒腾,低价收回,高价卖出。在土地财政已经成为地方政府的主要收入之时,地方政府有强烈的利益驱动,因此,拆迁成本低、程序简便且让地方政府拥有绝对的话语权和决定权的《城市房屋拆迁管理条例》,对他们来说就是一个很有效的工具”。[1]

基于各级行政权力这样的三重角色,政府自上而下推进的法治现代化运动也必有其弊端和困境,这一弊端就是“法治”观念与生俱来的限制国家、政府公共权利的要求,同政府本身保有的权力或者利益相冲突。

因此,行政机关对法治的需求并不是来自其自身愿望的,而是在执政党的政治动员、人大的监督和人民的权利运动的启发或压力下形成的。在宪法的框架中,官方推动法治的力量是十分强大的,其中包括执政的中国共产党对法治的政治性推动,也包括各级人大的民主立法的推动,以及各级政府的行政执法方面的推动。

一百年来中国人寻找民主与法治的过程也是寻找和尝试政治领导力的过程。自近代以来尽管“城头变幻大王旗”,但这些政治力量并没有能力推动中国走向民主化、法治化和现代化。1949 年至 1978 年的 30 年里,中国共产党经历了从尝试法制、抛弃法制再到恢复法制的过程。从 1978 年至今天的又一个 30 年里,我们经历了恢复法制、确立法治、推进法治的三个阶段。执政的中国共产党除了代表人民利益之外不具有自身独立的利益,作为中国政治最具变革力量的执政党,显示其承担推动中国法治化使命的不可替代性。执政党的领袖人物会对法治秩序的建构起到关键性的作用,我们这六十多年走过的路,大致上与中国共产党的四代领袖人物对法律和法治的态度有关系。

当然,从执政党的法治推动力来看,存在决策与推动的宽与窄、对与错、

---

〔1〕 北大法学院教授王锡锌对《时代周报》记者说的话,刊载于《时代周报》2009 年 12 月,现转自 http://news.sohu.com/20091217/n269009501.shtml。

快与慢的问题。有的事务，执政党并不适合直接干预，比如对个案的司法进行干预就是不合适的老套做法，但是如果涉及普遍的社会问题，比如拆迁所暴露的普遍性问题，则完全不同，不仅要有态度而且应当尽快作出反应，回应社会舆论，反映民意要求。2005 年 3 月，上海市委较早意识到这个问题的严重性，按照市委、市政府的总体要求，上海市召开 2005 年拆迁管理工作会议，就当前进一步加强房屋拆迁管理工作进行部署。“统一标准、公开操作、严肃纪律、依法拆迁”。严禁强拆，房屋拆迁将保持合理规模，严格控制商业开发拆迁。拆迁总量控制在 6 万户以内，确保拆迁工作公开、公平、公正，维护群众合法权益，促进城市持续发展，保持社会和谐稳定。

执政党依法执政的政权组织形式是人民代表大会，所以“人大”是党的领导、人民当家做主和依法治国三者相统一的组织和制度的唯一载体。

人大是权力机关，也是民主议事和决策机关，因此人大是我国法治化运动中极为重要的机构。全国人大及其常委会和省级人大及其常委会还是立法机关。各级人大及其常委会是选举产生的，人大在一般常规的情况下，没有独立的利益和自身权力的本位，因此它在立法、监督等方面能够超越于“一府两院”之上，具有超然性和权威性，这一点与中国共产党的利益特征相类似。当然，人大对法治的推动力，存在立法是否完备、是否民主、是否科学和是否及时的问题。在拆迁问题上，全国人大 2007 年制定《物权法》的当时，如果有相应的制度，通过人大来对相关条例进行一次违宪审查，那么，《拆迁管理条例》就不会继续成为侵犯公民权利的“恶法”。所以，若干事关人民代表大会地位与功能的重大制度还需要进一步建立和完善。

三、作为法治原动力的民间力量

其实，无论从社会事实上看还是从逻辑规律上看，政府自上而下的这种官方推动力还是形式层面的，[1]想要避免政府推动的弊端和困境，显然是一种臆想。如果我们深入到这个表象的内部考察，我们会发现法治真正的力量

---

〔1〕 若干年前我们已发现：无论从社会事实上还是从逻辑规律上看，政府作为法治的推动力，这只是形式上的表象。深入到这个表象的内部考察后将会发现，法治真正的推动主体不是政府，而是市民阶层和法律职业。两者从法律运行机制的外部和内部分别扮演和承担着不同的角色。参见孙笑侠、胡瓷红：《法治发展的差异与中国式的进路》，载《浙江社会科学》2003 年第 4 期。

源泉是人民群众,或者说,法治的原动力主体是民间力量。

当今中国官方推行的法治化运动,实质上也正是来自民间的权利运动。从"拆迁现象的演化"来看,如果没有公民权利意识的增长,就不会有无数个翁彪、王萍、唐福珍们反抗拆迁的维权抗争行动,也就不会有后来的一系列的民间力量诸如知识分子、律师、媒体等以民权代言人的身份进行维权行动。

此处,我们重点想阐述这样两股相互区别又联系在一起的力量:一是普通民众;二是商人阶层。

民间的力量历来是社会政治与经济发展动力。这其中包括了几乎所有的社会角色,诸如农民、工人、商人、市民、媒体记者、消费者、网民、行业协会、财产所有者、学生、学者。回想30年前的包产到户的出现,就是民间力量推动制度变革的典型例证。[1] 1980年2月,当时的宜山县三岔公社合寨大队(现为宜州市屏南乡合寨村)的果作等6个生产队的85户农民,以无记名投票方式选举产生了自己的领导机构———果作村村民委员会。这是新中国历史上第一个村民委员会。它的出现,开启了中国农村基层群众自治的新时代,导致1982年宪法对村民委员会作了明确规定。[2] 1991年吉林省梨树县双河乡平安村村民在村民委员会选举中进行直选"海选"。[3] 1982年4月,全国人大常委会决定公布宪法修改草案,交全国人民讨论。从4月到8月的全民讨论有几亿人参加,这期间,宪法修改委员会秘书处还收到各界群众对宪法修改草案提出意见和建议的来信1538件。一位名叫王银祥的呼和浩特制锁厂普通工人,给全国人大写了信,提出自己对宪法修改的四点建议中有一条关于土地保护的建议被采用了,把宪法草案第9条第2款的"国家保障自然资源的合理利用"修改为"国家保障自然资源和土地的合理利用"。[4] 1987年

---

〔1〕 包产到户最早出现在1956年浙江省温州地区永嘉县。1957年夏季,温州地区各县有1000个农业合作社实行了这种办法,但随后受到批判。1978年春天,为了抗御旱灾,安徽省不少生产队也实行了包产到户,受到官方的认可。

〔2〕 1982年制定的现行宪法第111条规定:"城市和农村居民居住地区设立的居民委员会或者村民委员会是基层群众性自治组织。居民委员会、村民委员会的主任、副主任和委员由居民选举。"

〔3〕 参见余维良:《梨树县村民自治大事记》,载中国农村村民自治信息网:http://www.chinaelections.org/NewsInfo.asp?NewsID=81218,2003年4月26日。

〔4〕 信发出后,王银祥担心书信邮递太慢,于11月28日又用自己月工资的四分之一发出一封近200字的电报。载http://www.legaldaily.com.cn/bm/content/2008-06/15/content_879681.htm。

浙江温州苍南县农民包郑照到法院状告县政府,催生了中国行政诉讼制度。1995年王海打假案唤醒了中国消费者的权利意识。1999年大学生田永诉北京科技大学案,[1]象征着大学与教育领域中的法治化的急促的脚步声。2002年下岗女工胡巧玲搬倒了违法的红头文件,维护了自己的劳动权,推翻了红头文件,也捍卫了《劳动法》的尊严。[2] 2007年厦门"市民散步事件",[3]导致12月中旬举行的厦门历史上"第一次大规模的公众座谈会",市民代表踊跃发表理性专业的意见,让人们见识了惯为官方忽略的民间智慧。此次以城市中产阶级为主体的环保运动让官方看到,厦门市民乃至全国更广大地区的民众,完全具备了推行更充分民主政治必需的公民素质。2008年三鹿"毒奶粉"事件,在公民与媒体的共同努力下催生《食品安全法》。2009年网民搜索"躲猫猫"事件,让看守所的违法事件得以曝光并导致民间社会与决策高层都意识到看守所管理体制上的弊端。

这三十年多来,中国百姓生活中最大的增长除了收入,还有什么?我们的答案是权利意识和权利要求的增长。民众对法律或政法工作的一个核心要求是什么?——就是民权保障。这三十年多来,民众的权利意识显著增强,人民群众对国家和政府的要求发生了巨大的变化。比如,你能否保障我安居乐业,不受违法侵害。法律不会带来幸福,但能够保障幸福。又比如,你能否解决纠纷矛盾,你能否公平高效。这些都可以归结为权利保障的要求。现在大量的涉诉涉法上访都是关系到公民权利保护,大量的网络舆论与网络呼声是关系到公民权利保障的。分析多种社会矛盾我们不难发现,现阶段人民群众的新要求,其核心要求就是对权利保护或人权保障的要求。这些要求

---

[1] 原告田永认为自己符合大学毕业生的法定条件,被告北京科技大学拒绝给其颁发毕业证、学位证是违法的,向北京市海淀区人民法院提起行政诉讼。

[2] 2002年4月在重庆万友宾馆工作了十年的28岁女工胡巧玲,因为宾馆被征用而被解雇了。虽然给了她六千多元补偿,但是宾馆并没有按照当初的承诺为她交养老保险。她找单位协调,单位不理。她依据《劳动法》请求仲裁,仲裁委员会不受理。她向重庆市渝中区法院、重庆一中院、重庆高院起诉、上诉,三级法院都不受理。摆在法院面前有两个截然不同的文件。一件是庄严的《劳动法》,在《劳动法》第77条规定"用人单位与劳动者发生劳动争议,当事人可以依法申请调解、仲裁、提起诉讼"。另外一件是重庆市劳动与社会保障局的2001年79号文件,这份红头文件规定:"对劳动者要求用人单位补交养老保险金的申诉不属于司法管辖权的氾畴……"

[3] 厦门市民反对PX项目的斗争,贯穿了2007全年。最后闽厦政府方面意向将项目由厦门海沧迁到漳州古雷半岛,取得了一个多赢和相对圆满的结果。厦门散步的起因是许多厦门市民收到了大致内容为"如果您反对……请在××时间××地点散步"的短信,一次自发的"散步"示威就形成了。

与期待是动态的,民众对法律或政法工作的要求与期待是随着法治的进程而增长的。同时,民众对法律或政法工作的要求和期待也是随着经济的发展而发展的。实际上,广大公民的这种权利意识是和经济上先富起来的一部分人的权利意识的增长有关。这部分人的主要构成成分是新一代民营企业家、商人、中介人员以及其他中产阶级。

通过近年来的热点案件——我称之为公案——中的民意的表达,我们的法治确实被推进了。孙志刚案件导致了一部旧的法律的废除和一部新法律的诞生,这样的事例成为较为多见的事实。我们或许通过这一点来预测民意发展的社会态势,有学者认为"随着社会空间的扩大和公民社会的成长,公民的参与精神和责任意识越来越强",文章乐观地估计了民意对司法的积极作用,认为"对案件的关注和讨论也将越来越理性、越来越成熟。在一些热点案件中,网络媒体的关注和民间的维权斗争,起到了一步一步引导司法公正的作用。没有网络民意的监督和不断地争取,某些案件将被司法构陷、司法专横和司法"猫腻"所取代。在对具体个案的关注中,在公开信、签名与网络回帖中,在律师、记者与知识分子的维权行动中,逐渐形成了具有法律意识和公共精神的公众"。[1]

在拆迁问题中一说到商人阶层,人们必然联想到他们与政府的利益合谋。在当下的拆迁现象中,城市房屋开发商与地方政府在利益关系链上具有一致性,所以地方政府在拆迁上用足了劲。一些地方政府为追求"土地财政收入"的增长,急功近利地进行城市开发、发展,忽视社会公平,是拆迁的权利冲突层出不穷的根源所在。建设部于2002年1~8月受理来信4820件次,涉及拆迁问题的占28%;上访1730批次,拆迁问题占70%。[2] 近10年来,上海市信访办统计的数据称,涉及拆迁的信访大约占总数的70%以上;据说到中央上访的信访案件中,有40%都涉及拆迁问题。这些现象都可以归结到一点,即开发商与政府在土地征用和征收的行动中,具有利益的一致性。

但是我们不能忽视的问题在于,随着市场经济体制的建立,中国出现新

---

〔1〕 滕彪:《镜城突围:司法与民意》,载《同舟共进》2008年第7期。

〔2〕 在《拆迁条例》修改后的第二年,原建设部副部长刘志峰在当年9月召开的全国城市房屋拆迁工作座谈会上谈到的情况。

一代企业家、商人、中介人员，作为法治产品的最重要的消费者，他们是一股推进法治的不可轻视的力量。企业主与商人在市场经济体制尚未健全的时期，并不是以法律制度的消费者的身份出现的。他们对家族伦理、人际情理的依赖远胜过对法律规则和理性制度的依赖。来自市场的对法治的需求，这是公民需要法治的内在理由，表现为公民的权利要求。哈佛大学国际政治经济学教授丹尼·罗德里克(Dani Rodrik)指出，一时的经济增长并不必然需要深刻并且广泛的制度变革，但是要获得持续增长却需要非常强大制度作为支撑。〔1〕以民营经济造就的民营企业家为例，他们对法治虽然并非具有与生俱来的需求，但是随着他们在发展与改革过程中获得日益增长的财富，他们迫切需要法律制度来保护他们以财产所有权为核心的一系列权利。以民营企业制度创新、产权界定与配置为例，在股份合作制改造、公司制改造、兼并收购、分离、委托代管、租赁、承包等最常见的制度创新过程中，民营企业家切身体会到只有成熟的制度支持，改革和创新才能有持有的效果。私营企业的产权明晰问题，也要求通过法律上的权利义务分配，家长式的私营企业主脱胎换骨成为现代企业家，同时他们从伦理社会中的农民成长为法治秩序下的市民。

同时，经济全球化也激发和催生了中小工商企业主对法律和法治的消费需求。2001年温州烟具行业协会应对欧洲反倾销案，〔2〕不仅为中国企业应对反倾销诉讼提供了宝贵的经验，而且，民间组织第一次充当了处理国际贸易纠纷的主角。烟具协会发挥了两方面的作用：第一，烟具协会在整个案件过程中，自始至终承担了大量的公共服务：统一聘请应诉代理律师；成立应诉小组，为各应诉企业提供应诉所需要的行业材料；与立场一致的欧洲进口商协会进行信息的沟通和交换意见；在欧盟官员来华现场调查期间，代表打火机行业进行游说和说服工作；代表本行业与包括中国政府在内的其他各利益关系方进行联络、信息传递和磋商。在这些服务中，协会所具有的信息优势非常明显。第二，综合行业的利益要求并向政府进行表达，以争取政府支持。

---

〔1〕 Kenneth W. Dam, "China As aTest Case: Is the Rule of Law Essential for Economic Growth?", *John M. Olin Law & Economics Working Paper* (2006) NO. 275, p. 45.

〔2〕 历时1年零1个月的温州烟具协会应对欧盟打火机反倾销诉讼事件是中国正式加入WTO之后遭受的第一起反倾销诉讼，引起各界高度关注。该事件为我们考察中国转轨时期行业协会的治理机制、协调机制及其发展提供了一个非常好的案例。

尽管烟具协会在本次反倾销案例中充分体现了作为一种自治性治理组织的优势，但是，它也并没有选择孤军作战，而是尽量与政府有关部门沟通，力争取得政府的支持与配合，甚至通过媒体来表达自己的利益诉求，以便于日后能够更有效地应对类似的反倾销事件。[1]

总而言之，市场经济培育了工商阶层地位平等、意志自由、权利本位、信守规则等当代法治理念，随着他们日趋成熟，出于自身的经济利益，工商阶层对“法治”的“需求”和“消费”将越来越大，从而促使政府“供给”合理的、公平的市场规则：规范的法律能够保障市场安全，有利于资本进入；透明的法律能够保障利益的预期，有利于减少交易成本；公正的司法能够有效裁断经济纷争，有利于平息社会矛盾。

四、作为法治建构力的职业力量

从2003年7月，金奎喜等律师参与的116人联名向全国人大上书，要求对《拆迁条例》进行违宪审查，到2006年12月，北京市才良律师事务所王令律师，就拆迁制度的弊端给温家宝总理写信。如果更广泛地讲，北大五位法律教授的联名上书全国人大，也是职业法律家的维护民权的行动，更是法律家推进政府工作法治化的行动。通过拆迁事案演变，我们可以看到法律职业共同体对于法治建构的一不可替代的作用。

如果说官方推动和民间推动都是外在于法律范畴的推动力的话，那么法律职业的推动力则是来自法律范畴或体系内部的技术性力量。“独立的有学识的法律家群体处于国家机构与市民社会的衔接部位，起着法治秩序的安全阀的作用”，“只有职业法律家才能够填补规范与事实的缝隙”。[2]

社会学家费孝通就说过：“法治的意思并不是说法律本身能统治，能维持社会秩序，而是说社会上任何人的关系是根据法律来维持的。法律还得靠权力来支持，还得靠人来执行，法治其实是‘人依法而治’，并非没有人的因素。”[3]法治的基本要求（形式法治）是“法律主治”，而无论是法律实践中的

---

〔1〕 黄少卿、李正全：《温州打火机赢得欧盟反倾销诉讼启示》，原载《新青年·权衡》，参见http://finance.sina.com.cn/review/observe/20060413/16052499197.shtml。

〔2〕 季卫东：《法治秩序的建构》，中国政法大学出版社1999年版，第198页；另可参见[德]马克斯·韦伯：《论经济与社会中的法律》，张乃根译，中国大百科全书出版社1998年版，第304页以下。

〔3〕 费孝通：《乡土中国·生育制度》，北京大学出版社1998年版，第48页。

哪一个步骤——起草、普及、解释和运用,法律职业阶层都是法律的实际操作者,因此法律职业者的技能与素养与法治的成功与否密切相关。在某些当代先进法治国家,甚至整个国家的总统选举都由法官判定——法律职业阶层在法治中所扮演角色的重要程度可见一斑。

法律职业作为法治的推动力主体,可从五个方面来认识其作用特点:

第一,法律职业通过其职业性和技术性、独立性和自治性的力量来推动法治。[1] "拆迁律师"与法律教授们正是通过这种职业性、自治性和独立性力量来促进拆迁的法治化的。法律家们知道法律的应然与实然,了解法治的此岸与彼岸,有能力维护权利,也有能力去推动制度的完善。他们处理过不计其数的案件纠纷,对不同法域的相关制度进行过深入比较,因而深谙现行制度之优缺。在他们眼里,法治的发展、现状和未来都了然于胸。所以,法律职业对法治的推动是一种内行人的力量,是同行构成的共同体的力量,是技术专家或技术精英的力量。法律职业阶层还可以在其他方面推进法治的建立和完善,他们可以在诉讼、参与立法、主张制度变革等活动中宣扬法治的理念。

第二,法律职业通过对个人权利的保护来推动法治。作为法律职业阶层中最大的组成部分,律师在法治中有两大作用:一是在律师的帮助下,法官可以更为有效地查清案件事实,厘清法律适用问题,从整体上提高了司法的效率、加强了司法的职能;二是帮助其客户捍卫其正当个人权利,对抗公共权力和他人对其权利的损害。比如近十年来,我国众多刑事律师在辩护中维护当事人合法权益共同推动了死刑复核权的回收。[2] 提高司法效率和职能这一点,其实就是律师的社会功能,借助于律师的专业技能,能够"充分揭露信

---

〔1〕 参见[美]伯尔曼:《法律与革命——西方法律传统的形成》,贺卫方、高鸿钧等译,中国大百科全书出版社1993年版,第104~105页。

〔2〕 2002年4月,陕西省高院裁定维持原判。4月27日,代理此案的西安律师朱占平专程赶赴北京申诉。4月29日早晨,在延安中院即将对董伟执行枪决时,朱律师的申诉最终被接受。就在董伟被枪决前4分钟,最高人民法院传令案件暂缓执行,延安刑场上发生了惊心动魄的"枪下留人"一幕。因为这样一次戏剧性的"枪下留人",朱占平律师走进了公众视线,也让"死刑复核权"首次成为全国大讨论的话题。从2002年陕西延安的董伟"枪下留人"开始,几年来我国湖北、河北、云南等许多省都先后上演了各种版本的"枪下留人"事件,虽然这些事件中有的留住了人,有的没有留住人,但所有的事件基本都是围绕死刑的二审程序和死刑复核程序展开的。个案律师在对当事人生命权的保障、对死刑适用权限的归属上积极呼吁奔走,引起了人们的广泛关注,同时更引发了全国对死刑复核权收归最高法院的更高呼声。

息"。《世界人权宣言》第8条规定:任何人当宪法或法律所赋予他的基本权利遭受侵害时,有权由合格的国家法庭对这种侵害行为作有效的补救。这就是著名的诉诸司法权利,任何一个法治国家都不能拒绝公民寻求司法救济,而获得律师的帮助又是权利获得救济的必要条件。

第三,从历史上看,法律职业阶层的这种推动力并非是变革性的,而是具有保守性和稳定性的力量。因为他们的职业特点在于"以过去的法律为准绳,以过去的事实为根据"。恰恰是这样的职业特点,才成全了它的独特社会角色和社会功能。法律家通过保守的性格,可以避免社会变革所带来的激进的风险,可以避免社会变革与转型所导致的社会关系与社会秩序的断裂,起到社会发展的安全阀和稳定器的作用。法律职业阶层往往是在社会变革、法律转型等重要历史时刻起到了助力的作用。从历史上看,无论是宗教推动样式中的"教皇""君主"之争,还是工商阶层推动样式中的"商人""领主"之争,法律职业阶层从来就不曾以斗争主体的面貌出现在这些关键历史时刻中,他们所起的作用都是将激化的社会矛盾以法律的方式予以解决。而这种用法律解决社会矛盾的方式恐怕就是"法治"的精髓,正是在这个层面上,我们可以说法治就是"法律人之治"——法律人以其职业技能和知识化解社会矛盾,使社会走上"法律主治"的正途。[1]

第四,当然,律师是这个保守的共同体中相对活跃的力量。他们活跃在社会的各个领域,特别是在市场经济领域和百姓生活领域,他们积极主动地参与社会经济生活,才使得纸上的法律成为动态的法律。激荡澎湃的民间建言浪潮,迅速崛起的"意见公民"群体,开启了一个崭新的民意时代、"意见时代"。以公开信挑战"春运涨价"的郝劲松对此评价说:"这是社会进步的重要表现,它反映了公民意识的觉醒,公民意识正成长为推动社会变化的洪流,而公民运动的兴起,也必将使宪法和法律获得变革社会的巨大力量。"颇为引人注目的是,在"意见公民"的阵营中,律师的身影开始日趋活跃。2005年上半年,北京刮起了一股清理打工子弟学校的"取缔风暴",其间冲突不断。北京李方平律师与学者一起,以一份公民建议书形式联名上书北京市政府,直陈"渐进式解决打工子弟学校问题"的思路。2005年10月下旬,在内地持续数月的养路费论战中站立潮头的学者周泽、律师宋成军分别上书全国人大常委

---

〔1〕 参见孙笑侠主编:《法律人之治》,中国政法大学出版社2005年版,第20页。

会,要求审查养路费合法性。[1]

2006年与2007年之交短短的一个多月时间里,就出现了3次律师上书事件:一是2006年12月1日,针对深圳警方将一百多名涉嫌卖淫、嫖娼者游街示众事件,上海律师姚建国向全国人大发去公开信,强烈要求纠正这类有损人权的行为。二是2006年12月15日,河南10名律师联袂上书全国人大常委会和国务院,要求审查撤销暂住证制度。[2] 三是2007年1月1日,就人身损害赔偿案件司法审判中的城里人与乡下人"同命不同价"现象,广州律师周玉忠上书全国人大常委会,要求审查最高人民法院的有关司法解释。

第五,法律职业作为独立于政府的力量,随着法治国家的建设,必然会与政治密切结合,走向政治领域。这不仅是律师业务范围在拓宽——我们可以预言没有公法律师就不是好的律所——而且是律师能量的增强和扩大。正是基于这一点,我们看到了,"拆迁现场"必然会出现拆迁律师,"拆迁现场"也必然会出现与行政强权抗争的律师,出现为政治与公共领域的法治化作努力的律师。

在法治国家的框架内,法律职业不仅成为政治家的智库力量,甚至直接参与政治、影响政治、主导政治。当然法律职业阶层在社会中的数量和地位也与这个社会的法治进程直接关联。[3] 目前中国有16万律师,这个数字对于13亿人口的中国来说还是远远不够的。2006年山东省人大常委会首次委托律师起草的《山东省消费者权益保护条例(草案)》(以下简称条例草案),总起草人张巧良律师是山东康桥律师事务所律师,他和其他律师一起历时半年,于11月草拟完成了这一地方性法规草案。律师凭借自己的法律知识和共

〔1〕 参见 http://news.sohu.com/20061103/n246169590.shtml,2009年12月22日。

〔2〕 案情参见 http://news.sina.com.cn/o/2006-12-28/082010879930s.shtml,2009年12月22日。

〔3〕 有个很有趣的例子可以说明这个问题。在20世纪50年代的莫斯科,拥有五百万人口的大城市只有区区两千名私人执业律师——约等于每两千五百个市民拥有一个律师,而在同时期的纽约,大概有两万五千名律师在纽约市内执业,每350个市民就拥有一个律师。另外,苏联最高苏维埃当时只有10%到15%的代表来自法律职业阶层,而在美国,66%的参议员和56%的众议员出身于法律职业。即使是这样,赫鲁晓夫还想进一步削减律师的数量。参见 Ross L. Malone, American Lawyer's Role in Promoting the Rule of Law, (1959) 43 *Marquette Law Review*, 5. 该文作者时任美国律师协会会长,此文是作者在 Marquette 大学法学院五十年院庆时所作的演讲。

同体的“能量”,将目光注视民主和法制建设,将触角伸向政治领域的深处,或参政议政,或挑战公权,或抨击腐败,或监督政府。上海律师严义明率先以《政府信息公开申请》的形式,要求国家发改委公布中央新增四万亿投资计划,并公开于2008年11月5日以来向发改委递交审批申请的省市地区名单及项目名单。这一申请构成了律师对国家政务的一种监督权。人大代表韩德云律师,在连续三年递交“建立公务员财产申报制度”提议如泥牛入海的情形下,2016年,他又就这一内容写了6000字的提案,其中包括3000字的法律草案。韩德云的作为凸现了律师参政议政的理性和执著;成都邢连超等5位律师向成都市政府发函申请,要求向社会公布“五路一桥”费10.92亿元的支出明细账目,成都市政府正面回应律师质疑,通过媒体和网络如实向社会公示。5律师的作为沟通了政府和民众的联系,提升了政府的公信力。深圳律师王荣利历时6年,搜集了424例各地各种类型的腐败案例,完成资料汇编2000万字,撰写7万多字的《中国反腐败报告》,分别从腐败犯罪的地域分布、职务结构、年龄结构、犯罪表现、犯罪结局等8项指标进行考察。王律师对腐败犯罪的清醒认识,有针对性地找出具体的防治措施。未来中国的法律职业阶层将会广泛进入政治领域,去制订社会发展规划,去分配社会资源,去掌控社会正义的标准,去引领社会风尚。他们目前尚未能有广泛的民间基础,也还没有这样的经济基础,但中国的法律职业阶层已意识到自己职业的更广泛意义,并开始有意识地去推动中国法治的进程。

五、结语

哲学上有所谓经验理性和建构理性,在哈耶克的体系中,经验理性被称之为进化论的理性主义,即“各种自由制度,如同自由所造就的所有其他的事物一般,并不是因为人们在先已预见到这些制度所可能产生的益处以后方进行建构的”,[1]他认为,“制度的源起并不在于构设或设计,而在于成功且存续下来的实践”;[2]建构理性被称之为建构论的唯理主义,“这种观念假定所

〔1〕［英］弗里德利希·冯·哈耶克:《自由秩序原理》(上),邓正来译,生活·读书·新知三联书店1997年版,第61页。

〔2〕［英］弗里德利希·冯·哈耶克:《自由秩序原理》(上),邓正来译,生活·读书·新知三联书店1997年版,第64页。

有社会制度都是而且应当是设计的产物”。[1] 哈耶克本人持进化论的理性主义观,对建构论的唯理主义作了彻底的批判。我国法学上关于法治的发展理论,我们认为也存在着理性建构论和自然演进论两种。[2]

而在法治模式的事实形态,法治现代化也可以分为两种:演进型法治和建构型法治。演进型法治是指顺应本民族的社会自然演进规律而形成法治的模式,其特点是尊重本土的历史传统和社会资源。比如英国法治经历了从13世纪到17世纪的漫长过程,没有制定成文法也没有制定成文宪法,其普通法先例制度和不成文宪法也正是漫长的自然演进的产物。然而,建构型法治则是在法治按常规作可能自然演进的前提之上,人们运用自身的理性,主动试错式地设计法律制度,从而在短期内、局部先行地建构法治秩序。比如日本明治维新后为了收回治外法权的外交和政治需要,开始进行大规模的现代法典编纂和制度移植,改造权力结构建立西方式的法律家制度。[3]

比较这两种法治现代化模式,我们认为法治在历史的自然演进中获得发展,这固然是客观事实,但是人作为主体在历史面前并不是无所作为,并不是被动的,而是能动的。我们可以在法治的自然演进过程中有所作为,所以我们应当看到建构型法治的积极和能动的优点。理由主要有三个方面:一是“自然演进”观念不符合中国人发愤图强的民族性格。中华民族数千年来都志在图强而无数次地变革、变法。就以近百年来的历史来看,也不乏制度变革甚至制度革命的能动性。就当代中国社会主义建设中,我们中国人也一直有“只争朝夕”的精神。在法治秩序的建构方面,我们认识到已不能承担自然演进而付出的时间和发展机会的成本。二是演进型的法治对法治发生地的文化土壤有一定的要求。中国的历史传统中有人治传统而缺乏法治的土壤,所以试图通过自然演进来发展出中国法治,确有不可预期性。三是全球化为当代中国推进法治提供了有利的客观条件和内外部机遇。全球化对法治的影响最主要表现在,它带来了各国按照法治的最底线原则来实行法治的必然

---

〔1〕 [英]弗里德利希·冯·哈耶克:《法律、立法与自由》(第1卷),邓正来、张守东、李静冰译,中国大百科全书出版社2000年版,第8页。

〔2〕 中国学者中有这样的鲜明的理论框架的学者分别是季卫东和朱苏力。前者主张法治秩序是通过主体的理性建构而成的,其早期代表作的书名就用了《法治秩序的建构》;后者主张法治秩序是基于本土资源而自然演变的,其代表作用了《法治及其本土资源》。

〔3〕 参见季卫东:《法治秩序的建构》,中国政法大学出版社1999年版,第205页。

性。全球化事实上为我国选择建构型法治提供了客观条件。截至2006年10月,我国已经加入了二十二项国际人权公约,认真履行国际人权义务,并广泛开展国际人权领域的交流与合作。这也是通过人为的理性建构来缩短法治化过程的重要理由。

总之,中国式的法治已经显示出中国式进路的特点,显示出中国法治秩序特有的建构方式。这就是在官方主导力、民间原动力和职业建构力的动态合力作用下,中国法治在转型和磨合中一边建构,一边探索,一边前行。三方力量虽有利益矛盾和冲突,但与前资本主义以及资本主义利益对抗性关系不同的是,这三方力量在整体上是一致的,和谐的,是可以被整合的。我们还可以进一步展望未来,去研究这种“三合一”的推动力是否可能加速推进中国法治?是否有可能使中国走出一条后发国家的法治捷径?

论区域府际合作治理与区域行政法

刘云甫　朱最新[*]

内容摘要:市场化和地方分权改革带来的公共行政区域化拓展,民主法制建设的进步、社会治理的转型促进了区域府际合作治理的产生。而区域府际合作治理的法治化要求则推动着以区域治理关系为调整对象的区域行政法的产生与发展。区域行政法不仅要遵循行政法基本原则,还要遵循区域非主权原则、区域多元平等原则、区域利益均衡原则三大特有原则。区域行政法框架体系应当包括三个部分:围绕行政机关地域管辖限制与跨域治理客观需求的有效平衡,社会组织法律授权和共同体成员自治规则授权的有机统一构建的区域行政主体制度;政府负责下多元治理主体之间以信任为基础交织互动,共同承担公共责任的区域行政行为制度;以及以区域行政监督和多元化区域行政救济为核心的区域行政监督救济制度。

关键词:区域府际合作治理;区域行政法;原则;制度

一、区域府际合作治理的兴起与区域行政法的产生

20 世纪 80 年代以来,市场化和地方分权改革使地方间的联系日益紧密,先后形成了珠三角、长三角、长株潭、京津冀等重要经济区域,区域经济一体化已成为中国发展的一大趋势。然而,每个行政区域都是一个利益主体,都有着自己特殊的利益诉求。每个行政区域对自身特殊利益的追求常常会侵

---

* 刘云甫,湖北襄阳人,广东外语外贸大学马克思主义学院副教授,研究方向:宪法与行政法学;朱最新,江西安福人,广东外语外贸大学区域一体化法治研究中心常务副主任,法学院教授,研究方向:行政法学、区域法治与地方立法。本文系国家社科基金项目"区域府际合作治理的行政法问题研究"(14BFX 036)的阶段性成果。

蚀区域共同利益,从而带来产业同构、恶性竞争、环境污染、重复建设、贫富差距、地区稳定等一系列跨域公共问题。为了消除行政区域之间利益上的对立与冲突,促进区域协调发展,必须建立跨域公共事务治理机制对区域公共事务进行协调与管理,从而带来公共行政的区域化拓展。纵观国内外理论与实践,跨域公共事务治理机制主要有命令机制(也称科层制,即依托上级机关权威来实现对区域公共事务的协调与管理)、利益机制(通过市场对资源配置基础性作用来实现对区域公共事务的协调与管理)、地方政府协作机制(地方政府间通过协商、对话并缔结行政协议的方式实现对区域公共事务的协调与管理)和公众参与机制(通过非政府组织的协商、对话来实现对区域公共事务的协调与管理)。"科层制""市场机制""地方政府协作机制"与"公众参与机制"对区域公共事务协调与管理有着其积极的一面,同时其不足又常常阻碍了区域的有效合作。寻找一种新的跨域公共事务治理机制成为推动区域有效合作的客观要求。[1] 同时,伴随着改革进程的不断深化、民主法治建设的不断推进、公民权利意识的不断彰显、私人空间的不断拓展,社会组织不断壮大,社会组织参与治理、自我治理的愿望越来越迫切,其功能与作用正变得越来越大。在此背景下,一种建立在尊重、协调、合作、共赢基础上,强调问题解决、目标导向与管理创新,政府负责的多元化制度性合作治理的跨域公共事务治理机制——区域府际合作治理应运而生。[2] 区域府际合作治理,是"党委领导,政府负责,社会协同,公众参与"的社会治理体制在跨域公共事务治理中的具体实践,它既强调跨域公共事务治理的政府负责,也注重跨域公共事务的社会组织参与治理、自我治理。区域府际合作治理的产生与发展,不仅使行政权管辖范畴从行政区域走向了跨行政区域,实现了公共行政的区域化拓展,而且使行政权主体范畴从国家行政走向了国家行政与社会行政并行不悖,实现了从行政区行政跨越区域行政走向区域治理。传统以行政区行政为基础的行政法已经难以满足公共行政区域化拓展,民主法治建设进步、社会治理转型带来的丰富多彩的区域府际合作治理实践的要求。区域府际合作治理实践作为孕育与发展区域行政法的实践动力推动着区域行政法的兴起与发展。

---

[1] 参见石佑启、朱最新:《论区域府际合作治理与公法变革》,载《江海学刊》2013 年第 1 期。

[2] 参见朱最新:《区域合作视野下府际合作治理的法理界说》,载《学术研究》2012 年第 8 期。

二、区域行政法的内涵及其法律渊源

"概念乃是解决法律问题所必需的和必不可少的工具。没有限定严格的专门概念,我们便不能清楚地和理性地思考法律问题。"[1]要全面理解和把握区域行政法,首先必须准确界定区域行政法的内涵。而寻求一种科学的定义方法,是准确界定概念的前提。形式逻辑学"种差加属概念"的下定义方法是公认的科学定义方法。依据这一科学方法,所谓区域行政法,是指调整区域治理关系的行政法的一个分支学科。这包括两层含义:(1)区域行政法是行政法的一个分支学科。也就是说,区域行政法的属概念是行政法。区域行政法作为行政法的组成部分,是调整行政权运行而产生的社会关系的法律规范的总和,必须遵循行政法的基本原则和精神。同时,区域行政法框架体系也包括行政组织法、行政行为法、行政监督与救济法为三大部分。(2)区域行政法是调整区域治理关系的行政法。法律规范所调整的社会关系——调整对象是划分法律部门的主要标准。[2] 因此,调整对象的差异性也是区域行政法的根本特征,即"种差"。传统行政法调整的对象是行政区行政,即各地方政府基于行政区划的刚性界限,以行政命令的方式,对本地区社会公共事务进行的垄断管理。[3] 而区域行政法的调整对象是区域治理关系,既包括区域府际合作治理中各地方政府为了促进区域发展而相互间协调关系,寻求合作,对公共事务进行综合治理,从而逐步形成的区域行政关系,[4]也包括区域府际合作治理中各社会组织之间为促进区域协调发展而进行的自我治理关系,还包括区域府际合作治理中政府与社会组织、私营部门之间建立的合作、协作、网络和伙伴关系。

法律渊源,是指具有不同法律效力或法律地位的法的不同表现形式。区域行政法是行政法的一个分支学科,宪法、法律、行政法规、地方性法规、自治

---

〔1〕［美］埃德加·博登海默著:《法理学——法律哲学与法律方法》,邓正来译,中国政法大学出版社1999年版,第486页。

〔2〕参见许崇德总主编、杨鹤皋等分卷主编:《中华人民共和国法律大百科全书:综合卷》,河北人民出版社1999年版,第44页。

〔3〕参见杨爱平、陈瑞莲:《从"行政区行政"到"区域公共管理》,载《江西社会科学》2004年第11期。

〔4〕参见陈瑞莲、张紧跟:《试论我国的区域行政》,载《广州大学学报》2002年第4期。

法规、行政规章、特别行政区法、国际条约与协定、法律解释等传统行政法渊源理应成为区域行政法的渊源。同时,众所周知,人类因群而生存。而群的存在必然要以公共权力相伴随。法律作为社会控制手段必然是由公共权力制定或认可,并用公共权力来维护的。[1] “法律效力的意思是法律规范是有约束力的,人们应当像法律规范规定的那样行为,应当服从和使用法律规范”[2]。因此,所谓“法”是指体现公共意志的、由国家制定或者认可、依靠公共强制或自律机制保障实施的规范体系,包括硬法和软法。其中,硬法是指由共同体中拥有国家立法权力的主体制定的,并由国家强制力保证实施的行政规范;软法是指由共同体成员协商一致统一制定的,并主要由成员的自我约束来保证实施的行政规范。[3] 区域府际合作治理的法治化使区域行政法的法律渊源得以扩展,软法在一定范畴内成为了区域行政法的法律渊源。这主要体现在以下几个方面:一是不同行政区域人大或政府联合立法所制定的规范性文件成为了区域行政法的渊源;[4]二是区域府际合作治理中出现的行政协议,[5]有关区域合作的乡规民约、社团章程等自治规则[6]以及各社会组织之间为促进区域协调发展签订的自治协议等软法也成为区域行政法的渊源。

三、区域行政法的基本原则

行政法的基本原则,是指其效力贯穿于全部行政法规范之中,能够集中体现行政法的根本价值和行政法的主要矛盾,并反映现代民主法治国家的宪政精神,对行政法规范的制定与实施具有普遍指导意义的基础性或本源性的法律准则。[7] 在区域府际合作治理中,区域协调发展、治理体系和治理能力

---

〔1〕《马克思恩格斯选集》(第2卷),人民出版社1972年版,第539页。

〔2〕[英]哈特著:《法律的概念》,许家馨等译,法律出版社2006年版,第98页。

〔3〕参见罗豪才、宋功德编著:《软法亦法:公共治理呼唤软法之治》,法律出版社2009年版,第134页;罗豪才主编:《软法的理论与实践》,北京大学出版社2010年版,第18页。

〔4〕参见石佑启、朱最新:《论区域府际合作治理与公法变革》,载《江海学刊》2013年第1期。

〔5〕参见叶必丰:《我国区域经济一体化背景下的行政协议》,,载《法学研究》2006年第2期;朱最新:《论珠三角经济一体化中的行政协议》,载《战略决策研究》2012年第1期。

〔6〕参见何才林:《乡规民约的软法之维》,载罗豪才主编:《软法的理论与实践》,北京大学出版社2010年版,第181~213页;兰捷:《作为软法的社团章程》,载罗豪才主编:《软法的理论与实践》,北京大学出版社2010年版,第214~254页。

〔7〕周佑勇:《行政法基本原则的反思与重构》,载《中国法学》2003年第4期。

的现代化、法治三者构成了区域府际合作治理的多元化价值体系，增进区域民众的共同福祉是区域府际合作治理的目标。因此，区域行政法基本原则，是指反映当代社会民主宪政精神，以增进区域民众的共同福祉为目标，集中体现区域府际合作治理多元化价值体系，贯穿于区域府际合作治理之中、对区域府际合作治理的活动具有普遍指导作用的，最基本的法律准则和法律精神。区域行政法是行政法的分支学科，区域行政法应该遵循行政法的一般原则。当然，行政法基本原则的具体内容在区域行政法中是有所发展和变化的。例如，行政法合法原则，其法的范围就不仅仅限于传统的硬法范畴，还包括行政协议、自治规则、自治协议等软法规范。同时，区域行政法除了遵循行政法的一般原则外，还有其特有的原则。根据法律原则所必须具有的法律性、特殊性和基本性等特征，以及区域府际合作治理的价值体系、目标、具体实践以及行政协议等软法规范的具体内容，我们认为，区域行政法特有原则至少应该包括区域非主权原则、区域多元平等原则、区域利益均衡原则三大原则。

（一）区域非主权原则

区域府际合作治理中各治理主体并不享有主权权力，遵循区域非主权原则是区域府际合作治理良善运行的基本前提。区域非主权原则包括三方面的内容：(1)区域府际合作治理不得涉及国家主权事务。区域府际合作治理各治理主体可以自主处置部分跨域公共事务，但不能涉及国防外交等传统法律意义上的国家主权事务；也不能自主处置依法属于中央最终决定的跨域公共事务，如重大工程规划（如南水北调总体规划）、重大区域规划（如长三角地区区域规划）、区域重大基础设施、区域性重大项目等建设项目（如三峡工程），国道发展规划，城乡规划，大中型及限额以上建设项目，行政区划事项，功能区划，特定国土利用，产业政策，特定地名、流域防洪规划等，但可以在中央政府已有决策框架下因地制宜地予以贯彻实施调。[1]。(2)区域府际合作治理必须尊重国家权威。权威是社会发展与社会秩序中的一个基本要素。[2]国家权威是现代中国社会克服市场机制缺陷，保持社会秩序稳定，实现国家

---

〔1〕 参见叶必丰等著：《行政协议：区域政府间合作机制研究》，法律出版社2010年版，第152～155页。

〔2〕 杨建华：《当代中国发展：国家权威与社会权威的融合》，载《中共浙江省委党校学报》2016年第1期。

治理体系和治理能力现代化,以及强国富民的根本保证。区域府际合作治理尊重国家权威包括两层含义:一是指尊重上级政府和中央的权威。我国是一个单一制国家,我国宪法并没有具体而明确地划分中央和地方政府权力,也没有任何法律对国家机关的具体职权划分做出详尽的规定。跨域公共事务原则上属于上级政府管辖,跨省(自治区、直辖市)的,原则上属于中央事务。地方政府在区域府际合作治理必须尊重上级政府权威,尤其是中央权威,不得越权行使,以维护国家的独立与统一。二是指社会组织要尊重政府权威。区域府际合作治理是政府负责的多元化制度性合作治理,区域府际合作治理注重社会组织的参与治理和自我治理,市场会失效,政府会失效,社会组织也会失效。一个有限有效的强政府,是现代社会国家发展的基础,也是区域府际合作治理良善运行的根本保障。这就需要社会组织在区域府际合作治理中尊重政府权威,遵守国家法律,维护社会的基本秩序。(3)区域府际合作治理必须尊重社会权威。跨域公共事务社会组织参与治理、自我治理是区域府际合作治理的重要内涵。要实现社会组织对跨域公共事务的参与治理、自我治理就需要社会权威。“社会权威是政府和民众之间巨大的弹性力量,这个力量越强大,社会的抗震荡能力就越强”。[1] 只有不断地增强社会权威,实现区域协调发展中社会与国家的良性互动,实现国家权威与社会权威的高度融合,区域府际合作治理才能得以良善运行。而社会权威的树立需要社会各界的尊重,其中国家对社会权威的尊重以及国家在制度、环境、资金等方面提供的有力支持是梳理社会权威的关键。

(二)区域多元平等原则

区域府际合作治理的目的在于促进区域协调发展,维护区域繁荣稳定,增进区域民众的共同福祉。要实现这一目标,就必须遵循区域多元平等原则。区域多元平等原则是“法律面前人人平等”的宪法原则在区域府际合作治理中的具体运用。区域多元平等原则包括以下子原则:(1)政府平等对待原则,即中央政府在涉及区域事务的处理,包括对区域政府的政策与财政支持、对区域政府的调控与监督等过程中,必须给予同样对待,不得朝令夕改,厚此薄彼;政府在涉及区域社会组织事务的处理,包括对区域社会组织的政

---

〔1〕 杨建华:《当代中国发展:国家权威与社会权威的融合》,载《中共浙江省委党校学报》2016年第1期。

策与财政支持、对区域社会组织的调控与监督等过程中,必须给予同样对待。(2)区域政府平等原则,即区域政府主体具有相对独立人格和相应的行政自主权,其法律地位平等、权利义务对等,不存在一方主体支配和强制另一方服从的意志。(3)区域社会组织平等原则。社会组织是追求社会理性、提供非营利的社会服务或社会支持的、具有独立法人资格的法人团体,具有面向市场和社会的不断增长的自我意识、自我利益维护、自我主张、自主决策与价值倡导的冲动和执念。[1] 区域各个社会组织之间是以信任为基础的平等合作关系。(4)区域合作平等原则,即区域间的地方政府与社会组织进行合作时应该相互尊重、平等协商、互利共赢,是法律地位平等基础上的"伙伴式合作关系"。

(三)区域利益均衡原则

区域府际合作治理是政府负责的多元化制度性合作治理,区域政府、企业、社会组织以及个人都是区域府际合作治理的利益相关者,也是区域府际合作治理的参与者,区域府际合作治理的过程就是这些主体间利益不断冲突、妥协、博弈和协调的过程。因此,区域利益均衡原则成为贯穿于区域行政法体系整体和始终的又一基本原则。区域利益均衡原则包括以下内容:(1)基础。尊重既有利益。"消除社会混乱是社会生活的必要条件。"[2]而任何社会秩序都是建立在一定既有利益格局之上的。尊重既有利益格局是社会治理良善运行的基础。区域府际合作治理也必须尊重既有利益格局才能有序地进行。因此,尊重既有利益应该成为区域利益均衡原则的基础。(2)目标。实现区域利益均衡。尊重既有利益并不意味着维持既有利益格局。任何一场改革,都面临着突破既有利益格局这个"坎",区域府际合作治理也不例外。任何区域治理主体在进行协作时都有利己的考虑。区域行政法目标是约束和规范区域治理行为,推进区域合作,通过均衡利益实现区域治理主体共赢与多赢,从而形成为一种稳定的利益共同体,最终推进区域协调发展。因此,实现区域利益均衡是区域利益均衡原则的目标。(3)过程。利益动态均衡。区域府际合作治理不可避免地面临着利益结构的调整。实现区

[1] 徐永祥等:《新社会组织:内涵、特征以及发展原则》,载《学习与实践》2015年第7期。

[2] [英]彼德·斯坦等著:《西方社会的法律价值》,王献平译,中国人民公安大学出版社1990年版,第38~39页。

域利益均衡永远是区域行政法追求的目标,非均衡则是区域府际合作治理的过程和常态。要在不均衡的区域府际合作治理基础上达到利益均衡,势必需要采取进一步的不均衡对策。正如辛格所说:"当你从不平衡开始时,你为了接近平衡就需要进一步的不平衡。"[1]同时,一个国家尚无法实现建立"真实的联合体"的目标之前必须以集体主义为原则。[2] 因此,确保区域长远利益、大局利益是区域利益动态均衡的前提。在确保区域长远利益、大局利益这个前提下区域府际合作治理应该通过短期的不均衡战略实现区域利益均衡。(4)方式。利益分享与补偿。区域府际合作治理通过对区域资源重新整合能带来区域整体效益的提高,但是区域府际合作治理中的短期不均衡战略必然导致区域治理主体间利益格局发生相应改变,不同部门、不同地区从中受益程度各不相同。因此,为实现区域利益均衡,建立稳定的利益共同体,应当将利益分享与补偿作为一种利益共享机制贯穿于区域府际合作治理制度安排的始终。

四、区域行政法的制度构建

法的体系是与法的原则、法的目标相适应的。构建区域行政法的制度框架,必须与区域行政法的基本原则、政策目标和主要任务相一致。同时,区域行政法是调整区域治理关系的法律规范系统,必须以区域行政法的调整对象为范围,反映区域府际合作治理的特点。行政法体系一般由"行政组织法、行政行为法和行政监督救济法"三部分构成。[3] 作为行政法的分支学科,区域行政法制度框架,也应当包括三大组成部分:(1)区域行政法的主体制度。区域府际合作治理意味着国家行政之外,还存在社会行政或非国家行政。行政主体资格的获得不仅仅局限于传统国家法律的授权。国家法律授权之外,社会组织基于共同体成员一致同意的自治规则以及社会组织基于自治规则授权而相互间签订的自治协议的授权也可以获得行政主体资格。同时,跨域治理客观上需要突破传统行政的地域限制。区域行政法必须围绕行政机关地

〔1〕 李普顿:《发展中国家的平衡增长与不平衡增长:现代国外经济学论文集》(第8辑),商务印书馆1984年版,第36~37页。

〔2〕 谭培文:《马克思主义利益观研究》,广西师范大学出版社2000年版,第225页。

〔3〕 参见姜明安主编:《行政法与行政诉讼法》(第6版),北京大学出版社、高等教育出版社2015年版。

域管辖限制与跨域治理客观需求的有效平衡，社会组织法律授权和共同体成员自治规则授权的有机统一，来构建区域行政主体理论，完善相关区域行政主体制度。(2)区域行政法的行为制度。在传统法理念中，行政往往被视为政府对行政相对方的约束与管制，强调作为管理者的行政主体与作为被管理方的行政相对人之间的命令与服从关系；区域行政则强调跨行政区划的多个政府主体间的联合协作关系。[1] 区域府际合作治理不仅超越了传统行政"行政主体与相对人""命令与服从"的主体与行为模式，也超越了区域行政中多个政府主体间联合协作的行政行为模式。在府际合作治理中，"随着社会治理主体的多元化，行政体系的客观结构又会出现新的变化，在政府中会存在着一个完整的行政体系，而在政府之外，即作为'第三部门'的公共管理组织中，也会出现一个完整的公共行政体系"，[2] 从而在以公正为主导的责任结构和"信任—合作"的行政协调机制共同作用下，逐渐形成了区域行政法的行为制度——合作行政行为模式，[3] 即政府负责下多元治理主体之间以信任为基础交织互动，共同承担公共责任的区域行为制度。根据行政行为模式化理论视具体情境建构区域行政行为谱系是区域行政法学对区域合作行政行为制度的理论回应。(3)区域行政法的监督与救济制度。完备的区域行政监督机制能够有效确保区域府际合作治理中各治理主体各尽其职；健全的多元化区域行政救济机制能有效、有序预防和化解区域府际合作治理中的各种矛盾和冲突。区域行政法必须建立健全"有权必有责"的区域权责关联机制、"用权受监督"的区域权力监督机制、"违法受追究"的区域责任实现机制和"侵权须赔偿"的区域法律救济机制。[4] 其中，区域行政救济机制应该是多元的，既有区域合作治理纠纷处理的协商机制、科层机制和仲裁机制，又有司法的最终解决机制，并赋予司法机关有限的违宪审查权。这种有限违宪司法审查，是司法机关在具体案件审理过程中对法律、行政法规之外的地方性法规、规章、其他规范性文件、地方政府行为，社会组织的自治规则、自治协议和自治行为进行的合宪性审查。

---

〔1〕 参见李煜兴：《区域行政法初探》，载《行政法学研究》2009 年第 4 期。

〔2〕 张康之：《公共行政中的哲学与伦理》，中国人民大学出版社 2004 年版，第 7～8 页。

〔3〕 参见谢新水著：《作为一种行为模式的合作行政》，中国社会科学出版社 2013 年版，第 106～107 页。

〔4〕 参见姚锐敏：《行政责任机制的价值承载与基本意蕴》，载《行政与法》2011 年第 5 期。

五、结语

当前,伴随着区域府际合作治理的兴起,以一般行政法为基础,以区域治理关系为调整对象,包括区域行政主体制度、区域行政行为制度和区域行政监督救济制度等制度框架的区域行政法已经萌芽。区域府际合作治理的不断推进,必然带来区域行政法规则体系的健全。研究构建区域行政法的框架体系,促进区域协调发展的法制建设是一个综合的复杂的系统工程。目前这种研究刚刚起步。区域行政法作为行政法研究的新领域、新课题,是对全面推进依法治国,实现国家治理体系和国家治理能力的伟大实践的理论回应,是行政法学全新的研究领域,有待共同关注和进一步深入研究。

区域法治发展中的民主参与：成长逻辑、实践难题与可行路径

骆天纬[*]

内容摘要：在区域法治框架内推进民主参与，可以降低民主试验的试错成本，并释放试验不成功所带来的诸多风险。地方推进民主参与将会面临诸多政治结构上的挑战，一是地方权力有限性与民主改革突破性的矛盾，二是地方竞争风险性与民主过程试错性的矛盾，三是政府利益独立性与公众利益多元性的矛盾。要解决以上矛盾，需要完善回应机制、重塑政府格局并着力培育社会力量和公民的理性文化。

关键词：区域法治发展；民主参与；合作治理

民主是现代法治的核心价值。在民主成为不同国家、不同社会制度均予以接纳的今天，围绕民主的争论已经不再是“民主好不好”和“要不要”的问题，而是“要什么样的民主”及“怎样实现民主”的问题。[1] 然而，经历过几百年的民主进程，人们既认识到民主作为社会治理方式的优越性，也对民主的局限性和弱点记忆犹新。西方学者认为民主并不是一个完美的制度，放在任何政治制度和社会历史条件下，民主都几乎必然是一种有缺陷的制度。[2] 甚

---

* 骆天纬，中国法治现代化研究院研究员，南京师范大学法学院博士研究生。

〔1〕 何显明：《治理民主：中国民主成长的可能方式》，中国社会科学出版社2014年版，引论第1页。

〔2〕 参见[美]霍华德·威亚尔达编：《民主与民主化比较研究》，榕远译，北京大学出版社2004年版，第104页。

至有西方学者断言，事实上民主在大部分时间里都是失败的。[1] 我国一方面在探索民主的道路，另一方面也在极力避免民主带来的弊端。邓小平同志曾经指出："中国的问题，压倒一切的是稳定。"[2] 因而，中国民主政治建设的有效性原则，是以确认现有的权力结构和政治秩序的现实合理性、保障其相对稳定性为前提的。[3]

如果我们从国家与地方两个层面来分析我国民主发展的可行路径，那么可以发现，相较于在国家层面对民主发展进行设计与建构，在区域法治的层面上推进民主试验无疑是一种风险最低、更为稳妥的方式。一方面，在区域法治的框架内推进民主试验，可以降低民主的试错成本，并释放试验不成功所带来的诸多风险；另一方面，区域法治关注地方治理，而地方治理的公民参与是不容忽视的问题。"公众参与素来是地方治理中的软肋，但处于公民社会日趋发达、社会阶层分化日趋明显的今天，忽视、阻碍或哪怕只是未能善于利用公众参与的建设性作用，都将极大地掣肘地方治理的日常过程。"[4]

一、区域法治发展中民主参与的成长逻辑

我国始于20世纪70年代末期的市场化改革带来了意识形态的松绑，而伴随着市场化改革同步进行的行政权力下移则促进地方政府开始立足地方，打造以地方为基础的行为模式。[5] 地方政府逐渐从艺术、文化和学术等领域退出，将诸多私营领域放权给社会，让公民有限度地参与公共事务。各种市场的参与力量逐步在社会层面扮演着重要角色，维持着社会某些侧面的运行与发展，进一步扩展了民间力量的存在空间并改变了传统的社会结构，民主治理在地方取得了突破性的进展。"过去二十年，公民社会有了很大的发展，基层选举和民间社团扮演着越来越重要的角色。"[6] 近几年来，包括听证会、

---

〔1〕［美］罗伯特·A.达尔著：《民主及其批评者》（上册），曹海军、佟德志译，吉林人民出版社2006年版，第11页。

〔2〕《邓小平文选》（第3卷），人民出版社1993年版，第284页。

〔3〕何显明著：《治理民主：中国民主成长的可能方式》，中国社会科学出版社2014年版，第12页。

〔4〕王堃：《地方治理法治化的困境、原则与进路》，载《政治与法律》2015年第5期。

〔5〕参见唐丽萍：《中国地方政府竞争中的地方治理研究》，上海人民出版社2010年版，第37页。

〔6〕郑永年：《中国模式：经验与困局》，浙江人民出版社2010年版，第156页。

法律草案的公告评论和征求意见等形式也成为公共决策过程中的重要环节。然而,这种民主化改革的范围还十分有限,“政府放权只是策略性的,是为了巩固政权,因此设下种种限制,向社会放权并不彻底,使公民社会的发展困难重重”。[1]

有学者指出:“当今中国官方推行的法治化运动,实质上也正是来自民间的权利运动。”[2]观察近十来年中国官方开展的民主化试验,很大程度上始于对民间“新公共运动”的回应。[3] 民权运动确实引导政府思考基层民主的解决之道,从而促进了各地民主法治试验的常态化。从这个意义上来看,新公共运动对转型时期的社会民主发展是存在正面推动作用的,这一点难以否认。[4] 但是毫无疑问,新公共运动是以一种非常态的方式促进中国民主法治的进步的,其推动民主化进程的方式非常极端。民间权利运动在一定程度上倒逼政府摸索地方民主和法治发展的路径。这种倒逼的模式很难复制,进一步而言,倒逼的模式虽然目的在于以民主方式解决矛盾,但是实际上很容易造成矛盾的激化。

在区域法治框架内,以民主化方式在地方实现合作治理,是解决上述矛

---

〔1〕 郑永年:《中国模式:经验与困局》,浙江人民出版社2010年版,第157页。

〔2〕 孙笑侠:《拆迁风云中寻找法治动力——论转型期法治建构的主体》,载《东方法学》2010年第4期。

〔3〕 “新公共运动”,按照王锡锌教授的观点,是指在国家与社会结构转型的过程中,社会民众以自发形式参与的、旨在重塑制度与人的品格的社会运动,民主参与是新公共运动的起点。“厦门的PX事件”“启东事件”“乌坎事件”“宜黄事件”等民权事件均属于新公共运动,这些事件的爆发和解决过程为基层民主的中国实践和化解社会矛盾的基层自治积累了足够的经验和教训。按照他的观点,“公众参与”是“新公共运动”的起点。新公共运动包括建设性的公众参与运动和破坏性的公众参与运动。无论是建设性的参与还是破坏性的参与,在改革初期都主要表现为一种非制度化的参与,其背后反映了具体的公众利益需求增进和国家制度化能力的不足。“新公共运动”的核心是强调社会生活的公共性本质,它是在社会结构和话语变迁的时代背景下,为了健全公共生活制度品格、提升公共生活质量、培育公共生活精神而展开的一场重塑制度与人的品格的社会运动。如果说1978年之前的新中国侧重人的政治品格的建构,1978年开始的改革初期侧重人的经济品格的建构,那么“新公共运动”则是对二者的综合与矫正,其基本目标是建构一种真正理性负责的、适合于民主生活的公民的人格——这可以在根本上排除缺乏公民人格的简单民主化的弊端。参见王锡锌主编:《公众参与和中国新公共运动的兴起》,中国法制出版社2008年版,导言1~6页。

〔4〕 有学者认为这种民主尝试是十分有意义的:“以城市中产阶级为主体的环保运动让官方看到,厦门市民、乃至全国更广大地区的民众,完全具备了推行更充分民主政治所必需的公民素质。”见孙笑侠:《拆迁风云中寻找法治动力——论转型期法治建构的主体》,载《东方法学》2010年第4期。

盾的主要方向。在当代社会,法律的显著特点就是“一种以法为手段来组织和改革社会的趋势。法已经不再被看做单纯的解决纠纷的手段,而逐渐成为公民们甚至法学家们视为可用于创造新型社会的工具”。[1] 将民主参与纳入区域法治治理的框架内加以推进,有助于地方政府坚持基本政治制度不变前提下开展民主创新,实现民主试验的可控性。区域法治发展就是要通过调整区域内民众、社会组织和地方政府之间的关系,达到区域合作治理的目的,建立一个平等、民主、有序的区域社会法治秩序,不仅推动区域社会的不断成长,也为创新区域民主治理体系奠定坚实的区域秩序基础。在治理理论看来,地方治理过程中并不存在一个天然的权威力量,治理的关键在于将多元主体纳入到多方协商和合作治理的法律轨道内。而治理的本质特征是公民、社会组织对社会公共事务的独立管理或与政府的合作管理,[2] 民主治理就是在多元合作的过程中实现的。因而,区域法治治理是扩大民主参与的重要保障。法律可以为公民、社会组织与政府等主体搭建民主化的合作平台,在民主化的合作平台上,有序实现民主参与、民主协商、民主自治,进而达成多元合作和合作治理。区域法治得到积极推进的时代,从某种意义上来说,就是民主以最佳方式被实现的时代,区域法治的发展为地方民主试验提供了合适的法治框架。

二、区域法治发展中民主参与的实践难题

地方民主试验加强了政府决策的开放程度,提升了社会公众对政府服务的认同感和评价,推动了政府决策机制的建立,符合我国公共治理民主性的发展趋势。然而,地方的民主试验仍然面临诸多挑战。

(一)地方权力有限性与民主改革突破性的矛盾

改革开放以来,我国一直坚持国家的顶层设计与鼓励地方“摸着石头过河”相结合的发展模式。这种发展模式规定了“百花齐放和百家争鸣”的地方格局。[3] 但是这种地方创新为主的地方格局在我国政治集中的体制下也存在天花板效应:相对于垂直领导的政治体制以及宪法和法律对地方的授权,

---

〔1〕 [法]勒内·达维德著:《当代主要法律体系》,漆竹生译,上海译文出版社 1984 年版,第 378 页。

〔2〕 参见俞可平主编:《治理与善治》,社会科学文献出版社 2000 年版,第 329 页。

〔3〕 参见韩福国:《地方政府创新:困境与抉择》,载《人民论坛》2013 年 1 月。

地方政府在政治与法律领域的改革试验只能是一种有限的、边缘的试验。这种试验受到现有体制的严格限制与多重监督，既不能触及政治与行政领域的各种禁区与红线，也不能对现行的核心制度或“政治规矩”作出改变。

地方政府有限的自主权，决定了地方政府将民主试验限定在技术性或者基层试点的层面。我国地方政府的自主权主要体现在经济领域，在政治上，上级政府与下级政府之间存在绝对领导的垂直结构，地方并不具备很大的自主权力空间。纵向层次的地方政府与上级政府的关系受到了体制的限制，而没有很大的生存空间。[1] 因而地方政府在有限的权力范围内，一般不会在行政制度方面开展民主试验，为了在地方政府有限权力与民主创新之间取得平衡，开展技术性民主试验或者体制外的民主创新是一种较为稳妥的选择。例如，浙江温岭的“民主恳谈”和余姚“民主直选”很长时间内均是绕开了现有的制度安排，在体制的外部实现突破。浙江温岭的“民主恳谈”形成的指导政府行为的意见的权威性与合法性一直悬而未决。[2] 余姚“民主直选”也是在民营经济内做的试验。[3] 从总体上而言，地方政府创新实践之所以在 20 世纪 90 年代以来大量出现，本身就是在经济社会体制束缚暴露得越来越明显，而政治与行政体制改革又暂时难以实现结构性突破，从而不得不绕开体制的核心，转而从体制外和边缘入手的产物。[4]

地方与中央关系规范化和制度化的缺失，也使地方政府在开展民主试验时存在诸多顾忌。权限划分是中央与地方政府关系的核心和基础，正确、合理划分中央政府与地方政府的权限，是规范中央和地方关系和行为的依据和前提。[5] 就目前而言，法律赋予中央政府和地方政府之间职权划分并不清晰。如果中央和地方权限不清晰，就会限制中央和地方政府积极性的发挥，尤其会限制地方改革积极性的发挥。在单一制的政治制度下，地方受制于上级政府，在政府关系中处于弱势地位，地方必须与中央高度一致的政治规则

---

〔1〕 程臻宇：《中国地方政府竞争研究》，山东大学出版社 2011 年版，第 39 页。

〔2〕 何显明著：《治理民主：中国民主成长的可能方式》，中国社会科学出版社 2014 年版，第 397 页。

〔3〕 参见陈剩勇、吴巍、陈燕：《工会直接选举：中国地方民主的新发展——以浙江省的余杭、余姚、温岭为个案》，载《浙江社会科学》2004 年第 1 期。

〔4〕 何显明：《治理民主：中国民主成长的可能方式》，中国社会科学出版社 2014 年版，第 397 页。

〔5〕 沈荣华：《中国地方政府学》，社会科学文献出版社 2006 年版，第 168 页。

决定了地方官员“更关心的是自身的政治利益能否得到满足,如中央的嘉奖、职务的晋升等”。[1] 因而地方民主化探索的动力较为有限,地方改革决心也在一定程度上出现摇摆。“中央越来越强调顶层设计,也可能让地方有了‘等’和‘靠’的思想,在中央没有明确表态之前,不敢有什么动作”。[2]

“改革是大家的主意,人民的要求”,[3] 毫无疑问,增强民主参与的治理改革是符合区域发展的需求的。改革必然意味着一定利益格局的变化和权力结构的调整,需要突破现存的政治与经济格局,因而在地方治理实践中就会产生地方改革的突破性与地方权力的有限性之间的矛盾。在矛盾面前,地方政府更加倾向作出稳妥的选择或者以不作为和观望的态度来面对困境。

(二)地方竞争风险性与民主过程试错性的矛盾

民主是需要在不断试错中逐步成长的。多方利益的博弈与平衡使民主制度与民主价值很容易产生偏离,“现实存在的民主使得潜在的受益者和学术界很失望”。[4] 试错性的民主探索之路意味着民主比可能被精确设计,因而必然会出现民主创新出现错误的情况,然而这是无法避免的。有学者认为,中国的民主发展的历程需要结合更多的因素加以考量,例如经济发展的稳定性和效率性、外交和国际环境因素、政治制度和政府体制的改革、政治领导人的个人偏好和改革精神、对传统革新因素的借鉴以及技术的变化等。[5]

事实上,影响民主试验成败的因素非常之多并且难以为地方范围内的智力资源所把握。“现代人已经变得极不愿意承认这样一个现实,即他们在知识构成上的局限性(constitutional limitations)实是他们不可能经由理性而建构社会整体的一个永恒的障碍。”[6] 按照哈耶克的观点,民主参与的制度是不可

---

[1] 张紧跟:《当代中国地方政府间横向关系协调研究》,商务印书馆2006年版,第38页。

[2] 参见燕继荣在“空间与动力:地方政府创新的来与与去路”访谈中的发言,载《决策》2015年第1期。

[3] 《邓小平文选》(第3卷),人民出版社1993年版,第118页。

[4] [美]菲利普·C.施密特著:《关于民主的十五个发现》,吴克峰、吴宇攀译,载《国外理论动态》2012年第12期。

[5] [美]罗伯特·D.帕特南著:《使民主运转起来:现代意大利的公民传统》,王列、赖海榕译,江西人民出版社2001年版,第1页。

[6] [英]弗里德利希·冯·哈耶克著:《法律、立法与自由》(第1卷),邓正来等译,中国大百科全书出版社2000年版,第12页。

以被建构出来的,而是应该自由“生长”出来的。从我国实践来看,民主试验并不总是成功的。我国各地民主参与地方治理的实践在国内尚处于起步阶段,模式并不成熟,也很难找到可以向全国推广的普适性模式。受到地方政府自主权限和经验匮乏的束缚,不少地区的民主参与试验均遇到困难。有些地方在轰轰烈烈开展了一年或两三年后,不得不暂停该项活动;或者虽继续开展,但已经越来越流于形式,真正能够产生实质性影响的越来越少。[1]

“用较大政治系统中较小单位自主组织和自主治理的理论来解释行为和结果时,必须明确把周围政治系统的活动考虑进去。”[2]地方在开展民主试验创新时,不得不考虑成本与收益的关系。与 GDP 之类可以直观表示政绩效果的项目相比,地方政府的民主创新其实是一种“高风险”的行为,将面临民众与社会以及上级政府的多重压力。一方面,民众的质疑和批评会给政府民主创新带来压力。例如,从 2002 年开始南京“万人评议机关”评比结果只在内部通报而没有对外公开,有参加评议的群众立即对此提出质疑:既然让民众参与了评议,评议的结果却不对外公开,这还怎么叫“请人民评判”?[3] 虽然民主观念和民主方向已经在全国范围内被接受,但是真正实施民主参与的地区试验少之又少,一旦某一处的改革稍有成效,便会被媒体与社会放大而加以审视与分析,质疑与批判也会随之而来,这是地方改革必将面临的社会风险。另一方面,如果民主方式使用不当,则很容易激化矛盾,迫使民众掀起新一轮的新公共运动,这就为地方政府在以横向竞争为主的绩效考核中面临被“一票否决”的风险。与民众与社会施加的压力相比,掌握着组织和人事权的上级政府的评价则将直接关系到地方政府官员的切身利益。

地方政府一直被视为中国改革的试验田,取得的成功经验常被其他地方政府借鉴,[4]但是民主试验一旦失败,地方政府自身的责任将难以化解。因而在当前政府竞争的格局中,地方政府官员往往在“创新”和“守成”之中难以

---

〔1〕 邓国胜、杨义凤:《南京市万人评议机关中的公民参与》,载周志忍主编:《政府绩效评估中的公民参与——中国地方政府的实践与经验》,人民出版社 2015 年版,第 184 页。

〔2〕 [美]艾丽诺·奥斯特罗姆著:《公共事物的治理之道:集体行动制度的演进》,余逊达、陈旭东译,上海三联书店 2000 年版,第 284 页。

〔3〕 参见《南京“万人评议机关”10 年历程回顾:本身效力待提高》,载《人民日报》2011 年 2 月 15 日。需要说明的是,在 2010 年在南京市委的推动下,重新开始对外公布评选结果。

〔4〕 韩福国:《地方政府创新:困境与抉择》,载《人民论坛》2013 年 1 月。

抽身，顾忌重重。不仅如此，从我国的政治实践出发，地方政府在改革之前还需要悉心研究上级政府乃至中央政府预留的改革空间。在上级政府没有提供清晰的指导时，地方政府的判断就十分必要。有时候由于信息的隔层传递和上级政府对下级的信任程度，地方政府所承受的质疑容易被成倍放大。特别是在中央严格反腐的浪潮之下，地方官员也必然会忌惮更多，因而少干事则少出风险，这样的心理对地方的创新精神存在影响。

（三）政府利益独立性与公众利益多元性的矛盾

经济人就是有创造性会计算、寻求自己利益最大化的人。作为理性经济人的地方政府自身即是一个独立的利益主体，而其获得收益的关键就在于对公权力的掌握。我国虽然是单一制国家，地方政府是公共权力的行使者，其行为必须以辖区内利益为出发点。但是不容忽视的现实是，作为竞争的参与者，地方政府官员的福利待遇与晋升可能与地方政府在府际竞争中的表现紧密相连。地方政府是由一个个公务员组成的，政府间关系实际上是由各政府间关系中公务员之间的一种灵活动态关系，〔1〕由于每个公务员的行为均带有个体化利益的主观动机，公务人员组成的政府也在一定程度上体现着个体公务员的意志。地方政府往往将自身或者本部门的利益作为其行为的指导思想，并以行政手段和掌控的地方立法资源将其合法化。如果引入过多的非体制内力量与自己一同分享权力，那么就会造成自己利益的流失。这为地方政府的权力行使过程带来了封闭性，也造成了公权力本身对公民参与的排斥。

而作为现代政治文明核心价值的民主，从产生伊始就带有利益的多元化与限制权力的深刻含义。“城邦以正义为原则”，〔2〕而实现正义的方式，即是“以公共利益为依归”。〔3〕洛克认为国家权力“仅仅起源于契约和协议，以及构成社会的人们的相互协议”。〔4〕马克思认为：“在民主制中，国家制度本身只表现为一种规定，即人民的自我规定。”〔5〕从民主的本意上来看，民主意味着合作型和对话型的多元治理，民主意味着任何治理事务都需要在对话民

---

〔1〕 参见［美］R. J. 斯蒂尔曼著：《公共行政学》，李方译，中国社会科学出版社 1998 年版，第 252 ~ 254 页。

〔2〕［古希腊］亚里士多德著：《政治学》，吴寿彭译，商务印书馆 1997 年版，第 9 页。

〔3〕［古希腊］亚里士多德著：《政治学》，吴寿彭译，商务印书馆 1997 年版，第 148 页。

〔4〕［英］洛克著：《政府论》（下篇），叶启芳、瞿菊农译，商务印书馆 1964 年版，第 129 页。

〔5〕《马克思恩格斯全集》（第 3 卷），人民出版社 1995 年版，第 39 ~ 40 页。

主、参与民主、协商民主的基础上，得到多元化的解决方案。

政府利益的存在必然影响政府的行为。[1] 从理论上而言，地方政府应当努力为民主参与提供制度基础和权利保障，建造一个公正有效的法律体制。但是实际上，在不受上级政府干涉和缺少外部压力的前提下，地方政府的行为更多受自身利益的支配，地方政府在市场中只会越来越自主性地扩大权限，而不会心甘情愿接受民主的监督，更很难让地方政府真正与民众分享治理权力。理想化的民主期待与现实化的利益考量之间出现了看似难以跨越的鸿沟，对此类问题，著名经济学家保罗·萨缪尔森在分析公共选择理论时，曾经尖锐地写道："但是政府会这样做吗？政府会遵循那些力图创造一个有效率和公正的经济学家们的学说吗？"[2] 地方官员开展民主治理的创新，其动机很大程度上是为了政绩追求和获得政绩竞争利益，也即是为了地方官员和地方政府自身的利益。市场化进程中政府自身利益化与民主参与多元化之间的关系成为我国当前国情和体制下的一对矛盾运动。

三、完善民主参与机制的可能路径

（一）完善回应机制

在我国当前社会转型和经济新常态的特定历史阶段中，由于利益的多元化凸显了原有社会控制结构的缺陷，而新的社会秩序在短期内难以被建立起来，因而当前社会环境下的民众诉求和民权运动很容易突破法律控制，引发社会秩序的失控的危险。就我国目前的民主和法治发展的现状而言，公民的参与精神和责任理念主要体现在一个个具体的案例之中，呈现以"个案推动民主法治"的整体态势。近30年来，中国民众权利意识觉醒和权利要求增加是中国百姓生活中最显著的变化之一，人民权利意识的增长，对国家和政府的权利保障意识以及对民意的重视程度提出了要求。[3] 在

---

〔1〕 周建瑜：《政府利益对政策的影响及其规范途径》，载《中共四川省委党校学报》2006年第3期。

〔2〕 [美]保罗·萨缪尔森著：《经济学》，高鸿业等译，中国发展出版社1998年版，第1174～1175页。

〔3〕 参见孙笑侠：《拆迁风云中寻找法治动力——论转型期法治建构的主体》，载《东方法学》2010年第4期。

对具体个案中的关注中,在网络力量、公众关注的热点事件以及具体的公民维权的行动中,公众的法治观念和公共精神逐步形成。[1] 有学者以"厦门PX散步事件"的公众参与过程这一个案为例,指出"政府能够积极回应并主动将PX项目的议题引导入法律过程,这是'PX'模式得以完整和成熟的重要契机"。[2]

扩大民主基础需要社会回应机制的良好运行。有学者指出:"新公共管理者的主体不仅包括政府,也包括非政府组织、公民等。从公共产品的提供者来看,新公共管理者包括了政府部门、非政府部门、私人部门。"[3] 因此,除了政府有回应责任外,社会回应也应当被纳入回应机制中。社会回应既是多元主体诉求表达和预期自身利益能够实现的互动过程,又是多元主体诉求表达和多元主体之间相互博弈的过程。[4] 积极培育和正确引导社会回应主体的发展,对于政府职能转变、降低和分解政府社会管理成效,促进社会参与、维护社会稳定具有重要作用。[5] 建立共同治理结构,是社会回应得到发展的前提条件和社会基础。因此,国家顺应社会结构的深刻变化,有意识地放松对社会的管制,培育社会组织和行业工会的成长,并且有意识地推动官方组织向民间组织转型,这些举措在一定程度上加速了社会回应主体的发展,促进了社会回应机制的完善。当然,在现有的努力上进一步培育社会回应主体,培养公共理性精神是十分有必要的。社会回应机制的健全还需要支持社会组织的建立和良好运转。

扩大民主基础更需要地方政府回应机制的良好运行。正在发展中的公民社会、并不完善的政治和官僚制以及并不发达的市场经济对政府提高回应社会公众的能力提出了挑战。[6] 地方政府回应机制存在很多问题。一是被动回应多,而主动回应少。地方政府回应一般是针对公民主动向政府提出的意见或者建议,很少回应公民尚未提出、但显然与公民利益息息相关的问题。

---

〔1〕 参见滕彪:《司法与民意:镜城突围》,载《同舟共进》2008年第7期。

〔2〕 王锡锌主编:《公众参与和中国新公共运动的兴起》,中国法制出版社2008年版,第167页。

〔3〕 沈亚平、吴志成主编:《当代西方公共行政》,天津大学出版社2004年版,第14页。

〔4〕 戚攻等著:《社会回应机制研究》,人民出版社2009年版,第48页。

〔5〕 戚攻等著:《社会回应机制研究》,人民出版社2009年版,第100页。

〔6〕 参见李严昌:《当代中国政府回应过程:动力与特征》,载《中国特色社会主义研究》2012年第4期。

虽然被动回应“是一切政府得以生存和延续的基础,也是政府的基本职责所在”,[1]但是地方政府和政治社会结构决定公民与政府的信息交流渠道并不完善,且由于官僚体制的效率不高,公民主动提出的诉求很少或者极少能够转化为政府所关注的问题。地方政府回应机制存在第二个问题是回应效率低下的问题。按照马克斯·韦伯的观点,科层制可能导致过分的形式主义和文牍主义。[2] 地方政府回应效率低下与行政体系的低效率存在逻辑上的一致性,政府部门的服务作风和反应速度成为回应效率的牵掣因素。另外,由于公民对于自身利益的保护往往要陷入独立维权的境地,因而公民自身的社会地位和社会阶层的大小就成为自己诉求能否得到政府回应的重要影响因素之一。这也是导致政府回应效率低下的重要因素。地方政府回应机制存在第三个问题是政府回应以初级回应较多,高级回应较少。从制度化的角度而言,政府回应有初级形式与高级形式之分。政府回应的初级形式表现为政府制度回应的前期阶段(如听证会、政府网络调查、政策解析和现场论证等);而政府回应的高级形式则表现为以新的制度安排和公共政策或者规章制度来回应社会的多元诉求。[3] 地方政府回应以初级回应较多,很少上升为高级回应,这与地方政府制度创新能力的不足存在一定关系。

(二)重塑政府格局

一是重塑地方政府利益格局。由于分权化改革后的地方政府能够通过对资源和要素的争夺,使辖区的经济社会发展在区域发展中赢得优势,因而地方政府政绩通常也与辖区经济发展速度的和辖区的治理水平紧密相连。“从竞争的角度讲,地方政府对经济资源的争夺就相当于行使企业家职能。”[4]因而,地方政府不仅仅是中央政府在地方的代理机构,而且成为亚当·斯密笔下的有自身利益追求且能够理性计算的经济人。地方政府基于自己的利益追求,必然想方设法,最大程度地扩张自己的自主权去履行自身职责。政府权力的扩张会对公民权利产生挤压,民主的价值在强势的政府面前很难得到彰显。因

[1] 李严昌:《当代中国政府回应过程:动力与特征》,载《中国特色社会主义研究》2012年第4期。

[2] 吕世伦主编:《西方法律思潮源流论》,中国人民大学出版社2008年版,第258页。

[3] 参见戚攻等著:《社会回应机制研究》,人民出版社2009年版,第27~28页。

[4] 周业安:《地方政府竞争与经济增长》,载《中国人民大学学报》2003年第1期。

而,地方政府参与企业经营的行为是不经济的,得不偿失的。[1] 当政府利益逾越本身的职能界限、利益界限时,就会侵害到国家、社会、人民的利益。[2] 政府利益独立化与民主参与的利益多元化产生了矛盾,而重塑地方政府利益格局有助于地方民主发展。

二是重塑改革中地方政府与上级政府的格局。重塑改革中地方政府与上级政府的格局的一个关键问题是如何处理"顶层设计"与"基层探索"之间的关系。"进行政治体制改革的目的,总的来讲是要消除官僚主义,发展社会主义民主,调动人民和基层单位的积极性。"[3]我国民主试验通常是从基层开始,取得经验后逐步开始推广。然而,基层民主试验取得突破后,其可复制性和进一步深化的空间通常极其有限。地方民主探索的"天花板"问题是一个值得深思的问题。"考察和审视地方政府民主创新实践,我们很容易陷入一种矛盾的心理……我们经常为民主案例的创新性和政府和公众互动博弈中的公共理性精神欢欣鼓舞;但是一旦审视这种民主创新的推广可能性及可持续性时,又情不自禁感到沮丧。"[4]过去三十多年国家在中央和地方之间有关经济管理权和财税权力分配的探索,造就了经济发展的"中国奇迹"。同样的道理,民主探索也需要在谨慎和稳妥的前提下,有序地加以推动。地方政府权力的有限性与民主试验的突破性之间的矛盾是当前民主发展的困境之一,而上级政府乃至中央政府对地方探索的支持十分重要。在改革中,如何在中央宏观设计下有序实现地方政府的探索试验,需要对中央与地方在改革中格局的重新定位。

(三)培育社会力量及公民理性

我国区域法治发展是在社会转型的背景下开展的。郑永年教授分析中国转型社会的特征时认为,在改革开放以前,中国社会被认为处于一种各种势力相对均衡,不同元素可以互相融合的稳定状态。而改革开放意味着新的社会元素打破了原有的平衡,若不能形成新的平衡,社会将变得不稳定,给可

---

〔1〕 周尚君:《地方法治试验的动力机制与制度前景》,载《中国法学》2014 年第 2 期。

〔2〕 周建瑜:《政府利益对政策的影响及其规范途径》,载《中共四川省委党校学报》2006 年第 3 期。

〔3〕《邓小平文选》(第 3 卷),人民出版社 1993 年版,第 177 页。

〔4〕 何显明著:《治理民主:中国民主成长的可能方式》,中国社会科学出版社 2014 年版,第 400 页。

持续发展带来麻烦。[1] 郑永年教授的结论是:“在全球化和改革开放过程中,社会常常是最薄弱的环节。所以,我们必须尽一切努力,在主要政策领域保卫社会。”[2]

培育社会力量。尽管各种网络监督、私立救济、维权个案在中国轮番上演,但均是社会个体对权利保障的自发参与或者无序推动,在这个过程中社会的力量从未真正出场。[3] 在当前社会,民主协商和民主参与制度从未真正出现,转型社会时期的各种喧嚣体现着社会表面“亢奋”实则“沉睡”。[4] 反观区域法治发展的实践,其实施过程大多被政府控制,在政府以外也只有少数的法律职业阶层对本地法治的运作过程有着并不算充分的了解,公民往往缺少最基本的知情权。“有权治理的公民处于一无所知的状态,要想治理好这个国家是不可能的”。[5] 公民参与与公民自由密不可分,因为自由最基本、最原始的含义即是“不受他人武断意志的支配”。[6] 社会力量的形成才能以成熟的方式维护公民利益,同时社会力量的成熟才能形成公民、政府以及一切非政府组织之间的协商民主。有学者通过对社会组织的研究,发现以社会组织为代表的社会力量是良好社会秩序的构建者,可以为国家与社会的互动提供健康而非压制的机制。[7] 因而培育社会是政府竞争背景下区域法治必须予以探索的内容。

完善公民表达和退出机制。有竞争就存在竞争实效的问题,竞争实效会导致政府竞争难以提高辖区公共服务水平以及辖区内居民的生活福利。此时,应当允许公民行使“用手投票”的表达权以及“用脚投票”的退出权。中央政府对地方政府间竞争失灵的约束力是十分有限的,因为中央政府的约束很难通过漫长的信息链而传导到地方。况且即使能够“上传下达”,地方政府也

---

〔1〕 参见郑永年:《中国模式:经验与困局》,浙江出版联合集团、浙江人民出版社 2010 年版,第 165 页。

〔2〕 郑永年:《中国模式:经验与困局》,浙江出版联合集团、浙江人民出版社 2010 年版,第 165 页。

〔3〕 参见周尚君:《地方法治试验的动力机制与制度前景》,载《中国法学》2014 年第 2 期。

〔4〕 参见周尚君:《地方法治试验的动力机制与制度前景》,载《中国法学》2014 年第 2 期。

〔5〕 刘莘主编:《法治政府与行政决策、行政立法》,北京大学出版社 2006 年版,第 229 页。

〔6〕 [英]弗里德利希·冯·哈耶克著:《自由宪章》,杨玉生等译,中国社会科学出版社 1999 年版,第 30 页。

〔7〕 参见庞正:《法治秩序的社会之维》,载《法律科学》2016 年第 1 期。

有足够的时间和空间来采取“上有政策，下有对策”的机会主义行为。[1] 因此，应当通过制度化的建设，来保障公民的退出权。有学者指出，保障公民退出权的有效方式就是通过户籍制度的改革、社会保障制度的完善和选举制度的重新设计等方式来保障居民的自由迁徙权。[2] 也有学者认为，上述措施无助于保障退出机制，因为地方政府真正关心的是拥有资本优势和高新技术优势居民的“退出权”。因此与其改革制度保护“退出权”，还不如着力改善公民的“表达权”。[3] 本文认同这一种观点，因为表达权是公民的重要权力，也是培育社会的重要起点。哈贝马斯对表达权做过经典的描述，在他看来，公众参与首先是一种协商过程，在这一协商过程中，公民们充分表达自身利益诉求，并对此进行富有意义的交流。[4]

培育理性文化。法治国家的文化条件应当是理性的文化基础，科学精神、政治道德、人权思想、公民意识、权利观念等理性文化要素有着特殊的作用，只有当这些文化要素成为根深叶茂的社会意识时，法治国家的理想才会变成现实。[5] 在很多社会群体事件中我们不难看见，正是由于很多虚假信息的存在以及一些别有用心的人在煽风点火，才使原本简单的权利冲突事件出现失控并演化为群体性事件。“在所有错综复杂的问题上，都诉诸公众的做法，其实在很多情况下都是想借助并无机会知情的多数的介入，来逃避那些知情人的批评。孰胜孰负要看谁的声音更响亮更迷人，谁的吹鼓手更有手腕更无耻，谁能在报纸上占据更大的版面。”[6] 在缺乏理性文化的国家和区域发展民主，民主就有可能出现变异走向民粹运动，或者由于缺乏经验而导致公平与效率之间出现严重的冲突。实际上，早有西方学者发出了

---

〔1〕 唐丽萍：《中国地方政府竞争中的地方治理研究》，上海人民出版社2010年版，第146页。

〔2〕 参见唐丽萍：《中国地方政府竞争中的地方治理研究》，上海人民出版社2010年版，第147页。

〔3〕 参见刘亚平、颜昌武：《三方互动：规范我国地方政府间竞争的思考》，载《公共管理学报》2006年第3期。

〔4〕 参见[德]尤尔根·哈贝马斯著：《合法性的危机》，刘北成、曹卫东译，上海人民出版社2000年版，转引自王锡锌：《公众参与和行政过程》，中国民主法治出版社2007年版，第41页。

〔5〕 公丕祥主编：《法理学》，复旦大学出版社2008年版，第206页。

〔6〕 [美]沃尔特·李普曼著：《公众舆论》，闫克文、江红译，上海人民出版社2002年版，第313页。

提醒："在那些近年来刚实现民主的国家，其现实存在的民主可能尤其令人失望。"〔1〕

〔1〕［美］菲利普·C.施密特著：《关于民主的十五个发现》，吴克峰、吴宇攀译，载《国外理论动态》2012年第12期。

自贸区知识产权过境保护问题研究*

苏　喆　张　磊**

内容摘要：自贸区实行“一线放开，二线管住”的策略，给对区内过境货物的知识产权保护造成了问题。从国际环境以及自贸区发展战略出发，对于区内过境货物应当采取较为严格的执法措施，并且从自贸区内开始，逐步提高我国知识产权实体法保护水准。在具体措施方面，要建立高效统一的海关、行政执法流水过程。以自贸区示范效应拉动我国创新型经济的发展。

关键词：自贸区；过境货物；知识产权保护；知识经济

一、问题的提出

自由贸易区是指由国家指定的，在区内拥有比世贸组织相关规定更加优惠的贸易政策的区域。通常在主权国家或者地区的关境内外，划出特定的区域，准许外国商品豁免关税自由进出。其实质是采取自由港政策的关税隔离区。以上海自由贸易区经国务院批准 2013 年 9 月 29 日正式挂牌成立为标志，我国开启了自贸区建设的大幕。自贸区与我国其他地区相比最大的特点是采取“境内关外”的监管模式，即“一线放开，二线管住”。所谓“境内关外”，是指自贸区虽然属于我国国境范围之内，但是却不受我国海关执法一般权力之影响，凡是进出自贸区的货物一律作为过境货物对待。“这固然将使得区内与境外之间的国际贸易最大程度的便利化和自由化，在大大促进国际

---

* 本文为江苏高校“2011 计划”区域法制发展协同创新中心科研项目《上海自贸区技术壁垒法律问题研究》的成果。

** 苏喆，湖南娄底人，法学硕士，扬州大学法学院教授，硕士生导师；张磊，江苏苏州人，扬州大学法学院硕士研究生。

贸易发展的同时,也会伴生区内知识产权保护乏力的问题。”[1]

2002年11月,比利时海关在安特卫普港进行例行检查时发现了一批来自中国的待转运剃须刀,其外观设计与飞利浦剃须刀极为相似,比利时海关怀疑该批产品系侵权产品而进行了扣押。飞利浦公司得知后随即起诉,被告则以过境货物不进入比利时市场,不能认定为侵权、更不能进行扣押为由进行答辩。案件最终上诉到了欧洲法院。无独有偶,2008年7月英国海关在机场检时查获并认定一批来自中国香港的待转运至哥伦比亚的“诺基亚”手机为假冒商品。诺基亚公司在知情后请求英国海关中止放行该批货物。但是,英国海关以该批货物属于过境货物并且不进入英国市场为由而拒绝了诺基亚公司的请求。诺基亚公司为此一路向英国各级法院起诉,直至最终英国上诉法院将该案移交给了欧洲法院。2011年,欧洲法院对两个案件合并审理后做出了判决,虽然最终的判决没有认定侵权成立,但是对于货物的放行与否,即对于海关的执法权力,则明确做出了支持。可以说,该判决对欧洲各国海关对过境货物的知识产权执法以及法院司法都有巨大的指导作用。

上述两个案件均涉及国家执法权力和过境货物的自由通行之间的矛盾。自贸区因其特点,无疑也会遇到该矛盾。我国《海关法》和《知识产权海关保护条例》明确规定海关有权对进出关境的进出口货物实施监管。因此,首先遇到的问题便是海关权力是否可以延伸至自贸区。这个问题也将是本文研究问题的大前提。答案是肯定的。理由有二:第一,自贸区的特殊性,根据国务院规划,自贸区只是试点,远期目标是一线的彻底放开,即全国范围内进行自由贸易,最大程度地消除贸易壁垒。到那时,将没有所谓的“一线”“二线”之分,从国家主权的角度来看,一国的法律当然适用于其管辖的全境,海关自然有执法权;第二,全国人大常委会做出决定暂停实施了有关外商投资的法律,但是没有提及其他法律,实际上宣示了其他法律在自贸区的效力。因此,我国海关的执法权自然可以,也应当延伸至自贸区。这是研究自贸区知识产权过境保护问题的前提,解决了执法权的有无问题。

监管和自由,历来是矛盾的两个方面。强调知识产权的保护无疑会对贸易自由造成影响。即使如TRIPs协定和《反假冒贸易协议》(ACTA)这样的

---

〔1〕 徐文进、姚竞燕:《上海自贸区内知识产权保护的价值抉择——以区内商标平行进口的司法应对为视角》,载《上海政法学院学报(政法论丛)》2014年第5期。

以保护知识产权为主要目的的国际协议,也在强调保护的同时,对知识产权保护的技术性操作详细地进行了规定,其目的就是"确保知识产权的执法措施和程序不会对合法贸易构成障碍"。[1] 本文研究的第一个问题便是:有了执法权,权力该如何运行?上海自贸区对于过境货物的知识产权保护到底应当采取从严的标准,还是应当采取从宽的标准?过境货物知识产权保护与贸易自由化之间的抉择,是自贸区要回答的首要问题。如果选择了加强知识产权保护,则是否需要对区内货物实施更为严格的侵权标准?对于区内过境货物进行知识产权执法,具体该如何进行,行政机关的执法权和司法机关的司法权权限如何划分?这两个问题,也需要进一步进行讨论。

二、知识产权与贸易自由的抉择

(一)反对过严保护的理由

"对于知识产权学者来说,谈到自贸区,更多的感受是沉重和担忧。因为自贸区概念提出的深层背景是,以美国为首的西方发达国家使我们不得不在经济发展的关键转型期,接受由其主导制定的游戏规则。"[2] 因此,对于自贸区内过境货物的知识产权保护,反对采取过严标准的声音很强烈,并且,反对者认为其有着充分的理由,总结其理由大致有以下几点:

1. 与国内产业结构冲突,不利于制造业的复苏

近年来,我国经济遇到了"瓶颈",增速持续放缓。其中,很多中小企业受到了毁灭性的打击,纷纷倒闭,这些企业中绝大多数均为制造业企业。对于这些制造行业来说,要素成本上升速度太快,人力资源等成本的增加使企业利润空间变小,而国内市场早已饱和,甚至存在严重的产能过剩,很多企业对于出口以及贴牌加工等格外依赖。如果在知识产权保护问题上继续加压,则对于这些企业的生存来说就更是雪上加霜了。出于产业保护的考虑,自贸区知识产权保护标准不宜过高。

2. 限制自由贸易,影响自贸区总体目标的实现

《中国(上海)自由贸易试验区总体方案》对上海自贸区的总体战略要求明确指出对外要探索开发新途径,促进贸易和投资的便利化和自由化。而过

---

〔1〕《反假冒贸易协议》(ACTA)前言。

〔2〕杜颖:《中国(上海)自由贸易试验区知识产权保护的构想》,载《法学》2014年第1期。

于严格的知识产权保护标准会对区内过境货物的加工、包装、转运、仓储等造成滞留，不利于投资和贸易的便利化和自由化，甚至产生新的技术性壁垒。

3. 利于保护国家利益，寻求国际法支撑

有人指出，自贸区保护知识产权标准过高，对于进出自贸区的产品，受影响更多的必定是我国产品。从以往的案例来看，几乎所有被查处而采取措施的都是出口货物，而不是进口货物。对此，我们应当坚决的通过法律途径维护国家利益。从当前国际法规定来看，对于过境货物采取严格的标准，存在严重的合规性问题。首先，过境货物虽在一国境内，但是不能算是进口货物，要区别对待。货物通常情况下最终也并进入过境国市场，采取过于严格的措施，超出了知识产权法地域性原则限定的范围。《TRIPs 协定》第 51 条规定各成员国对于出口货物"无义务"对过境货物采取边境措施。而《GATT》第 5 条第三款更是对过境国所负自由通行义务有明确的规定；其次，《TRIPs 协定》第 51 条要求执法措施应避免贸易壁垒的产生，并提供阻止措施滥用的保障。而过严的标准即构成了一定程度上的壁垒。

（二）自贸区的抉择

其实，认为必须在加强过境货物知识产权保护和贸易自由之间做出抉择的想法是片面的，两者之间存在一定程度的冲突是肯定的，但是，对于上海自贸区来说，两者不存在非此即彼的关系。

改革开放以来，中国一直是以低端的生产要素加入全球价值链，在出口导向型经济发展的巨大引擎拉动下，取得了举世瞩目的经济建设成绩，在世界经济中确立了"经济大国"和"贸易大国"的地位。但是，随着中国生产要素优势的逐渐丧失，这种发展模式必然是难以为继的。国内制造业遇到的寒冬就是这种模式下必然现象，妄想以国家政策放松知识产权保护标准去维护这种低端的生产方式，是不可能拯救江河日下的国内制造业的。不单单是制造业，能源产业以及其他各行各业都将面临发展"瓶颈"的问题，如果不在根本思维上做出改变，这些产业必将逐渐走向死亡。

"促进贸易和投资便利化"是上海自贸区的一大重要目标，但追求便利化和自由化并不代表天平必定要向此倾斜。作为很多人反对过高标准的"受益者"，美国和欧洲发达国家，他们贸易自由化程度高的同时，知识产权保护水平也非常之高。目前《跨太平洋伙伴关系协定》（TPP）以及《跨大西洋贸易与投资伙伴协议》(TTIP)谈判正在进行。[1] 两个协定中对于过境货物的知识产权保护标准,远远超出之前所有国际协议。这两个协定几乎涵盖了世界上所有主要经济体,唯独没有我国。如果我们没能在这个新的庞大的自由贸易区中占据规则制定的话语权,甚至是被排除在外,那么我国将非常可能在新的全球化进程中被边缘化,失去后续发展的空间和动力。[2] 规则是人定的,规则也不可能永远一成不变。在这个世界各国都将知识产权从法律问题上升为国家战略的时代,我们必须走出这一步,哪怕是将付出不小的代价。因此,《中国(上海)自由贸易试验区条例》第51条以及《上海知识产权战略纲要(2011—2020)》对于区内知识产权问题做出了明确的规定:一是加强行政保护与司法保护衔接,建立知识产权保护长效机制;二是加快探索与创新知识产权行政管理体制和知识产权综合执法模式;三是充分发挥各类行业协会、仲裁等机构的作用,建立知识产权纠纷多元化解决机制。

随着生产方式的改变,作为上层建筑的法律所注重的方向,也应当随之改变,对此,郑成思教授对于我国知识产权的战略发展,有过精辟的论述:"在当代,仍旧把注意力仅仅盯在有形资产的积累上,反倒使有形资产的积累永远上不去,其经济实力也将永远赶不上发达国家。必须以自主知识产权的积累促进有形资产的积累,才有可能赶上发达国家。"[3] 事实证明,改革开放第一阶段中我国采取的"市场"换"技术"的战略是失败的。发达国家对我国施加的知识产权压力将会使我国人民懂得真正的核心技术是市场换不到的,也是花钱买不来的,除了自主创新,奋发图强,没有别的出路。

(三)问题的实质

其实,对于自贸区内的过境货物知识产权保护问题,关键不在于保护执法的从宽、从严,这是路线问题,而在于如何利用现代化技术与观念,最大限度地简化执法过程,提高执法效率。举一个相类似的例子,中美两国在海关知识产权保护的备案制度上的细节差别,很能体现这个问题。

---

〔1〕 本文写作时TPP协议尚处于谈判尾声阶段,2015年10月5日12个谈判国在美国亚特兰大举行的部长会议上基本达成协议,目前正在等待各国国内通过签署。

〔2〕 徐文进、姚竞燕:《上海自贸区内知识产权保护的价值抉择——以区内商标平行进口的司法应对为视角》,《上海政法学院学报》(政法论丛)2014年第5期。

〔3〕 郑成思:《国际知识产权保护和我国面临的挑战》,载《法治与社会发展》2006年第6期。

在我国，根据《知识产权海关保护条例》，权利人可以通过网上注册的方式进行备案数据的录入，而备案费用通过银行转账或者直接电汇缴纳，然后再提交纸质的备案申请书，连同备案费的交款凭据等材料，邮寄至海关总署政策法规司知识产权保护处，经过核准后，备案即宣告完成。海关在检查时发现了涉嫌侵犯备案知识产权的货物，即可书面通知备案人，备案人可在接到通知起3日内决定是否申请海关对该批货物中止放行，以便采取进一步的措施。在美国，考虑到专利侵权案件的复杂性，因此，备案制度并不适用于涉专利货物。针对涉版权和商标权的进口货物，则实行海关备案制度。根据美国《海关条例》有关规定，权利人可以通过网络申请备案，所有书面材料，甚至是版权证书和注册商标证书均可以“jpg”或“gif”图片格式数据上传。备案费用则首选信用卡支付。相比我国的备案制度，邮寄书面材料、银行转账或者邮局电汇费用这些方式显然不是最便捷、最优选的。我国的备案制度是在我国入世以后建立的，初期这些方法可能是很多人的首选，但是随着时间的推移，像邮局电汇这样的方式基本已经退出现代商业交易了，网络文件传输和信用卡支付也早已成为日常。显然，我们的做法极大地增加了备案的时间，降低了效率。我国海关应当改变观念，从便利权利人的角度出发，进行适当的海关执法，以提升知识产权保护的水平。

从海关执法到自贸区执法，问题是一样的，对于过境货物的知识产权保护与自由贸易选择的问题，实质上是一个技术性问题而不是一个理念性问题。应当通过合理的规则配以先进有效的手段，在加强保护的同时提高效率。

综上，自贸区中知识产权执法应当着力于技术要求，通过完善知识产权监管模式，本着贸易便利化的原则，制定科学的执法程序、提高执法效率，以期为相关规则在国内的推广提供经验。[1]

三、自贸区内是否应当实施更为严格的侵权标准

自贸区可以说是我国“第二次改革开放”的桥头堡，面对日益紧迫的国际知识产权谈判压力，自贸区选择了“入”。既然强化对于过境货物知识产权保护与贸易自由化之间并无本质的冲突，甚至从长远角度看反有利于促进贸易自由化。那么是否意味着我们应当在上海自贸区内实施更高标准的侵权规

---

〔1〕 孙益武：《自贸区知识产权执法的国际协调》，载《特别关注》2014年第1期。

则呢？也就是提高实体法的保护标准，因为知识产权纠纷的解决最终会落到实体法规范上。

美国、日本及欧盟诸多发达国家历来是高标准知识产权保护水平的积极推动者，希望制定更为严格的实体侵权标准。但是这一目的在WTO体制中严格的条约修订程序和众多发展中国家的集体反对下很难顺利实现。于是这些国家便将目光转移至区域贸易安排，通过自由贸易协定来推行超TRIPs协议标准的知识产权实体保护规则，以孤立和边缘化的危险来逼迫发展中国家承认和接受这些标准。《跨太平洋伙伴关系协定》(TPP)，在实体法上涉及专利、商标、域名、地理标志甚至商业秘密等众多保护客体，完全承载了美国等发达国家多年来的强化实体保护标准的诉求。从最新的谈判趋势来看，协议达成依然是大概率事件。[1] 一旦协议达成，高标准的知识产权保护规则将在协议国全面执行。而目前我国的知识产权实体法，在保护的标准方面，尚与TRIPs协议中的标准以及发达国家的国内法存在一定差距，在未来，更高标准出台后，差距会进一步扩大。届时，我国出口产品会遇到比现在更为苛刻的知识产权门槛，相关纠纷损失将更为巨大。

对于我国知识产权实体法保护水平的提高，在总体目标上向着发达国家靠拢的趋势在国内基本能够达成观点一致。在具体的方案上，存在这两种不同的观点：张伟君教授在谈及我国应对《反假冒贸易协议》(ACTA)时，认为我们即使在现阶段可以不参加协议，但是更高的保护标准与我国提高知识产权保护水平的总体趋势是相吻合的，无论接受协议与否，国内实体法都应当逐步向高标准保护靠拢。[2] 推及至自贸区知识产权法律适用上，也就是自贸区知识产权保护水平应当直接在实体法层面进行提高。而郑国辉教授在谈到构建自贸区知识产权贸易保护体系时，提出在修订实体法时的“双重”适应制度，与国际条约和协议接轨是一方面，但是更重要的是保护我国国家利益，

---

〔1〕 特朗普当选新任美国总统后，立即签署了行政命令退出TPP。初期对于各协定国的确造成了一定的冲击，给TPP的达成打上了问号。但是继日本后，新西兰也于2017年5月11日正式通过了协定，TPP的11国贸易部长将在越南亚太经合组织部长会议期间举行会谈。因此，虽然经历了初期的震荡，但是在日本、新西兰等过的带领下，TPP的达成依然是大概率事件。经过这么长时间的艰苦努力，各国都有意愿继续保留这个谈判成果。

〔2〕 张伟君、李茂：《知识产权执法的国际新标准以及我国的应对——以ACTA民事救济措施为例》，载《东方法学》2012年第3期。

创设符合我国国情的知识产权贸易保护体系。[1] 即在实体法的改动上应当有所取舍，以不伤筋动骨为原则，着力发挥知识产权立法对于创新的激励，而不是冒进地大幅提高保护范围和保护水平。在自贸区内，则可以通过行政法规规定以及自贸区法院审判指导等，逐步引入国际条约的适用，在自贸区内涉外案件中进行试点改革，真正起到自贸区试点改革的作用。前一种观点相对于后一种观点较为激进，虽然是从我国长远利益出发的，但是，没有考虑到自贸区法律适用的普遍性问题，如果直接从国家法律层面提高保护范围和水平，那么对于全国大部分地区来说将是“被试点”。在我国现今没有迫切的国际条约义务的同时，无疑是对相对困难的国内实体经济的一种褫夺。

在对待自贸区内是否应当实施更为严格的侵权标准的问题上，我们可以从措施和手段上与相对高标准的美欧趋同化，实现更为强力有效的保护。但是对于具体案件的实体评判尺度，则不宜机械地、盲目地提升至欧美高标准。应当在保证国内法律适用的统一性、稳定性的基础上，稳步修订实体法，逐步提高保护水平。

四、自贸区内过境货物知识产权保护的具体措施

在讨论了自贸区内过境货物的知识产权保护态度以及最终实体标准后，绕不开的话题便是具体措施。“徒善不足以为政，徒法不足以自行”，知识产权保护，主要依靠行政执法和司法手段，辅以仲裁等其他方式。

（一）统一、高效，一站式的行政执法

基于自贸区的特殊性，区内知识产权行政保护执法体制应当采用综合执法与集中执法等方式，2014 年 9 月 16 日，上海自贸区管委会知识产权局正式挂牌成立，正式向建立统一的知识产权行政执法管理迈出了第一步。但是，目前该机构尚未实现真正的专利、商标、版权执法三合一。由于专业性不同，执法理念和措施存在较大差异，在没有一个明确的“执法基本法”指导的情况下，实际上各个执法领域依然是各自为战，管委会行使专利和版权方面的行政管理和执法，工商局行使区内商标权行政管理，海关部门执行海关执法，并且，管委会内部两种执法也存在统一性的问题，表现出较大的执法不稳定性

〔1〕 郑国辉：《中国（上海）自贸区知识产权若干法律问题》，载《上海政法学院学报（法治论丛）》，2014 年第 7 期。

和处罚力度的不足性。

自贸区内的知识产权行政执法改革才刚刚起步,未来的改革大方向应当把握几个原则:

1. 综合管理。考虑到具体执法措施上的差异性,可以在管理局下设专利、版权、商标分局,但是在领导机构上应当统一,增加工作的协同性和一致性,防止出现多个部门之间职能交叉,推卸责任的情况。

2. 编制精简。编制数量巨大一向是中国行政机关的通病,所谓的大部制改革面则精简,实则冗员。知识产权综合行政管理机构一定要注意人员的减少,专业化素质的提高,以真正达到提高执法效率的目的。

3. 权责一致。有权必有责,区内知识产权综合行政管理机构,在赋予其合理的管理职权的同时应当明确相对应的责任,以达到督促高效、公正执法的目的。

据相关人员介绍,知识产权局接下来将主要在两个方面上扩充职能:一是在继续保持和完善已有的专利和版权行政管理与执法职能的基础上,进一步增加对商标的管理和执法;二是广泛扩展知识产权局的行政管理和服务职能,大力提高提供公共服务的水平。[1] 笔者认为,在未来,除了增强部门内综合执法能力外,还应当考虑加强与海关部门的联动执法,将执法的头道关口海关与二道关口管理局联系起来,建立一条执法流水线,对区内过境货物实现全程式的执法管理。

(二)合理划分行政机关与法院之间的职能

2015 年 4 月 9 日,自贸区知识产权法庭正式成立,接踵而来的问题便是如何合理划分行政机关与法院之间的职能。对于区内过境货物而言,其首先面对的将是海关部门的执法,其次可能分流至行政部门,如存在争议,最终的也是最权威的纠纷解决机构唯有法院。因此,应当针对部门功能的不同,划分相应职能。海关和行政机关执法应当注重效率,以快速高效为执法首要目标;法院注重终局性和权威性,以程序正当和结果公正为首要目标。

对于区内过境货物的执法,第一,确定执法范围,虽然自贸区采加强保护的态度,但也不能无限制的扩大执法范围,损害过境货物的自由通行利益。

---

〔1〕 参见澎湃新闻网,丁蕾蕾:《自贸区管委会增设知识产权局:统一专利、商标、版权执法》,载 http://ncws.163.com/14/0926/15/A733D9V300014SEH.html,最后访问日期:2015 年 6 月 27 日。

对此,欧盟的规定值得我们借鉴,欧盟针对过境货物采取边境措施条件是:可能投放欧盟市场。这个规则就是开头部分提到的欧洲法院对于剃须刀和诺基亚手机两案的判决所确立的:“只要有迹象表明一个或者多个运营商隐藏其商业目的,开始制造、托运、销售货物的过程,即可认定货物可能投放欧盟市场。这些迹象包括:过境货物的目的地不明确;没有关于货物制造商和发货商的确实可信的信息资料;货物持有人拒绝与海关当局合作;有文件或信函表明货物将采取临时绕行的方式进入欧盟市场。”[1]即海关对过境货物采取措施并不需要一个确定的侵权所在,货物的任何一个过程涉及本国,或者存在一些信息不明的情况,即可启动检查程序,这对于自贸区加强知识产权保护,防止大批量的过境货物利用其特殊地位进行侵权有着重大意义。对于自贸区而言,海关执法的范围也可采用此标准。在尽量扩大执法范围的同时,为了保证过境货物的自由通行权益,应当在执法时效及证明责任上着手。海关对于可能进入我国市场的过境货物,应当采取迅速的检查,以防止侵权产品的持有人从容掩盖其侵权行为或者销毁证据,只要根据我国国内法或者是自贸区行政法规、匹配适用的国际条约,初步能够证明其有侵权嫌疑的,就立即采取禁止放行并扣押,程度较轻或者提供担保的可以采取登记报备并实时关注等措施。最关键的是,这种强制措施的时间应当非常短,以不超过 3 天为宜。在此期间,海关应当负有信息披露的义务,披露的对象既包括过境货物的持有人,也包括可能被侵犯知识产权的权利人,并且,也应当在此期间将案件交由相应的行政部门处理。此时案件进入第二阶段,货物持有人应当进行货物来源、去向,以及不侵犯知识产权的证明,行政机关也应当进行相关的调查,以确认产品的具体侵权情况,而权利人则可以在这段时间在行政机关的主持下与货物持有人协商解决货物的侵权问题。一旦双方达成协议,则案件可宣告结束。双方达不成协议的,行政机关可以根据自己的调查,以及双方的攻防情况,给出相应的处理结果。这个期限应当以一个星期为宜。最后,双方对于结果如有不满,则进入法院司法管辖范围,以寻求终局结果。这里对于海关和行政机关的办事效率以及信息披露义务要求非常高,只有这样,才能在最小程度影响过境货物自由通行利益的情况下,做到合理的知识

---

〔1〕 张怀印、孔瑶、孙大龙:《欧盟过境货物知识产权保护最新态势——兼评欧洲法院“NOKIA”案和“PHILLIPS”案》,载《知识产权》2012 年第 4 期。

产权保护。

五、结语

世界经济发展已经从长久的工业经济为主导的模式转变为创新型知识经济为主导的模式,在这种背景下,各国对于知识产权竞争优势的依赖程度也相应地提高了。由于发展水平不同,知识经济的优势方更加趋向于高标准的保护水平和措施,这对于弱势方的发展中国家来说,无疑于是雪上加霜,其结果便是优势方更加优势,弱势方更加弱势。但是依然有越来越多的发展中国家,无论是出于主动求变,还是出于被动接受,也不得不参与进去,因为不可否认,更高水平的知识产权边境保护标准和措施已经不可逆转。在这样的大环境下,上海自贸区的知识产权保护标准应当有着更高的目标定位,因为区内的知识产权保护状况将关系到国际社会对我国知识产权总体保护水平和态度的判断,是我国顺利进入新一轮全球化和在进程中掌握发言权的关键因素,同时也是整个自贸区改革试验中的重要一环,影响到自贸区整体试点的成败和后续推广。[1] 从这个角度来看,加强自贸区知识产权执法与保护水平势在必行。

改革开放三十多年,重眼前效益轻长远利益、重简单生产轻技术创新,使得我国经济走向狭路。本已在创新型知识经济的浪潮中落后于人,如果依然抱残守缺,则必然会被时代所淘汰。自贸区承载着中国改革开放的进一步深化,可以说是改革开放的“第二季”,与“第一季”相比,其核心是增强国家创新能力,掌握知识龙头以实现经济的高端化发展,提升国际竞争力。为此,对待知识产权的态度,不能再以一般的法律部门来看待,而应当将其提升至国家战略层面来看待。对自贸区内过境货物的知识产权保护,是我国新战略实施的第一步。

---

〔1〕 杜颖:《中国(上海)自由贸易试验区知识产权保护的构想》,载《法学》2014年第1期。

政府主导推进城镇化的过程正当性分析

——以苏南及江苏城镇化道路为例

孙　莉*

内容摘要：中国的城镇化过程很大程度上是由政府主导推进的，对这一"推进过程"本身法律应否在场以及应当是怎样的一种在场，应是法治视域下应有的提问方式。既有的中国城镇化政府推进"过程"本身不仅是法律缺位的，且对这一"过程"本身的理论关注也似是法律缺位的。这不只是说在城镇化的理论和实践中很少有法律方面的因素参入，而且是说即便有法律因素的参入，这种参入也大多是对城镇化带来问题或后果的回应和关注，而着眼于政府"推进过程"本身的过程正当性追问和程序控制的研究则相对不足。因而，应以法治为视域，在过程哲学和程序法理的基本框架下，将城镇化的政府推进"过程"本身作为焦点，对城镇化政府推进的过程正当性进行追问，阐释和伸张过程正当性的法理，强调对城镇化政府推进过程本身的正当程序规制，以使得有关城镇化的决策、规划、补偿标准的制作和实施过程能够成为被规制的、有利害相关者和公众实质性参与的、具有正统性的过程，而不是外在于公众和利害相关个体、只由少数决策者（或伙同开发商等）拍板因而对于公众和利害相关个体说来不过是被代表、被自愿、被决策、被规划、被实施、被过

---

* 孙莉，苏州大学王健法学院教授，博士生导师；江苏高校区域法治发展协同创新中心研究人员，苏州大学中国特色城镇化研究中心研究人员。该文为作者主持承担的国家社科基金项目"政府主导推进城镇化的过程正当性研究"（14BFX088）、教育部人文社科规划基金项目"城镇化政府推进的程序法理"（11YJA820063）、教育部人文社会科学重点研究基地重大项目"城镇化的政府推进：过程正当性与程序法理"（13JJD820006）、江苏省教育厅重点项目"城镇化政府推进的程序控制"（2011ZDIXM044）、中国法学会2014年度部级法学研究一般课题和江苏省法学会委托课题"法治视域下城镇化内涵和指标体系研究"（CLS（2014）C03；SFH2014D04）的阶段性成果。

程也就被城镇化的过程。这就要通过更多具有公开性、参与性、论辩性、交涉性的程序设置使城镇化的政府推进过程正当化，亦即使政府推进过程成为公开性过程、参与性过程、包容性过程、话语过程、理性过程、制度性交涉过程、反思性过程和对尊严的尊重过程，同时铺设和培育使过程正当化得以实现的相应制度和条件。

关键词：城镇化；政府主导推进；过程正当性；程序控制；制度条件

引　论

一、相关研究述评

作为一个基本的事实，近现代与工业化、市场化相伴随的城镇（市）化[1]过程无疑首先是从西方开始的。西方国家城市化过程早，道路多元，与诸因素互动关系复杂多面，经验积累丰厚，以城市化为主题和对象的研究涵盖诸多学科，有关城镇化的研究也就极为丰厚。对城镇化问题，西方的城市学、人口学、社会学、经济学、政治学、法学、管理学、政策学、规划学、地理学、生态学、文化学乃至哲学等多学科领域都有相关研究，形成了以城市为对象的若干学科分支[2]和不同的城市理论[3]以及“城市正义”“空间正义”等重要概念。关于城市的叙述早已超出规划、建筑等物质形态和经济学、人口学、社会学等社科领域，文学、艺术、历史、文化研究等人文学科也都介入对城市的分析和价值阐述行列。由于城镇化过程的复杂性和多学科的深度介入，有关城镇化的研究也展现出多重维度的关注，如在何者为城镇化这一最基本的问题上，关注角度就各有侧重：经济学家侧重强调城市化是乡村经济向城市经济

---

〔1〕 对西方的这一过程常以“城市化”这一词语来表述，但“城市化”和“城镇化”在英文中为同一个词 Urbanization，因为广义的城市和狭义的城镇是相同的。所以如果对城市和城镇的含义认识一致，则对城市化和城镇化就不会产生歧义。早在 1982 年南京召开的“中国城镇化道路问题学术讨论会”上，中国城市与区域规划学界和地理学界的学者就明确指出城市化与城镇化为同义语，并建议以“城市化”替代“城镇化”。但其后“城镇化”的说法仍相当普遍，且 2001 年公布的《国民经济和社会发展第十个五年计划纲要》中首次提出：“要不失时机地实施城镇化战略”，使“城镇化”越成较为统一的说法。但应当说其意与“城市化”应无不同，并非“城市化”即为主要发展大中城市，“城镇化”即为只发展小城镇。本文亦在此含义上使用“城镇化”一词。

〔2〕 如城市经济学、城市政治学、城市规划学、城市社会学、城市文化学、城市发展学、城市地理学、城市生态学、城市哲学等。

〔3〕 如空间理论、城市批判理论、新城市主义理论等。

的转化,地理学家强调城市化是地域空间过程,社会学家倾向于把城市化看作是社群网广度、密度和人际关系变化的过程,人口学家强调城市化是人口从乡村到城市的流动,人类学家强调城市化是人类由乡村生活方式到城市生活方式的转变,等等。由此形成了经济城市化(西蒙·库兹涅茨;沃纳·赫希等)、空间城市化(E. 佩鲁;缪尔达尔;赫希曼等)、人口城市化(刘易斯;乔根森;赫茨勒;托达罗等)、生活方式城市化(路易斯·沃斯;孟德拉斯等)等理论和试图将这些理论加以综合的观点:罗西的四含义说和弗里德曼的城市化二分说。罗西认为城市化一是城市中心对农村腹地影响的传播过程;二是全社会人口逐步接受城市文化的过程;三是人口集中的过程;四是城市人口占全社会人口比例的提高过程。弗里德曼将城市化过程区分为城市化Ⅰ和城市化Ⅱ。前者包括人口和非农业活动在城市环境中的地域集中过程,以及非城市化景观转化为城市景观的地域推进过程;后者包括城市文化、生活方式和价值观在农村地域的扩散过程,等等。显然,在西方学者那里,对城镇化这个为众多学科所关注的课题,即使是在何者为城镇化这样一个最为基本的问题上,所关注的角度都是多重的,这种观点纷呈的学界姿态,或许正是现实中的城镇化本身所拥有的多维内涵或本质的折射。

然而,与本文讨论主题相关令我们更感兴趣的是中国的城镇化过程在西方学者那里可能更被关注的会是哪些方面。所以对此感兴趣,是因为这些被特别关注的方面或许是中国城镇化过程较为独特且不大同于西方的特质。我们注意到,对中国的城镇化研究,20 世纪 70 年代以前,国外学者主要致力于探讨中国未能实现资本主义和西方式城市化的原因。如马克斯·韦伯〔1〕和斯肯那〔2〕的研究。改革开放后,西方学者对中国城镇化的关注愈加呈现多元性,他们不仅考察中国城镇化的过程,分析中国城镇化的发展模式、水平、动力机制和存在问题,更注重探讨中西差异,各种用于解释中国城镇化发展

---

〔1〕［德］马克斯·韦伯认为,儒教作为中国的统治思想,阻碍了中国的资本主义和城市化发展,促进了乡村主义的壮大。

〔2〕［美］斯肯那(G. W. Skinner)认为,中国城市化之所以长期停滞,主要有两方面原因:一是当时的大城市主要是政治、文化和商业中心,缺乏真正经济中心的扩散渗透作用;同时也缺少能够发挥次经济中心和联系大城市与小城镇的中型城市。二是城镇的发展受制于农村经济,城镇只是农副产品和手工业品的交易点。这两种主要历史原因的并存,不仅导致了中国城市化的长期缓慢,而且给中国城市化研究带来了持久的影响。

规律的学说应运而生,如反城市主义学说、工业战略说、城市二元体系与工农业均衡发展说、工业化与城市偏爱说等(吴莉娅,2004;李宝梁,2005)。其中特别需要提及的是,在西方学者看来,中国经历的是具有相当独特性的城镇化过程,政府主导和推动是其最具独特性的部分,因而政府的作用尤其是政府的城镇化政策对中国城镇化的影响,成为国外学者对中国城镇化研究的重要领域。[1] 应当说,这样的一种关注与本文所讨论的主题之间具有相当大的相关性。

中国是世界上城市(镇)化最早但却发展缓慢而于改革开放后获得快速发展的国家,中国的城市(镇)化研究与之也有着颇为相似的情形,曾长期未能作为学界关注的热点,1979年吴友仁发表的《关于我国社会主义城市化问题》[2]一文,开启了中国城市(镇)化研究升温的序幕,自此一发不可收。特别是1998年中央提出解决"三农"问题和国家"十五"规划将城镇化作为国家重要发展战略以来,呈现迅猛发展态势[3]的中国城镇化进程深刻而广泛地影响着经济生活、政治生态、社会结构和文化格局,[4]进而成为各学科竞相关注和研究的重要领域。中国学者关于城镇化的研究,开始主要集聚在城市学、经济学、社会学、人口学、管理学、规划学、地理学等领域,比较有代表性的论

---

〔1〕 参见钱振明:《中国特色城镇化道路研究:现状及发展方向》,载《苏州大学学报》(哲学社会科学版)2008年第3期;李宝梁:《中国城市化研究:西方有关理论的演进及其意义》,载《江西社会科学》2005年第4期。

〔2〕 吴友仁:《关于我国社会主义城市化问题》,载《城市规划》1979年第3期。

〔3〕 这种发展主要体现在速率、数量和规模方面。1949年我国城镇化率为10.64%,1978年为17.92%,1997年为31.91%,2000年为36.22%,2011年已超过50%,达到51.27%,而2012年,这个数字是52.57%,据中国国家发展和改革委员会向全国人大提交的计划报告,预计到2013年我国城镇化率将达到53.37%。其中后一个十年是发展速度最快的,2000年到2011年提高十几个百分点,年均增加约1.3个百分点,这意味着我国已成为近年来城镇化率增速最快的国家之一。预计"十二五"期间,我国仍处于城镇化快速发展阶段,按照过去十年城镇化发展速度推算(年均增加约1.3个百分点),到2015年我国城镇化率将达到57%。当然,高速率发展带来的问题和弊端也是显而易见的。不仅如此,快速发展的城镇化在品质上也受到质疑。根据目前我国城镇化率的统计口径,近1.5亿农民工被统计在城镇人口中。而事实上这部分城镇人口具有较大的流动性和不稳定性,并未完成向城镇转移和融入的过程,同时也未能完全享有城镇居民的福利,具有"半城镇化"的性质。因此,在一些学者看来,这种城镇化具有"伪城镇化"的性质。参见项继权:《城镇化的"中国问题"及其解决之道》,载《华中师范大学学报》(人文社会科学版)2011年第1期。

〔4〕 以致前世界银行首席经济学家、副行长、诺贝尔经济学奖获得者斯蒂格利茨2000年在世界银行的一次会议上指出:"21世纪影响人类社会进程的最主要的两件大事:一是以美国为首的新技术革命,二是中国的城市化。"转引自吴良镛、吴唯佳、武廷海:《论世界与中国城市化的大趋势和江苏省城市化道路》,载《科技导报》2003年第9期。

著有:费孝通的《论小城镇及其他》、辜胜阻的《非农化与城镇化研究》和《当代中国人口流动与城镇化》、辜胜阻、李正友的《中国自下而上城镇化的制度分析》[1]、刘传江的《中国城市化的制度安排与创新》和《城镇化与城乡可持续发展》、王春光的《中国城市化之路》、叶裕民的《中国城市化之路:经济支持与制度创新》、顾朝林的《经济全球化与中国城市发展》、仇保兴的《和谐与创新——快速城镇化进程中的问题、危机与对策》和载《中国城镇化——机遇与挑战》、汪冬梅的《中国城市化问题研究》、王梦奎的《中国特色城镇化道路》、李强、陈宇琳、刘精明的《中国城镇化"推进模式"研究》。随着城镇化进程的加快以及综合性问题的呈现,政治学、法学、政策学、生态学、文化学、哲学以及一些重要的人文学科也介入研究。关注是共同的,然各学科提出问题的方式和角度却大为不同,甚至在同一学科内,提出问题的方式和视角也可能有别。比如在何者为城镇化这一最基本的问题上,回答就多有分别:(1)存在对城镇化内涵某一维度的特别强调,如林国先、郭书田、杨重光等对人口城镇化的强调,叶裕民、许成安等对经济城镇化的强调。(2)或许是中国城镇化所要回应的问题更为复杂,也或许是有西方研究作为镜鉴,大多学者倾向于以复合性视角界定城镇化的内涵,将城镇化界定为包括人口、经济、产业结构、空间、城建和生活环境以及生活水平的城镇化在内的过程。城镇化的指标体系也力求综合,如对人口城镇化设置了城镇人口比重、非农从业人员占全部从业人员比重的指标;对经济城镇化设置了人均 GDP、工业化进程、非农业增加值占 GDP 比重、城镇居民家庭可支配收入、城乡居民储蓄年末余额指标等。(3)值得提及的是,有学者借助新制度经济学的研究方法,从深刻的制度变迁的角度定义城镇化,形成了制度城镇化的内涵表述(辜胜阻、李保江、刘传江等)。(4)最富有意义的是,伴随对"土地城镇化""伪城镇化""半城镇化""被城镇化"的反思,作为城镇化核心内涵的"人的城镇化"终于被提出和讨论,且愈益成为学界的共识。然在何为"人的城镇化"以及以何种指标衡量的问题上,仍存歧见。有学者将"人的城镇化"归于人的素质、居住环境、生活和思维方式的城市化(孟祥林,2009);有学者将之归于人才的引进和人的素质的提升(郑永年

---

〔1〕 该文对 20 世纪 50 年代以来整个国家自上而下的城镇化和 80 年代发生在苏南和温州等个别地区的自下而上的城镇化模式各自的优势和问题进行了分析,提出了促进自下而上城镇化健康发展的对策,对本课题研究苏南乃至江苏城镇化道路具有启发意义。但其主要是着眼于经济的,当然也主要是关涉实体而非过程和程序的。参见辜胜阻、李正友:《中国自下而上城镇化的制度分析》,载《中国社会科学》1998 年第 2 期。

2013);也有学者强调"人的城镇化"是人的解放(如自由迁徙)、人的提升、人的融入、人的幸福(牛文元,2013)。显然,在中国,城镇化这一主题同样聚集了诸多学科的研究旨趣,城镇化的动态性、过程性、多元性以及多学科的深度介入性,同样使得不同学科或学者即使在何者为城镇化这一最基本的问题上也依然有多维角度的切入;并且,正是由对这一基本问题的回答生发出不同的但不乏深刻的理论思考和探索。作为一个伏笔这里必须特别指出的是,前述关于"人的城镇化"的界定和理解成为我们展开自己研究主题的一个特别重要的契机。

总体上说,国内不同学科关于城镇化的研究主要在四个基本方面展开:一是城镇化特别是中国城镇化的基本理论研究。主要涉及城镇化的概念、内涵、模式、功能、实现目标、指标体系、动力机制、道路选择、制约因素、发展速率和水平、发展背景和规律以及城镇化的意义、价值论证方面。当然,对"中国城镇化"如上方面的讨论更是集中而热烈,主要涉及中国城镇化的历程、模式、特点、发展方向、未来趋势等方面的讨论。多数研究成果认为中国城镇化道路应有其特点,要体现政府导向、市场推动、人口分布与资源环境相协调、人口有序流动与健康城镇结合、大中小城市和小城镇协调发展、城乡关系良性互动以及健康、低碳、人本等特色(仇保兴,2002;简新华,2007;周一星,2006;辜胜阻,2010;牛文元,2009;刘传江,2010;张晓山,2010;国务院发展研究中心课题组,2010 等)。需要特别提及,与我们这一课题的讨论具有直接相关性的是,几乎所有学科的学者都将政府主导推动视作中国城镇化的特有模式,认为其构成中国城镇化区别于西方城镇化的突出特征。[1] 认为"相比西方国家城镇化模式,中国城镇化无论是发展背景、发展模式还是当前存在的问题都别具中国特色,强势政府主导城镇化是最明显的特征"。[2] 国内学者的这一基本共识与上面西方学者的判断并无二致,而这一共识和判断对于我们这一课题的

---

〔1〕 这方面研究特别值得推介的是李强、陈宇琳、刘精明的《中国城镇化"推进模式"研究》一文,该文基于中国经验与国际比较,提出城镇化"推进模式"这一概念,认为政府主导推进机制是中国城镇化推进模式及动力机制的最突出特征,也是我国城镇化与欧美国家最主要的区别。其典型特征是政府主导、大范围规划、整体推动、土地的国家或集体所有、空间上明显的跳跃性、民间社会尚不具备自发推进城镇化的条件等。根据城镇化政府推进的动力机制和空间模式,该文对中国城镇化推进过程的特殊性、中国城镇化"推进模式"的动力机制与空间模式的特殊性、中国城镇化推进模式的多元性、中国城镇化推进的优势和问题进行了扎实、切当的分析。参见李强、陈宇琳、刘精明:《中国城镇化"推进模式"研究》,载《中国社会科学》2012 年第 7 期。

〔2〕 秦震:《论中国政府主导型城镇化模式》,载《华南师范大学学报》(社会科学版)2013 年第 3 期。

研究来说具有特殊意义，因为它构成我们这一课题研究的基本认识前提。

二是城镇化与相关因素之间关系的研究。严格说来，这种研究也同样属于前述城镇化一般理论研究，因为它本质上仍然是在回答“城镇化是什么”这一问题，只是这一回答被置放在一个个特定的关系中。这种研究倾向于将城镇化看作深刻影响着经济生活、政治生态、社会结构和文化格局并与经济、政治和社会、文化生活发生互动关系的并非孤立的过程，因而，只有在与其他因素的相互参与、相互渗透、相互影响和制约的关系中才能深刻揭示城镇化的基本逻辑及其对社会生活的深层意义。〔1〕 这种研究主要涉及城镇化与产业结构、空间结构、工业化、非农化、现代化、全球化、信息化的关系；城镇化与经济建设、可持续发展、新农村建设、城乡一体化的关系；城镇化与农地资源、农民权益、生态环境、文化遗产的关系；城镇化与人口流动、城乡收入差距、农村劳动力转移的关系；城镇化与制度（如集体经济组织产权制度、土地制度、户籍制度、社会保障制度等）变迁、公共选择、公共政策、公共参与、政府职能的关系；等等。很有意思的情形是，对如上关系的良性安排都更多寄望于政府的良性作为，因而同样是以政府的主导推动作为背景或出发点的；当然，这种研究并非是对这一背景或出发点完全不加思索的，其中也存在对政府主导推进这一特征的反思。〔2〕 只是反思更多是针对实体问题的，而非着眼于过

〔1〕 此处“意义”是中性的，既可能是积极的，也可能是负面的，正如剑之双刃。

〔2〕 对城镇化政府主导推动带来的负面结果，在一些学者那里已有论及。参见辜胜阻：《新型城镇化：政府要重“引导”避“主导”》，载《中国经济周刊》2013年第27期；秦震：《论中国政府主导型城镇化模式》，载《华南师范大学学报》（社会科学版）2013年第3期；冯奎：《新型城镇化进程中政府需从全面主导向有限主导转型》，载《经济纵横》2013年第7期；何鹤鸣、张京祥：《转型环境与政府主导的城镇化转型》，载《城市规划学刊》2011年第6期；叶檀：《城镇化的核心动力是市场化》，载《每日经济新闻》2013年2月25日；顾朝林、吴莉娅：《中国城市化研究主要成果综述》，载《城市问题》2008年第12期；陆大道、宋林飞、任平笔谈：《中国城镇化发展模式：如何走向科学发展之路》，载《苏州大学学报》2007年第2期；等等。其中，顾朝林等在《中国城市化研究主要成果综述》一文中指出：“改革开放以后，地方政府的政绩牵引和利益驱动，构成了中国城市化特有的制度背景与体制条件，使中国城市化面临更多陷阱和困境。当前的城市建设监管、政绩考核、城市财政、土地使用制度对城市政府执政行为的影响使城市政府的执政行为与中央统筹城乡发展、借助城市化扩大内需、解决‘三农’问题、促进城市集约化发展的初衷发生了一定程度的背离……”任平在《中国城镇化发展模式：如何走向科学发展之路》的笔谈中指出：“中国城镇化进程中存在的严重问题，其根本原因在于：资本化控制和GDP发展观误导。”针对政府GDP发展观主导下的政绩行为，他进一步指出：“城市化成为拉动GDP的主要因素、地方政府财政收入主要来源和政绩工程的主要标志，成为众多经济与社会矛盾聚集的焦点，在多方面表现为一种盲目膨胀、急剧扩张。”但应当说，这种反思更多是针对结果的，且是从经济、政治或社会层面入手的，而着眼于政府主动推进“过程”本身的法学意义的分析和批判还较为缺乏。

程或程序。

三是对城镇化带来问题或城镇化运作过程中问题的对策性研究。所针对的问题极其广泛,如农地缩减、耕地保护、农村留守人口问题;失地农民以及农民工权益保护(包括户籍、就业、教育、医疗、社会保障和市民权利)问题;生态、环境、文物保护问题;征地补偿与权利救济问题;群体性事件处理与社会管理创新问题;公共财政与土地合理利用问题;社会保障、公共卫生、义务教育、基础设施、劳动安全、就业服务等城乡公共服务均等化问题,等等,实难一一列举。这方面的研究在本课题研究者看来,最起码有两个需要提及的特点:第一,所讨论的问题尽管极其广泛,但更多是实体层面的,所提出的对策也更多具有实体性质。在本课题研究者所搜集整理的研究文献中,发现无论是对城镇化带来问题的研究抑或是对城镇化运作过程中问题的研究,无论是对问题本身的揭示,还是针对问题的解决对策,都更多着眼于实体和结果方面,而于过程、手段、程序方面的关注很少。只在涉及城镇化规划、群体事件控防的讨论中看到有学者通过对参与性程序的强调而体现出的对过程和程序的关注。[1] 第二,对城镇化带来问题或城镇化运作过程中问题的反思很少会引出对政府主导推进这一“特质”本身的反思,尽管不乏对地方政府 GDP 政绩和土地财政驱动下的强征强拆行为的批判,但对我国城镇化由政府主导推动这一特质本身的反思和批判却很少。相反,对城镇化一系列问题的解决依然是相当倚重政府的强力作用的。当然,我们同时也看到,确有学者注意到城镇化应当更多倚重与市场化和工业化所伴生的自然过程,政府作用应更

[1] 参见章志远:《穿行于科学与民主之间——城镇化进程中规划决策的专家参与及公众参与》,载《苏州大学学报》2011 年第 1 期;黄学贤,陈锋:《城镇化进程中农村群体性事件的法治化路径探析》,载《学习论坛》2010 年第 9 期;黄学贤,齐建东:《农村城镇化进程中依法规划方面存在的主要问题探析》,载《云南大学学报》2010 年第 6 期;吴志红:《对“经营城市”与“城市经营”的再思考——以农村城镇化进程中的依法规划为视角》,载《求是学刊》2012 年第 3 期;吴志红:《由城市工业灾害看我国城镇化进程中城市规划公共性的缺失》,载《苏州大学学报》2011 年第 2 期;等等。

多具有辅助性,[1]但这种认识在城镇化大举推进的繁盛喧嚣声中[2]显得很是微弱,特别在城镇化的推进战略与地方政府的土地财政和政要官员的考核升迁捆绑在一起的时候,这种审慎的提醒就更显寂寥。

---

[1] 特别值得言说的研究成果除在中国城镇化尚未走上"跃进"之途就已极具洞察力地指出中国特有国情背景下应选择何种城镇化道路的费孝通的《小城镇大问题》具有相当的学术影响和实践意义以外,中国科学院院士陆大道建基在充分实证调查基础上对超过正常速度的城镇化发展所发出的振聋发聩的呼吁和反思(中国科学院学部咨询报告《关于遏制冒进式城镇化与空间失控的建议》、《中国城镇化进程的科学思辨》等)对关涉城镇化研究的相关学科领域都有重要影响。此外,哲学教授陈忠在《关于城市化的哲学沉思——论城市哲学的建构》(《城市问题》2011年第2期)一文中对我国城市化的合法性、正当性问题的提示与本课题的选题之间构成一种理论关联。其认为"在我国城市化进程中,合法性问题、正当性问题,还基本上是一个理论盲点。加强中国城市化问题的合法性研究,探索协调城市化进程中政府与民众关系的新途径、新方式,建构容易被民众接受的城市化推进制度、城市化具体推进方式,提高城市化决策、制度、行为的合法性,不仅是一个理论问题,更是一个事关我国城市化进程中的社会稳定、国计民生的重大实践问题"。中国社科院经济研究所教授刘霞辉和北京大学社会学教授夏学銮也不约而同表达了他们对政府主导推进城镇化的担忧。他们说,城市化应该是一个自然而然地由市场推进的过程,"但现在已经变味了"。由政府而非市场主导的城市化进程成为与国外有别的"中国特色城市化之路","非自然"的政府主导之路往往将民众利益与政府利益尖锐地对立了起来。"现在中国城市化最大的问题,就是政府主导的城市发展步伐完全搅乱了市场节奏,城市多处于一个无序的发展状态中。""我无法判断这是不是中国城市化的必由之路,只能说这显然不是发达国家的城市化之路。在中国,这条道路快要走进死胡同了,未来能否寻到出路也无法得知。"参见记者金微、邓亚君 实习记者杨越:《中国城市化检讨》,载新华网 http://news.xinhuanet。com/observation/2010-10/28/c_12712164.htm2010年10月28日,最后访问时间:2013年10月12日。可见,法学以外其他学科对于城镇化问题的进入角度、研究旨趣、知识背景和理论建树为本课题研究提供了值得珍视的重要参照和启示。

[2] 中国科学院院士、中国地理学会理事长陆大道对国内掀起的"造城"潮进行过详细调研,据他介绍,从2001年开始,全国范围内不同类型的城市都做起了"大规划",领头的就是直辖市和各省省会。2003年至2004年,"大规划"曾达到高潮。据不完全统计显示,那时有48个城市提出要建"国际大都市"。"大规划"之风不久蔓延到中小城市,一些市领导要求按现有人口和产业规模的两倍乃至三四倍进行规划。大马路、大立交、大草坪、大广场纷纷上马。2005年,陆大道多次写信,向有关方面直陈中国城市化发展和城市规划中出现的盲目追风,以及严重浪费土地等趋向,他认为"已经出现的城市化大跃进,使城市化脱离了循序渐进的原则,超出了正常的城市化发展轨道"。2010年8月揭晓的中国城市国际形象调查推选结果显示,655个城市正计划"走向世界",二百多个地级市中有183个正在规划建设"国际大都市"。而当"大跃进"之风刮到贫困县,"造城"盛宴更发人深省。2010年5月,内蒙古自治区呼和浩特市清水河县历时10年"建新城"计划被曝光:这个财力只有三千多万元的贫困县,却计划斥资60多亿元建新城,结果留下了一堆"烂尾楼"……另在河南省商城县西城区,数十栋风格相同的小别墅错落有致地在路边排成一排,组成了这个国家级贫困县的"豪华别墅群"。"别墅群"的用地,也是当地"最好的田"。村民们哭诉道,这些原本属于他们的责任田,被强制以每亩3.3万元的价格征收,政府随后又将其卖给了开发商,"价格至少翻了10倍"。参见记者金微、邓亚君 实习记者杨越:《中国城市化检讨》,载新华网2010年10月28日,http://news.xinhuanet.com/observation/2010-10/28/c_12712164.htm,最后访问时间:2013年10月12日。

四是关于某一特定地域城镇化实践的研究。这种研究总是针对某一特定地域(如少数民族地区、西部地区、边远山区、经济发达地区或经济不发达地区等)的特殊性或其城镇化的特有模式或其城镇化推进中的某一特殊问题而进行的,研究也更多在与一般模式或其他地区的比较中进行。其中与我们的研究主题具有直接关系的是关于江苏城镇化问题的研究。江苏城镇化发展在全国较早进入内涵为主的发展阶段,具有领跑全国的态势(截至2012年底,全省城镇化率达63%,[1]而其省会南京市城镇化率已达80.23%),关于江苏城镇化的研究,无论是对其城镇化发展概貌、特征、成就、问题的研究,还是对其城镇化发展与其他地区的比较研究,抑或将其与经济发展、社会管理、环境和生态保护、土地制度、人口管理制度等方面相关联的研究,都较为丰富。而涉及江苏城镇化的法治化问题研究,则显得寥寥。且即使是有关城镇化的法律问题的研究,也主要停留在前述所谈到的那样一些问题的关注上,如对城镇化带来的土地、资源、生态环境和农民、农民工权益保护、人口和户籍管理制度等问题的关注,以及对城镇规划、政府拆迁、融资监管等问题的关注,等等。课题研究者在中国期刊网上的检索显示,篇名和主题与江苏城镇化相关的文章有120篇左右,大多体现为对如上问题的关注,而着眼于城镇化政府推进过程本身正当化问题的研究,特别是政府决策、规划、实施行为程序控制的研究则少见。由本课题的主旨观之,这不能不说是较为遗憾的。

具体到国内法学界,相关研究主要体现为在如上二、三、四方面的研究,研究体现了问题意识,对我国城镇化推进所带来的问题和法律在其中应有的作为给予了充分的关注,权利保障、制度完善、法治建构是为关键词,因此,研究体现为法治视域下的关注。具体包括:第一,对城镇化推进带来问题的法学关注,如对土地、资源、生态环境和农民、农民工权益保护问题从完善规范、制度和权利保护视角的研究。这方面研究占相当比重,研究也较为系统深入。这些研究同样是建立在对中国的城镇化主要是一个政府主导推进过程认识基础上的,只是对于政府主导推进过程带来的结果或问题(如土地、资源、生态环境和农民、农民工权益问题)的关注远胜于对这个推进过程本身的

---

〔1〕 2013年3月9日,全国人大代表、江苏省住建厅厅长周岚做客新华网两会特别访谈时所发布的数字。参见《周岚:江苏城镇化已经历三个阶段》,载新华网2013年3月9日报道,http://news.xinhuanet.com/2013lh/2013-03/09/c_124436122.htm,最后访问时间:2013年9月1日。

关注。第二,为城镇化政府推进提供法律保障的研究,如为城乡结构改造、城镇可持续发展、人口流动、社会保障、医疗教育、社区建设、文化遗产保护、融资等提供法律制度支持的对策性研究。这方面研究视野开阔,具有一定的前瞻性。但着眼于实体更多于对过程和程序的强调,希图通过立法来论证或辅佐政策和政府行为似也多于对政府主导推进这一模式或道路本身的反思和警觉。第三,对城镇化推进中政府行为的法学关注,如对政府规划、政府拆迁、政府融资监管等行为的研究,这种研究对中国城镇化政府推进这一特征给予了特别警惕和关注,但一些研究更多着眼的是政府行为的实体方面,于过程和程序的着墨还是偏淡,特别是在把政府推进城镇化的行为(不只是规划,还有决策、决定的做出及执行,标准特别是补偿标准的确定及执行,以及决策、决定、规划、标准的变动、监督、归责和争端解决及救济等)作为整体过程来关注和把握方面,还缺乏应有的过程控制意识和程序理念。显然,意识到政府主导推进是中国城镇化过程的特质,也并不意味着提出和解决问题的立场和方式是共同的。

如上陈述当然难以涵盖国内诸学科领域特别是法学领域关于城镇化研究的旨趣、范围和内容,只是由本课题研究旨趣出发,对相关研究的大体方向、路径和维度尽可能做较为清晰和准确的叙述。然而,正如解释学格言所说:"只要存在理解,理解便会有不同",陈述者的前见也会影响其旨趣和选择,我们也不例外,在这个意义上,可以说,如上陈述其实有点儿"借他人酒杯,浇自己块垒"的意思。因为,对相关研究所涉及的问题,我们基于自己的研究旨趣,确乎有所舍弃亦有所强调,所要埋下的伏笔是这样两点:(1)政府的主导推进作为中国城镇化的重要特质,在法学和其他学科那里被如何认识、提问和处理,而我们的发问和切入应是怎样的;(2)人的城镇化议题为法学研究系统参入城镇化的讨论提供了怎样的契机,也为法律在实践层面系统、结构性地引领和规制城镇化政府推进过程带来怎样的机缘,而我们应凭借此做些什么。基于这两点,我们希望有自己的发问方式和研究进路。

二、我们的发问和进路

2013 年 12 月 12 日召开的中央城镇化工作会议或许对于中国今后的城镇化走势具有非同寻常的意义,这不止因为会议分析了城镇化发展趋势,明确了推进城镇化的指导思想、主要目标、基本原则、重点任务,指出了当前城镇化工作的着力点，提出了推进城镇化的具体部署；也不止因为其强调了作为现代化必由之路的城镇化，对于解决三农问题、推动区域协调发展、扩大内需和促进产业升级以及全面建成小康社会、加快推进现代化的重大现实意义和深远历史意义；还特别因为其在如下两个方面的特别强调：一是把城镇化看作是一个自然历史过程，要求推进城镇化要遵循规律，因势利导，使城镇化成为一个顺势而为、水到渠成的发展过程；二是强调要以人为本，推进以人为核心的城镇化。本课题研究者更愿意把这两点看作对先前相当长一段时期政府强力推进[1]城镇化，且将城镇化更多作为“物的城镇化”操作的一定程度的反思，也倾向于将前述我们埋下的两个伏笔与这里提到的这两点相勾连，来作为我们发问和研究的凭借或前提。只是必须指出，我们的发问和研究进路是以法治为视域的，是对政府行为保有警觉和对个体尊严充分尊重视域下的发问和切入。

于是，我们对中国城镇化提出问题的方式或切入角度是这样的：在中国的城镇化过程中，有无法律的“在场”？有无法律在场的必要？若需有法律在场，应是一种怎样的在场？是对城镇化结果和带来问题的法律回应意义的在场，还是保驾护航意义的在场，抑或是对政府“主导推进过程”本身的规制意义的在场？又为什么应是这样的在场？其引申性问题可能是：倘若一个由政府主导推进的城镇化“过程”本身是法律实质性缺位的话，其正当性是否可被追问？其被追问的是实体的正当性还是过程的正当性？抑或二者兼有？其与法治思维的向度是何种关系？带着这样的问题意识，我们课题组的调研工作主要在以下几个方向展开：

1. 是什么推动着中国迅猛发展的城镇化进程，政府在其中扮演着什么样的角色？

2. 如果政府是中国迅猛发展的城镇化推动的主导力量的话，其推动的主要方式是什么？政策、法律、领导意旨等各自在其中的作用如何？

3. 法律对于中国城镇化发展过程的意义是仅在当城镇化带来问题（如土

---

〔1〕 在我们的资料搜集中发现，自国家“十五”规划提出推进城镇化战略以来，几乎各省、市、县/区、镇党政系统都有关于推进城镇化的文件发布，这些文件在名称上往往冠以决议、决定、办法、通知、意见、实施方案等，而在文件题名和正文中大量充斥着诸如“大力推进”“加大力度推进”“进一步加大力度”“强力推进”“强推”“加快进程”等字样。在各级党政领导关于城镇化的讲话中，也充斥着诸如“抢抓机遇加快城镇化步伐”“大干快上”“强力推进”“强推”等语词。

地问题、生态环境问题、失地农民的权益问题、农民变“市民”的就业、教育、医疗和社会保障问题等）需要法律作回应性面对时的“在场”，还是对政府主导推进的过程（如决策、规划的做出、实施和监督过程，以及具体补偿方式和补偿标准的确定过程等）本身的“在场”？这种在场目前是否存在？以什么方式存在？作为政府权力控制机制同时又作为普通公民参与机制的法律程序在这一推进“过程”中是否实质性在场？是否发生了应有的作用？

4. 对于中国迅猛发展的城镇化进程，普通主体特别是与城镇化利害相关的农民居处于何种地位？其对城镇化进程有无影响？在哪一环节或过程中有影响？以什么方式影响？有无制度性、程序性机制保障这种影响具有充分的参与性、论辩性、交涉性和实质性？

5. 与城镇化利害相关的农民若不能对城镇化政府主导推进的决策、规划及其实施和监督的具体程序过程施加影响，不能对具体补偿方式和补偿标准的确定过程通过实质性参与施加实质性影响，其作为城镇化结果的关涉土地、教育、就业、社会和医疗保障等实体性权利的自我维护和保障能否实现？

在这几个方向之下，我们课题组调研的工作路线包括：

1. 关于城镇化理论研究的文献、信息、资料的搜集和分析。这种研究文献、信息和资料的搜集整理和分析不仅限于法学研究领域，还扩展至哲学特别是空间哲学、城市学、人口学、管理学、规划学、社会学等领域。这样一种涉猎对形成关于城镇化全貌和多维角度的认识和知识及理论储备是颇有助益的。特别重要的是由此可以发现尚有哪些方面是目前包括法学研究在内的城镇化研究较少顾及的，那或许正是本课题研究者特别想要努力为之的，比如，对于城镇化政府全面主导推进的过程正当性的关注，就是如此。

2. 关于城镇化相关法律和政策的文献、资料、信息的搜集和分析。包括对城镇化相关法律、政策、文件等的搜集和分析，对城镇化相关新闻报道信息的搜集分析，对国家机关中与城镇化相关的机构设置及其相互关系以及这些机构关于城镇化的资料和信息（如国土资源部、民政部、住房和城乡建设部、农业部、国家人口和计划生育委员会、国家发展改革委、城市和小城镇改革发展中心以及各级地方政府相关部门等所设的门户网站信息）的搜集和分析。通过这方面文献、资料、信息的搜集整理和分析，可以发现中国的城镇化过程更多来自政府的主导推进，而政府的主导推进更多凭借的是党政机关的政策性文件或行政命令，甚至在某些地方政府那里直接就是党政领导的意旨，[1]《城乡规划法》《村庄和集镇规划建设管理条例》等较为基本且为数寥寥的法律法规，因其在程序设置上的缺失，特别是对受城镇化影响的利害关系者和公众参与决策和规划过程的交涉性程序设置的缺失，[2]未能真正成为约束和制约政府推进城镇化行为的力量，却在某种程度上成为为政府行为论证或证成的工具。在这些政策性文件中，充斥着大量诸如“大力推进”“加快推进”“加大力度”“进一步加大力度”等语词，几乎全部内容皆为实体性规定，涉及程序也仅是上下级之间的审核报批程序，为受城镇化影响的农民或市民提供论辩、交涉、谈判的参与性程序规定甚少，仅以诸如“加强群众监督”“扩大公众参与”“增强透明度”等不设任何具体程序要件的方向性“大词”带过，而具体详尽的程序性要件却付之阙如，当然更不会有若没能“加强群众监督”“扩大公众参与”“增强透明度”将承担何种责罚的责任制度设置。

3. 关于城镇化在政府相关部门那里具体运作或操作过程的资料和信息的搜集分析。包括对政府相关部门门户网站相关内容的关注和跟踪，也包括到地方政府相关部门听其介绍、索要相关资料和数据以及与相关负责人约谈等。由于条件制约，[3]也由于目前政府部门关于城镇化推进的具体操作更多表现为内部行为，公开、透明和参与程度较低，力图获得关于城镇化决策、规划的做出、实施和监督过程方面第一手资料信息确乎较难。特别是项目主持人2012年1月至7月曾赴美做访问学者半年，错过了一些可以近距离观察和考察某些地方政府具体操作过程的机会，致使在这方面的信息、资料的调查搜集或存一定缺憾。但尽管如此，还是有一些初步的较为具体的考察和了解。基于这些考察和了解，可以发现中国城镇化过程是在中国现有政治体制和权力运作机制以及权力运作观念的背景下展开的，当然会遵循现有政治体

---

[1] “政府体系是一个典型的金字塔式的组织结构，且政府与企业或非政府组织的关系又有较强的支配关系，这就导致以政府主导的城镇化发展蜕变成为谁官职高谁就有话语权。”刘辉：《新型城镇化只能是政府有限主导——访国家发改委城市和小城镇改革发展中心研究员冯奎》，载《经济参考报》2013年5月17日。

[2] 见后文关于交涉性、参与性程序分析部分。

[3] 如公事公办式的到政府机关调研往往很难有所斩获，而通过一定的关系力图获得更为具有意义的资料信息也因囿于体制和关系人职务的制约难以达致想要的效果。

制、权力运作机制及权力运作观念的基本逻辑。城镇化是一个公共领域的扩张过程，也是地方政府职能不断增加的过程。地方政府在主导推进城镇化过程中，其职能包括制定城镇发展战略、提供公共产品、搭建城镇发展平台、协助项目开发、进行城镇化管理过渡、协调利益冲突等诸多方面。而当城镇化被作为党和国家的"中心任务"来对待的时候，这些职能会一方面不需要法律而仅凭借政策或红头文件或甚至党政领导的决策或指示即可操作，"中心任务"常常成为地方政府可以甩开法律约束进行权力"裸奔"的强硬借口，似乎为了完成"中心任务"，一切非常态的权力运作都是有正当理由的。特别在这种"中心任务"与各级政府的土地财政[1]和各级领导的政绩考核挂钩[2]的情形下，为了实现目标，手段上无所不用其极就可能成为很自然的事情了。另一方面，各级地方政府会将这一"中心任务"视作完全应由政府自己主导、政府自己操作的事情，并且似乎越是被强调为"中心任务"，越是更应被视作仅由政府自己主导决策整个过程的事情。城镇化决策、规划的做出、执行和监督过程，特别是决策、规划的做出过程更多是党政主要领导主导和指挥完成的，至多会吸收些专业人士参与规划的具体制作，[3]至于对受城镇化影响的利害关系人和普通公众的公开，也只是决策、规划作出后的公告或发布，而并不包括对决策和规划做出过程和程序本身的公开；至于受城镇化影响的利害关系人和普通公众对于决策、规划做出过程的参与，就更为有限，一些听证和

---

〔1〕"由于土地收益分配以地方为主，且地方政府对土地收益有较大的支配自主权，这就导致地方政府具有强烈的动机低价从农民手中征地，然后高价出让。数据显示，2008年全国土地收入1.0375万亿元，拆迁、补助费用为3778亿元；2009年全国土地收入为1.42万亿元，拆迁、补助费用为5180亿元。也就是说，政府花1块钱，可以获得3块钱。"刘辉：《新型城镇化只能是政府有限主导——访国家发改委城市和小城镇改革发展中心研究员冯奎》，载《经济参考报》2013年5月17日。

〔2〕我们注意到，在省、市、县、区各级政府关于城镇化推进的决议、决定性文件中，几乎无一例外地都有"将推进城镇化工作纳入各级人民政府的年度责任目标考核。强化督促检查，严格考核兑现"，"将城镇化率和相关绩效作为对各级党委、政府及其领导者和工作人员的考核指标，达标者予以奖励，不达标者予以责罚"等字眼。

〔3〕本课题组调查发现，目前，各个省根据《城乡规划法》都相应制定了城乡规划条例，大部分(并非所有)省和一些市根据规划条例建立了城乡规划委员会，同时政府部门也相应制定了城乡规划委员会工作章程。在城乡规划委员会中，专家占有一定的比例，但公众代表或者没有，或者所占比例很小，且往往不是利害相关者代表。

征求意见的方式不仅仅是流于形式,[1]甚至在流于形式的同时,成了政府用来证成其独断决策或在决策中偷运私货的正当性的借口。

4. 关于身处城镇化推进过程且受城镇化利害影响的普通主体特别是农民在这一"过程"中的地位和作用的信息、资料的搜集和分析。这里,特别关注的是受城镇化影响的主体在多大程度上、以何种制度性方式能够对政府主导推进的这一"过程"本身施加影响,并通过这种影响改善自己的实体地位,维护自己的实体权益。这方面的调查和分析表明,城镇化的行为主体有政府、农民和企业,农民是要素的提供者,但关于要素的定价农民却无讨价还价的能力,也缺乏农民与政府或开发商进行制度性交涉的程序平台。城镇化被作为"运动"来搞,或许以一个灿烂目标,或以结果论英雄,在城镇化的征地、拆迁、房屋还建、就业安置等决策和规划的做出和实施过程中,决策更多出自领导、规划也只是由官员与专家共同完成、企业在国家鼓励政策的推动下亦处在强势地位,唯独"过程"中没有身处其中又与之利害攸关的普通主体特别是农民的主体参与。他们缺乏意思表达机制和参与途径,缺乏制度性交涉和论辩的平台,因而,在实体上沦落至"手上无钱,脚下无地"的"被城镇化"境地也就可想而知了。中国城镇化取得的成就很大程度上归功于农民作出的贡献。政府通过廉价征收农民土地,改变其用途,占有土地增值后的大部分收益,并用这些收益中的一部分,改善城市基础设施建设,扩张城市规模,甚至解决政府的财政亏空。而在这一过程中,农民所得甚少,大概是土地增值收益的5% ~10%。[2] 可见,如果说农民做出贡献最多、所得利益

---

〔1〕 本课题组在调研中发现,一些与城镇化直接相关的政府门户网站(如某省住房和城乡建设厅网站)设有"民意征集"专栏,内设"问卷调查""意见征集""建言献策""民主与热点评议"等板块,参与者很少,且提问或建议的表述方式极具书面感和官话态,内容也与普通百姓的日常关注大相隔膜;而政府方面的回应则呈空洞化、程式化(如"感谢您的建议,我厅会仔细研究并认真采纳群众的建议。""感谢您对小城镇规划提出的建议,我厅会仔细研究并认真采纳优秀的建议。""感谢您对城乡规划监督管理提出的建议,我厅会认真仔细研究并采纳优秀建议。""感谢您对城乡规划出的建议,我厅会认真仔细研究并采纳优秀建议。"等等),更缺少相互间的进一步追问和互动,很带有作秀和宣传的感觉。本课题组在调研中还发现,一些地方政府的法制网设置了"立法征求意见"栏目,其内列若干地方法规、地方规章的征求意见稿,但打开每一法规、规章的征求意见稿,都未见留有征求意见的区域或鼠标可点击进入之处,使欲提建议或意见者根本无从入手,难以判定其是否真的有征求意见或建议的诚意和打算。

〔2〕 邓聿文:《中国城镇化模式已到了历史关口》,载《民主与法制时报》2012 年 1 月 10 日。

最少可以被看作城镇化的一个结果的话，则导致这种结果得以发生的突出原因，即在于组织能力最弱也就参与能力和意识最弱[1]的农民对于政府主导的城镇化“过程”本身的影响的极度缺乏。不能在实质上影响决策过程，也就无可能影响决策的结果，被调查农民常说的“没办法”以及所表现出的无奈、愤懑甚至淡漠或绝望，都在根本上与此相关。除了这些，所能做的可能就是当决策实施时个体或群体以各种形式表现出来的抗争，众多上访和群体性事件即是实证。[2]

显然，我们的发问和研究进路更多是针对“过程”的，针对政府主导推进的过程本身的正当性的，这构成我们本课题研究的基本特质。在本课题研究者看来，在国内法学乃至其他领域的城镇化研究中似乎有这样一个问题未能引起相当程度的关注，这就是：中国的城镇化过程很大程度上是由政府主导推动的，而这个政府主导推进的“过程”本身不仅是法律缺位的（权力几乎呈“裸奔”状态），且对这一“过程”本身的理论关注也是法律缺位的。这不只是说在城镇化的理论和实践中很少有法律方面的因素掺入，而且是说即便有法律因素的掺入，这种掺入也大多是对城镇化结果或带来问题的关注（如关于农地保护、生态保护、农民权益保护的研究），而着眼于政府“推进过程”本身的法律控制特别是程序控制的研究则相对匮乏，对于政府推进过程本身的法律特别是程序的在场，无论在实践还是理论研究方面，都

---

〔1〕 本课题组在2013年曾对江苏省某市区城镇化过程进行了调研，调研中了解到，10年以前，为城镇化建设，对某一区域100多万平方公里8000余户农户进行征地拆迁，历时整整10年，进行得较为顺利。经历其间部分过程的一位当地街道办事处领导在被问及“若今天进行这样的征地拆迁，可否能够像当初一样顺利”时回答：“不可能了。”原因是当时的农民维权意识尚未觉醒。当地一位经历过组织这一征地拆迁过程的地方官员还讲到这样一件事情：一位民间艺术家在其自家房屋的一整面墙壁上做了一幅壁画，凭此参加了国际上某一艺术类奖项的评选，获了较高奖项。在主人自己看来，其或许是价值连城的。但同时其却是不可移动的，只有保持整个房屋（不只是墙壁）的完整，才能使该壁画保持其完整价值。一旦拆迁，其价值将不复存在。但遭逢征地拆迁，拆迁部门的处理是按每平米40元的价格给予补偿，有三十左右个平方的样子，补了1200元左右。“这是10年前的事情，如果是今天，这样处理肯定是不成的。”这位官员这样说。

〔2〕 “这些年来，城市开发在中国各地不仅遭遇来自动迁居民、征地农民的强烈抵制，还引发了业主以城市政府、开发商、物业公司为对象的维权运动，以及年轻白领群体对高房价的抗议行动。以城市开发为背景的持续多年的各类民众抗争和权益诉求行动，不仅具有跨地域、跨阶层等基本特征，而且在国内外赢得了广泛同情和支持。”参见陈映芳：《城市开发的正当性危机与合理性空间》，载《社会学研究》2008年第3期。

还颇为欠缺。而从过程哲学和程序法理上说,这种对于过程本身的正当性追问和程序的控制正应是法治的要义和法学的使命担当,本课题研究的立意正在于此。

三、关于以苏南及江苏城镇化道路为引

本课题所以"以苏南及江苏城镇化道路为引",并非是要对苏南及江苏城镇化问题进行重点或个案研究。其意仅在于,在前面所述的城镇化相关研究中,江苏特别是苏南被视作和温州模式[1]一样的自下而上城镇化道路的典型,与中国大多数地区自上而下的城镇化道路构成一种相对比较的关系;但由本课题主旨看来,这种所谓自下而上的模式,其实也同样表现出相当强劲的政府主导推进特征,且正基于此,其也难以脱出政府主导推进与地方政府的土地财政、GDP政绩和官员绩效考核指标捆绑在一起的运作逻辑,"物的城镇化"像在其他地区一样在相当长时间里是重于对人的城镇化的追求的。在中国整体政治结构和权力运作机制下,某些特定区域的城镇化所表现出的与其他地区不同的特色,仅具有相对意义。因而,以其为引,只是想借助类似于法律解释中的一种解释方式——当然解释,[2]来说明中国城镇化的一个独特风景:作为一种自下而上城镇化的典型模式,苏南或江苏城镇化道路尚且难以脱出政府主导推进与地方政府的土地财政、GDP政绩和官员绩效考核指标捆绑在一起的运作逻辑,更不消说那些本就具有相当鲜明和强烈的自上而下色彩的城镇化操作过程,怕就更难脱此窠臼了。

在新制度经济学那里,存在对制度变迁的类型分析,两种重要的制度变

---

〔1〕 所谓温州模式,是指以家庭工业和专业化市场的方式发展非农产业,使剩余劳动力转向家庭生产专业市场的经营,形成小商品、大市场的发展格局,促进人口向小城镇聚集,使小城镇规模不断得到扩大的城镇化发展模式。其与苏南模式虽同被视作自下而上的城镇化模式,但与苏南模式又有不同,苏南模式早期发展的动力是集体资金的积累和地方政府强有力地介入,温州模式是依托民营私有经济自发形成"小商品大市场"和减少政府干预,但这并非意味着温州模式就是不存在政府主导推进因素的,后面会有论述。

〔2〕 当然解释亦称自然解释,是论理解释的一种,其法理依据是理论上所谓的"举重以明轻,举轻以明重",指法律规范虽未明示某一事项,但依形式逻辑、规范目的及事物的当然道理,将该事项解释为包括在该规定的适用范围之内。如公园禁止攀摘花木,那么采摘果实或毁坏树干更应在禁止之列。在此是借其"举轻以明重"之理。

迁类型为诱致性制度变迁和强制性制度变迁。[1] 20世纪50年代后到80年代改革前,我国的城镇化发展表现出很强的国家主导特征,缓慢低速曲折起伏的城镇化过程是在中央集权高强度计划经济体制和行政命令以及一系列控制性制度(如人口控制、户籍管理等)之下进行的。20世纪80年代开始,随着市场化取向的经济体制改革逐步深入,在传统体制和传统模式的外围出现了自发的、诱致性的与城镇发展相关的制度创新,形成了自下而上的城镇化模式,其典型代表即是温州模式和苏南模式。[2] 所谓自下而上是与自上而下相对称的。"自上而下的城镇化是政府按照城市发展战略和社会经济发展规划,运用计划手段发展若干城市并安排落实城市建设投资的一种政府包办型的强制性制度变迁模式;自下而上的城镇化则是农村社区、乡镇企业、农民家庭或个人等民间力量发动的一种由市场力量诱导的自发型的诱致性制度变迁模式。"[3]2011年江苏省邓小平理论研究会课题组用一年多时间调研形成的《关于江苏省推进新型城镇化建设的调查报告》[4]认为,自20世纪80年代始,江苏城镇化过程经历了四个阶段:

第一阶段是20世纪80年代,以起源于长江三角洲的乡镇企业异军突起为契机,农村城镇化以"自下"和"自内"的模式获得突破性发展。这一地区通过自筹资金发展以乡镇企业为主体的非农业生产活动,同时仰仗社区政府强有力的领导参与,首先实现农村人口职业转化,进而通过发展小城镇实现了农村地域城镇化。在这一阶段,"村村点火,乡乡冒烟"的乡镇企业带动了百万农民向非农产业大转移,创造了举世闻名的以农民办工业、"离土不离乡,进厂不进城"为主要特征的苏南模式,并由此带动全省形成了"小城镇,大发展"的格局,城镇人口比重由1979年的15.46%上升到1989年的21.56%。

---

[1] 诱致性制度变迁是指人们为争取获利机会自发倡导和组织实施对现行制度安排的变更或替代,创造新的制度安排,是人们在追求由制度不均衡引致的获利机会时所进行的自发性制度变迁。强制性制度变迁是指通过行政权力和立法手段等外在强制力推行制度、变革制度的一种制度变迁方式。前者是由一个人或一群人在响应获利机会时自发倡导、组织和实行的自下而上的变迁;后者则是由政府命令和法律引入实行的自上而下的变迁。参见MBA智库百科http://wiki.mbalib.com/wiki/"诱致性制度变迁""强制性制度变迁"条目。

[2] 尚娟:《中国特色城镇化道路》,科学出版社2013年版,第9页。

[3] 辜胜阻、李正友:《中国自下而上城镇化的制度分析》,载《中国社会科学》1998年第2期。

[4] 以下关于江苏城镇化发展四个阶段的陈述性内容参见江苏省邓小平理论研究会课题组:《关于江苏省推进新型城镇化建设的调查报告》,载《光明日报》2011年3月29日。

第二阶段是20世纪90年代，借助全方位对外开放的动力，开发区与城市发展相结合，推动城市化上水平。在这一阶段，一批开发区、工业园区脱颖而出，一批中小城市扩容发展为大中城市，城镇化上规模、上水平。到2000年，省辖市由11个增加到13个，县级市由15个增加到31个，建制镇由582个增加到1191个，城镇人口比重由21.6%提高到41.5%，全省城镇化呈快速发展态势。

第三阶段是21世纪初期，在大城市、中小城市与小城镇协同发展基础上，进入以组建都市圈为特征的城市现代化发展阶段。2000年《江苏省政府关于推进小城镇建设加快城镇化进程的意见》出台，省委、省政府将城市化战略确立为促进区域社会发展的"五大战略"之一，2001年《江苏省城镇体系规划》获国务院批准实施，开始实施以大城市、特大城市为依托的苏锡常、南京、徐州等都市圈的规划建设。截至2005年年底，江苏省城镇人口比重超过50%，达到50.5%。

第四阶段为2005年至今，以大中城市为依托，以县域经济为阵地，走上以工促农、以城带乡的新型城镇化道路，城乡一体化发展态势领跑全国。在经历了以苏南乡镇工业驱动的小城镇快速发展阶段，以开发区建设和外向型经济驱动的大中城市加快发展阶段，此时进入以城乡发展一体化为引领、全面提升城乡建设水平的发展阶段。截至2012年年底，江苏城镇化率已经达到63%，远高于全国52.57%的平均水平。

由如上江苏城镇化四个发展阶段可见，所谓自下而上具有代表性的苏南模式，仅在其早期发展的第一阶段呈现出所谓"自下而上"的特点，亦即其初始动力来自农民借助集体资金的积累和自己的力量发展乡镇企业，又凭借乡镇企业带动向非农产业转移，从而实现农民的就地城镇化。而自第二阶段开始，开发区、工业园区的建设和城市拓展扩容便都由政府全面主导进行，[1]特

---

〔1〕有学者认为，开发区方式在中国城镇化推进中最具代表性，是政府主导型城镇化的典型范例。开发区是以政府为依托、以政策为导向、整合各方资源的一种发展模式，体现出行政资源和政府规划对于经济社会发展的巨大推动力，且遵循着"政府严格控制的逻辑程序"；同时，我国建市、建镇都有一系列复杂标准，要经过民政部和国务院的审批，所以，新区和新城的建设也是典型的政府主导型，即通过对人口、土地、产业、交通以及其他基础设施的重新规划，推动人口和资源在一定范围集中的城镇化过程。参见李强、陈宇琳、刘精明：《中国城镇化"推进模式"研究》，载《中国社会科学》2012年第7期。

别是1998年中央提出解决“三农”问题和国家“十五”规划将城镇化作为国家战略以来，江苏与全国各地一样将加速城镇化作为发展战略，苏南乃至江苏城镇化便被纳入与各地几乎无甚差异的政府全面主导推进轨道了。在2000年《江苏省政府关于推进小城镇建设加快城镇化进程的意见》中，充满着“加大工作力度”“进一步加大工作力度”“加快”“着力”等语词，各级政府对城镇化所施加的影响和作用是全面的、主导的、决定性的。“所谓政府主导就是从中央到地方的各级党政机关的相应部门对于城镇、城市的设置、规划、建设选址、土地使用的审批、土地功能的改变、规划许可证、工程许可证、基础设施的建设、改造拆迁等事务有着严格的审批和直接决定的权力。”[1]江苏各级党政机关的相应部门在城镇化发展中的作用正是如此。这是第一。

第二，即使是在20世纪80年代江苏城镇化最具所谓自下而上标志性特征的阶段，由于“重点发展小城镇”是国家的总体战略，小城镇建设也同样体现出很强的政府主导特征，“地方政府的强有力介入”“社区政府强有力的领导参与”[2]同样是苏南模式城镇化的突出特征。国家信息中心经济预测部区域规划与评估专题研究组在《城镇化模式国际比较与中国探索》的研究报告中将苏南模式称作“以乡镇政府为主组织资源的苏南模式”，指出“政府出面组织土地、资本和劳动力等生产资料，出资办企业，并由政府指派所谓的能人来担任企业负责人”是其基本的操作模式。因而，苏南模式的主要特征被概括为三：“农民依靠自己的力量发展乡镇企业；乡镇企业的所有制结构以集体经济为主；乡镇政府主导乡镇企业的发展。”这与同样作为自下而上典型的温州模式需要经过政府首肯批准[3]似也具有相类的命运。正如有学者指出：“对于我国的城镇化，虽然长期以来存在自上而下和自下而上两种力量，但总

---

〔1〕 李强、陈宇琳、刘精明：《中国城镇化“推进模式”研究》，载《中国社会科学》2012年第7期。

〔2〕 于猛、宋家宁：《我国城镇化模式研究综述——基于规模选择和典型模式推广的分析讨论》，载《中国土地》2013年第3期。

〔3〕 民间力量推进城镇化最为典型的是温州龙港20世纪80年代农民自费城镇化的案例，但这一案例同样展示出这样的一面：“民间社会的努力，最后终于得到政府的批准。”“民间社会的动力如果得不到政府的批准，就会失去意义。”温州龙港镇在1983年10月被审批建镇，建镇之前，其周边的工业已有所发展。建镇之后，面对建设资金不足，镇政府采用了农民通过缴纳“公共设施费”在龙港置换土地使用权，并同时获得“自理”城镇户口的政策，通过这种政策，先富裕起来的农民涌入龙港，开始大规模建设城镇。参见李强、陈宇琳、刘精明：《中国城镇化“推进模式”研究》，载《中国社会科学》2012年第7期。

体而言,主导力量是自上而下的。"[1]"尽管我国尝试过多种城镇化模式,但城市发展方针是由国家统一部署的,在实施过程中都有强有力的措施予以配合,涉及人口控制、户籍管理等多方面。即使是农村就地城镇化,也多由基层政府推进,例如苏南模式、珠江三角洲模式中的乡镇政府等。"[2]这与政府高度集权、民间力量发育不足有关。

第三,基本的政治体制和权力结构会成为一种背景,也同时是一种框限,使得在其背景或框架内的任何可能体现出特色的东西都必然带上它所赋予的某种共性特征。城镇化的苏南模式或江苏道路尽管在早期发展阶段呈现出所谓"自下而上"的特点,但一旦被纳入政府全面主导推进轨道,其发展道路就不得不遵从中国政治权力结构和权力运作的基本逻辑,其操作方式和运作结果也就与其他地区无大差异:

(1)就操作方式而言,"政府主导、大范围规划、整体推动"是我国城镇化快速化、整体性、大规模发展的基本特征,[3]这一特征体现在具体操作上,就是从大中小城市体系的规划[4]到具体城镇、城市的建设选址,从土地征收、征用的审批到土地上建筑的改造拆迁,从基础设施的建设到拆迁补偿方案的制定、实施,都须经政府直接决策、规划、动员和行动,通过行政手段和政策动员等政府行为对城市或城镇发展的各方面进行直接控制和调整。江苏与其他省份一样,有不同时期的跨年度的《城镇体系规划》,最新一期的是《江苏省城镇体系规划(2012~2030)》;[5]2000年《江苏省政府关于推进小城镇建设加快城镇化进程的意见》中"增强紧迫感和责任感""加大工作力度""进一步加大工作力度""加快""着力"等要求与其他省份的要求一样是针对各级政府

〔1〕 李强、陈宇琳、刘精明:《中国城镇化"推进模式"研究》,载《中国社会科学》2012年第7期。

〔2〕 李强、陈宇琳、刘精明:《中国城镇化"推进模式"研究》,载《中国社会科学》2012年第7期。

〔3〕 李强、陈宇琳、刘精明:《中国城镇化"推进模式"研究》,载《中国社会科学》2012年第7期。

〔4〕 几乎各省、市都有不同层次、一定年度和阶段的《城镇体系规划》,具体详尽的程度为到什么时间段某市以致某县区、某镇应成为什么样的城市或城镇的规划和定位。

〔5〕 估计在中央城镇化工作会议之后,特别在将来中央新的《国家新型城镇化规划》出台后,江苏这一新进出台的《城镇体系规划(2012~2030)》也将面临新的变化和调整,这正是自上而下的政府主导、层层推进的基本逻辑。

的,政府和官员的政绩考核都与城镇化建设的速率、指标联系在一起。[1] 在党的十八大体现出对城镇化高速率追求倾向的某种反拨之后,2013 年 2 月江苏省政府出台的《关于扎实推进城镇化促进城乡发展一体化的意见》和 2013 年 9 月《贯彻落实省政府关于扎实推进城镇化促进城乡发展一体化意见实施方案》尽管在倾向上也作出同步调整,不再有先前政府文件中那么多的"加大力度""加快""着力""大力推进"等字眼,但依然把城镇化建设的任务和绩效一一分解下放到每一个部门,作为各级政府和官员组织人事制度考核的主要指标,考核也主要针对的是"目标和结果"(目标管理考核),而不是针对"过程"本身的考核;[2] 同时宣布建立"推进城镇化工作联席会议制度",由分管副省长任召集人,近 30 个部门[3] 和单位作为成员——仍是一副政府各部门协同作战一体出击全副武装主导推进的架势。作为这种操作方式的另一面,是与城镇化利害相关、受城镇化直接或间接影响的农民或居民难以有对城镇化决策和规划的做出和实施过程的实质性参与。"我国绝大多数的城镇化是政府主导、政府规划、政府动员、政府运作,而广大城乡居民往往只是被动接受城镇化。"[4] 本课题组分别对江苏省泰州市三个乡镇的三个村的部分农民和河北省沧州市渤海新区某产业园区部分社区居民进行了有关城镇化参与方面的问卷调查,[5] 结果显示:这些农民和市民对自己在城镇化过程中的参

[1] 该文件规定:"要把小城镇建设列入重要议事日程,建立责任制",这一要求也是针对政府的。"中国长期以来奉行以 GDP 为主的政绩考核机制。这一机制促使地方政府的行为不单纯是服务者,更像是独立利益主体干预和促进本地经济增长,以求在竞争中获胜得以晋升。"秦震:《论中国政府主导型城镇化模式》,载《华南师范大学学报》(社会科学版)2013 年第 3 期。

[2] 2013 年 9 月江苏省政府《贯彻落实省政府关于扎实推进城镇化促进城乡发展一体化意见实施方案》规定:把城镇化作为"两个率先"建设等考核的重要内容,制定差别化的考核标准和考核办法,加强目标管理考核。建立定期督促检查和情况通报制度,每季度通报工作进展情况。严格落实工作责任制和责任追究制,充分发挥督查考核的导向作用。

[3] 包括省发展改革委、省经济和信息化委、省教育厅、省公安厅、省监察厅、省民政厅、省财政厅、省人力资源社会保障厅、省国土资源厅、省住房城乡建设厅、省交通运输厅、省农委、省商务厅、省文化厅、省卫生厅、省人口计生委、省环保厅、省体育局、省安监局、省编办、省法制办、省民防局、省广电局、省文物局、省金融办、人民银行南京分行、江苏银监局、江苏证监局、江苏保监局等部门和单位。

[4] 李强、陈宇琳、刘精明:《中国城镇化"推进模式"研究》,载《中国社会科学》2012 年第 7 期。

[5] 此项调查所发问卷 300 份,收回的有效问卷 266 份,问卷涉及内容包括:被征地农民的基本信息、对城镇化的基本认识、对政府主导城镇化的基本认识、被征地情况、被征地时的参与状况、个人参与意向等方面。下文凡涉及调查问卷数据的,皆指此项调查。

与权利或者是不甚明了,[1]在对“您觉得自己在城镇化的建设中有发言权吗”这一问题的回答中,各选项所占的比重分别是:A. 有非常大的发言权 0%;B. 一般 19%;C. 稍有一些 16%;D. 完全没有 65%。在涉及政府征地公告知情方面的问答中,发现通过政府张贴的征地公告而知情的人数比例相当小。[2] 在涉及政府征地和安置补偿时是否被告知过听证权利的问卷回答中,声称自己未被告知过对拟征土地的补偿标准、安置途径有申请听证的权利,并申请过听证的人数比例相当低。[3]

(2)就运作结果而言,除城镇化的速度、水平和城镇化比率远超其他地区外,江苏城镇化政府主导推进的优势和问题与其他地区也似无大的分别。江苏省邓小平理论研究会课题组《关于江苏省推进新型城镇化建设的调查报告》在肯定江苏政府主导推进城镇化优势和成就的同时,也指出了这种操作本身带来的问题。它们包括:人口城镇化远低于土地城镇化,城镇常住的农民工人数中有 1/4 的人尚未取得市民待遇;[4]“总量偏好”“速度优先”的价值取向和“重城轻乡”“重工轻农”思想;推进城镇化急于求成的惯性行为;剥夺农民、牺牲农业并不惜破坏生态环境的传统城市化老路;只求数量不求质量的“城镇化虚胖症”;重速度有余、重质量不足、“摊大饼”式、人为扩容的外延扩张模式以及产业发展水平不高、公共设施配套不足、交通拥堵、污染

---

〔1〕 在涉及知情权、被告知权和听证权等具体问题的回答显示出参与渠道很欠缺的情形下,参加调查者竟然对宏观上所问及的“参与”问题的回答满意度却很高,显然,其对于“参与”的理解与参与的实质内涵尚有距离。如对“您对整个征地过程中自己的参与状况是否满意”的回答是:A. 非常满意 3.61%;B. 满意 68.67%;C. 一般 27.71%;D. 不满意 0%。

〔2〕 对“您是通过何种途径获悉被征地的消息的”的回答是:A. 张贴的征地公告 0%;B. 村干部通知 80.72%;C. 邻里相互交流 19.28%;D. 其他 0%。对“您有见到过征地公告并熟知其具体的内容吗”的回答是:A. 见过,并熟知 12.65%;B. 见过,但不熟知 6.02%;C. 没有见过,但熟知 7.23%;D. 没有见过,也不熟知 74.1%。对“您是否见到过征地方案和征地补偿安置方案在村、组的公告并熟知其内容”的回答是:A. 见过,并熟知 9.64%;B. 见过,但不熟知 9.64%;C. 没有见过,但熟知 53.61%;D. 没有见过,也不熟知 27.11%。

〔3〕 对“您是否被告知过对拟征土地的补偿标准、安置途径有申请听证的权利,并申请过听证”问题的回答是:A. 有,并申请过 0%;B. 有,但未申请过 3.61%;C. 没有,但申请过 0%;D. 没有,也未申请过 96.39%。

〔4〕 就是江苏省副省长也承认江苏存在“人口城市化”滞后于“土地城市化”现象。在 2013 年 2 月 26 日召开的江苏省住房和城乡建设暨住房保障工作会议上,副省长毛伟明直言,当前对小城镇建设重视不够、集聚吸纳功能不完善,由此出现的“人口城市化”滞后于“土地城市化”的现象,亟待通过城乡发展一体化来破解。参见汪晓霞:《江苏省描绘新型城镇化新路径　择优培育小城镇》,载《新华日报》2013 年 2 月 27 日。

严重、运行机制受阻、“城市病”滋生蔓延；等等。[1] 这些问题与全国城镇化政府全面主导推进所带来的问题在性质上并无二致，所有区别只在程度不同。

我们后面关于中国城镇化政府主导推进的过程正当性及其程序控制的讨论都是以这里厚重的内容铺设作为必要前提的。基于如上的初步研究和发现，本课题组力图以法治为视域，在过程哲学和程序理论的基本框架下，将城镇化的政府推进“过程”本身作为焦点，将过程正当性的追讨作为使命，将控制政府推进过程的正当程序设计作为落点，对城镇化政府主导推进的手段和过程进行拆解和重构，以使得关于城镇化的决策选择、规划编制、补偿标准设定、争端解决和权利救济能够成为被正当程序规制的、有利害关系者和普通公众实质性参与的、具有正统性的过程，而不是外在于公众和利害关系者、只由少数决策者（或伙同开发商等）拍板因而对于公众和利害关系者来说不过是被代表、被自愿、被决策、被规划、被实施、被过程也就被城镇化的过程。

城镇化的政府推进：在过程/手段与结果/目的之间

——关于过程正当性的追问

关于正当性的诘问总是针对一定的非自然过程的，因为对于一个纯粹自然发生的过程说来，是无所谓正当亦不需正当性论证的。“城镇（市）化”本是中性的描述性、解释性词汇，它最初所指称的是西方近代伴随工业化和市场化更多带有自然渐进性质而发生的城镇（市）化过程。但在“发展就是硬道理”的发展主义意识形态背景下，中国的城镇化成为国家中心目标由政府有意识地主导推动，被官方话语反复不断地意识形态化，享有了意识形态上的正确性。在中国，一旦拥有了这种意识形态上的正确性，便似乎具有了天然的正当性。政府可以将其作为运动来搞而无须常规性操作，行动可以无须凭借法律，权力可以“裸奔”，手段上可以无所不用其极。但问题是在这一光鲜的意识形态话语背面，是政府在作为公益代表者的同时，也作为逐利的经济

[1] 参见江苏省邓小平理论研究会课题组：《关于江苏省推进新型城镇化建设的调查报告》，载《光明日报》2011 年 3 月 29 日。

人存在,在权力资本化、资本权力化双重背景下,[1]地方政府为GDP欲望和政绩指标驱使而形成的圈地拆迁动力,使得城镇化与房地产捆绑、与地方GDP政绩和官员的考核升迁挂钩,在有些地方甚至演化为一场"权力和资本的盛宴","土地的城镇化""物的城镇化"而非"人的城镇化",以及"伪城镇化"和农民的"被城镇化"往往是这一盛宴的副产品。

对于这样的更多具有政府人为因素掺入的城镇化过程,法学的关注视角应是法理正当性的诘问和审视。法治思维的关注向度有二:一是在一个有政府作为的领域,政府行为的"过程"本身是否受到法律规制?是否被规制到合理的程度?二是公民个体的尊严和权利是否被考虑、承认、尊重和保障?特别是受政府行为影响的个体对于政府行为的过程本身是否能够进行制度性的参与和影响?并通过对过程的实质性影响而使其实体上的权益获得维护或补救?这二者又是互为因果、互为说明的。——如果一个有政府行为参入的过程本身对上面两个问题的回答是肯定的话,这样一个过程本身便可被视作是正当的。

如前所述,与西方发达国家的城镇化更多呈现为与工业化、市场化相伴生的自发渐进过程有别,中国的城镇化更多表现出政府主导推进的特质。[2]

---

[1] 有学者指出:"中国城镇化进程中存在的严重问题,其根本原因在于:资本化控制和GDP发展观误导。在我国超大规模造城运动的背后,隐藏着两个深层的主要动力:其一是资本的空间化,……城市为招揽资本投资而盲目屈从资本。资本指向那里,城市就规划到那里。资本需要怎样规划,城市就怎样规划。对资本毫无原则地迁就,没有有效地节制和引导。因此,其结果就是资本在迅速空间化,占有城市空间,在空间生产中大显神通。当代中国城镇化偏颇的主要原因之一,是资本的空间生产所造成的,资本的空间化使空间生产结果产生一系列非人本化、非科学化、非理性化和破坏环境的恶果。其二是政府GDP发展观主导下的政绩行为。城市化成为拉动GDP的主要因素、地方政府财政收入主要来源和政绩工程的主要标志,成为众多经济与社会矛盾聚集的焦点,在多方面表现为一种盲目膨胀、急剧扩张。""当然,两者的交叉更为可怕:资本与政府联手侵害甚至剥夺农民和其他城镇弱势群体的空间权益。巨大的利益诱惑使空间生产领域成为大量官员腐败的'滑铁卢之地'。"陆大道、宋林飞、任平:《中国城镇化发展模式:如何走向科学发展之路》,载《苏州大学学报》2007年第2期。

[2] 这里所强调的不同,更多具有相对意义。并非西方城镇化过程就无政府行为介入,也并非中国城镇化过程就无市场推动、自然演进的因素,而是就二者主要发展模式和道路而言,后者更多体现为政府积极主动直接地计划、组织和实施运作;而前者更多具有自然渐进倾向,即便有政府行为介入,也是在时间过程上更为错后、介入方式上更为间接。正如有学者认为:"西方城市化过程也存在着政府职能的加强和复杂化,但在西方城市化中不存在像中国这样的计划经济历史背景,所以也就不存在诱致政府职能过分扩大化、滑向计划式推进城市化问题。"张孝德、钱书法:《中国城市化过程中的"政府悖论"》,载《国家行政学院学报》2002年第5期。

政府主导推进当然需要仰仗于集权体制和权力运作机制，[1]我们在体制上具备这种条件，而国人也习惯甚至愿意看到国家通过集权方式整合资源、凝聚力量、“集中起来干大事”。城镇化便是这样的一件大事，由政府主导推进确乎有助于整合资源、凝聚力量、直奔主题、高效率地接近和实现城镇化目标。然而，在现代法治视域下，中国城镇化过程的政府主导推进本身是值得高度警惕的，因为：

一、权力特别是一贯以主动出击姿态存在的行政权力本身就是值得警惕的。尽管权力因其公共性[2]而被需要，但权力特别是行政权力同时具有这样一些属性：第一，单方面性和强制性。“国家权力是通过表面平等的社会机制而确立起来的一种不平等的命令与服从的社会关系；权力一般都以命令——服从的轨迹运行，命令、服从既是权力的本质，也是权力实际存在的重要条件。”[3]这种权力、服从关系属单向控制模式，具有单向性。“国家权力既可以是个人承认和赋予的，也可能是个人没有同意和不愿选择而不得不接受的。国家权力的实施在某种程度上也可以看作是一种交易，一种公共选择的过程和结果，归根结底，是离不开个人的意愿的，但是，其具体实现却可以完全不顾个人的意愿而强制进行”。[4] 尽管近现代发展出一系列权力控制和权利救济机制，且权力常借助文化、传统、宗教、个人权威、意识形态等非强制机制来提升公众认同，但仍不能在根本上否定权力特别是行政权力的单方面性和强制特征。第二，物质性、组织性和自行性。国家所以具有特殊的强制力，是因为它是以一定的物质力量支撑的制度化的、有组织的控制和支配力量。它来自社会又凌驾于社会之上，具有对一定资源（如财富和暴力系统）的垄断和控制地位，凭借其对自然和社会资源及其分配的垄断，便可实现对社会的权威性控制和影响。并且，凭借这种物质性、组织性的力量，权力主体一般可

---

〔1〕 因此，城镇化政府主导推进对于本就具有集权特征的政治体制和权力运作机制具有强化作用，二者之间存在相互支撑和强化的关系，这或许就是前述所提到的中国的城镇化过程深刻影响了中国的政治生态的一个方面。

〔2〕 国家权力也是一种公共产品，古希腊语中的 Republic（共和制）的原初含义即为公共财产，国家权力的社会公共性也支持着国家的合法性，即国家只有在为个人和公共需要谋求和创设条件的前提下，才获得存在的合法性。

〔3〕 孙笑侠主编：《法理学》，中国政法大学出版社 1999 年版，第 103 页。

〔4〕 张曙光：《个人权利和国家权力》，载刘军宁、王焱、贺卫方编：《市场逻辑与国家观念》，三联书店 1995 年版，第 4 页。

以直接凭借自身便可排除阻滞实现权力,表现出国家权力的自行进行性。第三,价值性。权力运行总同一定的价值目标相联,又能够对一定的价值和资源进行垄断和支配,且作为对公共资源和组织成员的支配能力,权力本身亦是一种价值。第四,扩张性。心理学和社会学的研究表明,支配性的力量总是会不断扩张以至滥用的。国家权力和任何一种支配性力量一样,总是内在地具有自发膨胀的倾向,除非遇到有效的制约和抵制,否则它总是趋向于把支配和控制力扩张到极致,即权力一直行使到有界限的地方为止。因此,为权力设置边界,设置控制和约束机制,设置与之相抗衡的力量,就成为法治社会的根本课题。第五,侵犯性。国家权力所必需的物质强制特性,对于承受者说来即是一种潜在的、可能的侵犯;且权力的自我膨胀倾向和权力主体基于欲望和热情而使权力行使具有的某种非理性成分,更使得权力具有较强的侵犯性。而侵犯总是针对个体权利的,国家权力的扩张往往是依靠侵蚀个体权利实现的。"国家权力既是个人权利的保护神,又是个人权利的最大最危险的侵害者。在其他个人和组织的侵害面前,个人不仅可以自卫,而且可以寻求国家权力的保护,甚至还可以诉诸社会正义和人类理性,而在国家权力的侵害面前,个人无能为力,权利也无以自保,社会正义和人类理性统统都失去了它昔日的灵光和作用。"[1]因此,如何防范权力对个体权利的僭越和侵犯,或当侵犯发生时以切实有效的机制予以纠正或补救,是法治国家必须面对的实质性课题。第六,腐蚀性。国家权力总与资源的占有和分配密切相关,它可以直接参与分配社会各方面的资源利益,实际地决定着人们的权利义务结构。这使得权力在运行过程中可能给权力行使者带来地位、荣誉、利益,因而对权力行使者说来具有本能的自发腐蚀作用。权力本就具有如上属性,倘若国家又为某一特定目标的达致呈现出不遗余力的积极主动姿态的话,其可能带来的侵犯性、威胁性和腐蚀性就更为突出,也就更值得警惕。

不只如此,中国的城镇化过程又主要是由国家的行政权[2]推动的,而作为国家权力中的行政权,与其他权力相比更具有值得警惕的特征。行政之"行"意味着走、流动、传布、从事、作为等,字义上即有主动行动之义,组词也

〔1〕 张曙光:《个人权利和国家权力》,载刘军宁、王焱、贺卫方编:《市场逻辑与国家观念》,三联书店1995年版,第4~5页。

〔2〕 由于党领导一切的至上地位和党政不分的权力结构,严格说是由党政权力推动的,只是其更突出和直接地表现在作为三种国家权力之一的行政权的运用上。

多与主动行动相关。[1] 行政作为积极的管理或控制,表现为行动的权力,发生于社会生活的全过程,主要通过指令、指导、组织、协调、管制、警示、命令、劝阻、服务、准许、监督、调查乃至惩戒等方式进行,因而可主动出击,自行发动,具有主动性。而这种主动性则意味着更强的攻击性和侵犯性。这是第一。第二,行政作为一种行动的权力,总是更关心和服务于一定的目标和效率,且会随时顺应社会变迁的情势而做出调整,其鲜明的目的性、倾向性和灵活应变性自不待言。强烈的目标导向更容易使权力运作在手段上无所不用其极,更强的灵活性也带来更多非确定性和不安定性。第三,作为行动的权力,行政更关注行动的结果,评价尺度也更多从物质结果着眼,而过程本身的合理性、正当性不作为首要的关注和评价尺度。现代行政开始注重程序,注意手段和过程本身的正当性,但对于权力结果及效能的考虑仍是主要甚或首要的。第四,行政更注重结果与行政更追求效能和秩序有关,一般而言,行政注重投入与产出的关系,其任务是促进和保证更大的产出,在价值取向上往往是效率优先。行政权的这些特有属性,提示我们更应对由政府主导集聚力量主动推进某一战略或目标抱持警惕。

二、更何况,中国城镇化的政府主导推进过程是缺乏法律在场或法律在场不足的,因而可能呈现权力的某种"裸奔"状态。需要提请注意的是,这里强调的是对"过程"本身的法律在场,并非是说与城镇化有关的法律、法规都很欠缺,或是说在城镇化实践中很少有法律方面的因素掺入。这里要说的是:第一,即便有法律因素的掺入,这种掺入也大多是对城镇化带来的问题或结果如农地保护、生态环境保护、农民权益保护的法律关注,或直接就是为政府的推进行为提供依据或手段的,而着眼于政府"主导推进过程"本身的法律控制特别是程序性控制则相对匮乏,在这个意义上法律是不在场或在场不足的。我们看到,即使在新近制定的关涉城镇化的《城乡规划法》这样一部理应以规制行政权为基本取向的重要法律中,较为具体的行政内部审批、备案程序以及需经本级人大常委会审议的程序性规定或许不缺乏,然针对城乡规划的制定、实施、修改、监督检查和责任追究的公众参与性、交涉性程序仍很稀

〔1〕 如行人、行子、行李、行色、行军、行营、行走、行宫、行院、行部、行笔、行旅、行星等。参见《辞海》,上海辞书出版社1980年版,第796~797页。

薄，特别在借助公开性、交涉性、论辩性的程序性制度来控制政府行为方面。[1] 更不要说被其代替的旧的《城市规划法》，其甚至没有任何关于公众或利害关系人参与的程序性规定。

第二，城镇化政府主导推进过程中，真正实质性在场的是政策，[2]政策既

---

〔1〕 新制定的《城乡规划法》更多是关于规划编制在实体内容和标准上的要求，而于规划编制、制定、实施、修改、监督检查和责任追究的程序性规定方面则显得相对单薄得多，有限的程序性规定大多是行政体系内部层层审批、备案和审查的内容，仅在极有限的条文中涉及有限的参与性程序规定，且制度化程度也很有限。如第26条规定：城乡规划报送审批前，组织编制机关应当依法将城乡规划草案予以公告，并采取论证会、听证会或者其他方式征求专家和公众的意见。公告的时间不得少于30日。组织编制机关应当充分考虑专家和公众的意见，并在报送审批的材料中附具意见采纳情况及理由。第46条规定：省域城镇体系规划、城市总体规划、镇总体规划的组织编制机关，应当组织有关部门和专家定期对规划实施情况进行评估，并采取论证会、听证会或者其他方式征求公众意见。第48条规定：修改控制性详细规划的，组织编制机关应当对修改的必要性进行论证，征求规划地段内利害关系人的意见，并向原审批机关提出专题报告，经原审批机关同意后，方可编制修改方案。第50条第2款规定：经依法审定的修建性详细规划、建设工程设计方案的总平面图不得随意修改；确需修改的，城乡规划主管部门应当采取听证会等形式，听取利害关系人的意见；因修改给利害关系人合法权益造成损失的，应当依法给予补偿。这几条涉及规划的公告以及专家、公众意见的征求和利害关系人意见的听取这些具有公开性、参与性的程序性内容，但问题是：第一，这些程序中，只有听证可以成为一种法定的交涉性程序制度，但在有限的几处规定中，都未将其作为制度形式看待，而是仅作为征求或听取意见方式之一种与论证会或其他征求、听取意见的方式并提，因而，公众和利害关系人的参与并未能够获得制度化形式。第二，既然唯一可以获得制度化形式的听证未能作为制度形式看待，而是与论证会或其他征求、听取意见的方式并提，则意味着是否采取相对更具有论辩和交涉性的听证方式是组织编制规划的行政机关可以自由选择的，在这个相当自由的选择空间内，行政机关当然更倾向于选择更为便利、更不易带来争论或麻烦的其他方式。第三，即使在选择了听证这种方式的情况下，由于关于听证的具体经由程序在该文本内未作任何规定，故行政机关依然有相当大的自由操作空间，所谓公开性、交涉性、论辩性的程序设置的控权指向仍难获得体现。这里，似乎存在这样一个前提预设：城镇化推进过程中规划的制定、实施、修改、监督检查乃至责任追究，以及所有涉及城镇化推进的决策的做出和执行，都只是政府的事情，政府是主体，既是决策和规划得以形成和制定的主体，也是决策和规划实施和监督检查乃至责任追究的主体，而公众和利害关系人只是政府选择性地征求或听取意见的对象，且是否征求或听取你的意见以及通过何种方式征求或听取你的意见，也是由政府来选择和决定的。这就导致实践操作中，一些地方的城乡规划只是由官员和专家共同完成，公众、企业和利害关系人难以通过制度性的意思表达机制和参与途径与政府论辩、交涉和协商，甚至在一些地区形成了小城镇建设上的“谁投资，谁规划”局面。

〔2〕 其实，如果真的是以政策为导向和依据的话，也还可能在一定意义上有理由期待，毕竟其也还是具有一定的规范性和可预期性的。但问题是这种以红头文件体现出来的政策常常抵不过更高领导的意旨；或者，这种以红头文件体现出来的政策常常就是领导个人的意旨；或者，在某些地方党政系统那里，所谓政策和规划都不是行动的依据，依据就是党政一把手的意旨。课题组成员曾与江苏省某镇镇长有过交流，这位镇长曾经说过这样的事例：某市新到任书记在巡察中见一处工程，当即指令下属要求拆除，下属战战兢兢告知“这是×市长的工程”，书记眼睛一立：“我说拆除就拆除！”该工程就被拆了。

作为权力行动的依据,又作为权力行动的手段和方式。[1] 在中国,情形常常是这样:一旦某一事项成为党在一定时期的战略目标或中心工作,就变成了各级党政机关可以不计成本调动任何资源、积聚任何力量、采用任何手段甚至非常规的运动方式来运作的东西了,这时党和国家的政策便成为使这个运作得以堂而皇之进行的"制度性"平台,于是政策搭台权力便直接上场唱戏了。我国的城镇化政府推进过程很大程度上便是这样的操作路子。然而,(1)由于政策是目标导向而非过程导向、实体导向而非程序导向[2]的,同时行政权与其他国家权力相较又最是目标、结果和实体导向的,故而城镇化的政府推进行为更多是用目标来论证过程、用结果来证成手段、用实体来评价程序的。又由于城镇化目标与地方各级政府的利益和绩效考核挂钩,组织制度上绩效又与官员的升迁密切相关,于是,对于目标、利益和绩效的追逐使得一些地方党政机关和官员不计成本[3]不问代价,在手段上、过程上无所不用其极。在"十五"规划提出推进城镇化战略以后,全国由省(自治区、直辖市)、市到县、区、乡镇几乎各级政府都制定颁布了关于"加快"或"推进"城镇化建设的"决议""意见""工作方案"或"通知",其中充斥着"加快进程""大力推进""下大力气""加大力度"等字眼,所列内容多为实体性和目标性的,于"过

---

〔1〕 国家发改委城市和小城镇改革发展中心研究员冯奎在接受《经济观察报》记者采访时曾特别提到国家主要是通过户籍政策、土地政策、行政区划调整政策、规划政策、投融资政策等来实现对城镇化的全面主导推进的。其中很有意思的一点是,有关城镇化的规划,在国家各级机关那里显然不是作为具有法律意义的东西,而是政府管理经济的一项政策工具,与政策放在一起,合称为"规划政策"。"各类规划中,发展规划不是法定规划,但由于它是发改系统主导,总体协调性较强。建设部门的城市规划虽然是法定规划,但在中国的国情条件下,受到城市政府行政命令的影响较大,出现所谓'行政权威大于知识权威'的现象。各类规划在城市这一层面,多被政府利益引导着前进。"参见记者刘辉:《新型城镇化只能是政府有限主导——访国家发改委城市和小城镇改革发展中心研究员冯奎》,载《经济参考报》2013年5月17日。可见,在城镇化政府主导推进的操作中,规划=政策=工具,不同规划具有的工具作用不同,法定规划的作用和效力不及非法定规划,甚至不及地方政府的行政命令,而所有规划背后起决定作用的是政府利益。政府利益成为政策(非法定规划和行政命令)超越于、凌驾于法律(法定规划)的理由和依据。

〔2〕 由于党内缺乏民主的制度性程序机制以及政策形成过程本身的公开性、参与性、交涉性严重不足,政策的形成过程一般很少经由真正公开、参与、交涉、博弈的程序;也由于政策在内容上更多为实体的、原则的、目标性的,而较少程序性、规则性内容,所以相对于法律而言,政策可以说是欠缺程序性的。这也是政策与法律相比在规范性上非常重要的区别。

〔3〕 这里的成本是综合性的,不仅包括经济成本,如大幅度上涨的动迁成本、与土地储备相关的投机成本;也包括政治成本,如政府诚信危机、政策权威危机、官员腐败代价及市民维权成本;社会成本,如动迁对市民生活及社群关系的破坏;文化成本,如对文化生态的侵蚀、对传统文化的割裂、对文化遗产的破坏;环境和生态成本;以及特别是个体权利的成本,如农民失地失业无市民待遇等。

程”和“程序”则基本无所涉及,甚至关于“法律”的内容都全然没有或仅为只言片语;在各级政府的政绩考核指标中,××年内要达到的城镇化率是其重要指标,而对于如何达到这些指标的“手段”却从不计较。在对目标、结果和绩效的追逐中,强行圈地、强行征收、强行拆迁、急功近利、弄虚作假,甚至与开发商[1]共同联手损害农民、市民或其他相关利益人的权益等,都是极可能发生的。当政策目标与政府利益和绩效考核指标捆绑在一起的时候,对地方政府构成一种巨大的驱动力量,结果极可能是深受城镇化过程影响的农民、市民的利益成为祭坛上的牺牲。(2)由于政策具有较强的灵活应变性,特别是在具有集权特征的权力结构下,政策的形成和执行更多带有随意性和长官意志[2]特征,常常是红头文件和领导讲话就是一切,“计划赶不上变化,变化赶不上电话,电话赶不上领导一句话”,“规划规划,不如一把手划划”,使得城镇化过程本身缺乏应有的常规性、确定性、稳定性和连续性,深受城镇化影响的民众的合理预期往往落空,利益也随之受损。(3)由于政策不具有法律上的可诉性和可问责性,所以当政策带来失误或不利后果,甚至对利害相关的农民、市民的权益造成损害时,农民、市民或企业无法诉诸法律寻求权利的法律救济,决策的制定者却可在法律上不被问责。所谓“拍脑袋决策,拍胸脯保证,(最后干砸了)拍屁股走人”的“三拍”模式即是指此,留下来承受失误后果的永远是与城镇化利害相关的普通百姓。(4)由于党的特有地位和权力结构体系的特殊性,我国的国家权力体系外独存一套自上而下的党的组织系统,来自政府的政策尚可在一定程度上进入法律流程,而党的政策在现有体制下则一般难以纳入法律流程,除非其要转变成国家的法律或政策。现实中的操作也常常是政策出自党政机关的联手,因而其制作流程亦变得模糊,法律的程序控制也大受限制。由于如上的政策主导以及政策主导所具有的特征,城

---

〔1〕 当然也有这样的情况:当政府面临政治压力,需要调整土地政策和动迁政策时,一些开发商亦不免会因为政府的“转嫁”行为而成为利益的相对受损者。这说明,权力是最为强势的。也是最需要防范和警惕的。

〔2〕 关于城镇化的决策和规划往往牵系于一把手的个人资质和主观能力,也在很大程度上受制于党内民主状况。在有些地方,规划的形成过程往往首先启动于党委和政府确切些说是党政一把手的授意,然后是城市规划设计院参与设计、规划局起草、人大通过(基本是走走形式,因欠缺专业性审查)、报中央规划主管部门批准。苏州园区和新区的不同就在于园区规划有两国总理批准,就难以再变。

镇化的政府推进在相当程度上可能呈现出权力的裸奔状态。[1]

第三,在政策主导城镇化推进进程的情势下,法律或者是可被忽略的,[2]或者被视为论证工具或保驾护航的手段。[3] 其相关规定也更多是目标导向、实体导向的,尽力围绕政策目标设定实体性内容,有限的程序性规定或者笼统、模糊,或者更多服务于实体目标。这使得城镇化推进过程中,政府的权力几乎是呈裸奔状态的。正如上面所述,权力总要追求和实现一定的目的,并且凭借其对资源和价值的控制以及由此带来的物质强制力,权力可以直接绕开阻碍自行进行,再加上权力本身的扩张性质,使得权力常常可能视法律为其直接实现某种目标的阻却性因素,进而表现出权力凌驾于法律乃至摆脱和抛弃法律的倾向。这时,法律只是在有助于强化权力的意义上被强调和利用,这种被权力支配、控制、塑造和利用的法律,只能以附庸的、变形的形式存在。作为工具,法律可被随时损益,以至如果凭靠权力自身甚至赤裸裸的暴力便可顺利实现权力目的时,法律便可被弃之不用。中国的城镇化主要凭靠政府及其政策主导推进这一特征,使其不仅具有天然地摆脱法律制约直奔目标的倾向,且内含着要求法律为其提供制度证成的强悍因素,这正是我国城镇化进程中法律可能沦为主导性政府的附庸的原由。显然,对于城镇化的政府推进而言,法律是对城镇化带来问题的法律回应意义的在场,还是保驾护

---

〔1〕“史上最美最狠拆迁女市长”吉林省舒兰市原市委常委、副市长韩迎新便是一个活生生的“权力裸奔”例证。她曾长时间分管市监察局、市财政局、市审计局,并协助市长分管市政府办公室、市住房和城乡建设局、市城市管理局、市棚户区改造管理办公室、市政府采购中心等重要部门,2011 年 1 月 4 日,舒兰市步行街的 28 家门面房被当地政府强拆,影像材料显示,当时还是副市长的韩迎新在与被拆群众的对话中喊道:“我不懂拆迁法,不按拆迁法办!”“我有尚方宝剑!你们随便告,我不怕……”经查,韩迎新利用职务便利和职权影响,为他人谋取利益,收受他人贿赂数额较大,最近已被开除党籍、公职,其涉嫌犯罪问题已移送司法机关依法处理。

〔2〕笔者注意到,在住建部科委指导、中国国际城市化发展战略研究委员会主办的城市化网站(http://www.ciudsrc.com/)所设的一系列栏目中,竟然没有法律专栏,国家发改委宏观经济研究院、浙江省发展和改革委员会主办的中国城市化网站(http://www.curb.com.cn/)、国家发展改革委城市和小城镇改革发展中心、中国经济网　联合主办的城市中国网(http://www.town.gov.cn/)也同样如此。在本课题组织的问卷调查中,对“您觉得政府在城镇化中最在乎或最顾忌的是什么”这一问题的回答中,有 62% 的人认为是群众上访或群体事件,27% 的人认为是政策文件,19% 的人认为是领导批评,而只有 6% 的人认为是法律。对“您认为法律对规制政府行为有用吗”这一问题的回答是:A. 有很大作用 29%;B. 有一些作用 47%;C. 没有作用 18%;D. 不清楚 6%。

〔3〕网上竟有这样的关于法律的对话:一方说:“在我们这里,法律就像一坨屎,没人关心它怎么说……”另一方回说:“如果是一坨屎,那还怕臭不敢踩。事实上它是领导一双很合脚的鞋,想怎么穿就怎么穿,想怎么踩就怎么踩。”

航意义的在场,抑或是对“主导推进过程”本身的规制意义的在场,是中国城镇化的法学研究必须面对的问题。而一个缺乏法律规制特别是程序规制的政府主导推进的城镇化过程本身,其正当性是很可存疑的。

城镇化的政府推进:在过程哲学与程序法理之间

——关于过程正当性的阐释

如前所述,中国城镇化政府主导推进的特征不仅关乎法律在场的必要,更主要关乎怎样的法律在场或法律在场的方式。尽管市场机制和政府主导的城镇化都需要法律的在场,但在场的方式有不同。自然渐进的与工业化和市场化相伴生的城镇化过程尽管同样需要法律的在场,然那种在场更多的是对城镇化所带来问题或挑战的回应、反馈和调整。这一方面因为自然渐进的过程本身更多被自发性左右,有某种自然的必然性在其中,法律所能做得更多是顺应其规律做适应性调整;[1]另一方面因为自然渐进的城镇化过程中政府权力积极、主动、直接、有目的地干预和介入不多,而法律通过程序对过程本身的控制和规约往往是针对权力的,这正是程序更多存在于公法领域更多指向公权力运作的缘由。中国的城镇化过程是更多的政府主导而非更多的市场带动、自然演进,对政府的直接、主动、有目的地组织、推进、管控、操作过程本身进行法律上的控制就是极其必要的,因而法律的在场应是对政府主导推进“过程”本身的规制性在场,特别是程序的在场。

---

〔1〕 其实,城镇化的政府主导推进本身也有一个尽可能顺应市场化规律、不强行改变自然演进进程破坏市场调节机制的问题,更进一步来说,中国的城镇化过程应更多借助市场机制、以市场为主导、遵从和适应市场规律渐进而行,但这已是关于实体性问题的讨论了,与本文所强调的主题不直接相关。但本文的讨论在某种意义上可能会为这个实体性问题提供一种解决方案:面对城镇化的政府主导推进的实践,如何通过对“政府推进过程”本身的程序控制,使得关于城镇化推进的决策、规划的做出和实施因在程序上的正当而在实体和结果上更易于接近前述所说的那个“借助市场机制、顺应市场规律、不强行改变自然演进进程”的目的。

一、城镇化政府推进的过程哲学阐释

在过程哲学[1]对世界的解释方式之下,“现实世界是一个过程,这个过程就是各种实际存在物的生成”。[2] 并且,“‘现实实有’是如何生成的构成了这个现实实有是什么……它的‘存在’是由它的‘生成’所构成的。”[3]因而,过程与实在(process and reality)是同一的,“世界的实在性在于它的过程性,过程就是世界,世界就是过程;过程就是实在,实在就是过程”。[4] 在这个意义上,过程是根本的,过程性是世界的本真状态,离开生成过程,就不存在真实而具体的实在。在由西方现代著名哲学家怀特海所创立的这一过程哲学里,过程被看作实在,世界被解释为本体论意义的过程实在性,并且,实在是由过程生成的。这样一种在本体论意义上谈论世界的过程实在性的哲学,相对于先前思想史上曾经存在过的“世界是发展过程”的思想说来,应被看作是对现实世界的构造的另外“一种解释方式、一种概念图式、一种新的理论范式”,是“明显地不同于传统西方哲学的解释方式”。[5] 因为,无论在赫拉克利特“人不能两次踏进同一条河流”的经典命题中,还是在黑格尔绝对观念自我运动、自我发展过程及其外化的体系化表述中,抑或在马克思“人们的存在就是他们的现实生活过程”[6]和恩格斯“世界是过程的集合体”[7]的论断里,

---

〔1〕 过程哲学由英国数学家、逻辑学家阿尔弗雷德·诺思·怀特海创立,也称活动过程哲学或有机体哲学,同时被认为是一种建设性后现代主义哲学。其以机体概念取代物质概念,主张世界即是过程,认为机体有自己的个性、结构、自我创造能力,机体的根本特征是活动,活动表现为过程,因而整个世界就表现为一种活动的过程。除了英国外,过程哲学在世界各处都引人跟随,在美国逐渐“生成”一个过程哲学学派或有机哲学学派,出现了专门的研究机构——“过程研究中心”。在我国,黑龙江大学设有“过程研究中心”,此外,我国近年也多次主办过以过程哲学为主题的国际学术研讨会。在过程哲学的学者如安乐哲(Roger T. Ames)看来,过程哲学最重要的观点是注重个体,在这个意义上,一些持反客观主义、基础主义、绝对主义、既定的逻辑中心主义立场的学派或学说,在都否定计划、蓝图、理想性的想法这一方面是一致的,与过程哲学属同一个方向,而过程哲学在西方是一个新的方向。

〔2〕 [英]阿尔弗雷德·诺思·怀特海:《过程与实在》,杨富斌译,中国城市出版社 2003 年版,第 38 页。

〔3〕 [英]阿尔弗雷德·诺思·怀特海:《过程与实在》,杨富斌译,中国城市出版社 2003 年版,第 40 页。

〔4〕 [英]阿尔弗雷德·诺思·怀特海:《过程与实在》,杨富斌译,中国城市出版社 2003 年版,第 28 页。

〔5〕 杨富斌:《怀特海过程哲学思想述评》,载《国外社会科学》2003 年第 4 期。

〔6〕 《马克思恩格斯选集》(第 1 卷),人民出版社 1995 年版,第 72 页。

〔7〕 《马克思恩格斯选集》(第 4 卷),人民出版社 1995 年版,第 244 页。

都尽管强调了过程性,却不是在本体论的意义上强调的。讨论过程哲学在思想史上的可能地位以及其在理论和实践两方面的意义和局限,是笔者无力完成的,然而这一哲学解释世界的方式对本课题研究所要强调的基本立场来说构成一种重要启示和参照,则是必须承认的。

以过程哲学的解释方式观照城镇化过程,我们发现:

第一,城镇化过程本身具有实在性。城镇化过程本身不是达成外在目标的工具,其本身就是实在。在这个意义上,城镇化不是一个美好目标的许诺,然后在许诺之下使个体天经地义地成为这一目标的手段或工具;也不是结果的保证,然后在保证之下用强势话语界定的“公共利益”无须证成地取代个体对自己权益的正当主张。在这里,总是在一定时间和空间中展开的过程本身才是根本,时间上是每一个当下,空间上是每一个步骤和方式,与城镇化利害相关的人都被当作目的,当作拥有尊严的独立、自主、平等的理性主体,而绝非仅仅被当作手段、当作实现政府战略目标和政绩的手段来对待。人的物质需求、功利计算、理性预期、参与需求、平等期待、体面生存、自主选择、尊严的尊重、自由的实现等应当成为城镇化制度安排、决策选择、规划编制和程序设计的基点,使城镇化真的成为市民、农民这些人的城镇化,而不仅仅是政府的城镇化。因而城镇化的政府推进在制度安排、决策选择、规划编制、争端解决和补偿救济中就不得无视过程,将过程视做可有可无、可以随意处置、附着于目标或结果的无须顾及和证成的东西,而必须关注过程,认真对待过程,不断充实过程要素,使过程不断正当化。

第二,城镇化推进过程本身具有当下性。过程总是在一定的时间和空间中展开的,是特定时空中的每一当下,每一当下的现实实在。相对于结果的未可预期或目标的宏大悠远而言,过程是更为切实、当下和现实的,是可感可见可欲可触摸有质感的,因而是更能够被寄托现实期待也更可能被兑现和实现的。城镇化就体现为一个个相对确定的当下的现实过程,体现为每一项决策、规划、行政决定的制作和实施过程,体现为在这样的决定的制作和执行过程中个体和作为个体集合的社会群体如何被对待。所谓“看得见的正义”正是此意。

第三,城镇化过程具有可控性。过程的可控不只在于其可见可感可直接亲历,还在于过程是实时、连续、累积、前一环节对后一环节构成牵制关系的,因而过程控制[1]是过程本身的牵制性控制。不止如此，过程本身具有条件性和开放性，包含着一系列动态变量和条件，受不同变量和条件对比关系的左右，生成的结果可能是不确定、未可预期的；但同时，过程的每一环节都存在可测量、可调整、可控制的节点，可以进行条件和要素投入输出的调整，从而使得结果的生成在相当程度上又是可控的。显然，人们能够更确定地把握的更可能是过程本身，甚至可以说，控制了过程，也就在相当意义上控制了结果。借助于城镇化政府推进过程的可控性以限制和修补实体内容和结果，理应是一种明智的选择。而对于受城镇化影响的利害关系者说来，如果他们能够实质性地影响过程，也就意味着他们可在相当程度上影响结果，其实体性权利是需要通过程序性权利的充实来获得保证的。

第四，城镇化过程具有反思性。过程所以可控，还源自其发现性、试错性、反思性和回应性。过程通常不会总是向着所谓预设目标线性地发展下去，而是在进程中不断发现、试错、回馈、反思、修正和调整，在这一过程中，所谓目标也获得不断被修正和校调的机会。借助过程的反思性来修正校调实体内容和结果，是城镇化应以过程正当化为取向的重要因由。

第五，城镇化过程具有生成性。过程的实在性、独立性、反思性意味着目标和结果只存在于过程之内，是由一个个当下的切实的过程生成的。离开生成过程，就不存在真实而具体的实在。因而那种只要目标或结果“正当”，手段上可以无所不用其极、过程上可以在所不惜的城镇化政府推进，往往目标或结果上的正当性本身也可能就值得怀疑。

第六，城镇化过程具有证成性。过程的生成性同时也意味着其对于结果或目的的证成性。目标或结果不能证成过程，反而是要由过程本身来证成的。因而，城镇化在结果或目的上的正当，恰恰是要由过程本身的正当性来说明的，而不是强势话语操纵者只要预先宣称目的或结果正确，就可以为其对个体权利的戕害过程证成。[2] 在这个意义上，长期被奉为圭臬的“不管白

---

〔1〕 在工业领域存在所谓过程控制(process control)，即指以温度、压力、流量、液位和成分等工艺参数作为被控变量的自动控制，其也被称为同期控制或实时控制。

〔2〕 在我们的历史和现实中，为达目的把人、人的自由尊严、人的主体地位作为手段、以目的“正当”证成手段或过程“正当”的权力操作不乏其数，“反右”“大跃进”“文化大革命”是这种操作的极端性表达；而改革开放以来只以物或 GDP 的增长作为中心目标的发展模式，为经济增长或所谓“公益”建设或城镇化建设目标而行的野蛮执法、强行圈地、强行拆迁等，同样是这种操作的当下注脚。

猫黑猫抓住耗子就是好猫”“发展才是硬道理”“稳定压倒一切”之论或许是特别值得反思的。

二、城镇化政府推进的程序法理规约

既然过程本身即是一种具有独立性的实在，且目标或结果是由过程生成和证成的，则对于城镇化的权力推进过程本身进行控制也就意味着可能在相当意义上控制了目标或结果。而如果城镇化推进的决策和规划的制定及实施“过程”本身是无所约束、只剩下权力自己裸奔的话，则没有理由期待这样一个城镇化推进的“结果”本身是能够获得正当性证成的。依据过程哲学和法治原理，这种对于政府权力推进过程本身的法律控制应更多体现为程序的控制。这是因为：

第一，对政府权力的规制需要程序要件的满足。程序提供了在一定时空范围内操作的步骤、手段和方式，使得权力制约在一定的时间过程和空间范围内得以操作：行为通过程序进行，关系通过程序联结，制度通过程序体现，过程通过程序展开，结果通过程序形成和获得正当化。权力制约的操作，正是要通过形式性、逻辑性、技术性较强的程序来实现的。对城镇化政府推进行为的制约和规制不力，除缺乏合理的分权结构而外，还在程序要件的缺失，特别是对政府决策和规划做成过程的参与性、交涉性程序的缺失。这种缺失在城镇化相关立法的制度文本中就是缺失的，〔1〕在城镇化的相关政策文件中也是缺失的，〔2〕在城镇化的地方政府的主导推进行为中就更是或只能是缺失

---

〔1〕 即使在最具依据意义的《城乡规划法》中，对规划按行政层级进行纵向审核报批的程序规定相对详尽具体，而有关利害关系人和公众对决策和规划制作过程的参与、论辩、交涉的程序规定却少得可怜，这种少到可怜程度的规定仅限于对决策和规划结果的“公示”“公告”和“通过论证会、听证会等其他形式征求意见”，而“听证”这一本应具有交涉、论辩功能的程序性制度在这部法中却未能作为一项重要的程序性制度被确认，而混同于其他不具有法律效力的一般征求意见的形式之中了。其实，不只是这部法，在我国其他涉及听证的立法中，听证所遭处的命运也大多如此。

〔2〕 在从中央到地方所有关涉城镇化的党政文件中，大多是关于实体性的内容，若涉程序，也只有依行政层级审核批准的程序，而涉及一定决策和规划做出过程的议事程序、特别是这一过程中利害关系人和公众参与、论辩、交涉的程序性内容，则或者没有，或者仅表现为一些抽象、空洞、口号式的词语（如“加强民主和科学决策”“充分发动群众”“扩大民主参与”“征求公众意见”等）。即使在新近的中央城镇化工作会议公报中，所涉内容仍全部是实体方面，未能见到半句关于政府在城镇化推进（尽管是“扎实、稳妥推进”）过程中应注重和加强程序特别是参与性程序的要求。

的。“缺乏程序要件的法制是难以协调运行的”,[1]同样,缺乏程序要件的权力制约也是难以成行的。

第二,政府权力行使的过程性要求对其制约的程序性。(1)程序是“为了法律性决定的选择而预备的相互行为系统”,[2]是“按照一定的顺序、方式和手续来作出决定的相互关系”,[3]任何在实体上对于权力的制约,如权限的界定、责任的预设和追究,都是通过程序形成的,程序选择和创造了实体上对权力进行制约的立法或制度设置,因而是“关于决定的决定”;不仅如此,权力行使的范围及其界限、责任的追究和承担也只有通过程序的设置和运作,才能成为现实。

(2)权力的行使是一个动态的行为过程,权力行使的过程性意味着对权力的控制常常就是对过程本身的控制,由于过程总是在一定的时空中以一定的空间关系和方式并依一定的时序、时限展开,而一定时空范围内行为的步骤和方式便就是程序,故而,法律的程序性控制与权力行使的这种过程性天然地契合。“程序是一种过程性的程式”,[4]过程既通过程序连接,又通过程序展开,当然,也就通过程序控制。因而程序性制约是能够在行为进行中对行为的发动、实施和结果直接介入并实施干预和影响的控制,是能够预先防范、事中制约并对结果施加影响之实效的控制。

(3)对权力的实体上的控制(如设定权限范围和责任)不可能详尽无遗地包容权力行使偏离预定运行轨道的任何一种可能,每一种制度安排在实体内容上都可能具有一定的不确定性,且因受多种因素的左右,实体目的的实现也往往是非线性甚或是偏离初衷的。故而,实体内容的不确定性和目的实现的非线性,使得人们对于制度安排在实体上的理性预期会大打折扣,而人们能够相对确定地把握的是通过程序对过程本身的控制,是对每一项决策、规划、补偿标准的制作过程和实施过程的程序性控制,并通过对过程的程序性控制来控制结果,通过对过程本身的参与而对结果的影响和合理预期。不止如此,法治下的权力规制也特别强调规制过程本身的正当,强调通过过程本

---

[1] 季卫东:《法治秩序的建构》,中国政法大学出版社 1999 年版,第 10 页。

[2] 卢曼语。转引自季卫东:《法治秩序的建构》,中国政法大学出版社 1999 年版,第 18 页。

[3] 季卫东:《法治秩序的建构》,中国政法大学出版社 1999 年版,第 18 页。

[4] 谢晖:《论法律程序》,载谢晖博客 http://longfu.fyfz.cn/blog/longfu/index.aspx? blogcatid=702,2005-2-5 8:30:00,最后访问时间:2012 年 12 月 5 日。

身的正当实现结果和目的的正当。正如罗尔斯所说:"公正的法治秩序是正义的基本要求,而法治取决于一定形式的正当过程,正当过程又主要通过程序来体现。"〔1〕借助于程序的确定性以限制和修补实体内容的不确定性,不失为一种较为合理的方式。〔2〕

(4)现代法治国家在权力制约机制上的一个较为重要的变化趋势,是由注重对权力的实体制约向更多倾向于程序性制约的倾向性变化。实体性控制即权限和责任的控制是最传统、也是最基本的控权方式,19世纪因应着自由竞争对"小政府,大社会"的需要,权力的法律制约更多注重诸如权限、责任等实体方面的限制和约束,所谓"越权无效"正是那一时期权力的法律制约的实体原则。然而进入20世纪以后,因应着国家对经济、社会生活干预的加强,也因了国家不再只被要求以不得僭越私权为限,还须为私权之实现积极提供保护、便利和条件,国家权力特别是行政权的扩张和自由裁量权的扩大遂成一世界性趋势。此种情势下,依然仅从权限和责任等实体方面控制权力已远远不够。因为,权力的范围特别是自由裁量权的权限范围是难以通过实体上事无巨细的规定加以限制的;同时,从实体上过分挤压自由裁量权也未必就能收权力控制之功效,且也未必与现代社会对权力的需求相适应;不仅如此,过往仅注重实体内容和结果而不关心过程的倾向,特别容易酿成为实现目的不择手段以致无视过程本身对人权和尊严的考虑和尊重,而这在根本上正是有违权力制约之宗旨的——为了人权和自由的缘故才需限制权力。故注重过程,从程序上对包括自由裁量权在内的权力的行使进行控制,就成为世界范围内现代法治国家或以法治为进路国家的共同趋势。程序既限制恣意又不排斥理性的自由选择的特性,恰好因应现代法治对自由裁量权既无法排斥又必须合理限制的需要。事实上,现代以降,西方法治国家在实体(或权限、责任)控权模式之外形成的程序控权模式,正体现了控权(力)作为法治的实质在理念和制度运作层面发展的基本趋势。〔3〕程序控权相对于实体控权不啻是一种补充,更是一种相对独立的权力制约模式。

第三,程序特别是正当程序本身即为控权机制。这即是说:(1)程序在本

---

〔1〕[美]约翰·罗尔斯:《正义论》,何怀宏等译,中国社会科学出版社1988年版,第225页。

〔2〕参见吕忠梅、鄢斌:《论经济法的程序理性》,载《法律科学》2003年第1期。

〔3〕关于规则控权模式与程序控权模式及其相互关系和意义,参见孙笑侠:《法律对行政的控制》,山东人民出版社1999年版,第118~143、191~242页。

体上即是一种控权机制。以法定时间和空间方式作为要素的程序在本体上就直接构成对权力的控制：时序限定了权力运行在时间上的顺序即步骤；时限限定了权力行使所经历的时间过程。法定的空间关系设定了权力主体行为的方位、范围及与他者相互独立、彼此牵制的内在关联；法定的空间方式限制了权力主体在特定时空中可能采取的行为方式。程序的时间要素使得权力的行使在时间上是被限定的、确定的、有效率的、可被合理预期的，而不是任意的、偶然的、过于怠惰或过于急促的。程序的空间要素意在通过不同权力主体及其行为之间的内在牵连造成权能上的相互牵制和约束，使得权力行使的范围、手段、方式和与其他权力构成的关系是确定的、稳定的、可量化可计算的，而不是偶然的、未可预期的。对于权力行使的过程说来，程序不是外在于权力行使过程的“异己”力量，而是贯穿和渗透权力行使全部过程的内在制约机制。不止如此，还需指出，法律的形式合理性诸如普遍性、抽象概括性、逻辑性、技术性、自治性、可计算性、可操作性、可预测性、连续性、稳定性、效率性、同样情况同样对待、类似情况类似处理等，在程序中体现得最为充分和彻底，或说程序最充分、最彻底、最突出地体现了法律的形式合理性，以至于我们甚至可以说，或许正是因了程序，才使得法律具有了这样的形式合理性，而程序的这种形式合理性正是对权力加以制约和控制的最具一般性、常态性和可行性的制度性、技术性力量。(2)正当程序更是一种控权机制。“有法律程序不等于有正当程序，并非一切法律程序都是正当的。此中包含着价值问题。”〔1〕本课题研究所指程序在更多情况下非笼统地指一般的法律程序，而是指现代程序，即正当的法律程序。作为现代法治标志的正当程序，其内容已极其丰富，但总有作为底线的一些要素：程序的明确的角色分化及以此为基础的公开性、参与性、交涉性、中立性、对等性、合理性、自治性和及时终结性等特性隐含着最低限度的程序正义要求，通常所说的正当程序或程序正义，正是指程序这种独立于结果且不以结果的正当与否作为评价标准的程序自身的优良品质。“程序的实质是管理和决定的非人情化，其一切布置都是为了限制恣意、专断和裁量。”〔2〕正当程序本身即为一种权力(利)间相互牵制关系的安排。程序的公开、理性、当事人对程序的充分参与及其对结果的

---

〔1〕 张文显主编：《法理学》，高等教育出版社2003年版，第158页。
〔2〕 季卫东：《法治秩序的建构》，中国政法大学出版社1999年版，第57页。

实质性影响,以及这种充分的实质性的参与所体现的对人的尊严的尊重等,都构成一种对决定者或程序指挥者牵制掣肘的力量。法治由形式法治而实质法治再而反思型法治[1]仿佛在不断展现法治的近乎无限的可能,然无论形式法治抑或实质法治抑或反思型法治都从没否定程序的意义,相反,程序被赋予了更多的意义担当:程序在形式法治中的意义担当是毋庸置疑的,可以说,没有对程序的强调便没有形式法治。在反思型法治那里,程序的含义、内容和范围已被大大延展,程序已不是通常意义上的法律程序,而是指基于沟通理性、以平等自由的对话协商为特质的民主程序。如哈贝马斯的"程序主义法范式"。[2] 即使在实质法治那里,"实质法治虽然具有超越形式、打破程序的特征,但是,它并不完全否定形式和程序,只有在恪守形式或程序产生实质不合理的结果时,才超越形式或程序的界域。同时,实质法治,即便超越形式法治的形式和程序,也不是全然抛弃程序,而是遵循某种程序,例如目的导向的行政立法和矫正实际不平等的福利立法,都遵守某种既定程序,只是它们通常不像形式法治那样严格恪守形式与程序罢了"。[3] "现代法治的重要特征之一是追求程序正义。"[4]因为"分权的原理和人权的原理都是旨在通过公正的法律程序来限制国家的强制力,通过承认的要件来保障统治的正当性"。[5] "正是程序决定了法治与恣意的人治之间的基本区别。"[6]

第四,程序和过程的正当性是法治之德的核心。法治是一种制度的品德,作为制度的品德,其含义有三:一指法治蕴涵着尊重人权和自由的精神指向;二指法自身形式上的合理性本身就是正当的、道德的;三指法治是经由形式合理性而实现实质合理性(法的道德价值)的正当化过程。过程本身的正

---

〔1〕 当然这里的"而"并非意味着一种替代性关系,更可能是补充、参与和修正关系,但无论如何,形式法治应是基础和主体性的。参见高鸿钧:《现代西方法治的冲突与整合》,载高鸿钧主编:《清华法治论衡》,清华大学出版社2000年版,第50页。

〔2〕 参见高鸿钧:《现代西方法治的冲突与整合》,载高鸿钧主编:《清华法治论衡》(第1辑),清华大学出版社2000年版,第43页。

〔3〕 高鸿钧:《现代西方法治的冲突与整合》,载高鸿钧主编:《清华法治论衡》(第1辑),清华大学出版社2000年版,第50页。

〔4〕 高鸿钧:《现代西方法治的冲突与整合》,载高鸿钧主编:《清华法治论衡》(第1辑),清华大学出版社2000年版,第56页。

〔5〕 季卫东:《宪政新论》,北京大学出版社2002年版,第11页。

〔6〕 [美]威廉姆·道格拉斯语。转引自季卫东:《法治秩序的建构》,中国政法大学出版社1999年版,第3页。

当性是法治之德的核心，而法治的这种过程正当性“特别表现在它们的程序上”。[1] 具体到城镇化的政府推进过程而言，程序和过程的正当性意味着不仅决策和规划以及补偿标准须经由事先预设的选择程序作出，且这种程序应能够保证利害关系者和公众可通过制度性协商和对话机制参与决策、规划和补偿标准的制作过程，使利害关系者和公众可通过程序性抗辩、对话和交涉表达自己的诉求和主张，与政府和开发商讨价还价，争取自己的实体利益。因此，我们可以说，法治的正当性首先在于其过程本身的正当性，而当决定和选择是依据正当程序作出的时候，结果本身的正当性也就有理由被期望了。法治的最合理之处就在于，它是通过过程本身的正当来实现结果的正当的。法治不能容忍以结果上的正当为由而不择手段牺牲法的形式合理性本身，对于法治而言，实质的正当性永远是要由过程本身的正当性来说明和决定的。于是，在这样的意义上，通过程序的制约的理由就在于，只有严格遵循程序的权力运作才是正当的，要通过程序和过程本身的正当实现结果的正当；并且，由于程序是贯穿和渗透权力行使过程的制约机制，因而，权力的程序性制约意味着只要权力是严格遵循程序行使的，则权力和权力行使本身也就可能获得通过正当程序承认的合法性、正统性和正当性。如此，正当程序似乎具有某种终极价值或判准的意味。“如果说在自然法的时代，规范的正当化是把上帝、造物主或者诸神共同体作为以不变应万变的原点（the unmoving mover）或终极价值，那么也不妨认为进入自然权时代之后，特别是在社会变迁日益加速的当今世界，程序（更准确地说是把个人按照一定的角色定义进行编排以便进行合理而公正的选择的法律程序系统）逐步取代上帝成为对法律的正确性进行判断的根据。如果说自然法是外部根据，那么程序就是具有反思性、超越性的内部根据。这一点可以从现代社会的改宪动议能否通过完全取决于程序安排、根本规范的效力由违宪审查程序来保障等现象上看得很清楚。”[2]

第五，程序的牵制性有可能催发实体意义上权力结构的合理变化。如前所述，权力制约的实质性前提是权力结构中的合理分权，亦即权力结构的合理化。但程序控权这一进路的意义在于，程序特别是正当程序不仅其本身就

---

[1] 孙笑侠：《法治对待道德的态度和方式——当代中国法应该怎样促进道德目标》，载刘海年等主编：《依法治国与精神文明建设》，中国法制出版社1997年版，第265～266页。

[2] 季卫东：《宪政的新范式》，载《读书》2003年第12期。

是一种控权机制，且还有可能催发或推动实体意义上权力结构的合理的富有意义的变化。程序特别是现代程序是一种牵制的力量。程序的时间和空间要素要求时间上可能的限度和空间上可能的关系和方式，意在通过不同权力（利）主体及其行为在时间和空间上的内在牵连造成权能上的相互牵制和约束；而正当程序本身更是一种权力（利）间相互牵制关系的安排。“程序正义在职权运用程序上的基本要求是牵制性。牵制性在程序运用上不注重权力的设定，而强调权力与权力之间的联系，将职权运用中的任意性通过彼此的牵制而消耗掉，避免权力不受牵制而形成独裁和专制的结果。从形式上看，牵制性似乎与结果没有关系，但如果在程序中充分得以体现的话，则可于一定程度上保证结果的合理性与公正性……权力分立是一个实体问题，而相互牵制则是一个程序问题，没有彼此牵制的程序，分权只是一个形式。”〔1〕这意味着，程序本身并不能够在根本上改变实体上的权力结构，然而程序却具有决定权力安排、建立权力结构的重要价值，具有较强形式性、逻辑性、技术性和正当性的程序对于实体权力结构而言，具有不可低估的反思意义。也就是说，程序的角色分化以及分化的角色之间公开、对等、交涉的彼此牵制的制度化装置，有可能催发实体上合理的权力结构的形成或实体权力结构的合理变化。因而，只要设计和富有实效地操作了一种具有正当性的程序，便有可能由此生发或催发出新的实体意义上的制度性设置，以致引起权力结构上的某些细微改变。这些改变尽管细微，但点滴的积累、渐进的变化总会令我们不断向目标接近。当然，程序不可能解决全部的权力制约和法治问题，根本上还需要一种合理的权力结构安排，也需要其他机制和手段的配合，但最起码，程序作为切入点或进路是满可以担当的。或许，它的实际意义可能远远超出我们的估计也未可知。

城镇化的政府推进：在过程哲学与程序法理之间

——关于过程正当性的路径

一、城镇化政府推进的过程正当化

所谓城镇化政府推进过程的程序控制，应当是一种使城镇化的政府推进

〔1〕刘嗣元：《宪政程序正义论略》，载《法商研究》2001年第1期。

过程得以正当化的程序控制。现代法律程序作为冲突和妥协的制度化交涉装置在限制恣意、实现理性选择、保证结果的妥当性和可接受性、促进效率、维持和平和秩序、保障和尊重人的尊严等方面具有重要的价值和功能。城镇化政府推进过程的正当化就是在城镇化推进的决策和规划的作出、实施、修改、监督检查、责任追究、争端解决、补偿补救过程中,更多地加入公开性、参与性、论辩性、交涉性因素,增加与城镇化利害相关的农民、市民(通过他们自己或其集合)同政府、开发商等强势主体平等谈判、协商、论辩、交涉的程序设计,使这一过程成为公开性过程、参与性过程、包容性过程、话语过程、理性过程和反思性过程。

(一)公开性过程

公开、透明、开放是现代社会善治的基本要素,[1]其所体现的公共理性是现代统治和治理的合法性基础。不仅如此,公开本身还是一种反思纠错机制,它使得政府的决策和行动被置于众目睽睽之下不敢过于恣意,也使得失误更易被发现和纠正。这里所强调的公开性过程意味着:第一,政府推进城镇化的决策、规划和行动,都应以对利害关系者和公众的公开[2]为原则,保密为例外,且保密的范围、期限、方式都应以经由正当程序(公开、透明、充分论证、互动参与的程序)制定的法律为据。这意味着,公开特别是政府有关城镇化的决策、规划、补偿标准资讯信息的公开应是制度性、程序性安排,不得由

---

〔1〕 善治的基本要素被归纳为:合法性、法治、透明性、责任性、回应、有效、参与、稳定、廉洁和公正。参见俞可平:《治理和善治引论》,载《马克思主义与现实》1999 年第 5 期;《民主与陀螺》,北京大学出版社 2006 年版,第 84 ~86 页。

〔2〕 "传统地方政府是一个'内向'的系统,即使它有开放的一面,开放的对象也仅仅局限于对一些政党部门、权力机关、司法机关等,而没有真正对社会开放、对民众开放。从信息收集到决策、执行、监督等的全过程,大多是通过地方政府的内部循环所形成。从目前各地的总体情况来看,政府仍然是公共信息资源的垄断者。一些地方公开的信息避实就虚、避重就轻,人们普遍关注的热点难点问题、敏感问题等根本不予公开,而且把许多行政决定、公共政策、会议精神等统统当作内部文件列入保密范围,把几乎家喻户晓妇孺皆知的事情却反复公开。"胡象明:《全球化背景下中国行政管理面临的大挑战》,载《探索》2006 年第 1 期。"我国许多地方政府热衷于做城市规划和积极调整城市规划,城区面积越增越大,但是在许多地方,政府部门对于规划却呈保密状态,也就是说,只有政府部门知道城区或者郊区的某块地方将来的用途。事实上,各种公告和听证并没有严格的衡量标准,也缺乏有效的监督方式,以致公告和听证在很多地方仅仅是流于形式。"雷晓康等:《被征地农民征地补偿安置问题研究——来自陕西咸阳的调查》,载中国(海南)改革发展研究院主编:《人的城镇化——40 余位经济学家把脉新型城镇化》,中国经济出版社 2013 年版,第 229 页。

政府自行决定,更不得滥用“涉密”借口。这意味着,只要未被国家法律明文界定为涉密范围者,政府就负有必须公开的义务,公民也有权要求政府履行公开的义务,未能履行则须承担相应的法律上的责任。这种责任是因应着利害相关者和公众的知情权而设置的,因为,在宪政关系上,公民的权利即意味着国家的责任和义务,只要一项权利在宪政关系上获得确认,则国家便需为此承担一份责任或义务。个体的知情权与政府的公开义务便是这样一对关系。

第二,公开不只是指决策、规划、补偿标准结果的公开,尽管这也是必需的;公开特别指向的是决策、规划、补偿标准等制作过程和程序本身的公开。因为使与城镇化利害相关的个人或公众对与自己利益关涉的决策、规划、补偿标准的制作过程一无所知却要承受这些决定带来的后果(无论有利抑或不利),是对人的主体性的漠视和侵损。

第三,公开还意味传媒和舆论的开放,即以宪法所确认的言论、出版等表达自由为据而形成的公众可以利用的公共论坛或言论空间的开放,包括对城镇化政府推进行为质疑、监督和批评声音的开放。

第四,公开应体现为一系列具体机制的设置,包括政府资讯信息特别是涉及过程和程序的资讯信息的公开机制以及不依法公开的责任追究机制、信息的自由获取和传播机制、公共论坛的开放机制,等等。为这些机制的设置提供条件和便利,是政府的职责和义务,不能有效履行,应有法律上的投诉和问责。

(二)参与性过程

城镇化的政府主导推进,基本上是这样一种操作模式,即有关城镇化的决策、规划、补偿标准的制定、实施、修改、监督检查的主导者都是政府。在这样一种操作中,似乎存在这样一个前提预设:政府是为民、为公、天经地义地为人民谋幸福的,且政府是理性的,甚至在理性上是无限的,因而其积极主动地行动和决策是不会错的,而且似乎只有在其主导下才可能保证正确和正义。但是,我们看到。第一,政府在理性上也是有限的,政府也会犯错,决策也会失误,甚至是重大失误。正因为政府理性也有限,便需要广泛的对话、协商、论辩、交涉等多元参与的公共理性来保证决策的科学、合理和正当,防止和纠正可能的失误。第二,城镇化实际承受利益或负担的主体是作为农民、农民工和市民的一个个的个体，城镇化首先是他们的城镇化，如果城镇化真的需要人为推动的话，这些与城镇化利害相关的一个个活生生的个体既然要领受城镇化的结果，就应当同时成为城镇化过程的主体，而不仅仅是"被城镇化"的受体。城镇化在相当意义上是政府、市民、农民、开发商互动博弈的过程，他们各有自己特殊的利益，城镇化应尽可能是各方利益互动交涉博弈妥协基础上实现起码共识并实现共赢的过程，而这种互动交涉博弈妥协应是制度内、程序内的。

城镇化是政府、社会组织、市民、农民和开发商就公共选择采取互动行动的过程，因而参与是其关键词。正如阿马蒂亚·森(Amartya Sen)所指出的："政治参与是目的。人类自由不仅仅包括经济福利和良好的公共政策，还包括公民参与与公民意志的代表性。"[1]所谓参与，意味着在权力运作过程中加入权力行使相对方的意志，使受城镇化决策影响的利害关系人和公民(或通过其组织和媒介)对决策的制作过程通过平等对话、沟通、协商、交涉程序进行实质性地参与，并通过这种参与对决策的结果发生实质性影响。参与的程序装置其价值和意义不只在于通过广泛的参与以抑制政府的自利性，克服政府的有限理性，压缩权力恣意和专横的空间，以保证决策的正确性和权力运作目标的达致；[2]不只在于通过参与达成公众对于政府决策和行为的认同和接受，从而更积极主动地与政府合作以实现决策和权力运作的预定目标；还不只在于参与、论辩、交涉、协商、选择所达至的承认或同意，是权力行使者与相对方互动、博弈、交涉中的双赢——既实现了对权力恣意的限制，又有助于保证权力的承认意义上的正统性；而首先在于参与是基于人的本性即平等参与、理性沟通、自主选择的程序设置，其本身就是对人作为自主、负责和理性主体的人格价值和尊严的承认和尊重。在这个意义上，或许可以说，参与甚至没有外在于参与的目的，参与本身就是人的主体地位的确证，参与就是全

---

〔1〕　转引自弗朗西斯·福山教授在大学高等研究院联席会议暨"人文社会科学面对日益变化的世界：挑战、机遇与新领域"学术论坛上的基调发言：《中国与西方政治发展比较》，载《复旦大学社会科学高等研究院学术通讯》2011年6月(总第30期)，第50页。

〔2〕　当然，即使是广泛的参与，也只是防止决策失误保证其不偏离既定目标的必要条件，而不是充分条件。

部,就是目的本身。[1] 这里,必须强调,对于城镇化相关决策、规划、补偿标准的制定和实施过程,利害关系人和公众的参与应是自由、平等、实质性的参与:

第一,自由参与。其首先意味着利害关系者和公众的参与是自由自愿的,既不被强迫也不受非法限制,参与的自由不止意味着参与的自愿,也意味着不参与的自愿或参与的自愿地拒绝;其次意味着参与不只意味着同意和承认,也把异议、反对和批评制度化地包含在内,因为"只有当承认和异议同时制度化时,承认才能成为排除了超越之力的法治秩序的真正可信的价值根据"。[2] 显然,参与的正当程序是把承认和异议同时制度化,以参与性制约来抑制权力的恣意和专断,同时也确证着参与者的独立的主体地位和人格尊崇。"民主政治的基本原则是:统治者的合法性建立在被统治者自觉表达的同意的基础上……而且,这种统一必须是自由表达的,即建立在批评自由基础上的同意,而不只是简单的沉默者的投票。"[3]

第二,平等参与。其首先意味着同样作为与城镇化相关的主体的农民、市民在城镇化决策选择、规划制定及其实施方面拥有平等的参与权,是平等的公共决策选择的参与者。利益、价值多元态势下,没有关于真理和正确的事先预设,有的只是在正当过程、沟通理性和论证规则安排下不同主张诉求的论辩、交涉和妥协,以及经此达成的最低限度的共识,因而所谓"谁主导,谁参与"的设定其实暗含谁当然握有真理的前提预设。其次意味着参与是公平的,它包括决定者的中立地位、信息和证据的对等和公开、类似情形类似处理和给予弱者和处于不利地位的主体以特别的权利武装。参与不仅应在形式上是平等的,还应保证实质上的平等,这就必须给处于弱势地位上的农民、市

---

〔1〕 在本课题组所进行的调查中,涉及农民或市民参与意愿的数据显示,农民或市民表现出较为强烈的对于城镇化决策和规划过程参与的意愿。对"你认为政府部门应该充分考虑群众意见吗"的回答是:A. 应该99%;B. 不应该1%。对"您希望自己能够参与到城镇建设中吗"的回答是:A. 非常希望46%;B. 一般37%;C. 不希望7%;D. 无所谓10%。对"您希望政府提供何种途径来方便您参与到城镇化中"的回答是:A. 举办听证会65%;B. 组织谈判20%;C. 设置意见信箱25%。对"您更希望在哪一环节参与到城镇化建设中"(可多选)的回答是:A. 决策阶段47%;B. 规划阶段67%;C. 征地拆迁阶段65%;D. 补偿商谈阶段67%。对"您觉得个人参与到征地过程中重要吗"的回答是:A. 很重要31.32%;B. 重要65.66%;C. 一般3.01%;D. 不重要0%。对"您会积极地参与到征地过程中吗"的回答是:A. 会100%;B. 不会0%。对"您认为影响您参与到征地过程的主要因素是什么"的回答是:A. 时间精力30.72%;B. 知识能力0%;C. 利益大小69.28%;D. 其他0%。

〔2〕 季卫东:《宪政新论》,北京大学出版社2002年版,第11页。

〔3〕 顾肃:《论法治基础上的民主》,载《学术界》2000年第3期。

民以更为特殊的程序性权利武装,使得弱势主体与政府和开发商的博弈是公开透明、势均力敌的制度中、程序中博弈,而不是制度外、程序外的博弈,甚至是以生命为代价的博弈。

第三,实质性参与。其首先意味着参与是法定的、制度化的,因而是获得权威性确认和制度性保障的。其次意味着参与应实质性地影响结果,程序的结果必须从程序过程中形成和产生,并且是在程序全部结束之后形成和产生;程序的结果中包含程序参与者的参与因素,甚至只包含程序参与者的参与因素(如正式听证中的"案卷排他")。即使是程序参与者的立场和意见未能为结果所包含,也必须有答复和关于理由根据的说明。这意味着,尽管程序的结果未能包含程序参与者的意见和立场,但并非参与者的参与是无意义的,因为,答复和说明本身就意味着程序参与者的立场和意见在程序的结果中已被实质性地考虑了。一般而言,能够实质性地影响过程,便有可能实质性地影响结果;能够实质性地参与程序,便有可能实质性地分享了一定的程序决定权。相反,一个其权利受决定影响而其自身又不能实质性地参与决定制作过程的主体,当然也就无能力对决定的结果施加什么影响了,或许决定的结果可能是对他有利的,然而,却不能改变他仅仅作为权力和权力运作受体或客体的地位。城镇化政府推进中受城镇化影响的农民和市民只有以其制度性参与行动实质性地影响了关于城镇化的决策、规划和补偿标准的制作过程,才有可能在实质上改变自己在实体上"被城镇化"的地位,其实体上的权益才可能获得真正的保障。

自由、平等、实质性的参与需要一系列具体的程序设置,这里特别要强调的是这样一些更多蕴含对话性、论辩性、交涉性程序要素的制度和机制。这包括:第一,听证程序的制度化。听证不应是与论证会、座谈会等征求或听取公众和利害关系人意见的方式并列的可被政府自行选择的一种方式,而应成为法定的必经的制度化形式,应在城镇化的决策、规划、征收、补偿决定的形成、实施、修正程序中设立明确具体的听证规则,特别是"案卷排他"等使得参与本身更具有实质性的规则。

第二,谈判机制的设置。特别应当给资源和能量上显然处于弱势的农民、市民一方以程序上更多的可以与处强势地位的政府和开发商讨价还价的权利武装,以能在对等和平等的地位上展开对话、谈判、协商和交涉。因为在实体上处于弱势地位的农民、市民如果没有程序性平台可以就规划及其实施与政府或开发商协商、论辩、交涉、讨价还价,就只能处于被代表、被决定、被决策、被实施乃至被城镇化的境地,其所有实体上的物质性权益都只能指望或寄托于公权力作为决策者一方的恩赐或良心发现,实体性权益被弱化、被剥夺就是必然的。因为“被过程”也就极可能“被结果”,当程序上的权利不能保证的时候,实体上权利的实现就难以达致。

第三,发挥利益集团、社区和市场中介组织的作用,赋予其参与规划和决策过程的主体资格和权利。这方面可以借鉴国外的一些经验。美国的实践告诉我们,真正的公众参与不仅是个人层次的参与,更应有以利益集团、社区组织为单位的组织、群体参与。在英国,其《规划和强制性收购法》明确规定,在主要的地方规划政策文件中,必须包括一份“社区参与申明”,以证明公众参与了从规划制定开始的一系列活动。

第四,充分利用和借助传统媒体和现代网络数字技术来提供信息咨询、沟通、分享、交流的公共舆论平台和公共论坛,保障公众参与。[1] “公共政策的政策网络理论告诉我们,只有把政策网络打开、让更多的利益相关者参与才可能实现科学、有效的决策。”[2]

第五,连结和沟通民意的城市规划师群体的培育。这方面西方有较为成功的经验。在西方城市化过程中,规划师所发挥的连接和沟通民意以及汇聚民意、协调不同利益团体的作用极其重大。在西方城市化发达国家,经过20世纪七八十年代的发展,规划已从“蓝图式”实质性规划逐步变为“过程中”规划,城市规划师也并非仅仅是扮演有一技之长的专业人员角色,通过自己的主观意识和价值体系来进行城市规划,而是逐渐转变到在公共事务中扮演汇集群众意见和协调不同利益团体的角色。

(三)包容性过程

这里的包容应是规则和程序意义的包容:

---

〔1〕 我们的一些与城镇化相关的政府部门的门户网站也往往设有一些应当具有互动参与性质的栏目或板块,但很多设置似乎仅仅是为了设置而设置。本课题组在某省住建厅门户网站所设的“建言献策”“意见征集”板块曾就城镇化政府决策和规划的制作和形成过程及程序问题进行提问咨询,结果问题提交后,不但未能获得答复,竟然连问题本身都变得无影无踪。而一直存留在上面的一些意见或建议看起来书面感极强,又特别欠缺实质性内容;看起来像是说了什么,但又真的似乎什么也没说。总之不像普通市民说的东西,倒很像刻意编排的东西。

〔2〕 周光朗:《浅谈城市的社会性规划——从〈城乡规划法〉联想到》,载《北京规划建设》2008年第2期。

第一意味着对弱者的尊重和把异议与反对纳入制度性公共论辩框架，在制度和程序设置上为弱者、异议者、另类者、反对者提供话语和抗辩的空间和机会。

第二意味着把冲突甚至激烈的社会冲突纳入规则和程序框架，使社会冲突解决规范化、程序化甚至技术化。因而，论辩规则、谈判机制、司法或非司法的纠纷解决机制、公民诉愿程序以及为表达权实现提供条件的一系列制度的建立和完善，是极其重要的。当缺乏互动、交涉、博弈、妥协的程序机制或制度内交涉不足时，制度外、程序外的博弈就会大量存在，城镇化过程中频繁发生的群体性事件[1]以及某些自焚、自残抗拆事件便是严重缺失将交涉和冲突得以制度化的博弈程序机制的结果。

（四）话语过程

这意味着，第一，城镇化的政府推进过程是建立在理性话语而不是暴力之上的，因此，信息分享和话语沟通应贯穿整个过程。现代信息社会为政府与公民间进行信息分享和话语沟通提供了多元手段，只要政府富有诚意，这应当是相当容易做到的。而动用暴力手段强拆、截访和压制平息群体行动，实在不是一个理性、平和、有诚意、欲善治的政府所为。

第二，话语过程不是强势一方自说自话，弱势一方只输出“听从”功能，而是对话的过程，是平等的商谈、论证、抗辩、交涉。因而，对话商谈规则、论证规则、理由说明规则、谈判机制、诉求表达机制、异议尊重和纳入机制、冲突的规范性解决机制的完善以及公共论坛的设置等，是城镇化推进过程中政府必须着力为之的。或者说，这才是政府最应当做的分内之事。

（五）理性过程

公开、参与、包容、话语过程本身就是富于理性的，理性还意味着：

1. 正当程序在本质上是逻辑与常识的准则，具有符合人类理性的逻辑整合性和对非理性因素的排他性。一句话，正当程序本能地与人类最基本的理性、常识和逻辑相契合。如不只决策或决定的结果且其过程亦须公开的一个理由在于，使一个人处于对与自己利益有涉的决策或决定过程一无所知的状态，却要使他承受决策或决定带来的结果是有违常识、逻辑和人性的；未经告

---

〔1〕“事实上，在很多农村，农民对政府的信任危机和由此引起的农民利益诉求长期淤积而导致的集体性爆发已经形成了恶性循环，农民与基层政府的关系已到了非常紧张甚至有些对立的程度。这种状况最终将引发基层政权的合法性危机直接影响社会稳定。”王佳慧：《当代中国农民权利保护的法理》，中国社会科学出版社2009年版，第176页。

知或公示即实施征地或拆迁所以不能被接受,一个重要的理由就因为这种做法有悖于人的理性所能普遍接受的逻辑;就决策、规划、补偿标准制定的理由做出说明所以为必经程序,不只因为要证明决定的实质合理性,更因为只有结论而没有理由的决定在形式上是非理性的。其他如程序的公开、自由平等且实质性地参与、程序的可计算性等皆如是。因此,城镇化的政府推进在过程上应尽可能符合理性、逻辑和常识,如决策、决定和规划的作出和执行必须公开进行;受决定影响的利害相关者应能参与决定的制作过程;决定者应是尽可能中立的;决策、规划和补偿决定不应有使特定某人因此受损或获益之刻意;决定应建立在充分信息和论证的基础上;程序设计应考虑人的功利计算,这些它们所以被视作正当过程,不止因为它们体现对尊严的尊重,也与最基本的理性计算、逻辑和常识相契。理性过程就意味着借助程序理性和技术理性来防止和校正政府有限理性的局限和可能的失误。

2. 不仅通过程序产生的结果从实体上看是合理的、正当的,因为严格遵守程序要件的决定总是容易被认为具有正统性,程序本身为结果提供了正当性;而且产生该结果的过程和程序本身即是一个基于事实和证据平等对话、理性沟通、说服、论证、交涉和协商的合乎理性的过程。[1] 由是,(1)行使公权力的主体作为决定者或程序主持者时的中立地位;(2)受权力行使影响的相关主体对于决策过程和执行过程的自由、平等和实质性地参与;(3)以及他们被告知的权利、要求听证、平等对待、说明理由的权利和程序抵抗权、申诉权;(4)程序参与者的角色分立和交涉的实质性;(5)程序在时间上的先后顺序和空间上的关系安排符合理性;(6)程序应能保证在给定同样的条件时产生相同的结果;[2](7)决策或决定须说明理由;这些应是程序设计和运作时须遵循的理性要求。程序理性不只在于防范决策失误和权力腐败,为政府决策的理性和正当性证成;更在于理性化的程序设计符合人性,符合对人作为理性主体的承认和尊重这一人本原理。

(六)制度性交涉过程

程序是冲突解决的制度化装置,交涉性是程序的本质性特征,[3] 前述所

---

〔1〕 参见王锡锌:《行政程序理性原则论要》,载《法商研究》2000 年第 4 期。

〔2〕 参见王锡锌:《行政程序理性原则论要》,载《法商研究》2000 年第 4 期。

〔3〕 “程序的本质特点既不是形式性也不是实质性,而是过程性和交涉性。”季卫东:《法律程序的意义》,载《中国社会科学》1993 年第 1 期。

引卢曼关于程序的界定：程序是“为了法律性决定的选择而预备的相互行为系统”，[1]特别强调了程序的这种交涉性本质。其意在于：第一，程序是复数主体相互行为的系统或制度装置，复数主体的利益、诉求、主张是分化甚至冲突的，单个的主体或主体虽为复数却利益、诉求、主张相同，都不需要这种交涉性质的程序；第二，这个相互行为的系统或制度装置是为了进行“法律性决定的选择”而预设的，而这个“法律性决定”是与利益分化、诉求各异的复数主体存在“互涉”或“共涉”的利害关系的，只与其中某个主体利害相关而与其他主体利害无涉的“法律性决定”也不需要这种以交涉性为本质的现代程序；第三，正因为复数主体间利益、诉求、主张存在不同甚至冲突但又需要就利害相关的共涉性问题形成共同的法律性决定，才需要横向的参与性、交涉性程序。如前所述，城镇化是政府、社会组织、市民、农民和开发商就公共选择采取互动行动的过程，对于城镇化的决策、规划、补偿标准等决定说来，前述每一主体都与之存在利害关涉，因而选择是共涉性的；既然选择是共涉性的，就不应是只由一个主体独断拍板决定，而应是所有复数主体都有权参加的协商、论辩、交涉的公共选择过程。“参与”不是谁的恩赐，“交涉”也不是可有可无的，它们在正当程序中都作为一种制度性装置存在，将不同的甚至相互冲突的利益诉求和主张纳入冲突解决的制度性框架，使不同利益主体通过在程序中的协商、讨论、论辩中表达和论证各自的诉求和主张，同时又在论辩中反思各自的立场、诉求和主张，在理性对话、反思和一定妥协和让步的基础上达致最低限度的共识。这是一种把冲突和交涉纳入制度和程序框架的公共选择，任何违背这种充分参与、交涉程序本质的独断政府行为都难以被看作是法治政府之为，构成对公共选择的背离，也构成对所谓“人的城镇化”这一界定的背离。这种制度性交涉过程的核心性程序是听证制度和谈判机制，因为听证和谈判是最能体现交涉性本质特征的程序装置。

（七）反思性过程

如前所述，过程本身就具有一定的反思性，理性的交涉过程更具有反思性。城镇化政府推进过程的正当化就是要以公开、参与、包容、话语、理性、交涉等程序要素的充实而使得有关城镇化的政府推进行动具有更自觉的反思性和回应性。城镇化推进过程中应设置政府与行政相对人双方交涉性和反

---

〔1〕 转引自季卫东：《法治秩序的建构》，中国政法大学出版社1999年版，第18页。

思性的审批流程,为行政相对人的参与提供对话商谈、论辩谈判、理由论证、信息反馈、决策或规划的修补废、权利救济、政府问责、国家赔偿、补偿救济等程序机制的设置,促使政府和有利害关系的个人在互动博弈交涉妥协中反思各自的诉求和主张,在不断的试错和校调中做出各自理性的回应,使城镇化成为真正的互动善治过程。

(八)尊严被尊重的过程

本课题组认为,所谓人的城镇化不是政府或者政府借城市之手对人的驯化,也不只是人居住环境、生活水准和素质的提升以及在城市文化熏陶下思维和生活方式的改变,而首先和根本的是城镇化是以人生活得更体面和有尊严为目的和尺度的,它所要捍卫和实现的是人之为人的那一切:不只是物质上的利益和好处,还有人格、尊严和权利(包括程序性权利)的被尊重。它包括:

1. 体面地生存。包括对土地、房屋的权利和通过就业、劳动以满足基本生活条件的权利,以及在无能力免于物质匮乏时获得保障和救助的权利。

2. 自主地选择。包括迁徙和居住的选择权、基于土地征收和房屋拆迁与政府和开发商论辩、交涉、谈判的权利,以及对关涉自己利害的事项的知情、参与、异议、申请听证的权利,乃至自主地规划生活、自由地发展个性、充分实现人生价值的权利。

3. 平等地被对待。包括对教育、医疗、保险、社会福利、社会保障、社会救助、公共卫生服务、公共设施等公共物品的平等身份的分享权。

4. 有尊严地融入社会通过公共论坛参与公共决策。包括对政府信息的知情,对立法、决策、规划制定和选举的参与以及就政治和公共生活表达诉愿的权利。

这些内容有实体性的,也有程序性的,而我们此处特别强调的是程序性的部分。因为,正如前面反复强调过的,不能够控制过程,也就无可能控制结果;不能在程序上通过实质性参与影响决策过程,也就只能被迫接受决策者加诸自己身上的实体结果。城镇化的核心内涵是人的城镇化,而人的城镇化意味着在城镇化"过程"中人被当作人来对待,而不只是被许诺以一个灿烂的目标,却使人成为那个灿烂目标得以实现的工具或祭品。因而,应当保证城镇化过程中,人能够体面的生活,有选择和规划自己生活的权利,有自我提升和培训的条件和机会,能平等地利用公共论坛、自由获取信息、享受知情权益、参与公共决策、行使监督权利以及在利害相关事项上与公权力讨价还价论辩交涉，并在这样的过程中锤炼作为市民的文明素养。反之，在城镇化政府全力推进过程中，使一个人处于对与自己（无论直接抑或间接）有涉的信息、决策及其制作过程一无所知的状态，却要使他承受决策带来的结果，是对他理性主体地位和人格尊严的漠视，无异于陷其于不能自主、纯然被动、断无可能进行理性预期和选择的受体、客体地位。事实上，前述关于公开、参与、程序理性等特质或要素的强调，都含注着对尊严、程序性人权和人性的尊重。比如公开是把人当成人、使人成为人、尊重人的主体地位和人格尊严的一项正当化程序装置。这一装置所要求的是国家或政府的基本义务和责任，[1]与这种基本义务和责任对应的是可以视作宪法性权利的公民的知情权。[2] 而这一权利是以深刻的人性基础和对人的基本尊重为根据的。在现代信息社会，对于信息资源的分享、获知和选择，是基于人的社会性本性所产生的基本权利，无此，人将丧失其社会性本质而难以真正成其为人。再如参与是基于人的本性即平等参与、理性沟通、自主选择的程序设置，其本身就是对人作为独立、自主、负责和理性主体的人格价值和尊严的承认和尊重。又如程序理性不只在于防范决策失误和权力腐败，为政府决策的理性和正当性证成；更在于理性化的程序设计符合人性，符合对人作为理性主体的承认和尊重这一人本原理。如上叙述在于指出，程序不只是时空要素的技术性排列组合，在其形式性、逻辑性、技术性的安排背后，可以充盈浓重的人本和道义成分，这种成分构成程序的本体价值，使得权力得以保持对人的理性、人格、尊严和人性的最基本尊重。

二、城镇化政府推进过程正当化的制度和条件

城镇化政府推进的过程正当化需要一系列制度和条件的提供，这些制度和条件有些是体制性的、结构性的、带有根本性的，或许短时间内还很难具备，但是，这并不意味着指出它们是没有意义的；即使它们需要点滴积累、渐进发育，在今天理性地、自觉地意识到它们并加以提出，仍是本课题组认为十分必要的。只是需要说明，这里所列出的绝非全部必备的制度条件，而仅只

---

〔1〕 事实上，市场经济条件下，政府应当提供的最主要的公共产品就是全面准确的信息。

〔2〕 知情权应被视作一项宪法性权利，国际上一系列人权法文件如《世界人权宣言》《公民权利和政治权利国际公约》《德黑兰宣言》等分别从不同角度宣示和重申了知情权。知情权作为一项基本权利，应当获得宪法层面上的确认。

是研究者认为特别重要的那些而已。

（一）区隔与分权

其是指私域与公共空间的区隔、公共空间中社会自治与政府介入的区隔以及个人与社会的分权、社会与国家的分权、国家权力之间的划分和制衡。没有这种区隔和分权，城镇化的政府推进就极可能走入漠视市场化和城镇化发展规律的专横道路。而这种区隔和分权在当下意味着政治体制和社会结构的变革，显然，政治的解决具有先决意义。在这种变革未能根本上发生之时，应特别强调国家权力对市场化和与其相伴生的城镇化过程介入的相对次生性和辅助性。城镇化首先是与工业化、市场化相伴生的自然过程，只有在其带来某些"外部性"问题或涉及公共事务而仅靠市场化或社会自治又无法完成时，国家动员政治、组织、财政和物质资源的介入才为必要。国家权力介入的最必要处在于，能够凭借其对政治、经济、社会和文化资源的控制优势为社会自治、社会组织的充分发育、信息的充分流通、社会商谈和公共参与提供财政、制度和组织化条件。

（二）民间力量的制度化凝聚和社会组织的培育

区隔和分权与社会组织的成熟是互为条件和支撑的，没有社会组织的发育成熟，便无真正意义的区隔和分权。"面对强大的国家，个人的力量往往是微不足道的，因而只有通过组织化的社团体系，个人的诉求才能够成为集体的愿望，方可以获得正当表达的渠道。"〔1〕但是，"从目前状况看，城镇化进程中，社会力量参与不足。这些社会力量包括：城乡各种居民群体、劳动群体、就业群体、社会团体、社会组织、社区组织、小区居民等。我国绝大多数的城镇化是政府主导、政府规划、政府动员、政府运作，而广大城乡居民往往只是被动接受城镇化。"〔2〕由于政府对城镇化的全面主导推进，以及这种推进又是在缺乏利害关系者和公众充分参与程序和制度设置的情形下进行的，"在权力、资本、市/农民及专家集团的多重关系中，开发资本在当前中国所以能长驱直入并创造出奇迹般的巨大利润空间，既与权力提供的种种特殊便利和庇护离不开，同时也与市/农民缺乏基本的、对等的博弈条件有关"。〔3〕 这种基

〔1〕 胡玉鸿：《结社自由与人的联合》，载《中共长春市委党校学报》2007 年第 2 期。

〔2〕 参见李强、陈宇琳、刘精明：《中国城镇化"推进模式"研究》，载《中国社会科学》2012 年第 7 期。

〔3〕 陈映芳：《城市开发的正当性危机与合理性空间》，载《社会学研究》2008 年第 3 期。

本的、对等的博弈条件中最为重要的便是市民/农民未能真正地通过制度性方式组织起来,因而不能通过自组织力量与具有高度组织化优势的政府和具有丰厚资本优势的开发商讨价还价;而所以不能真正通过制度性方式组织起来,是因为我们的制度化凝聚条件本身就是付之阙如的,法律并未能够为市民/农民结成一定的利益团体或维权组织提供建设性的制度条件。〔1〕以农民为例,中国农民作为占人口比重最大的群体,"一方面,在农村出现了许多农民自发形成的组织,如'减负会''维权会''减负上访代表'等,为当地农民维护和争取利益,然而却往往被视为'非法组织'而遭到压制;另一方面,理应承担起维护和争取农民利益重任的正式化农会组织在中国却尚付阙如"。〔2〕而在发达国家,农民组织在国家政治生活和决定农业政策方面一直发挥着巨大作用。在美国,农民人数远少于我国,但其三大农民团体:农民协会、农民联盟、农场局所代表的农民政治势力,对政府决策有强大影响力;日本农业人口不足全国的5%,但控制着全国25%的选票,并依靠自己的组织团体——农协,迫使政府决策顾及农民的要求,〔3〕"任何损害农民利益的行为都很可能导致执政联盟的崩坍"。〔4〕我国台湾地区也有被联合国和东南亚不少国家奉为楷模的台湾农会,其由省、县(市)、乡(镇)三级组成,拥有会员一百六十多万人,在台湾农业的发展及维护广大农民的利益方面发挥着巨大作用。〔5〕而在我国内地,农会几乎被视为一个"社会革命组织",被视为"洪水猛兽",一些地区(如湖南)的农会组织被取消,各地一些民间成立的农民维权组织也长期得不到承认。〔6〕20世纪20年代初,教育部曾请美国麻省农科大学校长白斐德

〔1〕在我国,《宪法》"结社自由"的宣告之后却长时间没有旨在为结社自由创设制度性条件的如结社法这样的基本法律,而仅存的与结社相关的《社会团体登记管理条例》和《民办非企业单位登记管理暂行条例》等行政法规,其意旨却似乎只在如何严加管控,其对社团的成立条件和活动方式都采用了预为防范和控制的严苛程序,"法规关于会员人数及活动资金最低限额的规定无疑为他们的结社自由划出了一道难以逾越的鸿沟。"谢海定:《中国民间组织的合法性困境》,载《法学研究》2004年第2期。

〔2〕郭殊:《论农会问题与农民的结社自由》,载《法商研究》2006年第3期。

〔3〕范毅:《从"农业支持工业"到"工业反哺农业"——"两个趋向"的路径依赖之中外比较》,载《中州学刊》2006年第3期。

〔4〕周原:《农民!农民!》,花城出版社2004年版,第114~115页。

〔5〕张德瑞:《论新农村建议与我国农民维权组织农会的构建》,载《长春市委党校学报》2006年第5期。

〔6〕张德瑞:《中国农民平等权利法律保护问题研究》,江西人民出版社2009年版,第179页。

来中国听其对中国农业发展的意见，白斐德写了名为《改进中国农业与农业教育意见书》，该意见书特别强调了两点：一是建立农民组织；二是开展农民教育。并专门对中国农业领袖问题作了说明："希望中国有经验之领袖人才，共起而解决中国之各种复杂重要之农业问题，农业政治家确乎为今日中国必不可少之人才也！"〔1〕显然，制定与《工会法》相类的《农会法》等这样的单行法律，使宪法确认的结社自由获得具体的制度性落实和保障，而不是借助目前的某些旨在管控的法规来实现对公民结社的防范和限制，是非常必要的。这些法律不应旨在管控，而是旨在为公民实现自治和自治基础上的组织化铺设制度性条件，增强他们对资源的控制能力和组织行动能力，使其有组织地表达其诉求和主张，实质性地参与和影响政府的决策，并经此维护自己的实体权利和利益。看来，社会团体的独立自治、〔2〕结社自由的法律保障，以及为一定利益集团的发育和培育提供制度性条件，这些本为法治社会常识的东西，在当下还需付出艰辛的努力来营造。

（三）横向的参与性、交涉性程序的立法设置

我国的党政系统权力运作程序主要是一种纵向结构模式，在涉及城镇化的立法和政策规定中，或者是程序性规定稀少，或者有程序也大多为纵向格局的审核报批程序。在《城乡规划法》对各层级规划逐级报批审核程序进行规定的基础上，《国务院关于加强城乡规划监督管理的通知》《国务院办公厅关于加强和改进城乡规划工作的通知》、住房和城乡建设部发布的《关于贯彻实施〈城乡规划法〉的指导意见》《省域城镇体系规划编制审批办法》《关于开展城乡规划监督检查的通知》《城乡规划督察员管理暂行办法》以及监察部、人力资源和社会保障部、住房和城乡建设部共同颁布的《城乡规划违法违纪行为处分办法》等与城镇化规划和决策的制作过程相关的规范性文件，所强调规定的皆是城乡规划的层层审批（由乡镇到县区到市到省到中央）和层层

〔1〕 张德瑞：《中国农民平等权利法律保护问题研究》，江西人民出版社2009年版，第138页。

〔2〕 在今天的官方表达中，"努力把各类社会组织纳入党委和政府主导的社会组织体系"这样的逻辑仍大行其道，同时，社会组织的行政化、民间组织的妖魔化、个体的单体原子化仍是较为普遍的社会生态。

落实(由中央到省市到县区到乡镇),[1]政策和指令的层层贯彻,甚至为了控制城乡规划,将相当数量城市的城市总体规划审批权上调到国务院,[2]又由国家住建部向下直接派驻城乡规划督察员监督城乡规划。[3] 可见为了保证城镇化自上而下的政府主导推进,这种纵向格局的程序设置不可谓不用心良苦。

然而,这种纵向格局的程序设置是一种自上而下决策、自下而上服从的科层式设计,在保证统一贯彻顶层意旨、维持权力运作秩序和高效率实现既定目标方面具有意义,但对于通过相互牵制分散决策权以限制权力恣意和使利害受决策影响的个人和公众能够实质性影响该决策并经此捍卫自己权益方面,则不具作用或作用甚微。因此,必须借助横向参与性、交涉性的程序设置,使有关城镇化的决策和规划的制作过程和实施过程受到来自利害关系者和公众参与、交涉的横向牵制,以制约政府权力的恣意和滥用,保障利害关系者和公众的诉求和主张能够经由交涉性程序对决策和规划以及补偿标准的制作过程发生实质性影响。这一安排应是一种法律的安排,而不是政策性宣称或口号式的"大词"(如"扩大公众参与""征求群众意见""大力发扬民主"等)渲染,就像曾经做过和正在做的那样。法律的安排是确定的规则的安排,确定性所带来的权力运作的常态性、可预测性是个人自由和尊严保有的前提,也是个体(或经由其自治组织)参与公共决策和政治生活的制度性前提。人的城镇化是把人作为理性主体来尊重和对待,唯有制度性安排而非运动式安排才可使个体的理性预期不致落空。因此,通过立法创设

---

〔1〕 国家发改委城市和小城镇改革发展中心研究员冯奎在接受采访时曾对此做过详细介绍:在城镇化政府推进的操作中,规划也被视作一种政策,甚至直接称作"规划政策"。"规划政策作为政府管理经济的一项政策工具,种类繁多。据有关部门统计,经国家法律授权编制的规划至少有83种。这些规划工具强调上下口径一致,上级部门的规划制定的指标会层层分解到下级部门的规划,因而导致在整个城镇化过程中,各种规划体现出一种政府主导的、计划经济较浓的色彩。"参见《经济参考报》记者金辉:《新型城镇化只能是政府有限主导——访国家发改委城市和小城镇改革发展中心研究员冯奎》,载《经济参考报》2013年5月17日。

〔2〕 除原规定需报国务院批准用地84个城市外,自2011年起,新增了秦皇岛、镇江等22市。这样,截至2011年,我国共有106个城市的总体规划需送国务院批复。参见《国务院上收22城市建设用地审批权》,载《南方日报》2011年8月25日。

〔3〕 到2009年,我国已有18个省区建立了规划督察员制度,由住房城乡建设部派遣。参见《住房城乡建设部:有18个省区已建规划督察员制度》,载中央政府门户网站 www.gov.cn,2009年2月20日,最后访问时间:2013年3月8日。

横向的参与性、交涉性程序,是为正途。在立法模式上,当然,尽快制定对政府行政行为加以整合性程序控制的《行政程序法》,并在其内完整地充实旨在强调参与、交涉的正当程序要件、系统地体现正当程序理念是最佳选择;倘若这一方案短时间内不能成行,可以考虑在目前与城镇化相关的立法(如有关规划和补偿标准的立法)中将横向的参与性、交涉性程序要件加以充实、细化,使之成为可被遵行、可被操作且可被考核、监督的行为标准。具体说来,包括:

1. 决策和规划做出过程的协商、论证、听证、公听程序。决策和规划在我们的政治和社会生活中常被天经地义地认为只是政府自己的行为,至多是政府主持下各部门协调、专家论证及征求意见的过程,利害相关者和公众在正式程序中是被排除在决策和规划的"做出过程"之外的,决策和规划只在实施阶段与他们有关。甚至目前学界关于城镇化的研究都仅着眼于拆迁、补偿环节的协商、谈判、听证程序,而对在拆迁、补偿前城镇建设如何选址、在何处选址、拆与不拆、拆此还是拆彼、谁来拆以及如何拆、谁来补以及如何补等问题的决策和规划的做出过程应否有利害相关者的制度性参与和影响则较少顾及。然在本课题研究者看来,如果城镇化政府推进的正当程序设计不能将决策和规划这一城镇化推进的起始和决定性环节囊括在内,受城镇化影响的利害关系者和公众就仍不能免除"被城镇化"和实体权益受侵损的命运。这方面的程序设计包括协商、论证、听证、公听程序在具体要件上的满足。

2. 决策和规划执行和实施过程的协商、谈判、论辩、交涉程序。应使城镇化过程中相互关涉、相互冲突的利益主体在参与性程序框架内获得平等的制度性交涉机会,达成最低限度的共识,使决定具有可接受性。

3. 决策和规划做出和执行的反馈、回应、反思、矫正机制。这意味着决策和规划的形成和实施并非一蹴而就、一成不变,但变动、矫正和调整也必须是理性的、程序化的、在程序中的、依据程序做出的。程序设计应能提供这样的可能:使程序参与者在程序性协商、论辩、交涉中各自反思自己立场和主张并适时调整以达至最低限度共识,实现最合理选择。

4. 程序性不满和纠纷的解决程序。这里强调的是对决策和规划做出和执行中因程序违反而发生争端的解决机制,主要是针对政府的程序违法、程序不当行为的。

总之,有关城镇化的决策和规划由启动到起草到审议讨论到正式形成到实施和监督流程的每一个环节,都应尽可能设置横向的参与性、交涉性和使公民与政府间能够建立理性对话关系的程序。

在这里,要特别强调的是,在城镇化政府推进过程中,最可能体现程序的参与性、交涉性特质的听证和谈判制度的设置,以及对违反横向交涉性、参与性程序行为的责任设置。

1. 听证和谈判应成为制度设置。谈判在与城镇化相关的法律如《城乡规划法》中是未被规定的,听证在与城镇化相关的法律如《城乡规划法》中虽有规定,但其存在方式是:第一,仅作为征求意见的形式,而且是征求意见的形式之一,与座谈会、论证会或其他征求意见的形式一样,没有区别;第二,既然仅作为征求意见的形式之一,当然就是可以由行政机关任意选择的,行政机关可以选择听证这种形式来征求意见,当然也可以选择他种形式来征求意见,一切在行政机关的选择。如果其他形式比听证更容易掌控,也更容易促成行政目标甚至是领导旨意的实现,当然就无须选择听证形式。如前所述,程序的本质特征在于过程性和交涉性,[1]而在与城镇化政府推进过程中,听证和谈判应是最能体现程序的参与性、交涉性本质特征的程序设计,而目前的《城乡规划法》对听证的这样一种安排,显然是未将听证和谈判视作现代行政行为必须受其约制的一种程序和制度装置。作为现代程序本质特征的参与、交涉与被征求意见是不同的:参与、交涉的本质是,这一决策或决定只要与我利害相关,对这一决策或决定的做出过程说来,我便不是外在于它的,我(或者通过我的代表)参与其中并与相对方论辩、交涉是这一决策或决定做出过程中必需的一个部分,这个决策或决定中应包含我的参与和我与利益相对方交涉的因素存在——尽管决策或决定的内容或许未能或很少体现我的意愿,但在这个决策或决定形成过程和程序中有我参与和交涉的因素,否则,我便只是外在于这个决策或决定的客体或受体。而被征求意见则并不意味着这一决策或决定是与我利害相关的,必须有我参与和交涉的因素存在,我的意见对于该决策或决定的做成说来是可有可无的。正因此,一些地方政府可以把所谓的征求意见的方式搞得多种多样,但独对听证和谈判这样的横向参

---

〔1〕 季卫东:《法律程序的意义》,载《中国社会科学》1993 年第 1 期。

与和交涉性程序较为疏离或排斥。[1] 而如果听证和谈判在立法中被作为制度性装置来设计,就可以凭借参与性、交涉性程序的刚性的制度化力量,避免这样的问题发生。[2] 作为制度性装置来设计,首先意味着听证和谈判不是可被政府机构任意选择的,而是被设定和决定的,最起码那些与利害关系人和公众具有直接利害关系的城镇化的决策和规划以及标准的制作过程中应有听证和谈判机制的设置,而这是要由立法给予明确规定的;其次意味着听证和谈判程序分别应遵循的原则需由立法加以确认,这些原则起码应包括公开原则、言词辩论原则、案卷主义原则、和解原则和服从主持原则,等等。最后意味着听证和谈判程序的必备要件,如听证或谈判前的告知、申请、通知,主持人的选择,参加人的确定;听证或谈判中发言顺序的安排,发言、陈述、商讨、质证和论辩的规则,听证或谈判记录的审核签字,以及听证或谈判记录对

---

〔1〕 在2009年《南京市城市总体规划(2007~2030)》草案大规模征求意见的过程中,一些专家和公众认为该草案比之于2003年的《南京市老城保护与更新规划》在历史文化街区和历史风貌保护区的界定上面积大为缩水,故南京市明城垣史博物馆专家、南京市政协委员杨国庆等七位专家学者申请就该城市总体规划修编(历史文化名城部分)召开重大行政决策听证会。但相关部门给出的答复是,听证会的形式比较烦琐,希望能采取座谈会等其他形式进行协商。对此,7位专家学者坚持不同意。他们再次发表声明并在网上公布。这份名为《关于坚持举行规划听证的声明》称:“申请人认为,座谈会等其他形式不能确保‘对有关事实和法律问题进行平等、充分的质证和辩论’,也不具有听证会的法律效力。申请人坚决主张依法实行重大行政决策听证,申请人所有涉及城市总体规划的意见和建议,都只在听证会上做出陈述,不认同采取‘其他方式征求专家意见’。在听证会之外一切个人形式的交流,都不代表申请人对城市总体规划的正式意见”。他们希望,“在听证会召开之前,有关方面能表现出诚意,对仅存的历史街区立即采取紧急措施,遵守市政府向国务院调查组的承诺,及市规划局负责人向南京市民的承诺,停止所有拆房行为,原住民凡不愿迁走的,应允许留居原地,以保持该域内的人文生态,使将来的保护规划不致成为空头文件”。南京市规划局有关人士透露,是否举行重大行政决策听证会,只能由南京市政府来决定,“这种大的听证,规划局无权决定召开”。他们还是希望先通过座谈会先沟通起来。据悉,当时有更多的北京、南京的专家学者支持这份声明,并表示如果许可的话,愿成为听证代表。参见记者黄勇:《7学者再呼吁:南京总规必须听证》,载《江南时报》2009年8月12日。

〔2〕 秦晖在他的《城市化与贫民权利:近代各国都市下层社区变迁史》的演讲中讲到,在奥斯曼动用国家权力大规模强制拆迁和清理贫民区的极权暴力行动之后,共和民主时期,巴黎的城市改造仍然在进行,但其原则以及相应造成的城市风貌,和奥斯曼时代有了很大的不同。城市改造基本遵循两条原则:商业性拆迁,遵循自由交易原则;公益性拆迁,遵循民主决策原则。所谓民主决策,是指一个项目如果是公益性质的,那么首先要通过民主程序来确定,要经过议会讨论、舆论论证等等,最终达成共识,是建还是不建。如果建,那么第二个程序就是自由交易的尝试,尽管是公益项目,能够做自由交易也要尽量做自由交易。如果在第二个程序遇到问题,有人漫天要价,怎么办?那有第三个程序,就是由中立的资产评估机构来财产评估。如果这个评估的价格,被拆迁户仍然不能接受,仍然漫天叫价,怎么办?第四个程序就是要有替代方案的论证。如果替代方案论证也认为不行,公益必须要这个地方,那么在走完这些程序以后,可以实行国家最终定价,按照公平、合理的价格来给予拆迁补偿。参见秦晖:《城市化与贫民权利——近代各国都市下层社区变迁史》,载博客中国 http://vip.bokee.com/20080414511621.html,最后访问时间:2012年10月7日。在这个复杂的过程中,我们可以看到横向的参与性、交涉性程序的刚性的制度化力量。

于决定的排他性(所谓“案卷排他”)效力,案卷排他原则的适用;听证或谈判结果的理由说明规则等,都应在立法中作明确、具体的规定,而不能使这种充分体现参与性、交涉性特征的程序成为可以被任意选择和操作的一般工作方法。

2. 对违反横向交涉性、参与性程序的政府行为应设置相应的责任。监察部、人力资源和社会保障部、住房和城乡建设部2012年12月3日共同颁布的《城乡规划违法违纪行为处分办法》规定了对城乡规划违法违纪行为的责任和处分,但是,第一,所涉责任大多是针对实体性违法违纪行为而设的,针对违反程序性规定行为的责任设置相对少得可怜;第二,尽管有对“未按法定程序编制、审批、修改城乡规划的”行为追究责任的原则规定,但在针对程序违法违纪所设置的处分中,针对违反纵向层级审批程序的行为设置了较为具体详尽的责任承担方式,但对违反横向交涉性、参与性程序(如对未予公示、公告或未依法予以公示、公告的行为;未采取或未依法采取论证会、听证会或者其他方式征求专家和公众意见的行为;未征求或未依法征求规划地段内利害关系人意见的行为等)的行为,却缺乏具体确切的相关责任的规定。[1] 第三,《城乡规划法》本身即欠缺横向参与性、交涉性程序的设置,现代法治社会最具参与性、交涉性的谈判机制,在这一法律文本中未有规定;同样最具参与性、交涉性的听证程序,在这一法律文本中却被作为与一般征求意见方式的论证会放在一起,可由行政机关自行选择,[2]因而,责任的追究当然也就难以设置具体详尽;此外,在规划的修改程序中,尽管规定“组织编制机关应当对

---

〔1〕 仅其第9条规定:地方人民政府城乡规划主管部门及其工作人员有下列行为之一的,对有关责任人员给予警告处分;情节较重的,给予记过或者记大过处分;情节严重的,给予降级处分:(一)未依法对经审定的修建性详细规划、建设工程设计方案总平面图予以公布的;(二)未征求规划地段内利害关系人意见,同意修改修建性详细规划、建设工程设计方案总平面图的。

〔2〕 《城乡规划法》关于民意影响、民众参与的规定内容,除规定城乡规划须报送本级人大常委会备案外,其第二章城乡规划的制定的第26条规定:在城乡规划报送审批前,组织编制机关应当依法将城乡规划草案予以公告,并采取论证会、听证会或者其他方式征求专家和公众的意见。公告的时间不得少于30日。组织编制机关应当充分考虑专家和公众的意见,并在报送审批的材料中附具意见采纳情况及理由。第四章城乡规划的修改的第48条第1款规定:修改控制性详细规划的,组织编制机关应当对修改的必要性进行论证,征求规划地段内利害关系人的意见……第50条第2款规定:经依法审定的修建性详细规划、建设工程设计方案的总平面图不得随意修改;确需修改的,城乡规划主管部门应当采取听证会等形式,听取利害关系人的意见;因修改给利害关系人合法权益造成损失的,应当依法给予补偿。第五章监督检查的第54条规定:监督检查情况和处理结果应当依法公开,供公众查阅和监督。

修改的必要性进行论证,征求规划地段内利害关系人的意见”,但究竟采用何种方式、程序进行论证和征求规划地段内利害关系人的意见,则没有任何具体程序设置。这样一来,缺乏横向参与性、交涉性程序保证的所谓利害关系人和公众的参与不仅很难具有实质性,拒不采用横向参与、交涉、论辩程序形成决策和规划的政府部门的责任也自无从追究了。那么,我们课题组指出,必须在相关立法将听证、谈判等交涉性机制作为制度装置纳入城镇化政府推进过程的基础上,同样通过立法设置相关政府机构违背横向交涉性程序行为的责任,甚至对那些必须经由交涉性程序的规划、决策、标准的形成过程设置程序性责任,即其若未经由横向交涉性程序,则所形成的决策、规划、标准将可以被认定为无效。就如前述曾说到的英国《规划和强制性收购法》对主要的地方规划政策文件必须包括“社区参与申明”,以证明公众参与了从规划制定开始的一系列活动的规定,就具有这样的性质。

(四)过程和程序指向的绩效考核

既有权力结构和权力运作机制下,组织人事制度中的党政官员政绩考核制度还可能长期存在,过往只针对结果和目标的绩效考核[1]对于地方政府和官员说来无异于指挥棒,调动和驱使政府和官员为达致目标和结果,手段上无所不用其极。因为,“不管白猫黑猫,抓住老鼠就是好猫”,只要绩效的结果符合考核指标,手段上、过程上无论怎样,都不致对考核、升迁构成实质性影响。那么,要保证城镇化政府主导推进行为的过程正当性,就应借助于这样一种驱动机制,将针对过程和程序的绩效考核纳入考核范围,并且使之成为考核的关键性内容。这种过程和程序的考核应更多针对横向的参与性、交涉性程序是否落实到位,要件是否满足。这包括:(1)在有关城镇化的决策、规

---

〔1〕 以GDP为导向的干部晋升人事制度,导致许多地方政府领导为了多招商引资,以低、零地价甚至负地价出让土地,意在追求FDI,增加进出口,增加GDP。甚至有的地方将招商引资指标作为干部任免的重要标准。参见陆大道、宋林飞、任平:《中国城镇化发展模式:如何走向科学发展之路》,载《苏州大学学报》2007年第2期。经济学家、东南大学经济管理学院名誉院长华生教授在一次演讲中讲到:“我在讲课时,一个市长就跟我说,我的前任借了一屁股债,上了好几项工程,领导觉得他有能力,老百姓说起来也承认面貌变化大。他现在被提拔了,我来当市长。我每年苦干去还债?那谁能理解?所有人都会认为我没本事,我每年怎么在人大会上向上下左右交代?所以我只有借更多的钱,也干几件体面的大事,尽管这样窟窿会更大。他说,华老师,不是我推诿责任,这个体制要改得从上面开始。”参见《新型城镇化:路往哪走,新在何处——专访经济学家、东南大学经济管理学院名誉院长华生》,载《中国青年报》2013年5月22日。

划、补偿标准的制定、实施、修改过程中,是否依法进行了听证、谈判、论证等参与性、交涉性程序,是否采用多种方式和手段搭建参与平台,扩大参与和信息回馈渠道;(2)有关城镇化的决策、规划、补偿标准的制定、实施、修改的"过程"是否采用法定的和其他多种方式向公众公开,公开的范围和程度如何;(3)作为结果,有关城镇化的决策、规划、补偿标准是否采用法定的和其他多种方式向公众公示、公告,公示、公告是否依法、及时、满足时限要求、保证可被知晓且留有充分回馈、提出意见和质疑的空间;(4)对利害关系者和公众所提意见、质疑和建议采纳或不予采纳的情况是否进行了理由说明;等等。这些考核可以通过要求提供纸质和电子证明材料、问卷调查、个别访谈等形式进行。延伸些看,这种过程和程序指向的绩效考核不应仅仅作为对城镇化政府推进操作的一种考核,或仅作为一种策略性考虑,而应作为检验政府法治化程度的一个标尺,即政府更应通过其过程和手段的正当性证明其目的和结果的正当。

(五)政策可诉

由于体制及政策的特质,这或许在较长时间内是难以实现的。但鉴于中国的城镇化政府推进更多仰仗于政策推动的现实,政策不具可诉性这样一种在权力场无人负责、在个体域无可救济的状况确实不宜长期存在。

(六)司法独立

现代司法是正当过程的典型范本,具有示范意义,且在作为权利保障的最后一道防线的意义上,其也是城镇化过程正当化的"兜底性"机制,而其得以正当化运作的根本保障则在司法独立。关于此,中西著述汗牛充栋,不需赘述,作为常识,这里只作提及即可了。其实,事实上,前述城镇化政府推进过程正当化的所有强调又何尝不是对常识的强调呢?无奈,我们似乎只能从常识开始,只愿这开始不再是进一步退两步便好。

余　论

第一,正如2013年12月12日召开的中央城镇化工作会议所指出的,城镇化本应是个自然历史过程,应遵循规律,因势利导,使城镇化成为一个顺势而为、水到渠成的发展过程,政府以强推方式使之冒进地、高速率地快速发展,或许本身即是有违规律的一件事情。其实,即便是今天作为对过往强推反拨而提出的所谓"积极而稳妥扎实"地政府推进,也还是可以斟酌和讨论的事情,[1]莫说是冒进、快进、大跃进式地强推了。“从欧美国家的城市化发展历程看,城市化经历了人口和产业向城市先集中后分散的过程,虽然发展过程比较复杂,但都有一个共同的背景,即强势的市场环境。”“市场经济是影响欧美城市化发展的主导因素。”[2]有学者在对我国城镇化的实证调研中发现,直接由地方政府操作的“拆迁改造”,往往由于地方政府的干预,或多或少降低了“补偿费”,从而损害了被拆迁者的利益,并常常由此引发冲突和群体性事件;反之,由市场经营者运作的“拆迁补偿”,其补偿标准往往高于地方政府直接干预的拆迁标准。这证明,市场运作有其合理性,更容易形成合理的市场价格,也更有利于保护被拆迁者的利益。[3] 当然,对于我国说来,无论是市场经济主导,还是民众自发推进,都需要条件的培育,其“不仅需要民众主体意识的提高,而且还有待客观条件的成熟,包括土地产权制度的改革、社团组织的建设和市场机制的完善等”。[4] 就此而言,对于城镇化发展说来,政府最重要的作用与其说在主导推进,不如说在利用资源和制度优势为市场经济主导、民众自发推进铺设和营造这些必备条件方面。在本课题组看来,这或许是更为应当和值得的。

第二,“作为一种特殊投资的回报,城市成了国家的输液器,不仅给国家注入了经济活力、提高了民族国家的总体地位,也给执政党带来了新的合法性资源。这是中国经济奇迹与体制奇迹间的要义所在”。[5] 但是,必须认识到,建基在高速发展绩效基础上的合法性是一种相当脆弱的合法性。因为:一方面,要维持持久稳定的发展速度和增长本身就不仅是一个很难的事情,且是一个难以被合理地、确定地预期的事情;另一方面,也是更为重要的方面,那就是,一旦维持持续稳定高速度的增长和发展作为全部的目标,则为了这一目标的不择手段本身就不仅是反法治的,且其必然带来一系列如我们已

[1] 当“城市化”被当作中国最重要的“发展”路径时,不无吊诡意味的是,在被视为现代化模型的西方及东亚的各“发达国家”,甚至包括一些曾先期推行开发政策的“发展中国家”,城市主义、开发主义已开始遭到广泛质疑和批判。参见陈映芳:《城市开发的正当性危机与合理性空间》,载《社会学研究》2008 年第 3 期。

[2] 李强、陈宇琳、刘精明:《中国城镇化“推进模式”研究》,载《中国社会科学》2012 年第 7 期。

[3] 参见李强、陈宇琳、刘精明:《中国城镇化“推进模式”研究》,载《中国社会科学》2012 年第 7 期。

[4] 李强、陈宇琳、刘精明:《中国城镇化“推进模式”研究》,载《中国社会科学》2012 年第 7 期。

[5] 陈映芳:《城市开发的正当性危机与合理性空间》,载《社会学研究》2008 年第 3 期。

经看到的贫富悬殊、结构性腐败、社会不公、政府公信力丧失等社会问题，而这本身就可能带来民众对政权认受度的降低，由此中极力要论证的合法性、正当性或可接受性也就岌岌可危了。一个国家的政府过于急切地企图用高速率的发展和成就证明其合法性的努力无疑是善意的，至少我们愿意这样相信。但从法治的视角观之，审慎地存疑也是必要的，因为：其一，其所带来的而且因手段上无所不用其极必然带来的负效应，是必须被审慎地对待的；其二，将政治统治的合法性系于绩效会使权力因绩效和目标追求更具扩张和侵犯性，城镇化政府推进与政府政绩及土地财政利益高度关联，与政策导向和运动式操作方式高度关联，使权力更具威胁性，这恰恰是法治需要警惕的；其三，结果和目标指向的绩效合法性有违过程正当性这一法治的核心品质。

第三，在将发展绩效作为合法性基础的现有权力结构暂未能有实质性改变的体制下，我们的城镇化当然还会更多遵循现有权力结构和运作机制以及权力操作理念的固有逻辑，政府主导推进依然会作为我们城镇化发展的一个重要特质存在，并不因 2013 年 12 月 12 日召开的中央城镇化工作会议关于“城镇化是一个自然历史过程”的论断而有实质性改变。那么，对政府主导推进行为过程本身的正当化和程序控制就仍是极为必要的，这也意味着本课题研究的意义不会缩减。城镇化政府推进的权力运作过程必须有法律的在场，这种在场不应是为政策注解的，为政府行为论证、补救的，而应是引领性的、贯穿性的、规制性的。同样，城镇化研究中，法学不应只是补充性的、收拾残局的，而应是系统、贯穿和结构性的，这是因为今天城镇化所遭遇的瓶颈更多就是体制和制度的。不止如此，法学是人学，是关于人体面尊严地生活和自由充分发展的学问，城镇化在核心内涵上是人的城镇化，对城镇化的研究就应有法学的结构性位置。

比例原则与刑法治理体系现代化的基本路径

姜　涛*

内容摘要：从国家治理的视角分析，“案多人少”矛盾不单纯是一个法官、检察官名额不足问题，也与刑事立法、刑法实施具有重大关系，当刑法中的罪名大幅度增加时，必然带来犯罪总量增加，同时，司法实践不当扩大犯罪边界或证据不足时强行起诉，都会导致案件数量增加。面对这一矛盾，决策者需要重视刑法在国家治理体系现代化中的功能，实现刑法治理体系现代化。比例原则对刑法治理体系现代化具有变革意义，不仅有利于避免刑罚过剩，弥补刑法的谦抑性不足，而且有利于合理配置罪刑规范，正确处理宪法与刑法的关系。立足于比例原则，刑法制定正确处理其与行政法等法律之间的关系，坚持法律体系调整对象的内在规律，不可以把本应由其他法律调整的对象直接规定为犯罪。而刑法实施应当固守刑法解释的保守性，重视形式解释，即使采取实质解释，也应当确立有利于被告人原则。

关键词：刑法；比例原则；刑法解释；二元化犯罪模式；刑法治理体系现代化

国家治理现代化作为国家治国理政的方针与策略的重大变革，是一个各学科共同关注的问题。〔1〕 法治是推动国家治理现代化的关键，〔2〕刑法治理

---

* 姜涛，中国法治现代化研究院法治战略研究所副所长，南京师范大学法学院教授，博士生导师。

〔1〕 参见张贤明：《推进国家治理能力现代化》，载《人民日报》2014 年 1 月 5 日。

〔2〕 参见张文显：《法治与国家治理现代化》，载《中国法学》2014 年第 4 期；李林：《依法治国与推进国家治理现代化》，载《法学研究》2014 年第 5 期；莫纪宏：《国家治理现代化首先是国家治理法治化》，载《学习时报》2014 年 10 月 13 日，第 A5 版；赖早兴：《国家治理体系和治理能力现代化的法治内涵》，载《光明日报》2014 年 5 月 14 日。李龙：《建构法治体系是推进国家治理现代化的基础工程》，载《现代法学》2014 年第 3 期；吴汉东：《国家治理现代化的三个维度：共治、善治与法治》，载《法制与社会发展》2014 年第 5 期；曾令良：《国际法治视野下的国家治理现代化》，载《法制与社会发展》2014 年第 5 期。

体系现代化作为国家治理现代化的一个子系统,涉及刑法与其他法律之间的内在体系如何划分、刑事立法的边界与刑法解释的限度等,需要全新的理论分析工具。刑法自古以来就是一门受政治影响最深的法律,政治家与一般民众不论是否对国家、社会有共同的理想,他们最迫切追求的秩序与利益分配的愿景,都会反应在刑法上,从而使刑法成为关涉国家安全、社会福祉和公民自由的基本法律,对整个法治体系的建设意义重大,自然也是国家治理现代化中十分重要的子系统。法治是良法善治,中国特色的社会主义法治体系作为全面推进依法治国的总目标,提出了民主立法、科学立法、公正司法等要求,这就对刑法治理体系现代化提出了新要求。不难看出,自1997年刑法典施行以来,我国已先后颁布出台了九部刑法修正案,犯罪化步伐明显加快。与此同时,"两高"不断颁布扩张化司法解释,又进一步扩大了具体个罪的犯罪圈,导致严重的"刑法肥大症"。司法实践的反应也大抵如此,据2016年最高人民法院公报,2015年全国各级法院审结刑事案件109.9万件,判处罪犯123.2万件,同比分别上升7.5%和4%,使"案多人少"的矛盾进一步加剧。面对"案多人少"的现实矛盾,我们必须慎重思考:现代立法者应如何处理刑事不法与行政不法之间的关系?"两高"应当如何对刑法做出合理解释?这都是刑法治理体系现代化过程中值得深入研讨的重大问题。如果这一问题得不到解决,刑事立法将会成为刑事司法不能承受之重,刑事司法不堪重负又必然会出现选择性司法和犯罪黑数增加,最终使刑法修正的合法性也受到质疑。[1] 本文认为,在国家治理现代化的时代背景下,我们必须慎重思考刑法治理体系现代化的路径是什么,必须认真对待比例原则在刑法治理体系现代化中的功能,把比例原则作为刑事立法与司法的"帝王原则",明确刑事立法的边界与刑法解释的限度,以维护刑法权威。

一、"案多人少":国家治理视角的成因分析

刑事司法中的"案多人少"矛盾,是当前司法改革面临的困境之一,也是刑法治理体系现代化过程中最为棘手的问题。就司法改革而言,在统筹配备司法人员时,向业务部门倾斜,是解决这一矛盾的基本路径。对此,学界已经

---

〔1〕 参见于志刚:《刑法修正何时休》,载《法学》2011年第4期;刘艳红:《我国应该停止犯罪化的刑事立法》,载《法学》2011年第11期。

进行了较为全面、系统的研究。遗憾的是,理论界很少关注"案多人少"的立法与司法解释根源。笔者认为,在法官、检察官的指标没有增加的前提下,如果刑法中增加了不少新罪名,则会带来法官、检察官办案中"案多人少"的压力。同时,如果我们没有坚守刑法解释的保守性,不断扩张原有犯罪的边界,也会造成"案多人少"的矛盾。

(一)刑法修正案快速增加新的犯罪或扩大原有犯罪圈

简要地回顾我国刑法三十多年发展史,这是一个从1979年刑法到1997年刑法,到现在一个决定、九个修正案的发展过程。其中,在前十八年内,我国的刑法条文从1979年刑法的192条,发展到1997年的352条,罪名也增加到413个。在后18年的时间内,我国共制定了九部刑法修正案,平均每两年一部刑法修正案,增加新的罪名五十多个,并不断扩大原有犯罪的犯罪圈,因而呈现出典型的犯罪化扩张趋势。

其一,增加新的罪名。增加新的罪名意味着立法者在97刑法没有规定的情况下,直接以修正案的方式规定新的罪名。比如,《刑法修正案(一)》增加隐匿或者故意销毁会计凭证、会计账簿、财务会计报告罪;《刑法修正案(三)》增加"资助恐怖活动罪""投放虚假的爆炸性、毒害性、放射性、传染病病原体等物质罪""编造爆炸威胁、生化威胁、放射威胁等恐怖信息罪""故意传播编造的恐怖信息罪"等四个罪名;《刑法修正案(四)》增加"走私废物罪""雇佣童工从事危重劳动罪";《刑法修正案(五)》增加"妨害信用卡管理罪""窃取、收买、非法提供信用卡信息罪""过失破坏武器装备、军事设施、军事通信罪";《刑法修正案(六)》增加"枉法仲裁罪""组织残疾人、未成年人乞讨罪""背信运用受托财产罪""骗取贷款、票据承兑、金融票证罪""背信损害上市公司利益罪""虚假破产罪""重大群众性活动安全事故罪""隐瞒、谎报安全事故罪";《刑法修正案(七)》增加"利用未公开信息交易罪""组织、领导传销活动罪"·"出售、非法提供公民个人信息罪""非法获取公民个人信息罪""组织未成年人进行违反治安管理活动罪""非法获取计算机信息系统数据、非法控制计算机信息系统罪""提供侵入、非法控制计算机信息系统程序、工具罪""伪造、盗窃、买卖、非法提供、非法使用武装部队专用标志罪""利用影响力受贿罪";《刑法修正案(八)》增加"危险驾驶罪""对外国公职人员、国际公共组织官员行贿罪""虚开普通发票罪""持有伪造发票罪""拒不支付劳动报酬罪""组织出卖人体器官罪""食品监管渎职罪";《刑法修正案(九)》增加"准备实施恐怖活动罪”“宣扬恐怖主义、极端主义、煽动实施恐怖活动罪”“利用极端主义破坏法律实施罪”“强制穿戴宣扬恐怖主义、极端主义服饰、标志罪”“非法持有宣扬恐怖主义、极端主义物品罪”“侵犯公民个人信息罪”“虐待被监护、看护人罪”“使用虚假身份证件、盗用身份证件罪”“组织考试作弊罪”“非法出售、提供试题、答案罪”“代替考试罪”“拒不履行网络安全管理义务罪”“非法利用信息网络罪”“帮助信息网路犯罪活动罪”“组织、资助非法聚集罪”“编造、故意传播虚假信息罪”“虚假诉讼罪”“泄露不应公开案件信息罪”“披露、报道不应公开的案件信息罪”“对有影响力的人行贿罪”。其中,《刑法修正案(九)》一次性就增加 20 个罪名,堪称规模庞大。

其二,扩大原有犯罪的犯罪圈。以修正案的方式扩大原有犯罪的犯罪圈,是当前刑法修正案的常态,且愈演愈烈。《刑法修正案(一)》修正了刑法第 168、174、180、181、182、185、225 条;《刑法修正案(二)》修正了刑法第 342 条;《刑法修正案(三)》修正了刑法第 114、115、120、125、191 条;《刑法修正案(四)》修正了刑法第 145、155、339、344、345、399 条;《刑法修正案(五)》修正了刑法第 196 条;2006 年 6 月 29 日通过的《刑法修正案(六)》修正了刑法第 134、135、161、163、164、182、186、187、188、191、303、312 条;《刑法修正案(七)》修正了刑法第 180、201、239、312、337、375、395 条;《刑法修正案(八)》修正了刑法第 107、109、141、143、144、151、153、157、164、199、200、205、206、226、244、264、274、293、294、295、328、338、358 条;《刑法修正案(九)》修正了刑法第 120、151、164、170、237、239、241、260、267、277、280、283、285、286、288、290、300、302、309、311、313、322、350、358、360、383、390、391、392、393、426、433 条。通过上述修正,不仅扩展具体个罪的犯罪主体范围或犯罪对象范围,比如把强制侮辱妇女罪中的“妇女”改为“他人”,把职位侵占罪种的“公司、企业的工作人员”改为“公司、企业或其他单位的工作人员”,而且降低了本罪客观方面的入罪门槛,比如把生产、销售假药罪由具体危险犯,改为抽象危险犯,同时,也存在拓宽行为的表现形式,比如,把危险驾驶罪中的行为类型,在原来的酒驾、追逐竞驶的基础上,增加“从事校车业务或者旅客运输,严重超过定额乘员载客,或者严重超过规定时速行驶的”和“违反危险化学品安全管理规定运输危险化学品,危害公共安全的行为”两种类型。

其三,立法解释也在扩大犯罪边界。立法解释原本是对刑法文本的进一步解释,但立法化倾向也十分明显。比如,全国人大常委会 2014 年 4 月 24 日作出的《关于〈中华人民共和国刑法〉第三十条的解释》针对刑法分则没有规定单位犯罪的情况如何追究刑事责任做出立法性质的解释,即“公司、企业、事业单位、机关、团体等单位实施刑法规定的危害社会的行为,刑法分则和其他法律未规定追究单位的刑事责任的,对组织、策划、实施该危害社会行为的人依法追究刑事责任”。这个立法解释已经超出了阐释刑法条文本身含义的范围,属于典型的填补刑法漏洞。再如,全国人大常委会于2002年12月28日作出的《关于〈刑法〉第九章渎职罪主体适用问题的解释》,将渎职罪的犯罪主体,由刑法规定的“国家机关工作人员”扩大到“依照法律、法规规定行使国家行政管理职权的组织中从事公务的人员,或者在受国家机关委托代表国家机关行使职权的组织中从事公务的人员,或者虽未列入国家机关人员编制但在国家机关中从事公务的人员”。此外,全国人大常委会《关于刑法第三百八十四条第一款的解释》将“个人”扩大到“单位”,即将“以个人名义将公款供其他单位使用的”和“个人决定以单位名义将公款供其他单位使用,谋取个人利益的”,都解释为“挪用公款归个人使用”,也属于立法化的扩张性解释。

那么,刑法修正案增加新罪,会对司法实践带来什么压力呢?以《刑法修正案(八)》增加的危险驾驶罪为例,最高人民法院专委胡云腾大法官在2014年中国刑法年会上透露,自2011年《刑法修正案(八)》颁布生效以后,截至2013年年底,全国每年判处危险驾驶罪的被告人平均高达10万人左右。[1]另据江苏省高级人民法院在网站上公布的有限司法数据统计显示,江苏省法院系统自2011年5月1日至2014年10月受理危险驾驶罪的情况为:2011年为2839件;2012年为9684件;2013年为10,749件;2014年1月至10月为9829件。危险驾驶罪和盗窃罪已成为数量最多的两类犯罪。可以想象一下,如果这一数字不减,《刑法修正案(八)》实施20年后,酒驾将至少“制造”200万犯罪人。试想,一个犯罪增加的案件压力如此,自97刑法颁布以来,我国共颁布九部刑法修正案,增加了53个罪名,除部分罪名案发量小之外,诸如利用影响力受贿罪、侵犯公民个人信息罪、非法利用信息网络罪等的案发率都很高,从而带来“案多人少”的矛盾。

---

〔1〕 具体见最高人民法院审判委员会专职委员胡云腾大法官在2014年中国刑法年会上所作的“从刑事审判看刑法改革与发展的几个趋势性问题”报告。

(二)司法实践难以恪守刑法解释的保守性

司法解释与司法实践中扩张性地运用刑法,也是导致“案多人少”矛盾的重要原因。司法解释作为刑法正确适用的辅助工具,因缺乏立法权与司法权之间边界的法治化制度保障,因而经常出现司法解释立法化现象。而对刑法与司法解释没有规定的不明确条款,法官与检察官也经常因入罪思维的影响而采取扩张解释。两者都违反了刑法解释的保守性。

司法解释有细化犯罪构成标准与统一司法判断尺度的功能,突破立法权界限的司法解释往往存在立法化趋势。刑法解释的立法化趋势,虽然为学界批判为以司法权僭越立法权,但在社会急剧变化的当下中国,刑法解释对交通肇事罪共犯、非法经营罪“其他扰乱市场经济秩序的行为”、网络型寻衅滋事等规定,都突破了97刑法规定的内容,是一种典型的立法化刑法解释。比如,2000年11月10日最高人民法院《关于审理交通肇事刑事案件具体应用法律若干问题的解释》第5条规定:“交通肇事后,单位主管人员、机动车辆所有人、承包人或者乘车人指使肇事人逃逸,致使被害人因得不到救助而死亡的,以交通肇事罪的共犯论处。”这一司法解释即突破了97刑法典有关共同犯罪的规定,属于一种典型的立法化司法解释。

再如,自97刑法第225条规定非法经营罪之后,不仅刑法修正案把非法经营证券、期货或者保险业务的行为纳入本罪,而且之后通过一系列司法解释扩大本罪的犯罪圈,把“非法经营证券业务的行为”“非法买卖外汇的行为”“非法传销行为”“非法出版行为”“非法经营电信业务行为”“非法经营食盐行为”“生产、销售‘瘦肉精’行为”“垄断货源、哄抬物价、囤积居奇行为”“擅自设立互联网上网服务营业场所,或者擅自从事互联网上网服务经营活动的行为”“非法生产、销售盐酸克仑特罗等禁止在饲料和动物饮用水中使用的药品的行为”“未经国家批准擅自发行、销售彩票行为”“违反国家在预防、控制突发传染病疫情等灾害期间有关市场经营、价格管理等规定,哄抬物价、牟取暴利,严重扰乱市场秩序的行为”“违反国家规定,使用销售类终端机具(POS机)等方法,以虚拟交易、虚开价格、现金退货等方式向信用卡持卡人直接支付现金的行为”“未经烟草专卖行政主管部门许可,无生产许可证、批发许可证、零售许可证,而生产、批发、零售烟草制品的行为”“擅自发行基金份额募集资金”等15种行为列入本罪的处罚之列,完全超出了刑法第225条有关非法经营罪的文义射程范围,从而使非法经营罪成为一个典型的口袋罪。

口袋罪严重破坏罪刑法定原则,刑法中欠缺范畴型的兜底条款为口袋罪提供了规范空间。归纳来看,刑法中不符合构成要件明确性原则的情况,大致包括欠缺范畴型的抽象性规定和涵盖过度型抽象性规定,前者是指缺乏对行为或结果的规定,概括到几乎无边无际,让受规范约束者无法预见行为的风险,动辄得咎而陷入法律的陷阱,如刑法分则部分经常出现的“情节严重”“情节恶劣”;[1]《刑法》第 129 条和第 441 条中的“不及时报告”;等等。这些规范对何种行为类型或这种结果等将会导致被处罚,根本没有做任何提示,这往往使民众处于疏而不漏的法网之中;后者在是指诸如口袋罪那样把社会通识意义上的无辜者纳入处罚范围,而这种类型的抽象性规定表面上披着刑法外衣,但其往往是政治抉择、道德评价或意识形态的变种,如我国现行《刑法》第 63 条第 2 款“根据案件的特殊情况”、第 279 条的“招摇撞骗”、第 290 条的“社会秩序”和第 291 条的“公共秩序”。

司法解释本来只能对刑法规范的适用做出进一步明确,但在面对刑法中的不明确规定时,往往会做出扩张性解释:一方面,因缺乏刑法的基本理性,维护稳定和社会和谐往往超越人权保障,成为刑法适用的出发点,甚至把刑法看成惩罚犯罪的工具,宣扬刑法万能主义,当因行政执法怠惰、社会管理能力低下而导致社会矛盾时,把化解这种矛盾的希望寄托于刑罚手段。另一方面,因公、检、法关系虽然相互分工,但配合多于制约,司法实践中有“公安机关是做饭的,检察机关是端饭的,审判机关是吃饭的”之形象说法,对公安机关移交检察机关的案件,检察机关会带病起诉、强行起诉,而法院也往往基于三个机关之间的合作,而强行判决。

应该说,部分刑法修正或扩张化解释是理性的,是刑法回应社会生活的需要,但也有部分刑法修正或扩张化解释是非理性的,被批判为情绪化立法,或者从后果考察上分析,其弊大于利。尤其是把因行政机关怠惰或社会管理

---

〔1〕 至于司法解释明确了情节严重、情节恶劣等所包含的内容,能否依据认定这种规定已经通过刑法解释使这些不明确概念具体化,进而认定这种规定不再违背构成要件明确性原则?陈兴良教授指出,“我国刑法把本应由司法机关具体裁量的罪量要素加以框架性规定,然后再由司法机关加以解释,这一立法模式并不违反刑法的明确性。”(陈兴良:《刑法的明确性问题:以〈刑法〉第 225 条第 4 项为例的分析》,载《中国法学》2011 年第 4 期。)应该说,结合中司法体制的现实来看,这种分析是成立的,但这种把构成要件之明确性的任务完全寄往于司法解释,其实也是司法权对立法权的僭越,它可能导致最高法院的法实证主义,最终导致精英法治国风险。

能力低下所引发的冲突，交给刑法去解决，这就忽视了社会治理对社会发展的意义。举例来说，我国台湾地区《刑法》并没有生产、销售假冒、伪劣产品的犯罪规定，但在台湾几乎没有发生食品安全事件，而在中国大陆，《刑法》第141～149条规定了“生产、销售伪劣产品罪”“生产、销售假药罪”“生产、销售劣药罪”等8个具体犯罪，但由于行政领域的腐败、滥用职权或玩忽职守等，食品安全事件频发。不去考虑社会管理创新，而把维护社会秩序的愿景寄望于刑罚手段，这并不符合社会治理的要求：一方面，企业的生产、销售假冒、有毒食品等行为一经媒体曝光，就难以再维持经营；另一方面，行政机关工作人员因为存在腐败或渎职行为，也面临着被犯罪追究的风险。从经济发展、社会正义等立场上分析，食品安全的保障首先是一个社会治理问题，企业诚信体系建设、行政机关的执法能力、严厉惩治腐败犯罪等手段，都可以预防食品安全事件。在司法承载能力恒定的情况下，刑法以积极的立场介入社会生活，必然会带来“案多人少”的矛盾。

随着立法与司法上犯罪圈的极度、快速膨胀，犯罪治理成为一句空话。犯罪快速扩张是社会治理能力低下的体现，因社会管理体制中问题丛生，行政机关又存在不作为、乱作为等乱象，刑法就会被国家与民众寄予厚望，从而成为维护社会稳定的强力工具。可以预见，如果我们认真对待这种犯罪化的快速发展趋势，“案多人少”的矛盾还会进一步加剧，进而导致选择性司法，严重破坏刑法权威。然而，学界对这一现象并不重视，刑法学界把学术资源放在刑法教义学领域，强调“立法不是被嘲笑的对象”，而刑事诉讼法学学界则受制于专业的限制，认为国家的员额制存在问题，使司法机关中具体办案的法官、检察官无法承载众多的案件。其实，就造成“案多人少”的直接原因来说，立法应该是最重要的原因，立法不断地增加新的罪名或司法解释不断做出立法化司法解释（相当于立法），则会使司法实践中的案件不断涌现，而一线办案的法官、检察官并没有增加，这就会使“案多人少”的矛盾更加突出。

最高人民法院工作报告公布的数据显示，犯罪总数呈现出逐年递增趋势，2008年至2012年，各级人民法院审结一审刑事案件414.1万件，判处罪犯523.5万人，同比分别上升22.3%和25.5%。每年的案件都没有过百万。2013年，各级法院审结一审刑事案件102.3万件，判处罪犯118.4万人，同比分别上升7.2%和2.2%；2014年，各级法院审结一审刑事案件102.3万件，判处罪犯118.4万人，同比分别上升7.2%和2.2%。2015年，各级法院审结一审刑事案件109.9万件，判处罪犯123.2万人，同比分别上升7.5%和4%。可见，人民法院审理刑事案件的数量呈现出逐年递增趋势，如果再加上公安机关撤销案件、检察院不起诉案件的数量，则比例会更高。

从国家治理的角度分析，刑事立法意义上的犯罪扩张与刑事司法意义上的扩张化解释并不都具有合理性，部分扩张并没有立法事实根据，是一种典型的案例立法与激情立法，也不符合刑法扩张的逻辑规则，并没有正确定位刑法在国家治理体系现代化中的功能，没有遵循刑法与其他法律之间调整对象的内在规律，因而也没有实现刑法治理体系现代化。笔者认为，如何评判这种犯罪化扩张，则需要我们立足于比例原则理论做出评判，并借此引领刑法在国家治理现代化过程中走向良善。那么，比例原则对刑法治理体系现代化的变革意义是什么？如何把比例原则作为刑事立法的边界与刑法解释的限度？这就把本文引向如下的讨论。

二、比例原则对刑法治理体系现代化的变革意义

如要正确认识刑法在国家治理现代化中的功能地位，则需要立足于刑法与其他法律之间的内在关系规律，理性对待比例原则对刑法治理体系现代化的变革意义，为立法者正确对待刑事立法的边界与解释者明确刑法解释的限度提供理论支撑。

（一）比例原则有助于避免"刑罚过剩"现象

国家治理现代化意义上的刑法必须是科学的，以合理组织对犯罪的反应。党的十八届四中全会做出的《中共中央关于全面推进依法治国若干重大问题的决定》（以下简称《决定》）指出，"深入推进科学立法、民主立法"。科学立法要求以立法事实为基础，以宪法规定为依据，自觉避免刑罚过剩。

一般而言，刑罚过剩在两种意义上存在：（1）一种行为如果运用行政或经济手段等就可以实现立法目的的话，则没有必要运用刑罚手段，刑罚动辄剥夺他人自由、生命，应该充当最后一道防线的角色，不可以越位。比如，对组织考试作弊的行为，运用行政或民事制裁手段即可起到同样效果的，则没有必要将其入罪，否则，就会带来犯罪圈的极度膨胀，超出司法应有的承载能力。对于逃税行为，只要行为人能主动补足税款，缴纳滞纳金，并接受行政处罚，就可以增加行为人或单位的违法成本时，则没有必要将其视为犯罪。（2）对于一种行为，刑法有必要对其规定为犯罪，但是在较低惩罚的情况下，

就可以满足民众的报应情感或实现预防犯罪之目的时,则没有必要动用死刑或长期自由刑。比如,对于盗窃行为,即使数额特别巨大,采取长期自由刑既可以起到隔离排害作用和预防犯罪功能的,则没有必要动用死刑;对于情节较轻的绑架,在10年以下有期徒刑范围内,即可以满足被害人的报应情感和实现犯罪预防目的时,则没有必要把绑架罪的法定最低刑规定为10年有期徒刑。

如何避免刑罚过剩,需要借助比例原则。在比例原则看来,刑法作为人类控制犯罪的基本工具,是其他法律的保障法,具有补充性与经济性,其中,补充性意味着只有在其他法律构筑的防线崩溃之时,刑法充当第二道防线,是社会正义或定分止争的最后手段,而经济性意味着当惩罚犯罪带来的成本远远大于因此而获得的收益时,刑法应该止步,以避免损害刑法权威。比例原则源于法律体系的内在规律,当代法律体系与古代法律体系不同,存在明确的刑法、行政法、经济法等部门法划分。随之而来的问题是,刑法与行政法、经济法等之间的界限是什么,如果一种行为可以由刑法与其他法律调整,但刑法所取得的效果并不比其他法律更优的话,那么立法者应如何抉择?对此,比例原则从国家权力与公民权利的辩证关系出发,主张国家权力的行使应以对公民权利侵害最小的方式为之,当行政法、经济法对某种行为的干预也可以取得相同或更好效果时,刑法就没有必要再介入,因此,对避免刑罚过剩意义重大。

(二)比例原则有利于实现罪刑规范的合理配置

现代刑法的任务在于保护法益,实现罪刑规范之合理配置的前提是把犯罪化的标准建立在法益论的基础上,无法益保护的真实性、必要性与价值性,则没有必要将其规定或解释为犯罪。

犯罪的本质是一种具有严重法益侵害性的行为。刑法、行政法与民法等均有法益保护的任务,那么何种法益应成为刑法保护的对象。有学者指出,法益有先法性法益、宪法性法益和刑法性法益之分,刑事立法意义上的法益只能是宪法性法益,刑事司法意义上的法益是刑法性法益。[1] 笔者认为,这种区分具有一定的意义,但并没有建构完整意义的法益论。作为前提,法益侵害说、规范违反说、义务违反说和社会危害性说作为一种理论建构,都只是一种言说工具,而不是一种真理,关键是看那种言说工具更具有说服力。如

---

〔1〕 参见刘孝敏:《法益的体系性位置与功能》,载《法学研究》2007年第1期。

果法益论只停留在刑法的任务在于保护法益,这并没有多大意义,它只能靠学术权力而存续。不同的法学家完全可以建构不同的理论来解释犯罪化的根据,往往那个法学家的群体更为庞大,则该种学说就会有更多的人接受,比如,四要件论、三阶层说就是如此。因此,我们必须慎重思考法益论如何为犯罪化提供根据,以及如何为法官或司法机关解释刑法提供入罪与出罪解释的标准。

法益如果从概念上理解,就是法律所保护的生活利益、公共利益和国家利益,它主要涉及三个层面的问题:一是法益保护的真实性,即刑法赖以保护的生活利益、公共利益和国家利益是否为真实,如果法益保护并不具有真实性,如果是立足于媒体的报道或夸大,引发民众虚妄的集体意识,从而对立法者构成压力,比如,对医院贩卖挂号的行为、组织考试作弊的行为、虐待动物的行为等,基本上是基于媒体报道与夸大其词,不明就里的一般民众会在网络上唤起保护这些法益的主张。在民主立法时代,这些虚妄的集体意识容易带来激情立法或案例立法。二是法益保护的必要性。现代法律体系被严格地区分为刑法、行政法、经济法等不同法律部门,刑法自身的保障法角色,意味着一种破坏法益的行为,如果必须纳入犯罪圈,则必须符合比例原则要求的必要性,如果某种破坏法益的行为,行政法或经济法等也可以取得相同或相似的效果,则这种法益并不具有法益保护的必要性,刑法不可以将其规定为犯罪。比如,对单纯酒驾行为,只要交警积极地、认真地履行自己的职责,完全可以减少酒驾,并避免酒驾造成严重事故,单纯酒驾行为并无入刑的必要。三是法益保护的价值性。刑法不仅保护个人法益,而且涉及国家法益、公共法益,对个人法益而言,何种行为具有法益的破坏或破坏的危险,则主要是一个民众的共同价值观问题,是一个与国家任务无关的领域,国家不可以借助意识形态等把国家的价值观强加于一般民众,比如禁止堕胎、禁止吸毒、禁止赌博、禁止同性恋、禁止秘密的性聚会等,这些禁止性的规定,从民众共同价值观的立场上,是不具有法益保护的价值性的。

(三)比例原则有利于弥补刑法之谦抑性的不足

刑法应具有谦抑性,是我国刑法理论的共识。作为一种理论建构,它和比例原则具有相似之处,两者均主张刑法应当作为社会抗制违法行为的最后一道防线，能够用其他法律手段调整的违法行为尽量不用刑法手段调整。[1]但两者也有不同，比例原则是立足于宪法意义上的公民基本权利对刑法意义上犯罪与刑罚设定的制约作用，反对不符合比例原则的犯罪设定与刑罚种类，它不仅架设了宪法与刑法之间的母子关系，强调宪法上公民的基本权利对刑法意义上犯罪与刑罚设定的制约，而且相比于刑法的谦抑性理论来说，是一个更具有制度价值的宪法原则，对刑事立法与刑事司法具有"强制性的约束力"。因此，可以弥补刑法之谦抑性的不足。

当然，比例原则作为罪刑关系配置的基本原则，如若想充分发挥其功能的话，则有赖于其下三项子原则的规范建构，即将比例原则之下的适当性原则、必要性原则和法益均衡原则予以规范化，使其成为比例原则适用中的三个基本判断标准：目的正当性、手段必要性以及限制妥当性。其中，目的正当性要求刑法只有出于保护"重要公益"及以上之目的才可以对公民个人自由进行限制，以免以维护公益为名不当侵犯公民个人自由。手段必要性意味包含着两个逻辑相关的内容：相同有效性与最小侵害性。前者要求若有非刑罚手段可以达成立法目的情况，应选择非刑罚手段；而后者则要求刑事立法对公民权利的限制压缩到最低极限。而"限制妥当性"则需要无可避免地进行法益或利益的权衡工作——衡量达成目的所带来的收益，是否大于限制个人自由所带来的损失，即需要我们确定刑事立法对基本权利的侵犯程度，以及所获得利益大小与分量。[2]

比例原则构成了刑事立法的边界，对犯罪设定具有强力制约。立法是司法中"案多人少"的成因之一，化解"案多人少"的矛盾，需要立法者重视比例原则在犯罪界限与标准判断中的法治意义，比例原则要求刑事立法理性区分刑事不法与行政不法，把不具有法益保护之必要性的行为拒斥在犯罪圈之外。其中，后果考察构成了比例原则适用的前提，通过后果考察，如果刑法适用的结果是弊大于利，则不宜实现该行为的犯罪化。刑罚目的并非积极的犯罪预防，而是消极的事后处理，立法者不可以在主要犯罪已经构筑防线的基础上，再去惩罚次要犯罪以实现预防主要犯罪的目的。同时，其他法律在没

---

〔1〕参见姜涛：《激励、效能、谦抑：二元化犯罪模式的法理审视》，载《时代法学》2010年第3期。

〔2〕参见姜涛：《追寻理性的罪刑关系：把比例原则植入刑法理论》，载《法律科学》2013年第1期。

有建构制度性事实并证明其构筑的防线崩溃时,立法者不可以违背“无先而后”的逻辑规则,将其直接规定为犯罪。此外,比例原则对刑罚结构调整也具有解释力,比如,德国基本法第102条即基于比例原则而废除死刑,它规定:“法治国原则与人性尊严的连接,乃要求刑事处罚必须合乎比例、有意义并且是有节制的。”[1]既然无期徒刑可以替代死刑,并能发挥死刑的作用,那么,就没有必要再规定死刑。[2] 更何况所有刑罚都应该保持再社会化的可能,无期徒刑也具有再社会化的功能,是故,无期徒刑的制度仍不算是违反比例原则。[3]

（四）比例原则有利于合理架构宪法与刑法的关系

我国《刑法》第1条规定,刑法制定与适用必须依据宪法。长期以来,刑法依据宪法制定与适用成为一句空话、套话。在十八届五中全会之后,宪法实施成为国家治理能力现代化的主题词。习近平总书记2014年9月5日在庆祝全国人民代表大会成立60周年大会上的讲话中指出:“宪法是国家的根本法,坚持依法治国首先要坚持依宪治国,坚持依法执政首先要坚持依宪执政。我们必须坚持把依法治国作为党领导人民治理国家的基本方略、把法治作为治国理政的基本方式,不断把法治中国建设推向前进。”2012年12月4日在纪念现行宪法公布施行30周年大会上的讲话中指出:“全面贯彻实施宪法,是建设社会主义法治国家的首要任务和基础性工作。宪法是国家的根本法,是治国安邦的总章程,具有最高的法律地位、法律权威、法律效力,具有根本性、全局性、稳定性、长期性……任何组织或者个人,都不得有超越宪法和法律的特权。一切违反宪法和法律的行为,都必须予以追究。”法治中国是法治国家建设的新表述,其基础是宪法权威的维护,法治中国的实现方式与保障是宪法的全面实施。[4]

就宪法与刑法的关系而言,立法者在增加新的犯罪或刑罚时,必须要重视宪法有关重视公民基本权利对犯罪设定的制约意义。公民的基本权利与犯罪、刑罚等国家公权力之间是一种互斥关系,属于公民的基本权利范畴的

---

〔1〕 Vgl. Scholz in:Maunz/Durig,GG,Art. 102,Rn. 9.

〔2〕 Vgl. Jarras/Pieroth,GG,3. Aufl. ,1995,Art. 102,Rn. 1.

〔3〕 BVerfGE 45,239/245

〔4〕 参见张羽、程子龙、李萌:《树立宪法权威　建设法治中国——中国人民大学法学院教授韩大元访谈》。

行为,则不能再属于刑法以公权力设定的犯罪或刑罚范畴。[1] 具体来说,这种互斥关系具体体现有二:(1)属于公民的基本权利的范畴,则国家有义务采取积极措施去保障这种权利的实现,而不是动辄利用刑罚等国家公权力去限制公民的基本权利,也不能无视公民的基本权利,把性质上属于合法行使基本权利的行为解释为犯罪。比如,言论自由本就是说错话的自由,如果说的都是对的,那就不叫言论自由。既如此,司法解释把发表不实言论并被转发500次以上的行为,规定为寻衅滋事罪等,就是一种违反宪法规定的行为。(2)不可以把公民基本权利与国家公权力混为一谈,如果一种行为属于公民基本权利的范畴,则不能将其理解为属于国家公权力的范畴。比如,科研自由作为公民的基本权利,是一种典型的社会权,不仅意味着公民按照自己的兴趣、爱好从事科研,也意味着国家需要提供相应的物质条件,以保障公民能够现实地从事科研。就此而言,科研经费是科研自由的必要组成部分,科研人员侵占科研经费的行为就不是犯罪。

比例原则的上述功能,对正确认识刑法在国家治理现代化中的功能具有重要意义。在提倡社会治理的当下,我们需要正确评估刑法在国家治理现代化中的功能。刑法是社会治理手段之一,也是破坏力最大的手段,刑法中的犯罪不是越多越好,而是越少,社会越文明,刑法中的刑罚不是越重越好,而是应当走向轻缓化。没有对比例原则的认识与运用,我们很难架设宪法与刑法、刑法与行政之间的关系,难以正确认识法律体系之调整对象的内在规律,往往会扩大刑法的社会控制功能,从而带来严重的“刑罚肥大症”现象。在重视法治在国家治理现代化中作用的当下,比例原则因能正确处理国家权力与公民基本权利、手段与目的、刑法与其他法律等之间的关系,而应成为刑事立法与司法的“帝王原则”。

三、比例原则作为刑事立法与司法的“帝王原则”

刑事立法与司法应以比例原则为“帝王原则”,是刑法在国家治理现代化中之功能定位的具体运用,它意味着刑法修正与刑法解释也成为治理的范

---

[1] 当然,这并不排除公民行使基本权利的方式会构成犯罪的情况,比如,以非法剥夺他人自由的方式所要自己的劳动报酬,获得劳动报酬,是公民的基本权利,但如何以刑法禁止方式实现的话,则会涉嫌非法拘禁罪等。

畴，治理理念不仅意味着刑法体系的现代化，需要尊重刑法与其他法律的内在规律，而且意味着刑法实施能力的现代化，需要认真对待刑法解释。

（一）比例原则与刑事立法的边界

立法是司法中"案多人少"的成因之一，化解"案多人少"的矛盾，需要立法者重视比例原则在犯罪界限与标准判断中的法治意义，比例原则要求刑事立法理性区分刑事不法与行政不法，把不具有法益保护之必要性的行为拒斥在犯罪圈之外：后果考察构成了比例原则适用的前提，通过后果考察，如果刑法适用的结果是弊大于利，则不宜实现该行为的犯罪化。刑罚目的并非积极的犯罪预防，而是消极的事后处理，立法者不可以在主要犯罪已经构筑防线的基础上，再去惩罚次要犯罪以实现预防主要犯罪的目的。同时，其他法律在没有建构制度性事实并证明其构筑的防线崩溃时，立法者不可以违背"无先而后"的逻辑规则，将其直接规定为犯罪。

其一，刑法中的犯罪设定不可以违反"无先而后"。刑法是其他法律的保障法，具有二次性与补充性，当其他法律构筑的制度防线崩溃之时，且具有严重的法益侵害性，则刑法需要将破坏法律制度的行为纳入刑法调控范围。刑法作为治国理政的重要工具，刑事立法必须遵循法律体系的内在规律，正确划分不同法律部门的调整范围及其判断标准，从而形成和维护符合犯罪控制与人权保障目标的基本秩序。比如，在行政法或民法没有将某种行为纳入调整范围之前，或虽然已经纳入，但并没有事实证明其他法律构筑的防线崩溃之前，刑法就不可违背"无先而后"的逻辑规则，而直接将该种行为纳入刑法的调整范围。对此，国内学者已有一定的学术自觉，胡启忠教授指出："'立罪至后'是先贤理论的逻辑归结，也是刑法谦抑理论的逻辑结论，还是本体论上的人性要求，因而应是金融刑法立罪的基本逻辑规则。"[1]刑法中的犯罪一般被区分为自然犯与法定犯。法定犯是基于法律规定而构成犯罪的情况，有学者指出，我国当前正处于法定犯时代。[2] 如前所言，比例原则要求坚持刑罚手段的最后性，当运用行政、经济等法律手段可以达成相同效果或更优效果之时，则刑罚手段就没有必要适用。以《刑法修正案（九）》增加的"组织考试作弊罪"为例，这一新的犯罪与最近几年发生的替考事件屡禁不止有关，但该

---

〔1〕 胡启忠：《金融刑法立罪逻辑论——以金融刑法修正为例》，载《中国法学》2009年第6期。

〔2〕 储槐植：《要正视法定犯时代的到来》，载《检察日报》2007年6月1日，第003版。

行为是否已达到必须用刑罚手段惩罚的程度,是立法者在对替考行为犯罪化之时,必须要慎重思考的问题。如果这种行为没有被行政法所强力规制,或者运用行政手段即可达到预防目的,立法者则没有必要把替考行为纳入犯罪的范畴。

其二,刑法中的犯罪设定应重视二元化犯罪模式。就概念而言,二元化犯罪模式是一种以犯罪化为后盾保障行为积极履行义务或弥补被害人损失,并在行为人积极履行义务或弥补被害人损失后不以犯罪处理的犯罪模式。它是犯罪化与非犯罪化的统一,其中,非犯罪化是优先模式,即在符合法定条件的情况下,不追究犯罪人的刑事责任。而犯罪化是保障,即在不符合法定的非犯罪化的情况下,又要追究刑事责任。这一犯罪模式集中体现在刑法第201条有关偷税罪的立法中,即"有第1款行为,经税务机关依法下达追缴通知后,补缴应纳税款,缴纳滞纳金,已受行政处罚的,不予追究刑事责任;但是,5年内因逃避缴纳税款受过刑事处罚或者被税务机关给予二次以上行政处罚的除外"。在这里,因"补缴应纳税款,缴纳滞纳金,并且接受行政处罚"而导致的非犯罪化是一个向度,而因"不补缴应纳税款,或不缴纳滞纳金,或不接受行政处罚"而导致的犯罪化则是另一向度,这是一种"行政处罚优先的非犯罪化"和"刑罚处罚保障的犯罪化"并存的犯罪模式。[1] 二元化犯罪模式立足于功能责任论,强调犯罪治理的法律后果与社会效果,对非自然人对象的犯罪具有十分重要的意义,它强调被害人在犯罪治理中的积极参与及其对犯罪认定的制约意义。毕竟,犯罪治理不仅在方式上强调从强制走向协商,而且从过程上强调公民参与式犯罪治理,而不是单纯的政府主导式犯罪治理。[2]

如何合理地组织对犯罪的反应,这不仅是一个刑事政策问题,也是一个刑法意义上的犯罪圈与刑罚强度与种类的设定问题。二元化犯罪模式所描述的法律图景,是一种良好的、健康的社会秩序的再建构过程。法律是社会控制手段中的一种,而刑法则是法律手段中的一个维度,刑法作为宪法的具体化,只是社会控制中的辅助性机制,因此在其他社会手段无法控制某种乱

---

〔1〕 参见姜涛:《激励、效能、谦抑:二元化犯罪模式的法理审视》,载《时代法学》2010年第3期;姜涛:《在秩序与自由之间:刑法父爱主义之提倡》,载《江淮论坛》2015年第1期。

〔2〕 竹立家:《社会转型与国家治理现代化》,载《科学社会主义》2014年第1期。

象之时,刑法才介入。如果迷信刑法万能,企图使刑法承担起矫正一切社会乱象的责任,则是夸大了刑法的作用,会出现刑法适用中的神话,不但会出现不合比例原则的刑事司法资源浪费,而且还与宪法规定的人权原则背道而驰。也因此,我们除了以非犯罪化和刑罚轻缓化来减轻司法机关在诉讼社会背景下的负担之外,还可以考虑采用二元化犯罪模式,以刑罚之从属性,来解决部分行政犯的治理问题,二元化犯罪模式不仅能够满足刑法上设置行政犯之目的诉求,而且较好地体现了刑法谦抑原则,因而是行政犯之犯罪模式的理性选择。未来的刑法修正案应适当扩展二元化犯罪模式的适用范围,具体可以考虑在纯正的贪利性行政犯中实行。〔1〕

其三,刑法中的刑罚种类调整应避免"刑罚过剩"。刑罚过剩意味着刑法对个罪规定的法定刑太重,对实现预防犯罪的目的并无价值,而是单纯把这种过剩的刑罚用来满足报应犯罪的需要。刑罚过剩现象,这是一个报应主义所主张,但为预防主义所抛弃的概念。从全球范围内,刑法轻缓化乃是大势所趋,有学者指出,"德国现在有超过50%的刑事案件通过非正式的'转处'途径处理,真正以正式刑罚途径处理的只有一小半;而这一小半中又有高达80%以罚金处理,另14%处以缓刑,监禁的仅6%"。〔2〕 过重的刑罚不仅对预防犯罪没有必要,而且会造成国家资源的重大浪费。不然看到,自《刑法修正案(八)》以来,"限制死刑、提高生刑"成为刑法修正的基本路向:限制死刑不仅具体体现为废除了22个具体个罪的死刑,而且对死缓后执行死刑的适用条件、绑架罪适用绝对确定的死刑进行了严格限制;提高生刑也包括两个方面的改变,即刑法修正案提高数罪并罚情况下有期徒刑的最高执行年限,即由原来的最高20年改为25年,同时,在贪污罪中首次增设终身监禁,即被判处死刑缓期执行的,人民法院根据犯罪情节等情况可以同时决定在其死刑缓期执行二年期满依法减为无期徒刑后,终身监禁,不得减刑、假释。

笔者认为,"死刑过重"是一个客观存在的现实问题,但"生刑过轻"并不是符合刑法发展趋势的命题,也不是一个符合犯罪治理理念要求的命题:其一,提高生刑不符合刑罚轻缓化发展趋势。刑罚发展史是一个从野蛮到文明

---

〔1〕 参见姜涛:《行政犯与二元化犯罪模式》,载《中国刑事法杂志》2010年第12期。

〔2〕 刘仁文:《见危不救入刑引争议 立法审慎因忧"刑罚过剩"》,载《解放日报》2011年12月21日。

的进化过程,刑罚轻缓化即是刑罚文明的体现,刑罚轻缓化不仅意味着死刑的逐步废除,而且意味着长期自由刑应当予以纠正,以免造成刑罚过剩,毕竟,对于大部分犯罪的判刑而言,并不是为了实现犯罪预防,而是满足国家或被害人的报应情感。过长的刑期对实现预防犯罪并无多大用处,反而助长民众的报应意识,对刑法文明发展不利。其二,不能满足一般预防的需要。就一般预防的实现而言,立法者必须正确对待惩罚概率和惩罚强度之间的关系,惩罚概率意味着被发现的机会,惩罚强度意味着被发现后判处的刑罚量。重视惩罚的概率,乃是刑罚必然性、及时性的另类表达。提高犯罪惩罚的概率,这是增加犯罪风险的最重要维度,也是合理组织对犯罪的反应的需要。[1]其三,终身监禁往往是一种比死刑更为残忍的刑罚。"好死不如赖活着",是国人的口头禅,但事实并非如此,贝卡利亚坦言:"终身苦役同死刑一样也是痛苦的,所以,它也同样是残酷的。我认为:如果把苦役的受苦时间性加在一起,甚至是有过之而无不及。"[2]终身监禁意味着罪犯要在监狱生活一辈子,没有任何出狱的希望,是一种更为残忍的刑罚。与此同时,还会极度增加国家改造罪犯的成本和监狱改造罪犯的难度。

其四,刑法不宜为预防主要犯罪而规定次要犯罪。随着风险社会命题被提出,刑法保护的早期化与抽象化,成为当今不少国家刑事立法发展的趋势,不仅将造成法益危险的行为(比如、危险犯、预备犯等)列入可罚性的范围,而且还会将抽象危险作为犯罪证成的判断依据。观察刑法在现代风险社会中的角色问题,日本学者提出三个特征:(1)处罚早期化。在风险社会中,风险是随时随地存在的,既然风险是客观存在的,就有实现的可能性,刑法越早介入这种危险的预防,则更加有利于保障市民安全,因此出现了"刑法处罚早期化"的趋势。(2)处罚严厉化,即为了有效地抑制风险的发生,必须以严刑峻法来加以抗制。(3)处罚扩大化。由于危险遍布在各个生活角落,发生在各个领域中,因此刑法介入必然出现扩大化趋势。不仅在日本,这也是世界各国刑法在风险社会之下所呈现出来的特征,而此在经济刑法的发展中表现尤甚。[3]其中,处罚的早期化意味着立法者以惩罚次要犯罪的方式预防主要犯

---

〔1〕参见姜涛:《废除行贿罪之思考》,载《法商研究》2015年第3期。

〔2〕[意]贝卡利亚:《论犯罪与刑罚》,黄风译,中国大百科全书出版社2008年版,第47页。

〔3〕参见姜涛:《风险社会之下经济刑法的基本转型》,载《现代法学》2010年第4期。

罪,比如,为了预防重大交通事故罪而规定危险驾驶罪。

笔者认为,刑法保护的早期化并不必要,刑法中的抽象危险犯并无正当性根据。抽象危险犯意味着行为人实施一个在观念上被视为危险的行为,即可构成犯罪,它并不考量现实的、具体的危险,其目的在于通过刑罚制裁,预防行为所带来的实害。我国刑法新增的抽象危险犯,最典型的莫过于酒驾。一如我们所知,《刑法修正案(八)》实现了酒驾入刑。然而,由于其犯罪门槛低,自2011年5月1日至今,全国每年平均处理酒驾犯罪10万起,占全国每年处理犯罪的七分之一左右。目前,危险驾驶罪已经超过盗窃罪,成为名副其实的、新的"犯罪之王"。作为前提,立法者在实现酒驾入刑时,没有借鉴德国、我国台湾地区的具体危险犯模式(必须是达到不能安全驾驶的程度),而是只要符合醉酒的要求,不管是否能安全驾驶机动车,就构成犯罪。理性地看,预防交通事故罪并不需要以酒驾行为犯罪化的方式实现。有数据显示,"自2011年醉驾正式入刑以来,公安机关严格管理、严格执法、广泛宣传。4年来,全国查获酒后驾驶违法行为150万起,发生涉及酒驾道路交通事故的起数和死亡人数较'醉驾入刑'前同比分别下降25%和39.3%"。[1] 值得注意的是,酒驾道路交通事故的起数和死亡人数下降并不是救驾入刑的功劳,而是公安机关查处酒驾犯罪的功劳。也就是说,只要公安机关严格查处酒驾,即使酒驾没入刑,也会导致这种结果。立法者以次要犯罪实现主要犯罪并无正当性根据,反而每年给10万左右的民众贴上犯罪标签,带来就业、入伍等社会难题。

(二)比例原则与刑法解释的限度

比例原则的价值诉求乃是人权保障,刑法涉及人的生命、自由等基本人权,自然应该以必要为前提,如果采取其他手段可以实现相同或相似目标,则刑法应当止步。比例原则对刑法解释具有制约意义,刑法解释应以形式解释为主,以实质解释为例外,确立有利于被告人的原则,并不可以去填补刑法漏洞,以免构成对人权原则的破坏。

其一,刑法解释应以形式解释为原则,以刑法实质解释为例外。形式解释并不意味着法条主义,而是对罪刑法定原则的坚守。在犯罪化扩张解释在司法实践中泛滥的时代,坚持形式解释是具有现实意义的,刑法解释应立足

---

〔1〕 刘子阳:《权威披露典型危险驾驶行为特点》,载《法制日报》2015年12月2日,第004版。

于刑法文本的文义，尊重立法者的立法意图，这是刑法之保守性的体现。就当前刑事司法实践来看，无论是“两高”颁布的司法解释，抑或法官在个案中对犯罪边界的解释，往往都存在明显的实质化倾向，前者如前述“两高”对非法经营罪、寻衅滋事罪的解释，后者如法官对“事前通谋”的解释，把两人之间电话联络即视为事前通谋。实践当中，这种扩大化的解释会因为政治需要、民意而牺牲刑法理性，刑法自古以来就是一门受政治影响最深的法律，政治家与一般民众不论是否对国家、社会有共同的理想，他们最迫切追求的秩序与利益分配的愿景，都会反映在刑法上。比如，严厉惩治受贿行为，在政治家与一般民众之间就较易达成共识，也因此，司法实践把作为受贿罪客观要件的为他人谋取利益，首先降低为承诺为他人谋取利益，然后又降低为“明知他人有请托事项而收受他人财物”，存在明显的实质化倾向。尽管这种改变有利于反腐败，但却动摇了刑法根基，突破了罪刑法定原则的边界，因为立法者在97刑法制定中，立法者原意显然没有包含这些情形，而是解释者根据案件实际情况进行“与时俱进”的解释。

其二，刑法实质解释论应确立有利于被告人原则。刑法中有诸多的不明确概念，比如行凶、情节恶劣、不及时报告等，这些概念自身的含义是什么，不仅立法原意难以证明，而且完全可能随着时代更替而被赋予新的含义，因而蕴含着刑法实质解释的空间。一般而言，实质解释有两个面向：一是有利于被告人的实质解释。比如，立足于家庭伦理对刑事不法的阻却，把丈夫在婚姻存续期间违背妻子意旨实施的性交行为，解释为非罪；立足于绑架罪之法定刑比较重，把索债为目的实施的控制人质行为解释为非法拘禁罪。二是不利于被告人的实质解释。比如，把以欺骗手段实施的对价购买美容服务的行为，解释为诈骗罪或强迫交易罪；把轻微的殴打而因行为人特异体质导致的死亡，解释为过失致人死亡罪。无论是主张目的解释，还是客观解释，都可能出现这两种结果。德国学者认为，“罪疑唯轻原则并不适用于对法律疑问之澄清，判例（BGHSt14，73）认为，罪疑唯轻原则只与事实之认定有关，而不适用于法律之解释。因此，当法律问题有争议时，依一般的法律解释之原则应对被告为不利之决定时，法院亦应从此见解”。[1] 可见，这一观点主张在遇到法律疑问时，不能将有利于被告人作为解释原则。毋庸置疑，刑法自身是有

---

〔1〕［德］Claus Roxin：《德国刑事诉讼法》，吴丽琪译，台湾三民书局1998年版，第145页。

不明确概念所组成的,面对这种不明确,司法难免遇到法律疑问,比如许霆案引发的盗窃罪、信用卡诈骗罪、侵占罪、无罪等争议。法律疑问意味着刑法规定与案件事实之间无法实现无缝对接,而不是单纯的事实不清、证据不足,如果是后者,我国刑事诉讼法已经明确"事实不清、证据不足"应当做无罪对待。而法律疑问原则上属于立法者的过错,及立法者规定不明确导致案件事实与法律规定之间无法无缝对接,对此,不能由被告人"埋单",否则,在具体实施中则可能带来刑法解释的扩张化适用,导致立法与司法的双重不正义。

其三,刑法解释不可以填补刑法漏洞。现代法治强调司法权对立法权的尊重,司法权不可以僭越立法权而进行立法化的解释。立法者并不是神,难免存在疏漏。同时,立法在前,社会发展在后,随着社会发展中新问题、新情况的出现,立法就会形成法律漏洞。然而,刑法漏洞和刑法的不明确性之间的边界是什么?这是一个长期为法学家思考但又没有得到彻底解决的问题。从刑法的稳定性与灵活性之相统一的原则出发,刑法中的概念并不属于绝对明确的,而是相对明确的。就刑法用语来说,任何刑法概念都是由固定含义与边缘含义所组成的。那种不符合构成要件明确性要求的刑法用语,则属于刑法中不属于漏洞的漏洞,比如前述欠缺基本范畴的不明确条款,看似这类条款具有高度的灵活性,但却不符合构成要件明确性原则,属于无效条款。张明楷教授指出:"真正的刑法漏洞是不可能通过解释来填补的,换言之,即使某个行为值得科处刑罚,但只要刑法没有明文规定,就必须得出无罪结论,不管是形式解释论者还是实质解释论者,在这一点上不会有区别。"[1]我国现行刑法第236条规定的强奸罪为例,刑法明确把把本罪的构成要件界定为"违背妇女意志",而把违背男性意志而事实的强迫性交等行为排除在外,对此,解释者就不可以把该行为解释为犯罪。同理,在刑法中兜底条款没有基本类型涵摄范围的前提下,司法解释不断扩张本罪的犯罪圈,等同于以刑法解释方法填补刑法漏洞,并不有利于提高立法者的立法能力与立法质量。

法治是国家治理现代化的关键,法治的要义在于通过限制国家权力,以保障公民权利。对国家权力而言,应强调"法无授权不可为";对公民的基本权利,要重视"法不禁止即可为"。如何把法治落实在刑事立法与刑事司法中,坚守刑法的保守性,是国家治理能力现代化的必要组成部分。如果把刑

---

〔1〕 张明楷:《实质解释论的再提倡》,载《中国法学》2010年第4期。

法的保守性比作一块“坚石”，那么比例原则就是一杆“魔杖”，通过这杆魔杖，可以化解我国现行刑事立法与司法中犯罪化扩张带来的“案多人少”的矛盾。思考刑法在国家治理现代化中的功能，需要思考比例原则对刑法治理体系现代化的变革意义，比例原则主张刑事立法与司法应固守目的正当性、手段必要性及限制妥当性，是通过对国家权力与公民基本权利之间辩证关系的准确界定，明确刑法与宪法、行政法之间调整对象的内在规律性问题，并以此进行刑法理念与罪刑规范的根本性再造，因而成为刑事立法的边界与刑法解释的限度。

区域家事司法审判机构专门化研究

——以江苏家事法庭建设为对象的分析

陈爱武　夏正芳*

内容摘要：近年来随着江苏经济的持续发展以及女性地位的提升，婚姻家庭领域的纠纷不仅类型多样，而且数量持续保持高位，约占整个民商事案件总量20%左右。婚姻家庭案件不仅涉及当事人之私益，更涉及家庭秩序、社会秩序之公益，因此，不能采取简单化的非黑即白的裁判方式，需要探索适合家事案件审理和裁判的专门方式，这就是家事审判专门化的改革，家事法庭建设是家事审判专门化的一种重要举措和表现形式。江苏在这一方面已经进行了近五年的探索，全省两级法院已经建立起多元化的家事审判法庭样式，取得了较大的成效。当然，江苏家事法庭建设也还存在一定的问题，包括在家事法庭的设置理念、方式以及运作效果等方面还存在一些差异；家事法庭的形态多元不统一；缺少顶层设计等。为此，必须针对问题寻求解决路径，江苏省高级人民法院应当承担起江苏家事法庭建设顶层设计的重任，并在认可苏南、苏中、苏北存在差异的前提下根据当地的历史、文化传统等灵活进行规制，最终使家事纷争能够通过专门化的家事法庭得到圆满妥当的解决。

关键词：家事法庭；家事审判；江苏省

---

* 陈爱武，南京师范大学法学院教授，南京师范大学中国法治现代化研究院、江苏省校外研究基地“司法现代化研究中心”、江苏高校区域法治发展协同创新中心、南京师范大学现代司法研究中心兼职研究员。夏正芳，江苏省高级人民法院民二庭庭长，江苏省校外研究基地“司法现代化研究中心”兼职研究员。

与一般民商事纠纷相比,家事纠纷是一种复合性的复杂纠纷,它不仅涉及家庭成员之间的身份关系纷争,还涉及身份人之间的财产关系争议;不仅涉及成年人之间的争执,还涉及未成年子女的利益保护;不仅涉及法律上的争议,还可能涉及当事人情感上、伦理上的纠葛。正因此,世界上很多国家和地区不仅为家事纠纷设置了单独的程序制度,而且还设计了以家事法庭(院)为主要形式的家事审判专门机构,以实现该类纠纷解决机制的特殊价值与功能。

江苏作为我国经济较为发达的省份之一,在经济发展的同时,家事案件的数量近年来也呈现不断上升的态势,根据我们的调研数据,江苏全省民事案件的前三位分别是民间借贷、婚姻家庭、道路交通事故赔偿。婚姻家庭纠纷与人民群众休戚相关,为社会所普遍关注,审理好婚姻家庭案件是人民法院保障和改善民生,维护社会和谐稳定的重要内容。有鉴于此,本文拟通过对江苏家事法庭建设进行专题研究,为江苏家事纠纷的妥善解决提供理论支持和制度平台。

一、江苏省婚姻家庭案件的基本态势与特点

(一)案件数量居高不下

近年来,江苏民事案件数量呈现"井喷式"的上升态势,婚姻家庭案件也一直保持在高位。比较一下 2010 年至 2013 年江苏全省法院婚姻家庭案件的受理情况,可以发现婚姻家庭案件每年均在 10 万件以上,在传统民事案件中仅次于民间借贷案件,位列第二,在同期民事案件总量中始终保持 1/6 以上的较高比例。同时,案件数量较为平稳,2012 年比 2011 年的收案数量略有下降,2013 年收案数量虽同比上升了 14.81%,但在同期民事案件总量中的占比与 2012 年基本持平,约为 15.35%。[1] 2015 年全省法院分别新收和审结婚姻家庭一审案件 121,090 件和 118,915 件,跟前几年比较,稳中上升。参见下图 1。[2]

---

〔1〕 本文中的数据来源由两个:一是江苏省高级人民法院民一庭条线的数据汇总,二是来源于作者专门为本文写作进行的省内各地级市的专项调研。

〔2〕 下图 1 资料来自网络报道:《江苏法院向社会通报婚姻家庭司法保护状况》,http://www.js.xinhuanet.com/2016-03/07/c_1118258045.htm,2016 年 4 月 1 日浏览。

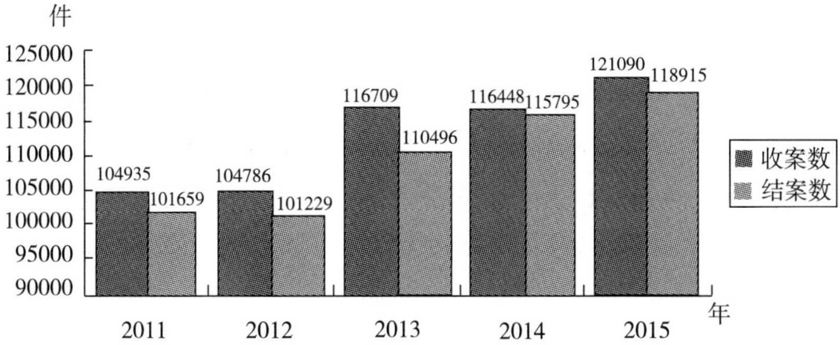

图1　2011～2015年江苏法院婚姻家庭案件一审收结案情况

(二)案件类型日益多元化

近年来,在婚姻家庭领域出现的新类型案件越来越多,呈现的特点主要有:(1)在离婚案件中,要求确认或否认亲子关系的纠纷增多。伴随着离婚诉求的提出,当事人一方或双方一并提起亲子关系鉴定请求,要求确认与孩子是否存在亲子关系,或是一方以孩子不是自己亲生子女为由,要求离婚或是要求重新分割财产。南京和苏州地区法院都受理过经鉴定发现子女是非亲生子女,进而在离婚诉讼中要求配偶返还子女抚养费和赔偿精神损害抚慰金的案件。(2)子女姓名纠纷争议大。主要是离婚后直接抚养子女一方要求子女改姓遭到对方拒绝而引发诉讼,或是离婚后直接抚养子女一方再婚,要求子女随继父姓而引发诉讼。(3)隔代探望权纠纷屡有发生。无锡两级法院审理了全省首例失独老人"隔代探望权"纠纷案,并裁决支持失独老人"隔代探望权"诉讼请求,产生了积极的社会反响,该案入选江苏法院2015年度典型案例。[1] (4)出现老人精神赡养纠纷。江苏在2009年已经步入老龄化社会,随着流动人口增加、外出打工群体日益庞大及家庭结构趋于核心化、小型化,空巢家庭越来越多,留守老人越来越多,老人的精神情感需求越发强烈,但这一需求在现实中却屡屡被子女忽略,引发纠纷。如扬州中院曾经统计,近五年来,全市法院审理的赡养案件仅110件,且有下降趋势,但其中老人提出精神赡养诉求的有二十余件次。(5)"婚外恋"引发情债纠纷。随着物质生活水平的提高和不良思潮的冲击,"婚外恋"的比例呈上升趋势,随之引发大量情

---

〔1〕 参见网络报道:《江苏省高院向社会发布2015年度典型案例》,载 http://www.js.xinhuanet.com/2016-01/14/c_1117775317_10.htm。

债纠纷。此类纠纷多以借条、“青春损失费”“分手协议”的形式出现，既有合法配偶主张赠与无效的诉请，也有赠与方要求返还的纠纷，还有“小三”要求继续履行的案例。此类纠纷既涉及对夫妻财产权的保护，又涉及对出轨者的归责，而婚外恋这种关系本身即违反了公共秩序和善良风俗，增加了处理此类纠纷的难度。(6)离婚后财产纠纷诉求新、标的大。特别是对房屋拆迁后的利益分配、企业产权、股权、经营权、土地承包权等财产的分割成为离婚案件的焦点和难点。据扬州中院反映，该市 2011 年新类型财产分割案件达 100 件，与 2007 年相比增长了 2.27 倍。

(三)离婚案件在婚姻家庭案件中高居榜首

从全省各市情况看，离婚案件在整个婚姻家庭类案件中所占比重最大。各市法院审结的离婚案件数占婚姻家庭纠纷的比例保持在 90% 上下。

如扬州市各基层法院 2010 年新收离婚纠纷 5225 件，占婚姻家庭纠纷案件的 90.49%；2011 年新收离婚纠纷 5374 件，占婚姻家庭纠纷案件的 88.93%；2012 年新收离婚纠纷 5389 件，占婚姻家庭纠纷案件的 89.47%；2013 年新收离婚纠纷 5984 件，占婚姻家庭纠纷案件的 88.99%。其他数量较多的案件类型主要有：登记离婚后财产纠纷、抚养、扶养关系纠纷、抚育费纠纷及赡养纠纷。在继承类纠纷中，法定继承纠纷则占据继承类纠纷的主要比例。全市各基层法院 2010 年新收法定继承纠纷 62 件，占婚姻家庭纠纷案件的 63.92%；2011 年新收离婚纠纷 137 件，占婚姻家庭纠纷案件的 77.84%；2012 年新收离婚纠纷 144 件，占婚姻家庭纠纷案件的 79.56%；2013 年新收离婚纠纷 169 件，占婚姻家庭纠纷案件的 72.84%。徐州市两级法院的婚姻家庭案件也有着同样的情形，离婚案件数量在婚姻家庭类案件中一直处于首位，且呈现新的特点。从数量上看，离婚案件近四年都高居婚姻家庭类案件数量首位，且案件数量呈逐年上升势头。

徐州市婚姻家庭纠纷一审案件统计表(统计数字均为结案数)

类型 年度	总数(件)	婚约财产纠纷	离婚纠纷	离婚后财产纠纷	抚养、扶养关系纠纷	赡养纠纷	继承纠纷	其他
2010 年	8871	214	7005	164	286	136	290	776
2011 年	8896	177	7242	159	273	162	239	644

续表

年度＼类型	总数（件）	婚约财产纠纷	离婚纠纷	离婚后财产纠纷	抚养、扶养关系纠纷	赡养纠纷	继承纠纷	其他
2012 年	9115	192	7351	200	232	148	285	707
2013 年	12,072	265	9713	208	404	121	435	926
合计	38,954	848	31,311	731	1195	567	1249	3053

淮安市两级法院统计的数据呈现出同样的规律，即离婚纠纷占婚姻家庭案件绝对多数。据统计 2010 年该市一审离婚案件占整个婚姻家庭类案件的比例为 72.68%，2011 年占 75.11%，2012 年占 76.74%，2013 年占 80.73%。

省内其他地区的两级法院与上述法院的情况基本类似。

（四）离婚案件的原因复杂，处理难度大

从近年受理的离婚案件来看，导致夫妻离婚的原因多种多样，既包含有双方因文化背景、家庭环境、脾气性格等诸方面引发的不和谐，也有因生理缺陷、经济纠纷乃至赌博、吸毒等因素导致的家庭矛盾。呈现出以下几个新的特点：（1）“闪婚族”因婚前缺乏了解，草率结婚，感情基础薄弱，“闪婚闪离”占有相当的比例。在抽样调查中，“闪婚闪离”的离婚案件占全部离婚案件总数的约 14%。

（2）因“婚外恋”导致夫妻离婚的比例越来越高。盐城亭湖区法院曾经统计，2008 ~ 2010 年该区受理离婚案件 897 件，因第三者插足引起的有 278 件，占 31%。

（3）离婚案件反复诉讼多。据不完全统计，在离婚案件中，两次或两次以上起诉离婚的占到 20% 左右。由于在很多情况下，一审法院对第一次起诉离婚的当事人，一般不会轻易判决离婚，而为了达到离婚目的，一方当事人往往屡败屡诉，不达离婚不罢休。

（4）离婚案件中夫妻共同财产认定难。我国实行的法定财产制为婚后所得共同制，有些财产涉及婚前及婚后，夫妻与家庭共有，夫妻与企业财产关联等，使得夫妻财产认定及分割难度较大。因为随着社会的发展，夫妻财产形态也处于不断变化之中，法律不可能对夫妻共同财产形态作出包罗万象的规定，在婚姻家事案件审判中，一旦涉及一些规定不明确的财产形态，法院如何认定和处理就成为现实的难题，如夫妻关系存续期间的人身保险收益、买断工龄款等，司法解释尚没有明确，实践中也易引起争议。

(5)离婚案件的当事人矛盾更易激化。婚姻家庭案件易滋生、难排查，具有广泛性、复杂性、隐蔽性和突发性的特点，处理不好极易造成矛盾激化。据统计，发生矛盾激化的案件并不是新类型案件或者其他合同纠纷案件，而是传统的婚姻案件。近年来，全省法院在审理离婚案件时，当事人矛盾激化导致情绪失控的事件时有发生，给法官增加了很大压力。北京马彩云法官的惨案，至今令人悲痛和难以置信，行凶人即是她处理的婚姻家庭案件的当事人。

(6)与家庭其他成员的矛盾导致离婚的案件增多。很多难以调处的离婚案件，其主要矛盾不在夫妻双方，而在于双方父母的积极参与，使得矛盾进一步激化，这在"80后"，尤其是"85后"的小夫妻离婚纠纷中比较明显。"80后"多为我国施行计划生育政策后出生的独生子女，他们的成长倾注了父母过多的关心，这种"关心"往往"不自觉"地干预了小夫妻的日常生活，甚至介入小夫妻的矛盾中。实践中，相当一部分父母不能客观公正地处理子女的感情问题，纵容自己的孩子而忽略对方感受，最终使与父母之间的矛盾转移到夫妻之间，导致小夫妻矛盾加大，日积月累，夫妻感情最终失和，最后不得不以离婚收场。

(7)外出务工人员离婚案件增多。随着经济的快速发展，随之而来的工作机遇也越来越多，许多夫妻都依据自身的情况分地打工，给以前相对稳定的婚姻关系带来较大的冲击。日益增多的留守妇女使得夫妻双方因两地分居而缺乏感情交流与沟通，渐渐产生距离，与此同时，许多人因精神空虚而感情出轨，最终这类婚姻因难以维持而走到尽头。

(8)老年人离婚案件增多。根据扬州市调研的情况看，在老年人离婚案件中，九成以上为再婚老年人离婚。离婚的原因主要是双方子女为财产或继承等问题干预老人婚姻，离婚时对财产分割争执也较大，既伤害老人的感情，影响晚年幸福，又可能诱发一系列社会问题。〔1〕

(五)婚姻家庭案件涉案财产金额大，认定分割难

数据显示，2010年江苏全省婚姻家庭案件中涉案财产标的金额为

---

〔1〕 参见网络报道：《江苏扬州婚姻家庭纠纷案件5年上升近千件，离婚占9成》，载 http://jsnews.jschina.com.cn/system/2012/03/07/012872003.shtml，最后访问日期：2014年11月2日。

202, 193.72 万元,而到 2013 年,涉案财产标的金额则增加到 281, 087.10 万元。且随着经济社会的发展,人们拥有的财产类型已经发生了根本性的变化,除了传统的存款、房产、汽车、家电等有形财产之外,知识产权、股权、债券、保险、"出嫁女,入赘男"的承包经营权甚至网络权益、虚拟财产等引发的争议也越来越多。现行法律尚无法适应这种变化,缺少规制,给法院处理案件带来难度。突出的问题是,夫妻一方在其家族企业中所拥有的公司股权如何认定和分割;夫妻一方婚前出资,婚后还贷的房屋权属如何认定与分割;夫妻一方的父母不是出全资购买的房屋登记在自己子女名下,由夫妻共同还贷的房屋如何认定财产权属与分割;网络虚拟财产能否继承或分割;汽车牌照能否继承,等等,上述案件引发的问题,成为法院裁判中较为棘手的难题。

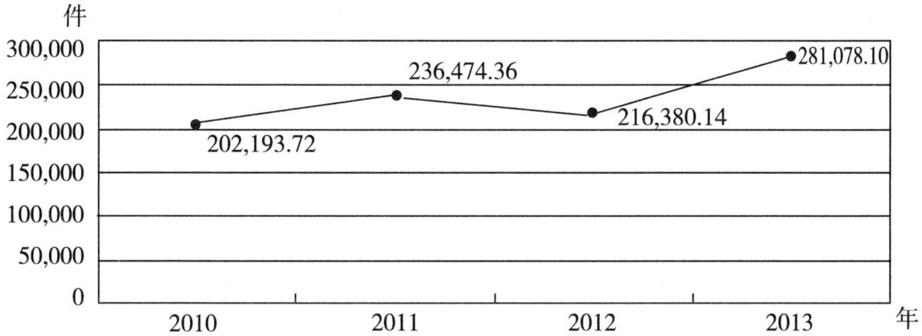

(六)家事纠纷的调解撤诉比率较高

婚姻家庭纠纷多源于日常生活,渗透着较多的情感和道德因素,具有鲜明的身份性、道德性和伦理性,很难用权威性的裁判来分清是非,因此在婚姻家庭纠纷案件审理中,全省各级法院坚持"调解优先、调判结合"的理念,按照既保障离婚自由,又反对轻率离婚的原则,引导当事人以友好协商的方式理性解决纠纷,最大限度地保护婚姻家庭的稳定,纠纷化解方式呈现出调撤为主的鲜明特点。统计数字反映,2010 年至 2013 年全省法院民事案件调撤率平均在 67.80%,而婚姻家庭案件则达到 72.23%。在民事侵权、民间借贷、劳动争议、道路交通事故赔偿争议等占比较大的民事案件中位列第一。另据南京市中级人民法院院长工作报告的数字显示,2013 年南京两级法院一审审结家事案件 9581 件,调解撤诉率为 63.86%。[1]

---

〔1〕 参见胡道才:《南京市中级人民法院工作报告》(2014),载 http://www.jsfy.gov.cn/ztlm/lh2014/gzbg/2014/01/17082856991.html,最后访问日期:2015 年 12 月 10 日。

二、从家事纠纷到家事法庭——家事审判机构专门化的理论依据与现实动因

法院审判是解决纠纷、实现正义的场所。为了更有效率地解决纷争，法院审判的专业化分工越来越细密，从全能审判到刑事、民事审判的具体分工，又从大民事审判细分为传统民事案件审判、商事案件审判、知识产权案件审判等具体分工，婚姻家庭案件一般被放置在传统民事案件审判庭进行审判，尽管各类传统民事案件统一由民庭进行审理，有一定的历史合理性，但在纠纷处理日益专业化的背景下，由民庭综合处理家事纷争已经不能满足民众对家事裁判的合理期待，尤其是江苏近年来，家事纠纷不仅数量一直处于高位徘徊，而且纠纷类型不断扩展，如果不进行家事审判专门化的改革，家事审判的特殊功能和价值难以得到有效实现。

首先，一般民事审判庭，其最重要的职能是在双方当事人不能自行解决争议时，通过现实的裁判控制双方的激烈争端。而家庭纠纷要求法官不仅要消弭冲突、强行化解纠纷，还要有"治疗性"的司法理念，法官必须和家庭成员共同努力，为妥善解决家事纠纷提供积极且持久的方法，也即法官应当妥善处理双方当事人之间的交流困难，挽救感情破裂情形下的当事人与其他家庭成员的关系。这些要求是传统审判庭法官力所不能及的，只有成立独立或相对独立的家事法庭，家事法官才能在专业要求的背景下按照家事纠纷的性质来做妥当处理。

其次，传统民事案件的审判往往通过严格的对抗制来发现案件事实，法官被视为消极的中立人，只能在庭审中被动地听取当事人的陈述和辩论，一般不能主动探知事实和调查证据。而家庭案件尤其是家庭身份关系案件，很难通过庭审对抗来发现真实，因为当事人在对抗式诉讼中常常不由自主地陷于情绪激动的相互攻击中，双方当事人都视自己为家事纷争的受害者，此种情势下，法官反而不能发现真实，正所谓"清官难断家务事"。因此，对抗制不适合家事纠纷之处理，需要再专门的家事审判法庭进行合家事纠纷特质的另类处理，如强化调解、社会参与等。

再次，传统民事案件在审理活动中即使能够发现案件真实也是形式上的真实，是经过剪切后才能纳入法律框架内的个案事实，而且该事实仅仅涉及当事人本人之间的关系，不涉及当事人之外的第三人，法院通过裁判实现的

是抽象意义上的一般正义。而家事纠纷的妥当解决并不局限于个案事实,可以在个案之外寻找双方冲突的根源,它要求法官或者法院透过表象发现案件的客观事实,因为家庭关系尤其是家庭身份关系往往具有较强的公益性,其判决结果不仅涉及当事人本人,还常常涉及当事人之外的未成年子女和其他家庭成员,因此,家庭案件没有"一般的、抽象"的正义可供遵循,它所遵循的是"个别的、具体的"正义。而"具体的、个别的"处理要求赋予法官较大的自由裁量权、职权探知权以及证据调查权。

复次,传统民事审判庭的法官是判决型法官,要求法官是精通法律的专业人士,能严格按照法律适用的三段论模式来作出强制性裁判。而家事纠纷恰恰要求法院采取灵活的、柔性的、个别化的解决方式,因此,特别推崇和鼓励调解,甚至将调解视为法院(庭)处理家事纠纷的主要方式,而调解主导型的审判方式意味着处理家事案件的法官要有特别的职业素养及专门技能,即不仅要具备法律专业知识,更要有洞察家事纠纷产生、发展、变化规律的领悟力和体察力,缺乏生活经验的年轻法官尤其是未曾结婚的法官将难以胜任。

最后,设置家事法庭(院)具有重要意义。从民事审判庭中分化出主管家事案件的专门法庭——家事法庭(或家事法院、家事合议庭、少年与家事审判庭等)对江苏乃至全国的而言,至少有下列益处:

其一,家事法庭(院)体现了"审判职能分化以及行使这种职能的角色分离"的现代化趋势,有利于法院审判制度专门化,实现家事审判专门化和效益化;其二,家事法庭(院)能吸收几乎全部的家事纷争,从而在案件数量上体现规模效应。从理论上说,家事法庭(院)能吸收传统民庭中至少1/3的民事案件工作量,可以大大缓解民事审判庭的压力,使其集中精力承办其他民商事案件,提高审判质量;其三,家事法庭(院)有利于培养家事审判、家事调停、家事调查等方面专门人才。家事法庭(院)是依赖专门人才的专业法庭(院),而专门人才的养成需要有制度化的环境和场所,专门的家事法庭(院)正是承担这一职责的不二选择。

三、江苏家事审判机构专门化的现状

在我国2012年新修订的《中华人民共和国民事诉讼法》中,未对婚姻家庭案件的审理作出特别的程序性规定,而学界和实务界的有识之士早就呼吁建立特别的家事诉讼程序,而有别于普通民事诉讼的裁判理念妥善审理婚姻家庭案件,以实现婚姻法保护妇女、儿童、老人合法权益的基本原则。因此,江苏省高级人民法院在全省条线培训及具体案件处理理念上,要求法官在处理婚姻家庭案件时,不能机械套用民事诉讼"谁主张,谁举证"的诉讼原理,而应充分发挥法官在案件审理中的积极作用,加大法官收集证据和查证的力度,从利益平衡和案结事了的裁判结果出发,不唯效率更重效果,不唯法律兼顾善良风俗,使裁判结果更能充分体现保护弱者的立法目的。

除了更新理念之外,全省法院还在审判实践中积极探索符合婚姻家庭案件特点的审判工作机制——建立家事审判专门机构——家事法庭、家事审判庭或其他家事审判专门机构和人员。

1. 家事审判法庭模式

(1)徐州贾汪区人民法院。2011 年 3 月,江苏省徐州市贾汪区法院试点设立家事审判合议庭,专业审理涉婚姻家庭类案件。家事合议庭由 2 名法官、2 名专业从事心理学研究的人民陪审员组成,另外还特聘 1 名从事妇女儿童维权工作的区妇联副主席担任特邀调解员。2012 年 5 月 2 日,贾汪区法院家事审判庭经过一年试点正式获得该区机构编制委员会批准成立。这是全国首家获得正式编制的家事审判庭。[1] 家事合议庭坚持调解优先、不公开审理、维护家庭成员关系改善与和好以及倾斜保护弱势家庭成员的利益原则。在审判庭的场景布置上,突出浓厚的家庭的温馨和谐气氛,采取"圆桌式"布置。

(2)常州市钟楼区人民法院。近年来,常州钟楼法院每年都要受理大量涉及婚姻家庭继承等纠纷的案件,由于家事案件与老百姓的日常生活息息相关,具有其特殊的复杂性及专业性,需要成立专门的审判组织处理该类案件。为更好地处理此类矛盾纠纷,法院设立家事案件综合审判庭,专门负责审理一般婚姻家庭纠纷案件,与少年案件综合审判庭合署办公(增挂家事案件综合审判庭)。家事庭将受理主要包括婚姻家庭案件中的离婚、子女抚养纠纷、探望权纠纷、赡养纠纷及继承纠纷等案件。

2013 年 2 月 7 日,常州市钟楼区机构编制委员会顺利通过了钟楼法院关于设立家事案件综合审判庭的请示,自此,该院"少年案件综合审判庭"增挂

---

[1] 《全国首个在编家事审判庭成立　"清官难断家务事"将改善》,载 http://www.legaldaily.com.cn/locality/content/2012-05/08/content_3556202.htm? node=34638,2013 年 7 月 26 日浏览。

“家事案件综合审判庭”牌子，成立了全市首家家事法庭，有利于进一步更好的处理家事矛盾纠纷，发挥法院审判职能。[1]

(3)南通市崇川区法院。南通市崇川区法院家事审判法庭成立于2014年8月，由崇川区编委批准设立。家事审判法庭的设立，既为涉讼当事人提供了优质的司法服务，也提高了司法审判的专业化程度。该家事审判法庭具有四个特点：

第一，法庭专门化。一是在崇川法院管辖范围内所有的家事类案件全部集中到家事审判法庭，其他法庭不再受理家事类案件。二是家事审判法庭只受理家事类案件，不再受理其他类型案件。

第二，审判专业化。一是配备专业水平高的审判队伍。目前由5名审判员组成两个审判团队，试行审判权运行机制改革，2名主审法官具有丰富的社会阅历和生活经验，法官均参加心理咨询师系统学习，其中1人已取得心理咨询师资质。二是设置独立的审理程序。制定了《崇川区法院、妇联共建家事法庭的意见》《崇川区法院家事纠纷审判实施意见》。编制了在立案阶段发放的《法官箴言》，以真心、温情感化矛盾双方。建立了预先试行和解制度、专业咨询和辅导制度等，强化依职权调查取证和专业化调解劝导。

第三，调解亲情化。建立治疗式家事调解模式：一是精神抚慰疗伤法，找出家事纠纷发生的深层原因，缓解心理冲突；二是回忆往事疗伤法，引导当事人回忆当初的美好情景，反思当下发生矛盾的原因；三是亲情责任疗伤法，用父母寄语、子女心愿等方式化解对立情绪，提升家庭责任感，帮助走出感情死角；四是专家学术疗伤法，专业心理咨询师提供心理咨询服务，帮助寻找可能修复的情感。

第四，环境布置家庭化。一是涉老类案件调解室，体现温暖感。调解室安静舒适，用“父母”“儿女”等家庭称呼替代“当事人”称呼。二是婚姻类案件调解室，体现温馨感。安排了儿童娱乐区域，既让孩子安全玩耍，又提醒离婚当事人，尽量避免离婚对儿童的伤害。三是专家咨询调解室，体现私密性。适时邀请专家学者、心理咨询师、婚姻家庭咨询师等专业人员，对当事人进行

---

[1] 参见网络报道：《钟楼成立常州首家家事法庭》，载 http://jiangsu. china. com. cn/html/2013/fy_0321/98296. html，2014年3月12日浏览。

疏导,调适心理,调和家庭。[1]

(4)扬州两级法院。针对婚姻家庭案件人身属性强,矛盾外化突出,易诱发民转刑等特点,扬州全市法院早在2011年即推行专业化审判机制,全市各基层法院民一庭中,高邮法院及仪征法院均挂牌成立了婚姻家庭案件审判庭,其他各基层法院及市中院也建立了相对固定、专业的婚姻家庭案件合议庭。同时,为体现对儿童权益的特殊保护,中院和部分基层法院还成立了少年案件审判庭,将所有涉及未成年人权益保护的案件归口少年庭审理。

2. 少年与家事法庭模式

(1)南京两级法院。2013年,南京市中级人民法院积极改革创新,在全省率先成立了未成年人及家事案件审判庭,2013年7月1日正式挂牌。少年与家事法庭是在少年庭的基础上,整合民一庭部分擅长婚姻家庭案件审判的法官共同构成,实际上对原有少年审判资源的继承,并且遴选富有家事审判经验的审判人员,充实到少年及家事法庭。少年与家事法庭分为少年部和家事部两个部分,受理少年刑事案件,涉少刑事案件、婚姻家庭案件等。

在南京中院设立少年及家事法庭的同时,南京个别基层法院也随即组建少年及家事法庭,至2013年年底,南京市两级法院除了溧水区人民法院、建邺区人民法院、栖霞区人民法院以外,其他8家法院均已经成立了未成年人及家事案件审判庭。[2] 未成年人及家事案件审判庭的成立,大大提升了南京市少年及家事审判工作成效,形成了富有特色的少年及家事审判样态。

需要特别说明的是,2014年11月20日,南京溧水区人民法院成立"未成年人及家事案件审判庭"并正式运行。该庭由精选三位骨干女法官组成,主要负责审理涉少刑事、民事、行政案件,以及婚姻、继承等家事案件。[3] 2015年4月21日南京建邺区法院也正式揭牌成立未成年人及家事案件审判庭,专

---

〔1〕 参见网络资料:《南通市崇川区法院家事审判法庭工作呈现四个特点》,载 http://www.jsnxetd.org.cn/index_dev.php/show/token/2fc8d3f7cf33257196a81bd9f5f86e3b.html,2014年11月1日浏览。

〔2〕 参见网络报道:《南京市中院成立少年家事庭维护妇女儿童权益》,载 http://zgjssw.jschina.com.cn/gongzuodongtai/quntuan/201309/t1290429.shtml,2013年12月12日浏览。

〔3〕 参见报道:《溧水成立未成年人及家事案件庭》,载《江苏法制报》2014年11月26日,第A2版。

门审理婚姻家庭、继承、和涉及妇女儿童权益纠纷等的案件。[1] 随后，南京栖霞区人民法院也相继设立少年及家事审判庭。至此，南京两级法院全部设立了少年及家事审判专门法庭。

(2)徐州中院及徐州各基层法院。近年来，徐州两级法院坚持把办理婚姻家庭类纠纷案件作为化解社会矛盾纠纷的重要平台，不断创新机制，积极完善措施，努力探索妥善化解婚姻家庭纠纷的新路径，在妇女维权、家事审判等方面取得显著成效。几年前，徐州法院系统就进行婚姻家庭审判组织形式的创新改革，如在婚姻家庭案件合议庭的基础上，该市法院民一庭均设立了"妇女维权合议庭"，丰县法院设立了全部由女干警组成的华山巾帼法庭，加大妇女维权的组织推进力度。总结推广贾汪法院家事审判模式，全市法院均设立家事审判合议庭，推进婚姻家庭矛盾纠纷案件的专业化审理。

2013 年 8 月 1 日，徐州两级法院全部推行少年家事审判工作并轨，即在少年审判庭基础上，整合少年审判与婚姻家庭案件审判，推广家事少年审判庭，全市两级法院全部设立这一庭室。除了贾汪法院继续保持特殊家事审判之外，其他区县法院在这方面都在尝试家事审判的新举措，成效显著。

(3)镇江京口区人民法院。为适应家事纠纷案件的特点，更好地维护妇女儿童老人的合法权益，2014 年 10 月，京口法院在原少年庭的基础上，更名成立未成年人及家事案件审判庭，这也是镇江市基层法院中，首家获得正式编制的少年家事审判庭。

新成立的未成年人及家事案件审判庭，在少年庭原有的负责未成年人综合审判工作的职能基础上，增加了婚姻家庭类民事案件的审判职能和妇女、老人权益保护的职能。与传统少年审判庭相比，新成立的审判庭受案范围更广，凡是涉及未成年人、妇女、老人权益的刑事、民事和行政案件，该庭都可审理，不仅实现了专业化、集约化归口审判新模式，而且通过深化综合审判，可最大程度、全方位保护未成年人、妇女、老人的合法权益。[2]

(4)淮安、盐城、连云港部分法院。2015 年年初，连云港中院将涉少案件

---

[1] 参见网络报道:《南京建邺法院成立未成年人及家事案件审判庭》，载 http://www.legaldaily.com.cn/index/content/2015-04/21/content_6052549.htm? node=20908，2016 年 2 月 1 日浏览。

[2] 参见网络报道:《京口法院成立全市首家未成年人及家事案件审判庭》，载 http://jsnews.jschina.com.cn/system/2014/10/10/022095732.shtml，2014 年 11 月 2 日浏览。

审判模式发展为少年及家事案件审判模式,成立少年及家事案件审判庭。[1] 为进一步规范和促进家事纠纷的合理化解决,最大限度提高婚姻家庭案件的审判质量,淮安市中级人民法院于 2015 年 2 月成立“未成年人和家事审判庭”。[2] 淮安清河区人民法院随后也组建同样的机构。2015 年 4 月 29 日,盐城中院举行少年家事审判庭揭牌暨少年司法协作签约仪式,实现少年和家事案件综合审判。[3] 2015 年 12 月 28 日盐城市盐都区人民法院在当地区委的领导、区人大的监督和盐城市中院的指导下,第一时间将刑事少年庭的职能和家事案件并轨,成立了“少年及家事案件审判庭”,主要审理少年案件与婚姻家庭等家事案件。[4]

3. 少年庭模式

(1)常州法院。根据课题组在常州的调研情况,常州市基于其少年庭实践在全国的影响和优良口碑,除了钟楼法院以外,两级法院的精力放在少年庭业务的拓展上,几年来,他们在少年庭的改革创新中,不断拓展涉少审判的案件范围,将婚姻家庭案件归入少年庭统合处理,在实践中采取了诸多新的改革举措,取得了不俗的成果。如 2011 年 12 月 10 日,天宁法院少年庭就一起离婚案件中的被告(男)作出全市首例人身安全保护裁定。法院还将裁定送达给天宁区公安分局和天宁区妇联,将事后惩罚施暴者转变为事前保护受害者。另外,常州两级法院在家事审判中,特别注重运用心理干预机制防止家暴的发生。法院在案件审理过程中发现有家暴情形或苗头的,引入心理干预机制,聘请心理咨询师,对有心理阴影的当事人提供心理疏导和心灵修复。帮助分析家庭矛盾产生的原因,夫妻吵闹对未成年人造成的伤害,家庭冷暴力对婚姻的影响,要求当事人学会如何保护自己不受到家庭暴力的伤害,同时对有暴力倾向的当事人进行有针对性的心理矫治,以杜绝家庭暴力行为。

---

〔1〕 参见网络报道:《连云港:发挥职能全力维护妇女儿童权益》,载 http://finance.sina.com.cn/sf/news/2016-03-04/105522730.html,2016 年 4 月 1 日浏览。

〔2〕 参见网络报道:《淮安成立未成年人和家事审判庭》,载 http://jsnews.jschina.com.cn/system/2015/03/10/023960902.shtml,2016 年 4 月 2 日浏览。

〔3〕 参见网络报道:《盐城市中级人民法院少年家事审判庭正式揭牌》,载 http://www.0515yc.cn/newsyc/folder59/2015-04-30/97880.html,2016 年 4 月 2 日浏览。

〔4〕 参见网络报道:《盐城盐都区法院:努力开创少年家事工作新局面》,载 http://www.ncdxy.com/ys/2265665.html,2016 年 4 月 6 日浏览。

常州两级法院家事案件审理机构一览表

项目	中院	基层法院						
法院名称	常州中院	武进	钟楼	新北	天宁	金坛	溧阳	戚区
审理婚姻家庭案件的业务部门	少年庭	少年庭	家事审判庭	少年庭	少年庭	少年庭	少年庭	少年庭
审理继承案件的业务部门	少年庭	少年庭	家事审判庭	少年庭	少年庭	少年庭	少年庭	少年庭

(2)苏州法院。2006年下半年,苏州市中级人民法院被最高法确定为全国17家未成年人案件综合审判试点单位之一。2007年1月,该院正式成立未成年人案件综合审判庭,随后,全市12家基层法院也相继成立了这一机构。因此,苏州两级法院都没有设立独立的家事法庭,也没有家事审判合议庭,家事案件分成两部分,涉及少年的家事案件由少年法庭受理,其他家事案件由民一庭或者民四庭审理。

这里需要特别提及的是,2012年5月7日,苏州"家事审判巡回法庭"由虎丘区法院与虎丘区妇联共同成立,地点设在高新区枫桥街道东浜社区,这是江苏首个"家事审判巡回法庭"。设立"家事审判巡回法庭"的初衷是为了探索家事案件审判的新思路,更好地解决家事纠纷,依法保护妇女儿童的合法权益,最大限度地化解家庭矛盾,促进社会和谐稳定,深化推进法院家事审判调解与区妇联婚姻家庭纠纷人民调解委员会的联合调处工作。

苏州两级法院家事案件审理机构一览表

	中级法院	基层法院(包含人民法庭)			
法院名称	苏州中院	相城区	园区	姑苏区	其他7家法庭
审理婚姻家庭的业务部门	民四、少年庭(涉少)	民一、少年庭(涉少)	民一、少年庭(涉少)	民四、少年庭(涉少)	民一、少年庭(涉少)
审理继承案件的业务部门	民四、少年庭(涉少)	民一、少年庭(涉少)	民一、少年庭(涉少)	民四、少年庭(涉少)	民一、少年庭(涉少)

(3)镇江法院。针对近年婚姻家庭案件数量上升、内容变化等新特点,镇江两级法院树立"家庭是社会的细胞,家庭稳定是社会稳定的基础"办案思想,坚持既公正审案又维护亲情、减少隔阂的审判理念,同时开展家事审判机

构专门化的改革,如部分基层法院由少年庭审理涉少婚姻家庭、继承纠纷案件,部分法院由专人审理婚姻家庭、继承纠纷案件,还有部分法院如京口法院设立了专门的少年家事法庭。此外,特邀妇联有经验干部为陪审员,专责审理婚姻家庭案件,实现双方优势对接,拓宽婚姻家庭纠纷解决方法和途径。

镇江两级法院家事案件审理机构一览表

<table>
<tr><th>项目
法院</th><th>中级法院</th><th colspan="7">基层法院</th></tr>
<tr><td>法院名称</td><td>镇江中院</td><td>京口</td><td>润州</td><td>丹徒</td><td>丹阳</td><td>句容</td><td>扬中</td><td>开发区</td></tr>
<tr><td>审理婚姻家庭案件的业务部门</td><td>民四庭</td><td rowspan="2">少年家事庭</td><td colspan="5">民一庭、人民法庭、少年庭</td><td>民庭、法庭</td></tr>
<tr><td>审理继承案件的业务部门</td><td>民四庭</td><td colspan="5">民一庭、人民法庭、少年庭</td><td>民庭、法庭</td></tr>
</table>

(4)盐城阜宁县人民法院。2014 年 8 月,盐城阜宁县人民法院少年法庭创新审判模式,对管辖案件范围作了科学划分,在该市首家推行少年庭审理家事案件。此次调整使得该院少年法庭受案范围除未成年人涉嫌犯罪刑事案件外,还包括行政诉讼一方为未成年人的行政案件、涉及未成年人权益的民、商事案件以及部分离婚纠纷类家事案件,形成未成年人司法保护网络,全面维护未成年人合法权益。同时,该庭强化对家事审判和少年审判统一管理认识,落实家庭在未成年成长教育中起到的重要作用,并加大对涉少案件的调撤力度,做好相关法律释明,促进离婚、分家析产、抚养继承等家事案件的和谐解决。[1] 不久以后,该县少年庭又改组为“少年及家事案件审判庭”,并于 2015 年 6 月 1 日上午正式宣布挂牌成立。[2]

(5)淮安青浦区人民法院。淮安青浦区人民法院少年庭审判庭自 2015 年 3 月正式受理家事类案件,该庭有专业的审判团队,在审判的同时充分发挥审判职能,注重妇女儿童权益的维护,成功化解一起又一起的婚姻家庭

---

〔1〕 参见网络报道:《阜宁县:首推少年法庭审理家事案件》,载 http://wm.jschina.com.cn/9661/201408/t1541030.shtml,2014 年 11 月 1 日浏览。

〔2〕 参见网络报道:《盐城阜宁法院“少年家事审判庭”正式成立》,载 http://www.js.chinanews.com/news/2015/0602/121022.html。

纠纷。[1]

4. 民庭中的家事审判合议庭模式

（1）盐城部分法院。盐城地区除了盐城市中级人民法院和阜宁县、盐都区法院推行少年及家事案件审判庭审理家事案件外，大丰、射阳、滨海三家法院也开展了专业化审判工作。专业化审判工作的开展主要有以下两种形式：一是挑选了经验丰富的老法官组织专业化合议庭，充分发挥专业优势，依法保护当事人的合法权益；二是由从事多年审判工作、具有丰富审判经验的女法官组成合议庭，专门负责婚姻家庭、继承纠纷审判工作。

从审判经验看，女法官比男法官更擅长也更适合处理婚姻家庭、继承纠纷，尤其是具有丰富人生阅历和审判经验的女法官。因为女法官更为感性、耐心、细致，处理婚姻家庭、继承纠纷时在与当事人的沟通方面具有明显的优势。

（2）南通两级法院。针对婚姻家庭案件数量持续上升，案情日益复杂、矛盾日益尖锐的现实，南通市两级法院近年来积极探索案件分流机制、专业化审理机制，在充分调研论证的基础上，首先在启东法院进行试点，专门抽调三名生活经验丰富的优秀女法官组成婚姻家事审判庭，专门审理家事案件。

南通地区除了崇川区法院设立家事审判专门法庭之外，其他大多数基层法院都设置了婚姻家庭案件专业合议庭，对婚姻、继承等家事类纠纷进行专业化集中审理，合理配置审判资源，衡平裁量尺度，统一评判标准，进一步提高案件质量和效率。

（3）泰州两级法院。泰州两级法院在家事审判实践中，充分利用社会资源，加强与社区、村委会、妇联、法律援助中心等社会组织的沟通联系，发挥社会组织在解决家事纠纷方面的优势，共同参与化解矛盾纠纷，从法律、心理、伦理等不同角度对当事人进行说服和引导。部分法院根据家事案件特点，在民一庭内组建家事合议庭。即在分案之初，庭长就案件的疑难复杂程度进行事先分析，针对较为疑难复杂的案件，配备专业精干的审判人员与人民陪审员组成合议庭，进行集中办案。家事合议庭充分发挥职能，边审边调，寓教于审，将法制教育和家庭伦理教育充分融入庭审当中，最大限度地化解矛盾，定

---

〔1〕 参见网络报道：《江苏淮安清浦法院少年庭至盐河老街宣传反家暴法》，载 http://zgsc.china.com.cn/fz/2016-03-23/479282.html，2016 年 4 月 8 日浏览。

分止争。

2016年3月24日，泰州泰兴市法院为适应家事纠纷案件的特点，更好地维护妇女、儿童、老人的合法权益，成立少年及家事案件审判庭，这是泰州法院系统中首家获得正式编制的少年及家事案件审判庭。[1]

5. 传统民庭审判模式

(1)连云港部分法院。连云港基层法院对家事案件审判的专门机构没有特别设置，婚姻家庭案件主要还是放置在民一、民四庭或者民五庭进行审理。尽管在家事案件的审理上根据此类案件特点采取了相应的专门性措施，如强化家事案件的调解、强化诉讼指导和法律释明、强化对家暴案件的审理，其中东海县人民法院做出了连云港市第一份人身保护裁定，但总体而言缺乏专门化的审判机构和审判人员。

连云港两级法院家事案件审理机构一览表

	中级法院	基层法院						
法院名称	中院	赣榆区	东海县	灌云县	灌南县	新浦区	连云区	海州区
审婚姻家庭业务部门	少年家事庭	少年家事庭	民四或民五	民四或民五	民四或民五	民一	少年庭	家事庭
审继承业务部门	同上	同上	同上	同上	同上	同上	同上	同上

(2)宿迁两级法院。从调研情况看，宿迁市两级法院的家事案件集中在民一庭或者少年庭审理，但已经开始启动专业化审理的改革，主要是采取组建审判单元的形式来实现家事案件的相对专业化审理。目前，该市基层法院中除宿豫区人民法院正在筹划婚姻家庭、继承类案件专业化审判工作外，其余四家基层法院均已开展案件专业化审判工作。

泗洪县人民法院组建新型审判单元，整合民事审判力量，采取审判骨干+初任法官+见习法官+书记员的模式，共组建包括婚姻家庭、普通合同、民间借贷、交通事故、建设工程施工五个审判单元，有效克服传统业务庭室设置存在的力量分散、条块分割、行政管理与审判管理混杂、管理层级多等缺点，

---

〔1〕 参见网络报道：《泰兴法院成立泰州首家少年及家事案件审判庭》，载 http://www.js.xinhuanet.com/2016-03/24/c_1118432107.htm，2016年4月6日浏览。

逐步提高审判水平。

泗阳县人民法院开展集中庭审活动，对婚姻家庭、继承纠纷进行事先排查，初步划分案件矛盾层次。针对第一次起诉离婚的案件或者矛盾较小的婚姻家庭、继承类纠纷，采用集中传唤、集中调解、集中开庭等方式，利用各当事人相互做工作，营造化解婚姻家庭、继承纠纷的和谐氛围，收到良好效果。针对矛盾较大或者多次离婚的婚姻家庭类纠纷，充分征求当事人近亲属意见，采用交叉调解、背靠背调解的方式，建立多元化调处化解婚姻纠纷的机制。

宿豫区法院少年庭在审理婚姻家庭案件中，“注重工作方法创新，用不同于其他民事案件的审理理念审理案件；注重矛盾化解，发挥多元矛盾纠纷解决机制的修复作用，通过调解前置程序，厘清双方争议焦点，对症下药，解决纠纷；加大对过错方惩罚力度，依法保护无过错方的合法权益”。[1]

宿迁两级法院家事案件的审理机构一览表

法院名称	中院	宿城区	宿豫区	沭阳县	泗阳县	泗洪县
审理婚姻家庭案件的业务部门	民一	民一	少年庭	民一	民一	民一
审理继承案件的业务部门	民一	民一	少年庭	民一	民一	民一

（3）无锡两级法院。无锡两级法院在婚姻家庭案件的审理中不断加强对妇女儿童司法保护，在离婚案件的处理上充分考虑女方的态度，在子女抚养、财产分割、住房分配、经济帮助等方面对弱势群体依法给予适当倾斜。针对家庭暴力的隐蔽性带来的取证、认定困难，组成专门合议庭集中审理，并联合当地公安机关、妇联出台实施意见，健全人身安全保护裁定的施行机制，中院及辖区内多家基层法院被授予“维护妇女权益示范岗”称号。如崇安法院于2008年4月创建了“涉及家庭暴力婚姻案件合议庭”，对涉暴案件进行专业化审理，成为最高人民法院确定的九家试点法院之一。合议庭成员定期参加专业培训研讨班，以最高人民法院应用法学研究所《涉及家庭暴力婚姻案件审理指南》为审理参照，并结合审判实践，制定了《关于审理涉及家庭暴力婚姻

---

〔1〕参见网络报道：《宿豫法院召开婚姻家庭案件审理情况新闻发布会》，载 http://jiangsu.china.com.cn/html/jsnews/bwzg/3000359_1.html，2016年4月6日浏览。

案件的实施意见》和《关于婚姻案件涉及家庭暴力的认定规则》，进行专业化审理。自成立以来，崇安法院共受理涉及家庭暴力案件76件，最终确定有家庭暴力情节的15件(调离8件、调和2件、判离5件)，取得了较好的法律效果和社会效果。2013年，该院审结离婚案件154件，其中认定存在家庭暴力情节的4件，占2.6%。2008年8月6日该院还作出全国首份人身安全保护令。

此外，为了解决家庭暴力案件中家庭暴力认定难的问题，2010年下半年，崇安区法院与无锡市妇联、无锡市崇安区妇联、无锡市公安局崇安分局、江南大学、苏州大学、无锡市精神卫生中心、无锡市中院鉴定处、心港心理咨询公司联系，着手设立"反家庭暴力专家委员会"，对涉家庭暴力案件的审理和认定提供专家意见。2012年3月6日，"反家庭暴力专家委员会"正式成立，该委员会由具有反家暴工作经验的法学家、社会学家、心理学家、精神卫生鉴定专家、法医、警察、庇护所工作者等相关领域的专家、学者组成，可作为专家辅助人参与涉暴案件的审理过程，通过观摩庭审、与双方当事人及子女、亲友的沟通，出具专家意见和评估报告，作为法院认定家庭暴力的重要参考。

尽管在涉家庭暴力家事案件审判领域，无锡两级法院的审理专门化、专业化走在全省前列，但两级法院在家事审判机构专门化改革上相对比较滞后。

四、江苏法庭建设的成效及存在的问题

(一)江苏法庭建设的成效

近年来，在婚姻家庭案件领域，江苏各地法院出现了一些共同的现象，即婚姻家庭案件数量不断上升、处理难度不断加大，此外，家事案件中频发的家庭暴力问题、未成年子女保护问题、离婚案件当事人心理调适问题等一直困扰着法官。在这一背景下，江苏各地法院特别注重家事案件诉讼解决机制的改革和完善，探索家事审判机构专门化的改革，希望通过专门的家事审判机构—家事法庭—来实现家事审判的职业化、专业化、人员相对固定化。

(1)从实践情况看，江苏家事审判机构专门化的成效是显著的，具体而言：家事审判机构专门化的改革在全省基层、中级两个层次法院全面推开，除了少数地区的两级法院仍然沿袭传统的民庭(民一庭)审理家事案件外，多数地方的法院都已经根据家事案件的特点，或者成立有编制与民庭并列的家事审判庭，或者与少年庭进行整合成立独立的少年家事法庭，或者在民庭(民一庭)内部为家事案件组建相对固定或专业的家事审判合议庭，这些专业化的举措

为家事案件的妥当解决提供了良好的平台。

无锡两级法院家事案件审理机构一览表

	中级法院	基层法院								
法院名称		崇安	南长	北塘	滨湖	锡山	惠山	开发区	江阴	宜兴
审理婚姻家庭案件的业务部门	民一	民一法庭	民一法庭	民一法庭	民一法庭	民一法庭	民一法庭	民一法庭	民一庭庭	民一法庭
审理继承案件的业务部门	民一	民一法庭	民一法庭	民一法庭	民一法庭	民一法庭	民一法庭	民一法庭	民一法庭	民一法庭

家事审判机构专门化,促进了家事审判人员的专门化和相对固定化,家事审判的专业性更强,家事审判人员能够更加有针对性地进行家事调解和审判。如无锡崇安区法院率先创建"涉及家庭暴力婚姻案件合议庭",无锡北塘区、滨湖区法院也配备由资深法官组成的合议庭,并邀请妇联干部担任人民陪审员,集中审理涉及家庭暴力的婚姻案件。针对家庭暴力的隐蔽性带来的取证、认定困难等问题,能动地发挥法官在个案中的举证责任分配职权,并根据逻辑判断和经验法则,谨慎合理采用优势证据。对于认定为家暴性质的离婚案件,充分考虑受害方的弱势地位,在财产分割上予以适当倾斜。

徐州两级法院在婚姻家庭案件中特邀妇联干部参与调解和陪审工作,据调查和统计,该市法院已经选聘 172 名妇联干部担任法院特邀调解员。2010 年以来,法院通过妇联干部陪审员、特邀调解员办结案件 6210 件,其中调解结案 4968 件。泰州法院也选择优秀女干部担任特邀调解员和人民陪审员,协力处理婚姻家庭类纠纷。

2012 年年初,为解决法官处理家事纠纷片面依赖法律分析的问题,海安法院与县妇联出台了《婚姻家庭纠纷联动调解工作实施意见》,聘请 5 名妇联"舅妈"担任人民陪审员、专职调解员共建"家事法庭",凡是家事案件一律有妇联"舅妈"参与,发挥法官与妇联"舅妈"的各自优势。联动法庭工作形式多样、机制灵活,妇联派出"舅妈"到法院调处纠纷,法院委托妇联单独调解,妇联"舅妈"邀请法官进村居中调解等,构建了县、镇、村(居)三级工作网。该"家事法庭"成立不到一年,就先后受理家事纠纷 596 件,调解成功 492 件,协议履行 303 件,多起矛盾激化、积怨较深的案件在联合调解下得以和谐化解,深受当地干部、群众好评。[1]

(2)家事审判机构专门化,使得法院能够完整提炼和整合家事审判不同于普通民事审判的独特理念和规则,实现家事审判的积极功能。如南京法院建立"归并优先调解制度",即法院在审理家事案件时,依法加大调解力度,引导当事人客观对待纠纷,鼓励当事人通过协商、和解等方式化解争议,最大限度地化解婚姻家庭纠纷。具体举措:一是坚持全程调解。鉴于家事纠纷有别于普通民事案件,南京中院将婚姻家庭案件的调解贯穿于从立案到判决的整个案件审理过程中。二是探索合并调解。对于相互牵连的数起家事案件,法院可依申请或依职权合并调解。同时,若其他民事案件与家事案件具有牵连关系,当事人也可申请将该案件与家事案件共同交由法院进行合并调解。在合并调解的基础上对家事案件探索指定管辖机制,对于同一当事人的相关家事案件原则上由一家法院负责到底、一家法庭负责到底甚至一人负责到底,避免出现相互推诿的情况,保证家事案件的案结事了。

常州法院针对家庭暴力的隐蔽性和私密性,积极调查、大胆采信未成年人子女的证言,将其作为认定家庭暴力是否存在的重要证据之一。

泰州法院家事合议庭充分发挥家事审判职能,边审边调,寓教于审,将法制教育和家庭伦理教育充分融入庭审当中,最大限度地化解矛盾,定分止争。

盐城法院在审理婚姻家庭、继承案件纠纷时,不仅要查明事实,准确适用法律,更要兼顾到人情和社会善良风俗,将法律效果与社会效果有机统一起来,对整个社会起到良好的引导作用。[2]

徐州贾汪区法院在审判实践中总结提炼出"感情预修复、情绪先疏导、视频再教育、甜蜜勾回忆、亲情齐规劝、社会同介入、秘密重保护、案后必回访"的"亲情弥合八步法",形成"播放短片—吃团圆饭—用方便车—社会介入—心理咨询"的独特工作模式,形成家事审判的鲜明特色。

徐州沛县法院少年家事审判庭创新提炼出少年家事审判"五步法"化解矛盾,推动了少年家事审判工作。"五步法"具体包括:其一,庭前阅卷,听意见。案件承办人在接到案件后,及时熟悉案件的相关情况,走访当事人的父

---

〔1〕 参见网络报道:《海安与妇联共建"家事法庭"》,载 http://jiangsu.china.com.cn/html/2012/fy_1113/17621.html,2014 年 3 月 1 日浏览。

〔2〕 材料来源于江苏省高级人民法院民一庭条线专题调研。

母、子女和邻居，并积极听取原承办法官的建议和意见，尽量做到避免部分少年家事案件在庭审中发生较大冲突，影响案件进程。其二，初步调解，定焦点。通过庭前了解，初步制定调解方案，在开庭前首先对双方争议不大的焦点进行及时化解，对于争议较大的焦点，主要通过疏导的方式，让双方当事人换位思考，为下一步调解工作打好基础。其三，庭审温馨，不对抗。庭审中，为避免案件开庭审理时双方形成激烈的对抗情绪，主审法官刻意引导双方当事人，将注意力放在“动之以情”上，防止矛盾激化。其四，多方调解，显实效。在庭审结束后一月内，承办法官对初步调解不成的案件，会邀请妇联、居委会和社会工作者、心理咨询师等组织和人员参与调解工作当中，凝聚合力共同化解当事人双方争议的重点问题，取得了较好的效果。其五，庭后回访，重疏导。针对暂时无法达成和好协议或者双方矛盾仍然较大的案件，进行“冷却”处理，给双方充足的思考空间，待一个月后，会重新组织当事人双方进行调解，确认无法和好后，进行依法判决。[1]

(3)家事审判机构专门化，更好地保护了家事案件中妇女儿童等弱势群体的利益。如苏州法院在抚养纠纷、探望权纠纷等民事案件的审理中尝试引入“第三方”评估机制，即根据案件需要聘请适当的社会人士担任社会观察员，对涉案未成年人开展社会调查，提供更有针对性的保护；在相关案件中经当事人同意后组织具有心理咨询专业资质的人员提供心理干预机制。

南京市中级人民法院在坚持未成年人利益最大化原则的前提下，尝试建立未成年人利益表达制度，确保在未成年子女身心健康不受伤害的前提下保障其权益实现。具体举措有：一是建立诉讼监护人制度。借鉴少年刑事特别程序中的合适成年人参与制度，在子女为案件当事人，但其法定代理人无法出庭或因利益相关不宜出庭的情况下，通过诉讼监护人代理子女出庭参与诉讼，表达子女的独立意志，保障子女权益的实现。二是建立观护制度。借鉴少年刑事司法中的观护制度，在不以未成年子女为当事人的案件中，因涉及子女的切身利益，需要其参加庭审或参与调解的，建立观护制度，由志愿者、社工陪同子女出席，安抚子女的情绪，化解子女的恐惧，为子女提供及时的关怀，保证子女不受他人干扰地表达自己的独立意志，维护自己合法权益。

---

〔1〕 参见网络资料《沛县法院：少年家事审判五步法，化解矛盾效果好》，载 http://www.js.chinanews.com/xz/news/2014/0305/11636.html，2014 年 3 月 1 日浏览。

淮安基层法院与基层妇联联合成立“护法家园工作室”，以女法官为主力军，设置妇女维权快捷通道，与各乡镇村妇联干部开展结对活动。

徐州两级法院全部成立了“妇女维权合议庭”，合议庭由全市法院民一庭和同级妇联权益部共同负责。两级法院还建立“三优先”机制，即对涉及妇女权益案件，坚持依法优先立案、优先审理、优先执行；设立妇女维权诉讼绿色通道，对符合救助条件的妇女维权案件女性当事人依法减缓免诉讼费。

(4)家事审判机构专门化，为防治家庭暴力提供了契机和平台。如南京市中级人民法院借助少年家事庭的专门化优势，建立家庭暴力预防惩治制度。家庭暴力是一种丑恶的社会现象，家事审判要坚决克服对家庭暴力的漠视和推诿等行为，唯有如此，才能切实保护妇女儿童的合法权益，建立当事人对司法的信任。为此，该院采取的具体举措有：一是加强对家庭暴力的认定。2013年该法院下发了《关于贯彻〈江苏省家庭暴力告诫制度实施办法(试行)〉的通知》，根据通知，家事庭法官可以大胆运用公安部门作出的“家庭暴力告诫书”作为证据，认定家庭暴力。同时，对于作出家庭暴力行为的当事人当庭进行法制教育或当庭训诫，对于在法院发生的当场家庭暴力行为直接作出司法拘留决定。二是加强对受害人的保护。对于已经认定的家庭暴力，如加害人继续存在骚扰，干扰受害人的生活，使受害人的健康和生命处于现实危险中，法院可以根据受害人的申请通过签发“人身安全保护令”的方式对受害人加以人身保护，惩治家庭暴力行为。

无锡、常州、扬州等多地法院都针对家庭暴力案件的施暴人开出了“人身保护令”，保护受家庭暴力侵害的妇女和未成年儿童。无锡崇安区人民法院在制作人身保护令的同时，还将保护令的内容抄送区公安局、区妇联，通过当地户籍警、当地妇女干部加大对涉暴当事人的监管力度。同时，该院在受理涉暴案件后，会在第一时间与区妇联取得联系，委托妇联组织进行调解，并特邀妇联工作人员作为合议庭的人民陪审员参与案件的审理。

(5)家事审判机构专门化，使得家事案件审判的形式更加人性化，有利于家事纠纷的圆满解决。家事纠纷的当事人非亲即故，家事纠纷不仅仅是熟人之争，更是亲人之争，因此，如何妥当圆满地解决当事人之间的纷争，不仅需要在纠纷解决理念上进行更新，还需要其他方面的协助和配合，如审判场所及其布置、环境设计等。很多家事法庭在这方面也进行了探索和尝试，取得了不错的效果。如徐州贾旺区人民法院将离婚案件的当事人引导到专门的调解和审判室，该房间采取家居式布置方式，设置沙发、茶几，当事人的称谓，在铜牌上不再显示原告、被告，而是丈夫、妻子，各自坐在法官所坐的沙发左右两侧，三方围绕茶几而坐，工作人员沏上馨香的热茶，对抗气氛明显减少，为法官有针对性地进行调解打下环境基础。

与上述举措类似，南京市中级人民法院基于家事审判所具有的修复性特点，借鉴涉少刑事审判相关做法，在少年家事法庭建立“亲和的圆桌审判制度”，即在家事案件（尤其是家事身份关系案件）的审判方式上，尽可能地运用圆桌法庭，采用圆桌审判方式。圆桌法庭所呈现出来的对等、和谐的审判模式，对于修复当事人之间破损的家事关系，减少当事人之间的对抗性，化解矛盾起到了巨大的潜在作用。

（二）江苏家事法庭建设存在的问题

江苏家事法庭建设尽管取得了诸多的成效，成绩有目共睹，但问题也不容忽视。

首先，家事审判机构专门化的建设缺乏顶层设计，处于“摸着石头过河”，各显神通的阶段。尽管各地采取的改革举措有一定的新意和实效，但难免支离破碎，不成体系，为家事法庭的规范化构建带来了障碍。如从名称上而言，家事审判机构专门化，有家事法庭模式，有少年家事法庭模式，有少年法庭模式，有民庭内部的家事合议庭模式，也有传统民一庭、民四庭进行审理的模式。名称的不同折射出各地法院对于建构家事审判机构专门化的认识理念以及审理范围的差异，如少年家事法庭和少年法庭模式下，不仅受理家事案件，也受理少年案件；不仅受理民事案件，也受理涉少刑事案件乃至行政案件。而家事法庭模式下，则只能受理涉及家庭身份或与身份有关的家庭民事案件，不受理刑事案件和少年案件。

上述差异使得家事法庭的话语体系不在同一个语境下，要建立规范化的家事法庭必然困难重重。

其次，家事法庭的专门化审理理念尽管已经有一定的提炼和整合，但各地法院的经验总结往往比较概括，针对性不强。因为家事案件是一个复杂的案件群，它既包括涉及身份关系的家事案件，又包括与身份相关的财产案件，还包括家事非讼事件、家事附带事件，各类事件的审理理念和要求是不一样的，如对于离婚等涉及身份的案件，审理理念是强调调解、必须调解，但对于婚姻无效案件则禁止调解，对于屡次家庭暴力案件或者严重家暴案件，原则上也不宜调解。再如离婚事件与离婚后果事件(财产分割、子女抚养等)也存在着不一样的审理规则,适用不同程序法理。

不顾及差异而进行家事审判专门化的规则提炼和理念界定是一种粗放式的改革,难以走向深入。

再次,家事法庭的审判人员和辅助人员缺乏科学配置。家事审判机构专门化,不仅内含着审判人员专门化、职业化,还包括家事辅助人员的多元化和实效化。但从我们调研的情况看,很多家事审判庭的专门人员并非根据家事案件的需要,挑选法律水平较高、生活经验丰富、热爱家事审判的人员,而往往是民一庭中较为年轻的法官或者业务能力稍微薄弱的人员担当,这显然违背家事法庭建立的初衷;另外,家事法庭需要更多的社会力量参与,但社会力量包括哪些力量,似乎不甚清楚,比较一致的认识是妇联干部提供支持和协助。但实际上,家事法庭的辅助人员是一个开放的广义概念,它既包括家事案件的社会调解员、陪审员,还包括心理咨询、情绪疏导人员,未成年人陪护人员等,而不仅仅局限于妇联干部。

最后,家事审判机构对于弱者的保护实际效果不明显。在各地调研资料中,各地法院津津乐道的家庭暴力保护令,实际上象征意义大于实际意义,因为一些家事审判机构或人员往往为了家暴人身保护令"零的突破"而积极签发,实际上,家事案件尤其是离婚案件中,关于家庭暴力的认定是极少极少的,如2014年之前,在南京两级法院审理的涉家庭暴力的婚姻家庭案件中,几乎没有一个家庭暴力诉求得到法院的认定,属于家庭暴力"零认定"。而在2011年在江苏省妇联接访的妇女投诉中,家庭暴力约占19%。扬州中院曾做过统计,当事人在离婚案件中主张存在家庭暴力的约占离婚案件总数的30%左右,其中90%以上的受害人是女性。据苏州虎丘法院统计,"2013年至2015年上半年该院共受理婚姻家庭类案件1302件,家庭暴力约占了总数的近六成"。[1]

随着社会的发展,人们对家庭暴力的认知越来越清楚,对家庭暴力零容忍的观念日益深入人心,对家庭暴力案件认定数量也得到了一定的扭转,但仍然偏低,如2013年至2015年三年期间,"宿迁市两级法院共审理婚姻家庭

---

〔1〕 参见网络报道:《别把家暴当作家务事,六成婚姻家庭案件当事人遇过家暴》,载http://sz.sina.com.cn/news/yz/2015-08-31/detail-ifxhkafa9481528.shtml,2016年3月1日浏览。

案件25,538件,但是两级法院生效裁判中认定家庭暴力事实的仅11件”。[1]

法院对家庭暴力认定低乃至“零认定”显然是不正常的,说明家事审判机构仍然遵循着普通民事案件的证明规则,没有遵循家暴案件的举证和认定规律进行斟酌和裁量。

此外,家事审判中儿童保护也常常不到位,没有完整贯彻“儿童利益优先”原则或理念。在实务中,一些法院的家事审判实践仍然或多或少地践行“亲本位”思路作出裁判,如关于夫妻离婚时子女监护人的确定问题,法官往往更多地考量父母物质上的能力和父母的需求,较少关注未成年子女的精神需求以及监护人的心理健康状况,比如双胞胎子女在父母离婚中,法院判决一个跟爸,一个跟妈被认为是最为合适的选择,但这是从父母角度而言的合适,对未成年子女而言,双胞胎的分离可能给他们双双带来精神痛苦和不适,并非最佳的利益选择。

五、完善江苏家事法庭建设的若干设想

江苏家事法庭建设的必要性从各地的家事审判实践看,是毋庸置疑的,一些法院已经走在建设的前列,如徐州贾汪法院,南京中院以及南京8家基层法院,还有一些地方的两级法院正处于家事法庭专业化的建设进程中。基于这样的现状和存在的问题,有必要采取相应的措施,实现江苏家事法庭建设的制度化、统一化、系统化和规范化,为江苏家事审判改革和发展提供平台,也为全国家事审判专门化的制度构建提供参照和智力贡献。

(一)江苏家事法庭建设需要“顶层设计”

江苏家事法庭建设目前呈现出各自为政的格局,尽管江苏由于诸种原因各地经济发展极不平衡,苏南、苏中、苏北经济差别比较大,但在家事审判专门化这一问题上却不存在根本差异,如家事法庭建设率先从徐州贾汪法院脱颖而出,而不是在经济发达的苏南地区的法院,就很能说明问题。

当然,经济发展状况对家事案件的类型和审理要求客观上也会产生一定的差别,如在乡土社会背景尚存的不发达地区的基层法院或者法庭,家事案件可以更多地倚重当地的熟人资源进行调解和劝导,但在经济较为发达的地

---

〔1〕 参见网络报道:《宿迁法院结合实际解读“反家暴法”》,载http://news.sina.com.cn/o/2016-03-02/doc-ifxpvzah8547210.shtml,2016年3月1日浏览。

区以及城市,家事案件可能更需要获得专业人员的支持;再如在离婚问题上,欠发达的农村地区离婚案件,需要做更多的感情疏导和调解,在离还是不离问题上,需要做好经济能力稍微薄弱的女方或者行为较为激烈的男方的工作,避免在离婚判决生效后,一方当事人尽管获得了法律上离婚、经济上离婚,但感情上未能接受离婚,导致判决以后延绵不断的申诉上访或者持续干扰对方生活。而在城市或者发达地区,离婚在多数情况下已经不是家事案件的主导型问题,纠纷解决的重点和难点是财产分割和子女亲权确定及抚养。

基于上述原因,江苏家事法庭建设需要有一个"顶层设计",来指导各地法院推进家事审判机构专门化的建设和改革,这一重任应当由江苏省高级人民法院通过出台专门的指导性文件来完成,即通过指导性文件统筹规划和指导各地家事法庭建设,目的是使各地家事审判、家事法庭建设的改革尝试少走弯路,在路径正确的前提下大胆向前,此其一;其二,结合各地的改革经验,因地制宜,允许多元化的家事法庭样态,而不是仅仅局限于一种模式;其三,对家事法庭建设的内涵进行界定和明确,包括家事法庭的机构设置、人员组成、受案范围、审理方式、裁判规则、对外关系等。

只有在高级法院这一层次上对家事法庭建设进行"顶层设计",江苏家事法庭建设才能有序、稳妥地推进。

(二)江苏家事审判机构专门化的模式选择

1. 现有模式评价

前已述及,目前而言,江苏家事审判机构专门化存在多种样式或者模式,这些模式似乎各有千秋,难分上下。但从应然的层面上说,独立的家事法庭或者少年与家事法庭是当前比较好的选择,由少年法庭附带处理家事案件次之,在民庭中成立家事审判合议庭再次之,在民庭中任命擅长家事审判、经验丰富的法官处理部分家事案件最次。

独立的家事法庭的优势在于名副其实,具有独立编制,与传统民庭分离,能较好地承载家事审判的特殊理念,实现家事审判的特殊目的。

少年与家事法庭,除了具有家事法庭的优势外,还有其他优势,比如案件体量较大,能充分提高少年与家事法庭的审判效益,另外,少年案件的一些审理方法和手段可以与家事审判共享,实现解决家事纷争和涉少案件的统合处理,节约资源。

少年庭处理家事案件,似乎名不符实,容易引发歧义,不利于民众对该法庭的充分利用。

在民庭中成立家事审判合议庭，尽管有一定的专业性，但人员流动性较强，加之合议庭设在民庭内部，必然受到民庭审理思路和理念的影响，不利于形成完整全面的家事审判机制。

在民庭中任命经验丰富的法官处理家事案件，显然专业性较弱，属于临时拉郎配，难以凸显家事审判的特殊性。

尽管在家事审判机构的诸种模式中，家事法庭或者少年与家事法庭这一模式最能体现家事审判的功能和价值，综合效益也最大，但从江苏现有的情况而言，并非实行一个统一的模式为最佳。因为江苏各地经济发展水平极不平衡，加之人们的思想、观念、意识等差异较大，所以，不能强求快速、全面成立编制独立的家事专门法庭，否则会犯急躁病，欲速不达，反而延缓家事法庭建设的进程。

2. 江苏家事法庭设置的总体策略

我们认为，江苏家事法庭的设置可以采取分步走的总体策略，具体而言：

家事审判机构设立的目标应当是在全省设立有编制、独立的综合家事法庭或者少年与家事法庭，家事法庭内部包括处理家事案件的家事部和处理少年案件的少年部，各部设若干审判法庭。在目前的情形下，已经有南京中院及其 8 个基层法院、徐州中院及其基层法院设置了少年与家事法庭，故这些法院只需要进行少年与家事法庭的内涵建设和拓展即可。

已经建立有编制的家事法庭的部分法院可以在发展的基础上，根据本地实际情况，或者与少年庭合并组合形成综合家事法庭，或者通过扩大家事法庭的受案范围来强化和拓展家事法庭的功能。

对于常州等已经通过少年法庭来承担家事审判任务的法院，则需要逐步扩大家事案件的受理范围，理顺家事案件与涉少案件的关系，通过提升少年庭的内涵与容量——最终实现少年法庭与综合性家事法庭并轨；对于苏州地区将家事案件分割后分属民庭和少年庭的做法，两级法院应当尽快进行整合，成立包含少年案件和家事案件的综合家事法庭，实现其可持续发展。

没有设立独立编制的家事法庭，而仅在民庭内部设立家事合议庭的部分法院，应当根据当地家事案件情况，积极稳妥地推进家事法庭或者少年与家事法庭的建立。

没有相对独立的家事审判合议庭，仍然由民庭受理并审理家事案件的连云港、宿迁、无锡等地，应当根据家事审判的特殊性，在基层法院成立相对专业化的家事案件合议庭，由专人负责家事案件的审理和裁判，逐步培养专业化的家事法官及相关专业人员，待条件成熟再改组成立家事法庭。

（三）家事法庭的内部构成

综合性的家事法庭包括处理家事案件的家事部和处理少年案件的少年部，各部设若干审判法庭。在人员配置上，家事法庭除了家事法官和少年法官之外，还将配置兼职的家事陪审员、家事调解员、心理咨询人员等。在具体设施上，除了设法庭外，还应当设置商谈室、调解室、科学调查室等场所。

家事法庭应当有较为稳定的家事法官群体，有符合家事审判要求的相对专门化的兼职陪审员队伍，有相对专业的调查人员，同时，家事法庭还应当继续保持其与社会公益组织和人员的常规联系，使公益组织和有关社会工作者、志愿者能成为家事法庭的协力机关。从我国目前实践看，家事案件兼职陪审员的选定尤为重要，因为家事案件中兼职陪审员往往既能参与调解，又能对案件事实作出合乎生活本质的认定，协助法官作出妥当判决。这方面的兼职人员首选妇联干部，他们的工作职责就是保护妇女儿童和家庭，因此不仅熟悉婚姻家庭纠纷，而且有能力帮助化解家事纠纷；其次是婚姻家庭领域的法律专家、心理学家等专业人员；再次，社区干部或者学校教师等也是不错的选择；最后，普通家庭主妇、退休而又热心家事陪审的人士等。

（四）江苏家事法庭受案范围设定

从比较法视角看，各国家事法庭（院）管辖家事案件的模式有三种[1]：

一是以家庭为单位，管辖与家庭有关的一切案件，此种模式的典型国家是日本、韩国、波兰以及美国的部分州，日本对此规范得最为详细。日本家事法院内设家事部和少年部。家事部管辖家事案件，少年部管辖少年案件。家事法院管辖的家事案件，其范围包括《家事事件法》规定的家事事件以及《人事诉讼法》规定的人事诉讼案件。我国台湾地区也是这一模式的典型，根据台湾地区的“家事事件法”，所有涉及家庭关系的案件分为甲乙丙丁戊五类，每一类又细分为若干种类，共涉及各种家事案件为四十余种。

二是只管辖属于民事案件的家庭事件，对本质上属于犯罪事件的少年事件不能管辖，此种模式的典型国家是英国、德国、法国、新西兰以及美国的部

〔1〕 参见陈爱武：《家事法院研究》，北京大学出版社2010年版，第105页。

分州。如英国家事诉讼法庭管辖的家事案件以婚姻案件为核心,具体包括离婚、婚姻无效、别居、扶养、同居之请求、婚生宣告等事项。[1] 总之,此类家事法庭(院)管辖的家事案件只包括家事领域的部分民事案件,不包括青少年案件,也不包括家庭内的犯罪案件。

三是只管辖家庭事件中的离婚案件。其他家事案件分别按照案件性质有普通法院或者少年法院管辖。此种模式的典型国家是澳大利亚。尽管家事案件的范围包括多种家庭关系案件,但在这诸多纠纷中,离婚案件数量最多、影响最大,如果再加上与离婚相关的事件,则更可达到绝对多数。正是在这一思想支配下,澳大利亚将离婚事件作为家事法院管辖的主要对象。

"他山之石,可以攻玉",比较法资源可以给我们带来启示,在江苏家事法庭建设中,我们可以在结合本土特色的基础上借鉴域外的规定或做法。我们认为,江苏作为全国比较发达的省份,在家事法庭的建构上,应当在整体规划、分步推进的前提下,以较高的标准进行设计和规范。首先,江苏家事法庭应当是综合性的家事法庭,不管名称怎么称呼,其管辖范围应当进行统合一致。其次,家事法庭的管辖应当包括少年案件和家事案件。其中少年案件包括涉及少年的刑事案件、违法案件以及少年被伤害案件、涉及少年的行政案件;家事案件包括婚姻家庭案件、继承案件以及与家庭相关的伤害案件。对于这类案件范围,广东省的相关规定比较明确,如根据广东省《家事审判合议庭操作指引》的规定,家事审判合议庭(含独任庭)主要受理下列案件:(1)离婚纠纷;(2)婚姻无效纠纷;(3)撤销婚姻纠纷;(4)家庭成员间损害赔偿纠纷;(5)抚养、扶养、赡养纠纷;(6)监护权、探望权纠纷;(7)同居关系析产、子女抚养纠纷;(8)收养关系纠纷;(9)确认亲子关系纠纷;(10)分家析产纠纷;(11)离婚后财产纠纷;(12)法定继承纠纷;(13)遗嘱继承纠纷等案件。

我们认为江苏家事法庭涉及的家事案件范围在高级人民法院的设计中可以更加规范和更加细化,具体可以分为几个大的类型:第一,婚姻事件及其附带事件。其中婚姻事件包括离婚事件、婚姻无效、婚姻撤销等,婚姻附带事件包括亲权监护权的确定、子女抚养费、探望权、夫妻财产分割等;第二,抚养、扶养、赡养事件。包括未成年子女索要抚养费纠纷、抚养费增加或减少纠纷;夫妻间的扶养扶助纠纷;老年父母与成年子女之间的赡养纠纷等;第三,

---

〔1〕 林菊枝:《家事裁判制度比较研究》,载《政大法学评论》1976 年第 13 期。

亲子关系事件。包括确认亲子关系、否认亲子关系，确定监护权、变更监护权、剥夺监护权以及终止探望权纠纷等；第四，收养关系事件。包括确认收养无效、撤销收养、解除收养关系等；第五，同居关系纠纷。包括同居关系存续期间财产的分割、非婚生子女抚养、损害赔偿等；第六，离婚后财产纠纷。包括登记离婚或判决离婚后财产纠纷；第七，家庭成员间损害赔偿纠纷；第八，继承和分家析产纠纷。包括法定继承、遗嘱继承、遗赠抚养协议；第九，家事非讼事件。包括宣告失踪、宣告死亡案件，认定公民无行为能力、限制行为能力案件。

结　语

随着家事审判制度的不断发展，家事审判机构专门化已经成为我国司法机构改革的必然要求，江苏区域家事司法审判机构专门化的改革尝试，不仅合乎家事法制改革的潮流，更将为全国家事法庭建设提供可资借鉴的样本，推动我国家事法制现代化进程。

统一刑事法典下的区域法治特色：初步的理论阐释

秦　策　商玉玺[*]

内容摘要：区域刑法法治呈现不同的分析层次。它不仅存在于受不同法系传统影响的国家之中，在联邦制国家与单一制国家之中也会有不同的表现。当下中国的法治实践中，刑事法治的区域性发展也是客观存在的现象，这表现为："区域"视角下的犯罪治理，区域性刑事政策的逐渐生成，地方刑事司法文件的实际效力，刑事司法活动的区域化协作，刑事司法改革的地方性试验与区域式推进等方面。区域刑事法治为国家法治体系的重要组成部分，其法理学的深层依据在于区域经济、文化、社会发展的差异性，以及刑事立法难以自我克服的模糊性与滞后性。探索当下中国的区域刑事法治发展可以从以下路径入手：在中央与地方之间合理分配刑事权力；刑事立法应存在容纳区域差异的空间，有限承认地方立法与司法机构在刑事法适用问题上的"制法"权；坚持犯罪综合治理的总体目标，允许不同区域采取因地制宜的刑事司法政策；支持区域刑事司法改革，鼓励区域刑事司法特色的形成，发挥"刑事司法先导区"的引领作用。

关键词：统一刑事法典；区域刑事法治；区域刑事政策；刑事权力分配

当下中国的社会经济转型与变革推动着区域法治的产生与发展，区域法治发

---

[*] 秦策，南京师范大学法学院教授，博士生导师；商玉玺，南京师范大学2015级博士研究生。本文系江苏高校区域法治发展协同创新中心成果。

展理论不仅成为中国法学与法律界在21世纪初叶的原创性理论而得到广泛地认可，[1]而且，相关的研究也在经济、民商、行政等诸多领域得以展开。然而，区域刑事法治问题却无缘进入研究的中心地带，相对薄弱的文献显示出学者们的谨慎态度。[2]固然，与其他部门法制相比，刑事法制具有高度统一性的特征和需求，但在区域经济发展的进程中，犯罪的区域性治理既是客观存在的现象，也是绕不开的话题。而如何在统一刑事法典与区域刑事法治特色之间寻求平衡，也是事关刑罚权合理运作的重大问题。本文以此为题进行初步探讨，以求抛砖引玉，就教方家。

一、区域刑事法治的分析层次

研究区域刑事法治，首先要确立一定的分析基点，因为在不同的分析层次上，区域刑事法治会展现出不同的现象图景，呈现出不同的运行特点，也会面临不同的限制性条件。

从法治文明的全球化发展的角度，区域刑事法治是一个相当明显的现象。根据法律渊源、法典编纂形式、诉讼程序和判决程式等不同特点，世界法律文明系统可以划分为不同的法系，大陆法系与普通法系是最主要的两个。[3]尽管法系之间不断呈现相互借鉴与移植融合之势，但彼此之间仍然保持着鲜明的区域特色。[4]大陆法系刑事立法以成文法为主，在刑事法治形成过程中强调官方对民间的压制，在诉讼过程中采用职权主义模式，侧重于实体法适用。普通法系有遵循先例的传统，刑事法治形成过程注重官方与民间

---

〔1〕参见张文显：《变革时代区域法治发展的基本共识》，载公丕祥主编：《变革时代的区域法治发展》，法律出版社2014年版，第3页。

〔2〕笔者以“区域法治”为篇名关键词在中国知网上检索（2016年4月2日），共得到161篇期刊论文，而以“区域刑事法治”为篇名关键词进行检索，只得到3篇期刊论文，只占前者数量的1.8%。

〔3〕比较法学家威格摩尔在《世界法律体系概览》一书中，将全世界法律制度按其出现的时间顺序分为十六个法系：埃及法系；美索不达米亚法系；希伯来法系；中国法系；印度法系；希腊法系；罗马法系；日本法系；穆罕默德法系；凯尔特法系；斯拉夫法系；日耳曼法系；海商法系；教会法系；罗马化法系；英国法系。其中埃及、美索不达米亚、希腊、希伯来、凯尔特和教会六个法系已消失，罗马、日耳曼、斯拉夫、海商和日本五个法系已混杂，中国、印度和伊斯兰三个法系已残存。当前只有罗马化法系和英国法系为完整法系。参见饶艾：《也谈法系划分——法系层次及种类》，载《比较法研究》1996年第1期。

〔4〕秦策、黄建兵：《刑事诉讼法治的全球化发展与区域文化认同》，载夏锦文主编：《区域法治发展的文化机理》，法律出版社2014年版，第255页。

互动,诉讼过程采用当事人主义模式,侧重于程序人权保障机能。在世界刑事法治格局下,两大法系超越地区与国家法律现象所形成的门类组合表现出鲜明的刑事法治区域化。

区域刑事法治在经济全球化的浪潮下并没有减弱,反而以另外一种形式得到加强。其突出例证是对跨越国界的贩毒、恐怖主义、生态资源破坏等犯罪的区域协同机制,即有着地缘关系,相似历史、文化法律传统的国家对共同认知的刑事犯罪采取共同治理的策略,并形成了由诸多地区性条约或惯例规则组成的区域国际法。如 1962 年阿拉伯联盟通过的《阿拉伯联盟引渡公约》、1998 年欧洲理事会制定的《关于洗钱行为和搜查、扣押和没收犯罪收益的欧洲公约》等。这种区域国际法有助于构建动态性区域刑事法治,以区域范围大小分为大洲样式的刑事法治、分区域式刑事法治、小区域式刑事法治。〔1〕

区域刑事法治在联邦制国家与单一制国家之中会有不同的表现。联邦制是一种复合制国家结构,联邦成员先于国家产生,成立之时有着自己独特的刑事法律传统。在美国,每个州都有一部刑法典作为自己主要的刑法渊源,即便 1962 年《模范刑法典》公布后,仍有 1/3 的州只是借用《模范刑法典》的风格和形式重新编纂既存原理。〔2〕 在德国,《刑法典实施法》第 1 条第 2 款及第 2-4 条对联邦刑法与州刑法定罪、量刑权做了分配。〔3〕 在单一制的大陆法系国家,地方也可能具有一定的刑事法律自治权,如日本《地方自治法》第 14 条第 3 款有"除法令另有规定之外,普通地方公共团体可以在其条例中设置违反条例者处 2 年以下惩役、禁锢或者 100 万日元以下罚金、拘留、科料或没收之刑罚"的规定。〔4〕 相比于联邦制国家,单一制国家在刑事法治方面的地方或区域特色要弱得多。

中国自秦以来的强大王朝多数表现为高度集权的单一制国家,地方不具

---

〔1〕 联合国对世界政治、经济地理按范围分为国际、区域、分区域、亚区域或小区域四类。参见赵永琛:《区域刑法论——国际刑法地区化的系统研究》,法律出版社 2002 年版,第 4 页。

〔2〕 [美]波尔·H. 罗宾逊:《美国刑法的结构概要》,载《政法论坛》2004 年第 5 期。

〔3〕 [德]汉斯·海因里希·耶赛克等著:《德国刑法教科书》(第 1 版),徐久生译,法律出版社 2001 年版,第 142~144 页。

〔4〕 [日]西田典之:《日本刑法学总论》(第 2 版),王昭武、刘明祥译,法律出版社 2013 年版,第 37 页。

有刑事法律制定权，但这并不意味着现实中刑事法律适用是同质的。考虑到地理、文化、民族等因素，历史上的中央政府在国家统一法之外单设特殊法或条款适用特殊区域，如秦汉的《属邦律》《蛮夷律》，唐朝的《唐律疏议》卷六"化外人"条款，清朝的《蒙古律例》《蕃例条款》等，这些律例或者条款个别化的规则表明在大一统的刑事法治之外还存在少数民族单独适用的刑事法律制度。[1] 当代中国，刑事法律制度同样表现出区域性：一是两岸四地具有不同的刑事法律表达方式，台湾地区与澳门地区属于大陆法系，香港地区属于英美法系，而大陆地区为苏联法律文化和大陆法系刑法文化综合作用的结果。二是《刑法》第90条给予民族自治地方变通适用权，即"民族自治地方不能全部适用刑法文本的，可以由自治区或者省的人民代表大会根据当地民族的政治、经济、文化的特点和本法规定的基本原则，制定变通或者补充规定"。

就以上分析层次而言，刑事法治的区域化特色似乎不难论证，也不会有制度架构与刑事法原则方面的制约因素。但是，民族自治地方之外的大陆地区是否亦存在刑事法治的区域化发展态势呢？我国《宪法》第62条规定，全国人民代表大会行使制定和修改刑事基本法律的职权。《立法法》第8条规定，关于犯罪和刑罚、对公民政治权利的剥夺、限制人身自由的强制措施和处罚以及诉讼方面的事项只能制定法律，由此确立了我国的统一刑事法典制度，以刑事法典以及各种单行刑事法律为核心，我国的刑事法律体系已基本形成。受到罪刑法定原则、人权保护原则的制约，刑事法比其他部门法更强调"法令一统"，呈现出强烈的刚性特征。在此前提之下，关于刑事法治区域化发展的讨论似乎会面临更多的难题，因为这意味着，在统一的刑事法律体系之下，区域间存在不同的刑事法治模式。

为使讨论具有针对性，本文在论证之前对相关概念进行必要的限定与说明：(1)区域的内涵。在地理学科内，区域是一个具有具体位置的地区。[2] 经济学内，区域是指拥有多种类型的资源，可以进行多种生产性和非生产性社会经济活动的一片相对较大的空间范围。[3] 在法科内，对"区域"有三种理解：一是将区域理解为跨行政区划的区域；二是将区域理解为单个行政区

---

〔1〕 陈庆云：《秦汉时期民族关系的法律调整——以〈属邦律〉和〈蛮夷律〉为中心》，载《曲靖师范学院学报》第4期。

〔2〕 [美]R. 哈特向：《地理学性质的透视》，黎樵译，商务印书馆1981年版，第129～130页。

〔3〕 孙久文、叶裕民：《区域经济学教程》，中国人民大学出版社2003年版，第2页。

域;三是将区域既理解为行政区域又理解为跨行政区域。[1] 区域刑事法治为区域法治的“分支学科”,其既立足于地方又超越地方,边界界定为跨行政区域或单个行政区域比较适宜,前者如西部刑事法治,后者如温州刑事法治。[2] (2)刑事的内涵。刑事法治中的“刑事”有广义与狭义之分。广义的“刑事”来自储槐植教授的刑事一体化研究,强调犯罪学、刑法学和监狱学一体化。而传统刑事法仅指刑事实体法(刑法)与刑事程序法(刑事诉讼法),没有将犯罪学、监狱学等学科包括进来,更没有涉及国际刑法等边缘学科。[3] 刑事法治不同于刑事法律,是一项犯罪预防与治理系统性工程,侧重于实然,故区域刑事法治中的“刑事”二字采用广义内涵,主要着眼于刑事司法活动研究。

二、当下中国刑事法治区域性的现实表征

严格来讲,区域刑事法治并非一个纯理论的范畴,亦非源自法律上的规定,它是对社会现实进行归纳与概括的结果。

(一)“区域”视角下的犯罪治理

虽然犯罪的治理需要依仗统一的刑事法制,但是犯罪的状况却并不是那么“统一”,它们往往表现出强烈的“区域”特点。通过探讨犯罪现象在空间上的发生、发展和分异规律以进行预防和控制犯罪,犯罪地理学应运而生。[4] 区域犯罪地理学是其分支学科,重点探讨各国、各区域、各地区中与犯罪活动密切相关的自然与人文地理环境条件与因素,研究犯罪空间分布的历史状况、现状特点和今后的发展趋势,并制定相应的区域防范方针、政策和措施。[5] 在犯罪地理学影响下,犯罪的区域化治理已是一个不争的事实。在宏观上,它表现于跨行政区犯罪治理,如粤滇两省毒品犯罪治理。“金三角”是我国当前毒品市场最主要供给源,而“金三角”的毒品走进内陆或者远销域外

---

〔1〕 刘莘:《区域法制化评价体系与标准研究》,中国政法大学出版社 2013 年版,第 2 ~5 页。

〔2〕 区域刑事法治不限于行政区域,但最终归于行政区域。例如,对藏区刑事法治研究时,藏区的区域范围会弱化行政区属性,突出文化、人口内涵,但对刑事法律适用与犯罪治理工作而言,均为行政区域内的司法机关或行政机关来开展,又回归于行政区域。

〔3〕 邓子滨:《刑事法中的推定》,中国人民公安大学出版社 2003 年版,第 1 页。

〔4〕 犯罪地理学的理论基础是环境决定论,滥觞于 1748 年孟德斯鸠《论法的精神》书中“北方气候致使人民品德高尚,南方气候导致当地人放纵犯罪欲望”的观点。参见孟德斯鸠:《论法的精神》,张雁深译,商务印书馆 1982 年版,第 80 ~85 页。

〔5〕 祝晓光:《论犯罪地理学》,载《人文地理》1989 年第 2 期。

需走“中国通道”,[1]广东省与云南省作为“中国通道”的核心地带,成为毒品集散地与中转站。从全国范围看,粤滇两地的毒品犯罪有特有的流转方式与路线,对两地毒品治理、警力配置、侦查手段应与国家常态形式相区别。比较两地发现在毒源、毒情、毒类方面两者各有不同类型,这要求区域司法机关对两地开展犯罪治理时应体现因地制宜的原则。[2] 在微观上,它表现于小区域化或类区域化的犯罪治理,如城市边缘区域盗窃犯罪治理。与城市中心相比,城市边缘区域居住人员多为农村进城务工人员、城市下岗人员等弱势群体,他们因受教育程度低、物质生活条件恶劣、精神缺乏寄托、人口流动性强等原因,使城市边缘地区成为盗窃犯罪的高发区。为此,当权者治理、预防犯罪时要充分考虑到此地区的人文、地理环境,实施最好的刑事政策,均匀分配社会、文化、经济资源,打造良好的主流文化氛围,同时完善户籍登记制度,减少人户分离现象。[3] 犯罪发生的区域性特点与治理构成区域刑事法治的现象基础。

(二)区域性刑事政策的逐渐生成

刑事政策分为基本刑事政策与具体刑事政策。基本刑事政策是国家或者党对一切犯罪及其他有关危害行为作斗争具有普遍指导意义的方针和策略,如“宽严相济”政策。具体刑事政策针对的对象是特定的犯罪及其他有关危害行为,如对死刑的“少杀、慎杀”政策。对应着基本刑事政策与具体刑事政策的划分,理论上有人将刑事政策分为全国范围内适用的刑事政策与以省级为单元的区域刑事政策。区域刑事政策是在保持刑法规范相对稳定的大前提下,从适用区域和适用对象的不同特点出发,分区对犯罪化行为与非犯罪化行为进行相应的调整,在立法与司法确定明确的、适合本区域政治经济社会发展规律的刑事政策。[4] 概念表明区域刑事政策的形成动力在于区域之间政治、经济、文化发展状况不平衡与区域间常识、常理和常情异质性,形

---

〔1〕 毒品由“金三角”地区走私、贩运到云南、再渗透到内陆地区,通过口岸出关至香港,最后销往欧美国家,这条线路被毒枭们称为“中国通道”。参见祝卫莉:《粤滇两省毒品犯罪特点之比较》,载《广西警官高等专科学校学报》2006 年第 2 期。

〔2〕 祝卫莉:《粤滇两省毒品犯罪特点之比较》,载《广西警官高等专科学校学报》2006 年第 2 期。

〔3〕 丁冠天:《城市边缘区域盗窃犯罪的现状及控制》,载《西南石油大学学报》2013 年第 3 期。

〔4〕 楼伯坤、金炜亮:《区域法治与刑事政策区域化——以“法治浙江”为模本》,载《法治研究》2007 年第 2 期。

成前提是不能与刑事法律规范、原则及国家刑事政策相冲突。实践运行的刑事政策包含刑事立法政策、刑事司法政策与刑事执行政策三个组成部分。刑事立法剥夺、限制的权利客体是公民基本权利,这项权力只能专属于全国人大,地方不能共享。在刑事司法政策层面,区域性的刑事政策逐渐形成:两高授权省级司法机关根据本地区的经济发展状况、社会治安等情况确定财产类犯罪定罪量刑数额标准。标准形成条件实质为刑事政策内涵所考量的政治、社会、经济、文化等要素,其目的在于刑事政策所要求地有针对性地治理、预防、惩罚犯罪。

(三)地方刑事司法文件的实际效力

地方性刑事司法文件之所以出现,是因为现行刑事法律及带有立法性质的司法解释不能满足实践过程中犯罪纷繁复杂性与地区犯罪差异性的需求。在性质上,它属于指导性法律适用文件,是地方司法机关超越个案裁判的集体司法智慧体现。[1] 地方刑事司法文件如同两刃之刀,其活力在于具体、灵活、及时等优势,有利于统一地区的法律适用,有利于缓解司法实践的多样性与法的滞后性和模糊性之间的矛盾。其弊端之一在于它可能僭越司法解释权。2012 年 1 月 18 日"两高"《关于地方人民法院、人民检察院不得制定司法解释性质文件的通知》规定"地方司法机关不得制定在本辖区普遍适用的、涉及具体应用法律问题的'指导意见''规定'等司法解释性质文件",但地方性刑事司法文件如浙江高法 2012 年 11 月 9 日制定的《关于部分罪名定罪量刑情节及数额标准的意见》在浙江省有普遍适用性且涉及法律适用,具有司法解释功能。弊端之二在于其内容的"违宪性"。法律违宪性不仅包括法律文本违反宪法内容而且还包含违反宪法原则或原理,如下位法不得违反上位法。而地方在做出刑事司法文件时会不自觉地违反上位法,如两高及两部 2011 年 9 月 28 日发布的《关于敦促在逃犯罪人员投案自首的通告》(《通告》或称"清网行动")指出"在逃犯罪人员在 2011 年 12 月 1 日投案自首、如实供述自己罪行的,可以依法从轻、减轻处罚或免除处罚"。"清网行动"在地方出现变异,福建省法院、检察院、公安厅及司法厅《关于敦促在逃犯罪人员投案自首的通告》第 3 条增设"最高法定刑 5 年以下可以不予羁押"的规定,而《刑

---

〔1〕 姚毅奇:《地方司法文件之实践理性分析:以刑事司法文件为例》,载《犯罪研究》2015 年第 2 期。

事诉讼法》及《通告》并未提到上述情节可以不予羁押。

（四）刑事司法活动的区域化协作

当前刑事司法活动区域化协作主要表现在刑事案件侦查环节。在普通刑事案件中，随着人、财、物大流通，犯罪呈现动态跨区域化，为提升公安机关维护公共安全和社会稳定的能力，各地公安机关根据区域所在地理位置与存在犯罪类型共性，不断探索区域协作范式及合作空间，在全国范围内形成环首都、东北、西北、泛西南、中部五省、苏浙皖沪、泛珠三角七大区域警务合作机制。在地方出现不同层级的区域合作框架，如 2006 年 7 月 13 日，安徽天长、明光、来安、泗县和江苏六合、金湖、洪泽、泗洪等八家苏皖结合部地区公安局签署成立"盱眙警务协作区"；2007 年 1 月 18 日，广州市公安局与佛山市公安局签订《广佛警务合作框架协议》与《广州荔湾·佛山南海警务合作协议》，共同打击违法犯罪活动。〔1〕 在自侦案件侦查过程中，区域协作机制更多地出现在省内或者地级市内。运作模式为侦查管辖决定权与实际侦查权的分离，案件的初查权、侦查决定权由级别较高的检察院承担，实际侦查权按异地、就近、公正为原则交付下级检察院。〔2〕 区域侦查一体化运作机制合法性在于《宪法》第 132 条确定的检察机关上下级为领导与被领导关系及《人民检察院刑事诉讼规则》第 18 条规定的"上级人民检察院可以指定下级人民检察院立案侦查管辖不明或者需要改变管辖的案件"，其目的在于防止地方干预司法、地方保护主义。

（五）刑事司法改革的地方性试验与区域式推进

中国当代刑事司法改革正沿着自上而下与自下而上的两种截然相反的进路推进。地方自下而上的实验式改革体现出实证实验方法的科学性，印证史密斯所言"在以规则和原则的形式表述社会正义的努力中，发现法律的专家们所用的方法是实验性的"。〔3〕 从司法实践看，地方性司法机关改革实验分为"试点"与"地方自发探索"两种类型。〔4〕 "试点"是最高司法机关为获得

〔1〕 汪勇：《中国区域警务合作研究》，载《中国人民公安大学学报》2013 年第 5 期。

〔2〕 楼伯坤：《区域侦查一体化运作机制原理与设计构想——以贪污贿赂犯罪案件为视角》，载《人民检察》2011 年第 5 期。

〔3〕 ［美］本杰明·卡多佐：《司法过程的性质》，苏力译，商务印书馆 1998 年版，第 11 页。

〔4〕 郭松：《刑事诉讼地方试验式改革的优势与局限性》，载《江苏行政学院学报》2014 年第 5 期。

制度变革的经验,安排地方开展的制度实验,如北京市朝阳区人民检察院与海淀区人民检察院分别实施的“轻伤害案件的和解不起诉”与“未成年犯罪实施暂缓起诉”试点。[1] “地方自发探索”是指地方为贯彻落实刑事法律与中央司法改革精神,事前没有经过上级批准或者授权情形下主动推进的改革。如2014年山东省人民检察院为落实《刑事诉讼法》第174条,《刑诉规则》第93条、第94条、第412条、第493条及最高人民检察院“检务公开”精神,按照“滨州—全省”的布局推广检察宣告制度,对不立案决定、不批准逮捕决定、不起诉决定、撤回抗诉决定、终止审查决定等具有终结性的检察决定,在看守所、检察机关或犯罪地所归属的派驻检察室公开宣告。[2] 地方实验之地与非实验之地在“共时性”折射下表现出区域性,其优势在于可以充分发挥地方司法机关的信息资源,避开刑事诉讼制度变迁过程中的价值争议,为决策者提供学习机会。

三、刑事法治区域性的法理证立

法治的具体性决定区域法治的必然性,区域法治的能动性决定区域法治的现实性,区域是国家法治的基本载体,是实现主权国家法治的具体路径。[3] 区域刑事法治为国家法治体系的重要组成部分,其法理学的深层依据在于区域经济、文化、社会发展的差异性,其法理学现实依据在于刑事立法难以自我克服的模糊性与滞后性。

(一)刑事法规定的模糊性、滞后性与司法的适度能动

我国的刑事法律从法律形式分类属于成文法,天生带有不周延性、不合目的性、滞后性等缺陷。在相对罪刑法定原则下,不周延性表现于法的模糊性或抽象性,司法工作者不能对司法实践中每一类型案件或案件类情节做出明确界定,如对“醉酒”危险驾驶案件缓刑适用条件的理解。法的滞后性表现于法不能解决社会发展所引发的新型犯罪行为。刑事法律的谦抑性要求刑

---

〔1〕 叶青、魏化鹏:《宽严相济与刑事和解程序的思考》,载《我国刑事和解的理论与实践》,北京大学出版社2009年版,第47页。

〔2〕 商玉玺:《检察宣告的理论基础与程序设计》,载《最高人民检察院检察调研与指导》2014年第1期。

〔3〕 夏锦文:《区域法治发展的基础理论研究构架》,载公丕祥主编:《变革时代的区域法治发展》,法律出版社2014年版,第23页。

事法律适用应达到确定、统一的要求，为规范法律适用的协调性，避免同地区案件量刑失衡，互斥的结果使地方性司法机关被动的“能动性司法”，即通过“会签文件、会议纪要、指导意见、地方性规定”的形式对刑事法律适用做出合理阐释，统一区域刑事法律适用。在“醉酒”型危险驾驶罪缓刑适用条件理解中，江苏省高院、检察院、公安厅《关于办理醉酒驾驶案件的座谈会纪要》第22条规定，对出现“两高一部”《关于办理醉酒驾驶机动车刑事案件适用法律若干问题的意见》（以下简称《意见》）第2条规定的从重情节的案件一般不得适用缓刑，而根据上海危险驾驶（醉驾）审判观点汇编，只对于逃逸案件及出现《意见》两种情节的案件才从严控制缓刑适用。[1] 申言之，为解决刑事法律规定模糊、滞后的问题，有关省市（直辖市）根据《最高人民法院关于常见犯罪的量刑指导意见》（2014年）制定了适合本区域的《实施细则》。区域司法机关所制定的《意见》及《实施细则》在统一性之下表现出明显的区域性。

（二）区域性经济发展对刑事司法的推动

改革开放梯度推进的政策带来中国经济的非均衡发展，即便同一地区，受经济区位、经济基础、投资政策、人力资源、投资环境等因素影响，区域内出现经济次区域或亚区域。经济的性质决定法的性质，即马克思所阐释“无论是政治立法抑或市民立法，都只是表明和记载经济关系要求而已”。[2] 经济发展水平决定法的发展层次，即科斯第四定律所论证“不同生产方式，经济对市场的依赖程度不同，相应地，法律对市场的介入程度不同，市场的发育程度不同，决定资本与技术是否成为生产工具”。[3] 因此，在经济转型呈现区域发展的现实背景下，包括立法、司法、执法、监督在内的法律制度必须同步改革，形成以区域经济发展为特色的上层建筑——区域法治。具体到刑事司法，在经济区域化浪潮之下，应找准地区刑事犯罪类型、犯罪特点，因地制宜、因势利导地预防、打击犯罪，为区域经济发展与社会稳定创造环境。前文提到各个省份以区域经济发展实际为基础条件，对财产类犯罪设定了不同的入罪与量刑标准。这一点更突出表现于广东省，该省以辖区经济发展水平不均衡性

---

〔1〕 参见江苏省高院、检察院、公安厅：《关于办理醉酒驾驶案件的座谈会纪要》；《上海危险驾驶（醉驾）审判观点汇编》，《上海审判研究》2016年第22期。

〔2〕 《马克思恩格斯全集》（第4卷），人民出版社1972年版，第121～122页。

〔3〕 蒋爱群：《经济与法律》（上卷），中央编译出版社2014年版，第12页。

为考量因素,[1]将常见财产犯罪定罪量刑标准分为两类,十足表明经济区域性发展对区域刑事司法的制约。

(三)刑事司法与社会变迁之间的互动关系

德国社会学家沃尔夫冈·查普夫认为社会变迁是指社会结构的变化,[2]社会结构变化包括结构转换、机制转轨、利益调整和观念转变四个方面。[3]和平时代的社会变迁采用渐进式模式非整体式推移,在变迁过程中人们的行为方式、生活方式、价值体系会发生明显的变化,致使多样性、多发性、复杂性的社会矛盾产生。弗里德曼强调"对于社会变迁来说,法系统既是反应器又是启动器,而在这两种功能中,尽管法的反应性得到更加普遍的认知,但是法的积极启动作用正在逐步强化",[4]即法系统变迁虽然可以先于或落后于社会变迁,但法系统是治理社会变迁危机的工具性价值不变。社会变迁最大的动力在于生产力变化,同时不能忽略人口流动、文化变化、自然环境变化的影响。在变迁过程中民族国家不同地区由于变迁基础力量不同,演变成变迁速率的快慢之分,这种"历史性"的变迁表现在同一历史时期称为局部特异性。法系统在解决局部性变迁矛盾时出现区域性法系统。刑事司法作为守护公平最强有力的底线,是区域法系统发挥"拯救"危机功能不可或缺的一环。

(四)刑事司法的文化因素

"法学和民族志,一如航行术、园艺、政治和诗歌,都是具有地方性意义的技艺,因为它们的运作都是凭借地方性知识"。[5]吉尔兹教授这句话阐明法具有地方文化人类学印记。从国域看,运行中的刑事司法不能单纯抱有报复冲动,更应体现地方非正式规则(风俗习惯、心理等)与刑事司法的互动关系,我国《刑事诉讼法》第188条"不得强制被告人的配偶、父母、子女出庭作证"

---

[1] 2006年8月28日《广东省高级人民法院关于办理公司、企业或者其他单位的工作人员职务侵占、受贿、挪用资金等刑事犯罪案件适用法律若干问题的座谈会纪要》(粤高法〔2006〕297号)规定"为确保罚当其罪,根据全省各地经济水平确定不同的定罪量刑数额标准,将全省分为两类地区:一类区域为广州、深圳、珠海、汕头、佛山、中山、东莞、江门市及其所辖市、县、区;另一类地区为湛江、茂名、惠州、揭阳、汕尾、梅州、河源、肇庆、韶关、清远、阳江、云浮及其所辖市、县、区"。

[2] [德]沃尔夫冈·查普夫:《现代化与社会转型》,陆宏成、陈黎译,社会科学文献出版社1998年版,第1页。

[3] 李培林:《另一只看不见的手:社会结构转型》,载《中国社会科学》1992年第5期。

[4] 季卫东:《社会变迁与法制》,载《社会学研究》1993年第3期。

[5] [美]吉尔兹:《地方性知识》,邓正来译,载梁治平编:《法律的文化解释》,三联书店1994年版,第73页。

的规定蕴含着“亲亲相隐”传统儒家思想的回归。从国内地区看,文化传统不仅分为以儒家法文化为核心的文化大传统与民族习惯小传统,而且这两个文化传统有着各自的区域特征。[1] “如果法律的权威只依靠国家强制力推行,即便其理论再公正,也肯定会失败。”[2]这要求刑事司法必须考虑到司法受众所处地区文化传统,获得地方性文化情感认同。例如在经济落后的少数民族地区存在早婚现象,[3]按照《刑法》《依法惩治性侵害未成年人犯罪意见》的规定,与不满14周岁的女性在早婚期间多次发生性行为构成奸淫幼女型强奸罪,但这种早婚性行为被追究刑事责任的情况在司法实践中极少出现。[4] 此外,不同的正义观、价值观、风俗习惯、知识结构所形成的阶层文化会潜移默化地影响刑事司法工作者的司法活动。

四、当下中国区域刑事法治发展的路径探析

就实证层面而言,当下中国在不同区域(包括行政区域和跨行政区域)内刑事法治发展已有诸多现实表现;而在理论层次上,区域刑事法治发展也契合了经济发展、社会变迁、文化多元以及立法局限性、立法与司法良性互动关系的规律性认识。如此看来,区域刑事法治发展已是客观存在的法现象,并且,它在一个区域发展不平衡的统一国家推动法治的渐进式发展具有正向的现实意义。但是,不可否认,区域刑事法治发展与刑事法治的统一性要求、罪刑法定原则和法律面前人人平等原则的忠实贯彻存在一定的张力。因而,我们需要反思刑事法治统一性与区域性之间的矛盾,确立当下中国区域刑事法治发展的具体路径。

(一)刑事法治区域发展与刑事权力的合理分配

刑事法治区域发展要求合理分配刑事法制中的中央权力与地方权力,在维护统一刑事法律体系之下赋予地方立法与司法机构更大的自主权。由于刑罚权的运作涉及公民的基本权利与自由,因而对此问题应当给予细致的厘

---

〔1〕 公丕祥:《区域法治发展与文化传统》,载《法律科学》2014年第5期。

〔2〕 苏力:《法治及其本土资源》,中国政法大学出版社2004年版,第10页。

〔3〕 壮族尤为盛行早婚,男子普遍在15~16岁,女子在13~14岁时结婚,有的地区刚生下几个月或2~3岁既由其父母订下婚姻,7~8岁结婚成为夫妻。参见高其才:《中国习惯法论》,中国法制出版社2008年版,第251页。

〔4〕 赵永琛:《区域刑法论——国际刑法地区化的系统研究》,法律出版社2002年版,第153页。

清。总体而言,刑事权力的分配在法律架构上需要受到宪法与立法法的制约,在法理上则要受到罪刑法定原则与程序法定原则的制约。依两原则意旨,犯罪与刑罚及其追究、审判程序只能通过民主产生的立法机关来规定。在中国单一制的国家结构形式之中,由中央立法机关行使刑事立法权并无疑义。但是另一方面,中央与地方在刑事权力上的分配又是存在的。毕竟,“刑罚权的运作以及其他与惩罚、预防犯罪相联系机制的运作不可能由同一公权力主体来进行,在权力分配上则是由不同级别权力主体之间划分权力实施范围,即刑罚权及相关权力的实际运作及目的的实现绝大部分由地方完成的”。[1] 由于成文法滞后性、模糊性及地方之间经济、文化、社会发展的非均衡性,致使地方在具体行使刑罚及其相关权力时表现出区域性。在刑事立法权层面,刑事法治的区域化不是对中央立法权的挑战,而是在合法、有限的范围内对刑法法律进行符合地方或区域特点的补充。在刑事司法权与执行权层面,刑事法治的区域化则是在刑事诉讼、刑罚执行的基本法律框架之下,由地方司法或执行机构进行符合地方或区域特点的实施。在合理分配刑事权力的基础上,进一步理顺关系,建章立制。

(二)刑事立法应存在容纳区域差异的空间,有限承认地方立法与司法机构在刑事法适用问题上的“制法”权

国家法供给不足是导致区域刑事法治无序运作的重要原因。供给不足表现了制定法特有的弱性,一方面过于抽象,与动态案件脱节。另一方面过于追求规则与秩序,忽视区域差异性。这就要求在刑事立法时,立法机关需要充分考虑到全国各地的差异与具体情况,保持必要的灵活性。在制定刑事基本法律时,应充分考虑各地区的经济发展状况。例如,现行刑事法律对财产类犯罪多采用“立法定性,司法定量”的模式,优点在于可以避免通货膨胀给刑事立法带来的冲击,但缺陷在于司法定量仍以静态数额或静态数额范围计算。我国刑事司法具有准立法的性质,也不应该过于变化。因此,有学者提出犯罪数额以“居民家庭人均可支配收入和居民消费价格指数来量化的标准”。[2] 对于静态数额范围,不同区域之间有自己独行的定罪量刑标准,当发

---

〔1〕 时延安:《刑罚权运作的秩序——刑事法制中的“中央与地方”问题研究》,载《法学家》2010年期。

〔2〕 胡学相:《贪污罪数额标准的定量模式分析》,载《法学》2014年第11期。

生跨区域、流窜作案犯罪时,就要求省级之间或者区域之间出台务实性准据规则。

同时,可适度授权地方立法与司法机关基于刑事法的具体适用问题制定规范性司法文件,并加以程序规制。如此有助于满足区域或地方治理某些特殊类型犯罪案件的实际需要,或者解决司法实务中的现实问题。当然,对此应加以一定的制约。在实体上,要求不得违反刑事法律的规定、基本原则和精神;在程序上,应提交中央立法或司法机关备案,并接受定期审查。

(三)坚持犯罪综合治理的总体目标,允许不同区域采取因地制宜的刑事司法政策

在经济、社会、文化等因素的共同作用下,犯罪的发生往往表现出强烈的区域特点。例如,我国在20世纪80年代开始,大批农村"剩余劳动力"自发、持续向大中城市,或者经济发达的沿海地区转移。伴随这一进程,流动人口犯罪问题日渐突显。在经济发达地区,应对流动人口犯罪成为犯罪综合治理的主要矛盾之一。而在作为流出地的经济欠发达、不发达地区,如何保障留守妇女儿童的权益免遭犯罪侵害成为一项重点问题。犯罪特点的差异带来了犯罪防控应对策略上的不同,不同区域在刑事司法政策的把握与贯彻方面难免会出现差异。例如,在经济发达的长江三角洲地区,市场经济方面的地方性立法较为完善,民众普遍具有较强的法制意识,对于先进的法律制度具有更高的接纳程度。因此,这一区域在经济犯罪的防控方面应当更多地摒弃重刑主义的刑罚观,采取相对轻缓的刑事政策,凸显刑事政策的人权保障价值。同时,通过地方立法制定经济行政法规,通过制度的设计改良相关的经济环境,以降低经济违法行为的发生概率,并进而落实刑法谦抑之意旨。同时,贯彻轻刑化政策,加大财产刑、资格刑的适用,确立以预防、管理为主的刑事政策。

(四)支持区域刑事司法改革,鼓励区域刑事司法特色的形成,发挥"刑事司法先导区"的引领作用

区域刑事司法改革注重问题本身的解决,是以"实践"为导向的改革方式,它最大价值在于可以充当全国层面刑事司法改革的"实验室",为刑事法律的立法提供实证经验与经验素材。[1] 中国刑事诉讼改革是渐进式改革,采

〔1〕 郭松:《刑事诉讼制度的地方性试点改革》,载《法学研究》2014年第2期。

用“区域先行”的模式是值得肯定的。这一方面有助于依托区域条件形成区域性的刑事司法特色。例如,为保护南水北调中线核心水源地环境,湖北省高级人民法院批准十堰率先成立环境资源保护审判庭与环境资源保护合议庭,依法快速严惩乱砍滥伐、制污排污等污染环境和破坏资源违法犯罪行为。[1] 另一方面也有助于结合区域发展优势创立刑事司法意义上的法治建设先导区。所谓法治建设先导区,主要是指在国家法治发展进程中,某些区域在一定社会经济条件的影响和作用下,先行取得法治建设的重要进展所形成的具有先导或示范意义的法治区域。[2] 这种先导区的建立通过以点带面的方式努力形成可复制、可推广的法治与制度创新成果,从而为实施法治中国建设总体战略、推动国家法治发展提供可资参鉴与运用的区域性经验。例如,随着上海国际金融中心建设和自由贸易区建设,各种金融业务创新和金融监管改革也在不断深入,但与此同时出现大量信用卡、金融借款合同纠纷与犯罪行为,为惩治金融犯罪、解决金融民事纠纷,上海法院率先全国均设金融审判庭。[3] 这显然是因应了本区域发展的独特要求,但相关的经验成果在全国范围具有辐射与引领作用。

---

〔1〕 饶扬灿:《十堰将率先设环境资源保护审判庭》,载《湖北日报》2014年8月12日第2版。

〔2〕 公丕祥:《法治建设先导区域的概念与功能》,载《江海学刊》2014年第5期。

〔3〕 刘建:《上海法院率先全国均设金融审判庭》,载《法制日报》2011年5月6日第5版。

区域司法鉴定协作基本问题论纲*

朱晋峰**

内容摘要:随着信息化时代的到来,跨行政区划、跨国家的区域合作已成为必然趋势,区域法治发展也成为实现法治现代化的重要手段。在区域法治发展过程中,区域司法鉴定协作是一项重要议题,因此,从实际出发,对区域司法鉴定协作的内涵、特征等进行界定实为必要。在此基础上,还应结合司法鉴定实践,对其必要性进行探讨,并据此判定区域司法鉴定应当以相互协作为模式进行,从而达到司法鉴定的资源共享和利益共赢。

关键词:区域合作;区域法治;区域司法鉴定

"随着信息社会和知识经济时代的到来,使人类活动的空间及交往的程度和范围大大扩展。从而一方面,全球化和市场无界化的趋势不断增强;另一方面,区域性的经济、政治和文化问题越来越显现其本区域的共同性(即区域一体化)和固有的特点。使民族国家或行政区划诸多传统的'内部'经济和社会问题与事务变得越来越'外部化'和'无界化',跨国或跨行政区划的'区域性问题'大量兴起,并呈现复杂化、多元化和规模化之态势[1]。"这也是区域主义盛行的重要原因。区域主义的发展离不开区域法治的保障。目前有关区域法治理论的研究已经起步,但就法治当中某项具体内容协作的研究还较少。在区域法治研究和实践运行当中,本文认为最可能先行和取得成效的

---

* 基金项目:本文为作者主持的国家社会科学基金项目"强制医疗程序的诉讼建构研究",项目编号:14CFX070。

** 朱晋峰,男,汉族,司法部司法鉴定科学技术研究所法规室助理研究员,《中国司法鉴定》编辑部副主任,E-mail:fengchsfjd@163.com。

〔1〕 文正邦、付子堂著:《区域法治建构论——西部开发法治研究》,法律出版社2006年版,第3页。

就是司法鉴定领域。因为司法鉴定是运用科学技术或者专门知识对诉讼涉及的专门性问题进行鉴别和判断并提供意见的活动,这其中蕴含了没有地区界限的“技术因素”。而无论是从区域合作的现实必要性层面还是从可能性层面,区域司法鉴定协作都有其特定的现实意义。

一、区域司法鉴定内涵

区域法治是区域主义的一项产物,而区域司法鉴定又是区域法治当中的题中应有之义。所谓“区域主义通常是指地理上彼此相连的国家或地区之间,通过政府间的合作和组织机制,加强地区内社会和经济发展互动的意识”。〔1〕 区域主义作为一种国际关系理论,产生于二十世纪五六十年代。〔2〕 区域主义的发展离不开法治的有效保障,据此,伴随区域主义的产生,区域法治问题也就成为一项重要的议题。区域法治“是国家法治统一性基础之上的区域法治的多样性和国家法治整体性基础之上的区域法治发展的个别性”〔3〕的体现。在法律实践中,区域法治代表的是“多元法律秩序的兴起:地方性、跨国性、国际性、全球性法律规范经常并存于同一社会空间之中”。〔4〕 “在当代中国,区域法治乃是实施依法治国基本方略、推进法治中国建设的有机组成部分,是在国家法治发展进程的基本要求的基础上根据区域发展的法律需求,运用法治思维和法治方式推进区域社会治理现代化的法治实践活动。”〔5〕

在具体司法实践中,跨地区的纠纷处理是体现区域法治的一项重要内容。随着社会经济交往的跨地区性特征日益显著,因纠纷诉诸法律途径解决的也越来越普遍,跨区域司法合作也就成为当今司法不可避免的问题。“由于现代型诉讼所产生的诸多问题在技术上相当复杂,为迈向专门化的法院体系(这一体系也会有自身的问题)之目标,而并非以(或主要为)全能型体系为

---

〔1〕 陈瑞莲:《区域公共管理研究的若干问题述评》,载《政治学研究》2004 年第 1 期。

〔2〕 郑先武:《新区域主义理论:渊源、发展与综合化趋势》,载《欧洲研究》2006 年第 1 期。

〔3〕 张文显:《变革时代区域法治发展的基本共识》,载公丕祥主编:《变革时代的区域法治发展》,法律出版社 2014 年版,第 3 页。

〔4〕 [英]威廉·退宁著:《全球化与法律理论》,钱向阳译,中国大百科全书出版社 2009 年版,第 106~113 页。

〔5〕 公丕祥:《法治中国进程中的区域法治发展》,载《法学》2015 年第 1 期。

模式，大量地依赖专家证人看来似乎是唯一可选择的方式。"[1]随着科学技术引入司法中，使得司法，尤其是裁判结果这种具有较大主观性对事实、法律的判定，能在一定层面上经得起科学的检验和推敲，从而具有一定的客观性和科学性。这一技术在法律层面，我们称为"司法鉴定"。

所谓司法鉴定，是指在诉讼活动中鉴定人运用科学技术或者专门知识对诉讼涉及的专门性问题进行鉴别和判断并提供鉴定意见的活动。然而在我国目前司法鉴定实践中，依然存在诸多问题，如司法鉴定管理尚未统一，各地区司法鉴定管理范围还存在差别，司法鉴定程序还有待完善，司法鉴定名册问题依然困扰实践，司法鉴定项目规范、技术标准的制定、运行机制等问题还有待进一步明确，等等。[2] 司法鉴定这些问题的存在，使得一些"伪科学"、甚至基于各种原因的错误鉴定意见进入诉讼当中，造成系列冤假错案的发生。如"佘祥林案"[3]"岳兔元案"[4]等。当然这里面有司法体制、裁判制度、证据制度、司法鉴定制度等原因，但囿于司法鉴定目前的困境，尤其是在全国司法鉴定协会尚未成立的情况下，加强区域司法鉴定协作，避免一些伪科学进入诉讼程序当中，保障诉讼公正和司法鉴定权威也就迫在眉睫，其原因将在下文

---

[1] [美]理查德·A.波斯纳著：《联邦法院：挑战与改革》，邓海平译，中国政法大学出版社1996年版，第244～272页。

[2] 郭华：《健全统一司法鉴定管理体制的思路转向》，载《中国司法鉴定》2015年第1期；王敏远：《略论〈刑事诉讼法〉修改之后鉴定制度的完善——根据司法鉴定的价值和特点进行的分析》，载《中国司法鉴定》2013年第4期；汤维建，王德良：《我国司法鉴定体制改革研究》，载《中国司法鉴定》2015年第4期；陈如超：《司法鉴定管理体制改革的方向与逻辑》，载《法学研究》2016年第1期。

[3] 1994年1月20日，湖北省农民佘祥林的妻子张在玉失踪，侦查机关在附近池塘里面发现一具女尸，京山县公安局经法医尸体检验认定，死者为该县雁门口镇农民张某。据此，侦查机关根据法医的认定结果，以及佘祥林和张在玉平时的紧张关系而将犯罪嫌疑人锁定为佘祥林。之后，侦查机关以此为出发点进行侦查、检察院进行起诉、法院也予以审判，确定佘祥林有罪。后因张在玉返回家中，佘祥林才得以昭雪。在此之后，无论是追责人员还是新闻媒体、社会公众，都将指责声指向刑讯逼供，法官错判等，却几乎没有任何人认为，这起错案发生的源头，就是技术人员对女尸的错误认定。假设，当初法医没有将女尸认定为张在玉，佘祥林还会被作为嫌疑人吗？这起冤假错案还会发生吗？进一步表明了司法鉴定在实践中的运用应当予以特别注意。

[4] 就在"佘祥林案"发生10年之后，又一起类似案件发生，那就是"岳兔元案"。山西省柳林县薛村镇岳某向公安局报案称，其子岳某于2004年3月5日失踪，怀疑是被邻居岳兔元骗走。后在黄河内发现一具尸体，后经DNA检验初步认定死者为岳某。公安局经侦查调查后认定，岳兔元于2004年3月26日在柳林县军渡黄河大桥上将岳某掐死后将尸体扔进黄河。公安局以涉嫌故意杀人罪将岳兔元移送县人民检察院审查起诉。在第二年的2月，虎子家人的朋友在太原发现虎子，并将其带回。而与佘祥林不同，虽然虎子回来，但是岳兔元却没有被宣判无罪，而是在被关押一年多以后，被法院以诈骗罪判处一年半有期徒刑。

予以阐释。所谓区域司法鉴定协作，是指地理相近的若干行政区划之间，为保障诉讼公正，增强司法鉴定权威，为加强地区间司法鉴定的互动而展开的合作。

二、区域司法鉴定协作的特征

区域司法鉴定协作是区域法治发展的产物，但因为司法鉴定蕴含着科学技术，而科学技术是没有边界的，这也就意味着司法鉴定区域合作与区域法治中的其他合作种类相比，更具有现实意义。这也代表着区域司法鉴定协作具有区域法治的一般性特征，也具有其特殊性。

（一）区域性

区域司法鉴定协作的首要特征就是区域性，即其是几个不同行政区划在司法鉴定领域的合作，并不是仅仅某一个行政区域司法鉴定的内容。“中国社会各地区发展的不平衡性，使转型中国的法治建设不可能整齐划一，法治的进程呈现也不可能呈现出齐头并进的状态，而是必然在具有同一性与协调性的同时，关注区域特性和地方特色，或者说‘地情’”。[1] 我国司法鉴定与其他司法活动不同，其受理案件范围不受地域管辖的限制，只要其具有相应的从事司法鉴定的资格即可接受委托从事司法鉴定。而在司法鉴定实践中，尤其是在重新鉴定领域，这种跨地区性的司法鉴定活动来满足日常实践需求。此外，区域性的特征还表现在合作的区域性方面，是几个在行政层级上不具有隶属关系的行政区划就司法鉴定特定领域展开的合作，同步在不同区域展开活动的方式。

（二）协作性

协作性也是区域司法鉴定的显著特征之一。区域司法鉴定合作的目的是不同的行政区划之间，为了缓解不同地区司法鉴定之间的差别给委托人及诉讼其他参与方带来的不利而进行的一种合作方式。几个不同的行政区划之间，并不存在如同区域经济那样的竞争关系，而是在司法鉴定领域中的一种合力，共同解决因司法鉴定产生的各种纠纷。

（三）平等性

区域司法鉴定的平等性是与协作性相统一的，他们是一个问题的两个不同层面。不同行政区域之间的司法鉴定合作是一种自发的协作方式，并不是

---

〔1〕 夏锦文：《区域法治发展的法理学思考——一个初步的研究构架》，载《南京师大学报》（社会科学版）2014 年第 1 期。

由上级部门以行政命令的方式决定或指定的,相互合作的行政区划之间也不存在相互隶属关系。据此,区域司法鉴定是不同主体基于共同的利益和目标进行的合作,不同主体之间是一种平等的关系。

(四)内容的特定性

内容的特定性,是指区域司法鉴定合作的范围是特定的,不是任何有关司法鉴定的内容均可以在不同行政区划之间进行合作。这是区域司法鉴定合作与其他区域法治合作形式的一个显著不同。例如,2016 年 5 月 1 日起正式实施的《司法鉴定程序通则》第 11 条规定:"司法鉴定机构应当统一受理办案机关的司法鉴定委托。"这一条要求所有的司法鉴定案件都必须由司法鉴定机构统一接受委托,任何司法鉴定人都不得私自接受委托。此外,在司法鉴定领域,司法鉴定机构只能受理"办案机关"的委托,这与 2007 年《司法鉴定程序通则》第 11 条规定不同。[1] 这在经司法行政机关登记的所有司法鉴定机构中都适用,是强制性规定。又如新的《刑事诉讼法》第 187 条第 3 款规定:"公诉人、当事人或者辩护人、诉讼代理人对鉴定意见有异议,人民法院认为鉴定人有必要出庭的,鉴定人应当出庭作证。经人民法院通知,鉴定人拒不出庭作证的,鉴定意见不得作为定案的根据。"这是对鉴定人出庭作证的强制规定。即使相邻地区司法行政机关之间就司法鉴定达成一定的合作协议,也不得就上述内容作出与已有规定的相互矛盾或者冲突的"协议"。据此,区域司法鉴定协作只能是在不违背法律规定的范围内的相互合作,内容具有特定性。

三、区域司法鉴定合作的现实需求——基于司法鉴定实践的考察

区域司法鉴定是区域社会规则当中的一个方面,其同区域社会规则一样,同样具有双重属性,"其一是国家性,即它是国家法律与规则调整系统中的一个子系统,它要满足和实现国家法律与规则调整的一般性要求,以便建构一个统一的国家法律与规则调整体系。其二是区域性,这就是说,区域社会规则调整系统一方面要体现国家法律与规则调整体系的整体要求,另一方面又要从区域经济社会生活的实际出发,把握区域经济社会发展进程的特殊的法权要求,通过地方性法规、地方政府规章等形式,上升为具有直接针对性和具体性的区域社会规则调整系统,形成具有鲜明区域特色的规则调整体系,从而实施有效的

---

[1] 2007 年《司法鉴定程序通则》并没有规定司法鉴定机构必须接受"办案机关"的委托。

区域社会治理”。[1] 我国地大物博,无论是在历史文化还是在法律制度、规则体系等方面,各地区发展都呈现不平衡现象。“正是由于这种差异性的存在,国家法治发展遇到了区域性困境。区域法治发展便成为探索法治发展的中国道路的必然要求,也是实现当代中国区域社会治理现代化的有效路径”。[2]

(一)区域司法鉴定协作是满足司法鉴定业务需求的重要途径

司法实践中,诉讼各方赋予鉴定意见先天的证据能力和证明力,其中一个重要原因就是控辩双方和法官往往具有“鉴定至上”的错误理念。他们认为,鉴定意见是专家根据科学知识,采用科学技术手段做出的,据此得出的结论当然是确定无疑的。“鉴定意见至上”的理念导致在司法实践中出现另外一不正常现象:在诉讼过程中,一遇有专门性问题,法庭或者控辩双方就指派或聘请专家进行鉴定,而无论该种问题是否可以通过其他证据予以证明,从而出现“泛鉴定化”现象。例如,2015 年 1 月 1 日至 11 月 30 日,全国经司法行政机关审核登记的司法鉴定机构和司法鉴定人完成各类司法鉴定业务共计 1,933,928 件。[3] “泛鉴定化”现象导致的后果之一就是诉讼对司法鉴定的需求和要求在不断增加,这对各地区司法鉴定提出了更为严峻的挑战。

然而在司法鉴定实践领域中,每个地区的司法鉴定发展水平都呈现差别,如从各地情况来看,鉴定机构主要集中在华中、华东、西南和华北地区,如河南 421 家、湖北 342 家、重庆 310 家,然而有的省份却仅仅只有几十家,如浙江 52 家、天津 42 家、海南 25 家(2015 年全国司法鉴定机构分布见图 1[4])。从我国司法鉴定机构业务范围来看,有的地区不仅有全国人大常委会《关于司法鉴定管理问题的决定》规定的从事法医、物证、声像资料等“三大类”业务范围的司法鉴定机构,而且还有从事建设工程类鉴定、价格类鉴定、产品质量类鉴定等“三大类”以外司法鉴定业务的鉴定机构(2015 年全国司法鉴定机构业务范围构成见图 2[5])。但在实践中,并不意味着没有设立三大类外司法

---

〔1〕 公丕祥:《区域法治发展与文化传统》,载《法律科学》(西北政法大学学报)2014 年第 5 期。

〔2〕 公丕祥:《法治中国进程中的区域法治发展》,载《法学》2015 年第 1 期。

〔3〕 这其中还没有包括侦查机关设立为侦查工作需要设立的司法鉴定机构所实施的司法鉴定业务量,而这实际上占有很大一部分。

〔4〕 http://www.moj.gov.cn/Judicial_identification/content/2016-03/21/content_6533067.htm? node=74593,最后访问时间:2016 年 3 月 22 日。

〔5〕 http://www.moj.gov.cn/Judicial_identification/content/2016-03/21/content_6533067.htm? node=74593,最后访问时间:2016 年 3 月 22 日。

鉴定机构的地区就没有三大类外的司法鉴定需求。这是其一。

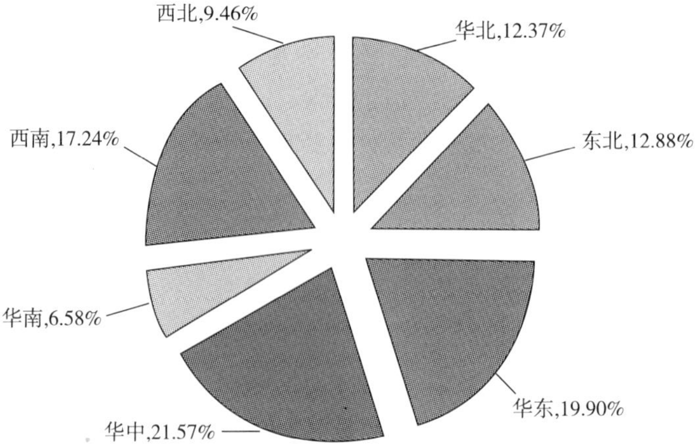

图 1　2015 年度全国司法鉴定机构区域分布

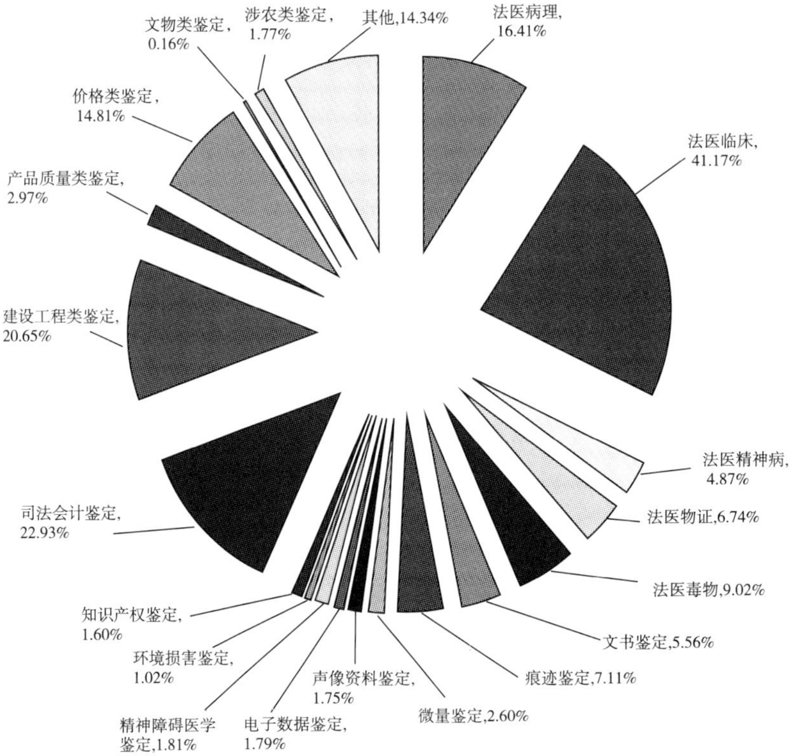

图 2　2015 年度全国司法鉴定机构业务范围构成

其二,在某些司法鉴定领域中,其鉴定事项可能牵涉多个不同的行政区划,其中最为典型的就是环境损害司法鉴定。最高人民法院、最高人民检察院、司法部于2015年12月21日通过的《关于将环境损害司法鉴定纳入统一登记管理范围的通知》明确将环境损害司法鉴定纳入统一管理。通知指出:"为满足环境损害诉讼需要,加强环境发展、环境保护和环境修复工作,推进生态文明建设,根据《全国人民代表大会常务委员会关于司法鉴定管理若干问题的解释》等有关规定,经研究,决定将环境损害司法鉴定纳入统一登记管理范围。"环境侵权损害案件的无边界性意味着其涉及的区域和专业往往不止一个,如中华环保联合会、贵阳公众环境教育中心诉贵阳市乌当区定扒造纸厂水污染责任纠纷案,[1]中华环保联合会诉谭耀洪、方运双环境污染责任纠纷案[2]等。不仅环境侵权案件的后果牵涉不同行政区划,环境损害司法鉴定的鉴定对象包括空气、地表水、危险废物、土壤等,这往往是某一个司法鉴定机构无法承担的,而要借助其他鉴定机构甚至本行政区划之外的鉴定机构联合进行鉴定。可见,为了满足司法实践对司法鉴定日益旺盛的需求,加强区域司法鉴定协作是势在必行的。

(二)区域司法鉴定协作是解决司法鉴定冲突的需求

所谓区域法律冲突有人认为:"一般意义上的区际法律冲突,是指一个主权国家内部不同地区之间,因为其法律规定不同因而给有关社会、政治、经济活动的实施带来的法律适用上的冲突,而且一般都是指不同法域之间的民商事关系领域的法律冲突。"[3]区域法律冲突的原因是多样的,包括诸如"区域经济发展不平衡、区域法制体系的不完善、区域协调机制的缺失"[4]等。在司法鉴定领域当中也是如此,不同鉴定机构之间,当然包含不同区划的鉴定机构之间,出具的鉴定意见常出现不同,甚至相互矛盾的结果。

例如,曾经在社会中引起较大反响的"邱满囤诉汪诚信等名誉侵权案"。

---

〔1〕《最高法院公布九起环境资源审判典型案件》,载 http://www. law - lib. com/fzdt/newshtml/gzaj/20140704093908. htm,最后访问时间:2016年1月15日。

〔2〕《广东首例检查机关支持起诉环保公益诉讼案开庭》,载 http://rmfyb. chinacourt. org/paper/html/2014 - 12/26/content_92089. htm? div = -1,最后访问时间:2016年1月15日。

〔3〕谢石松著:《港澳珠江三角洲地区法律冲突与协调》,社会科学文献出版社2007年版,第1页。

〔4〕曹阳昭:《我国区域法制冲突的协调模式研究》,载《西南农业大学学报》(社会科学版)2012年第2期。

在诉讼过程中,原告先后向法庭出示3份由不同鉴定机构出具的鉴定意见:(1)河北省科委组织的鉴404号、商业部组织的科技鉴字013号文件,结论是:“邱氏诱鼠剂”具有明显的诱鼠作用,显著地提高了杀鼠剂的适用性。“邱氏诱鼠剂”是目前国内最好的诱鼠剂,具有快速招诱毒杀作用,最适用于高密度现场灭鼠,为国内首创,达到了国际先进水平。(2)北京农业大学核磁共振实验室的鉴定,结论为:不含氟乙酰胺及其化合物。(3)北京华夏物证鉴定中心的鉴定,结果为:所测试的样品均不含有氟乙酰胺及其化合物。被告提供5份不同的鉴定意见:(1)北京植保站的鉴定,结论为:含有氟乙酰胺。(2)北京市公安局刑侦处技术监督科的化验,结论为:含有氟乙酰胺。(3)中国军事医学科学院的化验,结果为:含有氟乙酰胺。(4)“国家农药质量监督检验中心”的检验,结果是:该样品均含有氟乙酰胺。(5)公安部二所的鉴定,结果为:老鼠死因系该鼠药毒杀,鼠药中含氟乙酰胺。[1] 原被告双方共委托8家不同的鉴定机构,就同一问题进行鉴定,却得出两种截然相反的结论。在司法鉴定领域,这类情形屡见不鲜,这当中固然有司法鉴定机构、司法鉴定人水平的原因,也有司法鉴定技术的原因,但这当中也难免存在司法鉴定区域协作机制缺乏方面的理由。例如,目前司法鉴定当中存在比较普遍的问题就是,由于司法鉴定行业发展的限制,部分司法鉴定业务范围的地方标准盛行,根据某一行政区划的地方标准作出的鉴定意见,根据另一行政区划的地方标准则可能得出不同的鉴定结果。这也是在行政区划当中由于缺乏相互之间在标准制定方面的协调,造成司法鉴定结果不一致的原因之一。

(三)区域司法鉴定协作是有效缓解司法鉴定自身困境的有效途径

加强相邻地区司法鉴定的协作是有效缓解司法鉴定自身困境的重要措施之一,这些包括无序竞争、鉴定资格互认、统一行业标准等。

首先,区域司法鉴定是缓解无序竞争的手段作用。据统计,截至2015年11月底,全国经司法行政机关审核登记的司法鉴定机构共4924家。这些司法鉴定机构良莠不齐,为了特定利益而违背科学、法律等出具司法鉴定意见的问题依然十分突出,甚至在部分司法鉴定机构中呈现“市场化倾向”,而导

---

[1] 《邱满囤诉汪诚信等侵权案——论鉴定及鉴定结论效力之认定》,载http://www.falvm.com.cn/falvm/app/db/f_caseshow.jsp? TID = case20090427174949704655724,最后访问时间:2015年10月22日。

致“司法黄牛”“买卖司法鉴定”的情况也时有发生。区域司法鉴定协作可以根据本地区的技术、案件类型等特点而“统筹规划、合理设置”司法鉴定机构，形成优势互补，避免相同专业鉴定机构设置过多，形成无序竞争。同时，对于违规出具司法鉴定报告的鉴定机构和鉴定人可以在区域间相互通报，形成合力限制该行为的出现。

其次，区域司法鉴定协作可以缓解区际司法鉴定项目互认的问题。我国从事司法鉴定的机构和鉴定人采取审批制，必须经过省级司法行政机关的审批方可从事相应的司法鉴定工作。也即，我国将司法鉴定项目的审批权下放给省级司法行政机关，这就在一定程度上造成不同行政区划之间在鉴定项目审批上会产生不一致的地方。例如，我国部分省份对于全国人大常委会《关于司法鉴定管理问题的决定》规定的“法医、物证、声像资料类”三大类以外的司法鉴定机构或项目不审批。造成本行政区划内的三大类以外的鉴定，如建设工程类司法鉴定、司法会计鉴定等无法在本地区予以解决。即使委托人委托本行政区划以外的鉴定机构进行鉴定，也存在该司法鉴定机构出具的鉴定意见是否在本行政区划内是否合法？是否具有法律效力的问题。又如，在对道路交通事故进行细分鉴定项目时，有的行政区划明确将道路交通事故鉴定成因作为一项目种类，而有的省份则明确不将其作为鉴定项目对待。这就造成其他行政区划的鉴定机构出具的道路交通事故成因鉴定是否在本行政区划成立的问题。这就需要相应部分加强区域间的司法鉴定合作，解决因为这些原因造成的司法鉴定困境。

最后，区域司法鉴定协作还可以在一定层面上统一行业标准，促进司法鉴定的科学、权威。司法鉴定与司法其他活动的显著区别是，司法鉴定机构和司法鉴定人运用科学技术解决诉讼活动中的专门性问题必须依照相应的技术标准进行。如2007年《司法鉴定程序通则》第22条规定：“司法鉴定人进行鉴定，应当依下列顺序遵守和采用该专业领域的技术标准和技术规范：（一）国家标准和技术规范；（二）司法鉴定主管部门、司法鉴定行业组织或者相关行业主管部门制定的行业标准和技术规范；（三）该专业领域多数专家认可的技术标准和技术规范。”2016年5月1日起实施的《司法鉴定程序通则》第23条也对此进行了规定：“司法鉴定人进行鉴定，应当依下列顺序遵守和采用该专业领域的技术标准、技术规范和技术方法：（一）国家标准；（二）行业标准和技术规范；（三）该专业领域多数专家认可的技术方法。”在司法鉴定实践中,这也存在一定的问题。如有些鉴定技术领域没有国家标准、全国性的行业标准和技术规范,或者虽然有国家标准、全国性的行业标准和技术,但是在鉴定实践中无法满足技术需求。在此情况下,各地方往往会制定自己的技术标准或技术规范,这也就可能造成不同行政区划相互之间的司法鉴定技术规范、标准之间产生冲突,甚至矛盾。而这些情况在实践中已经大量存在,影响部分鉴定项目在不同行政区划之间的运行。例如,对于人体轻重伤的判定,对于同一处伤害,有的地方标准可能规定为九级,但是依据其他地方标准,则其可能只有十级。这对于受害人权利的赔偿将造成极大的影响,同时也会对司法鉴定的权威性、进而对司法公正产生一定的影响。这就需要各行政区划之间在行业标准、技术规范等方面加强司法鉴定的协作,减少因为各地在标准、技术规范制定方面的差别造成的司法不公等现象的产生。

四、区域司法鉴定协作的模式探索

司法鉴定协作是一种建立在地缘关系和平等关系基础之上的利益共享、资源整合的方式,并不是行政上下级或者行政命令式的"任务",从司法鉴定协作的各主体层面来看,均具有一定的推动力。但是,有关区域司法鉴定协作的模式应当如何推进还没有专家学者进行探讨。有关区域司法鉴定协作,其关键在于有一项或多项对合作方均有一定约束力的文件予以规定,避免成为口头协议式的"君子约定",这往往很难在具体司法实践中发挥其应有的作用。据此,探讨区际司法鉴定协作的模式的核心内容是区域司法鉴定的立法模式的路径选择。

从国外有关区域合作的层面来看,做得比较好的,就是美国的州际协定。所谓"州际协定是两个州或更多的州之间针对州际间的问题签订的正式的有法律约束力的协议。它是促进州际间正式合作的最古老的机制"。[1] "它由所涉及的各州的代表签署,并且由签约各州的立法机关批准认可。州际协定对签约各州及其公民具有约束力"。[2] 美国作为联邦制国家,其各州均有自己的立法权限,为了促进州与州之间的合作、贸易往来等,签订具有法定约束

〔1〕 JESSICAA. BILEECKI, Managing Resources with Interstate Compacts: APerspective from The Great Lakes[J], Buffalo Environmental Law Journal, 2007, 14(1): 173 – 203.

〔2〕 CHRISTI, DAVIS&DOUGLAS M. BRANSON, Interstate Compacts in Commerce and Industry: A Proposal for "Common Markers Among States"[J], Vermont Law Reviw, 1998, 23(4): 133 – 135.

力的州际协定无疑是有效途径。但我们的省、市、自治区与美国的州具有显著区别,我国《宪法》和法律也没有赋予不同行政区划之间可以签订具有法律拘束力的区际协定的权限。故州际协定模式在我国目前尚不具有可操作性。

此外,有学者对我国区域立法的模式进行了一定的概括,分别为:“一是区域专门立法模式,指在城市圈内成立专门的立法机构负责城市圈内立法事宜;二是区域协作立法模式,指城市圈各城市或行政区划城市的权力机关或政府的立法资格不变,通过协作的方式,以期达到立法资源与立法结果共享;三是区域上级主导立法模式,指由组成城市圈的各城市共同的上级机关作为立法主体主导城市圈的立法事务;四是核心城市主导立法模式,指由城市圈中依法享有立法权的核心城市主导圈内立法事务。”[1]对于第一种模式,设立专门的立法机构进行立法,其实质与上述州际协定相同,在我国目前并没有实践可操作性。对于第三种模式,即区域上级主导立法模式,因为我国省级行政区划的共同上级即为国务院,由其专门为不同行政区划的合作进行立法,首先在我国没有先例,其次本文认为,即使国务院愿意由其来主导该区际之间的立法,我们也认为这种方法不妥当。作为国家最高行政机关,其任务应当是制定发展规划、发展方向,而不应当来具体操办有关具体事宜,即使操作有关事宜,也应当立足于全国范畴,而不仅仅限于某几个地区,更遑论就几个地区间的司法鉴定协作进行专门立法。据此,本文认为,该模式也不太适宜我国。对于第四种模式,即由核心城市主导立法模式,也不适宜我国。本文所主张的区域司法鉴定协作是建立在省级行政单位基础之上的,并不包括以某个核心城市为中心的城市群的协作,因为这种协作方式在司法鉴定管理权归属为省级司法行政机关的前提下,脱离省级政府部门而由不同地级城市圈自行形成的协作是不太现实也注定不会有任何实际成效的。此外,如果是以核心省份主导专门立法的方式,也不太适宜。首先我们主导的区域司法鉴定协作是建立在各地区不同司法鉴定实践和各省份相互平等基础之上的,如果由某个省份主导立法,一是该省份的情况不一定适宜其他省份,二是难免有一个省份凌驾于其他省份之上的嫌疑,而这也就可能造成该立法无法在其他省份行之有效。

据此,本文认为,由具有协作关系的各省份之间就司法鉴定领域的合作

---

〔1〕 李牧:《城市圈架构下的立法主体模式探究》,载《商法研究》2009 年第 5 期。

通过相互自愿协商的方式,达到司法鉴定资源和结果共享的路径是值得探索的。一方面,由各省市相互协商,能充分反映各行政区划中司法鉴定存在的问题及困境,各地可以有针对本行政区划的特点和结合其他省份的做法,形成优势互补,解决相应问题;另一方面,由各省份自愿相互协商的协作模式,可以使合作各方能够自觉遵守协商确定的结果,从而使各方能够真正将这种自愿合作的结果落到实处,实现区域司法鉴定协作的目标。对于这种相互协商的具体操作模式,本文认为,可以考虑通过制定专门的信息交流机制、定期联席会议机制、司法鉴定地区规范的相互报送机制、咨询评估机制等来具体运行区域司法鉴定协作。

将自然科学技术引入到诉讼程序中解决案件的专门性问题,使得原本难以验证的裁判结果,在一定程度上能够经得起反复推敲,这应当是诉讼实践取得的巨大成就。但在我国法制体系还不完善,司法鉴定技术、司法鉴定制度、诉讼制度等还不完善的情况下,如何确保公安司法机关做出的相应判断是建立在科学、客观的鉴定意见基础之上的,那么在司法鉴定领域形成“在合法性与正当性的框架内实施执法力量、执法资源、执法行动、执法过程、执法公开的协调,以制度化为先导,形成区域内的执法标准化、体系化和现代化”〔1〕就成为必要。当然,在区域司法鉴定协作过程中,我们需要通过各方“主体的有效参与、法治过程的全面协同,促使其内部不同区域间、不同主体间、不同思维和行为间形成理性法治文化合力”,〔2〕通过区际司法鉴定协作发挥其在区际法治建设中的探索性作用,从而“为国家实现区域治理和治理能力现代化提供有效借鉴和参考”。〔3〕 对于区域司法鉴定协作的研究除上述内容外,还应当包括具体的协议程序,冲突解决,协议与地方性规定、全国规定冲突的解决,效力等级,协议内容等等方面,限于篇幅原因,笔者将另行他文探索。

---

〔1〕 夏锦文、陆俊杰:《长三角区域法治文化的基本特质与协同理路》,载《法学》2014 年第 8 期。

〔2〕 夏锦文、陆俊杰:《长三角区域法治文化的基本特质与协同理路》,载《法学》2014 年第 8 期。

〔3〕 夏锦文、陆俊杰:《长三角区域法治文化的基本特质与协同理路》,载《法学》2014 年第 8 期。

我国水权取得之优先位序规则的立法建构*

单平基**

内容摘要：水权取得优先位序是水权取得制度的核心。我国确定水权取得位序的现行规则简单、笼统且欠缺司法可操作性，导致用水冲突频发，需借鉴先进的现代水权许可制度予以完善。具体思路是，在水权取得过程中融入行政许可因素以修正“在先占用规则”，即法律结合“用水目的与申请时间”的考量以确定水权取得的具体优先位序。总的原则是，无论水资源是否充足，法律须以“申请时间”作为确定水权取得优先位序的基本依据；当水资源不足时，要优先考虑“用水目的”位序高者的利益，必要时可通过补偿损失的方式换取在先申请者的应得水权。

关键词：水权取得；优先位序；“河岸权规则”；“在先占用规则”；水权许可

当水资源稀缺性逐渐显现并导致用水冲突在我国频发时，必然需要规范水资源利用的有效规则，水权取得〔1〕优先位序规则的设计便是其中最重要的

---

* 基金项目：江苏高校区域法治发展协同创新中心重点课题“区域环境法治的司法困境及应对研究”（QYFZFZ201506）、国家社科基金项目“私法视野下的水权配置研究”（13CFX101）、司法部国家法治与法学理论研究项目“自然资源权利配置法律机制研究”（15SFB2031）阶段性成果，受东南大学“优秀青年教师教学科研资助计划”（2242016R30019）资助。

该文发表于《清华法学》2016 年第 1 期。特此说明。

** 单平基，东南大学法学院副教授，江苏高校区域法治发展协同创新中心研究员，法学博士。

〔1〕“水权”是指派生于民法上水资源国家所有权的水资源用益物权，而非水资源所有权或其他权利。参见崔建远：《水权转让的法律分析》，载《清华大学学报》（哲学社会科学版）2002 年第 5 期。水权定性为用益物权的依据是《物权法》第 123 条。本条使用的虽是“取水权”，但它包含着“取用”水资源这一水权的内核，并非单指“汲取”水资源。依据《取水许可和水资源费征收管理条例》第 2 条第 1 款规定，取水指利用取水工程或设施直接从江河、湖泊或地下“取用”水资源。《水法》第 48 条亦规定，直接从江河、湖泊或地下“取用”水资源的单位和个人，应按取水许可和水资源有偿使用制度的规定，向水行政主管部门或流域管理机构申请领取取水许可证，并缴纳水资源费，取得取水权。遵循法律的整体性解释，取水权实际指向“取用”水资源，既包括取水的权利，也包括用水的权利，“只取不用”也与社会常态相悖。此处的“取得”仅指水权初始取得，即从水资源所有权至水资源使用权的转化过程，而非依据水权转让所产生的水权继受取得。

一环。对于水资源来说,更为重要的毕竟是使用而非所有。[1]

一、我国水权取得优先位序的立法缺陷及司法困境

反思及检讨我国现行水权取得优先位序规则的既有缺陷及其导致的司法适用困境是建构合理水权位序规则的逻辑起点。[2]《中华人民共和国物权法》(以下简称《物权法》)第123条虽确立了水权的用益物权属性,但未涉及水权的取得规则。我国现行的水权取得优先位序规则是从《中华人民共和国水法》(以下简称《水法》)规定中解释而来,其关于直接从江河、湖泊取水原则上均须取得水权许可的规定就是该规则的具体体现(第48条第1款)。这也可从一些地方性规章中察知。[3]基于此,水资源行政部门应依据申请时间确定水权取得的优先位序。以用水时间作为确定水权取得位序的决定性因素恰是"在先占用规则"的基本要求,有学者由此认为在解释论上《水法》已承认了该规则。尤其在初始配置水权的背景下,"水行政主管部门或流域管理机构审核取水申请,签发取水许可,应该根据用水人实际用水的情形,并按申请时间的先后确定各个取水权的位序。""时间"成为确定水权取得之优先位序的决定性因素,这与"在先占用规则"具有内在契合性。有学者就此认为,中国法有关水权取得实行的是"在先占用规则"。[4]

"在先占用规则"尽管可从《水法》中解释出来,但仍有诸多问题需进一步研究。其一,该规则并未在立法中予以明确规定,而只能从隐晦的立法用语及司法实践中解释或推论出来。其二,学界研究该规则的学者还不多,从现有掌握的资料看,只有前引注中的两位学者对此有所提及,但也缺乏系统的论证及梳理。其三,我国的"在先占用规则"与当今世界确定水权取得优先位

〔1〕参见[德]鲍尔、施蒂尔纳:《德国物权法》(上册),张双根译,法律出版社2004年版,第605页。

〔2〕截至2015年5月20日,用"取水""用水"作为关键词在"北大法意"和"万律"(Westlaw China)法律数据库中对收录案例进行搜索,共找到1396条记录。经过仔细甄别、研读,总结出涉及水权取得的典型纠纷共计62件。论文主要法律问题的提出、分析与论证等都是基于这些案例。

〔3〕如《北京市实施〈中华人民共和国水法〉办法》(2004年)第40条、《山东省实施〈中华人民共和国水法〉办法》(2006年)第20条、《河南省实施〈中华人民共和国水法〉办法》(2006年)第32条、《福建省水法实施办法》(2013年)第35条等。

〔4〕参见崔建远:《准物权研究》(第2版),法律出版社2012年版,第357~361页。引号内容见第357页。黄锡生教授也指出,水资源行政机关一般根据申请时间的先后授予用水者相应的优先权。参见黄锡生:《水权制度研究》,科学出版社2004年版,第103页。

序的立法趋势仅是表面上的契合,[1]尚缺乏令人信服的深层次理论证成。其四,当今最为盛行的"在先占用规则"本身尚存在忽视考量用水目的等诸多弊病,仍有反思与改进的必要。通过立法建构我国水权取得之优先位序规则因此仍具有重要的现实意义与实践价值。

(一)我国现行水权取得优先位序规则的立法缺陷

1. 我国的"在先占用规则"确定水权位序的规定不合理以及确定水权位序权限的机构设置不清,导致该规则欠缺实际操作性。(1)水权位序规定不合理表现在,该规定仅以申请时间作为确定水权位序的决定性因素,并没有确立不同用水目的之水权取得的优先位序,无法照顾到用水人不同位阶的水资源价值需求。(2)权限设置不清表现在,国务院 2006 年颁布的《取水许可和水资源费征收管理条例》(以下简称《取水条例》)第 5 条第 2 款将确定水权位序的权限赋予省级人民政府。一方面,省级人民政府只能制定适用于本行政区域内的地方性规章,而无法杜绝各地从各自管理职能及地方利益出发来确立水权取得优先位序,进而产生分割管理水权取得的现象。另一方面,地表水和地下水、河流的上下游、干支流之间的水资源系统相互影响和制约,致使水权取得往往涉及跨地区、跨流域的利益纷争,[2]由此引发的水权纠纷并非单个省、自治区、直辖市所能解决。实际上,各地也并未出台关于水权取得位序的相应规则。[3]

2. 我国《水法》解决水权取得争议问题的指导性规则亦难以解决实际问题。《水法》第 21 条[4]以及此后国务院颁布的《取水条例》第 5 条第 1

---

〔1〕 该"表面契合"可能是出于少数学者的解释,亦可能是出于实践的偶然选择。

〔2〕 近年来,跨地区、跨流域的用水争端日益突出。例如,2009 年晋冀豫三省发生了 16 万民众关于清漳河用水之争。参见陈勇:《晋冀豫清漳河水权之争》,载《民主与法制时报》2010 年 1 月 18 日,第 A7 版。

〔3〕 遍查各省、自治区、直辖市水利厅、水务局网站,多是对《水法》第 21 条第 1 款进行的翻版式重复性规定,并未对该款进一步具体及细化。例如,2006 年《河南省实施〈中华人民共和国水法〉办法》第 13 条规定,"开发利用水资源,应当首先满足城乡居民生活用水,统筹兼顾农业、工业、生态环境用水和航运需要。"

〔4〕 该条内容为,"开发、利用水资源,应当首先满足城乡居民生活用水,并兼顾农业、工业、生态环境用水以及航运等需要。""在干旱和半干旱地区开发、利用水资源,应当充分考虑生态环境用水需要"。

款[1]（后者只不过是前者的翻版）对如何解决水权取得争议问题做了指导性规定，目的在于形成水资源合理配置的格局，[2]但仅是单纯的“兼顾”“充分考虑”等简单、笼统的解决问题方式。这充其量只能视作关于水权取得位序的一种原则性或概括性规定，简单且不清晰，根本无法适用于司法实践。例如，只是原则性地规定在“首先满足城乡居民生活用水”之后应该“兼顾农业、工业、生态环境用水以及航运”的用水需要（《水法》第21条第1款、《取水条例》第5条第1款），但对如何“兼顾”并未规定。试想，若此几类不同目的的用水之间发生冲突，该如何确立彼此之间的优先位序？若无法“兼顾”，又当如何“取舍”？针对生态环境用水的规定也存在同样的问题：《水法》第21条第2款只是原则性地规定了应当“充分考虑”，但面对生态环境日益恶化的社会现实却未规定如何“充分考虑”，如此模糊性极强的立法用语根本无法将生态环境用水的位序明确化。毫不讳言，充斥着“兼顾”“充分考虑”用语的立法规范只是一种“和稀泥”的解决问题方式：一方面导致水权许可机关的自由裁量余地较大，另一方面在司法层面也欠缺实际可操作性。

3. 我国《水法》即便能解释出“在先占用规则”，但对经常出现的水权取得纠纷在法律适用上仍存在诸多漏洞。例如，对如何处理数个用水人同一用水目的的水权取得位序没有予以规定，如在“信丰县仙水湖水产品养殖基地与肖仁山农业承包合同纠纷案”[3]中，现有立法就未能提供解决水资源不足以满足每个用水人的用水需求时的处理规则；既有规则也未区分用水目的相同且申请时间相同与用水目的相同但申请时间不同的具体用水情形，如在“蒲伯轩与蒲曾泽相邻用水纠纷案”[4]中，法官运用现有规则根本无法确定数个用水人用水目的相同但申请时间不同时的水权取得位序，从而呈现法律漏洞。可想而知，适用该规则的结果只能导致实践中的水权取得纠纷愈演愈烈。下文关于该规则的司法适用所导致水权取得纠纷频发的现状就是一种明证。

---

[1] 该款内容为：“取水许可应当首先满足城乡居民生活用水，并兼顾农业、工业、生态与环境用水以及航运等需要。”

[2] 参见黄建初主编：《中华人民共和国水法释义》，法律出版社2003年版，第42页。

[3] 参见江西省赣州市中级人民法院（2009）赣中民一终字第289号民事判决书。

[4] 参见湖南省新晃侗族自治县人民法院（2009）晃法民一初字第269号民事调解书。

经由立法实现水权合理配置在我国已日益迫切。水权派生于民法上水资源国家所有权(《物权法》第46条),本质上是私权,具体说是一种用益物权。尽管民法上水资源国家所有权具有占有、使用、收益等权能,但水权的设置不能仅取决于所有权人(民法意义上国家)的个体意志,而应予以合理限制,否则便可能产生水权“垄断”。水权设置不能单纯考虑用水者个人的经济需求,还需兼顾水资源负载的社会效益,尤其是生态利益,因此不能简单、随意地将水资源划入具有竞争性的私人物品行列。[1] 水权所内含的特殊价值考量使得有关它的制度设置无法仅在强调意志自由的民法内部完成,而需外在立法规制。作为水权取得制度核心的水权优先位序设置,更需要法律明确规定。

(二)我国水权取得优先位序规则适用的司法困境

水权优先位序规则是解决水权取得纠纷的规范依据。水权取得位序规则的不明确、欠缺可操作性导致现实生活中用水纠纷频发。

1. 我国水权取得纠纷的主要特点

(1)从纠纷类型看,简单、笼统的水权取得位序规则导致生活用水、农业灌溉、工业生产用水之间纠纷不断,并由此滋生出大量人身、[2] 财产侵权、[3] 刑事犯罪[4]

---

〔1〕 参见单平基:《论我国水资源的所有权客体属性及其实践功能》,载《法律科学》2014年第1期。

〔2〕 参见“王千军、王光明与王佳明健康权纠份案”,湖南省宁乡县人民法院(2011)宁民初字第1293号民事判决书;“孙芝清与王小叶、孙聪和、唐小娥、伍国荣、银巧云人格权、健康权、财产损害赔偿纠纷案”,湖南省邵阳县人民法院(2011)阳民初字第282号民事判决书;“曹某某、杜某某与葛某某生命权、健康权、身体权纠纷案”,甘肃省张掖市甘州区人民法院(2011)甘民初字第1043号民事判决书。

〔3〕 参见“江贤财与蒲先根相邻用水、财产损害赔偿纠纷案”,湖南省新晃侗族自治县人民法院(2009)晃法民一初字第28号民事判决书;“魏长光、魏长清、魏长余、魏长勇、魏长发等13人与蒋校得财产损害赔偿纠纷案”,湖南省永州市中级人民法院(2011)永中法民一终字第89号民事判决书;“武冈市文坪镇三联村和兴电站与李波、李朝广财产损害赔偿纠纷案”,湖南省邵阳市中级人民法院(2011)邵中民一终字第65号民事判决书。

〔4〕 参见“肖孝仁、肖永华、肖飞聚众扰乱社会秩序案”,重庆市第四中级人民法院(2007)渝四中法刑终字第25号刑事判决书;“关小军玩忽职守案”,河南省郏县人民法院(2010)郏刑初字第181号刑事判决书;“赵国涛、陈晓东玩忽职守案”,河南省平顶山石龙区人民法院(2010)平龙刑初字第52号刑事判决书。

及大规模群体性事件。[1] 其中上、下游之间农业灌溉用水争端、农业用水与工业生产用水之间的冲突尤其突出。

(2)从空间分布看,我国中西部干旱地区的水权取得纠纷明显多于东部水资源丰沛地区。伴随干旱地区水资源短缺的日益加剧,这种现象必将会持续下去。

(3)从发生时间看,水权取得纠纷明显呈逐年上升趋势。可以断言,若缺

---

[1] 参见"黄同德与重庆市江津区凡江河水电站排除妨碍纠纷案",重庆市第五中级人民法院(2009)渝五中法民终字第1111号民事判决书;"唐方华与重庆市江津区凡江河水电站排除妨碍纠纷案",重庆市第五中级人民法院(2009)渝五中法民终字第1112号民事判决书;"朱坤能与重庆市江津区凡江河水电站排除妨碍纠纷案",重庆市第五中级人民法院(2009)渝五中法民终字第1114号民事判决书;"胡德兴与重庆市江津区凡江河水电站排除妨碍纠纷案",重庆市第五中级人民法院(2009)渝五中法民终字第1115号民事判决书;"周泽莲与重庆市江津区凡江河水电站排除妨碍纠纷案",重庆市第五中级人民法院(2009)渝五中法民终字第1117号民事判决书;"彭伟与重庆市江津区凡江河水电站排除妨碍纠纷案",重庆市第五中级人民法院(2009)渝五中法民终字第1118号民事判决书;"唐远才与重庆市江津区凡江河水电站排除妨碍纠纷案",重庆市第五中级人民法院(2009)渝五中法民终字第1120号民事判决书;"黄书德与重庆市江津区凡江河水电站排除妨碍纠纷案",重庆市第五中级人民法院(2009)渝五中法民终字第1123号民事判决书;"付明和与重庆市江津区凡江河水电站排除妨碍纠纷案",重庆市第五中级人民法院(2009)渝五中法民终字第1126号民事判决书;"张优德与重庆市江津区凡江河水电站排除妨碍纠纷案",重庆市第五中级人民法院(2009)渝五中法民终字第1129号民事判决书;"杨中华与重庆市江津区凡江河水电站排除妨碍纠纷案",重庆市第五中级人民法院(2009)渝五中法民终字第1132号民事判决书;"张登树与重庆市江津区凡江河水电站排除妨碍纠纷案",重庆市第五中级人民法院(2009)渝五中法民终字第1135号民事判决书;"喻礼华与重庆市江津区凡江河水电站排除妨碍纠纷案",重庆市第五中级人民法院(2009)渝五中法民终字第1138号民事判决书;"朱洪奎与重庆市江津区凡江河水电站排除妨碍纠纷案",重庆市第五中级人民法院(2009)渝五中法民终字第1145号民事判决书;"唐方金与重庆市江津区凡江河水电站排除妨碍纠纷案",重庆市第五中级人民法院(2009)渝五中法民终字第1148号民事判决书;"张优均与重庆市江津区凡江河水电站排除妨碍纠纷案",重庆市第五中级人民法院(2009)渝五中法民终字第1151号民事判决书;"朱洪明与重庆市江津区凡江河水电站排除妨碍纠纷案",重庆市第五中级人民法院(2009)渝五中法民终字第1154号民事判决书;"周玉堂与重庆市江津区凡江河水电站排除妨碍纠纷案",重庆市第五中级人民法院(2009)渝五中法民终字第1157号民事判决书;"周树宽与重庆市江津区凡江河水电站排除妨碍纠纷案",重庆市第五中级人民法院(2009)渝五中法民终字第1158号民事判决书;"胡光中与重庆市江津区凡江河水电站排除妨碍纠纷案",重庆市第五中级人民法院(2009)渝五中法民终字第1160号民事判决书;"景义容与重庆市江津区凡江河水电站排除妨碍纠纷案",重庆市第五中级人民法院(2009)渝五中法民终字第1161号民事判决书;"杨祖明与重庆市江津区凡江河水电站排除妨碍纠纷案",重庆市第五中级人民法院(2009)渝五中法民终字第1163号民事判决书;"王用友与重庆市江津区凡江河水电站排除妨碍纠纷案",重庆市第五中级人民法院(2009)渝五中法民终字第1164号民事判决书;"杨登芳与重庆市江津区凡江河水电站排除妨碍纠纷案",重庆市第五中级人民法院(2009)渝五中法民终字第1166号民事判决书;"万昌钦与重庆市江津区凡江河水电站排除妨碍纠纷案",重庆市第五中级人民法院(2009)渝五中法民终字第1169号民事判决书。

乏明晰及合理的水权位序规则以“定分止争”,水权取得纠纷的数量只会有增无减。

(4)从处理结果看,法院对相当一部分用水纠纷以“协调”方式结案,而未给出判决的规范理由和法理依据。在许多案例中,法院经常以“和稀泥”的判案方式,指明当事人需要“互谅互让”“兼顾”不同用水目的,而缺少裁判依据与充分说理。[1] 这在无形中极易滋生法官恣意裁判的危险。

2. 我国水权取得纠纷的主要法律争议焦点

这些争议焦点主要围绕申请者之间的用水目的及申请时间而展开,体现在:

(1)用水目的相同(如灌溉用水)且水权申请时间亦相同时,若水资源不足,如何解决用水冲突?例如,在“信丰县仙水湖水产品养殖基地与肖仁山农业承包合同纠纷案”[2]中,原告(该养殖基地,二审被上诉人)以被告(肖仁山,二审上诉人)在原告获得许可的用水界址范围内进行养殖性用水为由诉求法院判令被告停止用水并赔偿损失。法院最终以被告取用水位置属于原告的水域使用权范围为由支持了原告的诉讼请求。这种判决是否具有合理性?

(2)用水目的相同但申请时间不同时,如何确定水权取得位序?例如,在“蒲伯轩与蒲曾泽相邻用水纠纷案”[3]中,原告蒲伯轩以被告蒲曾泽侵犯其成立在先的灌溉水权为由,向法院诉请判令被告停止侵害并赔偿损失。经法院调解,被告同意原告继续从原水源地取水灌溉。若当事人不能达成调解,法院又当如何裁判?

(3)用水目的不同(如生活、生产及生态用水)但申请时间相同时,如何确立农业、工业、生态环境、娱乐以及航运用水等不同用水目的之水权取得的优先位序?例如,在“佛山南海区西樵镇西岸村银坑村民小组与佛山市南海区

---

〔1〕 参见“魏长光、魏长清、魏长余、魏长勇、魏长发等13人与蒋校得财产损害赔偿纠纷案”;“酉阳县飞水小水电开发有限责任公司与酉阳木叶河水力发电有限公司、酉阳县宜人实业有限公司停止侵害暨财产损害赔偿纠纷案”,重庆市酉阳土家族苗族自治县人民法院(2008)酉法民初字第561号民事判决书;“曹某某、杜某某与葛某某生命权、健康权、身体权纠纷案”;“佛山市南海区西樵镇西岸村银坑村民小组与佛山市南海区水国迷城度假村相邻用水纠纷案”等,广东省佛山市中级人民法院(2005)佛中法民五终字第293号民事判决书。

〔2〕 参见江西省赣州市中级人民法院(2009)赣中民一终字第289号民事判决书。

〔3〕 参见湖南省新晃侗族自治县人民法院(2009)晃法民一初字第269号民事调解书。

水国迷城度假村相邻用水纠纷案”[1]中,原告(村民小组)以被告(度假村)为娱乐性用水目的对诉争水源采取截流引水导致原告的生活、生态环境用水造成严重影响为由诉请法院判令被告拆除截水堤坝,恢复溪水流向。法院认为,被告应在“兼顾”合理开发利用水资源和保障原告生活、生态环境用水的情况下,改造原截流引水设施,合理用水,同样原告亦应“兼顾”被告的生产经营。法院因此判决被告停止截水的行为,设立分水设施使溪水从晚上8时之后至次日早上8时流入原自然水道下流,从早上8时至晚上8时,溪水可引入被告经营的度假村。这种判决的依据何在?

(4)用水目的不同时,针对申请时间在后的生活用水人,如何理解“首先满足城乡居民生活用水”的规定?若其他类型用水在先,有的甚至形成习惯性用水,应否一刀切地予以否定?例如,在“江贤财与蒲先根相邻用水、财产损害赔偿纠纷案”[2]中,诉争水源“从历史上来看,一直为灌溉用水”,原告江贤财因被告蒲先根破坏其所安埋的水管等灌溉取水设施并将水源用作生活目的导致其责任田无水灌溉为由,向法院诉请保护其灌溉水权并判令被告赔偿损失。法院对此应如何依法裁判?

总体而言,我国现行水权取得位序规则不利于用水人权利的依法确认及合理保护,难以为解决日益严峻的水权取得纠纷提供制度支持。建构合理的水权取得位序成为我国立法必须直面的课题。

二、建构我国水权取得优先位序的规则参照:现代水权许可制度

考察国外有关水权取得优先位序规则的现状及其生成的制度背景、理论根基可为我国建构相应制度提供宝贵经验。作为当今水权取得普遍立法例的现代水权许可制度是在摒弃仅依土地位置确定水权位序之普通法规则的基础上形成的,通过对“在先占用规则”的修正,于水权取得过程中融入行政许可因素,并通过立法形式明确水权取得的优先位序。

(一)传统水权取得优先位序规则

国外传统水权取得规则或以土地位置,或以占用时间确定水权取得位序,未区分不同的用水目的,皆存在很大不足。至今,这些传统规则或日益走

[1] 参见广东省佛山市中级人民法院(2005)佛中法民五终字第293号民事判决书。
[2] 参见湖南省新晃侗族自治县人民法院(2009)晃法民一初字第28号民事判决书。

向消亡,或需要进行修正。

1. 以土地位置确定水权取得位序的传统规则

此类型包括确定地表水权位序的"河岸权规则"及确定地下水权取得的"绝对所有权规则"。"河岸权规则"源自英国普通法,一般适用于水资源较丰富的地区。[1] "水权优先归属于'河岸所有者',即拥有河岸土地的人",[2] 土地位置是确定水权取得优先位序的唯一依据。[3] 与河流、湖泊或其他水域邻接的土地所有权人有权优先将水资源用于饮用、灌溉、航行、游泳及垂钓等,而不必依附于河流上的任何工程体系或蓄水控制。另外,河岸权不论行使与否都具有延续性,既不因不使用而丧失,也不因水资源被他人优先利用而排除优先性。[4] 与"河岸权规则"类似,"绝对所有权规则"是水资源与土地资源权属尚未分离的体现:水资源被看作土地资源的附属,以土地所有权确定水权归属。地下水资源被视为如土壤、岩石一样属于土地本身的组成部分。[5] 土地所有权人可任意抽取、使用,甚至浪费该土地之下的水资源,[6] 而无须考虑使用的合理性及对同一地下流域内其他用水者的影响。[7] 英国传统普通法即认为,土地所有权上至天空,下达地心,及于其区域内的湖泊与

---

〔1〕 See John R. Teerink, *Water Allocation Methods and Water Rights in the Western States, U. S. A.*, in John R. Teerink and Masahiro Nakashima, *Water Allocation, Rights and Pricing: Examples from Japan and the United States*, The World Bank Press, 1993, p. 16; David M. Flannery, Blair D. Gardner and Jeffrey R. Vining, *The Water Resources Protection Act and Its Impact on West Virginia Water Law*, West Virginia Law Review, Spring, 2005, p. 772.

〔2〕 Robert Cooter and Thomas Ulen, *Law &Economics (fifth edition)*, Addison Wesley Publishing, 2008, p. 157.

〔3〕 参见[美]约翰·G. 斯普林克林:《美国财产法精解》,钟书峰译,北京大学出版社 2009 年版,第 494 页。

〔4〕 See John R. Teerink, *Water Allocation Methods and Water Rights in the Western States, U. S. A.*, in John R. Teerink and Masahiro Nakashima, *Water Allocation, Rights and Pricing: Examples from Japan and the United States*, The World Bank Press, 1993, p. 16.

〔5〕 参见[美]约翰·G. 斯普林克林:《美国财产法精解》,钟书峰译,北京大学出版社 2009 年版,第 497 页。

〔6〕 See Robert Cooter and Thomas Ulen, *Law& Economics (fifth edition)*, Addison Wesley Publishing, 2008, p. 151.

〔7〕 See John R. Teerink, *Water Allocation Methods and Water Rights in the Western States, U. S. A.*, in John R. Teerink and Masahiro Nakashima, *Water Allocation, Rights and Pricing: Examples from Japan and the United States*, The World Bank Press, 1993, p. 17.

河流。[1] 日本地下水权亦采纳了"绝对所有权规则"。《日本民法典》第207条规定,私有土地下的地下水所有权属于土地所有人,即土地所有权包含了地下水的所有权,二者不分离。[2]

以土地位置确定水权取得位序的规则带有鲜明的农业社会烙印,具有一定的时代功能。就"河岸权规则"而言,它迎合了传统农业社会以土地资源为重的价值观念,真切地反映出"在经济上以农业为主的时代,土地所有权是财富和名誉的源泉,即使到了工业时代,土地所有权也仍然备受重视"。[3] 水资源就像树木依附于土地一样被定义为土地保有或占有的组成部分及实现工具。[4] 在以农业经济为主的社会,河岸权人的用水需求最易为人知晓,而远离河流之人的用水需求往往是很难预见的,或者说是人们意料之外的后来者。[5] 就"绝对所有权规则"而言,它符合当时水资源附属于土地资源权属的立法状况。之前许多立法将水资源作为土地附属,将其与土地相结合共同视为土地所有权的客体,而未将其独立于土地之外,如之前的法国、英国、受英国影响的澳大利亚及现在美国加利福尼亚州。[6] 这意味着土地所有权人可任意使用作为土地附属的地下水。

随着农业社会向工业社会的转型以及经济重心由农村转向城市所导致的用水量激增,仅以土地位置确立水权取得位序已不符合水资源保护、经济发展的需要及水资源的立法趋势,亦与人人得享平等用水机会的现代法治理

---

〔1〕 See F. H. Lawson and Bernard Rudden, *The Law of Property*, *2d ed.*, Oxford University Press, 1982, p. 21. 如今,《英国水法》已经确立了水资源与土地权属分离的原则。See *U. K. Water Act* 1989, Part 2, Division 1, Section 7(1).

〔2〕 参见《最新日本民法》,渠涛译注,法律出版社2006年版,第48页。实际上,地下潜水层是循环圈的一部分,地下水资源应当像河川水资源一样被作为公共财产对待。考虑到地下水的水文特性,应当有相应的水法统一管理地下水和地表水。See Masahiro Nakashima, *Water Allocation Methods and Water Rights in Japan*, in John R. Teerink and Masahiro Nakashima, *Water Allocation, Rights and Pricing: Examples from Japan and the United States*, The World Bank Press, 1993, p. 51.

〔3〕 [德]罗伯特·霍恩:《德国民商法导论》,楚建译,中国大百科全书出版社1996年版,第195页。

〔4〕 See Joshua Getzler, *A History of Water Rights at Common Law*, Oxford University Press, 2004, pp. 121-122.

〔5〕 See James Gordley, *Foundations of Private Law: Property, Tort, Contract, Unjust Enrichment*, Oxford University Press, 2006, p. 108.

〔6〕 水资源归属的立法例考证可参见彭诚信、单平基:《水资源国家所有权理论之证成》,载《清华法学》2010年第6期。

念存在根本性矛盾。主要体现在:

其一,依据“河岸权规则”确定地表水权取得优先位序有其不可避免的缺陷。主要表现在:第一,该规则极易引起上下游之间的用水冲突。处于上游的土地所有权人可从溪流中任意取水,可能会经常导致不会有水流经下游土地,〔1〕不可避免要发生权利冲突。第二,该规则更易导致河岸权人与其他用水者的利益冲突。一方面,大量需要用水却不与河流邻近的土地所有权人无法取得水权,极大限制了这些土地的利用。另一方面,伴随农业社会向工业社会转型,工厂可能并不紧邻河岸,日益紧张的生产用水需求必然无法得到满足。第三,该规则不利于水资源的节约及有效保护。传统规则对可用水量未予限制,直接引发大量滥用、乱用及浪费水资源的行为。同时,该规则未区分用水目的,无法避免将水权交易给其他于河岸不拥有土地之人的投机行为,〔2〕不利于水资源的整体规划及有效保护。第四,该规则不能作为确立水权取得优先位序的正当性基础。仅以土地位置作为优先取得水权的依据意味着水权人并未付出任何劳动,且未支付任何对价,不具备权利优先的正当性基础。第五,从深层意义上讲,该规则与用水平等的正义要求相悖。水资源负载价值的多重性决定了人人享有平等用水机会应是建构水权取得规则的前提。“河岸权规则”恰是对这一前提的违反。美国联邦最高法院在 Hudson CountyWaterCompany v. McCarter[209 U. S. 356. (1908)]案中指出,“河岸权规则”并非根深蒂固,取得水权不能实质性降低公共福利和健康。这甚至被认为是美国法院关于水权取得最重要的声明。〔3〕

其二,依据“绝对所有权规则”确定地下水权取得优先位序亦有其弊端。主要表现在:第一,该规则不利于水资源的合理保护和持续利用。土地所有权人享有抽取地下水资源的无限权利,纵使会给依赖同一地下水床的

〔1〕 参见[美]贝哈安特:《不动产法》(影印本第3版),董安生、查松注,汤树梅校,中国人民大学出版社2002年版,第380~381页。

〔2〕 See Robert Cooter and Thomas Ulen, *Law & Economics* (*fifth edition*), Addison Wesley Publishing, 2008, p. 157.

〔3〕 See Joseph L. Sax, "*The Limits of Private Rights in Public Waters*", Environmental Law, vol. 19, 1989, p. 480.

邻人造成损害。[1] 毫无节制地用水在造成水资源浪费的同时,也必将导致用水效率的低下。第二,该规则未摆脱将地下水视为土地附属的桎梏,不符合水资源逐渐与土地资源权属分离的立法趋势。现今绝大多数国家或地区的立法都未将水资源归于私人所有,而是将其作为独立于土地资源的所有权客体,归于国家(如法国、德国及我国等)、州(如美国路易斯安那州、佛罗里达州、得克萨斯州等)或全体人民所有(如美国阿拉斯加州、华盛顿州、俄勒冈州、佐治亚州、科罗拉多州及马萨诸塞州等)。[2] 这标志着以土地资源归属确定水权取得的规则已不符合立法现实。第三,该规则仅以土地位置决定水权取得,无法迎合农业社会向工业社会的转型,且与人人得享平等用水机会的法治理念相悖。随着经济发展和人口增加,"人们开始竞争使用土地和水资源,'绝对所有权规则'不适应这种需要,必须修正"。[3]

以土地位置确定水权取得位序的传统规则已日益走向消亡。一方面,"河岸权规则"无法满足与河流不相毗邻的工业生产的用水需求,逐渐被立法摈弃。美国一些州(如科罗拉多州等)早已废除"河岸权规则",拥有河岸土地之人必须取得用水许可才能取水。[4] 西弗吉尼亚州曾是美国东部几个坚持"河岸权规则"的州之一,[5]也已于 2004 年通过修改《水法》确立水权许可制度修正了该规则。[6] 另一方面,一旦"水资源被视为土地资源的附属"这一前提丧失,"绝对所有权规则"就无法摆脱消亡的命运。如今,水资源逐渐从土地资源权属中分离,成为独立的所有权客体,并归于国家、州或全体人民所有,而非作为土地资源的附属归于土地所有权人私有。我国《宪法》第 9 条和《水法》第 3 条就明确规定,水资源所有权属于国家。美国《路易斯安那州民法典》第 450 条规定,"公共物品归州和作为公共管理人的州政府所有。归州

---

〔1〕 参见[美]贝哈安特:《不动产法》(影印本第 3 版),董安生、查松注,汤树梅校,中国人民大学出版社 2002 年版,第 386 页。

〔2〕 有关水资源归属的详细立法例考证,可参见彭诚信、单平基:《水资源国家所有权理论之证成》,《清华法学》2010 年第 6 期。

〔3〕 崔建远:《准物权研究》(第 2 版),法律出版社 2012 年版,第 360 页。

〔4〕 参见[美]贝哈安特:《不动产法》(影印本第 3 版),董安生、查松注,汤树梅校,中国人民大学出版社 2002 年版,第 383 页。

〔5〕 See David M. Flannery, Blair D. Gardner and Jeffrey R. Vining, *The Water Resources Protection Act and Its Impact on West Virginia Water Law*, West Virginia Law Review, Spring, 2005, p. 773.

〔6〕 See *West Virginia Water Code* 2004, Chapter 22, Article 26, Section 3.

所有的公共物品包括流水、适航水域的水体和水底、界海和海岸”。[1]《马萨诸塞州水道法》第2条规定，“水资源属于全体人民”。[2]

2. 以占用时间确定水权取得位序的“在先占用规则”

该规则强调“时先权先”，水权优先赋予最先对水资源作有益利用之人。[3] 它既可用来确定地表水权，也可用来确定地下水权的取得位序。只要人们最先将水资源或用来提取矿物，或灌溉，就拥有对河流水资源优先使用的权利。[4] “在先占用规则”一般适用于水资源不太丰裕的地区，往往作为不适合这种地域的“河岸权规则”的替代或补充。[5] 美国西部，尤其是其最干旱的八个州（亚利桑那、科罗拉多、爱达荷、蒙大拿、内华达、新墨西哥、犹他和怀俄明州）很早就否定“河岸权规则”，[6]转采“在先占用规则”。[7] 原因在于：一方面，农牧民往往不生活在河岸边，实际用水位置离水资源供应地通常较远；[8]另一方面，西部早期采矿活动对规则的确立起到了重要推动作用。[9]

“在先占用规则”有诸多可取之处。首先，该规则迎合了水资源匮乏地区的水权分配需求，更利于人人享有平等用水机会。它不以土地位置作为优先取得水权的依据，打破了土地所有者取得水权的绝对优先地位，不仅使水权可优先授予给河岸权人以外的人，对满足整个社会的用水需求、促进经济发

---

〔1〕 *Louisiana Civil Code*, Section 450.

〔2〕 *Massachusetts State Waterways*, Section 2.

〔3〕 参见［美］约翰·G. 斯普林克林：《美国财产法精解》，钟书峰译，北京大学出版社2009年版，第494页；David H. Getches, *Water Law*, Saint Paul Minnesota Press, 1984, p. 85.

〔4〕 See Robert Cooter and Thomas Ulen, *Law&Economics* (*fifth edition*), Addison Wesley Publishing, 2008, p. 151.

〔5〕 参见［美］贝哈安特：《不动产法》（影印本第3版），董安生、查松注，汤树梅校，中国人民大学出版社2002年版，第382页。

〔6〕 See James Gordley, *Foundations of Private Law*: *Property*, *Tort*, *Contract*, *Unjust Enrichment*, Oxford University Press, 2006, p. 108.

〔7〕 See David H. Getches, *Water Law*, Saint Paul Minnesota Press, 1984, p. 85.

〔8〕 See James Gordley, *Foundations of Private Law*: *Property*, *Tort*, *Contract*, *Unjust Enrichment*, Oxford University Press, 2006, p. 107.

〔9〕 “在先占用规则”在西部“淘金”中首先被采用，最初体现为“即取即用”的习惯性用水，后来通过通报用水人取水意图并在地方司法部门记录而正规化，并最终被正式的水权分配系统所采用。See John R. Teerink, *Water Allocation Methods and Water Rights in the Western States*, *U. S. A.*, in John R. Teerink and Masahiro Nakashima, *Water Allocation*, *Rights and Pricing*: *Examples from Japan and the United States*, The World Bank Press, 1993, p. 17.

展有重要意义,而且向人人得以平等用水迈出了坚实的一步。其次,该规则以占用时间确定水权取得位序,能以简单和清晰的方式界定水权归属。[1] 它起着低成本"平局打破者"的作用,提供了一种快速、清晰及低代价的方式解决争议、避免冲突,[2]从而是可预测、容易执行、界限分明的标准。[3] 为让人们知道自己行为的边界,通过"在先占用规则"把水资源交给私人手中,可更有效地利用资源。[4]

"在先占用规则"亦有很大局限。第一,该规则的完全开放机制不利于水资源环境保护。任何人都可毫无限制地占用水资源,必将导致水资源过度使用和环境恶化。这一弊端在其他场合暴露无遗:"世界范围内土地资源的沙漠化以及森林资源的减少,大多应当归咎于'开放进入'规则。"[5]对水资源毫无节制地自由、任意占用亦会导致哈丁所言的"公地悲剧"。[6] 第二,该规则可能导致用水人不当获利。水资源的任何分配规则都会受到机会主义的影响,但偶然事件绝不能构成对理想方案的任意偏离,这会导致某些人实际拥有的物多于其应得,而另一些人则相反。人们为取得水权必然会对水资源抢先占有。"若欠缺正当理由,法律不应容许意外之财。把使用某条河流中的水权优先授予给因侥幸而最先到达及占有水资源的人是一种错误"。[7] 第三,该规则无法避免投机行为的发生。若在先占用人并非自己需要用水,而是为转让水权以投机,那么该规则在为其带来不当暴利的同时,也会导致用水成本因可分配水量的减少而越来越高。第四,该规则不符合水资源的现代权利构造。"在先占用规则"的理论逻辑为:水资源之上无所有权存在,基于

---

〔1〕 See Robert Cooter and Thomas Ulen, *Law & Economics* (*fifth edition*), Addison Wesley Publishing, 2008, p. 97.

〔2〕 See Carol M. Rose, *Possession as the Origin of Property*, The University of Chicago Law Review, Vol. 52, No. 1 (Winter, 1985), pp. 73 – 88.

〔3〕 参见[美]约翰·G. 斯普林克林:《美国财产法精解》,钟书峰译,北京大学出版社 2009 年版,第 495 页。

〔4〕 See Richard A. Epstein, *Possession as the Root of Title*, Georgia Law Review, Vol. 13, 1979, pp. 1221 – 1228.

〔5〕 Robert Cooter and Thomas Ulen, *Law & Economics* (*fifth edition*), Addison Wesley Publishing, 2008, p. 154.

〔6〕 哈丁曾言:"基于公地的自由,每一个人都追求自己的最好利益,毁灭是人们盲目行为的必然目的地。" Hardin, *The Tragedy of the Commons*, Science, New Series, Vol. 162, 1968, p. 1244.

〔7〕 James Gordley, *Foundations of Private Law*: *Property*, *Tort*, *Contract*, *Unjust Enrichment*, Oxford University Press, 2006, p. 105.

"先占"而取得水权,如同猎获野生动物一样。在美国西部移民早期,大多数土地及水资源都为公共所有。[1] 当水资源成为独立的所有权客体之后,该规则的逻辑前提便不复存在。

由此可见,"在先占用规则"对平等用水机会的关注蕴含了"平等"这一现代法治理念;面对日益严峻的水资源短缺的社会现实,作为水资源不足时的风险分配体系,其对水权界定所具有的标准清晰性、可预测性、容易执行等优点决定了其存在价值。但"在先占用规则"的完全开放机制、对用水目的的忽视等弊端又注定了必须对其修正与改造。现代水权取得行政许可模式的兴起恰是在修正"在先占用规则"的基础上进行的。

(二)基于"在先占用规则"修正而兴起的水权许可规则

伴随"河岸权规则""绝对所有权规则"的衰落以及修正"在先占用规则"自身局限的需求,现代水权许可规则日益兴起。

1.行政许可介入水权取得位序的合理性

引入行政许可的目的在于规制盲目用水行为,协调不同用水目的(生活、生态、生产及娱乐用水等)之间,尤其是个人经济利益与社会生态效益之间的冲突。水资源所具有的环境、生态及社会价值决定了其负载利益的多重性,不应成为任何个人的私有财产,而应为每个人享用其价值。这无法在强调平等自由的民法内部完成,而只能从其外部引入行政许可。从深层意义上讲,仅以土地位置确定水权取得位序规则的衰落在很大程度上归咎于此类规则对用水缺乏约束机制。一方面,处于绝对优先地位的河岸权人及地下水之上的土地所有权人往往为追求短期、直接的经济利益而忽略长远、整体的社会价值,无法彰显水资源的公共用物属性。[2] 另一方面,对用水目的、水权优先位序及可用水量未予合理规制,直接引发大量滥用、乱用及浪费水资源的现象。毫不讳言,若缺乏规制,水资源环境、娱乐、景观等公共物品属性与水权的私权独占性则可能水火难容。

---

〔1〕 See John R. Teerink, *Water Allocation Methods and Water Rights in the Western States, U. S. A.*, in John R. Teerink and Masahiro Nakashima, *Water Allocation, Rights and Pricing: Examples from Japan and the United States*, The World Bank Press, 1993, p. 16.

〔2〕 关于水资源作为公共用物之所有权客体的属性界定可参见单平基:《论我国水资源的所有权客体属性及其实践功能》,载《法律科学》2014 年第 1 期。

2.“在先占用规则”与水权许可的契合之处

第一,该规则更利于应对日益严峻的水资源短缺状况及解决水资源匮乏地区的水权配置问题。与“河岸权规则”适用于水资源丰富地区不同,“在先占用规则”本质上是水资源不足时的风险分配体系,满足了水资源匮乏地区和远距离用水的制度需求。这与水权许可制度具有相似之处。实际上,水权许可制度也正是为解决干旱地区的水权配置问题,最先发端于水资源较为匮乏的美国西部怀俄明州(1890年),[1]经由对“在先占用规则”的修正而逐渐形成。[2] 因而,以“在先占用规则”为蓝本建构水权许可制度符合水资源日益短缺及用水争端频现的社会状况。

第二,二者均强调对平等用水的关注。“在先占用规则”使水权可优先授予给河岸及地下水之上的土地所有权人以外的人,突破了“河岸权规则”及“绝对所有权规则”仅以土地位置确定水权取得位序的禁锢,从而不但有利于人人享有平等用水机会,也能够彰显水资源自身价值的多重性及负载利益的全民性。水权许可是水行政管理机关根据用水人的申请,经依法审查并通过颁发水权许可证的形式,赋予申请人水权的一种具体行政行为。公平性是水权许可的一项基本原则,要求水权许可机关应当平等地对待所有的用水申请人。“在先占用规则”与水权许可制度对平等用水的关注决定了二者具有天然的内在契合性。

第三,二者均有利于缓解用水紧张的社会现实,体现水权的非排他性特征。水权客体和水资源所有权客体的同一性决定了水权原则上无排他性,在特定水域(地表水)或特定区域(地下水)的水资源之上可同时并存多项水权。但是,依据“河岸权规则”及“绝对所有权规则”,用水人依土地位置享有特定水域或区域的水权后,他人就不能在其上再享有水权,使本不应具有排他性的水权暗含了排他性的要素,显然不足取。“在先占用规则”无此特性,具有以时间先后确定水权取得优先位序的功能。水资源短缺的严峻现实及水资源流动性的水文特征决定了水权许可模式之下于同一地表水域或地下区域的水资源之上设定多项水权的必要性。

---

[1] See Andrew P. Morriss, *Lessons from the Development of Western Water Law for Emerging Water Markets: Common Law vs. Central Planning*, Oregon Law Review, 861 (2001), p. 80

[2] See John R. Teerink, *Water Allocation Methods and Water Rights in the Western States, U. S. A.*, in John R. Teerink and Masahiro Nakashima, *Water Allocation, Rights and Pricing: Examples from Japan and the United States*, The World Bank Press, 1993, p. 17.

第四,二者均主张对地上及地下水权实行统一的调整模式。水资源的整体性决定了调整地上及地下水权取得规则的统一性。蒸发、水气输送、降雨、地表径流、地下渗透等水文过程使水资源形成了一个密不可分的动态循环系统,对某一层面水资源的开发利用必然会对其他部分产生影响。用统一规则对水权取得进行一体化管理契合了水资源的整体性特征及水文运动规律,也有利于降低水资源的利用成本。例如,地下含水层就可以用做天然的蓄水设施,既可以省却在地表建造大型水库所需要的大量投资,又可避免该人工设施对当地生态环境的影响。既然"在先占用规则"自始就对地上及地下水权的取得均可适用,这无疑具有节约制度变革之路径成本的优势。随着水权许可规则的确立,地上及地下水权取得的优先位序由不同规则调整转由统一规则调整。现今,地下与地下水权一般均通过行政许可来授予,为获取水权必须取得许可证,通常以"在先占用规则"为模式,凭借"时先权先"确定水权优先位序。〔1〕《华盛顿州水法》第10条就规定:"依据现有权利,州内水资源均归公众所有。今后对水的使用只能通过为有效利用而占有水的方式,经由法定许可取得。在占有者之间,先占先得。"〔2〕这一点也恰符合我国对地上及地下水资源配置采用的统一调整模式。〔3〕

所有这些契合之处决定了以"在先占用规则"为蓝本是建构现代水权许可制度的必然选择。

3."在先占用规则"需要修正的主要理由

其一,面对经济力量从农村向城市转移所导致的急剧增加的用水需求,〔4〕若仍坚持完全开放机制,人们在"时先权先"标准下会尽量占用水资源,极易导致对水权的垄断。优先日较早的水权人总倾向于尽可能多用水,造成优先日较晚但效率更高、社会价值更大的需水人往往无水可用。〔5〕这也是限制"在先占用规则"完全开放机制的原因。

---

〔1〕参见[美]约翰·G.斯普林克林:《美国财产法精解》,钟书峰译,北京大学出版社2009年版,第497~498页。

〔2〕*Washington Water Code*, Section 10.

〔3〕参见我国《水法》第23条第1款、《取水条例》第7条第1款。

〔4〕See A. DanTarlock, *The Future of Prior Appropriation in the New West*, Natural Resources Journal, Vol. 41, 2001, p. 769.

〔5〕参见王小军、陈吉宁:《美国先占优先权制度研究》,载《清华法学》2010年第3期。

其二,伴随水资源权属的变化,“在先占用规则”的基础也已不复存在。该规则以习惯性用水为基础,水资源被视为无主物或共用物。现今水资源已从土地资源权属中分离并成为独立的所有权客体,无主物性质的水资源已不存在,“在先占用规则”的基础已经丧失。这决定了单纯的占用行为已无法为水权的取得提供正当性基础,必须经由法定的程序方能取得。

其三,“在先占用规则”单纯以时间因素确定水权取得位序,未区分用水目的,无法照顾到用水人不同位阶的水资源价值需求。例如,娱乐用水人若可依据“时先权先”规则优先于生活用水人取得水权,显然缺乏正当性根基。

4. 经由水权许可确立水权位序之立法例的盛行

当下无论是大陆法系还是英美法系,许多国家或地区或是通过修改水法,或是制定新法律,纷纷强化水权取得的行政许可规则,[1]摈弃了仅以土地位置确定水权位序的普通法规则,通过修正“在先占用规则”,并用立法形式明确水权取得的优先位序。

就大陆法系而言,法国已摒弃“河岸权规则”而转采水权许可制度。法国的水权取得传统上采用“河岸权规则”,《法国民法典》第644条规定,位于水流近旁的土地所有权人得在水流经过其土地之处引水灌溉。水流横穿其地产的所有权人,同样可在水流流经地产的地段用水,但水流一经离开土地,应将其归复于通常水道。[2]“河岸权规则”现已被法国法所摒弃。《法国水法》第1条将水资源归于国家所有,但任何人都可对其进行使用。[3]在法国现代法律制度中,用水人必须经过许可方能取水,很少有规则显示与法国传统的水权取得规则相一致。[4]另外,深受《法国民法典》影响的意大利的水权取

[1] 参见单平基:《水资源危机的私法应对——以水权取得及转让制度研究为中心》,法律出版社2012年版,第180~190页。

[2] 参见《法国民法典》,罗结珍译,北京大学出版社2010年版,第192页。

[3] 参见《法国水法》,水利部政策法规司译,载中国水利国际合作与科技网,http://www.chinawater.net.cn/law/CWSArticle_View.asp? CWSNewsID=14774,最后访问时间:2013年10月17日。

[4] See James Gordley, *Foundations of Private Law: Property, Tort, Contract, Unjust Enrichment*, Oxford University Press, 2006, pp. 126 - 128.

得也由“河岸权规则”(《意大利民法典》第910条)[1]转为水权许可制度。[2]现今德国的水权取得及日本的地表水权取得原则上也必须经行政许可。《德国水生态平衡法》第8条规定,任何对地上或地下水的使用原则上均须获得国家许可或授权。[3]《日本河川法》第23条关于“流水占用许可”规定:“凡占用河川水流者必须根据建设省令的规定取得河川管理者的许可。”[4]

就英美法系而言,水权许可规则在美国正日益盛行。越来越多的州已将水权取得由“河岸权规则”交由制定法调整(见表1),通常以“在先占用规则”为模式,但必须取得许可证。[5]依据水权许可取得的水权优于基于传统规则取得的水权的效力。[6]从表1可知,美国西部干旱地区先于东部水资源充足地区实施水权许可。这也再次证明,美国现代水权许可规则很大程度上是在修正“在先占用规则”(曾盛行于美国西部)的基础上逐渐形成的。[7]另外,作为“河岸权规则”发源地的英国也已摒弃该传统规则,代之以《英国水资源法》所确立的水权许可制度。该法第57章第24条规定,抽水和截水的人必须取得用水许可。[8]

---

〔1〕参见《意大利民法典》,费安玲、丁玫、张密译,中国政法大学出版社2004年版,第254页。

〔2〕See James Gordley, *Foundations of Private Law: Property, Tort, Contract, Unjust Enrichment*, Oxford University Press, 2006, p. 129.

〔3〕Siehe *Gesetz zur Ordnung des Wasserhaushalts*, §8.

〔4〕《日本河川法》,水利部政策法规司译,载中国水政网,http://shuizheng.chinawater.com.cn/gwsf/gwsf4.htm,最后访问时间:2013年3月21日。

〔5〕参见[美]约翰·G.斯普林克林:《美国财产法精解》,钟书峰译,北京大学出版社2009年版,第497~498页。

〔6〕See James Gordley, *Foundations of Private Law: Property, Tort, Contract, Unjust Enrichment*, Oxford University Press, 2006, p. 120.

〔7〕美国各州都分别制定了关于“在先占用规则”的行政管理制度和程序,其水权取得主要根基于水权许可。See John R. Teerink, *Water Allocation Methods and Water Rights in the Western States, U.S.A.*, in John R. Teerink and Masahiro Nakashima, *Water Allocation, Rights and Pricing: Examples from Japan and the United States*, The World Bank Press, 1993, p. 17.

〔8〕See *U.K. Water Resources Act* 1991, chapter 57, section 24.

表1 美国各州水权许可制度的实施时间[1]

序号	州名称	实施水权许可时间	序号	州名称	实施水权许可时间
1	怀俄明州	1890 年	18	马里兰州	1957 年
2	内布拉斯加州	1895 年	19	衣阿华州	1957 年
3	爱达荷州	1903 年	20	特拉华州	1959 年
4	犹他州	1903 年	21	新泽西州	1965 年
5	内华达州	1905 年	22	肯塔基州	1966 年
6	新墨西哥州	1905 年	23	佛罗里达州	1972 年
7	北达科他州	1905 年	24	明尼苏达州	1973 年
8	俄克拉荷马州	1905 年	25	蒙大拿州	1973 年
9	南达科他州	1905 年	26	北卡罗来纳州	1973 年
10	俄勒冈州	1909 年	27	佐治亚州	1977 年
11	加利福尼亚州	1913 年	28	纽约州	1979 年
12	得克萨斯州	1913 年	29	康涅狄格州	1982 年
13	华盛顿州	1917 年	30	马萨诸塞州	1985 年
14	堪萨斯州	1917 年	31	密西西比州	1985 年
15	亚利桑那州	1919 年	32	弗吉尼亚州	1989 年
16	阿肯色州	1957 年	33	亚拉巴马州	1993 年
17	威斯康星州	1957 年			

（三）水权许可模式下的水权取得优先位序规则

1. 水权优先位序的立法明确

水权许可规则之下，水权优先位序由普通法中的传统水权取得规则予以调整转由制定法确定。这既实现了水权取得机会的均等性，又可保障水权取得的统一性、稳定性及可预见性。用立法形式明确水权优先位序至少具有以

---

〔1〕 有关美国西部各州的水权许可，参见 Andrew P. Morriss, *Lessons from the Development of Western Water Law for Emerging Water Markets: Common Law vs. Central Planning*, Oregon Law Review, 861 (2001), p. 80；有关美国东部各州的水权许可，参见 Joseph W. Dellapenna, *The Law of Water Allocation in the South eastern States at the Opening of the Twenty-first Century*, Arkansas Little Rock Law Review, 9 (2002), p. 25。

下功能:其一,确定水权可否取得,尤其在面对具有竞争性的用水情形;其二,确定水权取得的先后顺序,协调用水人的利益冲突;其三,协调水权实现过程中的权利冲突。前两项功能很好理解,第三项功能与水权原则上不具有排他性紧密相关。通常情况下,排他性可解决物权之间的效力冲突。水权由于原则上无排他性,在特定水域(地表水)或特定区域(地下水)的水资源之上可同时并存多项水权。这与水权客体和水资源所有权客体融合一体有关,也是为保护其他用水人能利用同一水资源所必需。此时,水权冲突无法依靠物权排他性解决,只能通过水权优先位序加以协调:处于优先位序的水权人得以优先用水;若水资源不足,处于后位序的水权则可能会被削减,甚至落空。

以美国为代表的国家或地区现在纷纷用立法的形式明确了水权取得位序,甚至可以说,美国水法已经进入到一个普通法与制定法并重的时代。亚利桑那州确立的水权优先位序为:家庭和市政用水、农业灌溉、水力发电和矿业用水、娱乐渔业和生态用水、地下水的人工回灌用水。[1] 得克萨斯州确立的水权优先位序为:家庭用水、市政用水、灌溉和工业用水、矿业用水、水电用水、航运、娱乐及其他有益用水。[2] 北达科他州确立的水权优先位序为:家庭用水、市政用水、养殖用水、灌溉用水、工业用水、渔业野生生物以及其他户外娱乐用水。[3] 阿肯色州确立的水权优先位序为:家庭和城市生活用水、最低流量(minimum stream flow)的生态用水、联邦政府水权、维持其他生命用水、维持健康用水及创造财富的用水。[4] 科罗拉多州的水权优先位序为:家庭用水、农业用水及制造业用水。[5] 爱达荷州确立的水权优先位序亦是家庭用水、农业用水及制造业用水。[6] 我国台湾地区"水利法"第18条亦明确规定了水权取得的优先位序,即家用及公共给水、农业用水、水力用水、工业用水、水运及其他用途。各国或地区关于水权优先位序的规定虽不尽相同,但一般均将生活用水置于水权取得的绝对优先位序。在保障生活用水的前提下,再根据自身的水资源状况及经济发展等具体情势确立各自的水权优先位序。

---

〔1〕 See *Arizona Revised Statutes*, article 45, section 157(B).

〔2〕 See *Texas Water Code*, article 11, section 24.

〔3〕 See *North Dakota Cent. Code*, section 61(4).

〔4〕 See *Arkansas Code Annotated*, article 15, section 217(a).

〔5〕 See *Colorado Constitution*, article XVI, section 6.

〔6〕 See *Idaho Constitution*, article XV, section 3.

2. 水权许可模式下水权位序的例外情形

并非所有的用水情形均需遵循立法所确定的水权取得优先位序。主要有以下几种情形：

(1)雨水(大气水)。使用雨水不需要取得行政许可，也不必遵循立法所确定的水权取得优先位序。如《法国民法典》第641条规定，任何所有权人均有权使用和处分落在其不动产上的雨水。[1] 这可激励用水人积极革新雨水收集方式，增强用水效率。

(2)地表积水。它可由土地所有人或使用人收集及利用。美国爱达荷、科罗拉多、俄勒冈和华盛顿州都规定地表积水所在土地的所有权人或使用权人对其享有排他性利用权。[2]

(3)洪水。洪水属于人类难以控制的水流，对其使用通常不宜采用水权许可规则。

(4)传统性的公共性用水。该例外主要是针对相对不太重要的传统习惯性用水，如洗浴、洗涤、用手提容器汲水、牲畜饮水、游泳及冰上运动等。[3]

还有一些法律规定特定种类或数量的用水不需要水权许可。例如，美国佛罗里达、印第安纳、肯塔基、马里兰、密西西比等州规定家庭用水免于申领取水许可证。在马里兰州，每日用水量低于10,000加仑(约合45.5吨)的农业用水不适用许可制度。[4] 这些州大都处于水资源比较丰富的美国东部，少量用水对水资源总体利用影响不大，设置许可例外也可降低水资源管理的行政成本。

3. 水权许可模式之下的水权优先位序具体确定

水权许可之下，经过对"在先占用规则"修正，通过立法明确水权取得的优先位序，运用行政许可机制将水权申请时间与用水目的因素相结合，保证水权取得的明确性及合理性。具体表现在：

第一，通过立法形式明确水权取得位序，对用水目的进行许可审查。对"在先占用规则"之下的"时先权先"标准进行改进，改变仅以占用时间作为确定水权优先位序的决定性条件，转以用水目的为首要因素，由水权许可机关

---

〔1〕 参见《法国民法典》，罗结珍译，北京大学出版社2010年版，第191条。

〔2〕 参见王小军：《美国水权制度研究》，中国社会科学出版社2011年版，第88页。

〔3〕 参见王洪亮：《论水权许可的私法效力》，载《比较法研究》2011年第1期。

〔4〕 参见王小军：《美国水权制度研究》，中国社会科学出版社2011年版，第104页。

审查用水目的以决定是否许可水权及其位序，进而照顾到用水人不同位阶的水资源价值需求。

第二，为克服“在先占用规则”的完全开放机制对水资源环境保护不利的弊病，水权许可制度之下，日益强调有益用水及最低生态用水的需要。现在越来越多的学者开始接受，对水资源的使用应受一定限制，如不得浪费、合理性及有益性用水等。〔1〕 这一点完全可通过水权许可机关审查用水目的、决定是否许可水权及限制审批用水量来实现。基于当代和未来福祉考虑，有益用水应包括为保持河流自然径流和湖泊合理生态的最低流量的用水。〔2〕 有益性用水必须是合理性用水，具有能为社会所接受的正当性用途，且不能以明显低效率的方式（如大水漫灌、输水水渠渗漏严重）用水。水权许可不仅关注用水方式的合理性，而且要求水资源用途的正当性，注重对用水目的的考量。这也为运用立法形式明确水权取得位序提供了契机。

第三，在水权许可的具体制度运作上，改用水权申请时间与用水目的相结合确定水权取得位序。水权许可制度仍蕴含着“在先占用规则”的精髓——时间因素，但时间因素于水权许可中发挥作用的机理与“在先占用规则”并不完全相同。它并非依据单纯的在先占用行为便可取得水权，而要根据甄别用水申请人的用水目的与用水类型进行区别认定。例如，用水目的相同时，应把用水申请时间作为确定水权取得位序的决定性因素；两个以上的用水目的不同但申请时间相同时，应把用水目的作为确定水权位序的决定性因素。

第四，为避免出现“在先占用规则”所导致的盲目抢占水资源的状况，水权许可对“先占日”（First in time）进行了改造。之前对“在先占用规则”至关重要的“先占日”主要依据权利人着手（first step）从事引水或其他占用水资源的日期来认定。但对于如何认定“着手”却比较复杂、标准不一。〔3〕 究竟是实地勘察、修建引水设施？还是制定、实施引水计划？针对这一问题，目前大都采用行政许可制度对先占日进行确定。〔4〕 水权人提出有效水权许可申请

---

〔1〕 See Joseph L. Sax, *Rights that Inhere in the Title Itself: The Impact of the Lucas Case on Western Water Law*, Loyola Law Review, Vol. 26, 1993, pp. 943 – 944.

〔2〕 See *Colorado Water Right Determination and Administration Act* 1969, section 37.

〔3〕 See Robert E. Beck, *Water and Water Right*, Michie Company Law Publishers, 1991. p. 93.

〔4〕 参见王小军、陈吉宁：《美国先占优先权制度研究》，《清华法学》2010 年第 3 期。

的日期通常即为先占日。

三、我国水权取得优先位序规则的具体建构及其适用

由于我国的既有法律在解释论上已承认"在先占用规则",如果参照并借鉴国外相应先进制度建构与完善我国水权取得许可规则的话,那亦应在此基础上予以本土化构造。

(一)水权许可下水权优先位序的立法确立

以"在先占用规则"为蓝本完善水权许可在一定程度上克服我国既有规则之弊病。法律应摒弃仅以"占用时间"确定水权位序的做法,而改采"用水目的与申请时间"相结合的方式作为水权优先取得的依据,以提供处理用水冲突的规则。这是构建水权许可制度的核心。为水权而设立的分配程序应重视用水目的,这是在相互竞争的各种用水之间确定优先权的一种途径。[1]

1. 水权优先位序的立法明确

对水资源的使用不能单纯考虑个体经济需要,还需兼顾水资源所负载的生态效益等因素,必须通过立法形式明确水权的取得位序。从用水目的看,水为生命之源,乃生活、生产之本,家庭生活用水必须保证,农业用水事关国计民生,工业用水关乎社会发展,生态用水系生存环境所需。当今主要国家或地区确立水权优先位序的立法例皆以"用水目的"作为核心依据。以其为参照,我国立法应采用的水权优先位序是:生活用水、生态环境用水、农业用水、工业用水、娱乐用水及其他类型用水。

(1)生活用水。水资源为生存权所必需,实现生存权之后才能顾及其他。各国立法均将生活用水放在优先地位。[2] 生活用水不仅指人类饮用水,还包括家庭喂养禽畜的饮用水及家庭小面积装饰性灌木丛、花园和果蔬灌溉用水。[3]《水法》第21条关于首先满足城乡居民生活用水的规定确立了生活用水处于

---

〔1〕 See John R. Teerink, *Water Allocation Methods and Water Rights in the Western States, U. S. A.*, in John R. Teerink and Masahiro Nakashima, *Water Allocation, Rights and Pricing: Examples from Japan and the United States*, The World Bank Press, 1993, p. 13.

〔2〕 参见黄建初主编:《中华人民共和国水法释义》,法律出版社2003年版,第41页。

〔3〕 See John R. Teerink, *Water Allocation Methods and Water Rights in the Western States, U. S. A.*, in John R. Teerink and Masahiro Nakashima, *Water Allocation, Rights and Pricing: Examples from Japan and the United States*, The World Bank Press, 1993, p. 14.

第一位序的规则应该继续坚持,并在此基础上保障生活用水的水质安全(《水法》第33条、第34条、第54条)及提高生活用水效率(《水法》第52条)。

(2)生态环境用水。水权配置若要注重保障水资源的承载能力(《水法》第30条),便应以保证生态环境用水为前提。其一,应将维护生态环境用水与人类健康生存权结合理解,"不能离开拥有健康环境的权利来谈论人的健康权利"。[1] 其二,良好的生态环境对经济发展可起到巨大推动作用。[2] 实际上,我国《水法》第21条第2款关于"在干旱和半干旱地区开发、利用水资源,应当充分考虑生态环境用水需要"的规定已意味着生态环境用水地位的提高,未来立法需要做的是舍弃"充分考虑"这一模糊用语,将其位序明确化:即紧随生活用水之后,置于农业及工业用水之前。这也符合保护和改善生态环境的立法主旨(《宪法》第26条第1款、《环境保护法》第4条)。

(3)农业用水。主要指灌溉性用水,即灌溉农田、林地及草地的必需性用水。它处于工业用水之前主要是基于农业生产的基础性地位:农业是国民经济基础,水利是农业的命脉。我国毕竟是农业大国,农业在国民经济中处于极其重要的地位,灌溉用水权一般不得因工业、高尔夫球场和公园草地的用水而被转让、征用。[3] 保障粮食安全和社会稳定是水权配置需要考虑的重要因素,水资源的开发利用对此亦应给予足够重视,唯此才能促进农业生产发展(《水法》第25条第1款)。

(4)工业用水。工业用水通常指具有特定用水需求的企业类用水,包括采矿、木材加工、纸浆制造、热电厂冷却、钢铁冶炼及食品工程等类型的用水,但不限于此。[4] 工业用水需求日益增加,挤占农业用水的现象并不鲜见。明晰工业用水的位序,将为处理工业与农业用水争端提供制度依据。

---

[1] See Jan Hancock, *Environmental Human Rights: Power, Ethics and Law*, Ashgate Publishing Limited Press, 2003, pp. 59 - 60.

[2] 例如,美国蒙大拿州自1973年确定优先保护生态用水以来,不仅维护了该州的自然美景,而且为当地带来了显著的经济效益,尤其是需要生态用水支撑的水上运动和野生生物渔业活动成为该州强劲的经济增长点。参见王小军、陈吉宁:《美国先占优先权制度研究》,载《清华法学》2010年第3期。

[3] 参见崔建远:《水权与民法理论及物权法典的制定》,载《法学研究》2002年第3期。

[4] See John R. Teerink, *Water Allocation Methods and Water Rights in the Western States, U. S. A.*, in John R. Teerink and Masahiro Nakashima, *Water Allocation, Rights and Pricing: Examples from Japan and the United States*, The World Bank Press, 1993, p. 14.

(5)娱乐性用水。娱乐用水指公园、游乐场、自然保护区内的娱乐事业不采用市政供水系统,而是通过取得水权,将河道、湖泊内的水流、水面等用于娱乐的权利。游泳、水上娱乐、垂钓休闲等用水需求越来越高。基于用水的娱乐性目的,应列于生活、生态及生产用水之后。

(6)其他类型用水。主要包括,为稀释废水等污染物而利用水资源、为流放竹木而利用河水资源等。由于法律不可能对所有用水类型列举全面,仅以此作为概括式兜底规定。

2. 水权取得优先位序的例外

水权许可例外情形之下的用水不必经过行政机关的审查及批准,所以不必遵循水权取得优先位序规则。针对我国水权许可例外的立法现状,以下几点必须明确:

(1)对应属水权许可例外但立法未予确认的情形,应予确立。我国相关法律已规定一些水权许可例外情形(《水法》第7条、第48条,《取水条例》第4条第1款),但并不健全,还应增加雨水、地表积水、洪水、传统性的公共性用水或习惯性用水等。为激励公众自发采用集雨措施缓解枯水年份的少雨干旱状况,法律尤应明确"雨水集流工程"中的集水不适用水权许可制度,集水人可自由处分。[1] 这也符合鼓励通过集水工程技术开发雨水资源的立法精神(《水法》第24条)。

(2)对立法已确认但存有缺陷的水权许可例外,应予完善。《取水条例》第4条的例外情形既包括家庭用水、临时性紧急用水及生态保留水权,又赋予了农村集体经济组织以公共使用权。该规定尊重了传统习惯性用水,有利于保障农地生产,应予坚持,但亦有需改进之处。立法可借鉴马里兰等州的规定,增加家庭用水等取水额的具体量化规定,约束"自由取用"式的水资源浪费行为。

(3)对不应属水权许可例外且立法又未确认的用水情形,应予依法取缔。用水人应依照《水法》及《取水条例》尽快补办水权许可证,否则便应认定为非法用水。我国以往鲜有水权人抽取、使用异地地下水的现象,基于"在先占用

---

〔1〕 在我国陕西、山西、甘肃、宁夏等黄土高原地区,河南、河北、内蒙古等干旱、半干旱缺水地区,以及东北的缺水旱地农业区、四川、广西、贵州等西南土石地区,通过修建水窖、水柜、旱井、蓄水池等小型、微型水资源工程发展和建设集雨节灌的雨水积蓄利用工程已成为水资源开发的潮流之一。参见黄建初主编:《中华人民共和国水法释义》,法律出版社2003年版,第46页。

规则”取得异地地下水的水权尚不多见。但随着用水人抽取、使用异地地下水的需要增强、事例增多,“在先占用规则”的适用范围会拓宽。[1] 现在非法用水问题已非常严峻,很多土地承包经营权人未申请取水许可证便抽取、使用地下水,相关机关亦未严格贯彻相关法律(如《水法》第48条)的规定。地下水流动缓慢,补充困难,一旦开采过量便会造成难以弥补的危害,甚至可能导致地面沉降及海水入侵(《水法》第36条)。因此,除非属于水权许可的例外情形,对地下水的开采、利用应一律依法先申请用水许可,然后才有权用水,否则便应视为非法用水而予以取缔。

无须经行政许可的用水情形毕竟只是例外,除此之外的水权都要遵循水权取得的优先位序,基于水权许可产生。水权许可是水权产生或设立的前提或必要条件,水权取得优先位序亦须在水权许可之下来设立。

(二)水权取得优先位序的实践运用:用水目的与水权申请时间的结合

我国《水法》第21条并未明确生活用水目的之外的其他用水类型的取得位序,水权取得当下仍是以申请时间作为确定水权取得位序的依据。改造我国的“在先占用规则”因此就十分必要,即不能仅以占用时间作为确定水权优先位序的决定性条件,而须将“用水目的[2]与申请时间”结合,并区分不同情形来确定水权取得位序的具体规则。确定水权取得位序的基本原则是,无论水资源是否充足,法律须以“申请时间”作为确定水权取得优先位序的基本依据;当水资源不足时,法律要优先考虑“用水目的”位序高者的利益,必要时甚至可通过补偿损失的方式换取在先申请者的应得水权。当然,基于对申请人生存权的考虑及农业生产在我国的特殊性,补偿在先水权人所受损失的具体方式可具体斟酌。即,作为后位用水的生活用水者以及农业生产用水者只需交纳国家规定的基本水费即可,而无须直接补偿前位用水者的损失。前位用水者的损失可由国家专门设立的基金或保险等方式予以补偿,[3]唯此才能真正关切到人的基本生存权利以及农业生产者的现实利益。确定水权取得位序的具体情形有:

---

[1] 参见崔建远:《准物权研究》(第2版),法律出版社2012年版,第361页。

[2] “用水目的”在我国相关法规中(《取水条例》第12条)已有所体现,即用水人申请水权时,必须于水权申请书中注明用水目的。水权行政许可机关对此应予以审查。

[3] 有关设立专门基金或保险的问题非仅靠理论研究能解决,也超出了本文的讨论范围,此处不再深论。

1. 申请者用水目的相同，且水权申请时间相同时的规则适用。若水资源充足，申请者均可按照需用水量获得水权，自不待言。水资源不足时，鉴于申请者的用水目的处于同一位序且申请时间相同，应按照用水人申请用水的比例许可水权。例如，假设农民各自拥有面积不同但肥力相当的土地，且均为灌溉目的申请用水，若无足够水资源以供分配，应采用给每位农民的分配水量与其土地面积成比例的规则。否则，若任何一位农民得到多于该比例的水权，对其他农民而言，此水权的价值会变得更高，因为他们急需此水权。而得到多余比例水权的农民很可能会通过将此水权转让而获得不当暴利，并可能发生"敲竹杠"的情况。

2. 申请者用水目的不同，但申请时间相同时的规则适用。处理此种情形的理想规则是，应首先依据用水目的的优先位序来确定用水顺序，将水权优先赋予给水权位序最高者，即生活用水最为优先，生态环境用水第二，农业灌溉用水第三，依次类推。这既符合经济效率，可节省再次向具有更高价值需求者转让水权的交易成本，也契合正义观念，可在最大限度内避免意外暴利和"敲竹杠"。反之，若将水权优先分配给具有较低水权位序之人，如依据传统规则仅因该人拥有河岸土地或最先占用水资源：一种可能是，他获得高于自身需求的水权，且未支付相当的成本，只是基于土地位于河岸边或最先用水而获得意外暴利；另一种可能是，他为取得水权支出了成本，但并不计划自己用水，而是想将水权转让以获取高额利润，他便极有可能通过"敲竹杠"谋取利益，因为对水资源具有更高价值需求者将不得不通过和他进行交易以取得水权。

3. 申请者用水目的相同，但申请时间不同时的规则适用。此种情形下，由于申请人处于同一用水目的位序，申请时间便成为了确定水权取得优先位序的决定性因素，应按用水申请时间赋予水权，即申请时间在先者优先取得水权。但这种情形应设置例外规则，即当水资源不足时，数个申请者同为生活目的用水时，为照顾在后申请者最基本的生活需要，也应赋予其一定比例的生活用水。从根本上讲，这实际是对人之生存权的一种基本关切。除此以外，其他的用水类型都应严格按照用水申请时间的先后赋予水权。

4. 申请者用水目的不同，且申请时间不同时的规则适用。这又可细分为两种情形。其一，用水目的在先且申请用水时间在先的申请者自可优先于用水目的在后且申请用水时间在后的申请人获得水权。若潜在的后来申请者的用水位序也低于在先申请者，将水权优先赋予在先申请者实际就是将水权赋予位序较高者，符合确定水权取得位序的立法精神，不必赘述。其二，用水目的在先但申请时间在后者与用水目的在后但申请时间在先者取得水权的优先位序的确立，仍应遵循前述一般原则，即依照申请时间作为确定水权取得位序的基本依据。这里着重考虑水资源不足时对在先申请者之权益如何保护的问题。由于水资源的不足而只能把水权优先赋予用水目的位序在前者，但却不能忽视申请在先者先得水权的利益，这就需要对在先水权人造成的损失予以补偿。毕竟，法律在依照用水目的赋予保护位序时已经包含了对人之基本权利的保护。如中岛正彦所言，“当申请中的水权比以前的水权更有利于公众，或者补偿性结构设施的设置预计可以化解持异议者可能遭受的损失时，河川管理者可以不顾反对意见而批准该项水权。申请人必须补偿与河川管理者协商后发生的一切损失”。[1] 为防止在先的水权人“敲竹杠”，后使用者支付的补偿费用应相当于因改变用水目的而给在先的水权人造成的损失，而非可给后使用者带来的收益。简言之，合理的水权配置规则应保证在先的水权人不因水权被剥夺而受有损失，同时也应避免其获得不当暴利。

5. 确立水权取得优先位序之极端情形的规则适用。当水资源不足时，至少存在两种情形导致申请者之间需依一定比例获得生活用水或农业用水：一是在申请者“用水目的”与“申请时间”均相同时，应按照用水人申请用水的比例许可水权；二是在申请者“用水目的”相同但“申请时间”不同时，为照顾在后申请者的基本生活需要，也应赋予其一定比例的生活用水。该情形可能会引发极端的后果：依照一定的比例予以分配而获得的水量对任何用水人均不具有实际意义！此时，法律应如何应对？理想的途径首先是尊重申请用水人的意志，由申请人自己通过自愿协商决定水权归属。当他们协商不成时，再由水权许可机关，甚至司法机关等进行裁量。需要指出的，在此极端情形下，无论哪位申请人最终放弃申请利益，无论水权最终裁判给谁，失去水权申请利益甚至水权利益的主体都应获得相应的补偿。更为极端的结果是，当水量

---

[1] Masahiro Nakashima, *Water Allocation Methods and Water Rights in Japan*, in John R. Teerink and Masahiro Nakashima, *Water Allocation, Rights and Pricing: Examples from Japan and the United States*, The World Bank Press, 1993, p. 54.

不足以满足每个申请人的生活用水需求且当事人无法协商一致时，无论将水权配置给谁都将是一种“悲剧性选择”，[1]此即为水权配置规则之僵局。原因显而易见，丧失生活用水就意味着生存权——基本人权——的消灭。面对此种极端情形，可行的做法或许只能由国家或国际人道主义予以法律之外的救助。

(三)水权取得优先位序之创设对实践困境的具体回应

理想的制度建构需要解决实践问题的能力来检验，此处用文首提到的相关司法争议予以验证。

1. 申请者用水目的相同且申请时间相同时，若水资源不足，应按照用水人申请用水的比例许可水权。取得水权之后，当水资源不足导致水权发生冲突时，依水权证所获得的用水量按比例削减和分配用水。例如，在文首“信丰县仙水湖水产品养殖基地与肖仁山农业承包合同纠纷案”中，原、被告水权人在水资源不足时，按照水权许可证记载用水量的比例削减用水即可化解此类纠纷。

2. 申请者用水目的相同但申请时间不同时，应按用水申请时间的先后赋予水权。此时，“时间”是确定水权取得优先位序的决定性因素。例如，在文首“蒲伯轩与蒲曾泽相邻用水纠纷案”等涉及同一用水目的的取水纠纷中，若适用用水申请时间确定水权，此类水权取得纠纷便可迎刃而解。

3. 申请者用水目的不同但申请时间相同时，理想规则是将水权优先赋予给水权位序最高者。水权取得之应然法定优先位序为：生活用水、生态环境用水、农业用水、工业用水、娱乐用水及其他类型用水。例如，文首在“佛山南海区西樵镇西岸村银坑村民小组与佛山市南海区水国迷城度假村相邻用水纠纷案”中，按照水权取得位序，生活和生态环境用水应处于娱乐用水之前。

4. 申请者之间的用水目的与申请时间皆不相同时，用水目的在后但申请时间在先者优先于用水目的在先但申请时间在后者取得水权。但实践中存在的一些特殊情形需给予特别关注：其一，发生在先的习惯性用水可能符合水权许可的例外情形，此时亦可成立水权，而不应“一刀切”地加以否定。若

---

[1] 在分配有限资源时，由国家强制力作出的“一些人得死”的决定变得特别引人关注。参见[美]盖多·卡拉布雷西、菲利普·伯比特：《悲剧性选择——对稀缺资源进行悲剧性分配时社会所遭遇到的冲突》，徐品飞、张玉华、肖逸尔译，北京大学出版社2005年版，第127页。

习惯性用水不属于水权许可的例外情形,不但不能赋予在先用水人水权,而且还可能被认定为非法用水予以取缔。其二,若后位申请者是为满足生活目的而需要用水时,则只需交纳国家规定的基本水费即可获得水权,前位用水者的损失可由国家专门设立的基金或保险等方式予以补偿。这既是对生存权的基本关切,也是对“首先满足城乡居民生活用水”之立法精神的体现。这两种特殊情形均在文首“江贤财与蒲先根相邻用水、财产损害赔偿纠纷案”中得以反映。该判决值得肯定之处在于,它确认了原告的灌溉水权并给出了具有说服力的理由,即它属于水权许可例外且已成立习惯性用水。如判决书指出的:“原告取水点、新田界洞门口水源从历史上来看,一直为灌溉用水。因此对这一水源,应坚持灌溉用水优先原则,即在灌溉季节,这一水源应当用于灌溉,只有在灌溉用水充足或者在非灌溉季节才能作为生活用水。”但该判决亦存在值得商榷或不当之处,因为被告此后的生活用水权被绝对排除。较为妥当的做法应当是,允许被告在缴纳水费之后取得生活水权,给原告造成的损失应由国家专门设立的基金或保险予以补偿。

结　语

司法纠纷的解决需要依赖既有规则。但当既有规则不完善甚至缺失时,则需要立法创设相对完善的规则。建构与完善我国的水权取得许可制度,尤其是水权取得优先位序规则,便是从根本上解决水权取得纠纷的一条路径。自然界赐予了人类水资源,其自身价值的多重性及负载利益的全民性决定了理应为人人所享用。但只有创设合理的水权取得制度,才能真正把水之享用落实于人们的现实生活。水权许可制度的价值需要水资源的规范配置及管理实践来检验,优先位序规则的成败取决于人们在多大范围、多大程度上享用到应享的水资源。法律的终极目标是对人的真正关切,建构水权取得位序规则的全部努力也正在此!

论新型城镇化推进的法治路径

刘　旭*

内容摘要：传统城镇化片面追求城市人口规模扩大和城市空间扩张，不同程度地存在环境污染、资源浪费、交通拥堵、公共服务机构和设施稀缺的弊端。因此，要与时俱进通过城镇规划立法规范化、创新土地利用法律制度、完善社会保障法律体系、城市治理法律制度以及严格执行环境保护法律制度等法治化措施推进以人为本、规划科学和环境宜居的新型城镇化。以法治思维和法治方式推进城镇化发展的法治化路径选择对于我国社会经济转型时期新型城镇化健康发展具有重要的现实意义，也是落实科学发展观推进国家法治建设的必然要求。

关键词：新型城镇化；法治；路径

城镇化是一国社会经济发展演化的结果，具有内在的规律性。人为地快速推进或者刻意阻挡城镇化的发展演进只能带来过度的城镇化或者滞后的城镇化，均会有违社会经济发展所应遵循的客观规律，不利于国家和地区的整体发展。当下而言，各地在推进城镇化的过程中不同程度上存在缺乏法治思维不顾客观规律和法律程序强行推进的做法。要破解城镇化发展过程中无序状态，需要政府通过法治化措施，走一条新型城镇化健康推进的建设路径就成为当下中国城镇化发展的重大课题。

一、城镇化发展的现状分析与制约因素

城镇化是经济社会发展的必然规律，城镇化水平的高低则是国家经济社

* 刘旭，南京师范大学法学院博士研究生，南京师范大学中国法治现代化研究院研究员。

会发展程度的重要衡量指标。[1] 改革开放之后,中国经历了三十余年的经济快速发展期。在这段经济快速发展的历史时期,伴随着工业化和城市第三产业的快速推进,城镇化走出倒退和停滞的低谷期,进入了整体速度较快的发展期。目前而言,中国正在推进和经历的城镇化,无论城镇化规模还是发展速度,在人类历史上都是前所未有的空前绝后。这段时期的城镇化体现出如下特征:

1. "集群式"城镇化进程加快。此段时期的城镇化水平伴随经济快速发展引发的城市数量和规模迅速增加而得到迅猛提高。以城市数量为例,1980年中国城市数量为223个,人口为9035万人;2006年,城市数量加至661个,城镇人口达至27,229.8万人;从城镇化水平看,1978年是17.9%,2008年已经达到45%。国家发展和改革委员会主任徐绍史2013年6月向全国人大常委会作关于城镇化建设工作情况的报告指出,中国2012年城镇化率达到52.57%,与世界平均水平大体相当,城镇化取得显著成效。根据国家住房和城乡建设部估算,到2030年左右,我国城镇化水平将达到60%~65%。[2] 从城市空间扩展速度看,城市新区与郊区新城在一些大城市地区纷纷涌现,城市区域化和区域城市化出现了快速增长现象,沿海经济发达地区城市群现象或集群发展模式则进一步显现,比如长江三角洲城市群、珠江三角洲城市群、环渤海湾城市群以及京津唐城市圈等。中国改革开放之后城镇化的惊人发展速度令西方望尘莫及,不仅是由于中国工业化带动经济的快速增长和发展的客观情势使然,而且存在着在地方政府追求经济发展高指标的政绩观指导下的土地财政城镇化行为。

2. 城镇化建设过程中城市开发区集约化程度较低。自20世纪80年代初以来,我国各地经济技术开发区或高新技术产业开发区的建设也对城镇化的发展提供了动力和场域,特别是进入90年代后由起步探索阶段转入到规范化全面发展阶段。通过技术开发区的建设,许多城市在较短的时间内完成了城市产业化和城镇人口的集聚化,城市区域空间得到扩展,城镇人口规模跳跃性增长,进而实现了城市产业结构的转型。聚集产业尤其是第二产业的开发区,不仅形成开发区周边外部人口的聚集而且使得开发区的区域空间不断扩

---

[1] 李胜军:《城镇化模式的国际比较及其对应发展阶段》,载《区域经济》2013年第3期。

[2] 靳玉言:《新型城镇化:理论发展与前景透析》,国家行政学院出版社2013年版。

展,这就使城市人口规模和区域得到迅速扩大,由此使得一些开发区发展成为中等城市规模的新城区。但是,与此同时也有一些城市的经济开发区由于工业化水平低出现了利用开发区建设之名盲目地围墙圈地,一定范围存在征而不用或者征而少用的空城现象。部分城市经济开发区在引进项目时,急功近利,忽视开发区配套设施和服务产业的支撑,导致很多开发区集约化建设水平很低。

3. 城乡二元结构持续扩大,人的城镇化问题严重。以户籍制度和各种城市居民政策壁垒将农民限制在土地上的城乡二元结构严重阻碍中国社会经济和城镇化的发展,国家在推进城镇化的进程中也力图采取有效的城乡流动和外来人口城市暂住政策以及有限度地放开户籍等改革措施弱化城乡二元结构。但是,改革开放 30 多年来的实际情况和城镇化数据统计表明,城乡二元结构没有得到实质性的缓解,甚至于有扩大的趋势,现实情况则是城乡之间差别反而越来越大。一方面,随着中国城镇化进程的加快,大量农村青壮年农民也纷纷涌入城市,但这部分进城农民并没有真正被城镇化为城市市民。由于存在户籍城乡分离制度的区别对待,进入城市的农民在城市中并不能获得预期的稳定工作和享有具有城市户籍的城市人生活和工作机会的平等权利,也不能享有城市居民在子女教育、医疗保障、社会福利以及住房政策等方面的市民待遇。另一方面,部分农村由于大量青壮年人口外迁务工,村集空心化和村庄中心衰败的现象渐次彰显蔓延,在河南、山东、浙江和江苏等省份成为屡见不鲜的普遍现象。

4. 城镇化程度存在区域差异,劳动力过剩与城镇容量矛盾凸显。由于我国经济改革开放的步骤走的是先沿海开放,再是东北振兴,之后才是西部开发和中部崛起之路,使得东部地区城镇化也随其经济发展水平领先于其他中西部地区,城镇化地区性差异在东中西三大地带明显呈现梯度差异,东部沿海地区城镇化水平明显高于中西部地区。目前而言,东部沿海发达地区的城镇化已经进入城镇化发展的中期阶段,中部地区处于城镇化初期向中期的过渡阶段,西部地区则还处于城镇化发展的初期阶段。

上述问题造成在城镇化进程中,农民工市民化程度较低,城镇发展粗放经营,区域发展差距进一步扩大,城镇化缺乏可持续性的发展动力。因此,固守传统的外延性城镇化发展模式已经不能适应现实城镇化发展的情势,需要从政策导向和法治化的角度审视城镇化发展的实践路径,探寻一条适应经济发展水平,城镇化与工业化协同发展,遵循资源环境承载的客观能力,城镇基础设施配套,发展速度与城市产业支撑和人员就业吸纳能力相适应的新型城镇化发展之路。

二、新型城镇化的模式界定和制度导向

随着城镇化的快速推进,城市人口得以快速增长,不仅导致了资源的短缺、大气、垃圾、噪声、水源等环境污染问题,还引发了能源紧张、交通拥堵、土地住宅短缺、失业人员增加、就业形势严峻、农民工问题严重、贫富差距两极分化拉大、犯罪率逐年上升、社会治安状况恶化等问题日渐凸显。这些"城市病"现象一定程度上是由于城镇化进程超前过快发展或者过于滞后发展、城镇规模结构失衡、城镇空间布局缺乏科学性、城镇功能定位失序以及城镇建设管理职能落后而引发的。因此,科学设计城镇化的蓝图,依法推进城镇化的进程,探索新型城镇化的模式尤显必要。那么,新型城镇化的模式如何界定?有学者指出:"新型城镇化是指在科学发展观的指导下,遵循城镇化的基本规律,以全面提升城镇化质量和水平为目标,坚持以人为本,强调城乡统筹、社会和谐、环境友好、集约发展、规模结构合理的城镇化发展模式。"[1]有学者认为:新型城镇化是"城乡统筹、城乡一体"的城镇化,是包含着工业和农业协调发展的城镇化,要求不断提升城镇化建设的质量内涵,强调内在质量的全面提升,也就是要推动城镇化由偏重数量规模增加向注重质量内涵提升转变。[2] 城镇化的核心是农村富余人口逐步转移到城镇并得到稳定的工作享受真正的城市生活,仅仅建设高楼广场宽马路还远远不够。因此,要改变过去片面追求城市规模和空间的扩展,探索提升城市文化,增加就业机会和公共服务设施等内涵的新型城镇化的推进之路,要从制度上对于新型城镇化的模式路径加以规范化和法制化。具体而言,要从以下几个方面着手进行推进:

1. 以大中城市发展为主流,兼顾小城镇协调发展。推进新型城镇化战略,必须构建"科学合理的城市化格局",使大中小城市、小城镇形成一个有机的网络体系,从而推进大行政区域内、经济区域内的城乡一体、产城互动、节约

---

〔1〕 盛广耀:《新型城镇化理论初探》,载《学习与实践》2013年第2期。

〔2〕 新玉言:《新型城镇化:模式分析与实践路径》,国家行政学院出版社2013年版,第7页。

集约、生态宜居、和谐发展。[1] 在我国城镇化的历史进程中,一度出现控制大城市偏重于中等城市的发展和关注大城市忽略中小城镇发展两种城镇化模式。从目前城镇化的趋势看,大中城市是中国参与世界经济的主要区域和承载体,担负着中国参与世界产业分工和经济一体化的主要功能。从地理位置看,大中城市大都处于交通主干线,交通便利,具有技术知识含量高的现代制造业和生产服务业支撑。基于产业链的延伸和产业配套能力提高,大中城市需要更多的劳动力,因而成为吸纳农村转移人口的主要载体。但是,小城镇的发展也是不可忽视。小城镇担负着连接城市与农村经济发展与交流的桥梁和纽带作用,随着大城市对于更多知识技术人才的需求以及产业结构调整,小城镇就担负起了通过发展劳动密集型加工业和服务业就近吸收农村富余劳动力的重要功能。

2. 以人为本,实现农民工的市民化。传统城镇化片面追求 GDP,单纯强调农村人口向城市转移,偏重物质财富和地方财政增收,农民工不能真正融入城市,一定程度存在物化的城镇化和伪城镇化。新型城镇化确立以人为本的理念,明确人是城镇化的主体,城镇规划要为人设计,交通服务、环境美化、资源利用要从人的需求出发服务于人的全面发展。新型城镇化的核心是人的城镇化。[2] 不仅物化的城镇设施要为人而建设,而且要从观念上培育进城人员,提高进城人员的素养,完成传统社会劳动方式、生活观念向现代社会生产劳动方式和生活观念的转变,以人的观念更新提升城镇文化和价值观促进城镇化的现代化转型。

3. 转变城乡分治,推进城乡统筹。新型城镇化要改变重城轻乡的发展取向,确立城乡统筹发展共同繁荣的城乡关系。在坚持城乡统筹的基础上,协调城镇化建设与农村发展的关系,通过发展农村经济与人口转移,探索城乡共同富裕。改变制约城乡发展失衡的体制机制,统筹城乡发展,实现城乡良性互动的关系。促进城镇基础设施建设和公共服务向农村延伸和覆盖,使改革开放和国家社会经济发展的成果惠及农村和农民。更加重视农民工的权益,促进农民工市民化,实现农民工与市民的融合。充分发挥市场机制的基

---

〔1〕 李程骅:《新型城镇化战略下的城市转型路径探讨》,载《南京社会科学》2013 年第 2 期。

〔2〕 甘露、马振涛:《"新型城镇化:发展与转型研讨会"述要》,载《人民日报》2012 年 10 月 29 日第 23 版。

础配置作用和政府指导职能,加快农业产业化现代化的步伐,提高农业生产率,促进农民增收,实现城乡共同富裕繁荣发展。

4. 转变资源利用模式,走集约型城镇化发展道路。过往的城镇化发展粗放,单纯强调城镇化规模扩张,导致环境恶化和资源短缺。在新型城镇化的推进中,必须坚持人口吸纳、资源利用和环境保护相协调的发展原则,集约利用土地资源、水资源以及能源,保护好城市生态环境和传统文化环境,走科学、持续、集约、生态和环保的发展之路,以较低的资源消耗和高效资源利用,实现城镇化进程中人与自然的和谐发展。新型城镇化不仅要关注经济利益的获得,还要考虑整个的社会需求;要认识到资源环境的不可再生性,不仅要满足于当代人的生存和发展需要,还要考虑代际之间的公平为子孙后代留一个宜居可持续的生存环境。

5. 转变城镇结构模式,确立科学管理城市理念。过往城镇化模式在城镇空间扩展上,盲目推崇城镇框架的宏大宽泛,缺乏关注城镇产业功能和生活功能的空间合理配置与完善,往往导致城镇空间布局缺乏合理性、城镇现代功能缺失和紊乱、城镇中心人口密集和交通拥堵以及城镇外围边沿人口分散并存的现代"城市病"现象。此外,贪大求洋的城镇建设模式和盲目的热衷城镇新区空间规模扩张以及政绩形象工程的建设还导致城镇之间一味模仿结果是千城一面,城镇缺乏人文气息和鲜明特色。新型城镇化应当从制度上强化市民居住环境和生活空间的完善,提升城市现代化功能,合理分配城市空间布局,推动中心城镇与卫星城镇共同繁荣,形成"多中心、组团式、网络型"高效紧凑的城镇分布格局。与此同时,树立城镇科学管理的理念,完善城镇管理服务体系,提升公共服务层次,营造生活便利舒适、文化多元和富有亲和力的城镇居住环境。

6. 因地制宜确立不同区域城镇化模式。中国幅员辽阔,东部与中西部经济发展水平极为不平衡,决定了东部地区和中西部地区在工业化程度、社会经济发展水平、区域特点、资源禀赋和环境状况的不同,因此,要改变一刀切的城镇化发展模式,根据区域经济发展水平实施东部和中西部地区有别的城镇化发展战略以及城镇化的配套措施。因地制宜确立东部地区和中西部地区不同的城镇化发展模式和城镇化发展路径,确立各地合理可行富有地方特色的城镇化发展目标,以此为可行路径模式实现城镇化过程中对于国土空间的高效合理利用,把各地城镇化发展进程与全国区域经济格局的重塑有机地科学结合起来,实现城镇化的新发展。

三、新型城镇化的政策推进和法治化措施

在当今全球化背景下,中国城镇化基于中国的特情具有自身的比较优势和后发优势,实质上就是要求中国政府要根据本国的国情,依凭本国的制度和体制充分利用本国的资源,发挥自身优势,开拓出一条符合中国国情和具有中国特色的新型城镇化道路。在城镇化推进的过程中,既涉及城镇化的立法规划,又涉及城市建设和治理,还涉及失地农民在城镇化过程的权益保障问题,环境保护实施以及土地制度的完善等均需纳入法治化的轨道。在城镇化过程中不能违背客观规律奉行长官意志任意而为,各地方政府要改变过去随主政领导人变化而变化的城镇化模式和路径的做法,走一条通过法治化的措施约束城镇化过程中权力行使和权利保障的可持续城镇化发展道路。

1. 城镇规划立法规范化。要完善城镇化的立法规划,有序推进新型城镇化。为了有序推进城镇化,要通过立法切实加强城乡规划管理,协调城乡空间布局,改善人居环境,促进城乡经济社会全面协调可持续发展。全国人民代表大会常务委员会制定了《中华人民共和国城乡规划法》,[1]对于城镇化过程中城乡规划原则、制定、修改和执行都做了规定。但是,各省各地区的城镇化模式路径由于经济发展水平的不同而各具特色,故此,对于《城乡规划法》的执行需要进行细化,地方立法机关和政府要制定详尽的实施细则,建立科学完善、合理可行、规范系统的城乡规划体系,建立城市总体规划与社会经济发展规划、区域规划、土地利用规划、主体功能区规划等相关规划的衔接和协调机制。[2] 在城镇规划地方法规制定过程中,通过民主协商吸收公众参与,规范完善城市规划决策程序,减少和约束规划部门的自由裁量权。在此基础上将地方政府制定的城镇发展规划通过地方立法的形式固定下,以此提升规划的法律地位和权威性,强化城镇化发展规划的法律效力和刚性约束力,规制城镇化协调健康发展和推进。

2. 依法推进土地制度改革和创新。人口的城镇化应当与土地城镇化相协

---

[1] 该法由中华人民共和国第十届全国人民代表大会常务委员会第三十次会议于2007年10月28日通过,自2008年1月1日起施行。

[2] 国务院发展研究中心课题组:《中国城镇化:前景、战略与政策》,中国发展出版社2010年版,第141页。

调，这关系到城镇的经济布局和国家的经济社会发展。[1] 在新型城镇化推进过程中，城镇建设要在国家土地法律制度的规制下，进一步推进土地市场化进程，公开透明优化配置土地资源，完善现行城镇用地制度，严格依法推行经营性土地使用权公开挂牌平等竞争出让制度，真正形成由市场决定土地价格的机制，避免权力介入寻租利益而扭曲土地价格，让土地价格真正体现土地稀缺的程度和成本。要积极推进农村集体土地所有权和农民宅基地使用权自由流转的改革，允许农村以及城镇郊区集体所有土地直接上市，允许农民宅基地和承包土地使用权的流通转让，并可对转让的增值部分增收合理税额。同时还要规范集体土地和农民宅基地以及承包土地的流转程序，把因城镇化建设承包土地被征用的失地农民纳入城镇居民系列享受城镇居民社会保障的市民待遇。

3. 依法建立统一规范完善的社会保障体系。城镇化要求农民工的真正市民化，要享受到现代城市赋予市民户籍、就业、住房、教育、医疗、养老和劳动保障等城市福利社会保障。而城乡分治的二元福利结构的社会保障制度一定程度成为城镇化进程的重大障碍，因此，在新型城镇化推进的过程中，要从制度上改变城市社会保障的二元现状。具体而言，国家要从立法和行政管理上协调起来，从制度上逐步消除城市市民的福利特权，推进城市社会保障体系制度的改革，围绕农民工市民化制定相应法规和政策，把具有常住户口的农民工纳入城乡统一的社会保障体系之内。通过立法促进社会保障体系的制度完善，扩大各类社会保险覆盖范围，提高社会保障水平和统筹层次。政府要采用积极的就业政策，多渠道开发就业岗位，加强就业扶助，支持劳动密集型产业和小型微型企业发展，充分行使好服务和管理职能，落实好城镇化过程中各项社会保障措施和对于弱势群体的救助机制。通过社会保障体系制度的健全，帮助农民工解决在城镇的工作、生活、就业、居住、医疗、子女入学等方面的实际困难，合理有序依法引导农民工的市民化。

4. 依法实施城市管理治理的法治化。对于城市依法实施有效管理和治理是现代法治政府的重要职能，也是现代责任型政府提高效率服务城市市民进行城市公共管理的有效路径。政府要严格执行法律规范的规定，制定城乡规划细则要科学合理，在统一有效权威的城乡长期规划基础上协同不同部门推

---

〔1〕 熊柴:《人口城镇化应与土地城镇化协调发展》，载《中国经济时报》2016 年第 7 期。

进城镇化建设和有效管理城市公共事务。深化城市行政管理体制,强化政府公共服务的职能和应对危机的管理能力,完善城市服务职能,建设亲民的服务性政府。要规范政府职能部门的管理行为,并强化政府依法管理的法治意识,通过以法管理的典范作用带动和提高市民素养,促进城市管理法制化、规范化和科学化,实现城市管理和治理的法治化。

5. 严格执行环境保护法律制度。过去粗放型城市发展模式一定程度上加剧了资源短缺和环境恶化,严重影响到城市综合质量的提高,城市功能得不到正常发挥,城市聚集力和承载力降低,制约着城市可持续健康发展。未来城镇化不走先发展后治理的老路,也不走唯环境不发展的道路,要走低碳化、工业化与城镇化协调发展之路。[1] 为此,在新型城镇化推进过程中,必须妥善处理城镇化发展与环境资源的关系问题,加强城市污染综合治理和生态建设,增强自然系统的生态服务功能。要严格执行国家环境保护法律制度,立足于节约资源和保护环境,促进城镇化健康持续发展,建设美丽宜居生态城市环境。

---

〔1〕 倪鹏飞:《新型城镇化的基本模式、具体路径与推进对策》,载《江海学刊》2013年第1期。

第三部分　区域治理与法治发展的比较研究

美国的区域治理：结构、问题与解决机制*

[美]罗伯特·W.本内特**

汤善鹏*** 译

一、美国的治理结构

(一)美国区域治理的范围

在美国,政府权力的分工至少从表面上看,是相当清楚的。就如同美国的国名(美利坚合众国)显示那般,美国是州的联合体。最初美国只有13个州,现在有50个州。虽然并没有任何迹象表明在不久的将来州的数量会增加,但也没有理由相信那不会发生。美国《宪法》第4条第3款就规定:"国会得准许新州加入联邦。"现在一些州占据了很大的面积,比如阿拉斯加,到目前为止是美国面积最大的州,它比美国第二大州——得克萨斯州的面积两倍还要大,比当今世界18个主权国家的面积也要大。因此,我们可以想象阿拉斯加在未来的某天也可能分为两个或更多的不同的州。

然而,由于各种原因,分割阿拉斯加看起来是不太可能的。其中一个原因是它的人口稀少,同美国人口最多的州——加利福尼亚州拥有4000万人口相比,它的居民甚至远远少于100万。其他面积大的州也有大量的人口。德克萨斯州拥有超过2700万的人口数量,而加利福尼亚州是面积排名第三的美国大州。因此,由于各州面积和人口的不同,在其内部就会产生利益冲突的

---

* 论文题目原文为"美国的区域治理",为了更切合文章讨论主题,译者对此进行了加工,译为"美国的区域治理:结构、问题与解决机制"。另外,关于第一部分中两个子标题,也系译者添加,以便读者更好地理解。译者注。

** 罗伯特·W.本内特:美国西北大学法学院 Nathaniel L. Nathanson 教授。

*** 汤善鹏:法学博士,南京师范大学法学院副教授,中国法治现代化研究院研究员。

紧张关系,这一点毫不奇怪。但是,并没有明显的迹象表明这些大的州会分成两个或更多的新州,对此,联邦宪法也规定:“如无有关各州之州议会及国会之同意,不得于任何州之管辖区域内建立新州;亦不得合并两州或数州、或数州之一部分而成立新州。”(美国宪法第4条,第3款,第1项)

当然,一些事件的发生也可能推动一些大州的分离或合并。比如,在美国内战的中期,原先的弗吉利亚州的一部分区域得到联邦的批准,成了一个新州,即“西弗吉利亚州”。由于利益以及归属感的不同,实际上形成这样的新州总是有一些情感上的问题,只不过它是由内战带来的结果。在今天,这个新州被视为一个独立的州,在美国联邦议会中也有其独立的代表,这一点我们将在下文讨论。(另外,关于承认西弗吉利亚州为一个独立的州是否违背了宪法条款,也有一些很好的争论,但还没有人从总体上对西弗吉利亚州的正当性提出挑战)

与现有各州之间的分离或合并相比,更为可能的是赋予某一个在地理位置上与现存50个州不同的地方以新州的地位。最可能赋予新州地位的是在当今美国版图上称为“波多黎各”的地方。波多黎各由几个岛屿构成。它的面积稍大于美国最小的州——罗德里州,其人口是美国人口最少的州——怀俄明州的七倍。然而,虽然在波多黎各的人口中存在很大成立新州的意愿,但也产生了关于设立该州可能性的争议。由于各方面的原因,赋予波多黎各以新州的地位在近年来看起来是不太可能的。一方面,虽然在美国有许多不同的语言,但英语具有压倒性的支配地位,而在波多黎各,其支配性的语言是西班牙语。另一方面,虽然同阿拉斯加和夏威夷一样,波多黎各在地理位置上是同美国本土分离的,但这一点的确构成了赋予它州地位的障碍。此外,波多黎各也有许多经济上的问题,这也构成了障碍。所以,总体而言,在可以预见的将来,美国将继续由50个州组成。这是我探讨美国区域治理的范围和前提。

需要注意的是,美国联邦在不同的州内部拥有大量的土地,许多是国家公园,这些区域由联邦政府加以管理。此外,美国宪法也为建立一个分离的地区作为“美国联邦政府所在地”专门作出了规定,这就是“哥伦比亚特区”,它作为美国的首都,在地理上同其他各州相区别。(虽然毗连马里兰州和弗吉利亚州,但这两个州为哥伦比亚特区提供一些地方,形成了现在的哥伦比亚特区)

(二)美国区域治理的法律框架

在美国的法律结构中,权力分享初看起来也是十分清楚的。美国宪法为美国的治理结构提供了一个总体的框架(通常称为"联邦政府"),包括两院制立法机关、独立的行政机关和独立的联邦司法体系。不同的州根据不同的名额分配参议院和众议院的代表组成联邦立法机构,也就是我们通常说的"国会"。目前参议院有100名成员——各州选举2名参议员。根据宪法,众议院议员由不同的州的人民选出。它也是通过普选而来,其成员数量由立法决定。(系国会通过,然后按照各州的人口比例加以分配)国会立法要求每一个州的众议院代表在各自州内由单一席位选区中挑选出来。(因为不止一个代表)因此,在总体上国家的治理结构是比较庞大的。实际上,行政首脑(总统)以及副总统(其也主持参议院)也是由各州议会选出的选举人团选举产生的。哥伦比亚特区在参议院没有代表,在众议院中也没有投票的代表,虽然它的确参与到总统(和副总统)的选举程序中。

美国宪法长期以来被理解为高于国会立法,因此,当国会立法和某个宪法条款相冲突时,前者必须让步并被视为"违宪"。虽然所有的政府官员都受到宪法责难的约束,但大部分宪法条款的实施是由司法来完成的——最重要的是联邦司法——在美国宪法中是指那些提交到法院的"宪法案例"和"宪法争议"。除此之外,美国宪法还规定了对联邦政府权力的限制,这在长期以来被理解为除了宪法上赋予联邦政府的权力之外,各州保留自己宽泛的政府权力。实际上,这一点在美国宪法第十修正案中写得十分清楚:"没有被宪法赋予联邦的权力,或者并未由宪法禁止授予各州的权力,由各州及其人民自主保留。"这样,不同于联邦政府,各州政府的权力通常被认为是"整全的"——当然,除了受到联邦宪法和正当的联邦法律的限制之外。

最初13个州的治理结构可以追溯到宪法治理之前的阶段,实际上,某种程度上这种治理结构可以追溯到美国从英国独立之前的时期。无论怎样,现在所有50个州都有自己的宪法,它为各州提供了分立的立法、行政和司法的结构,立法、行政甚至某时司法也都是通过选举产生。州的行政首脑称为"州长",就立法机关而言,除了内布拉斯加州的立法机关是一院制外,其他州的立法机关都是两院制的。基本上在州的层面上,其官员都是通过普选产生。比如,德克萨斯州在州的层面上大约有25个通过选举产生的官员。

在美国建国之后的初期,各州有权自己决定投票的资格,联邦宪法也规定将这些资格扩展到联邦议会的选举中(更精确地说,选举联邦议会的资格就是那些“各州选举人应具有该州州议会中人数最多之一院的选举人所需之资格”)。现在,各州投票资格的灵活性在实质上受到联邦宪法修正案的限制,它禁止各种形式的歧视,包括种族歧视和性别歧视。但是即使如此,各州在某种程度上依然保持了持续的自由裁量权来决定谁有资格在州和联邦选举中投票。

各州的宪法从属于美国联邦宪法,因此,联邦宪法赋予了联邦立法的权威性。即使如此,州宪法依然是一种上位法(相对于州立法而言——译者注),违背州宪法的州立法是不允许的。在州内有大量的附属的政府单位(如市、镇、村、郡、区等,译者注),在我们谈到它们的权威和起源的时候,它们也必须既要服从联邦宪法,同时也要服从所属州的宪法和立法法。

在州内许多附属的政府机构毫无疑问会将它们的起源追溯到人口密集地带,这些人为了社会和经济的原因生活和工作在一起。但是这些附属的机构只有在州(通常是州宪法)授权的前提下才能建立起治理结构。这些附属的政府机构采取多种形式,它们有很多不同的名字——市、镇、村、小镇、郡、区、局,等等。这些机构中,有些具有类似联邦和州政府那样的治理结构,它们拥有分立的行政、立法,甚至司法机关,通常通过一种普选程序选任。但是也有一些十分简单的治理结构以及选任程序,它们通常利用州的司法系统或者同它们在地理上重叠的其他辖区的政府机构来实现治理。这些机构的权力所及范围可能十分宽泛——警察、道路维修、教育、颁发许可,以及保障诸如建筑和商店、供水、环境卫生等有关的规章的执行。比如,就拿我来说,我居住在芝加哥市(在伊利诺伊州),它由一个普选的市政局和市长管理。然而,芝加哥也是一个更大的郡——库克郡的一部分,它由一个选举组成的委员会以及委员会的主席来实施行政权力。这些郡的行政权力延伸到市中。同时,也有一个由选举产生的郡司法机关(融入州的上诉法院的司法系统中),因此,虽然一个市本身在它管辖的范围行使警察权力,但却没有一个分立的市司法机关。

二、美国区域治理需要解决的问题

“区域”和“区域的”这两个词语可以用来指称一些非常大的领域——有时甚至在地理位置上并无联系的领域——或者也可指一些十分小的领域,当然,也包括居于其间的一些领域。这样,甚至整个美国也可以被视为一个“地区”,它的治理可以看作一个由联邦政府主导的“区域治理”。美国宪法赋予联邦政府的权力毫无疑问被设计用来解决那些州或地方政府面临的棘手的或者不适合它们解决的问题。特别是美国《宪法》第1条第8款列举了国会享有的许多“权力”。我们可以举一些例子,这些权力包括“管理州与州之间……贸易”以及“铸造货币……以及制定度量衡的标准”,等等。(第3项和第5项)然而,为了同此次会议讨论的主题保持一致,我们的主要焦点将主要关注比作为一个整体的国家更小的一些区域。

我们在第一部分讨论的美国治理的结构在许多重要的方面都致力于解决区域治理的问题。美国的州——尤其是那些比较大的州——在整个州的区域内部需要一些区域性的治理。比如,阿拉斯加有一些不同于其他州的野生动物保护的问题;科罗拉多州有各种各样的滑雪运动地区,其间有许多企业经营滑雪胜地,随着人口的增加,科罗拉多州有许多水资源利用和保护的问题。但是,如果将目前的50个州(甚至作为50个州的联合体的美国以及哥伦比亚特区)作为单独分立的区域治理的权威主体,这是远远不够的。为了更好地看待这个问题,我们应当进一步考察为什么会产生这些区域治理的问题。

这可能是治理结构本身功能发挥的问题。每个州都选择自己的立法机关和地方长官。为了实现治理的目标它必须有能力去决定如何治理。对于各州而言,这一点很典型地体现在各州的宪法中。只要一个州和它的邻州边界确定并能辨别,两个相邻的州有不同的立法机关这一事实都会对超越州界限问题的解决带来一些困难。一个例子是关于学费(或多或少,在进入大学之前)的规定。在美国,学费一般而言是免费的,它通常由一些大的城市为生活在其辖区内的学生提供,但对生活在其辖区外的学生则不提供。通常一个城市有一个城市的“学区”,并有自己独立的治理结构。

发生类似于学区这样的治理问题并不是单独的、偶然的。在美国,人们有跨州迁徙的自由,也可以在不同的城市(以及其他地方政府管理的行政辖区)之间自由流动。当然,在一些城市也有少部分的街道会限制流动,但对于地方政府管辖的大部分范围是允许流动和开放的。(虽然对于一些私人居所或商业来说,并不当然是这样)基于此,就选举程序而言,那些生活在其他州的人可能也试图参与选举,或者就学校而言,那些处于学区之外的学生也试图进入到学区中的学校。基于这些原因,各州和学区可能将“居所”作为获得选举和进入学区学校资格的要求。特别是在投票中,要获得投票资格还需要居住在某州并满足一定的年限。这些要求可能产生了一些提供证据的问题,以证明那些试图参加投票或进入学区的人是否满足这样的要求。这一证据将集中在提供他们是否来自于他们所属辖区的信息。

在区域治理的问题中,更重要的问题是那些并不局限于治理结构本身产生的问题。它表现为各种各样的形式。比如,经济(或半经济的)竞争可能导致跨州的治理问题。州与州之间或城市与城市之间,通常对汽油收取不同的税(除了联邦的税之外)。这就意味着一个人可能在别的州能买到更便宜的汽油。(这一点也能解释为什么在跨州地界的地方往往会刺激加油站的设立或关闭)或者,举一个在美国的新近的例子,一个州可能比另一个州更容易买到手枪,因此,对枪支有更严格限制的州就会担心从其他没有严格限制的州里输入枪支。(在各州之间能够自由流动的情况下)

有时这种经济上的竞争并不要求人们去实际跨越管辖地界。长期以来在美国一个州的人可从另一个州的卖家那里去买东西。(比如一些可以移动的东西)近来,美国的亚马逊公司已使人们几乎在网上可以买到所有的东西。但是,这就会导致诸如商品质量的问题,比如,买家的州对商品质量的规定可能要严于卖家所在州的规定。或者,更为常见的是——就像我上面提到的跨地界的汽油买卖——加油站所在州可能对发生在其管辖范围内的交易征税,它们担心这种跨州交易会使得征税变得复杂——或者担心这种跨州交易方式会给人们提供一种方法去避税。

跨越地界的交易也会产生它究竟属于哪一个辖区的法律管辖问题。在总体上,每一个州规定商品买卖的合同法都是受到各州自己的控制,所以,一个州关于交易的法律同另一个州关于交易的法律在许多方面可能都规定得不一致。我可以举几个可能存在不同的地方。比如,有关合同成立的条件就可能不同(如广告是否构成“要约”);或者在双方当事人订立合同中,一些规定损害赔偿的条款(许多合同共有的)可能在一个州就同其法律相冲突,而在另一个州则不会。各州对商品交易合同条款的不同规定可能就因“不公平”而被视为无效。这个问题并不仅仅是决定适用哪一个辖区的法律的问题(这个问题虽然看似复杂,但其实并不难回答),而且也是在一个州的一方可能因为熟悉本州的法律而往往未能注意到另一个州的不同规定的问题。

湖泊可能存在于不同的州当中,河流也可能流经不同的州。这就可能导致不同的州关于水资源的利用、保护以及水质量的问题。一个州对空气的污染可能会无视其他的州,因此,一个州企图对辖区内污染问题的治理可能就因为另一个州对空气污染的治理不力而归于失败。

州际旅行在美国虽然理论上而言是畅通无阻的,但这仍然需要一些便利的设施才能实现。这就意味着一个州通往边界的铁轨或公路必须同其他州通往边界的铁路或公路相协调。如果一个州的铁轨是一种宽度而另一个州的铁轨是另一种宽度,这个系统就不会工作,至少不会良好地工作(当然,你也可以想象,火车在一个州的边界停下,然后将乘客转移到另一个州的火车上,但那样做要付出巨大的成本)。其他需要协调的问题可能并没有这么严重,但仍然需要合作。比如,一个州的交通规则规定火车时速不能超过 25 英里,而另一个州规定每小时不超过 75 英里,这样也会导致交通系统不能良好地运转。

道德和宗教价值的冲突也会导致区域治理的问题。在美国有大量不同的宗教,受到某些宗教鼓励的活动可能就会打扰、甚至冒犯其他宗教的信徒。比如,同性恋婚姻最近在美国就是一个大家争议的主题。一些反对者利用他们宗教的信条作为其反对同性恋的理由。(支持者同样如此)这里的问题是,那些主持婚礼的人是否能够被要求为同性恋提供主持婚礼的服务。如果一个州通过法律禁止这样的行为,那么,它可能遇到的问题是,在一个相邻的允许这样行为的州里举行的婚礼是否应当得到尊重,特别是当这对同性恋人搬到前者居住时。另一个例子是堕胎问题。某个州可能不鼓励(discourage)堕胎,而另一个州则允许堕胎。(按照美国最高法院的宪法裁判,“禁止堕胎”的规定现在在美国不被允许)

三、解决区域治理问题的机制

我们已经考察了美国的政府结构为处理区域治理的问题提供的一些机制。其中最为重要的是各州的权力、各州授予更为细小的地方政府单位的权力以及联邦政府的权力。这样,既有州和地方政府组织修建的公路系统,同时也有联邦政府组织修建的州际高速公路系统。(它依据宪法赋予的权力,就如同上面提到的跨州商业一样)流经多个州的河流产生的水资源利用问题也是在联邦层面上通过联邦内政部解决的。

一些问题可以通过日常的、简单的合作机制就能轻易得到解决。这样，如果一个州有一条公路修到了其州的边界，它的政府就会要求邻州能否也修一条公路连接起来以便它能融入整个既存的公路系统。各州稍有接触就会避免在公路限速的问题上出现较大的不同。既然所有州的居民都能轻易地跨州旅行，如果一个州为居民生活造成不便，该州政府就会因人们拥有投票选举州政府官员的权利而倍感压力。

除了这些之外，有一些其他的机制也是有用的。各州之间的合作通常也是被鼓励的，甚至也是联邦政府要求的。这一点甚至在各州的宪法中也有反映。在理论上，州政府可以调整州内地方政府的管辖范围，虽然这通常会遇到一些政治上的障碍。比如，许多年以来对于大都市的治理结构存在一项运动，它要求允许大城市以及周边的镇或其他城市共同努力来解决一些看起来超越都市界限的问题。在许多地区（包括我的家乡芝加哥），这些努力由于一些小的政府辖区机构（如上面提到的市、镇、村、小镇、郡、区、局等——译者注）不愿意将权力让渡给大都市而归于失败，因为这些小的政府单位害怕被更大的政府单位支配。但是仍然有一些都市的行政单位被创建起来，并取得了成功。

在大约 50 年前，依据州的立法，处于明尼苏达州的“双子城”（即明尼阿波利斯和圣保罗）以及大约这一地区的 300 个地方政府机构，建立了一个大都市委员会，目的是为了“培育一个有效率的、经济增长的繁荣地区”。它通过一个由十七位成员组成的委员会管理，其中包括由明尼苏达州的州长以及代表这个区域不同分区的十六名代表组成。（同时也有一些别的从事专门服务的委员会，如都市航空委员会、都市排水委员会、都市运输委员会以及一个都市公园系统）这个委员会之上还有一个咨询机构叫都市规划委员会，也是由州立法机关建立。

第二个创建跨越城市辖区界限的都市治理结构的例子是波特兰都会区，它位于俄勒冈州，至少部分区域在俄勒冈州内。把它称为“都会区”，是因为它是唯一的一个由依靠人口选举组成的都市规划机构治理，它的范围包括多个城市。它管理该区域的固体废物处理系统，管理公园以及相关的休闲区，监管俄勒冈动物园、俄勒冈会议中心以及一些展览空间。“都会区”是由全州范围内的人口在 1978 年投票建立的。

在区域治理的方式中，取得较大成功的是通过努力建立一些“专门的分区”或机构并赋予它们管理该区域或领域的权力。长期以来形成的学区,以及为处理机场或铁路系统、体育和市政设施、排水和供水系统等设立的机构,都是十分重要的。在当今美国,除了诸多的学区之外,类似于这样的机构大约有4万个。这些机构可以在一些大的行政管辖范围(如城市)的部分地区或领域,甚至在超都市地界的地区施展权力。如同所有的州内的机构,这些分区和机构的权力都必须通过州法来赋予。当然,由于某些城市或其他地方政府不愿意放弃权力,它们有时会面临政治上的障碍。

然而,必须强调的是,各州并不能将处理局部问题的权力分配给某个机构(或几个机构)但又同时在州内部的其他地区保留处理类似问题的权力。为了避免这种情况,许多州的宪法都作出一项限制来对抗“特别”立法。当然,“类似的问题”是很难判断的,这就导致很难在解决宪法问题的名义下提交给州的法院系统。

当然,我们已经阐明,联邦政府有权规范发生在某州内部的活动。最为明显的例子是,我们稍早提到的商业权力允许联邦政府规范那些可能对州际贸易有重要影响的州内贸易。除了这种直接规制之外,对于联邦政府而言,还有第二种方式。根据美国宪法,国会有权力“为了全民的福利……规定和征收税收”,这种权力被称为“推进福利的权力”(spending power),它可以弥补制定规章这项单纯权力的弊端。基于这项权力,国会可以为州或地方政府机构设立基金,只要这些接受资助的机构符合其要求的条件。

跨州治理还会产生其他的问题。不同的州可能为解决跨越地界的问题达成协定。有时,这需要取得国会的同意,它规定美国宪法中的“协定条款”中。美国宪法规定,“一州在没有取得国会同意的情况下……不得同其他州签订任何协定或契约”。这种双方达成协议机制的例子是1921年形成的纽约与新泽西港口事务管理局,它现在负责管理和提供两州繁忙边界的大量的贸易服务。除此之外,美国最高法院对宪法中的“协定条款”进行了限缩解释,因此,只要各州达成的协议并未挑战联邦的权威以及减少非协定州的权力时,无须征得国会的同意。因此,各州可以在未取得国会同意的情况下,就可解决边界的问题、供水问题,甚至包括涵盖多个州的地区银行问题。

此外,我们也应当注意到大都市华盛顿政府委员会的设立,它被简称为“COG”。COG可以追溯到1957年,其成立得到联邦政府的同意。它处理华盛顿特区都会区(除华盛顿特区之外,还包括马里兰州和弗吉尼亚州的部分地区,前面也提到,华盛顿特区正是由这两个州让渡了一些土地才得以成立)的大量问题。COG 的组成人员分为几个部分:从许多地方政府辖区(如市、镇、村、小镇、郡、区等——译者注)中选举出的官员、来自马里兰州和弗吉尼亚州州层面上的官员以及来自美国国会的成员。COG 没有收税的权力,因此它依靠创建它的那些不同辖区的财政支持。

也有可能的是,联邦政府通过它的"推进福利的权力"来促进不同州的地方政府机构的合作。这一点在交通领域表现得最为明显。

跨州的地方政府机构的合作尝试——没有州的直接参与,在理论上也是可能的。为了达成协议,不同州的地方政府机构需要得到各自州政府的同意。当然,这主要是因为州政府官员普遍认为这些问题在州的层面上就可以解决,目前还很少有在不同州的州辖地方政府之间达成协议的例子。

最后应当提到的是,在不同的州通过各自单独立法来解决州之间合作的问题。一个明显的例子是由 49 个州共同通过的统一商法典第 2 条,它规范了商品买卖的合同。既然商品能够进行跨州交易,上面我们提到各州合同法的协调问题可能使得买卖合同复杂化。为了避免这种复杂化,各州现在通过了在本质上相同的法律去规范交易。(实际上当这些本质上相同的法律在解释上出现问题时,各州法院之间试图联合起来去处理)仅仅只有路易斯安那州(其合同法渊源于欧洲大陆法而不是英格兰法)不采用统一商法典的第 2 条。

为了对这样或那样的"统一的法律"达成一致,1892 年成立的"统一法律委员会"(ULC)力促这样的工作。每一个州都任命了该委员会的委员,ULC 也专门任命了一个起草委员会来应对那些看起来特别值得制定跨州统一的一些法律。这个委员会也可以雇佣一些"助理"(reporter)来帮助起草法案。[以我为例,我就是"忠实的总统选举人统一法案"(*Uniform Faithful Presidential Electors Act*)的起草人之一]当起草委员会完成了其起草的工作,它就需要得到整个委员会的批准,其间每个州(或地区)有一票。正是 ULC(以及另一个称为"美国法律协会"的机构)推动和形成了美国统一商法典,同时也为形成其他大量统一的法律提供了建议。然而即使这样,也很少有像统一商法典第 2 条那样取得成功。

ULC 并不能使其建议直接成为法律。它能做的是促使各州去采用一项统一的法律,然而,通过这些统一法律的权威依然存在于各州的立法程序中。在这个方面我们也应当注意到美国法律协会有另外一套方案去促进各州的合作。这就是“法律重述”,它不仅试图去陈述在全国通行有效的法律是什么,同时也试图去促进协会认为是有益的一些法律的变革。这就导致一些州的法院(甚至立法机关)朝着重述建议的方向去推进法律的变革。在各个领域都有一些法律重述,包括合同法、侵权法以及代理。当法律规范的领域不断演进时,法律重述也不断得到修订,比如,我们现在有了合同法的“重述第2版”。(在某些领域甚至有重述第3版)

结　语

在美国,产生区域治理的问题是十分自然的,主要是因为各州作为国家治理结构的基本单位,它们对于维系社会运转所制定的各方面的法律具有广泛的权威。这些事务通常包括对整个州而言不具有重要影响的州内事务。但是对于州际之间的事务的有效治理则通常需要采用不同种类的方法。联邦政府可以通过其制定规章的权力或者依靠其“推进福利的权力”的手段来处理这些问题。除此之外,有时在得到国会同意的前提下,各州可以达成一些协议,或者在得到国会授权的情况下,附属于各州内的地方政府机构也可处理这些问题。同时,各州也可以自愿、单独地通过立法来更好地处理区域中出现的问题。甚至有各种超越自身利益的组织对一些需要引起区域重视的问题予以考察,然后为各州如何处理这些问题提供有效的建议。

俄罗斯联邦区域治理与法治发展：协调与统一

[俄]苏尔塔诺夫·叶甫盖尼·巴特罗维奇*

阿依科丽姆·玛勨玛科夫** 译　於海梅*** 校

内容摘要：俄罗斯联邦主体的规范性法律文件是俄罗斯联邦法律体系的组成部分。属于俄罗斯联邦主体的规范性法律文件的有：共和国宪法，边疆区、州、联邦直辖市、自治州、自治区宪章，受法律约束的规范性法律文件，地方自治机关的规范性法律文件。俄罗斯联邦主体的规范性法律文件适用于：执行联邦法律；在俄罗斯联邦和俄罗斯联邦主体共同管辖的领域制定更为详尽的俄罗斯联邦主体法律；属于俄罗斯联邦主体管辖的问题。俄罗斯联邦主体的国家立法（代议）机关有权向俄罗斯联邦联邦会议的国家杜马提出立法议案。

俄罗斯联邦是由22个共和国、9个边疆区、46个州、3个联邦直辖市、1个自治州和4个自治区组成的。鞑靼斯坦共和国是俄罗斯联邦的85个联邦主体之一。

俄罗斯联邦宪法规定俄罗斯联邦主体有权拥有自己的法律和其他规范性法律文件。《俄罗斯联邦宪法》第5条第2款规定："共和国（国家）拥有自己的宪法和法律。边疆区、州、联邦直辖市、自治州、自治区拥有自己的宪章

---

* 苏尔塔诺夫·叶甫盖尼·巴特罗维奇，法学副博士，喀山联邦大学宪法与行政法教研室主任，副教授

** 阿依科丽姆·玛勨玛科夫，南京师范大学法学院2014级民商法专业硕士研究生。

*** 於海梅：南京师范大学法学院博士研究生，南京师范大学法学院科研机构兼外事秘书、助理研究员，江苏高校区域法治协同创新中心秘书，中国法治现代化研究院研究员。

和法律。”

俄联邦主体的立法活动基于下列宪法性基本原则:

第一个基本原则——人和公民的权利与自由优先原则。承认、遵守和维护人和公民的权利与自由是俄联邦主体的宪法义务。人和公民的权利与自由决定了法律的意义、内容和适用,立法机关、行政机关和地方自治机关的活动,并受到司法机关保障。

第二个基本原则——俄罗斯联邦的联邦制原则。

国家的完整性原则和国家权力体系的统一性原则确定了下列俄联邦主体立法活动的规则:俄罗斯联邦宪法和联邦法律在俄罗斯联邦全境拥有至高无上的地位;俄罗斯联邦保障自己的主权、领土的完整和不可侵犯;俄罗斯联邦总统和俄罗斯联邦政府根据俄罗斯联邦宪法保障联邦国家权力机关在俄罗斯联邦全境行使职权;在俄罗斯联邦管辖范围和俄罗斯联邦有管辖权的俄罗斯联邦与俄罗斯联邦主体共同管辖的范围,联邦执行权力机关和俄罗斯联邦主体的执行权力机关在俄罗斯联邦组建统一的执行权力体系。

划分俄罗斯联邦国家权力机关和俄罗斯联邦主体的国家权力机关之间管辖对象和职权的原则确定了下列俄联邦主体的立法活动规则:《俄联邦宪法》规定了俄罗斯联邦专属管辖事项(第71条)和俄罗斯联邦与俄罗斯联邦主体共同管辖事项(第72条)的详细清单;对俄罗斯联邦管辖的事项适用俄罗斯联邦全境具有直接效力的联邦宪法性法律和联邦法律;对俄罗斯联邦与俄罗斯联邦主体共同管辖的事项颁布联邦法律以及根据这些联邦法律通过的俄罗斯联邦主体的法律和其他规范性法律文件;在俄罗斯联邦管辖、俄罗斯联邦与俄罗斯联邦主体共同管辖范围之外,共和国、边疆区、联邦直辖市、自治州和自治区自行实施法律调整,包括制定法律和其他规范性法律文件。

地方自治的宪法原则也影响俄联邦主体立法活动的规模。根据《俄联邦宪法》,地方自治在其权限范围内是独立的。地方自治机关不属于国家权力机关。地方自治机关可依法分享一部分国家职权并得到必要的物质和财政资金以行使这些职权。被移交职权的行使受国家监督。

鉴于上述内容,以鞑靼斯坦共和国为例,俄联邦主体的规范性法律文件呈现如下面貌:

《鞑靼斯坦共和国宪法》,1992年11月6日通过,包括以下几章:宪法制度基础,人和公民的基本权利、自由与义务,行政区划设置,国家权力机关(鞑靼斯坦共和国国务委员会、鞑靼斯坦共和国总统、鞑靼斯坦共和国内阁、司法机关、检察机关),地方自治,鞑靼斯坦共和国的国家标志和首都,制定和修改程序。

国家建设领域的立法,包括:国家体制、国家管理、司法制度、社会秩序维护和安全、地方自治方面的法律。

经济发展领域的立法,包括:国家经济管理、税收、预算制度和预算程序、能源、住房、土地关系、环境保护方面的法律。

社会发展领域的立法,包括:公民健康保护、体育文化和运动、劳动和社会保障、家庭和青年政策、文化、科学和教育方面的法律。

根据鞑靼斯坦共和国法律成立专门小组授予地方自治机关部分国家职权。

分析俄联邦主体的立法活动,存在以下问题:

半数鞑靼斯坦共和国通过的法律是在根据联邦法律进行俄联邦主体立法。联邦法律的频繁修改给俄联邦主体立法活动的稳定性造成严重困难。

另一个问题是,联邦法律对共同管辖事项的全面调整。联邦立法者不是规定一般原则,而是进行详细的、封闭的管理。因此,剥夺了俄联邦主体根据地区特色和地方传统调整社会关系的可能性。俄联邦主体法律变成了补充和细化联邦法律的规范性法律文件。

对俄罗斯联邦移交部分职权给俄罗斯联邦主体国家权力机关的做法评价不一。在这种情况下,联邦法律不是承认俄联邦主体的独立职权,而是移交自己的职权。

迫切的问题是要及时通过受法律约束的规范性法律文件从而完善俄联邦主体法律的实现机制。

作为结论应该指出,在俄联邦主体中有大量的立法工作,它们是喀山联邦大学法学院学者的分析对象。

当今俄罗斯的民事诉讼法改革：区域治理和法治发展问题

[俄]达米尔·哈米托维奇·瓦列耶夫*
阿依科丽姆·玛簕玛科夫** 译　於海梅*** 校

内容摘要：当今民事诉讼法正处于改革之中。2015年《行政诉讼法典》的通过给民事诉讼带来了重大变化。公益诉讼和部分特殊诉讼离开了民事诉讼。在实践中我们很难区分民事案件和产生于行政关系的案件，管辖权的争议不可避免。同时，将所有案件集中到普通管辖法院中将减少未来冲突的可能性。除《行政诉讼法典》外，《统一民事诉讼法典构想》是讨论所有改革的平台。

一、导论

当今民事诉讼法正处于改革之中。

在现行的法律制度中，属于民事诉讼和行政诉讼领域的有：《民事诉讼法典》、2002年通过的《仲裁程序法典》、2015年通过的《行政诉讼法典》以及联邦法律《执行程序法》，此外还有草案：《俄罗斯联邦统一民事诉讼法典》（2014年12月8日俄罗斯联邦会议国家杜马民法、刑法、仲裁法和诉讼法委员会第124号通过的决定），以及《执行法典》草案。应当注意到，俄罗斯联邦在不同

---

* 达米尔·哈米托维奇·瓦列耶夫，俄罗斯喀山联邦大学法学院副院长，法学博士，俄罗斯喀山联邦大学环保法、劳动法及民事诉讼法教研室教授。

** 阿依科丽姆·玛簕玛科夫，南京师范大学法学院2014级民商法专业硕士研究生。

*** 於海梅，南京师范大学法学院博士研究生，南京师范大学法学院科研机构兼外事秘书、助理研究员，江苏高校区域法治协同创新中心秘书，中国法治现代化研究院研究员。

时间制定了三部《执行法典》草案:2002 年草案、2007 年草案和 2015 年草稿。最后一个草案是根据司法部 2015 年 1 月 12 日的决定而研究制定的,根据这个决定设立了起草新俄联邦执行法典草案的部门间工作组。

因此,目前在俄罗斯民事和行政司法方面有一整套的规范性法律文件。

二、《俄罗斯联邦统一民事诉讼法典》

首先,因俄罗斯联邦最高法院和最高仲裁法院合并,进一步合并《民事诉讼法典》和《仲裁程序法典》的问题就显得很迫切。这个问题从 2014 年 8 月开始具有意义。两年过去了,但目前还没有统一的法典。

因此,目前俄联邦最高法院在同一类型案件上适用不同的法典——民事诉讼法典和仲裁程序法典,这是不正确的。

替换现行《俄罗斯联邦民事诉讼法典》和《俄罗斯联邦仲裁程序法典》的新法典可以消除两部法律之间矛盾并确立解决争议问题的新规则。目前,法国、德国、奥地利、意大利、瑞士、英国和其他一些国家有统一诉讼法典。

《构想》建议统一民事诉讼法典的结构由总则和分则组成。(共 7 编,59 章)总则部分包括的是同等适用于所有诉讼类型和阶段的规定(证据种类、证明对象和责任)。分则部分调整诉讼不同种类和阶段以及审理特定类型案件时证明的特殊性。大量的研究材料认为《构想》条文最重要且最具实践意义。

法学界担心的最尖锐问题之一是,通过《统一民事诉讼法典》后保留两个司法部门。《构想》研制专家建议实践上完全保留两个司法系统,包括现在的普通管辖法院和仲裁法院系统,因为后者"更具专业管辖权"。

2014 年 12 月 8 日发布的《统一民事诉讼法典构想》只是建议合并两部现有的法典。(民事诉讼法典和仲裁程序法典)同时应当更为深入地研究和统一《民事诉讼法典》和《仲裁程序法典》的规范,我们认为作为基础应当对 2002 年的《民事诉讼法典》增加必要章节,以便审理经济案件。在当前阶段必须保留那些仲裁程序立法达到的进步性规范。(视频会议通讯、在线提交文件、利用网络技术和一系列其他新设施严格遵守期限)但重申一下,应以《民事诉讼法典》为基础。

三、行政诉讼法典

2015 年 1 月 15 日,新《行政诉讼法典》在俄联邦生效。消极方面在于,该规范性文件没有经过理论界和实务界的讨论,因此对于包括《民事诉讼法典》的研究者来说都是非常突然的,因为最初统一民事诉讼法构想建议合并的不仅有民事诉讼,还有行政诉讼。

但是,尽管违背,还是通过了单独的行政诉讼法典。事实表明,《行政诉讼法典》是部不成熟且未细致研制的规范性法律文件。例如,从 2015 年 9 月 15 日起,在鞑靼斯坦共和国最高法院的第七上诉庭一下审理了二百多件行政案件。《行政诉讼法典》的结果是,要求立即修订其系统上不一致的条文。

具体来说,不得不通过法的类推来解决标准的和普通的诉讼程序。因为《行政诉讼法典》第 307 条允许上诉审法院在庭审中根据一审法院的程序规则审理行政案件。

另一个重要的证明《行政诉讼法典》不成熟的方面是,《行政诉讼法典》第 39 条和《民事诉讼法典》第 45 条之间相矛盾,因为在涉及不特定人群、俄联邦、俄联邦主体、市政机构利益时存在一个区分民事诉讼和行政诉讼对象的问题,亦即本质上如何区分这些诉讼?仅仅是根据主体还是根据诉求?因为不特定人群的利益本质上是公共利益,而检察长也是公共主体,如果他根据《俄联邦民法典》第 1065 条的规定请求禁止(终止或者中止)活动呢?这就出现一个问题:如何看待请求?是诉讼的还是行政的?

在《行政诉讼法典》还有大量其他错误和矛盾,如第 28 条、第 308 条等等。这表明该规范性法律文件不成熟和时机过早。

俄罗斯仍然应当并准备通过除刑法管辖之外的统一衡平的诉讼法典。遗憾的是,在比利时和许多其他欧洲国家中占优势的统一诉讼(民事、行政和刑事)法典思想在我们国家目前没有坚实的基础。所以,对我们来说,更能接受的是,区分刑事管辖和非刑事管辖模式的法律。因此,在俄罗斯是可能产生合并民事诉讼、仲裁程序与行政诉讼的统一诉讼法典。

四、俄罗斯执行程序的改革

同时,还有一个问题我们想谈及,就是俄罗斯执行程序法律的改革问题。

1991 年苏联解体后,执行程序的法律基础因 1997 年 7 月 21 日通过两个联邦法律《法院法警法》和《执行程序法》而开始改变,2007 年 10 月 2 日通过新的联邦法律《执行程序法》更加强了这种基础。

然而,实际上执行程序立法远远不足以调整。遗憾的是,根据剩余原则它形成了,虽然实际上这是所有保护受侵犯的或争议权利的程序基础。没有应有的执行,民事诉讼的目的和保护权利整体上是无法实现的。所以,目前我们应当对执行问题给予极大的注意,甚至比民事诉讼的改革问题更甚。

从国际法律的理论和实践来看,俄罗斯在强制执行领域的法律调整机制还远不完善,如果在现在该机制不能迅速保障属于具体公民或组织的公正审判权有效实现的话。2003 年 9 月 9 日欧洲委员会部长委员会通过的对成员国的第 Rec(2003)17 号《强制执行建议》规定,在进行强制执行时必须合理地确定债权人和债务人的利益关系,而在有些情况下还必须考虑第三人的利益。因此,在这个问题上,优化强制执行机关和执行程序其他参与者的实践活动在执行程序中具有重要意义。这里,首先必须要找到并保持债权人和债务人的利益平衡。

俄罗斯立法不平衡的结果是,欧洲人权法院对布尔多夫诉俄罗斯案作出试点判决(2009 年 1 月 15 日)和 2010 年 4 月 30 日通过联法第 68 号《对侵犯合理期限审理权或在合理期限执行法院判决权进行赔偿》的联邦法律。

同时,如果整体上评价,近些年情况较少改变,执行程序参与者的权利保障依然非常薄弱。我们注意到,根据欧洲人权法院对"布尔多夫诉俄罗斯案"的判决,国家被告人本应当在 6 个月内,即试点判决成为最终判决前,建立有效的国内法律保护措施或者一套这样的措施,以保障快速并相应地修复被侵犯的权利,包括当未执行或延迟执行国内法院判决时赔偿损失,而这些建议拖延了很久才被完成。

然而,欧洲人权法院 2012 年 4 月 17 日宣布了对"伊柳什金等诉俄罗斯案"(IlyushkinandOthers v. Russia,起诉状第 5734/08 号等)和"卡林金等诉俄罗斯案"(KalinkinandOthers v. Russia,起诉状第 16967/10 号等)的判决。该判决直接承认,2010 年 4 月 30 日颁布的联法第 68 号《对侵犯合理期限审理权或在合理期限执行法院判决权进行赔偿》的联邦法律不完全符合原先的预期。

五、总结

由此可见,在俄罗斯民事诉讼、行政诉讼和执行程序的法律规定应当建立在衡平调整所有法律关系参加者的权利和合法利益的稳定的法律基础上。同时,应当立法规定其适用于公民和组织具体权利的影响范围。这个范围,一方面不应当侵犯基本权利,另一方面应该符合权利保护的利益。这一规定,如果没有在当今俄罗斯有关民事诉讼和行政诉讼以及执行程序的立法中具体化公民和组织的权利,则不可能得到应有的实现。因此可以认为,改革和现代化这一领域的立法,起草统一民事诉讼法典、行政诉讼法典和新的俄罗斯执行法典仅是个起点。

俄罗斯调查机关、预审机关、检察院和法院的非法行为造成损害赔偿的特殊性

[俄]科罗列夫·伊万*　於海梅** 译

内容摘要:本文阐述由调查机关、预审机关、检察院和法院的非法行为造成损害赔偿法律关系的主体构成。可以看到,因国家机关、地方自治机关或这些机关公职人员的非法行为(不作为)造成对自然人或法人的损害赔偿诉讼,代表俄联邦出庭应诉的义务根据部门属性落在了联邦预算资金的主管者身上。在审结上述诉讼时,法院决定的结论部分应当支出用相应公法机构而非国家或市政机关的公产缴纳赔偿金。法律规定属于非法行为的有:非法定罪、非法刑事指控、非法使用强制羁押措施或具结不离境、以拘留或劳动教养形式进行非法的行政处罚,以及调查机关、预审机关、检察院和法院非法行为的其他后果。

关键词:损害赔偿;诉讼;公产;民事诉讼;预审机关;法院

为了阐明由调查机关、预审机关、检察院和法院非法行为造成损害赔偿义务的特殊性,需要确定由调查机关、预审机关、检察院和法院非法行为造成损害赔偿行为机制的算法。

因为民事法律调整相比其他的法律分支而言更具多数意义,所以上述机制可以标示为民事法律的,由调查机关、预审机关、检察院和法院非法行为造

---

* 科罗列夫·伊万,法学副博士,喀山联邦大学生态法、劳动法和民事诉讼法教研室助教。

** 於海梅,南京师范大学法学院博士研究生,南京师范大学法学院科研机构兼外事秘书、助理研究员,江苏高校区域法治协同创新中心秘书,中国法治现代化研究院研究员。

成的民事法律的损害赔偿机制是旨在赔偿(补偿)损失的法律手段体系。

上述机制的要素有:第一,认定出现非合同损失原因的民法规范;第二,法律事实,即《俄联邦民法典》第1070条规定的非法行为(不作为);第三,损害赔偿(补偿)法律关系;第四,法律实施文件,即恢复受损害主体权利的司法机关判决。

同时,最全面展现由调查机关、预审机关、检察院和法院非法行为造成损害赔偿(补偿)的民事法律机制可以在静态研究(解决修复赔偿任务的各种手段)和动态研究(赔偿/补偿损失的过程)中得出。

为了更加全面地阐述由调查机关、预审机关、检察院和法院非法行为造成损害的赔偿(补偿)机制,我们认为必须开始分析由调查机关、预审机关、检察院和法院非法行为造成损害赔偿相关法律关系的主体构成。

人身伤害或者公民财产的损失以及法人财产的损失,应当由造成损害(非合同损失)的人进行全部补偿。正如H.C.马列因指出,非合同损失直接源于违法。造成损害的事实(综合法律指出的其他条件)本身产生双方由专门法律规范调整的法律关系。[1] 同时,根据A.M.别利亚科娃的观点,在民事法律关系中应当赔偿犯罪的和非犯罪造成的损害。[2] 因此,在损害赔偿义务中关键的是确定造成损害的人群的主体构成和有赔偿损害义务的人。国家机关赔偿(补偿)损害的典型特征在于,给公民人身或财产造成损害之人和赔偿损害之人不吻合。该义务可以有条件地表明由国家权力机关承担损害赔偿义务的"物力论"(阶段性)。第一阶段的特点在于造成公民人身伤害和财产损失或法人财产损失的原因是国家机关或这些机关公职人员的非法行为。第二阶段中,造成的公民人身伤害和财产损失以及法人财产损失由俄联邦财产、俄联邦主体财产或者市政机构财产进行赔偿,国家或市政机构作为相应的赔偿财政机关。

例如,审理第A51-11279/2010号民事案件的第五仲裁上诉法院曾作出判决,根据《俄联邦预算法》第158条第3款的规定,对因国家机关、地方自治机关或这些机关的公职人员非法行为(不作为)造成自然人或法人损害赔偿的诉俄联邦的案件,根据部门属性由联邦预算经费的主管者承担代表俄联邦

[1] H.C.马列因:《人身损害赔偿》,法律文献出版社1965年版,第8页。
[2] A.M.别利亚科娃:《损害赔偿》,莫斯科国立大学出版社1972年版,第102页。

出庭应诉的义务。

2006年12月5日，俄联邦内务部通过的第984号《滨海边疆区内务管理规定》第2～5章中指出，滨海边疆区内务部管理处是俄联邦内务部区域层面的地方机关，其经费由俄联邦内务部承担，内务部是管理处联邦预算经费的主管者。

根据2006年6月22日俄联邦最高仲裁法院全体会议通过的第23号决议《关于仲裁法院适用〈俄联邦预算法典〉的几个问题》第2条，在审理根据《俄联邦民法典》第16条、第1069条起诉的案件时，法院必须指出，对因国家机关、地方自治机关或这些机关的公职人员的非法行为（不作为）造成损害，承担赔偿义务的是公法机构，而不是其机关或者这些机关的公职人员。因此，在审结上述诉讼的决定部分，法院应当指出用相应公法机构的财产，而不是国家或市政机构的财产来缴纳赔偿金。同时，不允许以规定仅用预算经费缴纳赔偿金的方式来限制赔偿金的来源，因为这样的限定违反《俄联邦民法典》第126条、第214条和第215条。在这种情况下，发挥作用的是公法机构对所有属于它所有权的官方财产负责的一般原则。

给公民造成人身伤害或财产损失或法人财产损失非法行为的主体构成，在已有的课题研究框架内，合法地规定在《俄联邦民法典》第1070条中。属于他们的有：调查机关、预审机关、检察院和法院。正如B. Ф. 穆拉夫斯基指出，所列出的机关仅仅是为了实现刑事追查犯罪人和进行审判的主权而由国家专门设立的各个环节。[1] 苏联时期的本国文献中，对这个主体范围采用的是"审判调查机关""审判检察活动主体"的普遍综合概念，而现在由于俄联邦检察院调查委员会的成立[2]和进一步强调分权原则，把调查机关、预审机关、检察院和法院作为损害引起者单个研究是有充分根据的。

非合同义务损害引起者的主体构成特点要求必须单个研究每个造成损害的主体。《俄联邦刑事诉讼法典》规定，首先俄联邦内务机关属于调查机关。根据联邦法律《警察法》[3]第4条，警察是内务范围的联邦执行权力机关

〔1〕 B. Ф. 穆拉夫斯基：《护法机关损害赔偿的义务主体》，载《俄罗斯侦查员》2006年第6期。

〔2〕 《俄联邦检察院调查委员会规定》，俄联邦总统2007年8月1日第1004号总统令，《俄联邦法律汇编》2007年8月6日第32期，第4122页。

〔3〕 2011年2月7日联法第3号联邦法律《警察法》，载《俄联邦法律汇编》2011年2月14日第7期，第700页。

统一中央集权体制的组成部分。为了完成警察义务而设立的部门、机构和服务处都可属于警察之列。联邦执行权力机关在内务方面的领导者、地方执行权力机关(下称地方机关)在内务方面的领导者和警察部门的领导者在其职权范围内实现对警察活动的领导。上述机关和部门的领导人对警察履行的义务负责。

作为调查机关,警察实施发现、警告、制止和揭发必须进行预先侦查的犯罪案件,以及发现、警告和制止犯罪和行政违法,揭发不需要预先侦查的犯罪案件。在内务机关的架构中,调查职能由这些部门实施:刑事侦查部门;反经济犯罪部门;反组织犯罪部门;反非法流通毒品部门;与企图在交通工具上侵占内务机关货物的犯罪作斗争部门;保障自身安全的部门;国际警察组织在俄罗斯国家中央局的运行部门;搜查部门;业务技术部门;与新技术犯罪作斗争的部门;公共安全民警的业务部门。

除了内务机关以外,属于调查机关的还有被联邦法律赋予实施侦查活动职权的其他执行权力机关。在俄联邦境内实施侦查活动受 1995 年 8 月 12 日颁布的第 144 号联邦法律《侦查活动法》调整。[1] 根据该法第 13 条,在俄联邦境内有权实施侦查活动的业务部门有:

第一,俄联邦内务机关。上一段已对属于该机关的主体进行了阐述。

第二,联邦安全机关。根据 1995 年 4 月 3 日颁布的联法第 40 号联邦法律《联邦安全局法》[2],联邦安全局是统一中央集权的联邦安全机关系统,在自己职权范围内实施保障俄联邦安全的任务。属于联邦安全机关的有:保障安全的联邦执行权力机关;保障单个地区和俄联邦主体安全的联邦执行权力机关局(地方安全机关);保障俄联邦军队、其他部队和部队编制以及分支机构安全的联邦执行权力机关局/处(部队安全机关);保障边境安全的联邦执行权力机关局/处/队(边防机关);其他保障安全方面的联邦执行权力机关局/处,实施该机关的单独职权或保障联邦安全机关的活动(其他安全机关);航空部门、专业培训中心、专门任务部门、企业、教育机构、科研、专家、司法鉴定、军医、军队建设部门以及其他保障联邦安全活动的机构和部门。

根据上述联邦法律第 10 条,联邦国家安全机关根据俄联邦法律实施发

---

[1] 《俄联邦法律汇编》,1995 年 8 月 14 日,第 33 期,第 3349 页。
[2] 《俄联邦法律汇编》,1995 年 4 月 10 日,第 15 期,第 1269 页。

现、警告、制止和揭露间谍活动、有组织犯罪、腐败、非法流通武器和毒品、走私、威胁俄联邦安全、犯罪的业务侦查措施，以及法律规定属于其实施范围的调查和预审。

第三，联邦国家警卫机关。根据联邦法律《国家保卫法》，[1]联邦国家保卫机关实施业务侦查措施，以保障国家最高公职人员的安全。属于国家保卫对象的有：俄联邦总统及其家庭成员、与他生活在一起或陪伴他的人员；俄联邦政府总理；俄联邦联邦会议联邦委员会主席；俄联邦联邦会议国家杜马主席；俄联邦宪法法院院长；俄联邦最高法院院长；俄联邦最高仲裁法院院长；总检察长（给所述人员在其任期提供国家保护）；在俄罗斯境内的外国国家和政府首脑以及其他外国人员。

第四，俄联邦海关。根据《俄联邦海关法典》[2]第408条，海关有权根据俄联邦法律实施业务侦查活动以发现、警告、制止和揭露犯罪，紧急调查程序和根据俄联邦刑事诉讼法律属于海关管辖的调查，发现和确定正在准备、正在实施和已经实施的人员，以及保障自身安全。然而，正如E. 特鲁妮娜指出，大部分诉海关损害赔偿的案件都没有胜诉，因为原告无法达到下列条件：首先，起诉不当被告；第二，起诉造成损害的人；第三，原告证明海关许可的轻微违法构成；第四，缺少法律程序执行诉俄联邦的判决。[3]

第五，俄联邦对外情报局。对外情报机关，根据《对外情报法》[4]是保障俄罗斯安全力量的组成部分，负责保护人身、社会和国家安全免受外界威胁。

第六，联邦刑罚执行局。根据《俄联邦刑事执行法典》[5]第84条，矫正机关调查活动的任务在于：保障犯人、矫正机关工作人员和其他人的人身安全；发现、警告和揭发在矫正机关中预谋和实施犯罪以及对规定服刑程序的破坏；追捕从矫正机关逃跑的犯人，以及逃避服剥夺自由刑的犯人；协助发现和揭发犯人在进入矫正机关前实施的犯罪。关于这一点，一些作者建议通过列举国家机关和机构以及刑罚执行机关的方式补充俄联邦民法典第1070条。例如C. 阿基莫夫建议，第一，将刑罚执行机构和机关列入因其非法行为由国

---

〔1〕《俄联邦法律汇编》，1996年5月27日，第22期，第2594页。

〔2〕《俄联邦法律汇编》，1996年5月27日，第22期，第2594页。

〔3〕E. 特鲁妮娜：《俄罗斯海关造成的损害赔偿》，载《经济与法》2006年第8期。

〔4〕《俄联邦法律汇编》，1996年1月15日，第3期，第143页。

〔5〕《俄联邦法律汇编》，1997年1月13日，第2期，第198页。

家对公民进行损害赔偿(民法典第1070条)的国家机关之列。第二,根据《刑事诉讼法典》第18章类推,在《俄联邦刑事执行法典》中规定犯人的权利,如赔偿财产(直接损失和未得利益)和精神损失,以及恢复他们所有的因非法适用处罚措施而受到损害的权利。根据作者观点,该方法符合《为罪行和滥用权力行为受害者取得公理的基本原则宣言》,建议在本国法律中增加规范,禁止滥用职权并规定受到这种滥用伤害的保护手段。这些手段中应当包括,返还和(或)赔偿以及必要的物质、医疗、心理和社会帮助和支持的权利。[1]

此外,属于调查机关的还有俄联邦法警总长、俄联邦主体法警总长、他们的副职、高级法警,以及俄联邦宪法法院、俄联邦最高法院、俄联邦最高仲裁法院的高级法警。上述公职人员的活动受1997年7月21日颁布的联邦法律《法警法》[2]的调整,根据这部规范性法律文件,这些主体有权:领导属于其负责的法警局的活动;在规定的管辖范围内发布命令、指令和决定,组织联邦法警局所有职员都必须执行的活动;对法警局进行资金和物质技术保障;按从属关系审查对法警行为的投诉;对法警局完成的任务承担俄联邦法律规定的责任。

作为调查机关的还有部队、兵团的指挥员,军队机关或卫戍部队长官。上述主体作为调查机关的活动规定在2003年12月19日俄联邦国防部第446号令《俄联邦武装部队中调查机关活动的组织》,[3]此外,俄联邦国防部2006年3月24日第205/2/65号令,对俄联邦武装部队全体指战员与审前调查机关代表的协作问题规定了方法建议。[4] 为了直接实现自己的诉讼功能,调查机关——军队指挥员用自己的命令从最有准备的、服从于他的军官中任命调查员,他是调查机关的公职人员,具有《俄联邦刑事诉讼法典》第41条第3款规定的诉讼职权。指派他们中的一人为高级调查员:通常委托他调查最复杂的案件。

任命调查员通常考虑:

(1)团(1级舰)——5~6名调查员;

---

〔1〕 C.阿基莫夫:《因矫正机关管理使犯人权利遭到侵犯的损害赔偿》,载《合法性》2006年第8期。

〔2〕 《俄联邦法律汇编》,1997年7月28日,第30期,第3590页。

〔3〕 该规定的内容没有正式发布。

〔4〕 《红星》,2006年3月28日,第51期。

（2）营（2级舰）——3～4名调查员；

（3）连（3级舰，4级舰）——1～2名调查员；

（4）师（团以上）和机关（军事职业教育机构）——2～5名调查员。

在必要时军队指挥官有权任命更多调查员。军队指挥官同样可以任命调查员审查具体形式的案件。在有调查员编制的地方，通常委托他们在《俄联邦刑事诉讼法典》规定职权范围内进行程序性活动和做出程序性决定。

涉及军官的刑事案件诉讼通常委托给职位和军衔不低于犯罪嫌疑人（被告人）职位和军衔的调查员。正如H. B. 巴伊卡洛夫指出，根据《俄联邦武装部队内务章程》第76条，在进行调查时，其机关是军队指挥员，他遵照俄联邦刑法和刑事诉讼法。在军队检察院侦查员接手刑事案件开始其程序后，调查机关只有受到侦查员（军队检察院）委托才有权进行单独的调查活动、业务侦查和侦查措施。因此，法律没有给军队指挥员像以前那样的调查职权。

联邦消防局的国家消防监督机关也属于调查机关。根据联邦法律《俄联邦消防安全法》[1]第6条，在俄联邦国家消防监督由国家消防监督机关的公职人员实施，属于联邦执行权力机关管理，负责解决消防安全方面的任务。

国家消防监督机关是：联邦执行权力机关，被授权解决消防安全方面的任务，代表其中央机关的分支部门，解决国家消防监督的组织和实施问题；建立区域中心负责民防、紧急情况、消除自然灾害影响的分支部门，以组织和实施联邦区域领土内的国家消防监督；被授权解决消防安全方面任务的联邦执行权力机关的地方分支部门；建立在封闭行政区划中的联邦消防局分支部门。俄联邦消防监督国家总监察长和消防机关公职人员在进行监督活动时，根据本条，有权根据现行法律对火灾案件和违反消防安全要求的案件进行调查。

O. B. 米丘丽娜认为，应当认为刑事诉讼法对调查机关的那种解释是正确的，即调查机关应当仅指整体上的内务机关。至于其他执行权力机关，B. Π. 博日耶夫指出，立法者仅限于指出属于调查机关的标准，就是说相应的机关存在实施业务侦查活动的职权。[2] 因此，调查机关可以仅指上述国家机关的

〔1〕《俄联邦法律汇编》，1994年12月26日，第35期，第3649页。

〔2〕B. M. 列别捷夫总主编、B. Π. 博日耶夫学术编辑：《俄联邦刑事诉讼法典的科学实践解释》，2002年版，第91页。

业务部门。一些作者认为,给调查机关下定义,限制承担实施业务侦查活动职权机关的清单是不适当的。根据 C. B. 博洛金的观点,为具有诉讼地位,调查机关必须存在以下法律前提:第一,按法律规定的程序建立国家管理机关;第二,任命人员,包括任命该机关公职人员;第三,刑事诉讼法赋予这种管理机关进行调查的职权。[1]

分析目前存在的观点后,O. B. 米丘丽娜得出结论,调查机关是通常由两个,有时由更多主体组成的国家机关(例如,内务机关):领导者和服从于他的公职人员(或几个人)。在这个体系中,领导者作为调查机关首长;国家机关,如调查机关,本身不能实施某种具体行为,作出程序性决定。实际上这只能由自然人来实施。考虑到这种情况,法律将调查机关构成要素的主体引入刑事诉讼中。调查机关的首长(《俄联邦刑事诉讼法典》第 5 条第 17 款)和调查员(《俄联邦刑事诉讼法典》第 5 条第 7 款、第 41 条)就属于此。

《俄联邦刑事诉讼法典》中缺少对预审机关的法律定义,但是从一般法律思维可以将这群主体定义为有权实施刑事案件预审的机关。根据《俄联邦刑事诉讼法典》第 5 条,有权实施刑事案件预审工作的公职人员是侦查员。目前,预审由下列法律机关实施:俄联邦检察院调查委员会侦查员;联邦安全局调查机关侦查员;俄联邦内务部调查委员会侦查员;控制麻醉剂和精神病药品流通机关的侦查员。[2] 上述法律机关的管辖(侦查)规定在《俄联邦刑事诉讼法典》第 151 条中。根据 H. E. 巴甫洛夫的观点,管辖(侦查)确定了应由相应侦查员或调查员进行审查的犯罪的总体特征。属于它们的有:犯罪种类及其类型(实质的、属性的特征);实施地点(区域的、地方的特征);犯罪主体(人员的特征)。实质的、属性的特征体现在犯罪技能中。它提供了确定是否需要进行预审的可能。如果必须进行预审,那么需要确定,应以什么样的方式进行。如果以预审方式进行,那么由什么部门的侦查员,如果是调查的方式,那么什么样的调查员或侦查员。然后考虑犯罪发生的地点和最后谁实施了犯罪。

---

〔1〕 C. B. 博洛金:《刑事诉讼法律关系系统中的调查机关》,1990 年博士学位论文,第 38 页。

〔2〕 根据一些研究者的观点,现有的预审机关结构应当进行重组,在俄联邦建立类似美国联邦调查局的联邦调查局。但是,俄联邦内务部调查委员会首长 A. 阿尼钦指出,建立上述机构是不适当的,因为"建立统一的调查委员会并不能解决缩短调查期限和减少开支的任务",俄联邦内务部官方网站 http://www.mvd.ru。

俄联邦检察院调查委员会活动的法律基础是2007年8月1日俄联邦第1004号总统令《俄联邦检察院调查委员会条例》。[1] 根据该条例，调查委员会是俄联邦检察院在自己职权范围内保障俄联邦刑事法律执行的机关。该法律机关根据《俄联邦刑事诉讼法典》规定的管辖（侦查）范围对犯罪进行专业的和高质的调查从而保障实施预审和维护人和公民的权利与自由的合法性。因此，根据条例第9条，调查委员会根据俄联邦法律进行组织和实施刑事案件预审和刑侦鉴定活动，以及对调查委员会侦查机关活动的程序控制和检查。

调查委员会实施自己的活动直接和（或）通过属于其系统的调查委员会侦查总局，俄联邦主体调查委员会侦查局和与其平级的调查委员会专门侦查局，包括调查委员会的军区、舰队、火箭战略部队军事侦查局和调查委员会的其他军事侦查局，平级的俄联邦主体调查委员会侦查局，以及区、城市调查委员会侦查处和与其平级的调查委员会专门侦查处，包括调查委员会军团、兵团、卫戍军事侦查处和其他与区、城市调查委员会侦查处平级的调查委员会军事侦查处。

俄联邦内务部调查委员会是俄联邦内务部中央机关的独立组成部门，在规定的职权内保障并实施内务部在研究并实施国家政策和调整犯罪调查方面的规范性法律，执行俄联邦刑事诉讼法律和领导俄联邦内务部系统的预审机关。

根据1998年11月23日第1422号总统令通过的《俄联邦内务部预审机关条例》第4条，属于预审机关的有：俄联邦内务部调查委员会（下称“调查委员会”）；俄联邦内务部联邦区域总局的侦查部门；俄联邦主体内务机关的总侦查局（处）；地区、城市、城市中的区以及在特别重要和制度严格主体的封闭行政区内务机关的侦查局（处、室、队）；铁路、航空、水上运输内务机关的侦查局（处、室、队）。

俄联邦内务部调查委员会的基本任务是方法性组织领导预审机关的活动，以保障全面、完全和客观调查属于内务机关侦查员侦查范围的犯罪。为了实现这个任务，上述机关按照规定的程序控制预审机关实施刑事诉讼方面的国家政策活动，以及对较复杂刑事案件侦查的部门性和程序性控制，给他

[1] 《俄联邦法律汇编》，2007年8月6日，第32期，第4122页。

们的侦查提供实践的和方法上的帮助;对这些案件进行检查监测程序。[1]

联邦安全局侦查部以自己的公职人员为代表根据联邦法律《联邦安全局法》第10条实施措施发现、警告、制止和揭发间谍活动、有组织犯罪、腐败、非法买卖枪支和麻醉品、走私、威胁俄联邦安全和犯罪,预审法律规定属于他们管辖的犯罪,以及发现、警告、制止和揭发非法武装、犯罪团伙、个人或社会团体强迫改变俄联邦宪法制度的活动。

俄联邦控制麻醉品流通联邦局是联邦执行权力机关,其功能是制定国家政策、规范性法律调整、控制和监督麻醉剂、精神药品及其易制毒化学品的流通和反对其非法流通。因此,控制麻醉剂和精神药品流通机关的侦查员有权对涉及非法贩卖麻醉剂、精神药品或其类似物有关的刑事犯罪案件进行预审。

检察机关活动的实施基础是1992年1月17日颁布的第2202-I号联邦法律《俄联邦检察院法》。[2] 根据这部规范性法律文件,检察机关是统一的联邦中央集权系统,以俄联邦的名义对遵守宪法和俄罗斯境内有效法律的执行进行监督。俄联邦检察院系统由俄联邦总检察院、俄联邦主体检察院、与其平级的军事和其他专门检察院、科研和教育机构、作为法人的印刷制品编辑部、以及市和区检察院、其他区域的、军事的和其他专门的检察院构成。俄联邦总检察长领导总检察院。总检察院由总局、局和处(局级处、局属处)组成。总局局长、局长和局级处处长是总检察长的高级助理,而副处长和局属处处长是总检察长的助理。

在总局、局和处设高级检察官和检察官职务。俄联邦总检察院有权设立分支机构军事总检察院,受副总检察长即军事总检察长领导。

俄联邦主体检察院、与其同级的军事和其他专门检察院受相应的检察长领导,有第一副检察长和副检察长。在俄联邦主体检察院和与其平级的军事和其他专门检察院内设立局和处(局级处、局属处)。局长和局级处处长是俄联邦主体检察长的高级助理,副局长和局属处处长是俄联邦主体检察长的助理。设立检察长高级助理和助理、局和处的高级检察官和检察官职位。俄联邦主体检察长和与其同级的检察长可以配备特别委托助理,其地位与副局长相当。市和区检察院、与其同级的军事和其他专门检察院受相应检察长的领

---

〔1〕 俄联邦内务部官方网站,http:www.mvd.ru/struct/3296/100029。

〔2〕《俄联邦人民代表大会和俄联邦最高委员会公报》,1992年2月20日,第8期,第366页。

导。上述检察院中设立第一副检察长和副检察长、处长、检察长高级助理和助理职位。根据俄联邦总检察长的决定可以在市和区检察院以及与其同级的检察院设处。

检察机关开展活动的目的：监督被授权机关执法；监督遵守人和公民的权利与自由；监督业务侦查、调查和预审机关执法；监督法警执法；监督行政机关和执行刑罚和法院规定强制措施的机关、羁押和监禁场所管理机关的执法；根据俄联邦刑事诉讼法规定的职权进行刑事侦查；协调护法机关与犯罪作斗争。

将法院作为调查机关、预审机关、检察院和法院的非法行为引起损害赔偿义务的主体，必须确定这里法院的定义仅仅适用于国家法院。众所周知，在俄罗斯仲裁庭也发挥作用，其从本质上说不是国家的。关于仲裁庭在法律机关中的地位，法律文献中存在不同的观点。一些作者认为，在俄罗斯司法仅由国家宪法规定的法院系统的国家法院行使。仲裁庭不属于国家司法系统。相对于国家法院而言，他们是审理和解决法律纠纷可供选择的形式。一些法学学者持另一种观点，认为仲裁庭从其在保护被侵犯的或有争议的民事权利方面的意义而言应当与联邦普通管辖法院和仲裁法院并驾齐驱。它是可选择性司法，只适用于有争议双方同意的基础上且由他们选择的人员来实施。在我们看来，两种观点都应认可，但仲裁庭不能是调查机关、预审机关、检察院和法院的非法行为引起损害赔偿的义务方，因为赔偿是由国家来承担的。仲裁庭承担损害赔偿义务的民事法律责任，可能要由仲裁庭的设立人承担。这个问题需要进一步研究，但不在本论文的研究框架中。

现在，根据联邦宪法性法律《俄联邦法院系统法》[1]第4条，法院系统呈现以下形式。在俄联邦有联邦法院、俄联邦主体宪法（宪章）法院和治安法官，这些构成俄联邦的司法系统。

属于联邦法院的有：俄联邦宪法法院；俄联邦最高法院、共和国高等法院、边疆区和州法院、联邦直辖市法院、自治州和自治区法院、区法院、军事和专门法院，这些构成联邦普通管辖法院系统；联邦区仲裁法院（仲裁申诉法院）、仲裁上诉法院、俄联邦主体仲裁法院，这些构成联邦仲裁法院系统。属于俄联邦主体法院的有：俄联邦主体宪法（宪章）法院、作为俄联邦主体普通

〔1〕《俄联邦法律汇编》，1997年1月6日，第1期，第1页。

管辖法官的治安法官。

作为国家权力机关的一个分支,司法机关的活动旨在实施司法。“司法”在 С. И. 奥热戈夫词典中的定义是司法机关的法律活动。[1] 法律百科全书中司法的定义为,国家活动的形式,包含在法院审理和解决属于它管辖的案件中。[2] 因此,司法是司法机关按照严格的程序形式进行审理和裁决案件的活动。程序形式是法院的活动,也是其他诉讼参与人的活动,受在一定类型诉讼中形成的程序法规范的调整。根据《宪法》第 118 条,在俄联邦通过宪法诉讼、行政诉讼、民事诉讼和刑事诉讼实施司法。这样,民事案件的审判由普通管辖法院、仲裁法院和治安法官根据民事诉讼规则实施。行政诉讼由仲裁法院实施。刑事诉讼形式的司法由普通法院、治安法官实施。相应地,宪法诉讼形式的司法由俄联邦宪法法院、俄联邦主体宪法(宪章)法院实施。

同时,根据《俄联邦民法典》第 1070 条第 2 款,如果法院已生效判决认定法官过错,实施司法时造成的损害会得到赔偿。在其他情况下,调查机关、预审机关、检察院和法院给公民以及法人造成的损害会得到俄联邦国家赔偿,且在法律规定的情形下,用俄联邦主体财产或市政机关财产全额赔偿,不取决于调查机关、预审机关、检察院和法院公职人员在法律规定程序上的过错。

法律规定属于非法行为的有:非法定罪、非法刑事指控、非法使用强制措施羁押或具结不离境、以拘留或劳动教养形式进行非法的行政处罚,以及其他调查机关、预审机关、检察院和法院非法行为造成的后果。同样必须补充的是,根据俄联邦宪法法院 2003 年 12 月 4 日第 444 – O 号裁定,因非法被当作犯罪嫌疑人羁押而给公民造成的损害应当用国家财产全额赔偿,不取决于调查机关、预审机关、检察院公职人员的过错。

正如在本节一开始提到的那样,在第二阶段,给公民人身和财产造成的损害以及给法人造成的损失由政府或市政机构作为相应的财政机关用俄联邦国家财产、俄联邦主体财产或市政机构财产进行赔偿。根据 1996 年 7 月 1 日俄联邦最高法院全体会议和俄联邦最高仲裁法院全体会议第 6/8 号决议《关于适用〈俄联邦民法典第一卷〉的若干问题》第 2 条,在公民或者法人提出要求赔偿因国家机关(我们认为,包括调查机关、预审机关、检察院、法院)非

---

〔1〕 С. И. 奥热戈夫:《俄语词典》,莫斯科,1983 年版,第 511 页。

〔2〕《法律百科词典》,莫斯科,1998 年版,250 页。

法行为(不作为)造成损失时,必须指出,这种案件的被告应当是俄联邦、相应的俄联邦主体或市政机构作为相应的财政机关。公民或者法人直接起诉国家机关造成相应的损害,不可以驳回起诉或者不予受理。在这种情况下,法院将相应财政机关列为案件的被告。最高司法机关的这一结论在 2006 年 6 月 22 日俄联邦最高仲裁法院全体会议决议第 23 号《关于仲裁法院适用〈俄联邦预算法典〉的几个问题》第 2 条中有进一步的体现。在审理诉讼时,要求仲裁法院指出有义务对国家机关、地方自治机关或这些机关的公职人员的非法行为(不作为),包括国家机关或地方自治机关颁布不符合法律或规范性法律文件的文件,造成的损害进行赔偿的债务人是公法机构,而不是其机关或者这些机关的公职人员。因此,在受理上述诉讼时,在法院裁决的结论部分应当指出由相应公法机构,而非国家或自治机关的公产缴纳赔偿金。同时,不可以将赔偿金的来源限制为仅从预算经费支出,因为这样的限制违反《俄联邦民法典》第一卷第 126 条、第 214 条、第 215 条。在这种情况下,关于公法机构的责任适用普遍原则,所有其拥有所有权的财产构成公产。[1]

用俄联邦、俄联邦主体或市政机构的公产赔偿损害。根据《俄联邦民法典》第 214 条和第 215 条,相应预算资金和其他不属于国家企业和单位的国家财产构成俄联邦的国家公产、俄联邦共和国的公产、边疆区、州、联邦直辖市、自治州、自治区的公产,而地方预算资金和其他不属于市政企业和单位的市政财产构成相应城市的、村镇的或其他市政机构的市政公产。

应当指出,根据《俄联邦民法典》第 126 条,俄联邦或其主体以及市政机构的义务责任仅限于构成国家或市政公产的财产,而不延及国家或市政企业和单位的财产。同样,根据《俄联邦民法典》第 212 条,俄联邦或其主体的义务责任不延及可因法律规定特别属于国家所有的财产。

必须指出,根据《俄联邦预算法典》第 242. 2 条,在法院代表俄联邦、其主体或市政机构利益出庭的联邦预算资金、俄联邦主体预算资金或市政预算资金主管人有义务在最终形式判决文件作出后的 10 天内向俄联邦财政部、俄联邦主体财政机关、市政机构财政机关传达法院对案件的审理结果。

在法院受理对俄联邦、其主体或市政机构的诉讼或其他要求且需要用俄联邦、其主体或市政机构公产进行赔偿时,预算资金主管人同样告知俄联邦

---

〔1〕《俄联邦最高仲裁法院公报》,2006 年第 8 期。

财政部(俄联邦主体或市政机构财政机关)存在对法院决定申诉的理由。在存在这些理由时,他有义务在法院决定生效之日起一个月内向俄联邦财政部(俄联邦主体或市政机构财政机关)提供申诉结果。

根据《俄联邦预算法典》第242.1条,执行法院要求俄联邦预算系统用预算资金支付赔偿金的决定,根据《俄联邦预算法典》和执行程序法律规定的对执行文件、提供执行文件期限、提供执行文件中断期、恢复错过的提供执行文件期的要求进行。用预算法(决定)规定的用于此目的拨款执行法院决定。在执行法院决定的数额超过预算法(决定)规定用于此目的的拨款时,则对总预算清单进行相应的更改。

从被执行文件达到执行之日起3个月内执行法院决定。执行法院决定的机关(俄联邦财政部、俄联邦主体或市政机构财政机关)进行核算并保存执行文件和与执行相关的其他文件。赔偿金以这些执行文件为基础,如:执行单、法院令。执行文件中必须用俄联邦货币写明赔偿金的数额。

上面提到的第23号最高仲裁法院全体会议决定第3条中要求,仲裁法院在解决请求对国家机关(地方自治机关)或这些机关公职人员非法决定和非法行为(不作为)造成的损害赔偿以及其他请求作出的由公法机构缴纳赔偿金的法院决定执行过程中出现的问题时,应当考虑适用被解释法条的规定。相应地,俄联邦最高仲裁法院全体会议作出了说明,只有当法院的执行决定在规定的3个月期限内没有用预算资金支付时,赔偿请求人可以将公法机构赔偿金的执行单提交给法院执行法警强制执行。

法院根据赔偿请求人请求或赔偿请求人自己递交的执行文件(法院令除外),应当附上适当形式的经法院证明属实的法院决定复印件,以及带有赔偿请求人银行账户信息的申请,以便应有赔偿金的转入。申请由赔偿请求人或其代理人签名,代理人需持委托书或经公证证明的委托书复印件或其他证明代理人权限的文件。

为了执行法院对起诉俄联邦、俄联邦主体或市政机构调查机关、预审机关、检察院和法院的非法行为造成损害赔偿的决定,相应地将文件发送给俄联邦财政部、俄联邦主体财政机关或执政机构财政机关。

我们能从荷兰法官调解中学到什么

——对中国和荷兰法官调解实践的比较研究

李叶丹*

内容摘要:在我国学术界大力推行"调审分离"的时候,一些西方国家的法院却在积极探索和实践主审案件的法官如何有效率地促进当事人和解。本文将对荷兰法官在审理案件中所作"促进和解"工作与中国的法官审理案件中的"调解"工作进行比较,以更好地借鉴域外经验,促进我国法官调解水平的提高。与我国法官面临的问题一样,荷兰法官在"促进和解"工作中的中立地位也受到两方面的挑战:第一是法官评价式的调解方法;第二是法官推行调解使法院得到的因使用调解的好处即"程序利益"。但是,我国的法官调解相对荷兰面临更严峻的考验,调解过程中的程序正义受到三方面的挑战:一是我国法官自身偏好调解结案引发的信任问题,二是调解中没有注意对自身中立性的维持,如经常采用"背对背"的调解方式,三是当事人被对待的方式,法官有时不注意调解语气、态度和对当事人的尊重。这些做法不仅影响到当事人对调解程序公正性的看法,对诉讼程序的看法也受到影响。原因在于我国的当事人不但无法将法官在调解中的行为和庭审分开;也无法将法官的调解角色和其裁判者的角色分开。他们往往将法官在调解中所说的话认为是诉讼程序的一部分。

关键词:法官调解;荷兰;程序利益;司法实践

---

* 李叶丹,德国比勒菲尔德大学社会学院博士后,研究方向法社会学;阿姆斯特丹大学法学院法学博士,厦门大学法学硕士。作者对乌特勒支大学法学院教授 Rick Verschoof 和 Wibo van Rrossum 对本文的贡献深表感谢。

一、引言:背景与问题

我国的法官在审理案件中历来做法是对案件调解和审理贯穿在一起,这种调、审合一向来被学术界诟病。但是,我国并不是唯一将调解运用到审判中从而化解纠纷的国家,在传统大陆法系国家中,法官也被法律要求“促进当事人的和解”,荷兰就是其中之一。与大张旗鼓地要求在审理案件进行“调解”做法不同的是,这些国家更愿意用“促进和解”的表达方式,但是法官“促进和解”所用的方法与我国并无二致。例如,荷兰的法官和我国的法官均对纠纷进行评价、告知诉讼风险,甚至将他们判决可能的结果在庭上告诉当事人。

本文将荷兰法官的“促进和解”和我国的法官的“调解”进行分析比较,以更好地借鉴域外经验,促进我国法官调解水平的提高。两国法官的做法统称为“诉讼调解”:法官对他们审理的案件以鼓励、指导或者参与到该案纠纷解决的过程中。[1] 荷兰的法官如同我国的法官一样,都需要既顾及自身裁判者的中立地位又要用尽方法让当事人解决纠纷。虽然荷兰法官“促进和解”和我国法官“调解”的方法类似,但是当事人的评价却有所不同。荷兰的当事人对法官的行为也有怨言,但是法官所进行的“促进和解”工作并未影响在他们心中法官公正判决的形象。然而我国的一些当事人对法官所做的调解努力却并不总是领情,有些当事人及代理人对调解本身产生抵触情绪,也存在着如果法官调解不成时能否作出公正的判决的担心。例如,M省L市中级人民法院课题组针对784件信访案件中调查发现,有279件系当事人反映存在法官强制调解行为,占全部信访案件的35.59%。[2] 一些调解方式所结案件的当事人并没能定分止争,特别是在另一方不能自觉接受调解书确定的义务时,调解结案后当事人毅然通过信访渠道来寻求帮助。

本文拟从比较两国诉讼调解实践(而不仅是制度)中来寻找答案。两国法官诉讼调解的实践异同究竟何在?两国诉讼调解面临怎样的相同问题?为何使用了类似的调解方法,荷兰的当事人对法官评价相对较正面,而我国

---

〔1〕 Tania Sourdin & Archie Zariski, *Introduction*, *in* The Multi-Tasking Judge: Comparative Judicial Dispute Resolution 1 (Anonymous Tania Sourdin & Archie Zariski eds., 2013).

〔2〕 张嘉军:《民事诉讼调解结案率实证研究》,载《法学研究》2012年第1期。

的一些当事人对法官调解所作工作以及调解后所作判决的评价相对较负面?

在引言后,第二章集中在研究方法上讨论本文为何要对两国法官诉讼调解进行比较,以及两国法官如何进行诉讼调解实践作比较;第三章讨论两国案件当事人对诉讼调解的不同评价,此后分析两国法官诉讼调解所共同面临的问题;第五章以荷兰法官的诉讼调解为参照,以程序正义理论为框架,分析我国法官在诉讼调解中所面临的挑战。最后一章做结论和建议。

二、研究方法

写比较法的论文往往面临一个根本性的问题:为什么要对两国法官的诉讼调解进行比较。传统上,荷兰法官的"促进和解"与我国法官的"调解"可比性并不强,因为它们的实践处于两个极端。大陆法系国家法官促进当事人和解的方式拘泥于法律条文且过于干涉当事人的处分权。[1] 因为大陆法系国家的法官往往专注于自己裁判者的角色中,对调解的关注有限。相反,我国的法官曾经主要依赖于调解解决纠纷。我国法院对调解运用的依赖源于儒家和为贵思想和对人民内部矛盾解决的理念。即使在现在,调解依然被认为是比诉讼更好的纠纷解决方法。

但是,在过去的20年中,荷兰法官的"促进当事人的和解"与我国法官的"调解"却出现了融合的趋势。荷兰的法官正在从"裁判法官"向"集多种纠纷解决功能"的法官转变。从1990年开始,调解开始在荷兰兴起。而2002年的荷兰对《民事诉讼法》进行修法,为促进法官的诉讼调解的发展提供了新的契机。该次修法集中在如何有效地进行案件管理和进行庭审上。例如,修订后的法律要求法院防止案件久拖不决。[2] 由此,在案件长期占用司法资源之时,法院可以依法介入。与此配套的措施是,案件开庭当事人亲自到庭成为必需。强制当事人到庭的目的一方面是更好地了解案件事实,另一方面,当事人亲自到庭便于法官当面做促进当事人和解工作,以利于纠纷的及时解决。[3] 从

---

[1] Global Trends in Mediation (Nadja Alexander ed. 2006), p. 22.

[2] CH Remco van Rhee & Remme Verkerk, The Netherlands: A no-Nonsense Approach to Civil Procedure Reform (The Netherlands: A no-Nonsense Approach to Civil Procedure Reform) (2014).

[3] Rick J. Verschoof, *What is it all about: An Overview of the Dutch Research and a Plea for Change*, 10 Utrecht L. Rev. 41 (2014).

2002年起,荷兰法官从消极的裁判者向积极的案件管理者转变。[1] 实践证明该做法是有效的,30% ~50%的案件在开庭中达成和解。[2] 正因为荷兰的法官需要更多地承担判决外的促和工作,荷兰的法官也开始接受如何做好调解工作方法训练,[3]并且更加积极地在纠纷解决的过程中运用所学到的调解技巧。[4] 我国建立了正式的诉讼程序,调解已经不再是唯一的纠纷解决形式了。案件不可以以调解为名久拖不决,在调解无法解决纠纷的情况下,我国的法官需要作出判决。这种实践中的趋同让本文所作的比较有了依据。

在回答了为什么以荷兰参照系后,接下来的问题是如何比较。与一般关于诉讼调解的比较法论文相比,本文着重从当事人的视角看待调解,并且着重比较两国的诉讼调解实践,而不仅仅是诉讼调解制度。

首先,本文以当事人的视角看待调解。一般的调解论文的研究对象是法院,在评价诉讼调解的时候有两个问题,一是简单地以调解是否达成协议作为调解是否成功的依据,二是对当事人的想法了解往往集中在数据上。例如,对调解的案件的执行率是多少,反悔率是多少,或者是以发问卷的方式让当事人选择"满意"或者"不满意"。但是较少真正地去了解当事人对法院的工作是不是真的满意了。

其次,两国的诉讼调解实践,而非诉讼调解制度。关于调解制度进行比较的论文已经很多了。不仅是中文论文,大部分英文论文也是从制度方面比较不同国家调解制度的异同。但是,这种比较的弊端,一是很多国家的调解制度看起来都相差不多,并且看起来每个都很成功;二是如果希望相互借鉴经验,不知道从何入手。本文希望用数据和调研结果表明:一是诉讼调解由于司法制度不同面临相同而又不同的问题;二是如果我国希望借鉴外国经验,除制度上的借鉴外,更应当观察我国及域外制度的实际运行状况。

---

[1] Janneke van der Linden, De Civiele Zitting Centraal: Informeren, Afstemmen En Schikken (De Civiele Zitting Centraal: Informeren, Afstemmen En Schikken (2010).

[2] A. T. Marseille & H. B. de Winter, *Korte en effectieve kantoncomparities. Uitdaging voor reflexieve rechters*.

[3] Machteld Pel, *The Need for Method and Structure in Settlement Conferences*, *in* The Multi-Tasking Judge: Comparative Judicial Dispute Resolution 203 (Anonymous Tania Sourdin & Archie Zariski eds., 2013).

[4] S. Dijkstra, "De rechter nieuwe stijl; De achterliggende filosofie en enkele kritische kanttekeningen", 2014 Nederlands Juristenblad, 674, pp. 841 - 847.

本文通过与荷兰法官及学者的合作,着重对诉讼调解运行实际状况进行研究。在荷兰方面,阅读大量实证调研报告,并访谈了荷兰的法官。在我国方面,作者在2013年在两个基层法院直接参与调研了50个诉讼过程中法官进行调解的案件(大部分是劳动争议),并对案件的法官、当事人和律师进行访谈。这种方法相对制度比较,可以更深刻地了解当事人的想法。例如,访谈发现,当事人往往将“这个案子你希不希望调解?”这种常见的关于调解意愿的问卷问题理解为“这个案子你希不希望以调解结案?”调解结案当然是好事,所以大部分当事人都会说好。但是如果研究者希望了解的是“这个案子你希不希望尝试走调解程序”,就会出现所答非所问的情况。

当然,本研究存在局限性,第一,本研究并不能回答本文中提到的例子和做法到底在我国或者荷兰到底普遍程度如何,这也不是该研究的目的,对“普遍性”的回答需要定基于定量的数据分析;第二,由于并不能直接观察荷兰的法官调解,荷兰部分的研究仅限于对荷兰学者进行的实证调研的阅读和对荷兰法官的访谈,所以在和我国情况比较上有局限性。

三、诉讼调解相似却结果不同:满意的荷兰当事人和不信任的我国当事人

荷兰法官和我国法官的诉讼调解其实有很多相似之处。首先,从制度设计的目的上看,荷兰的法官和我国的法官们一样,他们积极进行调解的动因一方面是希望尽快结案;另一方面是希望能够选择对该案件最好的方法来解决纠纷。[1] 与美国、英国推行调解前的情况类似,在20世纪七八十年代,荷兰的当事人对诉讼程序拖延、花费高、积案多抱怨颇多。[2] 从法院方面看,荷兰的法官和我国的法官一样,调解方式结案最快,可以不写判决书而且双方当事人满意。而从当事人的角度,判决并不一定是最好的判决方式,很多案子“案结事不了”在荷兰也经常出现。这些因素综合起来成为近年来荷兰法

〔1〕 Machteld Pel, Referral to Mediation : A Practical Guide for an Effective Mediation Proposal (Referral to Mediation : A Practical Guide for an Effective Mediation Proposal (2004).

〔2〕 AJ de De Roo & RW Jagtenberg, *Mediation in the Netherlands: Past-Present-Future*, 6 Electronic Journal of Comparative Law (2002).

院系统大规模鼓励法官进行调解的原因。[1]

其次,荷兰的法官在法庭上也不是仅仅按照程序讨论法律和证据。实证研究证明,荷兰法官在35%的庭审中未经当事人同意即发表为何达成调解协议为解决该纠纷的最好方式的评论。[2] 荷兰法官们也会和当事人以及律师一起讨论案件相关的所有方面。在庭审中,法官区分离婚纠纷的感情、业务以及法律方面的不同问题。他们也会花时间了解当事人为什么会将纠纷提交到法院,用何种方法解决纠纷更加符合当事人的利益。

最后,调解所运用的一些手段相似。例如,荷兰的法官和我国的法官均对纠纷进行评价,在56%的庭审中,法官会未经当事人询问,即将其对某些法律问题的判定告知双方当事人。[3] 再如,荷兰法官如我国法官一样,也会向当事人分析如果继续进行诉讼程序,会给当事人造成时间、金钱的浪费。这与我国法官常用的"降低当事人期望值"的调解技巧相似,荷兰的法官们也会通过问问题的方式让当事人区分事实和他们自己对事实的期望,以期让对方当事人达成一致。

但是,值得注意的是,虽然荷兰法官"促进和解"和我国法官"调解"的方法类似,但是当事人的评价却不尽相同。相同的部分是,荷兰的当事人与我国的当事人一样,总认为法官在"压调"。在对两个荷兰法院的实证调查中,分别有29%和39%的当事人或者律师有这种"被法官逼着调解"的感觉。而且有31%的当事人和35%的律师认为双方当事人达成调解协议对法官个人"有好处"。[4] 我国的当事人也有类似的反馈,例如作者调研中接触的一位当事人,当他得到法官以调解解决的建议后,对我说:"我觉得法官非常希望调解。如果他不希望调解,为什么这么个小案子他还问我要不要调解,一遍又一遍?如果我不调解,我感觉法官要做出对我不利的判决。我们调解的表现对判决结果肯定是有影响的。(我问:'为什么这么想?')在庭审后,他可以

---

〔1〕 Robert Wandert Jagtenberg & Albert Klijn, Customized Conflict Resolution: Court-Connected Mediation in the Netherlands 1999 – 2009 (Customized Conflict Resolution: Court-Connected Mediation in the Netherlands 1999 – 2009 (2011).

〔2〕 van der Linden, *De Civiele Zitting Centraal: Informeren, Afstemmen En Schikken*, 308, pp. 56 – 71.

〔3〕 Ibid.

〔4〕 Ibid., pp. 80 – 87.

直接去写判决,为什么还要让我调解?我在想这个案子是不是对我不利。为什么法官想帮助对方当事人?没道理啊。"[1]

但是两国当事人对诉讼调解表现不同的是,即使荷兰的当事人对法官做调解工作有一些怨言,但是他们对其余部分的庭审程序并无反感。在对调解外庭审程序1~5的评分中,当事人满意度接近于4。律师的满意度比当事人还要更高一些。[2] 在我们对我国的当事人的调研中,与荷兰当事人的所不同的地方表现在:

第一,我国当事人表现出对法官在调解中所说的话不尽信任。在对12个当事人的访谈中,仅有3个当事人完全相信法官的话,[3]9个当事人告诉作者他们完全不相信法官说的话。[4] 所有的当事人都表示,相对法官对案件的评价,他们其实更信任案外人(例如劳动局,或者他们的亲朋好友)对案件的分析。有些当事人甚至有这样的观点"法官都不知道他在说什么"[5]或者"法官说什么都可以了,我反正不相信他说的"。[6] 而律师认为法官在调解中说的话的可信度就更低了:"法官说的话就是让我们调解。"[7]"法官肯定说对我们不利的话让我们调解。"[8]

第二,我国当事人对调解的不信任很容易被传染为对诉讼程序的不信任。即使一些法官在庭上已经说明了自己会这样判决,但律师仍然不信任他们说的话,因为律师或当事人有"法官可能在吓唬我"的想法。[9] 相对法官对案件所作的调解建议,律师往往更加信任自己对案件的判断:"我们知道法官在调解中说的话可能是假话,所以这个案子怎么解决,我们还是要有自己

---

〔1〕 案例37(F)、案例28(F)(另一位当事人在该案中也说:"我感觉如果不调解,那我可能要输")。

〔2〕 van der Linden, *De Civiele Zitting Centraal: Informeren, Afstemmen En Schikken*, 308, pp. 109–111.

〔3〕 案例9(F);案例10(F);案例24(W)。

〔4〕 案例1(F1);案例1(F2);案例11(W);案例3(W);案例6(W);案例48(F);案例11(F);案例28(W);案例43(W)。

〔5〕 案例1(F1)。

〔6〕 案例6(W)。

〔7〕 案例42(WL)。

〔8〕 案例37(F)。

〔9〕 案例44(L)。

的判断。"[1]当律师们被问到他们认为法官会不会按照他们在调解中说的那样判的时候,一位律师说:"不一定。我们还是相信自己。"[2]不信任可能会引发更严重的后果。我们在调研中曾经发生过当事人因为法官在庭审和调解中说的话前后不一致而引发的冲突。在该案中,法官在庭审中穿插调解,调解时采取背对背的方式,但是对当事人接受的数额没有认真核对,对双方当事人的说法不一致,一方当事人严重不满并对法官进行攻击。当事人表示,法官说的数额前后不一致,明显存在偏袒另一方,也肯定会做出不利于自己的判决。这里,当事人已经并非对调解不信任,而是对整个诉讼程序的公正性产生怀疑。这种"调解引发的怀疑"在荷兰程序中难觅踪影。

接下来的问题是,荷兰法官和我国法官调解到底存在什么共同的问题?为什么荷兰的当事人对其余的庭审程序并无反感,但是我国的一些当事人却因为调解,甚至对庭审产生了不信任或者反感?

四、保持法官在调解中的中立地位:荷兰和我国法官共同面临的课题

通过上述当事人关于"压调"的反馈可以发现,法官利用自己审判者的地位推行调解方式结案其实并非我国法官独有的问题。正如前面提到的,荷兰的当事人和我国的当事人对"以判压调"一样反感。问题是,为什么当事人反感"以判压调"? 目前的回答几乎均集中于对调解自愿性的解读上。本文将原因归于法院在纠纷解决的中立地位上。该中立地位受到两方面的挑战:第一是法官评价式的调解方法;第二是法官强烈推行调解所带来的法院对使用调解的"程序利益"。在这两方面,荷兰的法官和我国的法官一样面临挑战。

首先,荷兰的法官和我国法官一样,也有习惯立刻告诉当事人自己对案件的判断。例如,一位荷兰法官对当事人说:"你要考虑一下你的请求在法律上能不能站得住脚。你们现在到走廊上谈一下再进来。"[3]或者即使当事人没有问,也直接告诉当事人自己对案件的初步裁定。我国法官对案件的评价涉及的问题更广,从证据、实体、法律适用到最后判决。从当事人的角度看,如果法官没有经过当事人询问就对问题进行评价,对纠纷解决的公平性会产

---

〔1〕 案例4(L)。

〔2〕 案例4(L)。

〔3〕 Ibid. ,p. 38.

生不利的影响。[1] 特别是以下的情况(1)未经当事人询问,直接将判决结果告诉当事人的情况;(2)不加解释直接否定当事人的诉求的情况,更是对当事人对程序公平的认识产生负面效果;(3)直接建议一个调解数额,而不是建议一个数额范围。这种做法和大陆法系法官在庭审中的角色有关,其对民事案件的干涉性更强。我国和荷兰的法官均面临着避免"以判压调"的问题。

其次,法官强烈推行调解所带来的法院对调解的"程序利益"。就像马丁·夏皮罗(Martin Shapiro)在《法院:比较法上和政治学上的分析》所说的,法官应当在纠纷解决中表现出自己的中立地位,只有这样当事人才能心甘情愿接受纠纷解决的结果。[2] 正像德国法社会学家尼可拉斯·卢曼说的,即使调解并不需要诉讼程序般的正当程序,但是为保证纠纷解决中立方的中立地位,往往输的一方会怀疑中立方的公正。[3] 即使调解讲求的是"双赢",但是由于双方均让步,其实他们均可怀疑中立方的公正。

一般来说,对法院中立性的分析集中在"实体中立"上。法官受贿是影响"实体中立"的重要方面,如果一位法官从原告受贿100万元,那么法官就在纠纷解决中对纠纷的裁判产生了"实体利益"。但是在绝大多案件中,法官是没有实体利益的,他们并没有受到任何人请托或收受好处,但是这并不意味着法院的行为在当事人看来就是公正的,或者当事人就是满意的。但是正如前面提到的,除了对一些当事人的纠纷来说调解是比诉讼更好的纠纷解决形式,法院对调解的推行其实也是有"程序利益"的。调解可以节省法官断案的时间,加快纠纷解决的速度。美国的实证研究表明,正是因为这些"程序利益",即使调解的效果不同,但是上诉法院依然坚持推行ADR项目。[4] 荷兰法院的预算取决于每年处理的案件数目和速度,法官也面临着很大的结案压

---

[1] Nancy Welsh et al., the Application of Procedural Justice Research to Judical Actions and Techniques in Settlement Sessions in The Multi - Tasking Judge: Comparative Judicial Dispute Resolution 57 (Anonymous Tania Sourdin & Archie Zariski eds., 2013).

[2] Shapiro, "A substantial portion of the total behavior of courts in all societies can be analyzed in terms of attempts to prevent the triad from breaking down into two against one." p. 2.

[3] Niklas Luhmann, Law as a Social System (Law as a Social System (2004); Michael King & Christopher J. Thornhill, Niklas Luhmann's Theory of Politics and Law (Niklas Luhmann's Theory of Politics and Law (2003).

[4] Michael Heise, *Why ADR Programs Aren'T More Appealing: An Empirical Perspective*, 7 Journal of Empirical Legal Studies 64 (2010).

力。[1] 当事人和解案件成为解决法院案件最快的方法。而我国的法官对调解的"利益"就更多了,除了快速解决纠纷外,也省去了写判决消耗的时间和精力,回避了些疑难事实认定和法律问题,免去案件上诉后可能面临发、改、信访一系列问题。

虽然一般认为法院对调解的"程序利益"并不影响当事人对调解的评价,但是本文认为其本质上可能是与当事人利益为中心的调解相左的。无论中国还是荷兰法院对调解所持的这些利益往往以"调解有利于当事人利益"为名,更有对调解鼓励支持的政策、国际理论及实践的支持。法官们也经常认为理所当然。但是本文认为应当对"程序利益"对当事人对调解的满意程度的影响进行进一步研究。

五、我国法官调解面临的挑战

虽然荷兰的当事人对调解也有怨言,但是无论是从程度上还是从范围上都不如我国当事人来的深和广。在理论上,程序正义对当事人对纠纷解决的满意程度起到重要作用。而信任(Trust)、中立性(Neutrality)和当事人被对待的方式(standing in the group)对当事人对程序正义的看法起到重要的作用。[2] 以下我们以荷兰诉讼调解为参照系,从以上三个方面分析我国诉讼调解面临的突出问题。

(一)调解中的程序正义

1. 信任。在调研中发现我国的法官常常抱怨:"我下这么大力气调解,都是为了当事人,为什么他们不领情?"这表明当事人对法官在调解中所说话表现出一种不信任。判断信任的核心是"目的",具体而言是当事人对法官在诉讼解决中使用调解目的的认识。如果当事人信任法官,那表明当事人信任法官会公正并且平等地对待他们。[3] 但是,我国当事人对法官的信任受到两方面的挑战:

一是"程序利益"为目的。相对荷兰的法官,我国法官对调解结案具有更深的利益,也更愿意花大力气,具有创造性地去调解。荷兰法官个人对调解

---

[1] De Hoon & Verberk, *Towards a More Responsive Judge*: *Challenges and Opportunities*, 27.

[2] Tom R. Tyler, *The Psychology of Procedural Justice*: *A Test of the Group-Value Model*. 57 J. Pers. Soc. Psychol. 830 (1989).

[3] Ibid.

其实不具有除了“快速结案”以外的利益。即使法官不能快速结案,除了法院的领导会打电话不断催促外,[1]其实对法官的其他利益,例如,升迁,奖金没有任何影响,所以即使当事人抱怨,也空间有限。但是在我国,调解是把万能钥匙。据一项实证调查,我国法官对调解的赞成率达到93.6%,相对77.7%的当事人和83.8%的律师,[2]这是个很高的数字。当然这并不是说法官对所有案件都希望调解,但是一般来说,越难的案子法官越想调解。[3] 调解解决了上诉所带来的发、改问题,执行变得简便了,也让很多疑难的法律案件迎刃而解。但是这些表面的好处带来的是深层次的个人利益:评优、升迁、奖金。这些让我国法官相对荷兰法官对调解具有更深的利益和动机。而在我们的调研中,当事人对法官的这些利益其实是心知肚明的,特别是律师。很多律师毫不掩饰地说,他们调解是“为了保持和法院的关系,帮法官个忙”。[4] 一位律师说:“法官有自己的考核系统,判不好对他们不是件好事。如果法律规定模棱两可,他们也不愿意判下来然后被改判。我当然喜欢判了,起码有个说法,即使上诉我知道从哪入手。但是法官不喜欢这样,他们觉得这样更有压力。”[5]对于律师来说,当法官问愿不愿意调解的时候,即使他们深知没有达成协议的可能,他们还是都会表现愿意谈的态度。正像一位律师说的:“一些法官认为如果我不同意调一调,那么我一点都没有诚意,是给他们找麻烦。所以,我从来都不直接拒绝调解,我就走程序。如果调解也调了,但是达不成调解协议,那就不是我的问题了。”[6]由此可见,调解可以带来的“程序利益”在我国较荷兰深刻很多。

二是我国司法环境中偶发的“实体利益”让当事人对法官调解的目的心存芥蒂。在我国的司法环境中,个别法官的确是对案件具有了“实体利益”,由于判决下来会受到上级法院监督,他们宁愿花大力气调解以规避判决带来的不利益。虽然这种“实体利益”相对于“程序利益”占比例很小,但是从当事人的角度看,他们很难分清到底本案法官为何让我调解。在他们看来法官一

---

[1] 访谈20140510。

[2] 韩波:《诉讼调解的实证分析与法理思辨》,载《法律适用》2007年第4期。

[3] 访谈X20130909。

[4] 案例39(L)。

[5] 案例24(L)。

[6] 案例34(F)。

直强推调解,就是因为他们收了对方当事人的钱。正如一位专做劳动纠纷律师所说:"很多工人都觉得调解中法官一直在为对方说话,他们收了工厂的钱。即使工人和工厂达成调解协议,他们对法院做的仍不领情,认为是因为自己牺牲了自己的利益才让案件调解结案。"[1]

以上两点产生的根源是,法官到底在为谁调解?在我国目前的司法环境中,法官可能为三种不同的调解利益:一是为"实体利益"(受吃请的一方当事人),二是为法院的"程序利益",三是为双方当事人利益。在当事人眼中,法官任何的偏向都会被放大。从当事人的角度看,他们很难分清法官是因为"实体利益"希望他调解,是法官可以通过调解结案实现自身利益(可以不用判决或者解决审限问题),还是因为法官考虑到司法资源的合理分配及为了当事人的便利。个别法官在司法廉洁和职业操守所产生的问题影响了群众对法院程序的总体判断。如果法官坚持用调解解决纠纷,当事人会产生疑问,为何我都拒绝调解好几次了,法官还是坚持要尝试调解结案,而非直接判决。法官是不是收了另一方当事人好处或请托?对方当事人是否让法官压我调解?特别是在我国的司法环境下,当事人对法官的信任相对脆弱,当事人极容易误会法官的调解动机,而常常"往坏处想"。正因如此,在我国目前的司法环境下,无论什么原因引起的法官强制调解均会引发当事人对法官调解的动机产生怀疑,从而威胁到当事人对司法程序的信任。

2. 中立性。在社会中,人们不可能完全获得自己想要的一切。中立性的重点放在法院是否为解决当事人的纠纷提供了一个中立的场所,而非结果。[2] 即使当事人没有得到自己想要的,但是对纠纷的解决是满意的,这是一个公正的程序需要达到的效果。尽管与荷兰法官相比,我国法官运用的调解方法思路相同,但是仍然有很多细节上的区别。这些细节上的区别决定了当事人是否感受到了该纠纷解决的场域是公正的。我国法官往往非常重视庭审的正式、合法、公正和严肃感。但是,在调解中,法官往往较为任意。当然,我们并不是要求法官以庭审的标准要求自己。但是法官在调解程序中即使不是裁判者,仍然是中立第三人。所以对法官的要求应当保持中立第三人

---

〔1〕 案例 26(L)。

〔2〕 Tom R. Tyler, *The Psychology of Procedural Justice: A Test of the Group-Value Model.* 57 J. Pers. Soc. Psychol. 830 (1989).

应有的中立,并不能任意做出行为。和荷兰法官相比,我国的法官有两点可能影响其中立性的做法:

第一,背对背调解。荷兰法官很少运用背对背调解。但是背对背调解在我国法院调解中并不鲜见。我国法官采用背对背调解的原因往往是为了“降低当事人期望值”,[1]“指出在场当事人的劣势,对方当事人的优势”。[2] 背对背调解对程序正义的破坏很多文章从理论上做出了分析。本文从实践上分析“背对背”调解的问题。首先,背对背调解时,法官往往对双方当事人说不一样的话。他们往往需要压低权利人(往往是原告)的期望值。就像一位法官说的:“如果被告要输,我就会让原告放弃一些诉讼请求来调解。”[3]另一位法官说:“如果调解结果高过判决结果,但是权利人不想放弃权利,我会对他说,如果你不接受调解结果,我可能判更少;或者对义务人说,如果你不付这个钱,等判决下来了,你可能要付更多,或者全付。”[4]其次,在调解的不同阶段,法官可能对同一方当事人的说辞也不一致。一方面是因为有时候法官也记不清楚自己之前说了什么,另一方面,随着庭审的进行和证据的增加,法官对案件的判断也在改变。比如,在一个案件中,一位法官第一次开庭向一位当事人建议了13,000元,第二次开庭前建议了7000元,开庭后建议了6000元。当事人当场质问法官:“上次你明明说了你判就判9000元,让我7000元调解。现在你说6000块。你前后都对不上。”[5]

很多法官希望运用“背对背”调解的方式解决纠纷是因为这种调解中存在信息不对称。原告不知道法官跟被告说了什么;被告不知道法官跟原告说了什么。而法官可以利用这种信息不对称让双方妥协。但是,成也萧何败也萧何。如果双方当事人在私下交换了信息(无论是纠纷解决前还是之后),他们就会对法官的中立性产生根本性的怀疑。而对那些前后不一致的法官,这种怀疑就更加直接。作者在对荷兰法官的访问中曾问过他们,当他们对当事人作出建议的时候有什么需要注意的?一位荷兰法官说:“我们要么就不给

---

[1] 访谈 W20130410。

[2] 访谈 P20130419。

[3] 访谈 N20130329。

[4] 访谈 X20130909。在另外一个案件中,法官告诉工人想要拿到赔偿不容易,但是告诉用人单位解除劳动合同是非法解除,所以他们要赔偿。

[5] 案例 21(O)。

建议,如果给建议就是确定的结果。绝对不会出现前后不一致的情况。而且一定会双方当事人都在场。看似水火不容的当事人或者律师,私下经常会交流。"[1]背对背调解需要双方当事人对调解员的高度信任,但是在实践中这种信任还相对脆弱。

第二,调解的时机。根据荷兰的民事诉讼法,法官仅能在庭审程序结束后调解。在庭审过程中,法官已经对当事人进行了询问,各方证据被出示,并且法官也对案件的处理有了自己的判断。在庭审后,荷兰法官常说的一句话是:"我能帮你们什么?"该句话的意思是,当事人如果想听法官对案件的判断,法官可以把自己的看法讲给当事人听。但是当事人是否决定调解是当事人自己的决定,法官可以从案件的法律、人情、诉讼耗费时间等各个方面帮当事人分析。这种方法乍听起来和我们法官的调解相差不多。我们的诉讼调解也是注重情法并用,但是区别是,对绝大部分的案件荷兰的法官仅在开庭后调解这一次。而我国一些法官的调解贯穿了案件的始终。从立案庭的人民调解,到书记员,到法官,每个人都对案子发表一番评论,而当事人也要把自己案子的故事对以上每个人都要说一遍,但每次都很难有时间充分表达自己的看法。而无论是人民调解、书记员或者法官给出的对案件评价的信息会充斥当事人的脑海,每个人的建议和评价不尽相同。特别是在一审案件中,法官如果不开庭就进行调解意味着他们对案件的事实并不能完全掌握,这样很容易造成法官开庭前说的话和开庭后给当事人不一样的建议。作者问过荷兰的法官,为什么他们一定要开庭?一方面是因为法律要求必须开庭;另一方面他们认为不开庭就不会知道纠纷到底为何,法律上应当怎么处理,就更无法谈调解了。荷兰法官认为自己在当事人心中的权威是由诉讼建立的,也是经由诉讼当事人才愿意听法官对案件的分析,但是前提是,当事人必须认为自己的观点已经在程序中被聆听。[2] 回到我国的实践,的确很多案件可能并不需要开庭就能解决,但是为什么一定要开庭呢?就像荷兰法官说的,只有在开庭中才能保障双方当事人都能被聆听,这是巩固判决者权威的程序保障。

3. 当事人被对待的方式。该点主要涉及语气,态度和对当事人的尊重。

[1] 访谈 20151003。

[2] 访谈 20160415。

这看起来无关紧要，其实影响重大，因为人们会关心自己在社会中所处的位置，而调解中法官和当事人的接触正是为这种当事人的自我认识提供了认识途径。如果当事人被有礼貌地对待，他们会认为自己在社会中受到尊重和重视。[1] 另外，根据美国的实证调研，越让当事人有机会在调解中表达自己，当事人就会认为调解程序越公平。[2]

然而我国法官在调解的时候有时习惯于呵斥当事人，或者打断当事人谈话，认为当事人该说的都已经在庭审中说，现在应该讨论的是多少钱能把案子调掉，其他的都不要拿到这来谈。我国的法官有时会因为庭审中律师或者当事人没有说到案件的重点而着急。这种情况在荷兰也是家常便饭。一项荷兰的实证调研表明94%的案件中，当事人或者律师的一些行为影响了诉讼的效率。这些行为包括，在庭审中当事人手机响了然后被告出去接电话；庭审中原告直接和被告律师争辩起来；两方律师对彼此不满言语冲撞；当事人回答问题总是答不到点子上；当事人证据交晚了……[3]但是研究者发现，荷兰的法官在庭审中保持了足够的克制和镇定。而在诉讼调解的过程中，荷兰的法官一般都让当事人有足够的时间表达自己的观点。荷兰的实证调研发现，律师可以在很少受到法官打扰的情况下把话说完，研究者也没有发现法官对当事人的调解过程表示任何的不快。[4] 由此看来，语气和态度对当事人对纠纷解决程序的评价非常重要。

(二)诉讼中的程序正义

调解中的以上做法不仅影响到了当事人对调解公正性的看法，对诉讼的看法也受到影响。在现有研究中，一般对程序正义的维持的建议一般集中于如何将调解剥离于庭审之外，在庭审中坚决维护法官严肃、客观和公正的形

---

[1] Tom R. Tyler, *The Psychology of Procedural Justice: A Test of the Group-Value Model.* 57 J. Pers. Soc. Psychol. 830 (1989); Nancy Welsh et al., the Application of Procedural Justice Research to Judical Actions and Techniques in Settlement Sessions in The Multi-Tasking Judge: Comparative Judicial Dispute Resolution 57 (Tania Sourdin & Archie Zariski eds., 2013).

[2] Tom Tyler, Peter Degoey & Heather Smith, *Understanding Why the Justice of Group Procedures Matters: A Test of the Psychological Dynamics of the Group-Value Model.* 70 J. Pers. Soc. Psychol. 913 (1996).

[3] Martin Gramatikov & Stephanie van Gulijk, *Occurrence of Disruptive Behaviour in Dutch Civil Procedure: An Empirical Study*, 14 Eur. JL Reform 509 (2012).

[4] Janneke van der Linden, De Civiele Zitting Centraal: Informeren, Afstemmen En Schikken (De Civiele Zitting Centraal: Informeren, Afstemmen En Schikken (2010).

象。比如,《证据规则》第67条所规定,当事人为达成调解协议或者和解的目的作出妥协所涉及的对案件事实的认可不得在其后的诉讼中作为对其不利的证据。这种观点认为,只要诉讼程序本身无懈可击,当事人也许对调解有怨言,但是对诉讼结果也没有什么可抱怨的。可是我们在调研中发现,事实恰恰相反。和荷兰当事人对诉讼程序基本满意相反,我国当事人却对诉讼程序多有怨言。

通过对当事人的访问,原因是,和荷兰的当事人一样,我国的当事人无法将法官的调解角色和其裁判者的角色分开,但是我国当事人与荷兰当事人不同的是,他们还无法将法官在调解中的行为和庭审分开。他们往往将法官在调解中所说的话认为是诉讼程序的一部分。当事人的这种印象恰恰是来源于法官贯穿始终的调解工作。如果法官进入法庭后并没有开庭,而是先尝试调解,这种印象会更加深刻。由此,即使法官随后敲法槌,并在庭审中正襟危坐,庭审程序走得滴水不漏,只要在调解中法官的行为有违中立性,当事人就会把这种印象带入到对诉讼的认识中。

作者向26位当事人询问他们是否了解法官调解和法官开庭有何区别。15位当事人说他们认为没有任何区别。[1] 10位当事人将区别总结为他们刚刚在庭上看到的情况,比如:"诉讼意味着当事人提交证据,调解意味着当事人各退一步,想办法解决这个纠纷。"[2]"调解可以调很多次,庭审就一次。"[3]"法官开庭时很严肃,但是调解就放开一些……我感觉他的声音和态度都有些不同。"[4]所有的当事人都认为法官即使在调解也是法官,[5]所以调解的权威其实是借用自己后来会对同样的案子担任裁判者的角色。比如,一位当事人说:"他是法官,他说的就是法律。"[6]不仅是当事人,律师也有类似认识。虽然律师能分清楚开庭和调解的区别。但是他们对法官在调解中应当起到什么样的角色认识不一致。有些律师认为,调解就不要讲法律,[7]"法

---

〔1〕 案例19(W);案例25(W)。

〔2〕 案例8(W)。

〔3〕 案例9(W)。

〔4〕 案例20(W)。

〔5〕 案例9(W);案例10(F);案例11(F);案例25(W);案例28(F);案例31(F)。

〔6〕 案例10(F)。

〔7〕 案例2(L);案例4(L);案例27(WL);访谈20130507律师。

官跟原告和被告说的都不一样,他们用一切办法让当事人调解”。[1] 但是还有一些律师就认为:“法官进行调解就是要讲法律。”[2]

虽然荷兰和我国的当事人对法官的调解及判决角色一样分不开,但是后果却是截然不同。在荷兰,由于在庭审中双方的陈述已经被聆听了,法官也形成了对案件判决的看法,当事人把自己在庭审中受到的公正对待增加了其对调解公正的印象。但是在我国部分案件中恰恰相反。前述调解中存在的问题如“背对背调解”和“贯穿始终的调解”不仅影响了调解的质量,更在当事人分不清法官在调解和诉讼中的不同角色的情况下,被当事人认为是庭审的一部分。这样,同样的庭审程序在当事人看来和在法官看来是不一样的:法官不仅认为自己在调解中的话和最终的判决是不同的,而且认为调解程序和诉讼不同,所以当然可以随意一些;但是在当事人看来,在庭上发生的一切都会对最终的判决产生直接的影响。

六、结论与建议

本文从当事人的视角,结合调研材料分析了为何荷兰的案件当事人对法官的类似行为表现出理解和尊重(即使他们也有怨言),认为法官进行的调解并不会影响法官在调解不成之后判决中的公正性;然而我国很多的当事人对法官的调解努力却不领情,不仅对调解本身不信任,也担心调解不成后的判决公正性。本文得出结论是,与我国法官一样,荷兰法官在其案件中调解的程序正义受到两方面的挑战:第一是法官评价式的调解方法;第二是法官推行调解所带来的“程序利益”。无论在荷兰还是在我国,如果法官表现出使用一种方法解决纠纷(例如调解或者撤诉)比另一种(比如判决)要更好,法官在当事人心目中的中立性可能会受到影响。

但是,这种影响并非不可控制。以荷兰法官的调解为参照系,总结本文,我们发现,我国的诉讼调解面临更严峻的考验。首先,法官在调解中的程序正义受到破坏。这种破坏来自三方面:信任、中立性和当事人被对待的方式。第一,从信任角度看。当事人很难分清法官是因为“实体利益”希望他调解,是法官可以通过调解结案实现自身利益(可以不用判决或者解决审限问题),

---

[1] 案例4(L)。

[2] 访谈20130416律师。

还是因为法官考虑到司法资源的合理分配及为了当事人的便利。第二,从中立性的维持角度看,经常采用“背对背”的调解而且调解贯穿于整个法院程序的始终,影响了当事人对法院提供一个公平的纠纷解决环境的认识。第三,从当事人被对待的方式看,我国法官有时候在调解中不注意语气、态度和对当事人的尊重。以上三方面对调解中程序正义的挑战不仅影响到了当事人对调解的看法,对诉讼中程序正义的看法也受到影响。原因是我国的当事人不但无法将法官在调解中的行为和庭审分开;也无法将法官的调解角色和其裁判者的角色分开。他们往往将法官在调解中所说的话认为是诉讼程序的一部分。当事人不仅对调解产生反感,对之后的判决也会产生不信任,继而影响法官在当事人心中公正的地位。

由此,本文认为,就大陆法系的传统来看,与普通法系相比,我们并不应当一概否定法官在促进当事人调解中的作用。我国目前实践中的诉讼调解的确存在弊端,但是严格的“调审分离”并不是好的解决出路。本文已经论证,荷兰法官没有“调审分离”,当事人对诉讼调解的评价却比较高。本文认为,诉讼调解可以存在,但是应当对目前的诉讼调解实践进行大幅改革。

第一,由于我国的当事人无法将法官的调解角色和其裁判者的角色分开,法官应当以严格的程序正义标准约束自己在调解中的行为。法官即使认为自己在调解,也应当思考自己的行为作为法官(而非调解员)是否得当;第二,在培训法官的调解技能时,不应当将调解技能等同于“如何让当事人让步达成调解协议”,而应当注意程序正义的三个方面,即信任、中立性和当事人被对待的方式。让那些没有达成协议的当事人也对调解程序满意;第三,在调解中应当注意语气,态度和对当事人的尊重,并且注意调解的方法。特别是当法官在给自己对案件的评价之时应当特别小心,非自己确定的评价,不应当轻易做出。特别是在启动背对背调解的时候,应当征求当事人的意见;第四,我国诉讼调解的问题在于法院对利用调解的“程序利益”普遍较强。限制法院“程序利益”的方法可以分两方面:一是减少对法院的行政化控制,让调解回归单纯;二是应当尊重当事人的调解意见,让调解变成当事人为主的纠纷解决方式;第五,在我国的司法环境下,法官应当更加谨慎地运用调解。对调解的审慎也许对个别纠纷的解决起不到效果,让本可以调解的案件没有通过调解解决,但是对我国的总体司法环境的改善和当事人对人民法院的信任是至关重要的。

法治视角下现实不对等的弱势群体概念
——以日本家庭暴力受害者为视角*

[日]井上匡子**

赵　莉***　屠振宇**** 译

内容摘要:家庭暴力(Domestic Violence,DV)产生于世界各地的不同文化中,然而,DV取决于习俗、宗教、文化、经济状况和性别。近来,许多国家试图通过各种手段以防止或减少DV,包括法律措施。本文旨在重新审视家庭暴力案件的受害者和法律界之间出现的沟通障碍,例如,与法官、秘书及书记官,换言之,一群在性别关系中处于不对等关系的、弱势地位的人诉诸司法的问题。本文将关注此种在多数家庭暴力案件中出现的新型的非对等关系(现实不对等)。缘于性别结构,现实不对等关系是新的、严格的法律制度。重要的是,现代法制假定的关系和实际DV案例中的关系之间是存在差异或距离的。现代法律制度在处理平等的当事人之间纠纷争端解决程序中有几个原则,例如,对抗制。正如我们所知,处于DV状况下的受害者的判断能力是有所下降的。因此,基于现代法律制度的规定不适合(和不足以)适用于未考虑当事人之间的关系及受害者情形的家庭暴力案件中。然而,由于现实不对等关系是隐蔽的、难以理解的,所以在日本,我们未能完全考虑此点。结果,获得司法保护的DV受害者容易成为侵权的受害人。此问题缘于现实不对等问题无法通过旧型不对等关系(传统的不对等性),如在劳动法和消法领域的传

---

* 本论文系参加南京师范大学2016年4月22日至24日的区域治理与法治发展国际学术研讨会的发言稿。

** 井上匡子,日本神奈川大学教授。

*** 赵莉,法学博士,南京师范大学法学院副教授,中国法治现代化研究院研究员。

**** 屠振宇,法学博士,南京师范大学法学院教授,中国法治现代化研究院研究员。

统对策来解决,因为现实不对等与传统类型不同。故有必要构建多方位的专业帮助,如法律制度中的社会工作。

关键词:家庭暴力;性别;社会工作;脆弱性;诉诸法律

一、引言

2016 年 3 月,中国第一部反家庭暴力(DV)的法律已经生效,这源于中国的民间社会团体十多年来的推动。根据新的法律,DV 不再被视为是“私事”,而是一个法院和警方执行的法律问题。

在日本,法律对策开始于 2001 年颁布实施的防治家庭暴力法(DVPA),DVPA 将家暴定义为不是所谓的私事,比如丈夫和妻子之间的争吵。相反,它是一种严重侵犯人权的行为,可能是一个犯罪行为,行政和司法当局有责任必须保护受害人和制定 DV 防止政策。该 DVPA 进行了三次修正(2004 年,2007 年和 2014 年),导致了在日本的 DV 政策的改变。尽管如此,必须指出,法律规定和实践运用对日本受害者的支援是不够的。

家庭暴力(DV)产生于世界各地的不同文化中,[1]且近来,许多国家试图通过各种手段以防止或减少 DV,包括法律措施。本文有两个目的:一是介绍日本的 DV 措施,并阐述其特点和问题以期予以改革。二是通过这些分析来确认法治的当代意义和发展,并对司法系统的新角色提出建议,因为以法律手段应对 DV 意味着对一些现代法治原则的挑战。法治是一个模糊且有争议的概念,同时取决于法律的定义。重要的是不仅民众应该守法,立法者也应该遵守法律。

为达到该目标,本文将重新考虑家庭暴力案件的受害者和法律界之间出现的沟通障碍,例如,与法官、书记官及法律文员,换言之,一群在性别关系中处于不对等关系的、弱势地位的人诉诸司法的问题。

DV 是发生在亲密关系的丈夫和妻子、同居者或恋人之间的暴力冲突。[2]

---

〔1〕 See Watts & Zimmerman 2002, WHO 2005.

〔2〕 DV 可以发生在异性、同性和变性关系中,还包括对在家庭中的儿童的暴力行为。我在本文中将重点论述同居之间的家庭暴力案件。一般推测该限制是缘于同居的家庭暴力案件在法律上是平等,但由于性别结构实际上是不平等的。在对儿童、老人的暴力中,施暴者和受害者的地位在法律上和实际上都是不同的。当然,后一类型的暴力也是很重要的,而且在很多情况下,多个类型的暴力在一个家庭内出现。特别是虐待儿童是日本一个非常严重的问题。很常见的是儿童目睹他们父母之间的暴力和成长在一个经常打架的家庭,其自身也是家庭暴力的受害者,即使他们未直接受到暴力伤害。

同时,针对妇女,包括在工作场所、学校以及日本大学的暴力是一个严重的问题。

在大多数家庭暴力案件中，受害者和施暴者之间处于不对等关系（现实不对等关系）。这种类型对司法系统来说是新的，最近[1]在日本引发各种问题。在本文中，我们将阐述现实不对等问题背后隐藏的日本DV政策，此问题是当事人和法律人员之间出现的沟通障碍问题，例如法官、秘书、书记官。换言之，其涉及性别结构中处于不对等关系中的弱势群体诉诸司法。[2]

二、日本的家庭暴力

在探讨现实不对等问题之前，我们将简要介绍日本的DV作为一个代表性的例子。在日本，我们认识到DV是一个严重的问题，是对人权的侵犯，从而需要社会公开对策及宣传是在20世纪90年代后期。当然，民间团体和协会已经在20世纪80年代就支持受害者了。

特别是，法律措施是从2001年的DV防治法（DVPA）的颁布开始的，DVPA定义的DV不是所谓的私事，比如丈夫和妻子之间的争吵。相反，它是一种严重侵犯人权的行为，可能是一个犯罪行为，行政和司法当局有责任必须保护受害人和制定DV防止政策。该DVPA进行了三次修正（2004年，2007年和2014年），导致了在日本的DV政策的改变。至少在表面上看，这似乎是完美的。

法院、警察和政府被认为在制定DV政策中发挥着重要的作用。国家政府应制定一项基本的有关防止配偶间的暴力和保护受害者的政策，[3]各地区应制定有关预防配偶间暴力措施的相关条例来保护其辖区内的受害者。各地区也应授权配偶暴力咨询和支持中心（DV中心），[4]提供与相关组织的协商或协调，为受害者提供临时保护，并促进其长期的自力更生。法院应根据受害人的申请发出保护令，以防止伤害受害者的生命和身体。[5]任何发现受到配偶间暴力行为之人（包括医生或其他医务人员）必须将事实通知警方或

---

〔1〕此种关系确实已经在很久以前就存在。最近被作为一个法律问题。见2012年井上。

〔2〕脆弱性的概念最近被频繁使用，似乎在某些情况下已经出现了混乱。在此我使用的是法恩曼的概念。See Fineman 2008, Fineman & Grear 2014.

〔3〕DVPA § 2(2).

〔4〕DVPA § 3(1).

〔5〕DVPA § 10.

DV 中心。[1] 警方和福利部门应尽力采取必要的措施。[2]

然而,很难说的 DV 已在现实中减少。在政府实施的受害情况的调查发现自 2006 年以来变化并不大,来 DV 中心咨询的人数已经从 2002 年持续增加至 2013 年,[3] 向警方求助的数量也有所增加。[4] 另外,自 2003 年以来,有 400 ~ 500 名妇女每年离开自己的房子,并从配偶暴力防治中心接受临时保护,理由为受到丈夫的暴力。[5]

增加咨询人数可能意味着以前隐藏的受害者现在已经由于 DV 对策的改进而公开。然而,由于每天有十余人从普通的生活中逃离则不能说日本的 DV 措施是完美的。此外,在几年之内有两件,尽管警察和公共机构实施的制度和措施是正确的,尽管警察和政府机构已经基于 DVPA 的规定采取措施,最坏的结果还是成为现实:受害者被家暴打死。这些事实案例表明有必要对 DVPA 进行重新实质定性和审视。[6] 日本的 DV 对策有严重的缺陷。是时候回归到保障受害人的安全问题,并从理论和实践的角度审视整个 DV 政策。

三、日本的 DV 规定:一般特征及存在的问题

我们将简单探讨日本 DV 规定的特点和问题。[7] 对此最重要的一点是,DV 政策不承认受害者和施暴者之间存在的现实的不对等关系是常见的此类问题。

(一)刑事政策的延误或迟滞进展及刑法修订

日本 DVPA 是专门保护受害者遭受 DV 的法律。此法的立法宗旨在于预防遭受 DV 和保护被害人,由两个主要支柱构成:行政对应和民事法庭出具的保护令。但是,此法不包含刑法条文。此外,刑法未就遭受 DV 的情形作出修改。[8] 现行日本刑法制定于父权制和歧视妇女的观念仍被接受的一百多年前的 1907 年。

---

〔1〕 DVPA § 6(1)(2).

〔2〕 DVPA § 8, § 8 – 3.

〔3〕 参见 http://www.gender.go.jp/e-vaw/book /images/pdf/stoptheviolence.pdf.

〔4〕 同上。Trends in the Number of Consultation to DV Centers.

〔5〕 同上。Trends in the Number of Consultation to DV Centers.

〔6〕 同上。Trends in the Number of Temporary Protection for victims in Emergency by DV Center.

〔7〕 参见井上 2014。

〔8〕 最近仅仅修改了有关性骚扰的条文。

在许多国家,刑事措施都是 DV 政策的核心部分,且结合了民事诉讼法和社会保障制度。他们正试图建立相应的整体机制。然而,在日本,重要的核心部分却是缺失的。

当然,即使在日本,刑法上的刑罚,如针对殴打、伤害、强奸,也适用于家庭暴力案件。然而,证据难以收集,因为 DV 是发生在关着门的地方的犯罪行为。由于各种因素,也很难采取刑事诉讼。[1] 从各种调查都可以清楚地看出。[2]

此外,在多数家庭暴力案件中,暴力的每一个动作和行为都是比较轻微的。然而,受害者深受该行为之害,包括心理的、性的、经济的、社会控制等其他手段,长期反复受害,结果导致受害人遭受严重的伤害。目前的刑事司法系统考虑和评估此种长期反复行为构不成犯罪。因此有必要修改刑法对此类情形的规定。

由于缺乏刑事司法的修订已经引起了对肇事者或施暴者社会评价的模糊性。导致了在社区对被害人的攻击,并导致受害者不接受行政和福利服务。

另一方面,警察已经实际采取措施,但由于缺少刑法的修订致其难以充分推广。

(二)保护令的不足和无用

保护令不足以保护 DV 受害者。此外,没有规定警察、检察官或行政官员签发紧急保护令。在日本,保护令属于民事司法。然而,在执行保护令上,警察和刑事司法的作用是非常重要的。不仅如此,受害者在逃出家暴后几乎难以收集提供签发保护令所需的证据。为了保全和收集有关此类案件的证据,警察必须采取坚定地反对暴力的措施,并需要警察的协调与合作。

因此,在日本保护令是无用的且不足以保护受害者和满足她们的需求,原因是:(1)保护令在内容和程序上的欠缺;(2)保护令执行之弱;(3)缺乏与非司法专业人士和组织的合作,例如,当地政府,医学界和民间团体来协助 DV 受害者。

(三)急需在一些法律领域和其他行业的协作

DV 对人权在日常生活领域的侵犯与伤害是广泛的。一般而言,在生活

---

〔1〕 受害者本人羞于承认是 DV 受害者。不愿自己的孩子因父亲系犯罪分子而失去父亲;此外,她还不希望失去养家糊口的人。

〔2〕 参见 Researching group on legal enforcement 2014. Katagiri 2016。

领域的纠纷,通过司法程序确定的法律权利和义务无法导出直接解决问题的方法。受害者的问题是复杂的,例如,确保即时居住、子女教育、疾病治疗、离婚、子女监护权以及将来的工作。受害者最终的解决方案是在他们的社区安全地生活。相反,正义所能提供的服务是局部的。可能出现的问题的复杂性和法律服务的片面性之间的分歧是巨大和严重的。为了填补该分歧,有必要与一些法律领域和其他行业合作,并建立全面的 DV 措施机制。

首先,至关重要的是建立在民事、家庭和刑事法上的交叉的狭义合作。此外,重要的是确保行政的福利制度和福利政策与司法系统的合作。研究社会视野下的各法律领域的法律思想和原则有着重要的意义。

其次,司法程序与传统的法律解释和法律理论,作为象征侵权利益的恢复,基本都是对过去的救济。相反,对受害者来说有必要的是面向未来的手段,旨在脱离当前的伤害和重建未来的生活。此种差异在考虑 DV 的有效措施时,也是很关键的。〔1〕

(四)公共机构责任的模糊性

DVPA 中明确界定了中央政府和地方政府的责任。但是,存在两个问题。第一,由于 DVPA 的条文比较抽象,所以各个地方政府所采取的具体措施有着显著的差异。〔2〕第二,没有赋予公共机构和私人团体以职责。在 DVPA 颁布前,私人团体从事对受害者的援助并且已积累了援助经验。目前,私人团体依然处于提供援助的前沿,并且在协助受害者方面发挥了重要作用,即使是在紧急危险的情况下。〔3〕尽管他们的工作对于受害者寻求正义来说是不可或缺的,但是他们在(现有的)法律程序中却没有任何地位。针对私人团体协会的公共财政援助逐渐有所提升,但是还不充足和稳定,取决于中央政府和地方政府的财政预算。因此,不能给受害者提供稳定的救助。在利用私人团体经验和技术的同时,我们应该考虑公共机构和私人团体以适当的方式发挥作用。

---

〔1〕 参见 Researching group on legal enforcement 2014. Katagiri 2016。

〔2〕 DVPA 仅规定,辖区内应该建立自己诸如"行政计划"之类的反家暴政策。缺乏具体内容或者全国性的标准。"行政计划"用于土地规划、适用或公共设施利用。我认为,这个手段不适用于构成人权具体侵害的家暴案件。

〔3〕 私人机构处理着那些公共机构无能为力的复杂疑难案件。

(五)现实中的家暴案件与现代法制推定之间的差距

重要的是共同隐藏在这些具体问题背后的不对等关系问题。现代法律制度所推定的关系与实际家暴案件中的关系之间存在矛盾或者说是差距。一般来讲,基于现代法制的一些原则,比如抗辩制,并不适合于家暴案件,因为家庭暴力所具有的下列特征:(1)受害者遭受长时间持续性的暴力;(2)受害者不仅受制于物理性力量的控制,而且还有以下方面的控制,如精神、性、经济、社会以及性别暴力。受害者被陷于对自身财产或社会处境不能做出充分判断的境地。受害者和施虐者之间有一种严重的不平等(当前不对等);(3)危害是如此广泛以至于它(家暴)存在的问题和引发的后果关系到了方方面面,且其影响可能要持续很长的一段时间。[1]

此矛盾导致了当事人和法律界之间的沟通失败,同时又牵涉弱势群体实现正义。由不对等关系造成的问题频繁地在各个法律领域、法律解释[2]和法律执行中[3]引发问题与争议,也出现在法制改革的时候。不仅在主要解决公共场合陌生人间犯罪的刑法领域,而且在规制平等主体间权利义务的、可能更适合处理家暴官司的民法领域。为需求有效的反家暴措施,必须消除以上矛盾。因此,我们不仅要完善立法,还要注意具体家暴案件和现代法律制度推定之间的差距,包括民法,刑法,社会保障法以及行政法这些领域。

四、关系不对等问题与现代法制:传统不对等和现实不对等

事实上,不对等问题本身对于现代法制来说就是注定的或习以为常的问题,因为它已经通过将人类个体特质抽象化以达到法律面前人人平等。理论上,现代法制是基于平等主体社会交往的纠纷解决机制。显而易见,这种假设是为了超越前现代社会,建立一个以平等个体为基本权利主体的现代社会。事实上,为了解决这种差异或不对等造成的问题,现代法制通过多种途径解决它们,以确保当事人之间的交往。例如,对于劳动法或消费者法,我们创建了新的法律主体概念,如劳动者/用人单位、消费者/经营者,以及各自领

---

〔1〕 See Sawada 2006, Walker 1979, and Konishi 2001.

〔2〕 我在2012年的调研中发现,在保护受害者安全的人身保护令方面,法官非常消极地从保护所有权角度去解释针对加害者的行为保全规定。参见井上2013a和2013b。

〔3〕 我在2013年调研中发现,法官并不能充分了解DV受害者的地位并给予适当救助措施,案例显示受害者无法利用已经制定的法律措施。参见井上2013a和2013b。

域的新法律原则,以便处于弱势地位又能力有限的劳动者或消费者,能够利用法律途径与相对方平等交往。这种类型的不对等可被称作传统不对等。

两类不对等都会引起弱势群体在交往和实现正义上的失利,但有一个重要差别:(1)家暴受害者的情况在每个案件都各不相同,以至于我们不能把他们看作是一类群体或集合个体。(2)在劳动法和消费者法,如劳动者和消费者的法律主体概念只是现实中人们本性、特质的一个部分。相比而言,家庭暴力造成的伤害影响到受害者的整个生活和人格。(3)很难通过社会阶层和社会地位的角度讨论问题,因为很多案件中,家暴都是发生在处于同一社会阶层的伴侣之间。〔1〕 (4)家暴受害者有限的自我决定能力只是暂时的,而且要在适当的照料和帮助下恢复。状态是多变的。因此,一个固化的身份建构行不通。由此,传统方法对于解决由现代不对等引发的问题,显得既不合适也无济于事。

如果这些现实不对等问题被忽略,而且我们继续以自我归责、私人自治等基本原则来运行法律体系,那么诸如家暴受害者等弱势群体所享受的正义将受到限制:法律体系和公共机构不能在保护弱势群体权利方面发挥应有的适当作用。反过来,公共机构和政府当局需要更为积极和直接地进行干预,以解决这些不对等关系。然而,问题与对策都不简单。公共机构的直接干预将加速国家的生物链,破坏私密关系的多样性,从而可能贬损其现实重要性。

因此,我们不能简单地在干涉政策与放任政策间选择,而不考虑权利和福利政策的二分。相反,为了有效应对因现实不对等引起的各种争议和侵犯人权的问题,我们必须设法想出一个新的法律框架和途径,从关系不对等的角度重新审视现有法律体系。在这里,我们不可能讨论所有的这类问题,例如把类似于社会服务这类需要新专业知识的职能纳入法律体制。在现代不对等的关系中,家庭暴力受害者的权利和能力能够通过借助社会服务的功能得到恢复。这套方法在多个国家或者地区被证实有效。〔2〕

更重要的是需要注意,通过将新理念融入传统功能,法律界将改变并找

〔1〕 这并不意味着,社会阶层和社会地位的分析方法不必要。在非法交易等其他案件中是有用的。但是,我认为,代之以单一的成分或方法,性别视角作为一个复合型方法更加有效和适当。

〔2〕 例如中国台湾地区、法国和美国。

到一个适于现代社会的新角色。[1] 家庭暴力是发生在日常生活的私密空间中的暴力。同时,私密空间的人际关系是私人的,带有个体间生活和身体的特殊利益。这样的关系从概念上讲是不同于公民社会里的基于以平等关系假设为前提的人际关系的。私密空间属于组织或团体的中间等级,但与其他不同,因为其隔离性导致其特别的限制。基于这样的私密空间概念,我们可以相对地摆脱基于血缘和婚姻关系的现代日式家庭。我们可以通过调查现实的家庭暴力,然后将讨论范围扩展至(现有)婚姻框架之外且不被支持的同性婚姻以及性少数人伴侣(比如 LGBT 团体)。

五、结论和影响:针对现实不对等关系中司法体系的新角色及法治的发展

在日本,针对家庭暴力问题的法律回应从 2001 年才开始。这条特别的法案受到民事法庭和行政部门的保护。然而,即使在紧急状况下,这也是不够充足。这主要是因为该系统缺乏类似于"受害者的安全至上"和"零容忍政策"之类的重要准则。生活状态恢复需要长期的扶助,虽然法案里做了规定,但还不是很令人满意(例如,心理治疗,经济就业支持,住房等)。日本的反家庭暴力措施是基于受害者可以逃到避难所的假设而制定的。因此,类似受害者希望待在自己家中的特殊情况,[2]则无法被涵盖。

在激烈危险的环境下,法院要确保受害人的安全并采取相关保护措施以帮助暂时失去自我判断能力的受害者得到恢复。随后,受害者们可以对诸多事情做出决定,比如离婚、孩子抚养权和财产分割。在保证受害者安全期间,等待他们自我判断能力恢复,至关重要。法官和法庭应该扮演起新的角色,采取类似保护法令来改正或平衡不对等关系,[3]直到受害者恢复自我判断力,确保事态对于受害者不会变得无法挽回或更糟。对于生活状态的恢复,

---

〔1〕 Mekki 2015 一文令人印象深刻。她基于国家报告研究者的共同工作,讨论了行动方案:规制反家暴保护令下的施害者,定位司法机关在保护受害人方面的新司法功能(并非简单的无障碍)。因此,我们需要继续扩张法官的职责。但是,在报告中,没有对分析框架和受害者权利机构之间关系的分析。没有这些分析的情况下,建议成为了司法预算削减的首要依据。为了澄清这一角色,立足社会理论思考这一问题是必须的。例如,性别理论,社会关系,易受害定义的定位,次级理论的观点所定义的机构。没有这些讨论,不可能继续在反新自由改革中发挥作用。我们将在其他研究中讨论此问题。

〔2〕 回应非典型案例,可以重申基础和核心问题,为什么受害者逃避。

〔3〕 限制住宅财产的转移和居住权,也是必要的。但在日本,两者都没有制度化。

法院要考虑双方现有的不对等关系，不单单要解决离婚的法律程序，而且还要解决夫妻的财产问题。

换言之，在现实不对等关系的环境下，法院应该扮演一个充分保护家庭暴力受害者权利的角色，这样正义就会被维护。在不对等关系中，法院像是一个监护者的角色，[1]这与偏袒或照顾容易受到伤害的一方当事人[2]截然不同，这也与法院干预或者替她/他作出决定不同，其实，这是针对易受伤的群体的监护或帮助，维护他们所享有诉诸司法的权利。

法院的新角色对于易受害者来说是一项新的司法服务，但是仅限于表面或不设防的措施是不够的。这个角色与抽象出当事人特点的方式不同。在持续扩大法官权力的同时，当事人的分类方式也要进行革新。权力的扩大并非是摒弃现代的法律体系，这点至关重要。在保护弱势群体的权利时，法官应该扩大行使他们的权力，但是仍要保持作为仲裁人的中立以实现社会公平。

针对家庭暴力的法律回应是一次针对包括法治在内的现代法律原则的挑战，法制是一个模糊不清、饱受争议的概念，而且取决于对法律的定义。重要的一点是：不仅法律针对的人需要遵守法律，制定法律的人也应遵守。大体上来讲，这个概念符合对基本人权的尊重，至高法律的宪法，司法的优越性以及保障法律的正当程序。[3] 然而，针对以上这些内容，经常在个体平等的前提下被讨论，所以也是不够的。

这与传统法律的方式和作用不尽相同，因此，与其他专业人士的合作是必要的。文章这里不可能谈论所有这些问题，例如，把类似于社会服务这类需要新专业知识的职能归入法律体制。在现代不对等的关系中，家庭暴力受害者的权利和能力能够通过借助社会服务的功能得到恢复。这套方法在多个国家或者地区被证实有效。[4] 更为重要的是，在把新专业引入传统法律体系的过程中，专业法律人士可以发现适合现代社会的新功能和角色。

必须要澄清的一点，这个新角色是以社会理论的立足点考量的。例如，性别理论，社会关系，易受害定义的定位，次级理论的观点所定义的机构。没

---

〔1〕 一般而言，其中涉及抗辩制和究问制。我并不支持二分法，而是三方。

〔2〕 这和政府的政策一致。不幸的是，在当今日本，地方政府不愿向家暴受害者提供帮助，因为行政中立的原则。

〔3〕 See Ashibe 2015.

〔4〕 例如，中国台湾地区、法国和美国。

有这些针对新自由改革潮流的讨论,就无法继续实现这个新的角色。[1]

家庭暴力事件中的现实不对等关系是个例且复杂的。这些问题需要精心研制的新处方来解决,同时,这也暗示了司法机关需要扮演新的角色。

〔1〕 我们应该分析受害者自身现有权利结构和分析框架之间的关系。没有这些分析的情况下,建议成为了司法预算削减的首要依据。我们将另择机会讨论。

中葡法律文化之间的冲突与融合

——以澳门社会司法治理为视角

赵琳琳 *

内容摘要：从澳门地区四百多年来的重大案件和相关历史来看，中西法律文化由交往到冲突、再到消解、最终走向融合，是一个客观的必然规律。就司法治理而言，葡萄牙人一方面尊重中国的法律文化，另一方面也在潜移默化地用西方法律文化影响着澳门社会。总之，共通性和兼容性决定了异质法律文化在某些领域能够消除对立，达至多元并存。

首创"法律文化"一词的美国学者劳伦斯·弗里德曼指出，法律文化是"与法律体系密切关联的价值与态度，这种价值与态度决定法律体系在整个社会文化中的地位"。[1] 从澳门地区四百多年来的重大案件和相关历史来看，中西法律文化由交往到冲突、再到消解、最终走向融合，是一个客观的必然规律。限于篇幅，本文的研究侧重于1999年澳门回归前的这段历史时期。

一、中西法律文化之间的差异与冲突

不同的法律文化可纳入特定的时空之中加以研究。中葡两国之间法律文化的差异实际上也是中国和西方法律文化之间的差异。从澳门地区的司法状况来看，中西法律文化的冲突表现在诸多方面，既有观念层面的，也存在于具体制度层面。

---

* 赵琳琳，澳门科技大学法学院副教授。

〔1〕 Friedman, L, Legal Culture and Social Development, *Law and Society Review*, 1969(6): 34.

（一）权利与义务观念的不同

中国传统儒家文化是一个以宗法伦理意识为中心的系统，具有与生俱来的宗族本位的伦理特色，包含着重视个人义务、漠视私权的文化特点。西方人认为，儒家“礼”的概念与西方对“个人权利”的态度截然不同。西方把维护个人利益奉为美德，为“权利”罩上一层神圣的光环。而中国轻视个人利益，解决权利纠纷的总倾向是让而不争。[1] 这种以个人自由为核心的文化精神早在古希腊、罗马时代就已经奠定下来，并在中世纪末期爆发，古老的东方国家中国不具备这样的历史文化背景。这类无法和解的法律文化观念差异致使居澳葡人即便在其力量薄弱时依旧极力维护自身社群的正当权益。

（二）重刑与重商传统的不同

“中国自古以来就没有或者很少有与近代民法和商法相似的法律”。[2] 诸法合体是自然经济和重刑主义的产物，也是“无讼”文化的产物。然而，近代西方法律文化是工商文明的产物，是宗教伦理和市民伦理的体现，奉行重商主义。西方法律中的个人本位和传统的权利法哲学，以及近代以前国家观念与权力的相对薄弱，也促使了刑事法的民法化。近代以来，民族国家观念觉醒，公法得以迅速发展，但由于商品经济和个人自由权利的根本作用，加上私法的传统力量和学术上的影响，造成私法化仍是法律运动中的一个重要现象。[3] 此外，西方法律文化深受宗教影响；中华法文化却充满着理性思维的精神，鲜有宗教影响的色彩。

（三）司法与行政的关系不同

近代西方国家经过资产阶级革命的洗礼，并随着法治思想的发展，司法独立的观念深入人心。但古代中国长期以来是司法与行政集于一身，审判权要受行政权的干涉。“司法权与行政权目标与价值上的重合，也使它们的社会功能及基本特性保持了一致性，甚至利用司法权实现行政目的”。[4] 这一状况直到1906年才有所改变：清政府改革官制，把刑部改为法部，专门负责司法行政，不再参与审判；把大理寺改为大理院，成为全国最高审判机关，并有

[1] ［美］本杰明·史华兹：《论中国的法律观》，载张中秋：《中国法律形象的一面》，法律出版社2002年版。

[2] 费正清主编：《剑桥中国晚清史》（下册），中国社会科学出版社2006年版，第456页。

[3] 张中秋：《论西方私法文化的传统与发达》，载《江西社会科学》2005年第8期。

[4] 沉国琴：《中国传统司法的现代转型》，中国政法大学出版社2007年版，第40页。

权解释法律、监督地方审判活动；在法部设置总检察厅，作为最高监察机关，独立行使监察权；同时设立各级地方审判机构。中国司法与行政的这层关系难免带来以下问题。

1. 用行政方法解决诉讼案件

司法与行政的不分导致地方官员权力过大，他们常常利用手中的行政权力来解决诉讼案件。这也是霍启昌先生所提出的“澳门模式”（Macao Formula），即明朝政府以来在澳门所建立的防御机制和处理中外冲突的方法，具体表现为“关闭关闸，断绝所有生活物资，迫使葡人屈服”。[1] 崇祯十一年（1638）澳门发生了几个黑奴因为喝醉酒而杀害3名中国士兵的事件。3名中国士兵的被杀，引起广东社会的极大关注。在司法途径解决无望的情况下，广东省高官下令封闭澳门关闸，并停止澳门葡人到广州参加的商贸交易活动。澳葡机构在重重压力下，不得不将凶手交给明朝政府，接受司法审判。[2]

2. 地方官员的腐败

权力膨胀必然滋生腐败。桑切斯神父在一份于1588年呈交西班牙国王的中国国情详细报告中谈及官场贪腐问题：“贿赂——尽管官员们在公开场合表示不收礼受贿，可在暗中却大收特收。平民百姓送礼行贿的原因是害怕挨鞭打。不奉献者将遭到严刑毒打”。[3] 外来中国移民勾结官府，为澳葡所诟病。中西方史料对案件的描述常常不一致。除显示中国官员受贿而更易案情外，亦透露中国官员承受很大的压力，当他们向皇帝上奏涉及外国人案件处理时，为能使皇帝满意因而改变案情。[4] 居住澳门日久、熟知中国的那些葡萄牙人当然了解中国的这一现实。此外，为确保走私鸦片顺利进行，澳葡于嘉庆二十年（1815）设立一贿赂款项。这笔经费除了支付中国鸦片掮客的佣金外，亦用于支付给中国官员的规礼费。[5] 1823年，在澳门有一个中国人被几个葡萄牙人误杀。由于葡萄牙人方面及时设法，付出1000元满足死者

---

〔1〕 霍启昌：《“澳门模式”与近代中西关系》，载港澳与近代中国学术研讨会：《港澳与近代中国学术研讨会论文集》，国史馆2000年版，第21～43页。

〔2〕 刘景莲：《明清澳门涉外案件司法审判制度研究（1553～1848）》，广东人民出版社2007年版，第226～227页。

〔3〕 《耶稣会在菲律宾群岛传教工作》（第1卷），巴塞罗那，1900年，第534页。

〔4〕 [美]爱德华：《清朝对外国人的司法管辖》，载高道蕴等主编：《美国学者论中国法律传统》，中国政法大学出版社1994年版，第464页。

〔5〕 龙缨晏：《鸦片的传播与对华鸦片贸易》，东方出版社1999年版，第207页。

的亲属，此事在未向地方政府作任何报告之前，已经解决。[1]

（四）诉讼文化的不同

中西传统诉讼文化主要存在三点不同：一、思想意识基础不同；二、价值取向不同，中国传统诉讼文化追求"无讼"，西方传统诉讼文化追求正义；三、对程序的重视程度不同，中国传统诉讼文化重实体轻程序，西方传统诉讼则比较重视程序公正的价值。诉讼文化的不同导致诉讼制度的差异："西方无刑讯而中法以拷问为常，西方虽重犯亦立而讯之，中法虽宗室亦一体长跪，此中与西之不能同也……中法之重供相沿以久，虽律有众证明白即同狱成及老幼不拷讯据众证定罪之文，特所犯在军流以下者，向来照此办理。至死罪人犯出入甚巨，虽有此律，不常引用，盖慎之也。西方重证不重供，有证无供，虽死罪亦可论决。"[2]

二、中葡法律文化之间的互相尊重

尽管在澳门这片小小的土地上，中西法律文化存在极大反差，但总的来看，也能互相尊重和包容，体现了独特的风景。

（一）中国对葡萄牙法律文化的尊重

中国政府对一些葡人正当利益受侵犯的案例持公正、公义的态度。1549年，中国舰队各船长对沿海的守卫更加严格，加倍严密监视中国诸港及出入口，致使葡萄牙人得不到任何货物与给养。有一次，华人舰队冲击葡萄牙人胜利以后，任舰队甲比丹末的卢都司（Luthissi）神气活现，兴高采烈。出于对财物的贪欲等原因，他马上对几个同葡萄牙人一起被捕的华人严刑拷打，逼迫4个模样较好的葡萄牙人自称是满剌加国王。然而，死者亲属加上一些热心维护司法、不容忍这类劣行与欺骗的官员将此情况禀报国王说，葡萄牙人不是盗贼，而是带着货物到中国来做生意的商人。国王了解这些情况后怒不可遏，立即下令依法查办。[3] 此案的判决原文未能传世，《世宗实录》卷363中有一简本："纨既身负大罪，反腾疏告捷，而镗、乔复相与佐成之，法当首论

---

[1] ［英］马士（H. B. Morse）：《东印度公司对华贸易编年史》（第4、5卷），区宗华译，中山大学出版社1991年版，第83页。

[2] 沈家本：《寄簃文存》卷六，《裁判所访问录序》。

[3] 金国平编译：《西方澳门史料选萃（15～16世纪）》，广东人民出版社2005年版，第200～201页。

其冒功。坐视诸臣,通判翁灿、指挥李希贤等罪之,指挥检事汪有临、知府卢璧、参将汪大受又次之。拒捕番人方叔摆等四名,当处死。余佛南波二者等五十一名,当安置。见存通番奸徒当如律发配、发遣。于是,兵部三法司再核,如汝祯等言,纨、镗、乔遂得罪,翁灿等下巡按御史提问,汪有临等夺俸有差。"[1]西方人对此案的处理也给予了积极评价,认为这里"有其井井有条的司法程序和公正",皇帝有"宽宏大量的天性","此地政府清廉、公道",等等。[2]

(二)葡萄牙对中国法律文化的尊重

葡萄牙管治下的澳门,虽然有华人入教、入籍、华葡通婚、杂居等现象,但在19世纪中期以前,始终并非多数;至19世纪中后期,占澳门人口大多数的华人普遍保持浓厚的中国华南历史文化与风俗习惯,外来的葡萄牙法律文化难以渗透到人们的日常生活中。对此,葡萄牙人亦能理解,华务检察官一直按照华人风俗习惯审理民事案件,这既是葡人尊重中国文化的一种表现,也是说服居澳华人接受葡人司法管辖的一种权宜手段。1849年1月3日,总督亚马留曾发布公告,仅就中国人最敏感的坟场事宜作出过规定,严格划定中国人的坟场。[3] 1881年澳葡政府正式公布了"新设华人坟园之章程",该章程对华人坟园的地点、华人坟墓的存放时间等作了详细的规定,[4]同时也规定,不准在华人坟园内种植果树、蔬菜,并不准牧养牲口、家禽等,以示尊重华人习俗。[5]

当然,不仅仅是华人墓园,更主要是在处理与华人相关的法律事务方面,澳葡当局对华人的习俗表现出特别的尊重。葡萄牙1867年《民事法典》的法律效力通过刊宪方式直接延伸到各殖民地,可是,葡萄牙还于1869年11月18日颁令,将1867年7月就通过的《葡萄牙民法典》颁行于海外各省、各属地时,针对澳门的情况,其中第八款之附款一有"中国人的风俗习惯在华人事务

---

〔1〕 中国第一历史档案馆等编:《明清时期澳门问题档案文献汇编》(5),人民出版社1999年版,第28页。

〔2〕 金国平编译:《西方澳门史料选萃(15~16世纪)》,广东人民出版社2005年版,第211~212页。

〔3〕 萨安东:《葡萄牙在华外交政策(1841~1854)》,金国平译,葡中关系研究中心、澳门基金会,1997,第98页。

〔4〕《澳门宪报》1881年6月4日(第23号)。

〔5〕《澳门宪报》1881年6月11日(第24号)。

检察官权限中予以重视”。[1] 因此,华务检察官署在审理华人纠纷时并不依照《葡萄牙民事法典》,而是专门设立由华人组成的委员会就华人风俗习惯提供具体意见,作为审理案件时参考。“声明在澳门华政署各案,凡系关涉华人风俗者,仍任使用,不予禁止”。[2] 根据《澳门宪报》的记载:“查本澳暨所属海岛之华人,向系借大西洋保护其政治,则循自主之义,从优厚待,获益良多,其律例皆同教化最著之国。虽华人现受保卫之恩,而中国风俗事例,所有民间相传习尚偏好者,均仍听其便,而华人亦皆欣悦”。[3]

葡萄牙及澳葡政府对加入葡籍的华人,更加表示了宽容的态度。1879 年 5 月 10 日第 19 号《澳门宪报》有一则澳门总督的告示,可以窥见葡萄牙葡政府对澳门华人加入葡籍的态度,即在澳门居住的葡籍华人在身故后所遗物业应照华人风俗来办理,唯有当入籍时或入籍以后,曾另有察请,要求将所遗物业依照葡萄牙的法律办理时,才按照葡萄牙的律例处理。[4]

至 1909 年,经澳葡总督提议,葡萄牙还特别颁布《澳门华人风俗习惯法典》。该法典共 33 条,主要规范华人居民在婚姻家庭、遗产继承等民事行为。就法典颁布行为来看,澳葡当局乃至葡萄牙中央政府并未强行要求法律的统一性,显然,他们认为有必要尊重华人风俗习惯并为华人居民制订特别法律,从而导致澳门“一地两制”的多元法制理念与事实,哪怕这种特别法律有违葡人的一般观念及天主教文化。直到 1948 年,《澳门华人风俗习惯法典》才被废除,其时,内地早已倡行男女平等。不过,值得注意的是,葡萄牙政府宣布撤销《澳门华人风俗习惯法典》的第 36987 号法令第 2 条明确规定:“澳门出生的非葡籍华人以及其他华籍人士,在家庭和继承法方面遵守中国民事法律。”[5] 此一模式明显不同于英、日等国在军事占领之余还挟以激烈的文化侵略,从葡人居澳的 400 余年来看,占澳门人口 97% 以上的华人社会,不了解澳葡法律,仍以明清政府裁判、民间调解或宗族裁判等方式解决纠纷。这是近代史上中西文化交汇过程中,中葡司法文化未能协调的结果。

---

[1] 施白蒂:《澳门编年史:十九世纪》,姚京明译,澳门基金会 1998 年版,第 176 页。

[2] 《澳门宪报》1909 年 9 月 4 日(第 36 号)。

[3] 《澳门宪报》1880 年 4 月 24 日(第 17 号)。

[4] 《澳门宪报》1879 年 5 月 10 日(第 19 号)。

[5] 吴志良:《澳门政制》,澳门基金会 1995 年版,第 42 页。

三、中葡法律文化之间的相互融合

差异难免带来冲突，但不同的文化也只有通过碰撞和冲突才能交流，并认识到各自的优势和不足，进而实现法律文化的融合与创新。

（一）西方法律文化对中国的影响

西方对于债务纠纷的处理主要采用民事手段。按照清朝法律，民事关系的调整主要采用刑罚制裁手段，对负债不偿者按欠债数量和拖欠日期的不同而判处不同的刑罚和经济处分，五两以上违三月笞一十，每一月加一等，罪止笞四十；五十两以上违三月笞二十，百两以上违三月笞五十，并本利给主。[1]但清政府对于澳门华葡居民的债务纠纷，却只采用追缴欠债的手段，不仅不使用刑罚，甚至没有经济制裁，从而开创了中国民事案件非刑法化的先河。自1911年辛亥革命以来，随着中国国民思想观念朝近代化方向转变，民间风俗习惯也发生了许多变化，尤其是男女平等观念被广泛提倡，这就使当时的婚姻家庭法和继承法都必须顺应此一时代潮流。

在诉讼制度上，受西方国家影响，中国开始注重人证、物证等证据，不再偏信口供；慎用及减轻肉刑，不再滥用刑讯。律师开始出席法庭，以维护当事人的合法权益。其实，律师职业与中国传统的法律观念和司法制度并不兼容。因此，律师的出现在澳门也具有不可小觑的作用，自此民众参与诉讼可以得到专业的帮助，更重要的是能够在法庭上对审判官形成一定的监督和制约。

（二）中国传统法律文化对澳葡的影响

由于近现代西方文明的优势，中国传统法律文化对西方的影响相对来说较小。不过，中国传统法律文化中的"和谐思想、秩序原则、集体主义、情法两得、情法两平、情法兼到"[2]的司法精神等影响也在逐渐扩大。中国古代民事纠纷的解决往往遵循"争讼不扰官府"的原则，由族长、家长、友邻出面解决，以减少诉讼、促进社会和谐。明清时期，调解息讼已成为司法断案的重要补充形式，甚至最高统治者——皇帝也倡导调处息讼。例如，康熙帝在《圣谕十

---

〔1〕《大清律例·户律·钱债》（卷14），四库全书本。

〔2〕霍存福：《中国传统法文化的文化性状与文化追寻——情理法的发生、发展及其命运》，载《法制与社会发展》2001年第3期。

六条》中号召“和乡党以息争讼……息诬告以全良善”。[1] 而且，清朝的调处息讼已经实现规范化和制度化。除了法律以外，调解还可依据习惯、家法、族规、礼俗等。

中国古代这种“由提倡无讼而发展起来的调处息讼，把国家与社会力量紧密结合在一起，是在自然经济条件下，解决民事纠纷的较好的方法，其制度之完备、经验之丰富、实施之广泛，在世界古代法制史上是仅有的”。[2] 中国人为主的澳门社会当然不例外，澳葡政府也乐意发挥中国这种传统的纠纷解决方式，来满足其治理需要。1865 年，检察长脱离议事会，直接向葡萄牙中央政府负责，其所属机构成为华务检察官署。华务检察官署负责华人刑事和民事纠纷的调解和审判。此外，澳门的社团在纠纷解决中发挥了重要作用：“中国传统乡族社团所特有的秉承守望相助、重视亲情乡情的传统以及发挥扶贫帮困、调解内部纠纷的功能，尤为契合澳门新移民的需求，从而成为新移民结社的首选形式。”[3]

四、结语

法律的运行必须要有文化的支持。人类文化的交流普遍表现出这样几个通则：(1)同质的或者说同一文明属性的文化易于交流；(2)同质文化的交流一般是先进的改造后进的，或后进的仿效和移植先进的；(3)异质的或者说不同文明属性的文化难以和平交流，往往会发生激烈的冲突，结果又往往是强势的瓦解弱势的；(4)文化交流中最困难的是政治法律制度和价值系统部分；(5)文化交流的成败与国家政权的态度及强弱息息相关。法律文化的交流也体现出这些规则。[4] 结合中国历史，“西方的影响是一个作用有限的因素。它没有深入到中国的内地，没有对经济，特别是国内贸易结构产生强烈的影响”。[5] 西学东渐惠及中国最多的是在科学技术方面。总的来说，中葡

---

[1] 《圣祖实录》，康熙九年十月。

[2] 张晋藩：《中国法律的传统与近代转型》，法律出版社 1997 年版，第 277 页。

[3] 娄胜华：《转型时期澳门社团研究——多元社会中法团主义体制解析》，广东人民出版社 2004 年版，第 129 页。

[4] 张中秋：《比较视野中的法律文化》，法律出版社 2003 年版，第 77 页。

[5] [美]吉尔伯特·罗兹曼主编：《中国的现代化》，陶骅等译，上海人民出版社 1989 年版，第 269 页。

法律文化之间的影响是有限的。"澳门法律制度具有明显的葡萄牙法律特征,但真正以葡国历史文化为基础的法律制度一直都没有得到以华人群体为主的澳门整个社会的认同,在澳门所能产生的社会效应极为有限,以至于直到回归前,葡式的澳门法律实际也基本上是形式或理论上的东西"〔1〕。

葡萄牙资产阶级革命后,其法律顺应了欧洲大陆法系的发展潮流。葡萄牙虽为西方国家,但缺乏武力优势,从而不得不与中华文明平等相处,在澳门的管理及其文化影响更多地取决于中国的态度。当西方文化受到东方文化抵触时,西方人采取了通过交往来达到潜移默化的方式。同样,当西方法律文化遭到东方法律文化抵触时,葡萄牙人也是采取了变通的方法,如承认华人风俗习惯等,来达到影响的目的。反之亦然。这种相对和平、缓慢的交流方式对双方都是有益的。比如,在遗产纠纷中,葡萄牙及澳葡政府一方面容许葡籍华人按中国风俗以继子或养子承受继父或养父遗下的物业,另一方面当继子或养子承受继父或养父遗下的物业时却要如同外人承受物业般交纳规银。葡萄牙人使出这样的折中方法,既表示了对澳门葡籍华人传统风俗的尊重,又保障了葡萄牙民法原有的精神,更可以多收一笔承受物业所缴纳的金钱,可谓一举多得。

从法律文化发展的内在机理看来,共通性和兼容性决定了异质法律文化在某些领域能够消除对立,达至多元并存。"在中国五千多年的历史上,文化交流有过几次高潮,最后一次也是最重要的一次,是西方文化的传入。这一次传入的起点在时间上是明末清初,在地域上说就是澳门"。〔2〕当中国较为富强之后,十分宽容地从政治和法律上肯定承认了葡萄牙人在澳门建立的制度,并允诺50年不变。这点再次有力地证明,不同文明和制度是可以共存的,其之间的分歧和矛盾是可以在平等互利基础上通过协商谈判而妥善解决的。〔3〕

从明末清初开始,西方法律文化通过葡萄牙人传入澳门,应当说,这一交流与融合的过程仍在继续进行中。法律与其他文化现象相比,其阶级性和强制性的色彩更加浓厚,因此,在整个东西方文化交流中,法律交融的进程往往是滞后的。法律文化在发展和变迁中,经过不断的冲突、调适与整合,使自身

---

〔1〕 米健等:《澳门法律》,中国友谊出版公司1996年版,第4~5页。

〔2〕 季羡林:《澳门文化的三棱镜》,载《羊城晚报》1999年12月14日。

〔3〕 吴志良:《澳门政治制度史》,广东人民出版社2010年版,第288页。

得到不断更新、完善和提高。在全球化的视野下，澳门法的发展和创新已不仅仅局限于对葡萄牙法和中国大陆法的继受，也正因为如此，澳门法律文化必然是世界舞台上独特的一道风景线。

中国话语体系：自由贸易试验区的外商投资法律体制改革评估

杨　力*

内容摘要：面对TPP“美标式”的欧美高标准压力，当下中国自贸区试点的外商投资法律体制改革面临很大不确定和曲折，并且将会面临美国在负面清单问题解决之后，把战略重点转向在监管障碍、竞争政策、原材料和能源、环境和劳工标准、知识产权强保护等新兴议题上，为全球贸易自由化设定更高的标准。因此，中国应当更多从“被动”应对的规则执行者，逐步成长为“主动”参与的规则引领者，以中美BIT谈判为契机，借助于中国自贸区的进一步试验，结合国内深改和产业升级情况，探索建立高水平负面清单之后的责任门槛机制，以及面对环境保护、劳工规则、竞争中立、知识产权等新兴的“营商责任法治化”敏感议题进行整体规划和设计，为构建起有影响力的中国外商投资法律话语体系奠定良好基础。当然，中国自贸区的外商投资法律体制改革既应不断对接国际高标准，又要结合中国实际情况的权衡和渐进，它们共同构成了这场迈向深水区改革不可或缺的“中国话语体系”。

关键词：中国话语体系；自由贸易试验区；外商投资法律体制；营商责任新兴议题

中国四大自由贸易试验区在探索形成可复制、可推广的全局性改革方案

---

* 杨力，上海交通大学凯原法学院教授，博士生导师。该文在撰写过程中深受中国人民大学经济学院张宇教授、华东理工大学社会学系曹锦清教授、复旦大学文史研究院葛兆光教授关于“中国问题与中国话语体系的构建”专题研讨的影响，谨以致谢！

之中,最受人瞩目的是外商投资法律体制的改革和开放,包括:探索实施外商投资准入前国民待遇和负面清单管理体制;转变政府监管模式,从注重事前审批转向注重事中和事后监管;推进投资和贸易便利化,塑造国际化、法治化的营商环境。然而,对标 TPP 协议投资条款、美国 BIT 协议范本为代表的国际高标准之间差距,中国自贸区有向国际新规则、高标准靠拢的外部压力,也有以开放倒逼改革的内部动力。毫无疑问,中国依靠人口红利、土地成本和环境形成的“投资成本洼地”效应已逐步减弱,外资在社会责任层次上摆脱赤字、国企等内资与外资的博弈与竞争政策、环境·劳工和 IP 的环保链条、信息更大程度公开和信用体系建设、法规一致性和透明度的交叉议题、向更高附加值的技术密集型产业转型等,正越来越处于更显赫的位置。可以说,营造富有国际竞争力的外商投资环境,正在从价格、成本等吸引外资的“硬要素”,向包括了法律法规、公司合规和市场环境等涉及国际通行 CSR(corporate social responsibility)要素在内的“软环境”转变。可以说,中国自贸区的外商投资法律体制改革既应不断对接国际高标准,又要结合中国实际情况的权衡和渐进,它们共同构成了这场迈向深水区改革不可或缺的“中国话语体系”。

一、TPP、BIT、RCEP 之间的博弈

中国自贸区在外商投资法律体制改革上的最大特点,就是突破了先前改革以经济刺激和行政特权为核心的“优惠政策洼地”的局限性,把诸如关税减免、外汇管制特权、海关监管简化等以往改革举措淡化,通过前期试点实践而甄选和形成具有普遍意义的法律体制,并逐渐主导自贸区的制度框架,推动“制度创新高地”式的全面改革,从改革初始的贸易、服务、制造等产业布局,期待进一步拓展到知识产权、能源利用、环境保护、劳工标准等广覆盖的全新功能性治理更高标准。简言之,它不再是优惠政策的局部吸引力,而是与国际接轨的市场规则和制度的整体环境创建,目标是把自贸区变成世界经济体系中“流”的汇集地、连接区及节点,构建成全球生产网络、市场体系、价值链及规则制定等方面具有引领力的先进关键控制中心之一。然而,面对“美标式”的欧美高标准压力,当下中国试图构建起覆盖全球高水平自贸区网络的这一蓝图,面临很大不确定和曲折,尤其在推动广覆盖的全新功能性治理更高标准上,亟待列为自由贸易试验区下一步深改的重点。

(一)TPP:美标压力与“差生困境”

肇端于2001年WTO启动“多哈会谈”以来的长期停滞不前,美国财团、跨国公司和大律师合伙人协定邀请12国的盟友持续进行TPP封闭性谈判,同时基于2015年10月5日成员国部长会议达成了基本协议,期待推出一个包括自由贸易、投资和知识产权等广泛领域在内的史上最大、标准最高的区域性国际贸易协定(*Regional Trade Agreements*,RTAs)。事实上,近年来发达国家主导的诸边谈判已呈上升趋势,比如,《信息技术协议》(*Trade in Services Agreement*)、环境产品谈判(Environmental Goods Agreement)和《服务贸易协定》(*Trade in Services Agreement*)谈判等,只是由于未列入主要发展中国家,导致诸边协议尚难以达到临界数量后的“关键多数”而转化为多边规则。显而易见,目前这种以美国标准为代表的“巨型”RTAs的共同点,都是绕开了多边自由化进程中的困境,试图通过排除谈判中的困难行业或部门,定向选择没有明显分歧的缔约方,以及合法免除最惠国待遇等方式,集合部分经贸伙伴先行达成一致以掌握规则制定先机,并推动其成为全球经贸的新标准或范本。

不过,RTAs仍是“次优选择”,毕竟各国从诸边协定中得到的自由化效益不能与综合性多边协议相比。更为重要的是,因为诸边成员国之间的层次水平和产业优势客观上有很大的不同,互相之间有很多妥协,导致了现在各种RTAs难以一律企及所谓的高标准,而实际上只能因循“短板理论”根据最不发达成员国的可接受程度,在设定最低共同标准基础上又设定各自不同的壁垒规则和原产地标准,进而陷入了“差生困境”。[1] 其结果就是不可避免地导致“意大利面碗”(spaghetti bowl)效应和规则碎片化的结果,又连锁产生了全球监管的复杂性和各国规制成本的提高;另外,“如果特定议题的诸边协定谈判成功,可能产生的一个不利后果是降低或消除各国进行多边谈判的动力,从而减少在多边机制中进行议题关联的机会”。[2]

---

〔1〕 以TPP为例,12个成员国分别是美国、日本、澳大利亚、加拿大、新加坡、文莱、马来西亚、越南、新西兰、智利、墨西哥、秘鲁。美国工会组织、环保机构、消费者维权组织和医疗保健机构认为TPP会更多考虑跨国公司的利益,比如,美国企业将工作机会转移到海外方面拥有了更高的自由度;澳大利亚则最为看重能源主权;马来西亚人在经商包括政府采购方面实行优惠待遇;日本认为取消农业关税和补贴而导致加拿大和澳大利亚农业从业者涌入而让当地农民失业。

〔2〕 石静霞:《国际贸易投资规则的再构建及中国的因应》,载《中国社会科学》2015年第9期。

可以说，以TPP为代表的美式标准，在市场准入这一“硬要素”的核心问题上，倒逼产生了目前中国四大自贸区试验已普遍实施的“准入前国民待遇”和“负面清单管理标准”，极大限缩了东道国为保护新兴产业和民族产业所能运用的自由裁量权。可以说，中国这次向更高标准的靠拢，是基于借助高标准的市场开放融入区域一体化的战略考量，避免被孤立和边缘化。然而，国际贸易秩序指向“软环境”的国际通行CSR社会责任要素，在涉及符合国际规则的信息公开信息、环境与劳工保护标准、政府补贴与竞争中立、服务业知识产权保护等问题上，中国的立场依然与TPP等高标准存在很大的分歧。毕竟美国等发达国家拥有体制和竞争方面的优势，它们试图通过更严格的规则和标准，提高中国企业的人力资源和综合运营成本。相应地，以往中国的低廉劳动力成本、宽松环境标准、本土企业优惠政策等这些传统竞争优势逐步被削弱，同时，还要取消补贴和国企优惠融资安排、撤销政府采购偏好等，这些都会对国内企业产生潜在的系统性效应。正是在这个意义上，中国同意与美国展开BIT协定的实质性谈判，以及承诺进一步扩大市场开放，包括建立中国自由贸易试验区。

（二）BIT：中美之间的标准博弈

中美在BIT谈判中的博弈，很大程度上是围绕美国2012年公布的BIT协议范本。[1] 除了准入前国民待遇和负面清单等内容，中国自贸区指向外商投资法律体制改革的“中国话语体系”，实际上更大范围地包括：加入中国元素的适度透明度原则、以国企改革和抵销美标影响为背景的竞争中立政策、对接国际环境和劳工保护标准的渐进性、基于权利所有人与发展中国家公共利益之间博弈的知识产权保护权衡原则，它们作为双方分歧较大的新兴议题，不可避免地已被纳入BIT协议谈判的议程之内。

换言之，基于“中国话语体系”的外商投资法律体制改革探索，在现实的运作轨迹上是在不断对标TPP的同时，又进一步借助于中美BIT的双边谈判寻找到利益契合点和合作公约数，以实现融入了更多中国元素的更大开放。主要包括：

第一，中国自贸区的试验相对WTO规则和中国政府承诺的透明度更高，

---

〔1〕 1982年起，美国先后制定过四个版本的双边投资条约的范本（Model Bilateral Investment Treaty，下称BIT范本）2012年是第四版的BIT范本。

但与 BIT 标准相比仍有较大差距,客观上存在自贸区多目标集成与国家安全、禁区划定、利益对比之间的深刻矛盾,亟待审慎应对和先行凝聚局部共识。当下中国自贸区的透明度集中体现在主动公开法律和政策信息,以及在法律和政策制定之前征询企业意见。但是,对标于 BIT 范本第 2 条、第 3 条、第 8 条和第 11 条,其所涉不仅只是外商投资者和公众参与国内投资法律和政策制定的程度应极大增强,而且范围上要扩展到增加对跨境资本数据流动监控的报告义务等类似高级别信息的当然获取权,甚至肯定了透明度的可诉性。[1] 而且高透明度标准同样要求企业更细节的信息披露责任,降低在信息不完全博弈环境里的分析、收集和甄别成本。不过,基于治外法权对国内金融安全的挑战、个人资料仍受国内隐私法保护、中国独立的全球资讯信息平台尚待建立、美国知识产权高含量的服务业畸高优势等一系列因素,使得透明度这一维度在中国话语体系之下,需在法律一致性与兼容性的交叉议题、最敏感产品的例外强保护形式、防止因非关税壁垒而限制中国企业创新和竞争等重大分歧上,找到更多基于中国元素的 BIT 谈判共识。

第二,中国自贸区的试验对于作为 BIT 范本突出内容的限制国有企业和竞争中立政策,基于实用主义认为过于苛刻而采取了回避态度,同时又主导了大范围的 FTAAP 亚太集团,阻缓了包括 TPP 在内的 RTAs 扩散和蔓延。严格限缩国企定义、取消国企不合理的市场待遇,这是 BIT 范本起草之初就极为令人关注的条款。包括阻止缔约方通过实施本国技术标准、商品采购要求以及排除适用国际标准,不正当促进国有企业的发展。毫无疑问,由于中国存在经济腹地转型、经济规模及能级短期支撑不足等特定化问题,一旦中国在 BIT 谈判中接受竞争中立政策或让该政策上升为国际通行标准,国企所享有的补贴、利率、优惠政策等都有可能因为被定义为“非竞争中立”而遭到区别对待,极为不利。所以,中国自贸区的外商投资法律体制改革面对美国借助于 BIT 不断推高全球贸易标准的压力,需处理好对接竞争中立政策和国企改革之间的关系。在此基础上,把重点放在推进亚太自由贸易区的谈判和扩张

---

〔1〕 美国 2012 的 BIT 范本肯定了透明度的可诉性,将与投资有关的法律法规及管理措施公布纳入争端解决机制,让东道国很难根据未公开的法律和政策拒绝投资者进入。比如,美国公司 OEPC 根据透明度条款对厄瓜多尔提起的仲裁,仲裁庭认为厄瓜多尔不透明的税收规定违反了美厄 BIT 协议中的公平公正待遇要求。See Occidental Exploration & Prod. Co v. Ecuador, Final Award, Case No. UN 3467, London Ct. Int'l Arb. (July 1, 2004).

上,为中国所主导的远期、中式 FTAPP 打造基础,最大限度地抵消美国在亚太尤其在东亚经济合作中的影响力。

第三,中国自贸区的试验虽然没有直接引入 BIT 高标准的环境和劳工保护标准,但基于对片面追求经济增长的新自由主义政策反思,实际上更加强调环境权、健康权和劳工权益等企业社会责任问题,强调扩大对外商投资规制权。BIT 范本的第 12 条、第 13 条是指环境和劳工保护条款,明确缔约方不得因吸引外资而减损环境法或劳动法适用,并敲定可在环境监管、调查和起诉等事项上的自由裁量权。这种对于 CSR 条款的强调,外部驱动力来源于 2008 年金融危机让美国新自由主义投资所受到的严重质疑,之后又在联合国《2012 年世界投资报告》提出的"可持续发展的投资政策框架"中得到强化。内部驱动力则是美国等发达国家在从单纯的资本输出国,降格为资本输出与输入的双重地位后,不得不审视投资自由化政策与东道国利益保护之间的平衡,比如,《北美自由贸易协定》(*North American Free Trade Agreement*,下称 NAFTA),就是早年被誉为"最有环保意识的自由贸易协定";而在劳工标准上,则可解释为是发达国家担心别国通过压制工会、制定较低的工资制造不正当的劳工竞争洼地,削弱外商投资的吸引力。基于此,虽然中国自贸区的前期试验从中央到地方都未直接引入环境和劳工标准,但 2015 年国家发改委新修订《外商投资产业指导目录》将二十多种科技环保产业列为鼓励类投资领域,同时限制和禁止外资进入高能耗和环境污染严重的产业,并且其走向高标准的趋势将不可避免。

第四,中国自贸区的试验更加侧重于在促进贸易便利化和加强知识产权保护之间达成适当的平衡,但更应适度保持在《与贸易有关的知识产权协定》(TRIPs)下的必要弹性空间,以在权利所有人与发展中国家公共利益之间达成平衡。知识产权集中反映了位于不同经济技术发展阶段的发达国家与发展中国家的根本分歧,在美国的贸易产业中依赖于创新的知识产权密集型产业占了半壁江山以上,促进美国经济增长的贡献率达到 40%。[1] 换言之,发达国家所追求的国际知识产权强保护和执法高标准,意味着经济利益的增长

〔1〕 Leroy J. Pelicci Jr. ,ACTA and the Anti-Counterfeiting Trade Agreement- ACTA Faith,or ACT Futility? An Exposition of Intellectual Property Enforcement in the Age of Shanzhai, Vol. 1, *Penn State Journal of Law and International Affairs*,2012(1),pp. 123 – 125.

和就业机会的增加。因此，BIT 在知识产权上的标准明显高于 WTO 一般原则，排除 TRIPs 下的弹性政策空间，又通过《反假冒贸易协定》(ACTA)、TPP、BIT 等一再推高知产标准，把天平更多向权利人倾斜。对此，目前中国的自贸区知产讨论更多集中在能否对过境货物(转运、仓储或加工等)的监管，因为即使 TPP 也主张只有依据货物最终目的地的“进口国法律”被怀疑是假冒或盗版产品，才应依职权主动采取知产执法措施，与此同时，也关注决不能让中国自贸区变成假冒货物跨境贸易的便利场所。而从长远来看，中国自贸区肩负的重要功能之一就是“谈判突破”，在较长时间内坚守知识产权的公共利益目标和衡平价值，以争取自身创新快速发展的权利和空间。

(三)RCEP：标准之争的“中式托底”

显而易见，中国与美国进行 BIT 谈判的思路是在看齐“TPP 美标”的基础上，更多考虑全局性的“中国话语体系”，避免国际激烈竞争中的中国自贸区在外商投资法律体制改革的设计上一味“去监管化”，导致“破窗效应”(Broken Windows Theory)继而产生的整个中国产业结构性风险的蝴蝶效应。事实上，产业优势和贸易摩擦、内外资博弈问题、国企改革问题和公共利益保护问题，无不是自贸区的外商投资法律体制改革面临的中国元素挑战。

为了改变在 TPP 和 BIT 谈判中的被动，中国致力于不断提升国家综合实力和全球博弈能力。2013 年就开始以东盟现有的自由贸易协定为基础，旨在把 10+6、中东盟与中国、日本、韩国、印度、澳大利亚和新西兰分别缔结的 5 个自由贸易协定进行整合；目前又向欧盟递交了议案，对《中欧自由贸易协定》的可行性进行研究；还积极推动《中日韩自由贸易协定》和《区域全面经济伙伴关系协定》(*Regional Comprehensive Economic Partnership*，下称 RCEP)谈判，进一步加深了贸易自由化和经济一体化进程，重点打造世界上涵盖人口最多、成员构成最多元、经济发展水平差异最大、发展最具活动的覆盖全球高水平的自贸区网络。

相较于 TPP 和 BIT，RCEP 具有显著的柔性和弹性空间，它承认参与国之间的个体差异和所处不同环境，这为外商投资法律体制改革的“中国话语体系”形成提供了坚实的基础。比如，中国与欧盟在整体贸易结构上互为竞争性，导致双边贸易谈判和具体条款设计时考虑的问题错综复杂。因为双边贸易摩擦不仅涉及劳动密集型产品、原料和半制成品等中国具有比较优势的产品,也包括机电、轻纺、钢铁、矿石产品和以光伏产业为代表的高端制造业等领域,即贸易摩擦主要集中于中国的传统产业与欧盟的优势产业。正因如此,双方对中国自贸区的建设给予极大的兴趣,并在投资框架协定上重点加强双边国际分工格局,使双方致力于生产具有比较优势的产品,而增加对比较劣势产品的进口,并充分考量了双方在收入效应、贸易替代效应和福利水平涨跌之间的关联性。从本质上,这种基于比较优势的允许例外条款和倾斜性照顾的方式,就是对传统东盟方式的重申和延伸。尤为值得关注的是,这一要义更加充分地体现在 RCEP 谈判极为高度关注和尊重印度及部分东盟后进国家的状况和合理诉求上,因此其无论是在经济发展水平还是在贸易透明度、竞争政策、环境·劳工和 IP 保护等规则方面,都力图起到了为整个东亚地区"托底"的作用。[1]

显而易见,中国主导的 RCEP 最大特点,就是适当加入某些 TPP 所主张的合理内容,又侧重于以柔性和弹性空间为发展中国家在经济和技术发展阶段赢得宝贵的喘息和发展空间,进而为争取实现 RCEP 与 TPP 之间的战略互动提供基石。

当然,中国在借助于 RCEP 试图构建外商投资法律体制改革的理想路径时,既有必要在国际层面上进行自上而下的努力,更需要伴有国内自下而上的一致认识与改革,否则,不基于合理的国内政策而进行自下而上的改革,则在经贸领域可能会出现越来越多的双边、诸边和区域谈判。所以,中国自贸区的这场实验不只是外力倒逼的结果,更表现了内部的主动因应,尤其是把四个自贸区视为深改再启航的标志,推动的重大改革举措与中国改革的总体和长期目标具有高度一致性,旨在为中国创造更开放的营商环境,探索建立与国际高标准贸易投资规则相适应的外商投资法律体制。毕竟只有建设高效的内在发展机制并实现国际法治和国内法治的良性互动,才是中国直面 TPP、BIT 等挑战的根本之道。

二、外商投资法律体制的中国话语评估

除了中国自由贸易区试验在负面清单上仍然存在的问题,主导 TPP 谈判

---

〔1〕 贺平:《从 CEPEA 到 RCEP:日本对亚太地区域经济合作的战略转向》,载《日本学刊》2013 年第 2 期。

进程的欧美跨国公司,作为推行欧美标准的制定者仍然还会不断向所在国政府施压,极力地把美欧自贸区的通行标准作为全球贸易的规范基准,针对包括中国在内的发展中国家来推行,并且将会在负面清单问题解决之后,把战略重点转向在监管障碍、竞争政策、原材料和能源、环境和劳工标准、知识产权强保护等议题上,为全球贸易自由化设定更高的标准。因此,构建"中国话语体系"及扩大影响力,而非一味追比国际高标准,应当成为中国自贸区进一步推动深改试验的主要方向。

（一）中国版负面清单的瘦身

指向中国(上海)自由贸易试验区的外商投资制度创新和政策措施,上海通过招投标形式委托第三方推出过四个版本的评估报告,其中上海对外经贸大学版本对于外商投资法律体系改革的评估颇具代表性。[1] 该版本科学根据国际标准分析法(比如,服务贸易限制指数法、世界银行《全球营商环境报告》中的指标体系)、国际标杆比较法,以及面向政府和企业、学者的重点访谈,清晰地提示人们注意到自贸区的负面清单管理模式与国际高标准国际投资规则之间在涵盖范围、不符措施内容、清单开列方式等方面还存在一定差异。[2] 毫无疑问,上海自贸区作为中国自由贸易区试验的领头雁,这一外商投资法律体制上的负面清单改革的结论性提示,具有相当程度的代表性意义。

从逻辑上讲,不符措施是负面清单的关键,而中国外资准入义务的明确则是不符措施的前提,要义在于中国自贸区试验承担了国民待遇、最惠国待遇、业绩要求和高管标准等"正面"义务,重点在于非歧视、投资自由化等基本原则的确立。负面清单作为"被允许的不符措施"清单,乃是中国自贸区外资准入的保留领域,具有穷尽性和可确定性的特征,所列的内容越少,开放度就越高。

与2013年旧版相比,2014年修订版的中国自贸区《外商投资准入特别管

---

〔1〕 针对中国(上海)自由贸易试验区的四份评估报告,分别由国务院发展研究中心、普华永道、上海财经大学、上海对外经贸大学完成。

〔2〕 徐维维:《21世纪经济报道》,2014年11月17日,第2版。

理措施》(负面清单)实现了大幅“瘦身”,突出表现为开放度更高、[1]透明度增加和与国际通行规则进一步衔接。但对标于TPP、BIT等国际投资准入通行规则,新版的自贸区清单匹配度仍有一定差距。主要表现为:国际协定所确立的国民待遇、最惠国待遇的特殊和例外,不构成独立条款,而中国自贸区的负面清单是独立的印上政府规章性质的其他规范性文件;国际协定的负面清单主要以《世贸组织服务部门分类清单》(GNS/W/120)或《联合国临时中心产品分类目录》(CPC)的分类方法,而中国自贸区实施的负面清单只采用了国内的国民经济行业分类标准;此外,国际上的投资口径包括直接和间接投资,而不像中国自贸区的负面清单那样只指向外商的直接投资。

可以说,投资自由化是新一轮全球化的重点,以负面清单为核心的投资准入规则,已成为投资自由化的重要体现,是外商投资法律体制改革的核心内容。正是因为中国目前采取的“准入后国民待遇和正面清单”外商投资法律体制,与负面清单为核心的国际谈判投资通行准入规则存在本质分歧,所以中国一旦未能在自贸区试验区内探索出国际认可的投资准入规则,BIT谈判可能很快止步不前,反之若形成可复制和可推广的模式,又势必将会形成中国在BIT谈判中的出价。

然而,基于“中国话语体系”讨论又绝不可忽视的是,随着负面清单的瘦身在中国自贸区的落实,负面清单以外的外商投资法律壁垒被大幅度压缩甚至被完全取消,而由于外资在技术、资源、市场、管理等方面的优势,内外资博弈竞争的“负外部性”会直接导致挤占更多的内资市场份额,造成内资工业的萎缩、人才流失和生产效率滑跌。因此,下一步如何在对负面清单进行瘦身以争取更好国际出价的同时,高度关注通过改进负面清单等中国自贸区的制度设计,降低

---

〔1〕 2014年的负面清单新版特点主要包括:(1)开放度更高。取消了14条管理措施,放宽了19条管理措施,与2013年相比,进一步开放的比率达到17.4%。其中,取消的14条开放措施中,服务业领域就占了7条,包括取消对进出口商品认证公司的限制、取消对认证机构外方投资者的资质要求等。(2)透明度增加。2013年负面清单中无具体限制条件的55条管理措施大幅缩减为25条,并明确了部分无具体限制条件管理措施的条件。例如,明确了投资直接的条件,即投资者须具有3年以上在中国境外从事直销的经验,且公司实缴注册资本不低于人民币8000万元等。(3)与国际通行规则进一步衔接。根据国际通行规则,对2013年负面清单中14条对内外资均有限制或禁止要求的管理措施,不再列入负面清单。主要涉及高能耗、高污染的制造业领域等。此外,内外都禁止的项目此次不再罗列其中,比如赌博色情业。以前对负面清单存在“非禁即可”的片面认识,事实上对内外都禁止的项目未列入当然并不等于允许进入。

高水平投资自由化带来的“挤出效应”而产生的负外部性,就变得尤为重要。

(二)新兴议题的法律体制谈判

面对世界范围内日益开放的外商投资法律体制,借助于负面清单的不断改良,降低外资准入门槛,塑造有竞争力的外资监管体系,已经不可避免。但是,在负面清单这一法律体制的“硬要素”不断向美式标准靠拢之时,绝对不能忽视外资来源和产业结构、国企改革、环境和劳工标准以及知识产权保护等方面指向“中国元素”的博弈关系。

2014 年 7 月 25 日公布的《中国(上海)自由贸易试验条例》占用了第七八章涉及近 20 个条款,提出早已列入联合国“全球契约”涉及营商环境法治化的若干 CSR 标准,包括:防止经营者集中抱团取暖、企业异常名录公示机制、市场信用运作机制建设、法定信息详尽披露义务、劳工保护更细标准、环境影响评价分类体系、能源管理体系标准认证、知识产权保护的行政与司法衔接等一系列问题。随后,2015 年 12 月 6 日发布的《国务院关于加快实施自由贸易区战略的若干意见》,又再次在“推进规则谈判”项下重申了加快推进知识产权保护、环境保护、电子商务、竞争政策和政府采购等新兴议题的谈判。

然而,与以负面清单为核心的投资准入规则改革不同,中国自贸区的外商投资法律体制改革指向这些新兴议题谈判的讨论,需要放在中国话语体系之内,结合中国元素分清轻重缓急地稳步推进。主要理由包括:

第一,中国自贸区的新兴议题谈判应当着力于引领改变当下中国的外资来源和产业结构,把推动外商投资法律体制深改的重点放在吸引外资产业链的高端环节转移至中国。随着人民币升值和外资成本攀升,中国依靠低成本和政策优惠吸引外商投资的环境正发生重大变化,比如,社会保障标准拉高、环境执法趋于严厉、土地资源逐步稀缺、重点行业外资并购监管力度增强、内外资所有税标准统一、外资税收优惠全部取消等。基于当下中国这样的话语体系,中国自贸区试验探索外商投资法律体制的改革就应当通过营商环境法治化的构建,把外资来源和产业结构的调整指向侧重于吸引外资产业链的高端环节转移至中国。因为中国目前的外资来源地仍以香港和东亚国家为主,而集中了高端制造业和服务业的欧美外资严重不足。[1] 同时,大部分外资仅

---

〔1〕 根据商务部 2014 年对华投资前 10 位国家/地区的统计,超过 3/4 的投资来自香港,近 90% 的外资来自东国国家和地区,欧美投资来源比重偏低,不利于吸引作为全球科技中心的欧美先进的技术、管理经验和人才资源。参见商务部外资司《2014 年中国外资利用情况》。

将产业链的制造环节转移至中国，高附加值的研发和服务等产业链的高端环节仍留在本国境内，制造业外资项目多属高污染、高能耗的资源型企业，在带动就业、实现经济增长的同时也带来资源紧张、环境破坏等问题，不符合当下中国强调可持续发展的战略布局。因此，中国自贸区试验的外商投资法律体制改革要尤其强化外资利用结构的导控作用，为中国实现产业升级转型提供可复制可推广的经验。

第二，中国自贸区的新兴议题讨论应当有效回应国际高标准的竞争中立政策给国企改革已经带来的巨大压力，推动企业内部治理结构走向现代化，避免国家资本主义之困。一旦 TPP 或中美 BIT 协议达成，竞争中立义务将给国企主导的经济模式改革带来前所未有的挑战。[1] 中国的国有企业虽然已建立起一套符合 OECD 指引的现代公司治理架构，但无论是内部高层人事任命、重大经营战略决策、国有资产进场交易、更多信息披露义务，还是在外部享有的其他经营主体不具备的融资担保、政府采购、补贴优惠以及在能源、通讯、高科技等领域的垄断地位，导致在整体制度构成上还不够“成熟”和“定型”，存在一定的对市场决定资源配置的扭曲，因为其享有的政府先天优势相对较难以真实反映成本的实际状况。[2] 为了减少或消除国有企业获得来自政府层面的成本、定价等竞争优势，中国自贸区试验可以根据中国话语体系的实际情况，从国企的市场化改革出发，逐步建立起确保国企在市场竞争中与非公经济之间的公平竞争环境，以有效回应国际标准中的竞争中立政策。当然，绝不是简单一味地打压和削弱国企，让国企丧失在中国经济的支柱地位。

第三，中国自贸区的新兴议题深化应当关注外商直接投资对东道国公共利益的影响，在环保、劳工和知识产权保护上“分类”把控规制权的松紧适度，逐步对接国际标准。(1)环保标准提高提升了外资准入门槛，扩大了东道国的环境规制权空间，但不一定会给以高端制造和服务业的跨国公司带来影响，反而会让它们以“产业结构优渥性”承担 CSR 获得商业声誉而继续占据优

---

〔1〕 胡鞍钢：《国有企业是中国经济崛起的“领头羊”——基于历史和国际两个视角的分析》，载《红旗文摘》2012 年第 19 期。

〔2〕 Ian Bremmer and Joanne J. Myers, The End of the Free Market: Who Wins the War between States and Corporations? Available at https://www.Carnegiecouncil.org/studio/multimedia/20100525/index.html/:pf printable lasted visited at March 19, 2015.

位；而高水平环境标准则会给中小企业带来过度负担的“阵痛”，正如美国20世纪70年代部分“反环境”利益集团诟病环境成本过高，掀起了新一轮投资自由化风潮。因此，基于类似阶段的中国话语体系下的中国自贸区试验，要充分考虑中国企业尤其中小企业的承受能力和转型节奏。（2）国际高标准极为重视劳工标准与贸易规则的挂钩，欧美国家借助于国际劳工组织（ILO）、《北美自由贸易协定》（NAFTA）、《非加太—欧盟伙伴协议》ACP-EU、双边贸易与投资框架协议（TIFAs）实际形成了导向性控制，甚至正在转化形成“强制”，强调不能以促进贸易与投资为由放宽劳工标准或执行“伪善保护主义”。比较而言，中国的劳工标准仍有一定差距，主要集中在结社自由和集体谈判、平等就业等方面，实际上已构成外商投资法律的障碍。所以，中国自贸区试验要在国内法基础上巧妙设置规则，以激励性条款消弭在户籍歧视和集体谈判上的障碍，适度试点推出结社自由，以及建立合理的劳动标准执行机制，并非一味提高劳动执法标准，而是在尊重基础劳动权利的同时，酌情考虑弹性化的必要空间。（3）中国自贸区试行的知识产权高标准可以产生“溢出效应”（spillover effect）。[1] 因为在IP高标准的引导下，主体逐步会向规则看齐，期望借助于更严格的知识产权制度环境享受高标准带来拉升创新过程中内部治理水平的溢出效应。随之，因合规而带来的额外收益会对规则外主体产生辐射作用，激励更多规则外主体进入规则内。

三、融入中国元素的营商责任法治化

中国自贸区是中国主动适应经济发展新趋势和国际经贸规则新变化、以开放促改革促发展的试验田，它正以前所未有的方式和路径迅速展开。其不断接近的新一代国际高标准规则反映了发达国家在全球价值链产生的新需求，也倒逼给中国自贸区正在实施的外商投资法律体制改革带来了深远的影响。不过，中国应当更多从“被动”应对的规则执行者，逐步成长为“主动”参与的规则引领者。中国在这一领域的话语体系构建，不仅在于通过这场自贸区的试验，借助于统一内外资法律等关键措施进一步深化国内改革，而且还在于积极参与国际新兴议题规则的制定，增强中国在国际法律事务中的话语

〔1〕 See Benjamin Klein and Keith Leffler, The Role of Market Forces in Assuring Contractual Performance, Vol. 89, *Journal of Political Economy*, (1981), pp. 615 – 641.

权和影响力。

鉴于TPP谈判的重点和RCEP的整合难点包含于2012年中美双边投资协定范本的框架内,因此,中国在现阶段应以中美BIT谈判为契机,借助于中国自贸区的进一步试验,结合国内深改和产业升级情况,探索建立高水平负面清单之后的责任门槛机制,以及面对环境保护、劳工规则、竞争中立、知识产权等新兴的“营商责任法治化”敏感议题进行综合考虑和整体设计,为构建起有影响力的中国外商投资法律话语体系奠定良好基础。

(一)负面清单之后的“责任门槛”

比较于中国(上海)自贸区的两版负面清单实践,国际先进自贸区或外商投资准入机制给予的更多启迪,不仅在于中国为了避免外商投资法律体系滑向“低标准”而应制订出具有相当质量的负面清单,而且还应当汲取国外多元准入和准入后问责的经验,探索构建出中国独特的事中事后的“责任门槛”机制。

全面落实准入前国民待遇的关键在于制定高质量的负面清单。毕竟它会产生负面清单外的“自动自由化”效果,且对负面清单的修改又不得违反“棘轮机制”,即开放程度不允许降低和后退。所以,中国的两版负面清单设计都已在投资自由化与本国公共利益之间预留了必要的空间,导致了即使是新版的负面清单也与TPP、BIT等国际投资准入通行规则在匹配度上有一定的差距。从本质上讲,中国自贸区的负面清单改革走向将是中国推动BIT或RCEP等双边或多边谈判的基石,负面清单放弃越多,中国在谈判中回旋的余地就越少。[1] 正因如此,评价负面清单的进步不宜过分强调不符措施数量的减少,而应更加关注负面清单能否更为真实地反映当下中国的经济实情和开放水平。

事实上,即使美国的准入前国民待遇做到了外商投资进入美国一般无须审批,但也不可能做到完全意义的投资自由化。因为美国不仅通过与投资相关的联邦、州法规对金融、通信、航空、海运等外资特定行业进行了限制,而且通过“安全审查制度”对外资并购进行更为强硬的规制。同时,其负面清单在效力上还分为两类,第一类是服务和投资允许保留现有的限制措施,第二类

〔1〕 孙云欣:《外资负面清单管理的国际镜鉴:上海自贸区例证》,载《宏观经济》2014年第10期。

则更是保留了修订或设立更严格的新限制措施的权利,让东道国中实际上享有相当之高的外商投资自主权。此外,美国在签署的 BIT 正文中也规定了例外条款、重大安全条款、税收和信息披露等不承担相关义务的外商投资管治规则。总之,美国负面清单管理模式的核心是在准入阶段给予外国投资者国民待遇,积极推动投资自由化,同时为了确保国家和经济安全,国内通过行业法规和外资并购安全审查限制外资准入,国外又通过签署 BIT 将散见于国内法律法规的与国民待遇、最惠国待遇和履行要求条款不一致的措施,通过负面清单列出,因而只是"相对"而非绝对地采取了"不列入即开放的模式"。

以上美国的策略颇为值得借鉴,中国已对此有所因应。国务院有关意见在总结试验田的自贸区经验基础上,提出 2018 年起正式实行全国统一的市场准入负面清单制度,但敲定了"法治、安全、渐进、必要和公开"五个负面清单制定的原则。[1] 尤其难能可贵的是,中国在这个推动外商投资法律体系构建的整体方案内,前瞻性地考虑到企业首要应更多承担起"承诺式准入""告知性备案""准入信息公示"等这些性质上可定性为 CSR 社会责任范畴的法定义务基调,[2] 以及在该基础上进一步强调依法加强监管,建立安全审查监管追责机制,形成政府监管、企业自治、行业自律、社会监督的全新责任治理格局。

(二)共同而有区别的环境责任

从 1982 年开始,美国先后制定过四个版本 BIT 范本,环境规则经历了从无到有到具体再到完善的过程,加强环境保护之势日趋增强。[3] 2012 年 BIT 范本更为彻底地贯彻了投资自由化不以牺牲环境为代价的立法理念和原则,主要变化包括五个方面:强化了东道国不降低环境标准的义务;细化了东道国的环境规制权;首次明确了公众参与环境保护的规则;增加了肯定环境条

[1] 参见《国务院关于实行市场准入负面清单制度的意见》(国发〔2015〕55 号)。

[2] 承诺式准入,就是各类市场主体承诺履行法定义务、承担社会责任、践行社会诚信并向有关部门提交书面承诺后,即可准入;告知性备案,是指各类市场主体投资经营行为发生后,即向有关部门履行告知性备案义务;准入信息公示,是指各类市场主体要依法履行《企业信息公示暂行条例》规定的义务。

[3] 1984 年 BIT 范本没有涉及环境规则;1994 年 BIT 范本明确规定"同意以不放松健康安全和环境措施或标准实施目标",宣言般地开创了双边投资条约"序言式"环境规则模式;2004 年 BIT 范本不仅包括"序言"条款,还有具体的"征收与补偿"、"履行要求"和"投资与环境"条款,提出了"只要不是随意和不合理的或对国际贸易或投资构成明显限制都是可行的",因而明显赋予了东道国环保的自由裁量权;2012 年 BIT 范本更加突出了加强环保的趋向,新增了"当地购买技术"的要求,"投资和环境"条款更加细化和完善。

约作用的条款;完善了环境保护的程序性条款。

毫无疑问,"低碳化"中国自贸区试验率先已经在实际外商投资与环境保护的可协调、可持续发展上达成了绿色强烈共识。共识不仅表现在产业结构的布局聚焦于能源集约、节能环保、金融服务、贸易服务等产业新领域,以及国内借助于修订法律推出史上最严的环保法,更为重要的是,在指向外商投资与环境保护的有效协调上,提出了不应由"软法"性质的环境条款去执行,而应由"硬法"性质的投资条款来解决的营商绿色责任法治化基本思路。因为只有规定更为详尽的、具有执行力的、可操作性的外商投资规则,才能让"绅士"的环境条款成为"长牙"的条款。

中国自贸区的试验基于这一立场的中国话语环保议题讨论,至少覆盖四个方面的内容:(1)把"可持续发展"列为投资条款的目标和原则,当外商投资者利益与中国作为东道国的环保措施发生冲突时,应当充分考虑"可持续发展"作出有利环保一端的倾斜性解释;(2)进一步明确了间接征收的认定标准,重点是认定外商投资的东道国旨在保护合法公共利益(比如,公众健康、重大安全和自然环境)的非歧视性规制,不构成间接征收;(3)加大对外商投资的环境监督力度,在环保修法中引入新的环境评价机制,要求投资者在设立或扩大前进行环评和认证,使其具备相应的环境管理体系;(4)赋予环境问题专家全面参与投资和环境事务的权利,尤其强调在争端解决机构仲裁专家名单中独立列入环境问题专家,指向外商投资者的环责履行和东道国的环权维护。

当然,中国话语体系在环境规则的另一侧面,就是应结合中美经济往来的实践、中美环境标准的差异以及国际投资仲裁实践的经验和教训,以实现投资与环保的平衡。因为当下中国仍然主要还是净资本输入的发展中国家,在投资者的利益和东道国环境规制权之间,需要更多争取弹性的东道国环境规制权。同时,由于中美之间环境标准差异较大,中国的环保话语体系还应坚持共同而有区别的环境责任规则,要保留足够的环境管理权和政策调整空间。

(三)劳工标准责任的难易差别对待

ILO 以 8 个最基本的国际劳工公约为核心形成了一整套国际劳动标准,涵盖四个领域:结社自由与集体谈判;禁止童工;禁止强迫劳动;同工同酬以及消除就业歧视。[1] 劳工标准在中美BIT谈判中占据要津,把自贸区规则与ILO劳工标准挂钩来,并且由以往只是作为激励性条款,走向新近中美BIT自贸谈判中被美国高度坚持,使得这一问题的共识达成变得复杂起来,它会给中国劳动合同法的进一步改革和实施带来不少压力。

目前,中国批准了25个国际劳工条约。但中国现行的劳工标准与国际劳工标准相比,除了在禁止童工和禁止强迫劳动已基本接近,在结社自由和集体谈判、平等就业方面仍有差距。前者的差距表现为,ILO的要求是国家采取措施,构建起劳动者组织和雇主组织就工资和劳动条件谈判的程序,雇主一方可以是单个雇主或雇主联合会,而中国设计的集体谈判却主要是"用人单位与本单位职工"之间的集体谈判,不允许行业、区域乃至全国性的劳工谈判方式。毕竟这种结社自由涉及国家与社会关系的重大规范性秩序,且指向国家权力的集中问题,当下中国不宜采用。另一方面,平等就业基础上的同工同酬在国际劳工标准上实际是在反歧视,尤其是在反性别歧视的语境下使用的。比较而言,中国在劳动法律中脱离了这一语境,把使用范围扩大为"民族、种族、性别、宗教"四个领域,但又未把户籍、年龄和其他的歧视列入视野。

不过,中国自贸区先后在地方和中央推出的改革文件都在劳工标准上采取了"静默"。[2] 这一并非"疏漏"的考虑,主要是出于国家之间的博弈能力审慎之虑,但很可能转变为中美BIT谈判的重要障碍。其实,中国不少法定劳工标准高于基本国家劳工标准,只是由于无法得到落实而成为"纸面上的标准"。[3] 中国自贸区背负深化国内改革的压力,要在下一轮中美谈判中抢占主动权,劳工标准是避不开的重要问题。然而,劳工标准的适用是全国性的、在地区性、双边性的自贸谈判中,强调的也是谈判国整体的劳动法制。因此,中国自贸区应对国际劳工标准的挑战,重要意义是提供一块"试验田",通过

---

[1] 吴文芳:《国际劳动标准对我国自贸区规则的冲击及应对》,载《上海财经大学学报》2014年第3期。

[2] 2013年9月18日国务院发布的《中国(上海)自由贸易试验区总体方案》,随之上海市人民政府发布的《中国(上海)自由贸易试验区管理办法》,2014年8月1日上海市人大常委会通过的《中国(上海)自由贸易试验区条例》,以及国务院推出2015年12月1日施行的《国务院关于实行市场准入负面清单制度的意见》,都没有涉及自贸区内的劳动关系的调整以及劳工标准的重新设定。

[3] 比如,中国的劳动合同法规定工时制度是每天工作8小时,每周工作40小时,而且限制每个月的加班时间必须在36小时之内,这一标准在世界范围内也属于以劳动者保护程度较高的标准。然而,这样的高标准带来的不是对劳动者的更好保护而是大范围的对标准的违反。

“先行先试”形成可推广可复制到全国的制度创新经验。

具体而言，这种国内劳工标准的制度创新，一方面，需要在国内法上巧妙设置规则，积极正面引导国内立法向国际标准靠拢，为中美 BIT 自贸谈判提供有力筹码。比如，中国自贸区指向劳工标准设计的判断基础，应是劳工标准在国内立法中内部化的难易程度。内部化较为容易的事项，应在自贸区规则中有所体制；内部化较难的事项，则可通过倡导性或激励性规定予以引导。另一方面，借鉴美国在劳工标准上惯常采取的灵活机动的“专项法案”，[1] 以及以判例方式逐步澄清劳工标准的做法，中国的劳工标准改革可以采取以往自贸区内的法律局部授权、国务院在设定深改制度上的特定设计方式，[2] 同时借助于最高法院的指导性案例制度等个性化的树标立范，给出法律适用的类型化指引，以期缩短与国际劳工标准的差距。

（四）竞争中立责任的国际国内两面

“竞争中立”政策在改善国内市场竞争和营造更公平竞争环境的同时，也给国企转型带来了压力。一旦中国 BIT 谈判中的“美式”竞争中立政策被实施，中国国企在国内享有的补贴、利率、优惠政策等都可能被定义为“非竞争中立”。然而，中国自贸区试验的竞争中立承诺，只是率先在区内探索推动企业自由公平竞争的范围、程度、内容和制度路径，并不是移植“美式”的“所有与政府有联系的市场商业活动都违背竞争中立”的政策立场，而是基于中国语境寻找政府与市场之间优化组合的边界。

毫无疑问，竞争带来了技术和组织创新后的繁荣，垄断导致的市场力量则大幅度降低了效率。[3] 竞争扭曲最严重的国家，恰恰最为贫困。[4] 限制竞争既可能源于企业的反竞争行为，也可能源于政府不合理的制度安排，产生受到“优待”企业的掠夺性定价等现象。“美式”的竞争中立政策正是在侧

---

〔1〕 参见美国《公平劳动标准法案》《沃尔什—希利法案》《科普兰法案》《戴维斯—佩根法案》《平等工资法案》等。

〔2〕 参见《全国人大常委会关于授权国务院在中国（上海）自由贸易试验区暂时调整有关法律规定的行政审批的决定》，以及《国务院关于在中国（上海）自由贸易试验区内暂时调整有关行政法规和国务院文件规定的行政审批或者准入特别管理措施的决定》。

〔3〕 See Aghion, P. and Griffith, *Competition and Growth: Reconciling Theory and Evidence*, MIT Press, 2005, p. 1.

〔4〕 See William, W. Lewis, *The Power of Productivity: Wealth, Poverty and the Threat to Global Stability*, University of Chicago Press, 2004, p. 15.

重于强调“政府不恰当干预”的基础上提出的，认为无论任何企业，只要自身或其商业活动与政府有联系，就被推定得到了政府的支持，并由此不合理获得了竞争优势，违背了竞争中立要求。[1] 可以说，这一政策的核心强调的是即使为了弥补市场的局限，政府干预对竞争的限制也必须不偏不倚，因而把政府对经济干预的竞争影响合理性纳入竞争中立政策的评估范围。

比较而言，欧盟的竞争中立强调成员国必须在不同国家的企业之间、公共企业（国有、承担公共职能的私营企业）和一般私营企业之间的竞争保持中立，不能不合理地“庇护”（豁免）某些企业的反竞争行为，目标在于“促进欧洲统一大市场建立之需”；澳洲的竞争中立主张政府干预应在国企与非国企、本州与非本州企业之间保持中立，目标在于“削弱所有权和州际之间的竞争壁垒以提升国内整体竞争环境”；全球化背景下的 OECD 等国际组织或多边协定则是通过各种市场主体竞争优势来源的角度界定国企的竞争中立标准，目标在于“期望在更广范围内凝聚共识和倡导市场化”。而美国在 TPP、BIT 中加入上述政府限制干预国企竞争的条款，目标指向的是“有利于美国财阀们的贸易保护主义战略”。

因此，中国自贸区试验的竞争中立政策应分清“国际性”和“国内性”两个立场。基于“国际性”的基本共识标准，中国自贸区试验需要在国际通行的规则体系下通过合理的制度设计，在最小范围内和依据一致标准改革国企的“不合理市场待遇”，打破非公经济资本进入垄断行业的“玻璃门”，逐渐构建起接近于国际公平竞争标准的营商环境；同时从“国内性”的角度，要从维护国家利益的层面界定竞争中立，必须坚持公有制的主体地位，发挥国有经济的主导作用，防止其他国家把竞争中立的概念泛化，把中国所有国企行为都贴上政府支持而不正当获利的标签，让国企被摧毁。因为中国自贸区的竞争中立承诺从根本上就不是否定所有政府干预经济的必要性，而是主张通过适当的制度途径减少不必要的政府干预，或者避免部分国企因政府干预而获取不当的竞争优势，这才是中国自贸区的竞争中立承诺的正当性所在。

（五）“附条件”的过境货物知产执法

TRIPs 国际条约生效以来，全球范围内的一体化知识产权制度披着“贸易”的外衣粉墨登场，构成各国构建外商投资法律体制不可或缺的部件。为

[1] 参见唐宜红、姚曦：《竞争中立：国际市场新规则》，载《国际贸易》2013 年第 3 期。

了履行入世承诺,中国为此相继修改过数部知识产权法律,但知识产权占据绝对优势的"西方发达国家始终是该领域国际规则的主导者,中国与其他发展中国家一样只是接受者,充其量是参与者"。[1] 同样,新的TPP、BIT谈判中知识产权保护依然是必不可少的核心内容,又一次倒逼中国被迫提高保护水平。很显然,美国等发达国家向中国等新兴国家更进一步强行植入知识产权高标准的苗头再次显现,使得中国自贸区的这场试验必须既要做到让知产保护逐步接轨于国际规则,又要避免面临的"中国知识产权美国化"风险变得格外重要。[2]

需要指出的是,当下中国自贸区的知产保护难点包括:缺乏知识产权意识的国内加工企业依靠"定牌加工"赚取微薄的加工费而导致无意识侵权;知识产权的权利人误解海关执法而刻意抵制让不法商贩得以铤而走险,但更为主要的矛盾集中在"过境知识产权瑕疵货物的执法问题"。无疑中国自贸区的"境内关外"改革只是就其进口税和其他税种而言,并不代表就是"法律豁免之地"。但是,中国海关法第2条规定了只对目的地为中国的进口货物进行知识产权保护,更为重要的是,自贸区对过境货物的知产执法立场,还从根本上关系到外商投资便利化的法律理念问题。

包括中国自贸区试验在内的世界各国设立自贸区的基本意图之一,就是通过在自贸区简化规则、放松管制和降低税收,促使外商投资和贸易更加便利。但是,国际商会(ICC)报告显示:假冒者越来越多地通过多个不同地域的自贸区来进行货物运输或转运,其目的无非是掩盖其产品的非法性质。[3] 因为自贸区可以让假冒者所制造的产品被伪装成来自一个合法生产的国家,因此若没有海关之间的合作和信息共享,自贸区较易被利用来篡改运输单据和隐匿非法货物产地、内容和目的地,它会减少下一个转口港或最终目的地海关的怀疑。正因如此,世界海关组织和TPP等国际协定谈判的新动向,开始

---

[1] 吴汉东:《中国知识产权法制建设的评价与反思》,载《中国法学》2009年第1期。

[2] 徐红菊:《中国知识产权法的美国化?——美国模式的影响与走向》,载《清华法治论衡》2011年第1期。

[3] 参见2013年5月国际商会发布的《对自贸区的监控:平衡便利和监控以打击在各国自贸区的非法贸易》。因为假冒产品一旦进入自贸区,就会进行一系列的装配、制造、加工、仓储、再包装、重贴标签以及进一步转运等。由于所申报的产品来源是作为侵犯知识产权的一个主要风险指标,这个"抢座位"游绕就可以用来掩盖假冒产品的非法来源,令执法机构查获假冒货物的能力受到很大限制。

倾向于对进出口和过境、存储于自贸区的货物都采取知识产权边境措施,要求海关依据"进口国法律"对被怀疑假冒、盗版或带有混淆性相似商标的产品依职权主动采取措施,即把知识产权保护的"边境措施"延伸到"过境货物"。

然而,面对所有过境货物的知产执法没有考虑知产保护的"地域性"。比如,一个商标在自贸区所在国和在货物最终目的国可能属于不同的权利人。这样,在自贸区所在国可能被认定为假冒商标行为,而在货物最终目的国不见得就是侵权。因而若对这样的过境货物进行知产执法,反而有违货物自由流通的原则和自贸区便利外商投资和贸易自由化的初衷。为了有效解决这一问题,欧盟对原先所广泛采用的"制造假定"理论进行了深刻反思,开始仅对有进入欧盟市场的风险并侵犯欧盟境内知识产权的行为采取执法措施,从而实现了在对过境货物一律"不采取"和一律"采取"知产执法两端之间的权衡,从根本上是一种"附条件"的过境货物知产执法理念,颇为值得中国在新一轮自贸区外商投资法律体制构建中加以镜鉴。

四、走向"中国改变":责任话语权的背后

(一)两个标准的竞争性牵引

基于 TPP、BIT 和 RCEP 之间的博弈导致的中国外商投资法律体制深水区改革何去何从,本质上就是融入本国元素的中国自贸区营商责任法治化,受到"靠拢高标准"和"看齐低标准"两种竞争方向的牵引后,到底如何抉择和定位的问题。

前者靠拢高标准意味着,中国自贸区内的政府监管应纳入接轨于 TPP 或美国 2012 年 BIT 范本标准的充分竞争体制。"正如产品市场的竞争会给生产者带来压力,政府在监管市场上的竞争也会迫使政府以一个竞争性价格提供监管服务。"[1]这种倾向于政府监管竞争的结果,会让中国与别国政府形成在提供外商投资管理服务上的竞争,让中国的自贸区监管"靠拢高标准",由此连锁反应式地带来管理效率提升、投资者利益最大化、政府职能转变等"正向外部性"。

同时持这一论点者认为,当 TPP、BIT 谈判中更多融入了东道国本土元素

〔1〕 See Stephen J. Choi and Andrew T. Guzman, "Portable Reciprocity: Rethinking the International Reach of Securities Regulation", Vol. 71, *South California Law Review*, (1997), p. 903.

后,会让政府竞争监管的不充分,将会实际上导致监管标准“看齐低标准”。因为他们认为被监管人自由选择监管标准,会使得被监管人自动选择监管要求最低的国家从事外商投资,涟漪效应就是会让被投资的东道国们竞相降低监管门槛,导致监管水平的持续滑跌。[1] 相应的后果就是在自贸区内产生通过监管套利逃避监管、公众利益损害、次优监管等“负向外部性”。

显而易见,目前中国自贸区内推动的外商投资法律体制改革,正是存在地这两个标准之间的竞争性牵引。因为以 TPP 协定框架的那些始作俑者们,85% 以上是美国的财团高管和大律师合伙人,所有具体条款都由这些企业家和法律顾问们封闭敲定出来。[2] 归根结底,这是一个旨在打破国家主权壁垒、实现零关税和资本完全自由流动的美国财阀们之间的“合谋”,目标是致力于构建起一套协议国之间深度融合的有利于财阀们的“美式标准”,甚至已谋定超过原来 WTO 的争议解决禁区,允许外商投资者可以在国际场合直接起诉被投资的主权国政府。而败诉的后果,要么退出 TPP,要么进行巨额赔偿及修改国内法律,即所谓的“贸易权大于主权”。

然而,TPP 要求的“先对标、再发展”的强硬输送高标准的谈判姿态,让即使是 TPP 的协定参加国之间也依然面临复杂的博弈。那么,未被划入 TPP 协定谈判方的中国,更应审慎构建外商投资法律体制改革的战略思维,更多考虑国家之间的合理差异性,换之以“先发展、再对标”为逻辑出发点,借助于中美 BIT 谈判、RCEP 和双边自贸协定,扩大中国在外商投资法律体制上的更多话语权。目前,中国已与越来越多的发达和发展中国家签订双边自贸协定,还在与有关国家共同推动或升级区域自贸区,已初步打造成覆盖全球的高水平自贸区网络,就充分印证了这一体现了中国话语体系的“非 TPP 竞争性标准”在牵引方向上的内在合理性和获得认同感。

(二)中国话语的国家战略和意识形态

中国自贸区外商投资法律体制改革的“中国话语体系”构建,既要利用向“美式高标准”靠拢带来的竞争之利,通过改革创新管理体制的竞争拉升监管效率,同时也要过度自由化带来的内资与外资竞争扭曲和国企等公众利益损

---

[1] See Merritt B. Fox, “Retaining Mandatory Securities Disclosure: Why Issuer Choice Is Not Investor Empowerment”, Vol. 85, *Virginia Law Review* (1999), p. 1335.

[2] 参见陈莎莎:《国际金融报》2015 年 10 月 12 日。

害,以实现与中国元素之间的平衡。

中国现已成为世界上最大的资本输入国和资本输出国,外商投资法律体制的改革和定位对中国具有极为重要的国家战略意义。而正是中国的经济实力跃升,配之以军事实力的快速提高,共同为中国在该领域的话语体系构建奠定了坚实基础。这里,中国自贸区内进一步指向外商投资法律体系改革的中国话语体系定位,应是“指向中国现实的未来赶超”,而且这个未来不是较短时间和单纯追比美国 TPP 或 2012 年 BIT 范本标准。因此,中国话语体系的构建绝不是“以中国为中心,以西方为方法”的 TPP 或 BIT 范本标准的中国化改革,而应是强调把这些美国标准用中国能接受的标准或话语表达出来,即“中国化的 TPP 或 BIT 标准”。其中的关键就是承认中国经验的有效性,构成构建话语体系的砖块。简言之,中国自贸区的外商投资法律体系改革不宜进行类似几何学的重新构建,毕竟中国新的国家战略不适宜而只能是沉浸于本土现实而为之。

更进一步而言,以中国自贸区为战场的外商投资法律标准之争,实际上就是国际问题战场的又一次翻版。一方面,正是由于中国作为一个区别于苏联的完整社会主义国家,GDP 跃升进入世界第二,让美国在格外震惊中开始第一次把中国作为其全球战略的主要对手,以包括 TPP、BIT 树立新的经贸标准在内等一系列非比寻常的全新思维重返亚太。另一方面,中国也意识到目前许多国际问题是被国内问题拖了后腿,国内问题成为被国际攻击的软肋,所以借助于刺激包括中国四大自贸区在内的多方位深改,突破性地把外商投资法律体制内涉及负面清单的高质化和不少新兴议题的软着陆等许多事情全部做完;同时,又借助于 RCEP 和更多双边自贸协定的签订,以及抛开世界银行、IMF、日本亚洲开发银行(Asian Development Bank),主导成立了亚投行(Asian Infrastructure Investment Bank)、新开发银行(Development Bank,即“金砖银行”),削弱美国在亚太的影响力。

由此可见,围绕中国自贸区外商投资法律体制的中国话语体系构建,涉及“规则与标准”之争的背后,实际上就是意识形态之争,它乃至已在相当程度上构成了霸权的合法性来源。中国要把推动这一改革和话语权体系的构建,汇同诸如打击跨境毒品交易、商业结构性反腐、联合治理跨境洗钱和以基础援建换取中东石油控制权、治疗埃博拉病毒等看似无关的问题,整合起来作为参与全球治理和实现全球话语权的一次重大历史机遇。同时,把国际治理与国内治理结合起来,将自贸区内发生的新兴议题等问题营商责任法治化过程,当成改革试点经验一旦可复制和可推广后,即可推动国内进一步实现责任治理的推进器,形成坚强的融入了中国元素的外商投资法律和标准范本,并且快速走向成熟和定型,起到中国话语体系的引领和示范效应。

(三)从“改变中国”到“中国改变”

TPP 和 BIT 范本的高层次标准给中国与其他国家的单边和多边谈判提供了朝之靠近的范本,但中国更加到了需要构建话语体系来解释自己的时候。中国不是 TPP 成员,但 TPP 提供的新规则,中国不是没有接入的可能。毕竟中国自贸区内正在试验的外商投资法律体制改革,辅之以与更多的单边和多边合作,完全可以让中国的资本、货物、服务等借助于 TPP 协定国流入 TPP 框架。

然而,中国的国家战略和意识形态之争的上述定位,就决定了下一步重点是要通过自贸区的深改试验,构建出在外商投资法律领域的中国话语权,从“改变中国”走向“中国改变”。具体而言,就是借助于从直接的微观经济目标向间接的宏观目标演化,在修订和升级更高质量的负面清单,以及更多承担责任的若干新兴议题之后,把经过中国自贸区试点实践优化的外商投资治理方案逐步扩大适用范围,让制度空间、制度层次和制度权力普遍化,甚至在国企改革这一中国离 TPP 和美国 BIT 范本标准最远的地带,也进行更加主动和审慎的探索。尤其突出在能够通过改革反映全球或区域枢纽节点的影响力和控制力指标上,逐步缩小与世界主要自贸区和自由港的距离,更多争取达成双边或多边协议,以形成世界范围内的更多共识换取中国话语的引领权。毕竟过分强调中国元素的特殊性,反而会强化国际社会对中国外商投资环境的特定性识别及其与其他国家之间的隔阂,这对中国是不利的。

毫无疑问,中国自贸区内正在发生的外商投资法律体制改革作为一个路径依赖主导,同时又不断受到外部冲击影响的复杂系统,其形成、演化和变迁并非完全因政府主动构建。多数情况下的外部因素会产生重要影响或牵引作用。受到投资新规则刺激,中国自贸区有向国际新规则、高标准靠拢的外部压力,也有“以开放倒逼改革”的内部动力。但是,不顾现实情况的开放不免走向极端,中国自贸区外商投资法律变革需要在开放和安全之间取得平衡;通过开放提升监管效率,在竞争压力下减少政府的干预和自利行为,同时防范过度自由化带来的竞争扭曲和经济利益损害。

基于这一共识，需要把对外自由贸易区谈判中这一具有共性的难点、焦点问题，在上海等自由贸易试验区内先行先试，通过在局部地区进行压力测试，积累防控和化解风险的经验，探索最佳开放模式，为对外谈判提供实践依据。

区域治理的法治化与法治发展的区域性

——“区域治理与法治发展”国际学术研讨会综述

吴　欢*

2016 年 4 月 23～24 日,“区域治理与法治发展”国际学术研讨会在中国南京国际会议中心隆重召开。本次研讨会由江苏高校区域法治发展协同创新中心、中国法治现代化研究院、南京师范大学江苏法治发展研究院和南京师范大学法学院共同主办。来自俄罗斯喀山联邦大学,美国加州大学伯克利分校、西北大学、圣弗朗西斯大学,英国梯赛德大学,德国科隆大学,比勒菲尔德大学,澳大利亚蒙纳士大学,日本明治大学、神奈川大学,台湾政治大学,澳门科技大学等十余所境外高校,以及中国法学会、西南政法大学、华东政法大学、上海交通大学、复旦大学、厦门大学、浙江大学、湖南大学、华南理工大学、武汉大学、广东外语外贸大学、济南大学、上海师范大学、上海政法学院、南京大学、东南大学、苏州大学、扬州大学、南京师范大学和江苏省人大、江苏省政协、中共镇江市委、江苏省社会科学院、南京市社会科学院、司法部司法鉴定科学技术研究所、江苏方德律师事务所等二十余家省内外有关领导部门、高等院校、科研机构和实务部门的近百位专家学者参加了此次研讨会。

会议分为开幕式、主题演讲、专题讨论和闭幕式等环节。与会学者围绕“区域治理与法治发展”的主题,从法学、政治学、管理学等跨学科视角,运用规范分析、实证调研、中外比较等多元方法,对区域治理与法治发展的战略意义、理论视角、实证路径、比较研究、战略前瞻等问题展开了深入研讨,达成了

---

* 吴欢,南京师范大学法学院讲师、博士后研究人员,中国法治现代化研究院研究员。本文获江苏高校优势学科创新平台资助。

广泛共识,取得了丰硕成果。

一、区域治理与法治发展的战略意义

法治是治国之大道,区域是治理之场域。在中国政府“四个全面”战略布局渐次深入展开的当下,区域治理与法治发展必然发生应然与实然的重大关联,并成为落实国家重大战略的重要着力点。在南京师范大学法学院李力教授主持的开幕式上,五位嘉宾先后发表了热情洋溢的致辞,高度肯定本次会议研讨主题所具有的战略意义。

南京师范大学党委书记宋永忠教授在致辞中指出,本次会议以“区域治理和法治发展”为主题,汇集中外专家学者,深入研讨国家法治统一性与区域治理多样性之间的深度关联,既有理论探索,又有实证研究,还有中外比较,具有重大的理论与现实意义。

江苏高校区域法治发展协同创新中心主任、中国法治现代化研究院院长、江苏省人大常委会副主任公丕祥教授在致辞中指出,中国是一个幅员辽阔的东方大国,不同区域法治发展的多样性统一,构成了中国法治发展的运动样式;各具特色、程度不同的区域法治发展的不平衡性,构成了当代中国法治发展进程的区域性的表现形态。“区域”是一个含义丰富的多层面的综合性概念,在不同学科领域有不同的意义表达。法学视野下的“区域”不仅是指基于一定行政区划的空间地域,而且涉及基于跨行政区划的空间地域,二者不可偏废。区域法治发展是国家法治发展进程在一定区域内的具体的历史的展开,是国家法治发展的有机组成部分,是区域发展的推动力量,是建构区域社会法治秩序的法治实践活动。区域法治发展具有创新区域社会治理体系,激发区域社会发展活力,深化区域法治创建活动和优化区域法治发展环境等功能特征。推进区域法治发展是探索法治发展的中国道路的必然要求,是实现当代中国区域社会治理现代化的有效途径,是保障国家区域发展总体战略实施的内在需要,是一项开创性的法治事业。在推进法治中国建设的时代进程中,高度重视区域法治发展的理论研究,是建构法治发展的中国话语体系的题中应有之意。

俄罗斯喀山联邦大学法学院院长莉莉娅·巴库莉娜教授在致辞中指出,中俄两国都是幅员辽阔的世界大国,都有着悠久的历史和灿烂的文化,在区域治理与法治发展领域也面临着许多共同问题。相信本次会议议题和研讨成果会对中俄两国学界的相关研究产生积极影响。

美国加州大学伯克利分校法学院富兰克林·齐姆林教授在致辞中结合自身研究指出,中美两国政府组织的多层级导致了刑事司法管辖领域的多样化。他提出了三个议题供与会学者参考:首先,美国刑事司法实践中的管辖制度与理想状态相比究竟有多少不同;其次,这些不同究竟有多大,发生在哪些情形之中以及为什么会出现;最后,刑事司法管辖的理想与现实之间究竟应当有多大的区别。

中国法学会专职副会长兼学术委员会主任张文显教授在讲话中高屋建瓴地阐释了本次会议议题的重大战略意义。他首先指出,在举国上下深入落实"十三五"规划、推进法治中国建设和国家治理现代化的关键时期,与会学者围绕"区域治理和法治发展"这一重大理论与现实问题进行基础研究和前沿探索,并且初步取得了丰硕的成果,他对此表示由衷的敬意。接着他指出,习近平总书记在多次中央会议场合对区域发展问题进行了深入论述,党和国家多个重要文献文件中对区域发展问题进行了战略部署。这表明,区域发展已经成为党和国家的重大战略发展举措。在"四个全面"战略布局下,区域发展尤其需要一系列的相关法律制度作为引领和保障。他强调,习近平总书记提出的法治是世界范围内的治理基本原则与宝贵经验、是人类社会共同价值之一、是建立人类命运共同体的基本方略等重大论述,是我们从事"区域治理和法治发展"研究的重要指导方针。

二、区域治理与法治发展的基础共识

学术交流贵在求同存异,但是也需要交流各方存在一些基本的前提性共识。在江苏高校区域法治发展协同创新中心理事长、南京师范大学中国法治现代化研究院学术委员会主任、中共镇江市委书记夏锦文教授主持的主题演讲环节,五位中外专家分别作了精彩的发言。

浙江大学光华法学院葛洪义特聘教授在题为《试论中国地方治理与法治发展的关系》的主题演讲中提出了6个基本观点:(1)国家治理现代化的重点在于治理而非现代化;(2)国家治理现代化的重点在于优化地方治理;(3)地方治理与法治建设是一体两翼的关系;(4)全面建设小康必须走法治道路;(5)释放地方治理活力的关键在于正确定位社会组织与政府的各自功能;(6)厘清国家与社会的关系是地方治理创新的关键。他强调,从管理到治理的转变是一次重大的观念变化,治理必须建立在各个治理主体的独立自主基础上,也就深刻地依赖于法治。中国国家治理现代化面临的特殊问题是地方的无权或者地方权力的不确定,包括地方国家机关权力的不确定与社会权力的不足,社会发展落后于经济发展,均根源于法治的滞后。在重建国家与社会关系的基础上,依法确定中央与地方事权关系,提升权力关系的法治化与稳定性,并有效保障社会成员的法定权利,地方治理就会出现明显改进,相应地,也就为区域合作治理奠定了坚实的基础。

俄罗斯喀山联邦大学马克西姆·沃罗宁副教授做了题为《法律系统性与法治:国家和地区层面》的主题演讲。他主要从国家和地区互动的角度探讨了俄罗斯的法律体系以及法律制度的内部层级架构、以及最高法律机构的司法实践。他认为,法律措施的运用与社会治理效果之间的关系主要体现在或者取决于:(1)国家行政组织结构的复杂性(政府的组成形式);(2)国家法律体系中法律规范的层级;(3)法律的条文及体现的法律精神;(4)公法与私法领域的法治;(5)法律的内容与价值。他还对区域法治统一与国家层级的立法平衡问题进行了探讨。他认为影响二者关系的因素包括:法律中包含的社会规范;法律的确定性;反映社会需求的法律技术;法律的体系化以及权利的体系化。他强调指出,法治发展的定义与司法的能动性有密切的联系。

华东政法大学法律学院王立民教授做了题为《三大战争与中国近代区域法制的变迁》的主题演讲。他认为,中国近代区域法制主要是租界和租借地区域法制。从中国传统法制到租借地法制的变迁与1840年爆发的中英鸦片战争、1894年爆发的中日甲午战争和1941年爆发的反法西斯太平洋战争有密切的联系。这三大战争分别是中国近代区域法制产生、变化和终结的关键节点,从中可以发现其发展变迁的历史轨迹。这三大战争和中国近代区域法制变迁的背后则是中外国力的激烈博弈,中国的国家主权是这种变迁的决定性因素。与这种法制变迁相关,还有法制统一性、中国近代区域法制两面性等一些问题值得关注。虽然中国近代区域法制已是历史,其存在的条件和基础也不复存在,但其中的经验与教训仍然值得总结和借鉴。王立民教授特别指出,从某种意义上来讲,中国的法制近代化进程起源于租界法制。当代中国正在建设自贸区、经济特区,如果今后进一步建设法治特区,租界法制的历史经验教训就更具有参考价值。

美国西北大学法学院罗伯特·本内特教授做了题为《美国的区域治理:

结构、问题与解决机制》的主题演讲。他认为，美国产生区域治理的问题是十分自然的，主要是因为各州作为国家治理结构的基本单位，对于维系社会运转所制定的各方面的法律具有广泛的权威。这些事务通常包括对整个州而言不具有重要影响的州内事务。但是对于州际之间的事务的有效治理则通常需要采用不同种类的方法。联邦政府可以通过其制定规章的权力或者依靠其“推进福利的权力”的手段来处理这些问题。在得到国会同意的前提下，各州可以达成一些协议；在得到国会授权的情况下，附属于各州的地方政府机构也可处理这些问题。各州也可以自愿、单独地通过立法来更好地处理区域中出现的问题。甚至有各种超越自身利益的组织对一些需要引起区域重视的问题进行研究，并为各州提供如何处理这些问题的有效建议。

西南政法大学行政法学院文正邦教授做了题为《试论区域法治建设和研究的场域》的主题演讲。他认为，探讨区域法治研究的各种场域，有利于我们多方位、多视角地开展区域法治建设和研究。为此，首先需要界说严格（狭义）与扩展（广义）的区域和区域法治；进而需要区分国内、国际与涉外区域法治研究；继而需要界定纵向与横向区域法治研究，同时还需要区分单项性与聚合性区域法治研究；最后，还必须注意处理好国家法治统一与区域法治建设应体现本地区特点和实际这一重大关系。他强调，区域法治的宪政基础包括“民有、民享、民治”的人民国家、共和政体和共和精神和统一的多民族的单一制国家结构形式。他还郑重提出，我国宪法应该明确规定区域开发和发展的法治保障，即应在现行《宪法》第 30 条“中华人民共和国的行政区域划分如下”中增加一款：“国家重视和实行区域开发和发展及其法治保障”，以给区域开发和发展及其法治保障提供更加明确的宪法依据，并在此基础上建立和健全区域开发和发展法律体系。

五位发言人演讲结束后，进入自由讨论阶段。扬州大学法学院苏喆教授向文正邦教授提议，能否在他的修宪建言中补充“尊重地方风俗习惯”的表述，以更好地凸显地方法治的灵活性与多样性。张文显教授向王立民教授提问，能否对租界法制的历史地位进行定量分析和定性评价。两位教授简要作答后，夏锦文教授对主题演讲进行了初步总结。他指出，五位主题演讲者分别来自中国东部和西部，以及世界的东方和西方四大区域，充分凸显了本次会议的主题；不同区域有不同的文化背景和法制结构，通过对话交流可以互相借鉴；五位发言人提出了很多新观点，无疑有助于深化关于会议主题的认识。

三、区域治理与法治发展的理论视角

理论是行动的先导。在复旦大学法学院院长孙笑侠教授担任主持人，上海交通大学文科建设处处长叶必丰教授和扬州大学法学院院长钱玉林教授担任评议人的第一专题讨论中，七位中外学者围绕着“区域治理与法治发展的理论视角”的议题，先后做了精彩的发言。

南京市社会科学院朱未易教授在发言中指出，区域法治视角下的地方法治是相对于国家法治而言的一种地方治理法治化的过程和状态，地方法治无论就其内容还是形式看，都是法治国家体系形成和完善的一种地方知识。地方法治有若干核心问题已由我国宪法和法律规定，其中最主要的是地方职权的法定、中央与地方关系的法定、地方自治的法定。法治中国的战略部署和实现路径也将对地方法治建设产生重大影响。地方治理法治化的实践和探索成为了法治中国建设丰富多元的样本。我国地方法治何以可能和正当可以从地方知识的视角、宪法法律的规定、法治中国的影响、地方治理的探索等方面证成。

南京大学法学院罗恩·比约克曼教授在发言中指出，法治的基本要素包括完备的法律，普遍的守法，平等的适用和至上的效力；法治所带来的主要福祉包括免于专制侵害，提供合理预期和提供自由空间；发展和维系法治至少需要三个根本的基石：第一个是具备诚实、智慧和谦逊等品质的贤德的领导，第二个是符合宪法效力至上、修宪程序严格、限制权力集中、保护个体权利和司法独立运行等要求的适当有序的法律体系，第三个是尽责的公民。他强调，必须警惕特殊利益集团为了少数人的利益影响立法进而影响到绝大多数人的福祉。

西南政法大学行政法学院张善根副教授在发言中指出，当前学界关于地方法治动力机制存在国家试错理论和地方竞争理论两种解释，二者实为一体两面，均深深镶嵌在国家与地方关系的结构中。本质而言，国家策略导致地方竞争，地方竞争型塑国家策略，地方法治的逻辑就是国家策略下的地方竞争。需要引起关注和重视的是，国家策略下的地方竞争，可能将导致地方法治演变为地方应对中央的权宜之计，使得地方法治建设的形式化和表面化，地方法治建设被悬置，而难以落地生根。未来国家或许依然会采取试错策略,但应有法治思维,依法试错。同时,应引导地方法治竞争从应对中央转向回归社会,以社会为皈依,作为地方法治建设的动力基础和建构逻辑。

日本神奈川大学法学部井上匡子教授在发言中重新审视了家庭暴力案件的受害者和法律界之间出现的沟通障碍,并着重分析了多数日本家庭暴力案件中的现实不对等关系及其可能的化解路径。她指出,缘于性别结构,现实不对等关系是新的、严格的法律制度。基于现代法律制度的规定不适合(和不足以)适用于未考虑当事人之间的关系及受害者情形的家庭暴力案件中。此问题缘于现实不对等问题无法通过旧型不对等关系(传统的不对等性),故有必要构建多方位的专业帮助,如法律制度中的社会工作。

英国梯赛德大学乔治斯·帕帕尼克拉乌副教授在发言中探讨了法治原则和社区警务的现代发展趋势。他指出,人们普遍认为法治发展是经济、社会和政治发展的关键因素;法律适用的普遍性和可预测性,良好的司法机构有利于形成并巩固法治的环境。但当代警务上的创新意味着大量以警察为重心的多元化模式的形成,包括确定警察在社区的优先性,以及警察的决策形成过程。在改革的进路上存在传统的警察统治概念和警务机构,与更加晚近的变化趋势之间的冲突。他强调通过加强警务执行力和警务体制开放与改革来化解前述冲突。

上海师范大学法政学院夏纪森副教授在发言中指出,世界结构中的中国法律哲学的实质在于主体性,在于形成一种世界结构下的中国观,并以这种中国观主动参与世界结构的重构,积极参与世界对话。法治为一种现代秩序安排,将保障人权,公民追求自由和幸福奉为圭臬;同时,中国民族文化中的"天理、人情和国法"传统使法治必定呈现为中国自身的文化形式,而不能盲目地移植西方的话语。因而,这一方面需要借鉴现代法治的理念,在立法和司法层面更多吸纳关于人的尊严、自由、幸福和发展的考量,另一方面赋予法治以中国文化的形式,注重仁爱、诚信、温情、敬意等中国历史的世俗人情,在现代法治与中国意义的两相沟通中,增益中国法治的主体性。

济南大学政法学院副院长钱继磊副教授在发言中,针对既有的区域经济与区域合作相关研究,从法理学的维度进行了宏观的反思,并以环渤海区为例分析了区域经济与区域合作中存在的深层次问题。他认为,既有研究文献缺乏从法理学维度通过法律所应具有的最基本、最核心的品格和灵魂对区域论题进行宏观地反思性研究。而所谓法律的灵魂,就是作为其最基本价值的正义，正义绝对不是追求那种唯效率论。他旨在给既有研究此论题的学者和实务界人士提出一种警醒：区域合作的背后那种唯经济论（经济效益至上论）并不是人类的最终价值追求目标，也未必能使人享有更为正义的生活。他认为，在经济至上、物质至上的今日中国，这种警醒是有必要的。

四、区域治理与法治发展的实证路径

理论必须经过实践的检验。在苏州大学法学院黄学贤教授担任主持人，厦门大学法学院院长宋方青教授和上海交通大学法学院副院长杨力教授担任评议人的第二专题讨论中，八位中外学者围绕着"区域治理与法治发展的实证路径"的议题，先后做了精彩的发言。

俄罗斯喀山联邦大学法学院院长莉莉娅·巴库莉娜教授在题为《作为区域管理工具的合同救济》的发言中，主要分析了合同法律规制的区域性特征，合同法律规制的特征、客体、主体、以及内在的法律含义，以及在公法法律关系中运用合同规制方法的可能性。她指出，合同管理和法律控制相关但不等同，前者主要存在于平等主体之间，后者则包含多元主体。她强调，她的研究旨在把法治的理想与治理的现实结合起来，相关结论也适用于解决中俄关系中可能存在的区域性问题，能够为两国的和平崛起创造有利的国际环境。

浙江大学光华法学院钱弘道教授在发言中，针对当前已经出现的法治评估热潮及其深化转型，提出了三项建议：(1)建立改革评估机制。中国改革具有强烈的试验和试点特征，但很少对改革试点进行科学评估，这不符合实践要求和认识规律。(2)真正落实党中央提出的"用法治成效考核干部"的要求。这种考核重在考核主要领导干部，要注重将内部考核与外部评估结合起来，将综合评估与专项评估结合起来。(3)建设科学的法治评估指标体系。既要重视顶层设计，也要鼓励地方创新，还要发挥各行各业各部门的积极性；要建立起地方法治竞争机制，让法治成为核心竞争力；要注重走协同创新之路。

澳大利亚蒙纳士大学霍博恩讲师的发言围绕着中国对智慧城市科技发展的法律规制展开。他指出，中国的政府官员目前的关注点在于那些可以大幅提高效率、并且可以解决中国城市出现的问题的科技。但在强调网络主权背景下制定的新法，与地方政府引进外资和技术，以及智慧城市建设进程之间可能存在紧张关系。

武汉大学中国中部发展研究院张彪博士在发言中指出，作为一种新兴的权力模式主张,地方政府跨域合作是应对公共事务外溢,推进国家治理体系和治理能力现代化的有效手段,但它同时也蕴含着威胁宪政框架稳定的潜在风险。因而有必要对运用法治化手段对其加以治理,确保其在法定目的和空间范围内有序运行。地方政府跨域合作的合宪性需要借助宪法修改予以补正,同时还应当以合法性原则、均衡性原则和程序正当原则为中心设定宪法防卫机制。地方政府跨域合作的具体制度安排需要先行解决地方政府的独立主体地位、中央政府的制度供给义务和纠纷解决机制这三个基础性问题。

广州外语外贸大学区域一体化法治研究中心常务副主任朱最新教授在发言中指出,区域府际合作治理的法治化要求则推动着以区域治理关系为调整对象的区域行政法的产生与发展。区域行政法不仅要遵循行政法基本原则,还要遵循区域非主权原则、区域多元平等原则、区域利益均衡原则三大特有原则。区域行政法框架体系应当包括三个部分:围绕行政机关地域管辖限制与跨域治理客观需求的有效平衡,社会组织法律授权和共同体成员自治规则授权的有机统一构建的区域行政主体制度;政府负责下多元治理主体之间以信任为基础交织互动,共同承担公共责任的区域行政行为制度;以及以区域行政监督和多元化区域行政救济为核心的区域行政监督救济制度。

德国科隆大学东亚研究所丹尼尔·斯普瑞克副研究员在发言中,将中国新建的裁判文书公用数据库及其应用称为一场“司法透明革命”。他认为,建立一个综合性的司法裁判文书在线数据库能够在实质上改变中国司法传统的责任体制和沟通体制。这个数据库的内容及其专门性使其成为一个完美的研究工具。最高人民法院很可能利用它来提高司法的专业性,扩张其对司法体系的控制,并更为广泛地影响法律的发展。这些作用可能比诸如通过公众来监督司法或减少腐败这些官方的政策目标来得更重要。但关键的问题是这些不断增长的数据是否会用于建立具有正面或负面效应的司法责任体制。

东南大学法学院副院长李煜兴副教授在发言中指出,当前,区域经济一体化已成我国经济与社会发展的重要趋势与显著特征。伴随区域一体化进程,区域行政逐渐兴起,并对传统行政法带来诸多挑战,我国行政法亟须回应现实挑战,并在区域治理实践基础上推动其发展变迁。行政法的研究疆域,从“行政区行政”向跨行政区划的“区域行政”拓展;在核心范畴上,从“行政行为”向“行政决策”转变;在研究内容上,从“外部行政”向“政府间行政”延伸;

在行政合法性上,从“规范主义”向“功能主义”演进。

湖南大学法学院白巴根教授在发言中指出,TPP有关竞争政策、国有企业以及劳动保护尤其是劳动者结社的自由以及集体谈判权的规则,是中国不可能立即接受的国际法义务,这些规则就是中国目前所面临的难题。解决问题的关键在于中国国内制度的改革,而不是要求TPP给中国提供例外,换言之,上述TPP国际法规则并没有给参加国提供做出保留的余地。中国未加入TPP并非是美国和日本等国家排斥中国的结果,而是中国本身的现有制度难以适应该国际条约的要求。准确掌握TPP这些规则的具体要求并与中国的相关法律制度以及政策运作机制作比较就可以了解问题的实质或要害。

五、区域治理与法治发展的比较研究

“他山之石,可以攻玉。”在南京师范大学法学院李浩教授担任主持人,英国梯赛德大学沈安琪副教授和扬州大学法学院张清教授担任评议人的第三专题讨论中,九位中外学者围绕着“区域治理与法治发展的比较研究”的议题,先后做了精彩的发言。

美国加州大学伯克利分校法学院富兰克林·齐姆林教授在发言中指出,中美两国正式刑事制度的区分十分明显:美国联邦政府将制定与行使法律的权力赋予州政府,而中国中央政府则对全国的刑事司法具有定义和掌控的权力。但由于国家权力范围和可利用资源的限制,刑事司法的实践在中国仍有巨大的地方性差异。他强调,研究者对中国刑事司法中的中央与地方关系的考察,必须建立在更为具体的有关地方刑事司法实践数据的基础之上。

俄罗斯喀山联邦大学法学院副院长达米尔·瓦列耶夫教授在发言中介绍了俄罗斯当前的民事诉讼改革。他指出,2015年俄罗斯行政诉讼法典的适用将会导致民事诉讼制度的重大变化。所有的公共司法诉讼和一些特定的诉讼在民事诉讼中被取消。这将导致在实践中,人们很难区分民事案件和基于行政关系而产生的案件,因此裁判权的争议不可避免。同时,他指出,在一般裁判权的系统法院中,由于案件的相对集中,将会减少前述冲突发生的可能性。

台湾政治大学法学院董保城教授在发言中以垃圾处理问题为切入点,引出了两岸区域治理面临的挑战,并参考德国地方跨域合作的经验,探讨了两岸在未来区域治理中的相互借鉴之处。他强调,首先,区域治理要有“全球思维,在地行动”的聪明策略;其次,自合作主体上,不应拘泥于地方政府之层级,而应充分纳入“复合行政”之多中心、交迭与嵌套理念以实现多层次政府间之合作，亦不应拘泥于政府本身，更应当纳入更为专业、中立之民间团体及公益组织以促进区域治理之实现；再者，自监督机制上，区域治理成败地方首长是否遵守决议或法令是为关键，因而首长问责之建构亦应纳入。

澳门科技大学法学院赵琳琳副教授在发言中指出，从澳门地区四百多年来的重大案件和相关历史来看，中西法律文化由交往到冲突、再到消解、最终走向融合，是一个客观的必然规律。就司法治理而言，葡萄牙人一方面尊重中国的法律文化，一方面也在潜移默化地用西方法律文化影响着澳门社会。总之，共通性和兼容性决定了异质法律文化在某些领域能够消除对立，达至多元并存。在全球化的视野下，澳门法的发展和创新已不仅仅局限于对葡萄牙法和中国大陆法的继受。

俄罗斯喀山联邦大学法学院叶甫盖尼·苏尔塔诺夫副教授在发言中指出，俄罗斯联邦主体的立法是俄罗斯联邦法律体系的一个组成部分。俄罗斯联邦主体的立法由共和国宪法，边疆区、州、自治州、自治区的立法，以及地方政府立法等部分组成。俄罗斯联邦主体的立法目标在于：执行联邦立法；在俄罗斯联邦与联邦主体共同管辖的领域进行更为详尽的立法；在俄罗斯联邦主体的管辖权内进行立法管制；俄罗斯国家立法代表机构有权在国会提出立法议案。俄罗斯联邦的法律发展与区域化治理是一个走向和谐统一的过程。

德国比勒菲尔德大学社会学院李叶丹博士后在发言中指出，与中国法官一样，荷兰法官在其案件中调解的中立地位受到两方面的挑战：第一是法官评价式的调解方法；第二是法官强烈推行调解所带来的法院对使用调解的“程序利益”。但是，中国的法官调解相对荷兰面临更严峻的考验。首先，中国法官在调解过程中的中立地位受到破坏。这种破坏来自(1)中国法官自身强烈偏向调解结案；(2)中国法官在调解中没有注意对自身中立性的维持，经常采用“背对背”的调解，并且不注意语气，态度和对当事人的尊重。这种实践不仅影响到了当事人对调解程序公正性的看法，对诉讼程序的看法也受到影响。

日本明治大学法学部铃木贤教授在发言中梳理了各国多元家庭法制化领先城市的具体制度内容，并探讨了“地方包围中央”策略在家庭制度多元化进程中的初步表现及其有效性。他指出，单一制国家或地区的婚姻家庭法律制度通常属于中央政府所管辖的立法范围。但从去年到目前为止，日本和中国台湾地区有 11 个城市出现了透过区域立法的形式开辟全新亲密关系制度化的现象。也就是说，在没有中央级的立法措施的情况下，这些城市各自建立了所谓同性伴侣制度。他认为，这可以说开辟了多元家庭法制化的新路径。

美国圣弗朗西斯大学张乐宁教授在发言中探讨了在中国语境下建立和完善有效的、合理的法治监测系统及其方法论问题。其中的理论问题涉及基本概念框架的发展、西方相关概念及理论的运用，以及有关中国特色法律体系的新概念和理论的形成。方法方面包括搜集高质量数据的程序和过程，以检验和建立一个可信赖的法治监测系统以及有效的与可靠的指标，另外还有建立高质量的数据库用于分析和监测法治的发展和趋势。统计处理方面要解决的问题是运用统计技术和建模进行检验和分析。他指出，为了建立一个高质量和高效运行的法治检测系统，应将前述三个核心内容紧密凝聚为一体。

西南政法大学法学院胡兴建副教授在发言中，作为一个新兴国家，美国最初由十三个殖民者建立的殖民地联合而成，这种自下而上的建构模式决定了郡县之于美国民主的意义。首先，郡县成型于殖民者最初建立的聚集区，在有国家组织之前，殖民者依靠清教教义彼此维系，而清教教义被托克维尔视为最纯粹的民主共和理论。其次，郡县是殖民者最初的政治组织，殖民者在其中将自己的民主共和理念付诸实践。最后，在当时的北美大陆，郡县是殖民者走出自然状态，寻求集体生存的第一步，尊重规则成为首要任务。总之，郡县自治构成了美国民主制度化与法律的基础，美国民主正是以此为基础而发展起来。

六、区域治理与法治发展的十大创获

24 日上午 11:00 开始的闭幕式将本次会议推向高潮。在南京师范大学江苏法治发展研究院院长龚廷泰教授的主持下，中国法学会专职副会长兼学术委员会主任张文显教授对本次会议进行了高屋建瓴的学术总结。张文显教授以习近平总书记反复强调的“获得感”为引子，总结了本次会议的“十大获得”，分别是：

1. 深化了区域法治、区域治理和区域发展的理论共识；
2. 延伸了区域法治发展新的重大理论共识；
3. 进一步夯实了区域法治正当性的学理基础；
4. 积极探讨了区域法治和区域立法的制度建构问题；
5. 对区域治理中的政府法治问题进行了深入讨论；

6. 在区域治理与国家治理的关系上有了新的认识；

7. 积极探索了区域治理中法律与科技的关系问题；

8. 从中国近代租界法制研究引申出了区域法治的历史话题；

9. 区域发展和治理要有全球思维，要注重国家之间区域法治、区域治理的经验互鉴；

10. 提出了法治指数的科学化、合理化与方法论问题。

张文显教授强调，区域发展成为国家战略的时代背景必然要求推进相关制度建设、机制创新和法治发展；我们要以创新性的理论探索、制度设计和实践行动拥抱区域法治变革；历史终将证明，区域法治发展这一变革性概念将对区域发展和法治建设产生积极影响；要积极推动包括区域法治发展进入国家立法在内的一切有益于法治发展进步的事业；区域治理的主体是政府，从传统管理走向依法行政是区域治理对政府的重大考验；中央与地方关系或者中央与区域的关系问题是世界范围内的重大治理问题，有必要进行积极的制度探索；现代信息技术的运用不能突破信息安全和人权保障底线，人权保障永远是第一位的；租界法制对于当代中国探索完整统一主权条件下的法治特区建设具有历史启示意义；在应对区域发展中的跨区域问题上有必要借鉴境外有益经验，不能关起门来搞区域法治；法治指数评估的目的在于引导而非奖惩，应注重评估的科学性与有效性。张文显教授认为，本次会议实现了预期的目的，凝聚了广泛的共识，取得了丰硕的成果。

龚廷泰教授在随后的闭幕致辞中指出，本次会议具有"美、高、精、新"四大特点和成果。"美"是指会议召开的时机正是美不胜收的南京春季时节，会议召开又为南京的美景锦上添花；"高"是指本次会议是一场高层次、高水平的高端学术交流；"精"是指本次会议的发言人和评论人的发言十分精彩，尤其是张文显教授精辟、精准和精到的学术总结，高度提升和凝练了本次会议的共识与成果；"新"是指会议拓展了"区域治理与法治发展"的新视野，会议成果的方法、视角、场域都有更新，尤其是张文显教授总结的"十大获得"将会议成果提升到了空前的新高度。他强调指出，本次会议研讨以理论探索为主，期待着会议成果能够进一步转化为法治中国建设的行动与实践，期待着中外学者展开有关全球治理和区域治理的协同创新研究。

在全体与会代表的热烈掌声中，"区域治理与法治发展"国际学术研讨会胜利落幕。

图书在版编目(CIP)数据

区域治理与法治发展 / 公丕祥主编. —北京：法律出版社，2017

ISBN 978 - 7 - 5197 - 0883 - 2

Ⅰ. ①区… Ⅱ. ①公… Ⅲ. ①社会主义法制—建设—研究—中国 Ⅳ. ①D920.0

中国版本图书馆 CIP 数据核字(2017)第 114378 号

区域治理与法治发展
QUYU ZHILI YU FAZHI FAZHAN

公丕祥 主编

策划编辑 王 扬
责任编辑 王 扬
装帧设计 乔智炜

出版 法律出版社
总发行 中国法律图书有限公司
经销 新华书店
印刷 三河市龙大印装有限公司
责任校对 王晓萍
责任印制 张建伟

编辑统筹 独立项目策划部
开本 720 毫米 × 960 毫米 1/16
印张 38.25
字数 600 千
版本 2017 年 7 月第 1 版
印次 2017 年 7 月第 1 次印刷

法律出版社/北京市丰台区莲花池西里 7 号(100073)
网址/www.lawpress.com.cn
投稿邮箱/info@lawpress.com.cn
举报维权邮箱/jbwq@lawpress.com.cn
销售热线/010 - 63939792
咨询电话/010 - 63939796

中国法律图书有限公司/北京市丰台区莲花池西里 7 号(100073)
全国各地中法图分、子公司销售电话：
统一销售客服/400 - 660 - 6393
第一法律书店/010 - 63939781/9782 西安分公司/029 - 85330678 重庆分公司/023 - 67453036
上海分公司/021 - 62071639/1636 深圳分公司/0755 - 83072995

书号：ISBN 978 - 7 - 5197 - 0883 - 2 **定价**：118.00 元